Mosquée d'Almaty

TADJIKISTAN

TURKMÉNISTAN

ORGANISER SON SÉJOUR

Asie centrale

AUTEURS ET DIRECTEURS DES COLLECTIONS
Dominique AUZIAS & Jean-Paul LABOURDETTE

DIRECTEUR DES EDITIONS VOYAGE
Stéphan SZEREMETA

RESPONSABLES EDITORIAUX VOYAGE
Patrick MARINGE et Morgane VESLIN

EDITION ✆ **01 72 69 08 00**
Audrey BOURSET, Sophie CUCHEVAL, Caroline MICHELOT, Marguerite PILVEN, Nolwenn ROUSSIER, Pierre-Yves SOUCHET et Corinne DE TINGUY

ENQUETE ET REDACTION
Séverine BARDON, Hervé KERROS et Patricia CHICHMANOV

MAQUETTE & MONTAGE
Sophie LECHERTIER, Delphine PAGANO, Julie BORDES, Élodie CLAVIER et Élodie CARY

CARTOGRAPHIE
Philippe PARAIRE, Thomas TISSIER

PHOTOTHEQUE ✆ **01 72 69 08 07**
Élodie SCHUCK

REGIE INTERNATIONALE ✆ **01 53 69 65 50**
Karine VIROT, Virginie BOSCREDON, Camille ESMIEU et Guillaume LABOUREUR

PUBLICITE ✆ **01 53 69 70 66**
Olivier AZPIROZ, Stéphanie BERTRAND, Oriane DE SALABERRY, Caroline GENTELET, Perrine de CARNE-MARCEIN et Aurélien MILTENBERGER

RELATIONS PRESSE ✆ **01 53 69 70 19**
Jean-Mary MARCHAL

DIFFUSION ✆ **01 53 69 70 68**
Eric MARTIN, Bénédicte MOULET, Jean-Pierre GHEZ, Antoine REYDELLET et Nathalie GONCALVES

DIRECTEUR ADMINISTRATIF ET FINANCIER
Gérard BRODIN

RESPONSABLE COMPTABILITE
Isabelle BAFOURD assistée de Bérénice BAUMONT, Angélique HELMLINGER et Oumy DIOUF

DIRECTRICE DES RESSOURCES HUMAINES
Dina BOURDEAU assistée de Sandra MORAIS et Magali DALIAH

© SYLVIE FRANCOISE

LE PETIT FUTÉ
ASIE CENTRALE 2010-2011
3e édition

NOUVELLES ÉDITIONS DE L'UNIVERSITÉ©
Dominique AUZIAS & Associés©
18, rue des Volontaires - 75015 Paris
Tél. : 33 1 53 69 70 00 - Fax : 33 1 53 69 70 62
Petit Futé, Petit Malin, Globe Trotter, Country Guides et City Guides sont des marques déposées ™®©
© Photo de couverture : Hervé Kerros
Légende : L'imposant dôme de la madrasa Mir-i-Arab, Boukhara
ISBN - 9782746928657
Imprimé en France par IMPRIMERIE CHIRAT - 42540 Saint-Just-la-Pendue

Pour nous contacter par email, indiquez le nom de famille en minuscule suivi de @petitfute.com
Pour le courrier des lecteurs : country@petitfute.com

Bienvenue en Asie centrale!

Point de rencontre entre Orient et Occident, berceau de civilisations autrefois florissantes et aujourd'hui disparues, à l'instar des Parthes ou des Sogdiens, champs de bataille pour les tribus nomades et oasis prospère pour les sédentaires, l'Asie centrale a été tout cela et bien plus encore. Après la longue période soviétique qui a quasiment fermé au monde occidental la plupart des pays de la zone, l'Asie centrale est une destination touristique encore neuve. Placés au centre de l'actualité par leur proximité avec l'Afghanistan, les cinq pays tentent de se démarquer de leur encombrant voisin pour offrir aux voyageurs un bel aperçu de leur patrimoine naturel et historique. Outre les trésors d'architecture et de sites archéologiques, un voyage en Asie centrale est une véritable découverte des hommes et de leur environnement.

Au cœur de la destination, l'Ouzbékistan offre les plus beaux vestiges architecturaux de la route légendaire avec ses villes étapes comme Samarkand, Boukhara ou Khiva. Mais c'est plus au sud, au Turkménistan, que les vestiges archéologiques des civilisations passées de l'Asie centrale sont plus présents, même si le visiteur aura plutôt l'impression d'errer dans les frontières étroites d'une dictature narcissique. Le Kazakhstan et surtout le Kirghizistan ouvrent les portes des cultures nomades qui ont façonné la région au cours des siècles et sont encore vivaces dans les larges steppes de ces deux pays. Le Tadjikistan ravira les amateurs de montagne qui pourront se mesurer au Pamir. En résumé, l'Asie centrale est prête à satisfaire toutes les envies. Surtout, ces pays n'étant pas encore accoutumés aux masses de touristes, chaque rencontre reste exceptionnelle. Il faut avoir passé l'après-midi dans les *tchaïkhanas* avec les vieux Ouzbeks concentrés sur leur partie d'échecs, bu du lait de jument fermenté sous la yourte de nomades kirghiz, éclusé quelques vodkas avec les Russes toujours présents, partagé les chaos des routes ou les soubresauts des trains avec les locaux, discuté sans fin, avec les mains, les yeux et les sourires avec des compagnons de fortune pour saisir la caractéristique première des habitants d'Asie centrale : leur hospitalité. Tous vous le diront : « Bienvenue en Asie centrale ! ».

L'équipe de rédaction

Ce guide a été fabriqué chez un imprimeur bénéficiant du label IMPRIM'VERT.
Cette démarche implique le respect de nombreux critères contribuant à préserver l'environnement.

Sommaire

INVITATION AU VOYAGE

DÉCOUVERTE

KAZAKHSTAN

KIRGHIZISTAN

OUZBÉKISTAN

Omsk
Novokuzneck
Barnaul
Ob'
Bisjsk
chetau
Pavlodar
RUSSIE
Gorno-Altajsk
Ekibastouz
Ertis
STANA
Semey
Oskemen
Temirtau
Qaraghandy
Altay
Zayssan
zqazghan
Balqash
Balqash Köl
Karamay
Tadyqorghan
Shihezi
Yining
Almaty
BICHKEK
Taraz
Ysyk-Kol
Karakol
Korla
Shymkent
KIRGHIZISTAN
Kuqa
ACHKENT
Aksu
Tarim
Namangan
Andijon
Och
Khodjent
Kashi
CHINE
TADJIKISTAN
rcande
Pik Kommunizma
Shache
DOUCHANBE
Pamir
Altitude (en mètres)
500
200
Capitale
Ville
Frontière
Route principale
Route secondaire
Kunduz
azar-e Sharif
Gigit
Bamian
KABOUL
ANISTAN
ISLAMABAD
Srinagar
Ghazni
Jammu
INDE
PAKISTAN
Shiquanhe
Qandahar
Lahore
Amritsar

© SYLVIE FRANCOISE

Nécropole Shah-I-Zinda, Samarkand

© SYLVIE FRANCOISE

Portrait d'un Kirghiz portant un kalpak

© SYLVIE FRANCOISE

Désert de Karakum au Turkménistan

© JEFF JONES - ICONOTEC

Statue de Muhammad Ibn Musa Al-Khorezmi (mathématicien inventeur de l'algorithme) à Khiva

Les plus de l'Asie centrale

Des sites archéologiques impressionnants

Bien peu subsiste des anciennes civilisations qui ont peuplé l'Asie centrale : les hordes mongoles puis les armées timourides ont détruit la plupart des villes et oasis qui étaient l'héritage de ces cultures aujourd'hui disparues. Mais les fouilles archéologiques, commencées par les soviétiques et poursuivies depuis, ont permis de mettre au jour les vestiges de ces civilisations dont les noms mêmes font rêver. Grâce aux sites archéologiques aujourd'hui ouverts au public, on peut redécouvrir la culture parthe à Nissa, les magnifiques peintures sogdiennes à Penjikent, les étonnants mausolées de l'antique Margiane, les remparts défensifs d'Alexandre le Grand ou les constructions plus élaborées des Sassanides et des rois de Khorezm. Le Turkménistan est probablement le pays le plus riche en termes archéologiques, et offrant la plus grande diversité d'anciennes cultures. Ouzbékistan, Kazakhstan et Tadjikistan sont les trois autres pays incontournables pour les amateurs d'histoire ancienne.

Une architecture très spécifique

C'est en général le moteur premier d'un voyage en Asie centrale : les coupoles bleues des mosquées et des madrasas, les minarets finement sculptés qui s'élancent vers le ciel, les caravansérails débordant d'activité ont fait rêver des générations de voyageurs. Les constructions timourides font de Khiva, Boukhara et Samarkand des trésors de l'architecture mondiale, Khiva étant d'ailleurs classée au patrimoine mondial de l'Unesco. La ville de Turkestan, au Kazakhstan, abrite également un impressionnant complexe architectural daté des débuts de l'ère timouride qui vaut le détour à lui tout seul. Mais au-delà de ces sites marquants, au-delà des grandes villes qui sont désormais les étapes incontournables des circuits touristiques, il faut aller découvrir les perles architecturales dissimulées dans les petits villages de la région. Ce seront les mosquées de tel village tadjik, les églises orthodoxes tout en bois perdues au fin fond du Kirghizistan ou en pleine lumière dans un parc d'Almaty, les vestiges de temples bouddhiques à côté de Termez en Ouzbékistan ou les étonnantes mosquées dounganes en forme de temple chinois dans la partie orientale du Kirghizistan. Les découvertes architecturales réservent bien des surprises en Asie centrale, et sont souvent nichées dans les endroits où on les attend le moins.

Une culture d'une grande richesse

Les modes de vie, les croyances et les traditions populaires d'Asie centrale sont le produit d'innombrables mélanges et brassages de cultures du monde entier à travers les siècles. On trouve en Asie centrale des représentants de toutes les religions : bouddhisme, orthodoxie, islam, toujours teintées de zoroastrisme, de chamanisme ou de mazdéisme, religions anciennes qui ont résisté à l'extinction. L'Asie centrale est l'endroit idéal pour découvrir un peu toutes ces cultures et ces religions, d'autant plus que l'islam, modéré par le pouvoir politique, est dans la majeure partie de la zone très ouvert et tolérant.

Mosquée de Bibi Khanoum à Samarkand

Plus grande mosquée d'Asie centrale à Kiptchak du Turkménistan

Une hospitalité de tous les instants

Il suffit de s'éloigner un peu des circuits touristiques pour rencontrer une population accueillante, pleine d'une curiosité bienveillante. Le sens de l'accueil, évident chez les populations nomades, est également très développé dans les oasis ou les villages de montagne de la région. Pas un voyage ne se conclura sans un bol de *kumis* sous une yourte kirghize, sans un *plov* partagé dans une maison ouzbek dont les portes se seront soudain ouvertes pour accueillir l'étranger de passage. L'hospitalité se manifestera encore plus souvent par des litres de thé offerts dans une *tchaïkhana* ou une maison, partagés au bord d'une route ou dans un train. Malgré les difficultés de compréhension que rencontreront ceux qui ne parlent pas russe, ces moments de partage en toute simplicité donnent toute leur saveur à un voyage en Asie centrale.

Préparation du kumis (lait de jument) dans la chaîne Tianshan

Une nature d'une diversité exceptionnelle

Mer, montagne, désert, steppe... L'Asie centrale est un vrai bonheur pour les amateurs de nature. Les montagnards exploreront le Pamir tadjik, l'Altaï kazakh ou les Tianshan kirghiz. Les skieurs tenteront les pistes des environs d'Almaty au Kazakhstan ou de Karakol au Kirghizistan. Des marcheurs du dimanche aux randonneurs ou alpinistes les plus aguerris, tout le monde trouvera son compte dans les montagnes d'Asie centrale. Qui n'a rêvé de partir au grand galop dans une steppe s'étendant à perte de vue ? Du rêve à la réalité, il n'y a qu'un geste à faire au Kirghizistan et au Kazakhstan : celui de se mettre en selle ! Le Turkménistan permet également de parcourir des pans du splendide désert du Karakum sur les étonnants chevaux Ahal-Tekke. Les déserts d'Asie centrale offrent tous des paysages fascinants : dunes de sable du Karakum, platitude caillouteuse de Kyzylkum, plaines de sel sur ce qui était autrefois le fond de la mer d'Aral... Enfin, pour se remettre des randonnées en montagne ou des explorations du désert, l'Asie centrale propose de nombreux lacs, certains dignes de mers intérieures : Caspienne, bien sûr, mais aussi lac Issyk-Kul au Kirghizistan, Balkash au Kazakhstan, sans oublier la mer d'Aral au destin tragique.

Fiches techniques

Kazakhstan

Argent

- **Monnaie :** tengue (code bancaire KZT).
- **Taux de change** (février 2010) : 1 € = 203 tengues, 1 000 tengues = 4,92 €.
- **Idées de budget :** petit budget = 40 €/jour, budget moyen = 70 €/jour, gros budget = 120 €/jour. Dans les grandes villes, Astana et Almaty, les logements sont relativement chers, et il faut donc tabler sur un budget minimum un peu plus élevé. Pour ceux qui comptent couvrir de longues distances dans le pays, les billets d'avion pèseront également lourdement.

Statistiques

- **Nom officiel :** république du Kazakhstan.
- **Capitale :** Astana.
- **Population totale :** 15,4 millions d'habitants (2008).
- **Composition de la population :** 23 % de la population a moins de 15 ans, 8,2 % a plus de 65 ans. L'âge moyen est de 28,8 ans. Le pays est peuplé de 53 % de Kazakhs, 30 % de Russes, 4 % d'Ukrainiens, 2 % d'Allemands, 2 % d'Ouzbeks, les 9 % restants étant un mélange de diverses ethnies d'Asie centrale ainsi que de Coréens.
- **Croissance démographique :** 0,39 % (2009).
- **Espérance de vie :** 66,9 ans en 2009 contre 67,9 en 1991.
- **Mortalité infantile :** 28,3 ‰ (2009).
- **Religions principales :** islam sunnite (47 % de la population), chrétiens orthodoxes (44 %), minorité catholique, minorité protestante (2 %).
- **Langues officielles :** kazakh et russe.
- **Langues parlées :** kazakh et russe.
- **Taux d'alphabétisation :** 99,4 % (2008).
- **Superficie :** 2,717 millions de km².
- **Topographie :** le point le plus élevé est le pic Khan-Tengri à 6 995 m d'altitude.
- **Produit intérieur brut :** 132,3 milliards de dollars contre 18,3 milliards en 2000 et 24,8 milliards en 1991.
- **PIB par habitant :** 2 377 dollars.
- **Taux de croissance :** 3,2 % en 2008.
- **Taux d'inflation :** 17 % en 2009.
- **Taux de chômage :** 7,3 % en 2008.
- **Population sous le seuil de pauvreté :** 20 % (pas de donnée fiable depuis 2004).

Téléphone

- **Code pays :** 7.
- **Indicatifs téléphoniques** des principales régions administratives : Almaty : 3272 • Astana : 3172 • Kyzyl-Orda : 32422 • Aralsk : 32433 • Oust-Kamenogorsk : 3232 • Shymkent : 3252 • Turkestan : 32533.
- **De France au Kazakhstan :** 00 + 7 + code ville + numéro local (ex : téléphoner à Almaty : 00 7 3272 123456).
- **Du Kazakhstan en France :** 8 + 33 + numéro local sans le code initial (ex : téléphoner à Paris : 8 33 1 12 34 56).
- **D'une ville à l'autre à l'intérieur du Kazakhstan :** 0 + code ville + numéro local (ex : téléphoner d'Astana à Almaty : 03272 123456).
- **En local dans une ville :** numéro local seul (ex : téléphoner d'Almaty à Almaty : 123456).
- **Coût du téléphone :** les appels locaux à l'intérieur d'une ville sont en général gratuits depuis les chambres d'hôtel. S'ils sont facturés, ils coûtent en général quelques dizaines de tenges la minute. Les appels longue distance à l'intérieur du Kazakhstan sont un peu plus chers. Pour appeler à l'étranger, et notamment vers l'Europe, compter environ 2 $ la minute.

Transcription des noms

Il existe souvent plusieurs translittérations possibles en alphabet latin des noms de ville et des personnages historiques ou contemporains d'Asie centrale. Pour les noms les plus connus, et notamment ceux des capitales, nous avons choisi celle la plus fréquemment utilisée en France. Pour les autres, nous avons privilégié la transcription anglo-saxonne, qui est celle figurant sur toutes les cartes disponibles de la région.

- **Téléphonie mobile :** elle commence à se développer dans le pays, mais la couverture du réseau est loin d'être efficace partout. Si l'on reste dans les grandes villes, on peut acheter une puce locale pour une dizaine de dollars.
- **Internet :** il s'est popularisé au Kazakhstan, et l'on arrive à trouver des cafés Internet même dans les plus petites villes. Les connections ne sont cependant pas toujours d'une grande rapidité en dehors d'Almaty et d'Astana. Compter autour de 300 T/h en fonction du lieu et de la qualité du réseau.

Décalage horaire

+ 4 heures par rapport à la France en été, + 5 heures en hiver.

Climat

Le Kazakhstan a un climat continental, avec de grandes différences entre le nord et le sud. Le nord connaît des températures élevées en été, mais descend jusqu'à - 40 °C en hiver, même dans la nouvelle capitale Astana. Au sud, l'hiver est plus clément, mais les étés peuvent être étouffants et de violents orages secouent fréquemment Almaty.

Saisonnalité

Les meilleures conditions climatiques sont réunies en été, surtout si l'on envisage de faire de la montagne, dans l'Altaï notamment. Dans l'extrême sud du pays, la chaleur peut être écrasante en été, et il faut alors privilégier le printemps et l'automne. Les conditions climatiques sont généralement difficiles en hiver.

Kirghizistan

Argent

- **Monnaie :** som (code bancaire KGS).
- **Taux de change** (février 2010) : 1 € = 60,9 soms, 1 000 soms = 16,4 €.
- **Idées de budget :** petits budgets = 20 €/jour, budget moyen = 50 €/jour, gros budget = 150 €/jour.

Statistiques

- **Nom officiel :** République du Kirghizistan.
- **Capitale :** Bichkek.
- **Population totale :** 5,2 millions d'habitants.
- **Composition de la population :** 60 à 65 % de Kirghizes, 15 % d'Ouzbeks, 9 % de Russes, 1,2 % de Dungans, 1,1 % de Ouïghours. Ukrainiens, Coréens, Tatars, Allemands... 8 %. Le tiers de la population est âgé de moins de 15 ans.
- **Croissance démographique :** 0,82 % en 2008.
- **Espérance de vie :** 67 ans en 2008 contre 68,5 ans en 1991.

Madrasa Oulough Beg à Boukhara

- **Mortalité infantile :** 33 ‰ en 2008.
- **Religions principales :** islam sunnite (70 % de la population), orthodoxie, protestantisme.
- **Langues officielles :** kirghize et russe.
- **Langues parlées :** kirghize et russe, ouzbek dans la vallée du Ferghana.
- **Taux d'alphabétisation :** 99,3 % des plus de 15 ans en 2008.
- **Superficie :** 198 500 km².
- **Topographie :** le point le plus élevé est le pic de la Victoire, à 7 439 m d'altitude.
- **Produit intérieur brut :** 4,4 milliards de dollars en 2008.
- **PIB par habitant :** 340 dollars mais 2 100 $ en parité de pouvoir d'achat.
- **Taux de croissance :** 7,4 % en 2007.
- **Taux d'inflation :** 10 % en 2008.
- **Taux de chômage :** 8,6 % en 2008.
- **Population sous le seuil de pauvreté :** environ 40 %.

Téléphone

- **Code pays :** 996.
- **Indicatifs téléphoniques** des principales régions administratives : Bichkek : 312 • Cholpon-Ata : 3943 • Karakol : 3922 • Naryn : 3522 • Osh : 3222.
- **De France au Kirghizistan :** 00 + 996 + code ville + numéro local (ex : téléphoner à Bichkek : 00 996 312 123456).
- **Du Kirghizistan en France :** 00 + 33 + numéro local sans le zéro initial (ex : téléphoner à Paris : 00 33 1 12 34 56 78).
- **D'une ville à l'autre au Kirghizistan :** 0 + code ville + numéro local (ex : téléphoner de Bichkek à Osh : 0 3222 12345).
- **En local dans une ville :** numéro local seul (ex : de Bichkek à Bichkek : 123456).
- **Coût du téléphone :** une communication locale coûte 5 soms la minute. Les communications internationales sont facturées aux environs de 35 soms la minute vers l'Europe, 20 soms la minute vers les autres pays d'Asie centrale.
- **Téléphonie mobile :** elle fonctionne presque partout dans le pays tant que l'on reste dans les vallées. En montagne, la réception et l'émission sont plus aléatoires. Il vous en coûtera quelques 500 soms pour acheter une puce et un numéro de téléphone au Kirghizistan
- **Internet :** il s'est popularisé au Kirghizistan, mais la qualité des connexions reste très inégale. Elle est très bonne à Bichkek, beaucoup plus aléatoire partout ailleurs, y compris à Osh. La norme se situe entre 20 et 30 soms de l'heure, mais de nombreux cybercafés calculent ensuite au nombre de mégabytes reçus sur le poste.

Décalage horaire

+ 4 heures par rapport à la France en été, + 5 heures en hiver.

Climat

Le Kirghizistan est un pays très montagneux, et les températures peuvent descendre assez bas même en été. En hiver, la neige recouvre une grande partie du pays, et coupe souvent la liaison routière entre le nord (Bichkek) et le sud (Osh).

Saisonnalité

Pour toute expédition au Kirghizistan, qu'elle soit équestre, pédestre, qu'il s'agisse de balades, randonnées ou alpinisme, il faut privilégier l'été, et notamment la période qui va de fin juin à fin août.

Ouzbékistan

Argent

- **Monnaie :** soums (code bancaire UZS).
- **Taux de change** (mars 2010) : 1 € = 2 119 soums, 10 000 soums = 4,7 €.
- **Idées de budget :** petit budget = 20 €/jour, budget moyen = 60 €/jour, gros budget = 120 €/jour.

Statistiques

- **Nom officiel :** république d'Ouzbékistan.
- **Capitale :** Tachkent.
- **Population totale :** 27,3 millions d'habitants (2010).
- **Composition de la population :** plus de cent nationalités cohabitent en Ouzbékistan. Les Ouzbeks sont majoritaires dans la vallée de Ferghana et à Tachkent, et les Tadjiks sont majoritaires à Boukhara et Samarkand.
- **Croissance démographique :** 1,7 % en 2009.
- **Espérance de vie :** 65 ans en 2009 contre 69 ans en 1991.
- **Mortalité infantile :** 69,6 ‰.
- **Religions principales :** islam sunnite (85 % de la population), chrétiens orthodoxes.

- **Langue officielle :** ouzbek.
- **Langues parlées :** ouzbek et russe, tadjik à Boukhara et Samarkand, karakalpak en Karakalpakie, et aussi kazakh, ouïgour, coréen, allemand, kirghiz...
- **Taux d'alphabétisation :** 99,3 %.
- **Superficie :** 447 400 km².
- **Topographie :** point le plus élevé : Adelunga Toghi à 4 301 m.
- **Produit intérieur brut :** 27,9 milliards de dollars en 2008.
- **PIB par habitant et par an :** 1 700 dollars.
- **Taux de croissance :** 9,5 % en 2007.
- **Taux d'inflation :** 10 %.
- **Taux de chômage :** 0,7 % selon les statistiques officielles, mais on estime le sous-emploi à 20 % de la population active.
- **Population sous le seuil de pauvreté :** 28 %.

Téléphone

- **Code pays :** 998.
- **Indicatifs téléphoniques** des principales régions administratives : si les numéros locaux ne comportent que 6 chiffres, il faut systématiquement rajouter un 2 après le code ville. Si les numéros locaux comportent 7 chiffres, on se contente du code ville. Andijan : 74 • Boukhara : 65 • Ferghana : 73 • Khiva : 62 • Kokand : 73 • Noukous : 61 • Ourgentch : 62 • Samarkand : 66 • Tachkent : 71.
- **De France en Ouzbékistan :** 00 + 998 + code ville + numéro local (ex : téléphoner à Tachkent : 00 998 71 1234567).
- **D'Ouzbékistan en France :** 8 + 10 + 33 +numéro local sans le zéro initial (ex : téléphoner à Paris : 8 10 33 1 12 34 56 78).
- **D'une ville à l'autre en Ouzbékistan :** 0 + code ville + numéro local (ex : téléphoner de Samarkand à Tachkent : 071 1234567).
- **En local dans une ville :** numéro local seul (ex : téléphoner de Tachkent à Tachkent : 1234567).
- **Coût du téléphone :** dans les hôtels, compter entre 4 et 5 $ la minute pour appeler en France. Les bureaux de poste et les cabines destinées aux appels internationaux facturent ces appels entre 1 et 2 $ la minute. Les appels locaux sont facturés 100 soums les trois minutes depuis les téléphones publics.
- **Téléphonie mobile :** elle est bien développée en Ouzbékistan, et permet de pallier les carences des lignes fixes. On peut acheter une carte Sim auprès de la compagnie Coscom.
- **Internet :** les connexions sont souvent lentes, même dans les villes très touristiques, mais on trouve facilement des cafés Internet un peu partout. Ces dernières années, le pouvoir a renforcé son contrôle sur la toile et l'accès à certains sites d'informations de l'opposition (type www.ferghana.ru) ou même des sites type www.facebook.com ou similaires sont souvent interdits.

Décalage horaire

+ 3 heures par rapport à la France en été, + 4 heures en hiver.

Climat

Le climat est de type continental, très sec et froid en hiver, très chaud en été, avec de larges écarts de températures entre le jour et la nuit. Les intersaisons sont brèves et peu marquées. En été, et notamment en juillet et août, les températures peuvent facilement dépasser les 40 °C, et atteignent même parfois 50 °C à l'ouest et au sud du pays. En hiver, le thermomètre chute jusqu'à -40 °C en Karakalpakie ainsi que dans les zones de montagnes, où les cols sont en général fermés.

Saisonnalité

La haute saison touristique s'étend du 1er avril au 31 octobre, avec un creux de fréquentation en juillet et début août, lorsque les températures sont trop élevées. Le climat permet de continuer à voyager en novembre dans l'ensemble du pays, mais les températures nocturnes sont déjà très basses à cette période de l'année.

Tadjikistan

Argent

- **Monnaie :** somoni (code bancaire TJS).
- **Taux de change** (mars 2007) : 1 € = 5,97 somonis, 100 somonis = 16,7 €.
- **Idées de budget :** petit budget = 50 €/jour, budget moyen = 80 €/jour, gros budget = 120 € par jour. Les budgets doivent tenir compte des coûts de déplacement en montagne, sur des pistes difficiles.

Statistiques

- **Nom officiel :** république du Tadjikistan.

- **Capitale :** Douchanbe.
- **Population totale :** 7,3 millions d'habitants.
- **Composition de la population :** 38 % de la population a moins de 14 ans et l'âge médian se situe à 20 ans. La population est composée à 80 % de Tadjiks, 15 % d'Ouzbeks, 1 % de Russes, 1 % de Kirghiz.
- **Croissance démographique :** 1,6 % en 2008.
- **Espérance de vie :** 66,8 ans contre 62 ans en 1991.
- **Mortalité infantile :** 56,5 ‰ en 2007.
- **Religions principales :** 85 % de la population est musulmane sunnite, 5 % est musulmane chiite.
- **Langue officielle :** tadjik.
- **Langues parlées :** tadjik et russe.
- **Taux d'alphabétisation :** 99,4 %.
- **Superficie :** 143 100 km².
- **Topographie :** point le plus élevé : pic Somoni à 7 495 m d'altitude.
- **Produit intérieur brut :** 4,7 milliard de dollars en 2008.
- **PIB par habitant et par an :** 1 761 dollars.
- **Taux de croissance :** 7,8 % en 2007.
- **Taux d'inflation :** 20,5 % en 2008.
- **Taux de chômage :** 2,5 % en 2007 (chiffre non vérifiable).
- **Population sous le seuil de pauvreté :** 65 %.

Téléphone

- **Code pays :** 992.
- **Indicatifs téléphoniques** des principales régions administratives : Douchanbe : 372 • Khojand : 3422 • Istaravshan : 3454 • Penjikent : 3475 • Khorog : 35220 • Murgab : 82130.
- **De France au Tadjikistan :** 00 + 992 + code ville + numéro local (ex : téléphoner à Douchanbe : 00 992 372 123456).
- **Du Tadjikistan vers la France :** 10 + 33 + numéro local sans le zéro initial (ex : téléphoner à Paris : 10 33 1 12 34 56 78).
- **D'une ville à l'autre au Tadjikistan :** 0 + code ville + numéro local (ex : téléphoner de Khojand à Douchanbe : 0372 123456).
- **En local dans une ville :** numéro local seul (ex : téléphoner de Douchanbe à Douchanbe : 123456).

- **Coût du téléphone :** les appels locaux coûtent environ 0,1 somoni la minute et 0,2 somoni la minute pour un appel national longue distance. Les appels internationaux sont en revanche chers : compter 6 somonis la minute vers l'Europe.
- **Téléphonie mobile :** elle ne s'est vraiment développée qu'à Douchanbe, mais on peut acheter une carte Sim avec un numéro local auprès de la compagnie de télécommunications Tajiktel à Douchanbe.
- **Internet :** il est étonnamment facile et rapide dans la capitale, un peu moins évident ailleurs.

Décalage horaire

+ 3 heures par rapport à la France en été, + 4 heures en hiver.

Climat

Le climat du Tadjikistan est continental et sec, et les écarts de températures sont encore accentués par l'altitude. Ainsi, sur les hauts plateaux désertiques du Pamir, le thermomètre peut descendre jusqu'à -60 °C en hiver, alors que la vallée du Ferghana connaît en été des pointes à plus de 40 °C. Quoi qu'il en soit, même en été, les températures nocturnes sont très fraîches. Il pleut en revanche assez peu, et les précipitations ont surtout lieu en mars et avril.

Saisonnalité

Pour toutes les zones de montagnes, la meilleure saison est évidemment l'été, pendant les quelques mois où les cols sont à peu près praticables. Il est très difficile de se déplacer en hiver au Tadjikistan, et le printemps, avec la fonte des neiges, est peu recommandé. En automne, certains cols sont déjà fermés, et les températures nocturnes chutent déjà très nettement.

Turkménistan

Argent

- **Monnaie :** le nouveau manat en vigueur depuis janvier 2009 (code bancaire TMT).
- **Taux de change** (mars 2010) : 1 € = 3,9 nouveaux manats, 100 nouveaux manats = 25,6 €.
- **Idées de budget :** petit budget = 70 à 80 €/jour, budget moyen = 110 €/jour, gros budget = 200 €/jour. Le tourisme coûte cher au Turkménistan, où il n'existe que peu de chambres d'hôtes et beaucoup d'hôtels d'État…

Statistiques

- **Nom officiel :** république du Turkménistan.
- **Capitale :** Achgabat.
- **Population totale :** 5,2 millions d'habitants.
- **Composition de la population :** 85 % de Turkmènes, 10 % d'Ouzbeks, 3 % de Russes, ainsi que des communautés azéries, iraniennes et kazakhes. 35 % de la population a moins de 14 ans, et l'âge médian se situe à 21,8 ans.

Joueur de bozkachi

- **Croissance démographique :** 1,29 %.
- **Espérance de vie :** 63,1 ans (inchangé depuis 1991).
- **Mortalité infantile :** 44,9 ‰.
- **Religions principales :** islam sunnite (89 % de la population) et chrétiens orthodoxes (9 %).
- **Langue officielle :** turkmène.
- **Langues parlées :** turkmène et russe, ainsi qu'une minorité parlant ouzbek (7 % de la population environ).
- **Taux d'alphabétisation :** 98,8 %.
- **Superficie :** 488 100 km².
- **Topographie :** point le plus élevé : Gora Ayribaba à 3 139 m d'altitude.
- **Produit intérieur brut :** 27,26 milliards de dollars en 2008.
- **PIB par habitant :** 6 640 $ en 2009.
- **Taux de croissance :** plus de 20 % selon les statistiques officielles, mais aucun chiffre officiel n'a pu être vérifié. De même, aucune source fiable n'a pu être trouvée pour chiffre l'inflation ou le chômage ces dernières années.
- **Population sous le seuil de pauvreté :** 68 % en 2010.

Téléphone

- **Code pays :** 993.
- **Indicatifs téléphoniques** des principales régions administratives : Achgabat : 12 • Mary : 522 • Dashogus : 322 • Turkmenbashi : 243 • Balkanabad : 243.
- **De France au Turkménistan :** 00 + 993 + code ville +numéro local (ex : téléphoner à Achgabat : 00 993 12 123456).
- **Du Turkménistan vers la France :** 00 + 33 + numéro local sans le zéro initial (ex : téléphoner à Paris : 00 33 1 12345678).
- **D'une ville à l'autre au Turkménistan :** 0 + code ville + numéro local (ex : téléphoner de Dashogus à Achgabat : 012 123456).
- **En local dans une ville :** numéro local seul (ex : d'Achgabat à Achgabat : 123456).
- **Coût du téléphone :** les communications locales sont gratuites, et celles longue distance à l'intérieur du pays se font à coût extrêmement réduit. Les appels internationaux sont en revanche relativement chers et sont en outre susceptibles d'être écoutés.
- **Téléphonie mobile :** le réseau de téléphonie mobile fonctionne bien en dehors des zones désertiques. Les téléphones étrangers se

connectent en général automatiquement sur le réseau local. On peut également acheter une carte Sim locale en allant dans les bureaux de poste.

- **Internet :** il est pratiquement inexistant au Turkménistan, car soumis à des conditions d'enregistrement draconiennes. Les plus grands hôtels d'Achgabat ont des connexions, mais elles sont souvent réservées à leurs clients. Les cafés Internet sont rares et souvent clandestins.

Décalage horaire

+ 3 heures par rapport à la France en été, + 4 heures en hiver.

Climat

Les étés sont extrêmement chauds, et les températures s'élèvent rapidement dès le mois de mai. En revanche, les hivers sont relativement doux dans les plaines, et les températures descendent rarement en dessous de zéro à Achgabat.

Saisonnalité

Printemps et automne sont les meilleures saisons pour parcourir le pays sans avoir à souffrir de la chaleur et en ayant accès sans problème aux zones montagneuses.

Astana

Janvier	Février	Mars	Avril	Mai	Juin	Juillet	Août	Sept.	Octobre	Nov.	Déc.
-9°/ 0°	-8°/ 1°	-1°/ 8°	6°/ 16°	11°/ 21°	16°/ 27°	18°/ 29°	17°/ 29°	11°/ 23°	4°/ 14°	-3°/ 6°	-8°/ 0°

Tachkent

Janvier	Février	Mars	Avril	Mai	Juin	Juillet	Août	Sept.	Octobre	Nov.	Déc.
-6°/ 4°	-3°/ 7°	3°/ 12°	8°/ 18°	13°/ 26°	17°/ 31°	18°/ 33°	16°/ 32°	11°/ 27°	5°/ 18°	2°/ 12°	-2°/ 7°

Bichkek

Janvier	Février	Mars	Avril	Mai	Juin	Juillet	Août	Sept.	Octobre	Nov.	Déc.
-12°/-3°	-10°/-3°	-5°/ 4°	5°/ 15°	11°/ 20°	15°/ 23°	17°/ 25°	16°/ 22°	11°/ 18°	3°/ 15°	-3°/ 6°	-11°/ 0°

Douchanbé

Janvier	Février	Mars	Avril	Mai	Juin	Juillet	Août	Sept.	Octobre	Nov.	Déc.
-3°/ 6°	-2°/ 8°	3°/ 14°	9°/ 21°	13°/ 27°	16°/ 32°	19°/ 37°	18°/ 37°	13°/ 31°	6°/ 24°	3°/ 16°	0°/ 10°

Achgabat

Janvier	Février	Mars	Avril	Mai	Juin	Juillet	Août	Sept.	Octobre	Nov.	Déc.
-2°/ 5°	-1°/ 7°	2°/ 10°	7°/ 18°	15°/ 25°	18°/ 30°	22°/ 33°	22°/ 33°	17°/ 27°	9°/ 20°	3°/ 13°	0°/ 9°

Idées de séjour

Vu la superficie couverte par l'Asie centrale et le nombre de pays que comporte la région, un séjour court en Asie centrale semble très difficile à organiser, surtout compte tenu des difficultés d'obtention des visas. Si lors de longs séjours, vous pouvez vous permettre d'attendre 48 heures dans une capitale pour décrocher le visa du pays voisin, nous vous conseillons, pour les durées de séjour inférieures à deux semaines, de décrocher tous vos visas avant le départ. Voici une sélection de quelques séjours courts permettant de combiner deux ou trois pays d'Asie centrale. Si vous ne disposez pas de plus de 10 jours, nous vous recommandons de vous concentrer sur un seul pays plutôt que de passer votre temps dans les transports. Pour tous les séjours courts : Tachkent est la capitale la plus facilement accessible grâce aux trois vols directs hebdomadaires entre Paris et la capitale ouzbèke.

10 jours en Ouzbékistan et au Turkménistan

- **Jour 1.** Arrivée directe à Ourgentch et transfert jusqu'à Khiva. La vieille ville peut être visitée en une journée, même en prenant son temps.
- **Jour 2.** Trajet jusqu'à Kunya Ourgentch, au Turkménistan et visite de la vieille ville.

© JEFF JONES - ICONOTEC

Coupole de la madrasa Mir-i-Arab à Boukhara

- **Jour 3.** Trajet jusqu'à Achkabad et visite de la ville.
- **Jour 4.** Trajet jusqu'à Merv, visite du site archéologique.
- **Jour 5.** Retour en Ouzbékistan, route jusqu'à Boukhara et premiers pas dans la ville.
- **Jour 6.** Une journée pleine pour découvrir à fond la cité marchande et prendre un peu de repos autour de son bassin rafraîchissant.
- **Jour 7.** Trajet jusqu'à Samarkand.
- **Jour 8.** Visite des grands sites historiques de Samarkand.
- **Jour 9.** Route jusqu'à Tachkent. Visite de la vieille ville. Passez la soirée à l'opéra.
- **Jour 10.** Dernières emplettes au bazar Chorsu et retour à Paris.

10 jours en Ouzbékistan et au Kirghizistan

- **Jour 1.** Arrivée directe à Ourgentch. Visite de Khiva.
- **Jour 2.** Fin de la visite de Khiva et trajet jusqu'à Boukhara.
- **Jour 3.** Un jour complet à la découverte des trésors de la cité marchande.
- **Jour 4.** Route jusqu'à Samarkand et premiers pas dans la capitale timouride.
- **Jour 5.** Visite des grands sites historiques de Samarkand.
- **Jour 6.** Trajet jusqu'à Tachkent et vol pour Bichkek. Découverte de la capitale kirghize.
- **Jour 7.** Excursion jusqu'à Cholpon Ata, sur la rive Nord du lac Issyk Kul et visite du champ de pétroglyphes.
- **Jour 8.** Trajet jusqu'à Song Kul.
- **Jour 9.** Randonnée à cheval et soirée repos sur les rives du lac.
- **Jour 10.** Retour à Bichkek et vol pour Tachkent puis liaison avec la France.

10 jours au Kirghizistan et au Tadjikistan

- **Jour 1.** Arrivée à Bichkek. Découverte de la capitale kirghize.
- **Jour 2.** Trajet jusqu'à Cholpon Ata. Visite du champ de pétroglyphes.

Environs du lac Issyk Kul dans la chaîne des Tianshan

- **Jour 3.** Trajet jusqu'à Karakol. Visite de la ville.
- **Jour 4.** Excursion autour de Karakol, à Jeti Öghuz ou Altyn Arashan.
- **Jour 5.** Trajet jusqu'à Song Kul. Excursion à cheval et repos le soir.
- **Jour 6.** Retour à Bichkek et vol pour Douchanbe.
- **Jour 7.** Visite de la capitale tadjike.
- **Jour 8.** Route jusqu'aux ruines de Pendjikent.
- **Jour 9.** Retour vers Douchanbe via le lac Iskanderkul. Petite randonnée autour du lac.
- **Jour 10.** Retour à Douchanbe puis Bichkek pour le vol retour.

12 jours en Ouzbékistan et au Kazakhstan

- **Jours 1 à 6.** Reprise du programme de l'itinéraire ci-avant.
- **Jour 7.** Vol Tachkent-Astana et visite de la capitale kazakhe.
- **Jour 8.** Trajet Astana-Balkhach, découverte de la Rive nord du lac.
- **Jour 9.** Route jusqu'à Almaty. Premiers pas dans la très européenne ancienne capitale kazakhe.
- **Jour 10.** Promenade autour d'Almaty dans la réserve naturelle.
- **Jour 11.** Trajet jusqu'à Turkestan, visite du mausolée.
- **Jour 12.** Trajet jusqu'à Tachkent via Chymkent et vol retour.

Séjour long : 35 à 40 jours

Voici une suggestion d'itinéraire avec arrivée à Ourgentch et retour depuis Tachkent, en Ouzbékistan. Il suppose que vous ayez sur votre passeport un visa ouzbek multiples entrées, un visa turkmène de transit, et une autorisation de passage de la frontière à Murgab, au Tadjikistan.

- **Jour 1.** Arrivée à Ourgentch muni d'un visa à entrées multiples.
- **Jours 2 et 3**. Visite de Khiva et excursion dans les citadelles du désert. Ajoutez encore deux à trois jours pour effectuer une excursion jusqu'à Nukus pour visiter le musée Savitsky ou pousser jusqu'à Moynaq, le port ouzbek sur l'ancienne mer d'Aral.
- **Jour 4.** Passez la frontière du Turkménistan (simple visa de transit) pour aller visiter Konye-Urgench.
- **Jours 5 et 6.** Route jusqu'à Achgabat, visite de la capitale turkmène.

- **Jour 7**. Route jusqu'à Merv et découverte du site archéologique.
- **Jour 8**. Retournez en Ouzbékistan jusqu'à Boukhara.
- **Jours 9 à 11**. Visite de la capitale samanide et de ses trésors architecturaux : la forteresse de l'émir, Poy Kalon, le bassin liab-i-Khaouz…
- **Jours 12 à 14**. Route jusqu'à Samarkand et viste de la capitale timouride. Prenez si vous le pouvez un jour de plus pour faire une excursion à Ourgout (village typique des montagnes) ou Shahrisabz (ville natale de Tamerlan).
- **Jour 15**. Passage de la frontière pour le Tadjikistan à Denau.
- **Jour 16**. Visite du site de Pendjikent.
- **Jours 17 et 18**. Route jusqu'à Douchanbe et un peu de repos dans la capitale tadjike.
- **Jour 19**. Passage de la frontière vers le Kirghizistan au niveau de Murgab (pensez à demander un visa tadjik comportant l'autorisation de traverser la région).
- **Jour 20**. Visite de Osh.
- **Jours 21 à 23**. Route jusqu'à Bichkek et visite de la capitale kirghize.
- **Jour 24**. Route jusqu'à Karakol. En chemin, visitez les pétroglyphes de Cholpon-Ata.
- **Jours 25 à 27**. Faites votre choix parmi les nombreuses possibilités d'excursions et de treks offertes par les montagnes autour de Karakol.
- **Jour 28**. Trajet jusqu'à Kochkor puis Song ul.
- **Jour 29**. Goûtez au repos sous la yourte à Song Kul.
- **Jour 30**. Retour à Bichkek et passage de la frontière vers Almaty au Kazakhstan.
- **Jours 31 à 34**. Route jusqu'au lac Balkach et farniente au bord de l'eau.
- **Jour 35**. Retour jusqu'à Turkestan, visite.
- **Jour 36**. Passage de la frontière vers Tachkent.
- **Jour 37**. Découverte de la capitale ouzbèke : le bazar Chorsu, la place Amur Timur, l'Opéra Navoï, le musée des Beaux-Arts.
- **Jour 38**. Retour.

Séjours thématiques

En fonction des envies de chacun, des multitudes de séjours sont possibles en Asie centrale.

La route du Pamir

Cette route mythique est l'une des plus impressionnantes d'Asie centrale. Elle traverse

Rando dans un canyon partant du lac Issyk Kul

les montagnes du Pamir, offrant des points de vue époustouflants sur les sommets enneigés, sillonnant de hauts plateaux désertiques, et permettant des haltes dans d'incroyables villages nichés dans les vallées. Les jours ne sont donnés qu'à titre indicatif, car le temps de trajet peut varier considérablement si l'on a un véhicule individuel ou si l'on compte sur les transports en commun. De plus, les excursions et trekkings possibles sont innombrables dans la région. Il convient néanmoins de se renseigner au préalable sur les autorisations nécessaires : le Pamir est une zone frontalière sensible.

- **Jour 1**. Arrivée à Douchanbe, capitale du Tadjikistan. Découverte de la ville, qui propose quelques musées intéressants, des bazars pittoresques et des parcs plein d'animation.
- **Jour 2**. Départ pour Khorog, à l'entrée de la vallée de Wakhan.
- **Jours 3 et 4**. Exploration des environs de Khorog, où l'on peut encore admirer des ruines de forteresses, profiter des sources naturelles pour quelques bains régénérateurs, et admirer les magnifiques paysages de la vallée de Wakhan (il vaut mieux avoir un véhicule individuel pour cette expédition, que l'on peut décider de prolonger de quelques jours).
- **Jour 5**. Route de Khorog à Langar, que l'on peut pousser jusqu'à Murgab si l'on n'a pas envie de flâner en chemin.
- **Jours 6 à 8**. De Murgab, on peut prendre une ou deux journées pour aller jusqu'au lac Kara-kul, perle bleutée encerclée de pics acérés. Depuis Murgab, de nombreux trekkings sont possibles, qui peuvent être organisés sur place. On peut alors rester autour de Murgab aussi longtemps que dureront les trekkings choisis.
- **Jour 9**. Route jusqu'à Sary Tash. La ville frontière entre le Tadjikistan et le Kirghizistan offre plusieurs possibilités. On peut choisir de continuer vers le nord, en passant au Kirghizistan, et arriver jusqu'à Osh. De là, le Kirghizistan et l'Ouzbékistan font partie des explorations possibles. On peut également décider de rester au Tadjikistan, et prendre la route du nord vers Sary Moghul.
- **Jour 10**. De Sary Moghul, on peut profiter de très belles vues sur le pic Lénine, qui méritent à elles seules un arrêt dans cette ville.
- **Jour 11**. Route jusqu'à Douchanbe, en passant par Garm. Le chemin peut être effectué en une journée si l'on a un véhicule individuel. Dans le cas contraire, il faut compter sur les aléas des transports locaux et le trajet peut durer plus longtemps.

Histoire

Les passionnés d'histoire partiront à la découverte de multiples sites archéologiques et traces historiques de la région : Dehistan, Nissa, Merv, Margush et Kunya-Ourgentch au Turkménistan, les forteresses du désert de Topraq-Qala et Ayaz-Qala, Khiva, Boukhara et Samarkand en Ouzbékistan, Penjikent et Hissar au Tadjikistan, Turkestan au Kazakhstan. Un tel périple, qui permet de passer des Parthes aux Sogdiens, des Sassanides aux Timourides, est faisable en un minimum de trois semaines, mais les sites présentent l'inconvénient, surtout dans la dernière partie (Tadjikistan et Kazakhstan) d'être très éloignés les uns des autres. Il faut alors être prêt soit à passer de longues heures dans les transports locaux, soit à prendre l'avion, ce qui alourdit considérablement le budget.

Écotourisme

Les sportifs trouveront leur bonheur. Les trekkings et randonnées équestres sont possibles dans l'Altaï, au nord du Kazakhstan, dans les montagnes Tianshan du Kirghizistan, et dans le Pamir tadjik. Pour chacune de ces destinations, des guides professionnels peuvent être recrutés sur place, et une partie de l'équipement peut être loué. Au Kirghizistan, il est également possible de faire du rafting.

Tourisme communautaire

Il est en train de se développer de façon efficace au Kirghizistan, ainsi que dans les villes de Khorog et Murgab au Tadjikistan. On loge chez l'habitant, les guides sont des gens du village, et on peut partager pendant quelques jours la vie des nomades kirghiz ou des montagnards tadjiks. C'est une très bonne façon de voyager en découvrant les populations locales, leurs modes de vie, et de partager leurs fêtes si on a la chance de se trouver au bon endroit au bon moment. Ce tourisme présente également l'avantage non négligeable de profiter directement aux populations locales, qui en sont les premiers bénéficiaires sur le plan économique.

DÉCOUVERTE

Minaret de Kalon à Boukhara

L'Asie centrale en 40 mots-clés

Aivan (ou Iwan)

Auvent, salle ouverte sur l'un de ses côtés, ou terrasse couverte dont le toit repose sur des colonnes de bois souvent très ouvragées. On en trouve dans les maisons particulières. Le plan traditionnel des mosquées à *aivan* comporte une cour fermée par quatre *aivan*.

Aksakal

« Barbe blanche » en ouzbek. Ce mot désigne les anciens, ces vieillards barbus que l'on voit partout réunis, en train de discuter, jouer aux dominos, ou simplement siroter un thé à l'ombre. Ils sont l'une des figures emblématiques de l'Asie centrale, et gardent un rôle important dans l'organisation sociale locale en présidant les conseils de quartier. Les décisions de ces sages sont respectées à la lettre, même si elles n'ont aucune valeur officielle. Les *aksakal* sont en outre la mémoire vivante de leur quartier, et la source d'une transmission orale de l'histoire locale. Ils sont choisis par cooptation pour leur sagesse et leur vertu, et sont en général issus d'une famille respectée par la communauté.

Vente de piments au grand bazar de Samarkand

Ark

Citadelle ou palais, qui correspond presque toujours au centre de la vieille ville.

Aryk

Canaux d'irrigation. Les *aryk* sillonnent les ruelles des grandes villes et des villages de toute l'Asie centrale. Les conduites sont le plus souvent à l'air libre. Ces canaux, souvent très anciens, apportent un peu de fraîcheur en été, mais contribuent au gaspillage en eau notamment durant les jours les plus chauds.

Assalam Aleïkoum

C'est la forme de salutation commune à tous les pays musulmans, traditionnellement accompagnée d'un geste de la main gauche posée sur le cœur. En pratique, aujourd'hui, de nombreux habitants d'Asie centrale se saluent en se serrant la main, bien qu'ils aient conservé l'habitude de poser leur main sur leur cœur. Quand on se croise rapidement dans la rue, un simple « salam » suffit.

Balbal

Pierre ovale dressée sur le sol, qui est censée renfermer l'âme d'un ennemi tué au combat. On en trouve dans toute l'Asie centrale et en Mongolie. Ces étranges pierres datent des premières tribus turques venues du nord de la région.

Basmachi

Nom que les soviétiques donnèrent aux rebelles qui s'opposaient au pouvoir communiste dans les années 1920. Il signifie littéralement « bandit ».

Bazar

Le bazar est l'âme de la cité, aujourd'hui encore, il est le lieu le plus imprégné de la culture d'Asie centrale. On y fait des affaires, on y mange, on y boit le thé. Les marchandises qui y sont vendues, importées de Chine, de Turquie ou des Émirats, n'ont pas grand-chose à voir avec les soieries ou les tapis dont rêvent les Occidentaux quand on parle de Samarkand ou de Boukhara, mais on peut

y trouver son bonheur. Autrefois, chacun des corps de métiers possédait sa rue dans le bazar, une structure que l'on observe encore de nos jours. On ne voit pas, comme sur les marchés en France, un marchand de poisson à côté d'un étalage de fruits ; une allée entière consacrée aux vendeurs de fruits secs n'a rien d'exceptionnel. À l'origine, les corps de métiers, ou *kasaba*, étaient au nombre de trente-deux et étaient censés représenter l'ensemble des commerçants ; de même, chaque branche d'industrie était composée de trente-deux sous-divisions ; marchands de fruits ou de tapis, potiers, artisans du bronze ou cordonniers, chacun travaillait et vendait dans le bazar. Un nombre symbolique, *« choisi parce que le corps humain est censé être constitué de trente-deux membres, et donc le corps des commerçants doit comprendre trente-deux guildes lui aussi »* (E. Schuyeller, 1877). Allez voir les bazars le jour du grand marché, quand les villageois investissent le lieu et que l'ambiance devient franchement exotique, et surtout ne ratez pas les foires aux animaux !

Caravansérail

Égrenés le long des routes commerçantes, ces ancêtres des motels devaient être de véritables tours de Babel. Des marchands de tous horizons s'y croisaient le temps d'une étape, pour discuter, échanger des idées ou des informations, et faire du commerce. Les cellules ouvertes sur la cour centrale pouvaient se transformer en échoppes. Et les portes des caravansérails étaient suffisamment hautes pour laisser entrer les chameaux dans la cour intérieure.

Caspienne

La mer Caspienne constitue un enjeu géostratégique majeur en Asie centrale. Près de 90 % du caviar mondial provient de ce lac qui voudrait bien être considéré comme une mer. Et les réserves pétrolières sous-marines sont une manne économique potentielle pour les pays riverains, Iran, Azerbaïdjan, Russie, Kazakhstan et Turkménistan. Mais la Caspienne est également un sujet de tension entre ces pays, qui ne s'entendent pas toujours sur la définition de leurs eaux territoriales, et n'arrivent que rarement à se concerter pour mener des actions communes, notamment en termes de protection de l'environnement. L'exploitation pétrolière et les industries chimiques et métallurgiques des côtes entraînent une très forte pollution des eaux de la Caspienne, à tel point que la production de caviar pourrait en être menacée à court terme. De plus, le niveau de l'eau monte régulièrement depuis près de trente ans (+ 1,5 mètre entre 1978 et 1993), entraînant de graves dégâts dans les constructions et industries de bord de mer. Malgré les programmes internationaux qui tentent de trouver des solutions aux problèmes environnementaux, l'équilibre de la Caspienne est aujourd'hui gravement menacé.

Caviar

Près de 90 % du caviar mondial est issu de la mer Caspienne, et l'exploitation des œufs d'esturgeons est une activité commerciale très lucrative pour les cinq pays riverains. Il existe différentes variétés de caviar, la plus réputée étant les petits œufs gris du béluga. Malheureusement, l'exploitation du caviar a été victime de son succès : en 20 ans, le nombre d'esturgeons de la Caspienne est passé de 142 à 12 millions, entraînant des mesures de protection de la part des pays producteurs. Des quotas saisonniers sont par exemple adoptés ponctuellement afin de permettre la reproduction des poissons. Mais le braconnage reste très actif, encouragé par les prix élevés de vente du caviar, même au marché noir.

Chachlik

Ces brochettes de viande légèrement épicées, souvent arrosées de vinaigre et accompagnées d'oignons, sont servies dans toute l'Asie centrale. On en trouve au bœuf, au mouton, au poulet, avec des morceaux entiers mélangés à du gras ou bien sous forme de farce. Littéralement, *chachlik* signifie « six morceaux ». Les brochettes sont aussi appelées « kébab », c'est-à-dire « viande grillée », mais il s'agit alors plus souvent de farce que de morceaux.

Cheval

Les chevaux célestes de la vallée du Ferghana sont à l'origine du développement de la route de la soie. C'est l'animal indispensable des guerriers nomades, et ce sera aussi celui des armées chinoises. Un proverbe kirghiz affirme même que « les chevaux sont les ailes de l'homme ». Aujourd'hui encore, le cheval est l'un des moyens de transports privilégié des nomades kirghiz. Au Turkménistan, le cheval est un véritable objet de vénération, surtout s'il est de la race Akhal-Teke, qui est une fierté nationale.

Manger du cheval ou boire du lait de jument est complètement impensable au Turkménistan, alors que la viande de cheval est un mets de choix chez les Kirghiz. Dans toute la région, les jeux équestres font partie de la tradition et de la culture locales.

Corruption

Elle est très présente dans toute l'Asie centrale, et le touriste peut également y être confronté s'il rencontre des policiers cherchant à arrondir leurs fins de mois... Il faut en outre être particulièrement vigilant lors des contrôles de papiers ou de bagages : il n'est pas rare que quelques billets disparaissent alors discrètement. Le Kazakhstan et l'Ouzbékistan semblent être les deux pays où les touristes sont le plus souvent victimes de ce phénomène.

Coton

Il est omniprésent dans les plaines d'Asie centrale, et surtout en Ouzbékistan, qui était le plus grand producteur de coton de l'Union soviétique, et reste le quatrième producteur mondial aujourd'hui. La culture du coton a largement contribué à l'économie locale, mais a également des conséquences écologiques désastreuses : voraces en eau, les champs de coton sont l'une des principales causes de l'assèchement de la mer d'Aral et des grands fleuves de la région.

Drogue

L'Afghanistan, pays frontalier de l'Ouzbékistan, du Tadjikistan et du Turkménistan, est le principal producteur mondial d'opium. La drogue transite par l'Asie centrale, en passant par la frontière tadjike puis par la vallée du Ferghana. Tous les pays d'Asie centrale tentent de lutter contre le trafic de drogue : des patrouilles volantes arrêtent les voitures et procèdent à des fouilles en règle des véhicules au Tadjikistan. Et les sanctions pénales sont particulièrement lourdes pour les détenteurs et trafiquants de drogue.

Frontières

Les frontières entre les pays d'Asie centrale ont été tracées par Staline entre 1924 et 1936. Elles ne correspondent à aucune logique géographique ou ethnique, et sont truffées d'aberrations, à l'image des enclaves ouzbèkes en territoire kirghiz. Le résultat est déstabilisant pour toute la région : Osh est une ville peuplée d'Ouzbeks au Kirghizistan, Samarkand et Boukhara sont essentiellement tadjiks, les Kazakhs sont largement implantés dans les steppes d'Ouzbékistan et en Karakalpakie... Cette macédoine de population est parfois source de tensions, notamment dans la vallée du Ferghana, commune à l'Ouzbékistan, au Kirghizistan et au Tadjikistan.

Vendeuses de pain à Samarkand

Les routes de la drogue

De l'Afghanistan, « trois grandes voies s'offrent aux narcotrafiquants : l'itinéraire sud par l'Iran et la Turquie, ou bien, via le Tadjikistan, soit un itinéraire central par le Turkménistan, le corridor caucasien, puis la Turquie ou l'Ukraine, soit un itinéraire nord par Tachkent puis Moscou. Ce sont ainsi chaque jour 100 kilos d'héroïne qui entrent dans l'Europe de Shengen. Comment peut-on faire cesser un trafic dont le chiffre d'affaires annuel est estimé à 25 milliards de dollars ? Pour le petit producteur afghan, sa rentabilité est pourtant à peine supérieure à celle des cultures vivrières. Seuls avantages : l'opium permet d'obtenir de l'argent liquide dans un pays à l'économie exsangue, mais aussi de stocker sa production sans risque de détérioration. Il faudrait, comme dans la région pakistanaise de Dir, où le pavot a été éradiqué, proposer des cultures de substitution, établir des coopératives, construire des routes pour rendre les cultures exportables. Faute de quoi, l'antique route de la soie restera une autoroute de la drogue… »

S. Allix, *Au fil des routes de la soie*, éd. Transboréal, 2003.

Hospitalité

En Asie centrale, l'invité est vraiment roi : on vous offrira toujours à manger, même si ce n'est pas l'heure du repas, on vous réservera la meilleure place, le meilleur morceau de viande (mais on sait néanmoins détecter les pique-assiettes, même si on ne le dit pas). Tous les habitants d'Asie centrale, habitués depuis des centaines d'années au passage de voyageurs de tous horizons, sont toujours curieux du monde extérieur et apprécient celui qui leur raconte son voyage ou son pays. Un dicton rappelle avec humour que « si un invité imprévu arrive, c'est un cadeau de Dieu ; si l'invité est attendu, c'est une punition de Dieu ». Les marques d'hospitalité sont d'autant plus fréquentes que l'on s'éloigne des grandes villes.

Homa

L'oiseau divin des légendes iraniennes est l'un des symboles de l'Avesta, le livre sacré des zoroastriens. Il représente l'Esprit saint, et est devenu l'emblème de l'Ouzbékistan.

Isryk

Ce terme désigne les brindilles que l'on fait brûler comme de l'encens pour écarter le mauvais œil. Dans les bazars d'Asie centrale et les gares routières, on voit souvent des veilles femmes et parfois des enfants armés de casseroles plates fumantes : ils viennent lutter contre le mauvais sort en échange de quelques billets. Au-delà de sa prétendue efficacité spirituelle, la fumée semble également avoir des vertus purificatrices, et est de ce fait parfois utilisée pour assainir l'air dans les chambres de malades.

Kalpak

La coiffe des hommes kirghiz est différente des calottes que l'on peut voir dans le reste de la région. Ce chapeau de feutre de forme conique aux bords retroussés sur le devant est en général blanc avec des motifs noirs.

Khanqah

Lieu d'étude et de prières, variante soufie du monastère et refuge pour les derviches pèlerins. Les *khanakas* étaient aussi des centres importants de production d'ouvrages manuscrits, au même titre que les *ketabkhanaka*, les ateliers de fabrication de livres attachés à la cour des souverains.

Kumis

Lait de jument fermenté, et légèrement alcoolisé, le *kumis* est la boisson favorite des nomades. Présent dans toute l'Asie centrale sauf au Turkménistan où l'on préfère le lait de chamelle, le *kumis* est incontournable au Kirghizistan et dans certaines régions du Kazakhstan. Attention toutefois aux effets parfois dévastateurs pour les estomacs occidentaux…

Machroutka

Ces minibus souvent délabrés d'une dizaine de places sont le transport en commun le plus économique en Asie centrale. Certains officient sur de longues distances, beaucoup sont présents dans les grandes villes. On ne les prend ni pour leur confort ni pour leur rapidité, mais ils permettent de se déplacer à moindre coût, et surtout de partager un peu le quotidien des populations locales.

Madrasa

Ecole supérieure d'enseignement coranique, à la fois lieu d'étude, d'habitation et de travail. Les études y duraient sept ans, pendant lesquels les élèves apprenaient la théologie – le Coran était appris par cœur –, la calligraphie arabe, mais aussi d'autres disciplines comme les mathématiques. Les élèves y logeaient dans des cellules et souvent y travaillaient pour subvenir à leurs besoins. Oulough Begh, souverain de Samarkand et célèbre astronome, fonda, au XIVe siècle, la plus grande madrasa d'Asie centrale, celle que l'on peut voir sur la place du Registan, où étaient enseignées les sciences astronomiques et mathématiques. Aujourd'hui, la plupart des madrasas sont transformées en musées, en magasins d'antiquités ou de souvenirs, en bibliothèques, ou laissées à l'abandon. La grande madrasa Mir-i-Arab, à Boukhara, est l'une des rares à avoir fonctionné sous le pouvoir soviétique. Il en existe aussi pour les filles, comme celle d'Abdal Bobo, à Khiva. Les madrasas ont une architecture qui s'inspire de celle du monastère bouddhique : une cour centrale entourée de quatre Aivan, les terrasses couvertes dont les toits reposent sur des colonnes en bois ouvragé. Leur plan habituel comprend un ou deux étages de cellules, une mosquée et des salles de cours. Il est fréquent qu'elles accueillent la tombe d'un saint. Ces écoles coraniques existent depuis le XIe siècle et on dit qu'elles furent créées par le grand vizir Nizam-al-Mulk, qui voulait lutter contre les chi'ites. Certaines madrasas fonctionnent encore en Asie centrale, et notamment en Ouzbékistan : le contenu de leur enseignement est variable, du plus traditionnel au plus contemporain, avec cours d'anglais et d'informatique.

Navrouz

Le Nouvel An musulman est fêté la nuit du 21 au 22 mars. Il correspond à la fête du printemps des anciens Iraniens, qui symbolise le renouveau de la nature. *Navrouz* veut dire « nouveau jour » en farsi. Interdite sous les soviétiques, cette fête est de nouveau autorisée depuis l'indépendance. À cette occasion, les musulmans « font hachar » : le grand nettoyage des rues, des tombes, des jardins et de la maison. Les Ouzbeks préparent le traditionnel *sumalak*, les Tadjiks, le *kumoch* (plat principal).

Nos

De nombreux hommes en Asie centrale, et surtout au Tadjikistan, sont accros à cette poudre de tabac sombre mélangée à de la chaux, que l'on chique en la mettant sous la langue. L'effet peut être violent si l'on en prend plus que l'équivalent d'une demi-cacahuète : nausées et maux de tête sont à prévoir pour le novice.

Nucléaire

Le nord du Kazakhstan a servi pendant près de 40 ans de zone de test pour le programme nucléaire soviétique. La région de Semey (autrefois Semipalatinsk), connue sous le nom de « Polygone » a subi environ 470 tests nucléaires, qui ont évidemment laissé des traces écologiques et surtout sanitaires. Dans les zones les plus proches du Polygone, de nombreux enfants naissent handicapés, et les taux de mortalité infantile et de cancers sont particulièrement élevés. Les essais nucléaires dans le Polygone n'ont été arrêtés qu'en 1989, suite à d'importantes manifestations antinucléaires.

Otin

Les *otins* sont l'équivalent féminin du mollah : ce sont des prédicatrices qui donnent un enseignement religieux aux jeunes filles et aux femmes. Elles sont souvent filles ou femmes de mollahs ou d'imams, et la fonction est en général héréditaire. Les *otins* sont souvent sollicitées pour les rituels religieux, mariages et enterrement, ou pour donner des conseils. Les écoles religieuses pour femmes étant plutôt rares, elles enseignent souvent à domicile. Les *otins* ont joué un rôle important dans la conservation de l'islam durant la période soviétique : disposant de peu de livres religieux, elles ont transmis un islam populaire de tradition orale.

OVIR

L'Office d'immigration est un passage obligé pour les voyageurs individuels. Il faut s'y enregistrer dans un délai de quarante-huit heures dans chacune des villes traversées… Cet enregistrement se fait automatiquement quand on loge à l'hôtel, mais pas si l'on reste chez l'habitant. Attention à ne pas perdre le papier remis par l'OVIR : les amendes peuvent être élevées si l'on n'est pas capable de produire le précieux sésame à la sortie des territoires ou lors de contrôles d'identité. Au Kazakhstan, l'enregistrement du visa auprès des services d'immigration doit se faire dans les 72 heures suivant l'arrivée sur le territoire.

Pollution

Coton, or, uranium, gaz… Les richesses de l'Asie centrale sont aussi le pire des fléaux pour son écologie. L'irrigation intensive et

les défoliants utilisés pour la culture du coton ont causé la destruction de la mer d'Aral et la pollution d'une grande partie des steppes qui l'entourent. Les matières chimiques utilisées pour l'exploitation des mines d'or par les compagnies étrangères basées en Ouzbékistan et au Kirghizistan sont catastrophiques pour l'environnement. Quant aux mines et aux usines traitant de l'uranium, toutes les données les concernant sont classées secret d'État, mais on sait qu'elles ont mal résisté à l'effondrement de l'URSS. Enfin, les expériences bactériologiques réalisées par les savants soviétiques sur l'île de la Renaissance en mer d'Aral ont probablement contribué à la contamination de l'environnement local : or ce qui était autrefois une île est en train de se transformer en presqu'île à cause de l'assèchement de la mer d'Aral. Des traces d'anthrax ont été signalées dans les environs et l'on n'en est probablement qu'au début des découvertes…

« Ruhnama »

Cet opus écrit par Niazov, le président du Turkménistan (décédé en décembre 2006) est devenu l'ouvrage incontournable pour tout bon Turkmène. Les étudiants doivent le réciter par cœur, les fonctionnaires ont des examens portant sur le contenu de ce livre, des lectures publiques ont lieu tous les soirs à la télévision… Le *Livre de l'âme* (2001) est un peu l'équivalent du *Petit Livre rouge* de Mao Zedong : un concentré d'histoire, de nationalisme et de philosophie politique plus ou moins farfelue, qui est devenu le guide incontournable de toute pensée et de toute action pour les habitants du Turkménistan. « Le *Ruhnama* est la raison du cœur et le visage du Turkmène. Ce livre est la source primordiale du Turkmène. Il est l'ensemble de toute son existence, tout au long des milliers d'années de l'histoire du Turkmène, de toutes ses mœurs, de ses intentions, de sa raison et de ses actions. Il est l'héritage que nous allons léguer aux générations futures », peut-on lire dans la première partie de l'ouvrage.

Soie

Pendant près de 3 000 ans, la Chine a jalousement gardé le secret et le monopole de sa fabrication. Pendant des siècles, la soie fut la monnaie de référence des commerçants chinois et perses. Les Byzantins ne commencèrent à la fabriquer qu'au VIe siècle, les Siciliens au XIIe siècle, et la première manufacture française ne fut ouverte à Lyon qu'au XIVe siècle ! La route de la soie, ou plutôt les

Portail de l'ancienne madrasa du Gour Emir à Samarkand

routes de la soie ont été des voies d'échanges commerciaux, culturels et religieux du IIe siècle av. J.-C. jusqu'au XVIe siècle de notre ère, date à laquelle elles sont détrônées par les voies maritimes. L'intégralité de l'Asie centrale porte aujourd'hui encore les marques de cette période de prospérité et de bouillonnement culturel sans pareil, qui a façonné les villes et influencé les modes de vie.

Superstitions

L'islam n'a jamais entièrement détrôné les croyances et superstitions locales, lointaines héritières d'une tradition chamaniste parfois encore vivace. Les habitants d'Asie centrale craignent le mauvais œil, qu'ils essaient de conjurer en ayant recours aux *ikaïdan khola*, les femmes chamans.

Suzani

Cette tenture en coton brodé est la principale production artisanale en Ouzbékistan. De toutes tailles et doté de motifs variés, le *suzani* sert de nappe ou de décoration murale. Une autre variante, plus rare, consiste à coudre ensemble des chutes de cotons de toutes les couleurs.

Tchaï

Le thé est la boisson incontournable de tout séjour en Asie centrale. Vert ou noir, on le sirote à tout moment de la journée. Premier geste de bienvenue dans une maison, il est systématiquement offert aux visiteurs. Avant de le donner, l'hôte verse le thé dans un bol puis à nouveau dans la théière, répétant trois fois ce geste appelé *kaïtarma*.

Le sens attribué à ce rite peut différer selon les régions, mais on dit en général que le premier *kaïtarma* représente le feu, le danger, le mal, le second représente l'eau qui éteint le feu, et l'on ne boit le thé qu'au troisième, afin d'apaiser sa soif et de reprendre des forces grâce au breuvage.

Tchaïkhana

Maison de thé. Les *tchaïkhana* authentiques ne proposaient que du thé et des galettes de pain. Les cuisines étaient en revanche à la disposition des clients, qui apportaient leurs propres réserves de viande et de légumes, et préparaient eux-mêmes leurs repas. Aujourd'hui, de nombreuses *tchaïkhana* sont également dotées d'un restaurant ou au moins d'un barbecue à *chachlik*. Les *tchaïkhana*, que l'on trouve surtout en Ouzbékistan, à l'ouest du Tadjikistan et au sud du Kirghizistan, sont restées un lieu de convivialité, où les hommes s'installent parfois pendant des heures pour discuter autour d'une tasse de thé.

Tioupé

Calottes brodées portées par les hommes ouzbeks et tadjiks. Les motifs varient selon les régions. Les plus communes sont celles de Ferghana et de Tachkent : les calottes sont noires, brodées de motifs blancs appelés kalampur ou bodom. Ces motifs sont censés représenter des piments ou des amandes, mais certains chercheurs pensent qu'il s'agit d'ailes d'homa, l'oiseau divin des légendes iraniennes. Au Tadjikistan et dans les régions de Samarkand et Boukhara, les calottes sont habituellement rondes et souples, brodées de motifs géométriques aux couleurs vives. Au Badakhchan, elles sont rondes et plates, brodées de motifs symboliques. On peut également retrouver sur certaines calottes l'un des plus anciens motifs d'Asie centrale, la corne de bélier. Les motifs représentés sur les calottes sont la marque d'appartenance à un clan, une région ou une confrérie religieuse. Les jeunes femmes portent également une calotte le jour et pendant les quelques mois suivant leur mariage : celle-ci est alors brodée de fils dorés.

Tremblements de terre

L'Asie centrale est une zone sismique, les secousses y sont fréquentes, la plupart restent inaperçues mais expliquent en partie la dégradation des immenses constructions timourides. Le dernier grand tremblement de terre a détruit la vieille ville de Tachkent dans les années 1960. Almaty, l'ancienne capitale kazakhe, a également été entièrement rasée à plusieurs reprises, de même qu'Achgabat, la capitale du Turkménistan. Des secousses moins violentes ont régulièrement lieu, comme à Tachkent en 2007 ou dans le sud du Kirghizistan en octobre 2008. Ce dernier tremblement de terre, qui a atteint 6,6 sur l'échelle de Richter, a rasé un village entier et fait 74 morts.

Tsum

Une abréviation pour « tsentralni ouniversalni magazin », un héritage des soviétiques. Ce sont de grands magasins, souvent partiellement privatisés. L'organisation n'y est pas des plus fonctionnelles pour le consommateur, mais on peut y acheter des produits souvent difficiles à trouver ailleurs, comme les cosmétiques ou les produits ménagers. Les Tsum sont en général de bonnes adresses pour trouver des souvenirs : bien qu'ils soient plus chers qu'ailleurs, ils ont l'avantage d'être tous rassemblés au même endroit.

Turkmenbashi

Il est incontournable au Turkménistan : tel « Big Brother », l'ancien président Saparmyrat Niazov est omniprésent dans les villes et villages du pays sous la forme de statues ou de portraits. Celui qui se faisait appeler « Turkmenbashi », le « père de tous les Turkmènes », régnait d'une poigne de fer sur le Turkménistan, dont il s'était fait nommer président à vie…

Yourte

Habitat traditionnel des nomades, la yourte est une tente de feutre soutenue par une armature de bois démontable. On l'appelle « ger », un nom qui, à l'origine, qualifie la yourte elle-même, mais aussi le lieu où elle est posée et, par extension, le pays des nomades. Un artisan expérimenté met en moyenne vingt-cinq jours pour confectionner une yourte. La durée de vie de celle-ci est d'environ 25 ans. Son installation ne prend que quelques heures : on commence par poser le montant de la porte puis un assemblage de claies qui forme les « murs » en treillis ; on ajoute ensuite un cercle en bois, soutenu par de fines perches attachées au treillis et qui forment un toit en coupole ; le tout est ensuite recouvert d'épaisses couvertures de feutre. Le haut de la yourte possède une ouverture au centre, le *tunduk*, qui peut être replié pour permettre à l'air et à la lumière d'entrer. Avec la sédentarisation croissante des populations d'Asie centrale, les yourtes se font plus rares, mais elles sont toujours très présentes au Kirghizistan, et dans une moindre mesure au Kazakhstan.

Survol de l'Asie centrale

GÉOGRAPHIE

L'Asie centrale se compose de cinq républiques, l'Ouzbékistan, le Kazakhstan, le Tadjikistan, le Kirghizistan et le Turkménistan, qui occupent une superficie de 5,8 millions de kilomètres carrés. Ces pays ont des frontières communes avec la Russie au nord, la Chine à l'est, l'Afghanistan et l'Iran au sud, et sont bordés à l'ouest par la mer Caspienne.

Les massifs montagneux

Les chaînes du Pamir et des Tianshan, à l'est, dominent une plaine assez basse qui s'affaisse progressivement jusqu'à la dépression aralo-caspienne. Les sommets de ces gigantesques massifs montagneux culminent à plus de 7 000 m tandis que le bassin de la mer d'Aral est à 40 m au-dessous du niveau de la mer.

Le Pamir

C'est le second plus important massif montagneux au monde après les chaînes de l'Himalaya, dont il est une prolongation. Baptisé le « toit du monde » par le géographe Raphaël Pumpely au début du XXe siècle, le massif pamiri se scinde en deux pour former les massifs du Tianshan au nord-est et les massifs de l'Hindou Kouch au sud-ouest. Le massif du Pamir se décompose en plusieurs entités :

- **Pamir Alaï à l'ouest :** long de 800 km, il comprend les chaînes Alaïski, au Turkestan, et les chaînes Zeravshan et Hissar qui se terminent en direction du sud-ouest par les monts Kopet Dag, au Turkménistan.
- **Haut Pamir,** qui comprend les chaînes de Petra Pervovo, de Darvaz, Vanch, Yazgoulem et les chaînes Akademiski où se trouvent les plus hauts sommets de l'ex-URSS – le pic Communisme, rebaptisé pic Somoni (7 495 m), et le pic Lénine (7 134 m) – ainsi que le plus grand glacier de montagne au monde, le glacier Fedchenko, long de 70 km, qui s'étend du pic Somoni au pic Révolution.
- **Vostochni Pamir,** où se trouvent de hauts plateaux désertiques bordés à l'est par les chaînes Sarikol qui longent la Chine, et au sud par les chaînes Vakhanski qui bordent l'Afghanistan.

Désert du Karakum

Lac dans la chaîne de l'Altaï

▶ **Zapadni Pamir,** bordé par la rivière Pianj à l'ouest et au sud, et comprenant les chaînes Roushanski, Shougnanski, Chardarinski qui descendent jusqu'à la rivière Pianj, frontière naturelle avec l'Afghanistan. Le pic Karl Marx culmine à 6 800 m.

L'Altaï

Elle se déroule au nord-est du Kazakhstan, et se poursuit en Russie, en Mongolie et en Chine. Le Kazakhstan n'abrite qu'une petite partie de cette chaîne ancienne et très érodée, caractérisée par ses steppes en altitude, ses vallées boisées et ses pics enneigés une bonne partie de l'année. Le sommet le plus élevé de l'Altaï se trouve à la frontière entre le Kazakhstan et la Russie : le mont Belukha culmine à 4 506 mètres d'altitude.

Mers, lacs et fleuves

Les mers

▶ **La mer Caspienne** baigne le Kazakhstan et le Turkménistan sur leurs frontières occidentales. D'une superficie de 371 000 km², elle est la plus grande étendue d'eau enclavée au monde. Le Turkménistan dispose de 600 km de côtes sur la Caspienne, alors que le Kazakhstan, avec ses 1 884 km d'ouverture sur la mer, peut prétendre à une large majorité des ressources naturelles de cette mer intérieure (son statut juridique hésite encore entre une mer et un lac).

▶ **Avec une superficie de 66 000 km² en 1960, la mer d'Aral** était le quatrième plus grand lac de la planète. En 1990, le niveau des eaux avait baissé de 16,5 m, sa surface était réduite de moitié, le volume d'eau avait décru des deux tiers et l'eau était quatre fois plus salée. La catastrophe écologique dont la mer est victime s'étend aux terres avoisinantes : des millions de tonnes de sel et de sable sont transportées par le vent chaque année, désertifiant de nouvelles terres. Tout l'écosystème de la région est déséquilibré par cette catastrophe largement due à l'homme.

Les fleuves

Deux puissants fleuves alimentent la mer d'Aral (Ouzbékistan et Kazakhstan) et le lac Balkach (Kazakhstan). La Syr Daria et l'Amou Daria, appelées Seyhun et Djeyhun par les Arabes, ou encore Iaxartes et Oxus par les Grecs, prennent leur source dans les Tianshan et le Pamir. À la fonte des glaces, elles connaissent des crues importantes et bénéfiques pour l'agriculture, dans une région où les pluies sont rares. Dès le second millénaire avant notre ère, les agriculteurs surent développer l'irrigation artificielle et utiliser ce précieux surplus d'eau. Aujourd'hui retenus par plusieurs barrages, pompés par de multiples canaux d'irrigation, et surtout asséchés par la culture du coton, ces deux fleuves ne rejettent que des eaux affaiblies et polluées dans la mer d'Aral, quand ils arrivent jusqu'à ses rives. De nombreux projets de réhabilitation des deux fleuves sont en cours, particulièrement sur le Syr Daria.

La Syr Daria est long de 3 531 km (à partir de Naryn). Il naît de la confluence des rivières Kara Daria et Naryn.

L'Amou Daria est long de 2 540 km (à partir du Pianj). Il naît de la confluence du Vakhch et du Pianj, qui prend sa source dans le lac Zorkoul.

Le Zéravshan, long de 741 km, prend sa source dans les monts Turkestan. Il coule entre les monts Turkestan et Zeravchan (Tadjikistan), frôle Samarkand et vient s'éteindre dans la région de Boukhara (Ouzbékistan), en delta aveugle dans des marécages. De même que celles du Syr Daria et de l'Amou Daria, les crues du Zéravshan (plus de 200 jours de hautes eaux) ont permis le développement de l'irrigation artificielle.

Le Tchou et le Talas prennent leur source dans les monts Kirghiski et Talaski (Kirghizistan) et vont s'éteindre quelques centaines de kilomètres plus loin dans les steppes kazakhes.

Le Kizil Sou, qui prend sa source dans les chaînes Alaïski (Kirghizistan), descend vers Kashgar à l'est et va s'éteindre dans le désert du Taklamakan (Chine).

Les rivières Oural, Ishim, Irtysh et Ili constituent la trame principale du réseau fluvial kazakh. La plupart sont situées dans le nord du pays, et alimentent de nombreux lacs, ainsi que la mer Caspienne.

Le canal du Karakum, au Turkménistan, est le plus grand canal artificiel au monde. Une première section, construite entre 1954 et 1967, se déroule sur 840 km entre l'Amou Daria et Gökdepe, à l'ouest d'Achgabat. Le canal a été prolongé dans les années 1970, jusqu'à atteindre les côtes de la Caspienne. Il s'étire désormais sur plus de 1 500 km, dont 450 sont navigables. Ce canal, qui détourne une partie du cours de l'Amou Daria, permet d'irriguer une grande partie des terres arables du Turkménistan.

Les lacs

Le Pamir et les Tianshan sont le château d'eau des républiques d'Asie centrale. Ces massifs montagneux possèdent des centaines de lacs d'eau douce, mais aussi d'eau salée. Nous ne présenterons que les plus importants.

Petit lexique géographique

Bactriane. Satrapie perse sous les Achéménides. Balkh, aujourd'hui située en Afghanistan, en était la capitale. La Bactriane englobait le sud de l'Ouzbékistan et du Tadjikistan, ainsi que le nord de l'Afghanistan.

Sogdiane. Satrapie perse qui englobait la vallée de Zeravshan et les plus anciennes cités de l'Asie centrale. Sous les Kouchans, puis sous les Sassanides et jusqu'à la conquête arabe, les marchands des cités sogdiennes bâtirent un véritable empire marchand et tenaient de multiples comptoirs sur les principales routes de la soie. Les plus connues sont Afrasiab (Samarkand) et Penjikent. Les fouilles archéologiques permirent de découvrir une culture raffinée enrichie d'influences perses et chinoises.

Transoxiane. C'est le nom habituellement donné à la Sogdiane et aux terres comprises entre les deux fleuves Amou Daria et Syr Daria, après l'invasion des peuples türks. Les Arabes nomment cette région Mawan al-Nahr, le « pays au-delà du fleuve ».

Margiane. Région du delta des rivières Tedjen et Mourgab, au Turkménistan.

Khorassan. Cette région englobe le nord-est de l'Iran, une partie du Turkménistan et l'ouest de l'Afghanistan.

Oxus. Ancien nom du fleuve Amou Daria.

Iaxartes. Ancien nom du fleuve Syr Daria.

Turkestan. Le « pays des Türks » était le terme utilisé avant l'arrivée des soviétiques pour désigner les territoires compris entre la mer Caspienne et la Mongolie. Le Turkestan était politiquement coupé en deux zones : Turkestan chinois, aujourd'hui nommé Xinjiang, et le Turkestan russe.

Touran. Zone recouvrant les anciennes satrapies perses situées au sud du fleuve Syr Daria.

Le lac Issyk Kul est situé dans les Tianshan entre les chaînes Terksei Ala-Too et Koungrei Ala-Too, à 1 600 m d'altitude. Sa surface est de 6 280 km², sa profondeur maximum de 702 m. C'est le second plus grand lac de type alpin au monde. Il était l'une des zones de villégiature pour toute l'Union soviétique. Il est alimenté par 102 cours d'eau.

Le lac Balkhash, au Kazakhstan, est avec ses 17 400 km² le quatrième plus grand lac d'Asie. Ce lac peu profond présente la particularité d'être salé dans sa partie orientale, et en eau douce à l'ouest.

Le lac glaciaire Merzbacher, dans le Tianshan central, est unique au monde. Son dégel rappelle des scènes qui ne se rencontrent habituellement que dans l'océan Arctique. Durant quelques jours, généralement au mois d'août, son dégel forme d'énormes icebergs qui vont se jeter dans la rivière Inilchek.

Les lacs Aïdarkoul, Touzkan et Arnasaï se sont formés au début des années 1970 dans le désert du Kyzylkum, dans la région de Djizakh et Navoï (Ouzbékistan), et depuis leur superficie ne cesse de croître. Ils ont été créés à la suite de l'ouverture au Kazakhstan, en 1969, du réservoir de Chardara qui retient les eaux de la Syr Daria. Leur eau est salée. Le volume des eaux du lac Aïdarkoul dépasserait aujourd'hui celui de la mer d'Aral.

Le lac Karakul, dans le Pamir, est situé à 3 914 m au-dessus du niveau de la mer. C'est l'un des plus grands lacs de haute altitude de la planète. Son eau est salée, sa superficie est de 380 km².

Le lac Sarez, situé à 3 200 m d'altitude, a 70 km de longueur. Il s'est formé en 1911 dans la vallée de la rivière Mourgab, dans le Pamir, à la suite d'un tremblement de terre et de l'éboulement d'Oussoï. Si cet éboulement venait à céder, les eaux du lac inonderaient les 20 000 hectares de terres qui bordent le cours du Pianj et de l'Amou Daria.

Le lac Sarykamishse situe à la frontière entre le Turkménistan et l'Ouzbékistan, à 200 km au sud de la mer d'Aral. Ce lac est en partie alimenté par l'Amou Daria.

Le lac Tenghiz au nord du Kazakhstan est un grand lac d'eau salée, désormais inclus dans un parc naturel destiné à protéger les centaines d'espèces d'oiseaux, dont des flamants roses, qui viennent y trouver refuge.

Le lac Zaysan au Kazakhstan se trouve à 386 m d'altitude dans la chaîne de l'Altaï. D'une superficie de 5 510 km², il s'est élevé de 6 m depuis la construction du barrage de Bukhtarma.

Il existe aussi trois grands lacs artificiels : le Kaïrakoum, sur le cours du Syr Daria, dans la vallée de Ferghana, au Tadjikistan ; le Toktogoul, sur le cours du Narin, dans les Talaski Ala-Too au Kirghizistan date de 1974 ; et le Nurek, sur le cours du Vakhch au Tadjikistan.

Plaines et déserts

Les montagnes d'Asie centrale cèdent la place dans les parties occidentale et méridionale de la région à de vastes zones de steppes et de déserts. Celles-ci couvrent près des deux tiers de l'Asie centrale, mais présentent des paysages très diversifiés. Le désert du Karakum couvre une superficie de 35 millions d'hectares, occupant ainsi près de 80 % du territoire turkmène. Le « désert noir » est un désert de sable relativement plat, abritant de nombreuses plantes rases de couleur foncée. Le désert du Kyzylkum est à cheval entre l'Ouzbékistan et le Kazakhstan. Il s'étend sur 300 000 km² entre la Syr Daria et l'Amou Daria. Le « désert rouge » est avant tout un désert de sable et cailloux, souvent teintés de couleur ocre, comportant quelques élévations. Le désert de Siemirietchie au Kazakhstan, occupe une large portion de territoire située entre les lacs Balkhach et Kapshigaï. Il s'agit d'un désert de sable avec de belles dunes découpées sur fond de sommets montagneux.

Des déserts de sel sont apparus dans les régions de Ili et de Chou au Kazakhstan, autour de la mer d'Aral et dans la plaine de Tejen au Turkménistan. Ils sont essentiellement dus aux vents qui balaient la région de la mer d'Aral, transportant le sel déposé sur le sol lors du retrait de la mer. Des déserts de pierre se déroulent dans la région de Kopet-Dag, au Turkménistan, ainsi que sur le plateau d'Oustiourt à cheval entre l'Ouzbékistan et le Kazakhstan. Les steppes sont surtout présentes au Kazakhstan et au Kirghizistan, où elles abritent les derniers nomades de la région. La steppe la plus célèbre est celle d'Oust-Ourt, au nord du Kazakhstan, baptisée « Steppe de la faim » à cause de son immense étendue désolée, qui a fait de nombreuses victimes durant la période soviétique.

CLIMAT

Le climat d'Asie centrale est continental et très sec, particulièrement dans les zones désertiques et semi-désertiques, ainsi que dans les vallées comme celle du Ferghana (Ouzbékistan, Tadjikistan et Kirghizistan), de Vakhch au Tadjikistan, ou dans la région de Termez en Ouzbékistan. En été, les températures moyennes dépassent facilement 40 °C. Elles peuvent atteindre jusqu'à 70 °C dans les déserts du Karakum et du Kyzylkum. Dans les hauts plateaux désertiques du Pamir (Tadjikistan), la température hivernale peut descendre jusqu'à - 60 °C. Le thermomètre peut atteindre les mêmes records dans le nord du Kazakhstan, et il n'est pas rare d'afficher -40 °C à Astana, la nouvelle capitale du pays. Les écarts de température sont assez importants entre le jour et la nuit, avec une amplitude thermique pouvant atteindre 20 °C. Les précipitations sont rares dans la région, et regroupées en mars-avril et octobre-novembre. Les orages sont assez fréquents en été au sud du Kazakhstan et au nord du Kirghizistan.

L'hiver

Il est froid dans l'ensemble de la région, et peu propice au tourisme de façon générale. Les zones de montagne sont enneigées et souvent inaccessibles pendant plusieurs mois de l'année. Ainsi les parties nord et sud du Kirghizistan et du Tadjikistan sont coupées les unes des autres par voie terrestre. Le nord du Kazakhstan est particulièrement glacial, avec des moyennes de -26 °C à Astana et jusqu'à -37 °C à Semey. Seuls le Turkménistan et l'Ouzbékistan peuvent offrir des températures plus clémentes dans les plaines, où les jours de gel sont limités. Mais le thermomètre descend à -30 °C dans les zones montagneuses au sud du Turkménistan, et peut également atteindre -15 °C lorsque le vent souffle de Sibérie.

L'été

C'est la saison idéale pour arpenter les montagnes de la région, mais il transforme les plaines et déserts en véritables fournaises. Le Turkménistan est écrasé de chaleur dès le mois d'avril, les températures dépassent régulièrement 35 °C en été, et montent jusqu'à 50 °C dans le désert du Karakum. L'Ouzbékistan présente à peu près les mêmes caractéristiques climatiques, de même que le sud du Kazakhstan.

Tempête sur la steppe

« La steppe, d'ordinaire si calme, a aussi ses moments terribles. Quand l'ouragan que les indigènes nomment bourane vient à s'élever, on voit, malgré la sérénité du ciel, la steppe s'obscurcir ; en un clin d'œil, d'épais tourbillons de sable dérobent la lumière du jour ; la respiration de l'homme est coupée, il perd presque connaissance. On ne saurait lutter contre cette force irrésistible qui balaye la surface de l'Asie centrale sans que nul obstacle n'en paralyse l'essor ; elle renverse les tentes kirghizes et enlève des troupeaux entiers qu'elle noie ou enterre dans le sable. C'est un épouvantable fléau pour les lieux qui en sont visités. Les chameaux, pressentant l'approche du bourane, se couchent, allongent leurs cous du côté opposé au vent et crient d'une façon lugubre. Les chevaux effrayés se serrent les uns contre les autres en baissant la tête, et le voyageur s'arrête et se jette à terre. L'ouragan pousse des masses de sable devant lui, et souvent il semble que des poteaux blancs, ou plutôt des colonnes sablonneuses tournent sur elles-mêmes et montent vers le ciel. Ces ouragans de sable sont dangereux, mais les bourrasques de neige sont encore bien plus redoutables. Le bourane d'été passe vite, tandis que les ouragans d'hiver durent quelquefois plusieurs jours. Le voyageur qu'ils surprennent en chemin se blottit sous la neige et attend ainsi le retour du beau temps, car il est de toutes impossibilités de lutter contre ces chasse-neige. »

Bronislaw Zaleski, *Le Voyage en Asie centrale et au Tibet, Anthologie des voyageurs occidentaux du Moyen Âge à la première moitié du XXe siècle*, éd. Robert Laffont.

Le nord du Kazakhstan, le Tadjikistan et le Kirghizistan sont en revanche agréables : les sommets de l'Altaï, des Tianshan et du Pamir restent enneigés même en été, et les écarts de température peuvent être très importants dans une même journée.
Il faut prévoir des vêtements chauds et un équipement de pluie si l'on prévoit de passer du temps dans les montagnes.

Le printemps et l'automne

Ce sont les saisons de pluie sur l'ensemble de la région. Les zones montagneuses connaissent leurs premières neiges assez tôt, et restent enneigées à faible altitude jusqu'au mois de juin. Les zones de plaines et déserts restent agréables durant ces saisons, surtout au Turkménistan où la pluie est très rare. Il peut en revanche pleuvoir davantage en Ouzbékistan, notamment au printemps.

ENVIRONNEMENT

L'eau, enjeu majeur de l'Asie centrale

L'assèchement de la mer d'Aral est l'une des plus grandes catastrophes écologiques du XXe siècle. L'irrigation massive des champs de coton durant la période soviétique a en effet entraîné une diminution des trois quarts du volume de la mer d'Aral. La mer est désormais séparée en deux parties : la plus petite au nord, et la plus grande au sud. Cet assèchement a entraîné la paupérisation des villes et villages des alentours, autrefois ports prospères réduits à la misère et l'enclavement. La pêche, qui constituait l'une des principales ressources de la région, est devenue impossible : la salinité croissante de l'eau a provoqué la disparition de presque toutes les espèces endogènes. L'impact sanitaire s'est également fait sentir tout autour de la mer et jusqu'au Turkménistan : le sel, mis à nu par le retrait de l'eau, balaie désormais les sols qu'il rend stérile, et s'insinue dans les poumons des populations locales, causant un grand nombre de maladies respiratoires. Plusieurs tentatives de sauvetage de la mer d'Aral ont échoué les unes après les autres depuis une quinzaine d'années. Mais un projet soutenu par la Banque Mondiale redonne aujourd'hui espoir aux populations du nord de la mer d'Aral. Un barrage séparant les deux mers vient d'être construit, et a d'ores et déjà permis à la petite mer, celle du nord, de se remplir partiellement. Certains villages qui étaient à plusieurs dizaines de kilomètres de la mer ne sont plus qu'à quelques centaines de mètres du rivage. Et la pêche a pu reprendre, en partie grâce à l'introduction de nouvelles espèces de poissons, mieux adaptées au degré de salinité de la mer. Ce barrage, s'il est porteur de renouveau pour le nord de la mer, côté kazakh, ne résout pas la question de la mer du sud, qui semble condamnée à disparaître à plus ou moins long terme si aucun effort n'est fait pour limiter les ponctions en eau sur l'Amou Daria.

L'état général de la Caspienne est également très préoccupant. La montée du niveau de l'eau a en effet entraîné l'inondation de zones industrielles situées le long des côtes. Celles-ci n'ayant pas pu être délocalisées à temps, souvent pour des raisons financières, leurs composants se sont retrouvés balayés par la mer. Certains champs pétroliers ont subi le même sort. La Caspienne est donc très polluée, et la présence de nappes de pétrole contribue à faire baisser son taux d'oxygène, ce qui menace tout son écosystème. Les poissons, déjà touchés par la pollution et les barrages des rivières, par des pêches trop intensives et trop proches des périodes de reproduction, sont en plus confrontés à la dégradation de leur environnement naturel. La population de saumons et esturgeons est ainsi en diminution radicale dans la Caspienne, alors que certaines autres espèces de poissons, autrefois très commerciales, sont en voie de disparition.

La gestion des fleuves est en outre une source de tension entre les différents pays de la région. La répartition en eau est très inégale : le Tadjikistan et le Kirghizistan sont un peu les réservoirs d'eau de l'Asie centrale, dans la mesure où la plupart des grands fleuves prennent leur source dans les Tianshan ou le Pamir ; l'Ouzbékistan, le Kazakhstan et le Turkménistan ont en revanche des réserves d'eau limitées, et sont largement tributaires des fleuves et rivières nés dans les pays voisins. La « guerre de l'eau » est un sujet d'actualité dans la région, même si les tensions restent diplomatiques, parfois entrecoupées de mesures de rétorsion comme la fermeture des barrages en amont. Plusieurs tentatives de médiation ont eu lieu ces dernières années,

pour convaincre les pays de mettre en place une gestion concertée de cette précieuse ressource.

L'érosion et la pollution du sol

Plusieurs facteurs contribuent à la dégradation des sols d'Asie centrale. Les pâturages sont épuisés dans la plupart des pays de la région, suite à l'augmentation très rapide du cheptel pendant la période soviétique. Le nombre de têtes de bétail a été multiplié par quatre au Kirghizistan en cinquante ans ! À ce phénomène s'est ajoutée la réduction des superficies de ces pâturages, dont une partie a été transformée en champs de coton. Un cheptel plus nombreux s'est donc retrouvé concentré dans des steppes moins étendues, ce qui a largement contribué à l'épuisement des sols, et à leur érosion. Au Kirghizistan, près de 70 % des pâturages sont sévèrement érodés, victimes du surpâturage. Les champs de coton ont à leur tour épuisé les sols, qui se sont en outre souvent retrouvés saturés de produits chimiques, engrais et pesticides. On considère qu'à l'heure actuelle, près de 40 % des sols arables du Kazakhstan sont surexploités et ne présentent plus qu'une fertilité réduite. Enfin, l'Asie centrale a vu ses ressources minérales largement exploitées du temps de l'Union soviétique. Les mines d'uranium dont la plupart sont aujourd'hui laissées à l'abandon au Kirghizistan, continuent à polluer le sous-sol et le sol, contaminant les nappes phréatiques de la région. Les mines de cuivre et de charbon dans les montagnes du Kirghizistan et du Tadjikistan, souvent exploitées selon des techniques peu soucieuses de l'environnement, continuent de polluer le sol, qu'elles soient encore en activité ou non.

Les conséquences des essais nucléaires

La région de Semey, au nord du Kazakhstan, est plus connue sous le nom de « Polygone » : c'est là que l'Union soviétique procédait à ses essais nucléaires du temps de la guerre froide. Près de 500 tests ont été effectués dans la région jusqu'en 1989, dont certains ont eu lieu à l'air libre ou au niveau du sol. Le site n'a été fermé que grâce à une mobilisation internationale et à la plus grande manifestation en faveur de la protection de l'environnement qu'ait connu l'Union soviétique. Le « Polygone » a été déclaré zone de désastre écologique en 1991, date à laquelle le Kazakhstan a commencé à se préoccuper de sa décontamination. Dans certaines zones, évidemment fermées au public, le taux de radiation est 200 fois supérieur à la normale ! Mais pour les populations des environs de la zone de test, le mal était déjà fait. Près de deux millions de personnes vivaient à proximité du site, ou en tout cas à portée de vent du Polygone. Dans les villages les plus proches, les taux de cancers sont trois fois plus élevés que la normale, et les maladies mentales et malformations à la naissance ont connu des pics de fréquence. Des compensations ont été offertes aux victimes de ces tests nucléaires par le président Karimov, mais il semble que peu de mesures concrètes aient été adoptées jusqu'à présent.

Des parcs naturels de plus en plus nombreux

Les pays d'Asie centrale commencent à réaliser que leur patrimoine naturel est un bien précieux, notamment pour développer le tourisme. Les parcs naturels qui avaient été créés sous l'Union soviétique ont donc été préservés, et de nouvelles zones protégées sont peu à peu instituées. Mais leur superficie reste modeste par rapport au potentiel, et surtout aux besoins de préservation, de la région. Et le manque de fonds publics limite souvent l'efficacité de la protection de ces zones.

Kazakhstan : 9 réserves naturelles et 4 parcs nationaux

- **Altyn-Emel :** le plus grand du pays avec 520 000 hectares, ce parc se situe au sud de la chaîne Zhungar-Alatau. Il comporte de larges zones de dunes entrecoupées de montagnes.
- **Bayanaul :** ce parc de 50 000 hectares a été créé en 1985 pour protéger la faune et la flore de la chaîne de Bayan-Aul.
- **Burabay :** à 200 km au nord d'Astana, ce parc créé en 2000 abrite de nombreux lacs et des zones de montagne qui ont conduit les locaux à baptiser la région de « Suisse du Kazakhstan ».
- **Karkaralin :** situé dans la chaîne de montagnes du même nom, ce parc couvre une superficie de 1 000 km², et abrite notamment le pic Komsomol (1 403 m).
- **Katon-Karagay :** à l'est du Kazakhstan, ce parc protège les zones de montagnes, lacs et forêts situées à la frontière de la Russie, de la Chine et de la Mongolie.

- **Kokshetau :** 60 % de cette zone située au nord de la région d'Akmola est recouverte de forêts ou de steppes. Elle comporte de nombreux lacs d'eau douce, ainsi que le lac d'eau salée de Shalkar.
- **Sairam-Ugam :** ce parc national a été conçu pour protéger les lacs glaciers de la chaîne d'Ugam.
- **Aksu-Zhabagly :** l'une des réserves naturelles de la chaîne des Tianshan.
- **Korgalzhyn :** à 160 km au nord-ouest d'Astana, cette réserve naturelle de 259 000 hectares a été conçue pour protéger les centaines d'espèces d'oiseaux qui viennent y faire étape. Les flamants roses sont particulièrement nombreux autour de cet immense plan d'eau.
- **Kulujun :** à 180 km d'Oust-Kamenogorsk, cette réserve naturelle abrite des paysages typiques de l'Altaï.
- **Markakol :** ce grand lac de 38 kilomètres de longueur et ses environs immédiats sont protégés depuis quelques années.
- **Naurzym :** cette réserve se situe à 190 km de Kostanay.
- **Altaï Ouest :** 56 000 hectares consacrés à la protection de la taïga.
- **Ustyurt :** réserve nationale pour la biosphère.

Kirghizistan : 7 parcs nationaux principaux

Il existe au Kirghizistan 800 000 hectares de territoires protégés pour leur biodiversité. Conscient de l'importance de son patrimoine naturel, surtout s'il souhaite jouer la carte du tourisme, le Kirghizistan a déployé, à la mesure de ses moyens, des efforts louables pour la protection de la nature. On dénombre ainsi 6 réserves d'État, 8 parcs nationaux et 67 parcs naturels. En outre, deux réserves de biosphère, dont celle du lac Issyk Kul, ont été ajoutées à la liste du patrimoine mondial de l'Unesco. Les réserves d'État à elles seules couvrent plus du tiers des surfaces protégées. Parmi les principales :

- **1941 :** réserve pour la biosphère du lac Issyk Kul. Il s'agit de la plus grande réserve du Kirghizistan et fait partie des 338 réserves protégées par l'Unesco. On y trouve de nombreuses espèces animales en voie de disparition dont le mouton sauvage, ainsi que le léopard des neiges ou l'ours brun des Tian Shan.
- **1974 :** réserve naturelle d'Ala Archa, à 35 km de Bichkek.
- **1979 :** réserve naturelle de Besh Aral, au Sud-Ouest de Djalalabad.
- **1979 :** réserve pour la biosphère du lac Sary Chelek, également ajoutée à la liste des parcs protégés par l'Unesco. On y trouve plusieurs espèces animales et végétales présentes dans le Livre Rouge.
- **1996 :** réserve naturelle de Besh Tach, dans la région de Talas.
- **1997 :** réserve naturelle de Tchon Kemin, dans la vallée de la rivière éponyme.

Ouzbékistan

L'Ouzbékistan compte quelques réserves naturelles, dont la plus accessible est celle de Bala Tugaï, une soixantaine de kilomètres à l'ouest de Berouni, sur les rives de l'Amou Daria. Sur un peu plus de 6 000 hectares se côtoient lièvres, cerfs, loups, cochons sauvages, chats du désert, renards et une tripotée d'oiseaux de toutes les couleurs. Créée dans les années 1970, cette réserve est tout ce qui reste d'une forêt à l'origine cinq fois plus grande, disparue lorsque les soviétiques ont fait de la place pour les champs de coton.

Une autre réserve naturelle se trouve dans la vallée d'Angren, mais reste inaccessible depuis plusieurs années, des islamistes du MIO y ayant trouvé refuge pendant un temps. Au nord de Tachkent, la vallée de Chatkal, est elle aussi protégée. Enfin, dans les monts Nourata, autour du village de Farish, existe une petite réserve. Les moyens financiers de ces parcs sont évidemment très limités et n'espérez pas y trouver beaucoup plus que des friches. Les moyens mis en œuvre pour préserver la nature et la faune sont en tous cas dérisoires au regard de l'hécatombe qui a frappé les différentes espèces végétales et animales en Asie centrale pendant la période soviétique.

- **Réserve de Zaamin** : 10 500 hectares, créée en 1926 pour protéger les forêts situées dans la partie occidentale de la chaîne des Tianshan.
- **Réserve de Chatkal** : 35 000 hectares, créée en 1947 à l'ouest des Tianshan, montagnes à plus de 3 000 m entrecoupées de gorges.

▸ **Réserve de Nourata** : 22 000 hectares de montagnes, forêts et zones semi-désertiques, créée en 1975 dans les montagnes Nourata.

▸ **Réserve de Gissar** : 81 000 hectares de forêts, marais et lacs, créée en 1981.

Tadjikistan

▸ **Le parc national du Pamir** couvre pas moins de 10 % de la surface de cette petite république d'Asie centrale. On y trouve, dans les hautes montagnes, des moutons Marco Polo et des léopards des neiges. L'Unesco étudie depuis sa création son ajout sur la liste du patrimoine mondial.

Turkménistan

▸ **Réserve naturelle de Kugitan :** créée en 1986 pour protéger la montagne du même nom. La réserve comprend de nombreux canyons, des grottes et le « plateau des dinosaures » où l'on peut admirer près de 500 empreintes.

FAUNE ET FLORE

L'Asie centrale abrite une très grande variété d'animaux et de plantes. Son environnement varié a permis l'adaptation d'espèces animales venues des régions voisines : léopard des neiges et ibex venus de l'Himalaya, ours brun d'Eurasie du Nord, chacal doré d'Asie du Sud-Est, et même hyène rayée originaire d'Afrique du Nord. Plusieurs espèces sont en outre spécifiques à la région : l'antilope saïga et le mouton Marco Polo sont les plus connues, mais également les plus menacées. Un total de 172 espèces de mammifères est répertorié dans la région. Pour les amoureux du sujet il faut voir le film d'Akira Kirosawa *Dersou Ouzala* sur l'environnement en Asie centrale.

▸ **Le léopard des neiges** vit essentiellement dans les zones montagneuses des chaînes de l'Altaï et du Khangaï en Mongolie. La protection dont il bénéficie a permis au léopard de renforcer son rang ces dernières années : on en compte environ 1 500 à l'heure actuelle au Kirghizistan et au Tadjikistan (la population mondiale est estimée à 3 000 individus). Mais l'animal est toujours menacé par les braconniers, qui peuvent espérer revendre à bon prix son épaisse fourrure.

▸ **L'ibex** est une chèvre sauvage qui vit en altitude, entre 1 000 et 4 000 m. Elle ne peut être domestiquée.

▸ **L'antilope saïga** ne brille pas par sa beauté. Le mâle est doté d'un drôle de renflement sur le museau, qui ressemble un peu à une trompe escamotée. Appartenant à la famille des gazelles, la saïga peut atteindre des vitesses de pointe de 80 km/h. Mais cela ne lui a pas suffi pour échapper à son principal prédateur : l'homme.

▸ **Oiseaux migrateurs.** L'Asie centrale est également une zone de transit pour des centaines d'oiseaux migrateurs, dont plus de 300 ont adopté la région pour la saison de la reproduction. Près de 540 espèces d'oiseaux vivent ou traversent régulièrement la zone, ce qui en fait un véritable paradis pour les amateurs d'ornithologie.

▸ **Poissons.** On répertorie également en Asie centrale 150 espèces de poissons (dont l'esturgeon de la Caspienne, à l'avenir fort menacé par la pollution et le braconnage), 106 espèces de reptiles, plusieurs milliers d'espèces d'insectes (3 000 au seul Kirghizistan !), et 7 000 espèces de plantes dont une vingtaine endogènes à l'échelle régionale ou locale.

Vallée boisée de la chaîne de l'Altaï

Histoire

L'histoire de l'Asie centrale a longtemps été celle d'un affrontement entre nomades et sédentaires, entre conquérants des steppes et paisibles commerçants des oasis. Elle est également une histoire de rencontres entre Orient et Occident, de cohabitations et mélanges culturels entre peuples turcophones et persans. Le « Milieu des empires » selon le titre de l'ouvrage de René Cagnat et Michel Jan, se situe au point de convergence de plusieurs sphères d'influences, qui ont modelé et continuent de façonner son histoire.

Les premières implantations urbaines

Longtemps totalement isolée du reste du monde, l'Asie centrale a commencé à nouer des contacts avec les populations des alentours vers le troisième millénaire avant notre ère. À cette époque, des groupes de nomades venus de Russie traversent la région avant de s'installer en Inde et en Iran. Les premières implantations urbaines apparaissent vers le deuxième millénaire, et les villes les plus célèbres ont vu le jour durant le premier millénaire. La légendaire Afrosiab, dont le site archéologique jouxte aujourd'hui Samarkand, apparaît vers cette époque. Mais le véritable essor urbain de la région se fait au VIe siècle sous l'empire perse des Achéménides. Le cœur de l'empire centré sur l'Iran établit à cette période une série de principautés vassales qui rassemblent les villes les plus prospères. Les royaumes de Sogdiane (ancienne Transoxiane, entre l'Amou Daria et la Syr Daria, qui abrite les villes de Boukhara et Samarkand), de Khorezm (qui deviendra Khiva), de Bactriane (en Afghanistan et au Turkestan), de Margiane (autour de la ville de Merv au Turkménistan), d'Aria (à Hérat), de Scythes et d'Arachosia (vers Kandahar) passent tous sous la houlette perse. Dès cette époque, les réseaux commerciaux sont mis en place, ancêtres de ce qui deviendra la prospère route de la soie. Les Sogdiens, qui peuplent le royaume du même nom, s'imposent rapidement comme les meilleurs commerçants de la région. Il ne reste presque aucune trace écrite de leur histoire, mais leur présence est attestée jusqu'au cœur de l'empire chinois.

Alexandre le Grand

L'empire perse des Achéménides est mis à mal en 330 avant notre ère par les troupes d'Alexandre le Grand. L'armée grecque conquiert rapidement l'Égypte, l'Asie mineure et la Perse, mais doit faire face à une importante résistance de la part des populations d'Asie centrale, notamment dans le royaume de Bactriane. Pendant son avancée vers l'Est, Alexandre fonde une nouvelle Alexandrie à Begram, dans la région de Kaboul. Il traverse ensuite l'Amou Daria, si large que les Grecs la prennent pour une mer, puis s'empare de Marakanda (Samarkand) après être venu à bout d'une résistance acharnée. Alexandre conquiert ensuite la ville de Tribactra (Boukhara), et conclut un accord de paix avec les Saces (des nomades venus du nord de l'Amou Daria, puis sédentarisés en Ouzbékistan) qui contrôlent Tachkent. Une nouvelle Alexandrie est fondée à l'extrémité nord du nouvel empire d'Alexandre, à l'emplacement de l'actuelle Khodjent, au Tadjikistan. Mais l'emprise d'Alexandre ne fut jamais totale sur la Bactriane, où les populations sogdiennes entretenaient un état de rébellion permanente. Le problème fut partiellement résolu par le mariage d'Alexandre et de Roxane, fille de l'un des princes sogdiens. Ce mariage mixte fit école auprès des guerriers. Une légende tadjike raconte d'ailleurs qu'Alexandre fit tuer tous les hommes des terres conquises afin de marier les femmes sogdiennes à ses hommes de troupe. C'est ainsi que beaucoup, jusque dans les vallées les plus reculées du Pamir, se réclament de ces ancêtres macédoniens.

En seulement cinq ans, Alexandre avait fondé une nouvelle civilisation, née de la rencontre entre les cultures grecques et indiennes, et avait ouvert des routes jusqu'aux limites du monde connu. Mais après avoir atteint la vallée de l'Indus et compris que le monde ne s'arrêtait pas à ses rives comme le lui avait enseigné son maître Aristote, Alexandre retourna à Babylone, où il s'éteint en 323. L'empire macédonien ne résista pas à la disparition de son fondateur, et commença à se disloquer peu après sa mort. La partie asiatique revint à la dynastie des Séleucides, du nom de l'un des lieutenants d'Alexandre, Séleucos Nikator. Son pouvoir s'étendait de Khodjent jusqu'à l'océan Indien,

et englobait la Sogdiane, la Bactriane et la vallée de l'Indus (soit le sud de l'Ouzbékistan, le Tadjikistan, l'Afghanistan et le Pakistan). Dès 250 avant J.-C. Le royaume de Bactriane, bien que pro helléniste, commença à manifester de nouvelles velléités d'indépendance. Mais pour les Séleucides le plus grand danger venait de l'est de la mer d'Aral, où les Parthes, encore nomades, ne faisaient qu'entamer leur glorieuse histoire. De l'autre coté du « toit du monde », la mystérieuse Thina, nom que donnaient les romains à la Chine, entamait son inexorable expansion vers l'ouest. C'est au milieu du second siècle avant notre ère que les deux mondes vont se rencontrer. À cette époque les Xiongnu, nomades huns fort belliqueux, ne cessaient de mordre la frontière nord d'une Chine impériale prospère et bien tentante. L'empire du Milieu calmait les envahissants voisins en les comblant de soieries, mais ces redoutables guerriers étaient insatiables. C'est en recherchant une alliance contre les barbares que la Chine fit entrer le monde dans une ère nouvelle. Tout commença par la découverte d'un cheval peu ordinaire originaire du pays de Kokand. Si la soie n'avait pu suffire à acheter la paix avec les tribus huns, elle pouvait acheter la meilleure des armes : les « chevaux célestes », ces solides chevaux de la vallée du Ferghana, aux sabots presque inusables – à l'époque les chevaux n'étaient pas ferrés –, et si rapides que leur sueur était de sang.

L'empire des Kouchans

La chute de l'empire des Séleucides laisse place à une période d'intenses relations commerciales entre l'Est et l'Ouest, mais également à de vastes mouvements de population. Sur le plan commercial, la Chine lance de nombreuses ambassades vers l'ouest, dont celle de Zhang Qian, un émissaire parti avec une mission diplomatique et revenu treize ans plus tard avec de nouvelles routes pour les marchands. La route de la soie connaît alors une nouvelle phase de prospérité profitable à toute l'Asie centrale jusqu'en Chine. Mais au même moment, les riches marchands des oasis sont harcelés par des tribus nomades venues du nord. Les Xiongnu venus du nord de la Chine et de Mongolie poussent vers l'ouest les Yue-Tche, obligés sous la pression de se déplacer du bassin du Tarim vers Saka. Et les habitants de Saka sont à leur tour forcés de migrer vers les terres des Sogdiens. La situation se calme au Ier siècle avant notre ère, lorsque les descendants des Yue-Tche, entre-temps convertis au bouddhisme, arrivent à pacifier une vaste zone s'étirant du nord de l'Inde jusqu'à l'Afghanistan et la Sogdiane. Sous le nom d'empire des Kouchans, ces nouveaux dirigeants de l'Asie centrale vont régner pendant quatre siècles, jusqu'en 226 de notre ère. Le plus grand prince des Kouchans, Kanishka avait fait de son empire le foyer mondial du bouddhisme, un empire tolérant et cosmopolite dont les habitants gardaient encore un mode de vie semi-nomade, mais où coexistaient et s'épanouissaient les confessions les plus différentes : zoroastrisme et bouddhisme puis, plus tard, manichéisme. Une liberté spirituelle et une prospérité commerciale qu'attestent les trouvailles archéologiques, et notamment les innombrables pièces de monnaies à l'effigie de divinités aussi différentes que le Shiva hindou, Mithra le soleil, Mao la lune, Artoasp le dieu des eaux, ou encore Nanaya, la déesse sémite de la fécondité. Cet empire rayonnant, qui donna naissance à l'art gréco-bouddhique du Gandhara, prit fin au IVe siècle, mais dès le IIIe siècle, les attaques de son voisin sassanide l'amputaient d'une grande partie de ses territoires occidentaux. Les Huns l'achèveront.

Les cités sogdiennes

Dès la première moitié du IIIe siècle, les Perses sassanides, qui entendaient recréer l'empire des Achéménides, avaient éliminé les Parthes et s'étaient emparés de la Transoxiane. Dans ce nouvel empire perse, découpé en satrapies (royaumes ou principautés) comme celui des Achéménides, le zoroastrisme était la religion officielle. La liberté de culte qui régnait sous les Kouchans fut interrompue, parfois brutalement. La Transoxiane servait de lieu d'exil aux indésirables, de sorte que presque toutes les confessions s'y retrouvaient : christianisme nestorien, bouddhisme, manichéisme, hindouisme, judaïsme, chamanisme et bien sûr zoroastrisme. Pendant presque deux siècles un grand désordre peu propice au trafic de caravanes régna dans la région, et les Chinois perdirent le contrôle des routes dans le bassin du Tarim. Les voies terrestres passant par l'Asie centrale étant fermées, le commerce se fit par voie maritime ; ainsi, du IIIe au Ve siècle, grâce aux ports du golfe persique, les Perses sassanides auront le monopole du commerce entre la Chine et l'Occident. Au milieu du Ve siècle les voies terrestres furent à nouveau ouvertes.

Les nomades türks, alors maîtres de la Sogdiane, se contentaient de percevoir des impôts et laissaient une grande liberté à leurs sujets, tant que ceux-ci restaient de bons payeurs. Les marchands sogdiens envoyèrent des ambassades en Chine, mais les Perses virent d'un très mauvais œil ces nouveaux concurrents et refusèrent de commercer avec eux. L'ambassade sogdienne envoyée auprès du Shah de Perse reçut un accueil qui ne laissait aucun espoir : le sogdien Maniakh qui conduisait la délégation de commerçants réussit bien à vendre la soie chinoise aux Perses, mais le shah la fit immédiatement brûler sous ses yeux pour lui montrer ce qu'il pensait de leur future collaboration. Cette humiliation ne perturba point Maniakh, qui contacta alors directement les Byzantins en passant par le nord du Caucase et la mer Noire, ouvrant ainsi une nouvelle route commerciale qui évitait les terres perses. Les Sogdiens savaient se montrer habiles commerçants, mais ils étaient aussi des cultivateurs et artisans réputés. Les grands propriétaires terriens, appelés « dekhkan », vivaient dans des forteresses entourées de terres irriguées, de vergers et de vignobles. L'aristocratie sogdienne s'adonnait aux jeux équestres, aux échecs, mais aussi à la boisson. Procope les décrit comme les plus grands buveurs de vin du monde. Très bon artisans, ils fabriquaient et faisaient le commerce d'objets de bois finement sculptés, de vaisselle d'or et d'argent, d'articles de verre coloré, de tissus brodés, ainsi que de cottes de maille souples et d'une grande résistance, qui étaient encore célèbres du temps de Tamerlan.

La conquête arabe

Quelques années à peine après la mort du prophète Mohammed, les troupes arabes s'emparent de la Perse en 642, et établissent une base militaire à Merv. Les habitants de Transoxiane résistent vaillamment à l'invasion, mais ne peuvent empêcher la chute de Boukhara en 709 puis de Samarkand en 712. Lors de cette première campagne arabe en Sogdiane, les troupes musulmanes atteignent les rives de la Syr Daria et s'emparent de Tachkent et de Ferghana. Mais les princes sogdiens profitent de l'assassinat du gouverneur général de Khorassan, en 715, pour reprendre leur liberté. Les Arabes étaient eux aussi désunis : les Abbassides, très implantés dans les régions orientales du califat, voulaient renverser le pouvoir omeyade et manipulaient les Kharidjites et les Chi'ites, deux groupes dissidents qui considéraient les Omeyades comme des usurpateurs. D'autre part, les très nombreuses communautés religieuses (juives, nestoriennes, manichéennes) étaient toutes prêtes à se rebeller. Plusieurs révoltes secouent la région. Pour calmer la situation et accélérer les conversions, les Arabes décident que les convertis à l'islam seront dispensés d'impôts. Le résultat est catastrophique pour les finances du gouverneur : tous se disent musulmans et l'on ne trouve plus un seul contribuable dans la région. Une nouvelle taxe est alors levée et l'insurrection devient générale.

En 750, les Abbassides renversent les Omeyades et transfèrent la capitale du califat de Damas à Bagdad. En Sogdiane la situation est anarchique. Abu Salim, le nouveau gouverneur du Khorassan, règle la situation à coups de cimeterre et, à Talas, anéantit l'armée chinoise qui, profitant du désordre général, tentait une percée par le nord. Malheureusement la gloire de ce jeune et fougueux gouverneur déplaît à Bagdad et il est assassiné sur l'ordre du calife. La victoire de Talas stoppa l'avancée chinoise et évita sans doute que la totalité de l'Asie centrale ne devienne une nouvelle province de l'empire du Milieu. Mais cette victoire eut une autre conséquence plus inattendue : parmi les captifs chinois ramenés à Samarkand, se trouvaient plusieurs fabricants de papier ; la Sogdiane se retrouvait ainsi en possession d'une « technique de pointe » qu'elle s'efforça de conserver secrète le plus longtemps possible. Les révoltes continuent pendant plus d'un demi-siècle. Puis, à partir du VIIIe siècle, les Perses remplacent progressivement les Arabes aux postes gouvernementaux, apportant ainsi à Bagdad toute la richesse des cultures sogdienne et bactrienne. Il faudra attendre la dynastie des Samanides pour que la Sogdiane retrouve sa grandeur. Boukhara devient alors la capitale du nouvel empire et connaît une prospérité sans précédent. La conquête arabe transforma le paysage commercial de l'Asie centrale. Les révoltes et les destructions qui durèrent pendant plus d'un siècle furent peu propices au commerce, et une grande partie des échanges commerciaux se fit à nouveau par la mer. Les Arabes monopoliseront le trafic maritime jusqu'à l'invasion mongole.

Genghis Khan

À la veille de la déferlante mongole, l'État du Khorezm est la principale puissance de l'Orient musulman. Il s'étend de la mer d'Aral aux marges de l'Inde.

Chronologie

- **IIe millénaire av. J.-C :** les premières implantations urbaines sont créées à Afrosiab, site de l'actuelle Samarkand. La région est encore essentiellement peuplée de tribus nomades.
- **330 av. J.-C :** arrivée d'Alexandre le Grand en Asie centrale qui détrône les Achéménides.
- **250 av. J.-C. – 226 de notre ère :** empire des Kouchans.
- **226-651 :** la région se trouve en grande partie sous domination des Sassanides.
- **642-712 :** conquêtes arabes en Asie centrale.
- **IXe et Xe siècles :** règne des Samanides sur tout le territoire de l'Ouzbékistan moderne. Période de prospérité de Boukhara.
- **1220 :** les troupes mongoles déferlent sur l'Asie centrale. Boukhara est rasée.
- **1334 :** l'empire mongol éclate en plusieurs royaumes concurrents, dirigés par des émirs türks de religion musulmane.
- **1370 :** Tamerlan se fait proclamer émir de Transoxiane et entame sa conquête de la région.
- **1405 :** mort de Tamerlan. Son empire ne lui survivra pas et sera rapidement divisé en plusieurs royaumes.
- **XVe siècle :** l'Asie centrale est divisée en plusieurs khanats dirigés par des Ouzbeks. Plusieurs dynasties se partagent la région jusqu'à l'arrivée des Russes.
- **1635-1758 :** des attaques de tribus venues du Nord sèment la panique au Kazakhstan, au Kirghizistan et en Chine, entraînant d'importants mouvements de population en Asie centrale. Les Russes commencent à avancer vers le sud.
- **1862-1884 :** les armées du tsar s'emparent de toutes les grandes villes d'Asie centrale : Bichkek en 1862, Tachkent en 1865, Samarkand en 1868, Khiva en 1873, Kokand en 1877 et Merv en 1884.
- **1916 :** violentes révoltes des populations d'Asie centrale contre la colonisation russe.
- **1917 :** Révolution russe.
- **1924 :** création des républiques socialistes soviétiques d'Asie centrale.
- **1930-1940 :** la collectivisation et les purges organisées par Staline entraînent une hécatombe dans toutes les républiques d'Asie centrale.
- **1948 :** Achgabat est entièrement détruite par un tremblement de terre. Le pouvoir soviétique isole totalement la ville pour masquer la catastrophe au monde occidental.

Le Gour Emir abritant la tombe de Tamerlan à Samarkand

- **1954 :** début de la campagne des « terres vierges » au Kazakhstan.

- **1966 :** Tachkent est à son tour détruite par un violent tremblement de terre.

- **1991 :** effondrement de l'Union soviétique. Les cinq républiques d'Asie centrale déclarent leur indépendance les unes après les autres. Il s'agit pour ces cinq pays du début d'une nouvelle ère à la fois politique et économique. Niazov (Turkménistan), Karimov (Ouzbékistan) et Nazarbayev (Kazakhstan) deviennent les premiers présidents de la république de leur pays. Si Niazov est mort durant son règne en 2006, les deux autres sont toujours en exercice.

- **1992 :** au Tadjikistan, la lutte politique entre les tenants d'un régime « à la soviétique » et les partisans d'un islam rigoureux dégénère en lutte armée. Les « soviétiques » s'emparent du pouvoir en décembre. Mais la guerre civile continue.

- **1994 :** Rahmonov est élu président du Tadjikistan.

- **1995 :** troubles politiques au Kazakhstan, tensions entre Russes et Kazakhs. Nazarbayev renforce le régime présidentiel. En mars 1995, un référendum autorise Karimov à prolonger son mandat présidentiel jusqu'en 2000 au lieu de 1997. Akayev est réélu président du Kirghizistan (71,6 % des voix) et considéré comme le chef du régime le plus démocratique d'Asie centrale.

- **1996 :** élections présidentielles kazakhs repoussées à 2000 par référendum.

- **1997 :** signature d'un traité de paix au Tadjikistan, après cinq ans de guerre et plusieurs dizaines de milliers de morts.

- **1999 :** Niazov se fait nommer président à vie par le parlement du Turkménistan.

- **2000 :** victoire écrasante de Nazarbayev aux élections présidentielles du Kazakhstan. Karimov est également réélu en Ouzbékistan avec 91 % des voix. Rahmonov remporte un deuxième mandat présidentiel au Tadjikistan.

- **2001 :** le *Ruhnama*, œuvre « culte » rédigée par le président Niazov, devient « livre sacré » de la nation.

- **2002 :** le Turkménistan adopte un nouveau calendrier qui rebaptise les mois de l'année des noms des héros nationaux, du Turkmenbashi et de sa mère.

- **2005 :** au Kazakhstan, Nazarbayev remporte une nouvelle victoire à la soviétique avec 91 % des suffrages. Au Kirghizistan, grandes manifestations populaires pour contester le résultat des élections législatives et l'état de corruption du régime et du clan Akayez. La « révolution des tulipes » contraint Akayev à l'exil. Bakiev est élu dans la foulée à la tête de l'état. En Ouzbékistan, répression sanglante de la révolte d'Andijan par Karimov en mai, les manifestant seraient officiellement des islamistes.

- **2006 :** Victoire aux élections et troisième mandat pour Rahmonov. Mort du Turkmenbashi Niazov.

- **2007 :** Berdymoukhammedov est élu président du Turkménistan avec 89 % des voix. Islam Karimov est une nouvelle fois élu en Ouzbékistan.

- **2009 :** réélection de Kurmanbek Bakiev au Kirghizistan.

- **2010 :** le Kirghizistan abolit la peine de mort. En avril, le président Bakiev est contraint à la démission suite aux manifestations de l'opposition réprimées dans le sang (près de 100 morts). Un gouvernement provisoire est mis en place et l'ancien président se poste en veille avec ses fidèles dans son fief du Ferghana kirghize. Des affrontements interethniques ont eu lieu dans le sud du pays en juin 2010

Islam Karimov, actuel président de l'Ouzbékistan

Au nord-est du Khorezm, le puissant État kara-kitaï règne sur les steppes. Convertis au bouddhisme, les Kara-Kitaï seront à l'origine de la légende du prêtre Jean, que colportèrent les croisés. En 1212, Genghis Khan s'empare de l'Empire kara-kitaï. Voulant tout d'abord établir des relations diplomatiques et commerciales avec son nouveau voisin musulman, il fait partir en 1218, en direction du Khorezm, une immense caravane marchande chargée de fourrures, d'or et d'argent. La caravane est pillée et ses marchands assassinés par le gouverneur de la ville d'Ortrar, près de la Syr Daria. Genghis Khan, qui apparemment tenait à établir des relations pacifiques et commerciales avec la civilisation turco-persane, envoie ses ambassadeurs demander réparation auprès de Mohamed Shah, qui croit montrer sa puissance en les faisant assassiner. La vengeance de Genghis Khan est terrible. Une armée de plusieurs centaines de milliers d'hommes part vers le Khorezm. Le gouverneur d'Ortrar qui s'était emparé des richesses de la caravane mongole est fait prisonnier, et, pour le punir de sa cupidité, on lui coule de l'argent fondu dans les yeux et les oreilles. Les armées de Genghis Khan s'emparent de Khodjent, Nourata, Boukhara, et Samarkand. Cette dernière est presque entièrement détruite en 1220. Genghis Khan s'acharne tout particulièrement sur Konye Urgench, l'ancienne capitale du Khorezm, qui est entièrement rasée en 1221. Quand les habitants acceptaient de se rendre, il les laissait sortir de leur ville, et donnait la cité en pillage aux guerriers. Tous ceux qui leur résistaient étaient impitoyablement exécutés. La paix ou... la torpeur qui suivirent ces destructions sont propices au commerce et à l'évangélisation, et plusieurs Occidentaux partent alors à la découverte d'un monde inconnu. De multiples ambassades se dirigent vers l'Orient. Les Mongols sont à cette époque maîtres de la Chine, de l'Inde, de l'Asie centrale, de la Sibérie, de la Russie jusqu'à Kiev et de la Perse jusqu'à la Syrie ! Le plus grand empire jamais connu. L'empire de Genghis Khan était si sûr qu'on disait qu'une jeune fille portant sur sa tête un plateau d'or pouvait le traverser sans crainte... C'est à cette époque que le franciscain Jean du Plan Carpin est envoyé par le pape en mission de reconnaissance auprès des Mongols. Son voyage jusqu'à Karakorum, la capitale mongole, prit un peu plus de deux ans, et il fut accueilli comme un miraculé à son retour. Cinq ans plus tard, Guillaume de Rubrouk se rend lui aussi à Karakorum. Il en rapporta un récit très vivant sur les coutumes et les croyances des Mongols. « Comme Dieu a donné à la main plusieurs doigts, il donne aux hommes plusieurs chemins », lui dira le khan Mongka. Les Mongols, qui étaient chamanistes, respectaient toutes les religions et tenaient souvent à ce que les missionnaires prient pour leur longévité ; des prières en échange desquelles ils leur octroyaient des exemptions de taxes. En 1272, deux marchands vénitiens, Nicolo et Marfeo Polo, accompagnés de leur fils et neveu Marco Polo, partent vers la Chine, le « pays des Sères ». Pour Nicolo et Marfeo, c'était le second voyage en Orient, le premier les ayant conduits jusqu'au khan mongol et à Boukhara, où ils avaient passé trois années. Ce second voyage devait être fait en bateau, mais les guerres chinoises en mers du Sud les firent changer leur itinéraire, et, pour se rendre en Chine, ils traversèrent l'Asie centrale en passant par Balkh, le Pamir et Kashgar. Le récit de ce voyage, qui dura vingt-cinq ans, est à la fois un conte foisonnant de personnages fantastiques, et un roman d'aventure. Il rencontrera un énorme succès et fera de Marco Polo un personnage presque mythique. À la mort de Genghis Khan en 1227, l'empire est partagé entre ses descendants qui parviennent à conserver son unité pendant près d'un demi-siècle. Mais à la mort du grand khan Mongka, l'empire commence à s'effriter, et la scission entre nomades et sédentaires se fait une fois de plus sentir. Le khanat des Djaghataïdes (descendants du deuxième fils de Genghis Khan qui avait hérité de la Transoxiane) se détache du reste de l'empire. Et en 1334, la Transoxiane éclate à son tour en plusieurs khanats dirigés par des émirs turcs musulmans.

Tamerlan

Genghis Khan était mort depuis longtemps, mais sa gloire était encore présente en chaque guerrier quand, au XIVe siècle, apparaît un nouveau conquérant : Timour, surnommé Timour Leng (Timour le Boiteux) à cause d'une blessure au genou qui le rendait boiteux. C'est ce surnom, transcrit sous la forme de Tamerlan par les Occidentaux, qui sera retenu par l'histoire européenne. Revendiquant une lointaine parenté avec Genghis Khan, Timour se fait proclamer émir de Transoxiane en 1370, et passera le reste de sa vie à annexer les États voisins : le Khorezm, l'Iran, la Mésopotamie...

Il atteindra Kazan, menacera Moscou et Kiev, descendra en Inde, prendra Delhi. La mort le faucha au moment où il préparait une vaste campagne en direction de la Chine. Entre deux conquêtes victorieuses, Tamerlan retournait dans sa ville préférée, son joyau, Samarkand, la nouvelle capitale de son empire. Et il la parera de tous les attraits : palais, mosquées, mausolées, mais aussi et surtout il y fera construire un grand bazar, des ruelles de boutiques, des coupoles marchandes et des caravansérails. Il savait que les nombreuses caravanes qui arriveraient dans sa ville, venues de tous les horizons, rapporteraient la magnificence de la capitale du plus grand des conquérants. Il fit tout pour encourager le commerce, et dans les courriers qu'il envoya aux rois de France et d'Angleterre pour annoncer sa victoire sur les Ottomans, il garantit que les marchands qui viendraient à Samarkand seraient traités avec le plus grand respect. On trouvait de tout sur les marchés de Samarkand. L'organisation y était de fer, comme l'émir le voulait. Chaque ruelle ou artère commerçante était spécialisée dans un type de marchandise afin de stimuler la compétition, et de conduire les marchands à surveiller la qualité de leurs produits. Les tissus et les étoffes, souvent fabriqués localement, étaient d'une variété incroyable : soieries multicolores, damas, taffetas, draps de satin, soieries brodées d'or venant de Chine, velours, précieuses toiles de laine d'Europe, cotonnades unies ou imprimées venant d'Inde. On trouvait aussi des fourrures de Sibérie, des cuirs tatars, des porcelaines de Chine, des couteaux de Damas, des rubis et des lapis-lazuli du Badakhchan, des épices, des fruits, des légumes... Les marchands étrangers quittaient Samarkand avec le regret de ne pouvoir tout emporter. Ils furent les meilleurs « attachés de presse » de Tamerlan. Les informations se colportaient de caravansérail en caravansérail, et les merveilles de la cité augmentaient en fonction de la distance. Samarkand, avec ses jardins et ses éblouissantes coupoles bleues, devint une ville de légende. À la mort de Tamerlan, son empire éclate très rapidement. Les Timourides, successeurs directs de Tamerlan, se déplacent vers Herat, et maintiennent leur contrôle sur l'Iran, le royaume de Khorezm et la Transoxiane. Mais dès la deuxième génération des Timourides, des querelles internes laissent le champ libre aux nomades des marges de l'empire : les Ouzbeks et les Kazakhs à l'ouest, et les Oïrats à l'est commencent à s'organiser de façon autonome.

Khanats ouzbeks

Au XVe siècle la dynastie des Chaybanides (descendants de l'un des petits-fils de Genghis Khan, qui contrôlent les steppes du nord de la mer d'Aral depuis le XIVe siècle) tente une percée vers le sud. Mais ces tribus qui ont pris le nom d'Ouzbeks se heurtent à d'autres tribus turcophones de Transoxiane, qui s'installent entre la Syr Daria et le lac Balksch, et deviendront ensuite connus sous le nom de Kazakhs. Dans les premières années du XVIe siècle, les Ouzbeks relancent une période de conquêtes, plus efficace que la première : ils s'emparent de Boukhara, Samarkand, du royaume de Khorezm, de Tachkent et du Ferghana, avant d'être sévèrement défaits à Merv par les troupes perses en 1510. La capitale des Ouzbeks est installée à Boukhara au milieu du siècle, et une courte période d'unité prévaut avant la chute de la dynastie chaybanide en 1599. Le commerce international se faisait alors principalement par voie maritime : les marchandises à destination de la Chine transitaient par les ports de Perse (devenue chi'ite, ce qui renforce l'isolement de l'Asie centrale sunnite). L'Asie centrale n'était plus le passage obligé entre l'Orient et l'Occident, les commerçants navigateurs portugais, espagnols, hollandais, français ou anglais se tournaient vers d'autres horizons. Mais à Boukhara le commerce n'était pas mort pour autant. Les marchandises venaient de Russie, d'Inde, du Turkestan chinois, des steppes kazakhes. Les habitants de Boukhara avaient la réputation d'être de très ingénieux négociateurs, rien ni personne ne pouvait les empêcher de continuer leur commerce, ni les lois monopolistes du tsar ou du shah perse, ni les pillards de caravanes, ni les taxes douanières. Le khanat de Boukhara vivait du commerce mais faisait preuve d'une extrême xénophobie. Jusqu'à la conquête russe, la ville sainte fut interdite aux non-croyants. Et ceux qui pénétrèrent son enceinte le firent souvent au péril de leur vie. Avant que le chemin de fer ne relie Boukhara au monde extérieur en 1888, parvenir jusqu'à la ville sainte de l'islam, oasis entourée de steppes désertiques et de tribus de brigands, était un exploit. En ressortir vivant tenait du miracle.

Après la chute des Chaybanides, l'Asie centrale se disloque une fois de plus. Les Djanides s'établissent à Boukhara, alors qu'une branche chaybanide garde le contrôle du royaume de Khorezm. Au XVIIIe siècle, un troisième khanat apparaît autour de la ville de Kokand.

En lutte perpétuelle les uns contre les autres, ces trois khanats ouzbeks doivent en outre faire face aux pressions des nomades turkmènes attirés par les richesses des villes. Une petite période de stabilité s'instaure néanmoins au XVIIIe siècle, lorsque les Mankits, prennent le contrôle de Boukhara et pacifient la région. En parallèle, la dynastie des Kungrats affermit son emprise sur le khanat de Khiva.

L'arrivée des Russes

Alors que la Transoxiane semble stabilisée, l'agitation réapparaît dans le nord de l'Asie centrale. Les Oïrats, qui nomadisent dans les steppes de l'Altaï, commencent à migrer vers l'ouest, repoussant les Kazakhs. Ceux-ci se retrouvent contraints de demander la protection des Russes, déjà largement présents dans la région à des fins commerciales. La grande expansion de l'empire russe commence dès 1716, sous le règne de Pierre le Grand. Une première expédition conduit à la création de Semipalatinsk (au nord du Kazakhstan), alors qu'une deuxième lancée contre le khanat de Khiva se termine en désastre pour les Russes. Après l'échec d'une autre tentative terrestre, les Russes adoptent la voie fluviale : leurs navires traversent la mer d'Aral puis la Syr Daria en 1850. Simultanément, les Cosaques sont lancés à l'assaut du Kazakhstan et fondent Almaty en 1855. Les Russes obtiennent de la part des Chinois un protectorat sur la zone à l'est et au sud du lac Balkach en 1864. La route du Turkestan leur est désormais ouverte. Tachkent tombe en 1865, et un gouverneur général du Turkestan est choisi parmi les généraux russes en 1867. Le khanat de Boukhara devient à son tour un protectorat russe en 1868, celui de Khiva tombe en 1873, alors que celui de Kokand passe sous autorité directe de la Russie en 1875. Les Russes s'attaquent alors à l'ouest de l'Asie centrale. Les Turkmènes sont vaincus à Gök Tepe en 1881, Merv est annexée en 1884, puis vient le tour du Pamir, que les Russes occupent à partir de 1891. C'est alors que commence ce que Kipling baptisa « le grand jeu », une lutte d'influence entre la Russie et la Grande-Bretagne, implantée en Inde. Le point de rencontre entre les deux puissances du moment se fait en Afghanistan : sa frontière nord est fixée par un accord entre la Russie et la Grande-Bretagne signé en 1887. La frontière orientale est déterminée en 1895, après la conquête russe du Pamir.

Tamerlan, nouveau héros des Ouzbeks

Depuis l'indépendance de l'Ouzbékistan, Tamerlan est devenu la référence historique du pays. Pas une ville qui n'ait sa statue, sa place ou sa rue Amur Timur. Le conquérant du XIVe siècle est une de ces figures historiques encore très controversées, difficile à cerner tant la légende y tient une part importante. Les sources écrites sur les premières années de sa vie sont inexistantes, et Tamerlan est surtout connu pour sa succession de campagnes victorieuses menées vers l'Inde, la Chine ou la mer Égée, de 1370 jusqu'à sa mort. La destruction de centaines de villes, les têtes des ennemis tués assemblées en tours, ont laissé des souvenirs et des traces dans une grande partie du monde oriental, occultant la paix qui régnait au cœur de son empire et le fantastique essor commercial illustré par Samarkand, la capitale de Tamerlan. Le prix à payer fut terrible, et l'empire ne survécut pas longtemps à la mort de son fondateur, se divisant aussitôt en principautés rivales qui disparaîtront moins d'un siècle plus tard. La lignée de Tamerlan donna naissance à deux personnalités qui s'illustrèrent chacune de façon très différente : Oulough Begh, l'astronome, et Babur, le chevalier errant qui ira fonder l'empire moghol en Inde. Ces hommes de lettres et de culture doivent beaucoup aux bases jetées par leur ancêtre à Samarkand. Aujourd'hui, celui que certains historiens considèrent comme un criminel sanguinaire, revient au premier plan de l'histoire ouzbèke, adulé comme un intrépide guerrier, un aventurier hors pair, un homme qui a conquis le monde malgré son handicap, son bras paralysé, la maladie. De fait, Tamerlan modifia considérablement le visage des contrées qu'il avait soumises. Il a préféré la vie citadine au nomadisme, il a imposé la religion musulmane en combattant sous la bannière du Prophète, tout en mêlant sans cesse la loi coranique aux traditions païennes. Sa victoire sur les Ottomans a permis de libérer l'Occident de la menace turque, créant chez les artistes européens un engouement pour ce personnage fabuleux. Un opéra de Haendel, qui porte son nom, témoigne de la forte impression que Tamerlan (ou sa légende) a pu faire sur les Occidentaux.

Le corridor de Wakhan, une bande de terre séparant les deux empires, fut créé en Afghanistan. Les Russes gèrent leur nouveau territoire comme des colonies : l'administration est assurée par des envoyés de Moscou, et les colons ne s'installent que dans les grandes villes. L'emprise de Moscou est plus ou moins sensible suivant les pays, mais tous vont se rebeller violemment en 1916, lorsque les troupes russes tentent de recruter les populations locales pour participer à la première guerre mondiale.

Les révoltes sont particulièrement sanglantes dans la région de Khojand, au Tadjikistan, qui tente de créer un gouvernement indépendant mené par les Jadids (réformateurs inspirés par le mouvement des Jeunes Turcs). Le Kazakhstan compte pour sa part plusieurs milliers de morts alors que plusieurs autres milliers fuient vers la Chine et la Mongolie. L'hécatombe est encore plus sévère au Kirghizistan, dont près d'un tiers de la population trouve refuge en Chine, où elle est souvent maltraitée et contrainte au retour. Profitant de l'agitation, les Basmachis, avec à leur tête Enver Pasha, commencent à s'activer dans toute la région. Cet ancien ministre de la Guerre de l'Empire ottoman, qui avait dû fuir son pays à la fin de la Première Guerre mondiale, tentait de créer un État pan-turc en Asie centrale. Les paysans, qui haïssaient l'armée bolchevique, soutenaient en masse celui qui se faisait appeler « le chef de toutes les armées de l'Islam ». Les Basmachis s'emparèrent de Douchanbe, mais ne purent résister à l'Armée rouge. En août 1922, Enver Pasha meurt les armes à la main dans le Pamir tadjik. La rébellion se réfugie dans les montagnes où elle s'éteint dans les années 1930.

La période soviétique

Ces troubles permettent aux Bolcheviks, arrivés au pouvoir en Russie lors de la révolution de 1917, de prendre le contrôle des protectorats russes et des dernières poches indépendantistes locales. Trois républiques socialistes soviétiques sont créées en 1924. Le Kirghizistan et le Kazakhstan sont à l'origine regroupés en une seule entité (qui prend le nom de Kirghize), et les deux pays ne seront séparés qu'en 1936. Le Tadjikistan est une république autonome à l'intérieur de l'Ouzbékistan, dont il ne se détachera qu'en 1929. Les frontières entre les différentes républiques acquièrent alors les limites qui sont les leurs aujourd'hui, avec toutes leurs aberrations, facteurs de tensions ethniques. Les premiers temps de l'occupation soviétique laissent quelques espoirs aux populations locales. Dans les années 1920, les promesses économiques de la NEP conduisent de nombreux Ouzbeks à adhérer au Parti communiste, et certains obtiennent même des postes administratifs assez élevés. La monoculture du coton, qui conduira à une véritable catastrophe écologique dans toute la région, commence alors à se développer sur ordre de Moscou. Mais la collectivisation forcenée lancée par Staline est une véritable catastrophe pour l'Asie centrale. Les Turkmènes sont sédentarisés de force, les Kazakhs fuient en masse ou tuent leur cheptel pour éviter qu'il ne soit saisi. Les élites locales qui avaient pu participer à l'adminis-

Sur les marchés, les images de Niazov (ex président du Turkménistan) et de sa famille se vendent sous toutes les formes

tration de leur pays dans les années 1920 sont presque systématiquement éliminées. Au Tadjikistan, près de 70 % des membres du Parti communiste local en sont expulsés, et remplacés par des Russes aux postes de responsabilité. Au Kazakhstan, où la lutte contre la sédentarisation et la collectivisation est la plus farouche, les exécutions et les fuites massives réduisent la population ethniquement kazakhe à un tiers des habitants du pays. Entre 1929 et 1934, au plus fort de la collectivisation, 1,5 million de Kazakhs meurent de faim. Pendant la Seconde Guerre mondiale, les pays d'Asie centrale servent de base arrière à la Russie : de nombreuses industries y sont délocalisées, apportant leur lot de nouveaux colons russes. Le Kazakhstan connaîtra les plus grands apports de population européenne avec la campagne des « terres vierges », lancée de 1954 à 1964. Le Kazakhstan doit en outre absorber les vagues de populations déplacées par Staline : Coréens, Allemands de la Volga, Tchétchènes, tous considérés par Moscou comme des risques potentiels durant la Seconde Guerre mondiale. En 1970, les Kazakhs sont une ethnie minoritaire dans leur propre pays.

Cinq États indépendants

Tenues de main de fer par Moscou pendant 70 ans, dirigées par des Russes la majeure partie du temps, les cinq républiques soviétiques d'Asie centrale sont bien mal préparées à l'indépendance qui leur est offerte en 1991. La plupart des dirigeants locaux des partis communistes et parfois même les populations (des manifestations pro-Gorbatchev sont organisées à Douchanbe) soutiennent Gorbatchev et dénoncent le coup d'État dont il est victime en août 1991. Mais l'effondrement de l'URSS ne laisse pas vraiment le choix aux soviets suprêmes nationaux, qui déclarent l'indépendance les uns après les autres. Des référendums sont ensuite organisés pour faire avaliser cette décision par les populations locales. Et des élections menées dans la foulée placent au pouvoir les anciens apparatchiks du système soviétiques... Au Kirghizistan, des élections présidentielles directes sont organisées en octobre 1991 et voient la victoire sans équivoque (95 % des voix) d'Askar Akayev. Ce physicien avait été élu à la fin de l'année 1990 à la tête du parlement, dans l'espoir de calmer les tensions ethniques durant lesquelles Ouzbeks et Kirghiz s'étaient violemment affrontés. Au Kazakhstan, les élections présidentielles de décembre 1991 placent Nursultan Nazarbayev à la tête du pays. Celui-ci était président du parlement depuis juin 1989, et proche de Gorbatchev. Le Kazakhstan est le dernier pays à déclarer son indépendance. En Ouzbékistan, le référendum de décembre 1991 approuve l'indépendance à 98,2 %, et le même mois, c'est Karimov qui est élu président par le parlement ouzbek. Islam Karimov, un outsider à l'intérieur du Parti communiste ouzbek, avait été choisi comme secrétaire général du parti en 1989, pour apaiser les tensions ethniques qui opposaient les Kirghiz aux Ouzbeks dans la vallée du Ferghana. Au Turkménistan, Niazov, qui était déjà secrétaire général du parti communiste local, appelle un référendum qui se prononce à 94 % en faveur de l'indépendance. La République du Turkménistan est proclamée le 27 octobre 1991. Le Tadjikistan est le pays qui gérera le moins bien la transition vers l'indépendance. Celle-ci est proclamée en septembre 1991, mais de violentes manifestations anti-gouvernementales éclatent en mars 1992, et dégénèrent en conflit armé à partir du mois de mai. Nabiyev, qui avait pris le pouvoir en août 1991 ne parvient pas à négocier avec les manifestants réformistes, et est contraint à la fuite. Le pays sombre dans une guerre civile qui durera cinq ans et fera près de 500 000 morts. Conscients des difficultés présentées par leur nouvelle indépendance, les cinq nouveaux États vont rapidement tenter de se fédérer dans une structure plus lâche que l'ex-URSS. Le 21 décembre 1991, les cinq républiques signent la déclaration d'Alma-Ata, qui marque leur entrée dans la Communauté des États indépendants, initiée le 8 décembre par la Biélorussie, l'Ukraine et la Russie.

Histoire récente

Près de vingt après leur indépendance, les républiques d'Asie centrale ont mis en place des systèmes politiques qui présentent tous des degrés plus ou moins prononcés d'autoritarisme, souvent teinté de paternalisme. Au Kazakhstan et en Ouzbékistan, les présidents élus au moment de l'indépendance sont toujours au pouvoir, et contrôlent d'une main de fer tout le système politique national, muselant ou interdisant toute opposition politique. Au Turkménistan, Niazov, président à vie, est mort en 2006 mais son successeur perpétue l'exercice ubuesque du pouvoir de ce régime. Après cinq années de guerre civile, le Tadjikistan panse ses plaies et tente de se reconstruire économiquement. Quant au Kirghizistan, considéré comme le pays le plus démocratique de la région, c'est par une révolution qu'il a mis fin au règne d'Akayev.

Le président Kurmanbek Bakiev, réélu en juillet 2009, a cependant été contraint de prendre la fuite en avril 2010 suite à un virage autoritaire et la sanglante répression des manifestations de l'opposition.

Au Kazakhstan

Des troubles politiques éclatent en mars 1995, et conduisent à un renforcement du régime présidentiel. Une nouvelle constitution est adoptée lors d'un référendum aux résultats contestés, mais la majorité de la population se contente du régime présidentiel de Nazarbayev, considéré comme la seule solution pour mettre fin aux troubles ethniques entre Russes et Kazakhs qui agitent le pays. Des élections parlementaires ont lieu en 1995 : trente partis et organisations politiques sont en concurrence. La division de l'opposition permet à Nazarbayev de poursuivre sa politique sans être vraiment inquiété. Les élections présidentielles qui auraient dû avoir lieu en 1996 sont repoussées par référendum jusqu'en 2000. Elles voient une nouvelle victoire « à la soviétique » du président.

Les dernières élections présidentielles ont eu lieu en décembre 2005. Le parti présidentiel, l'Otan (Patrie) s'était pour l'occasion allié au parti Asar (Ensemble), le deuxième parti du pays fondé par la fille de Nazarbayev. Cinq candidats étaient en présence, bien que seulement trois d'entre eux aient une envergure politique suffisante pour prétendre concourir : outre Nazarbayev, un candidat indépendant dont le programme consistait à lutter contre la corruption du régime Nazarbayev, et un concurrent du Parti pour un Kazakhstan juste, ancien président du parlement, étaient en compétition. Sans grande surprise, Nazarbayev a été réélu avec 91 % des voix, après des élections dont le déroulement et les résultats ont été critiqués par les observateurs internationaux. Les prochaines élections présidentielles sont prévues pour 2012.

Depuis l'indépendance, Nazarbayev a mis en place un régime politique autoritaire, dans lequel l'influence familiale et clanique est très forte. La liberté d'expression, bien qu'elle soit reconnue par la Constitution, est largement bafouée : le gouvernement exerce un contrôle très strict sur la presse locale, et les créneaux de diffusion des radios et télévisions sont entièrement aux mains de l'État. Les journalistes sont régulièrement victimes de procès en diffamation. Et en mars 2006, l'un des leaders de l'opposition politique a été assassiné, dans des circonstances restées obscures. Néanmoins, le Kazakhstan est loin d'être le pays le plus autoritaire de la région, et la croissance économique stable conduit la population à se satisfaire pour l'instant de l'emprise du clan Nazarbayev. L'un des enjeux de son gouvernement est de parvenir à maintenir une bonne entente entre les populations kazakhes et russes. La capitale a été transférée d'Almaty à Astana en 1996, afin de rapprocher le centre politique des marges septentrionales du pays, majoritairement russes. Russe et kazakh sont toutes deux langues officielles. Beaucoup plus lié aux grandes firmes énergétiques mondiales que ses voisins, le Kazakhstan a été, plus tôt que les autres pays d'Asie centrale, touché par la crise économique qui a mis fin à dix années de croissance ininterrompue (en moyenne 10 % par an). Le gouvernement, à l'image des grands pouvoirs occidentaux, a du se lancer dans un plan de sauvetage de ses banques, aisément bouclé grâce aux revenus du gaz et du pétrole.

Au Kirghizistan

Les débuts politiques du Kirghizistan indépendant sont agités par des scandales de corruption liés aux concessions des mines d'or du pays. Une valse de Premiers ministres marque le début des années 1990. Mais le président Akayev parvient à éviter d'être mis en cause, et organise en janvier 1994 un référendum d'approbation de son régime. Les 96 % d'opinions favorables laissent supposer quelques manipulations du scrutin, mais permettent à Akayev d'asseoir son autorité sur le pays. Une constitution avait été adoptée en mai 1993, prévoyant un parlement unicaméral (qui deviendra bicaméral par référendum l'année suivante), et un pouvoir exécutif fort, avec un président élu pour cinq ans au suffrage universel direct. Des élections présidentielles sont organisées en décembre 1995, et voient la réélection d'Akayev avec 71,6 % de voix contre deux candidats communistes. Ces élections sont saluées par la communauté internationale comme libres et justes, et le Kirghizistan est alors considéré comme le pays le plus démocratique d'Asie centrale. Akayev est réélu pour un troisième mandat en 2000. Mais la contestation gronde dans le pays, qui reproche au président la corruption de son régime, et surtout la mainmise de sa famille sur la majeure partie des structures écono-

miques. Les élections législatives de février et mars 2005 mettent le feu aux poudres. Les résultats sont contestés par la population qui lance de grandes manifestations dans les villes principales du pays, et notamment dans la capitale, Bichkek. La « révolution des tulipes » contraint Akayev à l'exil, et le Parlement, réuni en session d'urgence, confie les manettes du pays à Kourmanbek Bakiev, ancien Premier ministre d'Akayev qui avait été contraint à la démission en 2002 après des manifestations durement réprimées par la police. Des élections présidentielles sont organisées en juillet 2005, et confirment Bakiev à la présidence du pays avec 88,9 % des voix. La situation se stabilise quelque temps, mais la frustration refait surface dans le pays. Les Kirghiz reprochent à leur nouveau président de ne pas lutter contre la corruption et de ne pas respecter ses engagements électoraux. En mai 2006, de nouvelles manifestations ont eu lieu à Bichkek, conduisant le gouvernement à présenter sa démission... refusée par le président. En novembre 2006, le président est une fois de plus menacé par des manifestations de plusieurs dizaines de milliers d'opposants politiques, qui lui reprochent de ne pas avoir mené les réformes promises. La stabilité politique du Kirghizistan semble encore bien fragile, raison pour laquelle, certainement, le président Bakiev cherche à se rapprocher de la Russie qui ferme plus aisément les yeux que les américains sur le durcissement de son pouvoir. Réélu en juillet 2009, il tenta de reprendre en main la presse et d'accroître la main mise du clan du sud sur le pouvoir. Le Kirghizistan tente également de renforcer ses positions par rapport à l'Ouzbékistan voisin, qui lui fournit, en échange de l'eau des Pamir et des Tian Shan, le gaz dont les kirghizes ont besoin. Chaque tension entre les deux pays aboutit à des coupures de gaz au Kirghizistan ce qui a poussé Kourmanbek Bakiev à céder 75 % de la compagnie kirghize de gaz au russe Gazprom. Selon les termes de l'accord, le Kirghizistan, grâce à Gazprom, devrait rapidement devenir autosuffisant sur le plan énergétique.

La Kirghizie est aujourd'hui à la croisée des chemins. La croissance économique, continue depuis 2000, ne suffira pas à atténuer des disparités sociales de plus en plus criantes, si aucun dispositif social n'est engagé par l'État en faveur des plus démunis. Les inégalités sociales s'accroissent et la division des pouvoirs politiques et économiques sur les appartenances tribales aggravent cette fracture. Le 7 avril 2010, huit mois après la réélection de Kurmanbek Bakiev, de graves émeutes ont éclaté à Bichkek, témoignant de la tension sociale exacerbée qui sévit dans le pays. Dans la matinée, plusieurs centaines de manifestants (un site d'opposition évoque le chiffre de 10 000 personnes) ont défilé sur la place Ala Tau avant de se diriger vers la « Maison Blanche », siège de la présidence. Dégénérant en affrontement armé, la manifestation a fait près d'une centaine de morts et a conduit le président Kurmanbek Bakiev à décréter l'état d'urgence dans la capitale, alors que d'autres affrontements avaient lieu en province, particulièrement à Naryn, où les manifestants prenaient le contrôle du bâtiment gouvernemental. À l'heure où ce guide était imprimé, les manifestants à Bichkek s'étaient emparés du siège de la télévision et Kurmanbek Bakiev se voyait refuser le soutien de Moscou, les russes semblant voir d'un bon oeil la défection d'un gouvernant trop sensible aux dollars américains pour ne pas accepter l'implantation des bases américaines dans son pays. La reprise en main du pays par ses traditionnels alliés du Nord contente donc le Kremlin. Il en résulte donc qu'au départ sous presse de notre édition, le Kirghizistan se trouvait tout proche d'une guerre fratricide entre clan du nord et clan du sud. Il en résulte que le régime autoritaire de Kourmanbek Bakiev issu de la révolution des tulipes en 2005 avait donc été renversé mais que celui-ci était en position d'attente avec ses fidèles dans son fief de la Ferghana kirghize. Et que l'opposition avait nommé un gouvernement de transition. A suivre...

En Ouzbékistan

Le développement économique de l'Ouzbékistan ne s'est pas accompagné d'une ouverture politique, bien au contraire. L'Ouzbékistan est aujourd'hui le pays le plus autoritaire de la région, celui dont le bilan démocratique est le plus affligeant, et dont la liste des infractions aux droits de l'homme est la plus longue... Le Parti communiste ouzbek change de nom après l'indépendance, et se transforme en Parti démocratique populaire. Mais Karimov reste à sa tête, et la structure étatique reste similaire à celle de la période soviétique, bien que les noms des institutions soient modifiés. Les premières élections présidentielles ont lieu en 1992, mais le principal parti d'opposition est interdit quelques semaines avant le scrutin, que Karimov remporte avec le score soviétique de 86 % des voix.

Ancienne cité sogdienne de Penjikent

Les élections législatives ne sont organisées qu'en 1994, et seuls les partis fidèles à Karimov sont en compétition. Il en était de même des élections législatives organisées en décembre 2004 et janvier 2005. Le Parlement est entièrement fidèle à Karimov. En mars 1995, un référendum autorise Karimov à prolonger son mandat présidentiel jusqu'en 2000 au lieu de 1997. Et le président obtient sans surprise 91,9 % des voix lors du scrutin de 2000. Quelques partis sont à nouveau autorisés, mais ils ne représentent toujours pas l'opposition, dont la plupart des membres actifs sont en exil ou en prison. Le seul parti autorisé en plus de celui du président est le Parti pour le progrès de la patrie, fondé par le plus proche conseiller de Karimov... L'emprise du président ouzbek est sensible à tous les niveaux. Les institutions politiques sont noyautées par Karimov et ses proches. Les médias sont censurés et tous les titres indépendants sont interdits depuis 1993. L'Ouzbékistan présente en outre la pire situation d'Asie centrale en termes de droits de l'homme. L'écrasement sanglant de la révolte d'Andijan, en mai 2005, qui a provoqué l'indignation internationale, n'était que la face la plus visible de la répression quotidienne à l'œuvre dans le pays. Karimov justifie ces actions par la lutte contre le Mouvement islamique d'Ouzbékistan, une organisation de jeunes islamistes radicaux basés dans la vallée du Ferghana. Ce groupe est à l'origine de nombreuses violences entre Ouzbeks et Kirghiz, ainsi que de la série d'attentats qui ont touché Tachkent en février 1999. Depuis les événements d'Andijan, on assiste en Ouzbékistan à une dérive radicale du pouvoir qui n'est pas sans rappeler les grandes heures de la politique stalinienne ou brejnévienne. Aucun progrès n'est fait en matière de réforme économique ou sociale, et l'écart ne fait que se creuser entre une population de plus en plus pauvre et désœuvrée et une classe de dirigeants de plus en plus fortunés. Les élections présidentielles de 2007 et législatives de 2009 ont vu le parti dirigeant asseoir toujours plus son emprise sur le pays, alors qu'Islam Karimov délègue peu à peu le pouvoir à sa fille aînée, Gulnara, qui ne semble pas plus éclairée que son père sur les évolutions nécessaires de la société ouzbèke.

Au Tadjikistan

Le Tadjikistan est le seul des pays d'Asie centrale à avoir sombré dans la guerre civile après l'indépendance. La lutte politique entre les tenants d'un régime « à la soviétique » et les réformistes a rapidement dégénéré en lutte armée, exacerbée par les tensions entre laïcs et religieux musulmans. La guerre civile se déclenche début 1992, et la faction « soviétique » parvient à s'emparer du pouvoir politique en décembre de la même année, grâce au soutien des Russes et des Ouzbeks. Des négociations sont ouvertes entre le nouveau pouvoir politique et l'opposition en exil, mais sans résultat probant. Il faudra l'intervention des Nations unies, six sessions de discussions entre 1994 et 1996 pour qu'un accord de cessez-le-feu soit finalement signé (en 1994, renouvelé plusieurs fois jusqu'en

1996 malgré de nombreuses violations de tous les côtés), et enfin un traité de paix le 27 juin 1997. La guerre civile a fait plusieurs dizaines de milliers de morts. En 1993, on comptait entre 50 000 et 70 000 réfugiés tadjiks en Afghanistan. L'économie s'était totalement effondrée, le pays était ravagé moralement et matériellement. Le Tadjikistan reste aujourd'hui encore le plus pauvre de la région.

Entre deux négociations de paix, une Constitution est adoptée en 1994 et validée par référendum en novembre de la même année. Des élections présidentielles sont organisées et voient la victoire d'Imomali Rahmonov, ancien président du Soviet suprême. Le résultat est contesté à la fois par l'opposition locale (et notamment par le Parti légal de la renaissance islamique, seul parti confessionnel autorisé en Asie centrale), et par les observateurs internationaux. Mais Rahmonov se maintient au pouvoir malgré tout. Des élections législatives sont ensuite organisées en février 1995, d'autant plus contestées que la plupart des partis d'opposition sont interdits, et que le Parti démocratique, à peine revenu d'exil, reste peu influent. De nouvelles élections législatives sont organisées en 2000, les premières depuis les accords de paix. Le climat est tendu, un candidat est assassiné une semaine avant les élections. Le scrutin est remporté par le Parti démocratique populaire, qui rassemble près de 80 % des suffrages. Les résultats sont évidemment contestés par l'opposition, et de nombreuses infractions ont été constatées par les observateurs internationaux. Mais le régime se maintient malgré tout. Les élections présidentielles du 6 novembre 2006 ont d'ailleurs donné un troisième mandat à Rahmonov avec 76,4 % des suffrages face à cinq autres candidats sous haute surveillance. Grâce à une réforme de la constitution adoptée par référendum en 2003, Rahmonov pourra briguer deux nouveaux mandats et peut donc espérer demeurer à la tête de l'état jusqu'en 2020.

Au Turkménistan

Le Turkménistan est le pays le plus « folklorique » de la région sur le plan politique. Tous les pouvoirs étaient aux mains du Turkmenbashi, le « père de tous les Turkmènes », alias Saparmurat Niazov, l'ancien président de la République socialiste soviétique turkmène. Le Turkménistan était le premier pays d'Asie centrale à ratifier sa nouvelle constitution en mai 1992. Il s'agit en théorie d'une république présidentielle fondée sur la séparation des trois pouvoirs. En pratique, Niazov était chef du seul parti du pays (le Parti démocratique, héritier direct du Parti communiste), il est président de la république, du conseil du peuple (une espèce d'Assemblée nationale bis, non élue), du Conseil des anciens (pour respecter la coutume turkmène dans laquelle des anciens ont leur mot à dire sur la conduite des affaires publiques), du Conseil des ministres, et il nomme même les juges... Lors des premières élections présidentielles du pays, en juin 1991, Niazov se voit gratifier de 99 % des voix. Quelques mois après l'adoption de la nouvelle Constitution, de nouvelles élections présidentielles sont organisées, que Niazov remporte également haut la main. En janvier 1994, un référendum (99 % de participation, 212 voix contre !) étend son mandat de cinq à dix ans.

Des frontières aberrantes

« Les frontières entre les différents pays de l'Asie centrale n'ont pas de rationalité géographique, économique ou ethnique. La vallée du Syr-Darya débute au Kirghizistan, dans un district peuplé essentiellement par des Ouzbeks (Osh), elle débouche ensuite en Ouzbékistan, dans le Ferghana, pour passer au Tadjikistan (Khojent), revenir en Ouzbékistan et finir au Kazakhstan. La route directe reliant la capitale de l'Ouzbékistan, Tachkent, à la province ouzbèke du Ferghana doit donc passer par le Tadjikistan (Khojent) ; il existe une autre route qui permet de ne pas quitter l'Ouzbékistan, mais elle passe par un col et est beaucoup plus difficile. Symétriquement, les routes praticables par tout temps qui relient la capitale du Tadjikistan, Douchanbe, à Khojent et à Khorog (capitale du Gorno-Badakhchan) passent respectivement par l'Ouzbékistan et le Kirghizistan, alors que les routes directes, en territoire tadjik, sont fermées d'octobre à mai à cause de la neige. Le sud et le nord de la Kirghizie sont également isolés en hiver. Lorsque, en été, on va de Douchanbe à Tachkent par la route d'Oura-Teppe, on passe deux fois la frontière entre les deux pays. »

Olivier Roy, *La nouvelle Asie centrale ou la fabrication des nations*, éd. Le Seuil.

Et comme les élections sont décidément des formalités bien embêtantes, Niazov se fait nommer président à vie par le parlement en décembre 1999 (dans une formidable mise en scène, le Turkmenbashi fait mine de refuser cette lourde tâche, et les membres du parlement doivent le supplier d'accepter !). Le culte de la personnalité qui caractérise la dictature autoritaire turkmène n'a plus alors aucune limite. En octobre 2001, le *Ruhnama*, œuvre culte rédigée par le président, devient « livre sacré », précédé seulement du Coran dans l'ordre de préséance. Cet ouvrage qui est un méli-mélo d'histoire (largement réécrite à la gloire du peuple turkmène), de nationalisme exacerbé et de conseils paternalistes, devient le texte de référence du système éducatif. Des lectures publiques ont lieu tous les soirs à la télévision, agrémentées des trémolos dans la voix du présentateur et d'effets sonores grandiloquents. Le Ruhnama a même été honoré d'une statue, trônant dans un parc d'Achgabat, qui s'ouvre le samedi soir pour mieux impressionner les promeneurs. Le président contrôle absolument tout, de la politique à l'économie, jusqu'aux modes de vie des Turkmènes. En août 2002, un nouveau calendrier est adopté, qui rebaptise les mois de l'année des noms des héros nationaux, du Turkmenbashi et... de sa mère ! Les statues et portraits du président sont omniprésents dans les villes et les campagnes du pays. L'ensemble des médias est évidemment contrôlé, la presse étrangère, et notamment russe, est interdite. Prônant la neutralité sur la scène internationale, le pays s'est progressivement replié sur lui-même : des « visas de sortie » sont désormais nécessaires pour les Turkmènes qui veulent quitter leur pays, la double nationalité a été abrogée en 2003 (100 000 Russes ont dû « choisir » du jour au lendemain la leur), les mariages mixtes sont pratiquement interdits... Mais le régime turkmène, que l'on considère souvent comme l'équivalent centre-asiatique de la Corée du Nord, reste néanmoins courtisé par les puissances internationales : situation géostratégique et surtout réserves de gaz et de pétrole obligent... Niazov meurt le 21 décembre 2006 après 21 ans de règne sans partage. Suite au décès du Turkmenbashi, le pouvoir n'a pas vacillé. Le président par intérim Gourbangouly Berdymoukhammedov, successeur désigné, a été élu triomphalement le 14 février 2007 avec 89 % des voix face à cinq autres candidats fantoches. Le nouveau président turkmène s'est tout de suite montré d'une grande largesse en autorisant de nouveau les spectacles de cirque, de ballet et d'opéra... Tout en contrôlant toujours aussi férocement les médias et l'économie du pays. Sa politique de «Nouvelle Renaissance» ne semble pas vouloir changer d'un pouce de celle de son prédécesseur.

LES MOIS DE L'ANNÉE TURKMÈNE

Janvier	Turkmenbashi	Le père des Turkmènes, Niazov en personne
Février	Baydak	Drapeau
Mars	Nowruz	Fête du printemps
Avril	Gurbansoltan	La mère de Niazov
Mai	Magtymguly	Écrivain national
Juin	Oguz	Héros national
Juillet	Gorkut	Héros national
Août	Alp Arslan	Héros national
Septembre	Ruhnama	Livre du Président
Octobre	Garassyzlyk	Indépendance
Novembre	Sanjar	Héros national
Décembre	Bitaraplyk	Neutralité

Économie

La fin de l'Union soviétique a laissé la plupart des républiques d'Asie centrale désemparées sur le plan économique. Leurs structures étaient étroitement liées aux besoins de l'URSS, et l'économie planifiée devait être réformée afin de permettre une rappropriation des ressources et l'insertion dans l'économie internationale. Deux facteurs ont été déterminants dans leur rebond économique : la présence (ou l'absence) de pétrole et de gaz. Depuis 2008, la crise mondiale frappe plus durement certaines républiques que d'autres. Le Turkménistan et l'Ouzbékistan s'en sortent relativement bien, leurs économies n'ayant jamais été réformées et donc en dehors des circuits internationaux, alors que le Kazakhstan s'est retrouvé beaucoup plus exposé par ses nombreux contacts avec les grandes firmes internationales. Le Tadjikistan, où près d'un tiers du PIB provient des revenus des tadjiks travaillant en Russie, a également gravement souffert de la crise lorsque la main-d'œuvre expatriée s'est retrouvée au chômage.

Kazakhstan

L'effondrement de l'Union soviétique prive le Kazakhstan de ses industries lourdes, qui ne vivaient que par et pour Moscou. Les premières années d'indépendance s'accompagnent d'une sévère récession économique, qui culmine en 1994. Dès 1995, un programme de réformes et privatisations est lancé, qui permet au pays de renouer avec une croissance à deux chiffres en 2000 et 2001, avant de se stabiliser à 9 % de croissance. Le Kazakhstan bénéficie de la manne pétrolière, qui attire les investissements étrangers et est d'autant plus lucrative que les prix internationaux des matières énergétiques plafonnent. Depuis quelques années, le gouvernement s'est lancé dans une stratégie de réappropriation de ses ressources naturelles, marquée notamment par la remise en cause des accords d'exploitation du pétrole et du gaz accordés aux entreprises étrangères dans les années suivant l'indépendance. Cette stratégie provoque de nombreuses tensions économiques et une inquiétude généralisée des investisseurs étrangers. Mais ces derniers ne peuvent résister à l'attrait du pétrole et du gaz kazakhs et le pays en profite pour s'ouvrir vers ses voisins, en diversifiant ses voies d'exportation. En 2001, l'ouverture d'un pipeline reliant les gisements de Tengiz à la mer Noire a permis une augmentation sensible des exportations. Deux pipelines en direction de la Chine sont actuellement en construction. Le Kazakhstan est le pays d'Asie centrale le mieux doté en pétrole et gaz. Le pays produit à l'heure actuelle 1,3 million de barils de pétrole par jour, et ses réserves prouvées se montent à 26 milliards de barils. Sa production de gaz naturel atteint 18,5 milliards de mètres cubes par an, avec des réserves de 3 trillions de mètres cubes. Les exportations pétrolières représentent 58 % des exportations totales du pays. Grâce à cette manne pétrolière, le produit intérieur brut par habitant du Kazakhstan est le plus élevé d'Asie centrale : 8 200 $.

Kirghizistan

Le Kirghizistan reste à l'heure actuelle une économie essentiellement agricole (coton, tabac, laine et viande), bien que le pays dispose de ressources minérales qui contribuent à son développement industriel (or, mercure, uranium). Le gouvernement kirghiz s'est très vite lancé dans des réformes visant à la libéralisation et à l'ouverture de son économie : le Kirghizistan est la première des anciennes républiques soviétiques à être rentrée dans l'OMC. Le pays a connu une récession économique assez marquée entre 1991 et 1995, juste après l'indépendance, mais les réformes lui ont permis de renouer rapidement avec la croissance, qui a atteint des taux records de 8 % en 2006 et 2007, avant le déclenchement de la crise économique mondiale. Moins bien doté en ressources naturelles que la plupart de ses voisins d'Asie centrale, et toujours caractérisé par une économie essentiellement rurale et en partie nomade, le Kirghizistan peine cependant à décoller sur le plan économique. Sa structure industrielle reste très limitée. Sa seule ressource exportable et rentable est l'électricité, dont la grande majorité est générée par les barrages hydroélectriques qui poussent comme des champignons sur toutes les rivières du pays. Ses exportations sont très largement inférieures à ses importations et un peu plus de la moitié de la population vit sous le seuil de pauvreté.

Ouzbékistan

L'Ouzbékistan, qui s'est imposé comme le pays moteur de la région, est également celui qui est le moins avancé dans le processus de libéralisation.

Le gouvernement contrôle toujours de larges pans de l'économie, ce qui n'a pas empêché les écarts de niveau de vie de se creuser au sein de la population : un tiers des ouzbeks vit sous le seuil de pauvreté. L'économie ouzbèke reste tirée par la production de coton, autrefois imposée par les planificateurs soviétiques : le pays en est à l'heure actuelle le cinquième producteur et le deuxième exportateur mondial. Le coton représente la moitié du montant des exportations du pays, qui vend également à l'étranger de l'or (9,6 % de ses exportations) et des produits énergétiques (9,6 %). L'Ouzbékistan dispose de réserves de pétrole et de gaz naturel moins importantes que le Kazakhstan ou le Turkménistan (152 000 barils par jour, 600 millions de barils de réserves prouvées ; 55,8 milliards de mètre cubes de gaz naturel produits par an, réserves de 1,87 trillion de mètre cubes). Mais ces produits énergétiques viennent en complément d'autres activités dans une économie plus équilibrée et diversifiée que celle de ses voisins. L'Ouzbékistan est également le pays d'Asie centrale qui a le plus de liens économiques et commerciaux avec la Russie : près du quart de ses exportations partent vers Moscou, et un tiers de ses importations en viennent. En novembre 2005, un accord de coopération économique et commerciale a été signé entre Moscou et Tachkent, prévoyant des investissements russes dans les secteurs minier et pétrolier, dans les télécommunications et dans le gaz. Le rapprochement politique avec la Russie après les événements d'Andijan entraîne forcément avec lui un rapprochement économique.

Tadjikistan

Le Tadjikistan est la plus pauvre de toutes les anciennes républiques soviétiques. Le produit intérieur brut par habitant n'atteint que 1 200 $ et plus de 60 % de la population vit sous le seuil de pauvreté. La guerre civile qui a ravagé le pays entre 1992 et 1997 est évidemment l'une des principales causes de ce bilan économique catastrophique : la production industrielle a chuté en flèche, les infrastructures ont été laissées à l'abandon, alors que la production agricole était largement réduite durant toute la période de troubles. Le Tadjikistan est en outre l'un des pays les plus mal dotés de la région : seuls 6 % de son territoire offrent des terres arables, ses ressources minérales sont nombreuses mais en quantité très limitée. La seule richesse du pays est finalement l'eau (troisième pays au monde pour les ressources en eau par habitant), mais celle-ci reste pour l'instant difficilement monnayable. L'économie tadjike a renoué progressivement avec la croissance à partir de 1997, mais elle a connu une nouvelle récession (relative) en 2005. Alors que le taux de croissance était de 10,6 % l'année précédente, il est retombé à 8 % en 2005. Des efforts nationaux et internationaux ont pourtant été faits pour relancer l'économie locale, mais la crise a sévèrement interrompu ce processus. Le pays a néanmoins entamé un programme de privatisations des entreprises publiques. Et la Russie a accepté en décembre 2002 d'annuler 250 millions de dollars sur les 300 millions de dette que le Tadjikistan a contracté à son égard. Le Tadjikistan reçoit également une aide internationale pour sa reconstruction. En 2005, les seuls États-Unis ont injecté 67 millions de dollars dans l'économie tadjike. Mais, sans l'aide internationale, le Tadjikistan, sans aucune ressource naturelle, n'a pas de solution de développement à long terme. Selon le programme alimentaire mondial : 1 million de tadjiks, 15 % de la population, sont directement menacés de famine chaque hiver.

Turkménistan

Le Turkménistan n'est jamais avare d'extravagances : les statistiques économiques du pays sont considérées comme des secrets d'État ! On ne dispose donc que d'évaluations plus ou moins fiables quant à la situation économique du pays. À titre d'exemple : la croissance annuelle officielle est de 25 %, alors qu'elle n'est évaluée qu'à 4 % par le Fonds monétaire international... Les principales ressources du pays sont énergétiques : pétrole et gaz (réserves prouvées de 273 milliards de barils pour le pétrole, et de 2 trillions de mètre cubes pour le gaz). Mais le pays souffre du manque de voies d'exportations, et se retrouve contraint pour l'instant à vendre sa production à la Russie et à l'Ukraine (45 % des exportations du Turkménistan vont vers l'Ukraine). Malheureusement, les revenus du pétrole et du gaz sont gérés de manière irrationnelle, et la redistribution vers la population locale reste limitée, voire inexistante. Près de 58 % de la population vit encore sous le seuil de pauvreté, et le chômage toucherait près de 60 % de la population ! L'économie nationale est en majeure partie entre les mains de la famille et du clan de l'ancien président. Le pays est de ce fait peu enclin aux réformes économiques, et à l'ouverture internationale. Il se maintient grâce à la hausse des prix pétroliers, mais sa dette extérieure reste extrêmement lourde, augurant bien mal du futur du pays si aucune réforme des structures économiques n'est entreprise.

Population

Soumise à de nombreuses vagues d'invasions au cours de son histoire, l'Asie centrale a vu se succéder de nombreuses tribus dont certaines ont fini par se sédentariser, et sont les ancêtres des populations actuelles vivant dans la zone.

LES TRIBUS ANCIENNES

Huns héphalites

Tribu turco-mongole, qui occupa la Transoxiane et la Bactriane au milieu du VIe siècle de notre ère, après avoir chassé les derniers Kouchans. Ils massacraient allègrement les populations et détruisaient toutes les traces de civilisation gréco-bouddhique, monastères ou œuvres d'art qui leur tombaient sous la main. Ils étaient restés nomades dans l'âme et Song Yu, le pèlerin chinois du VIe siècle, rapporte que leur khan, dont le lit était fait d'or pur, nomadisait entre la Bactriane en hiver et le Badakhshan en été. « Ils ne demeurent pas dans les villes, c'est dans un camp mobile qu'ils ont le siège de leur gouvernement. Leurs habitations sont en feutre. Ils se déplacent à la recherche des eaux et des pâturages, se rendant en été dans les endroits frais, en hiver dans les cantons tempérés. »

Mongols

La légende dit qu'ils descendent des amours d'un loup bleu et d'une biche blanche. Gengis Khan sut unifier ces tribus nomades originaires de la vallée de l'Orkhon et des steppes de la Sibérie orientale. Il fit de son armée de cavaliers archers la plus efficace des armes. L'Europe de l'Ouest fut d'ailleurs sauvée du pillage grâce à l'organisation infaillible qu'il avait mise en place. En effet, grâce au système de courrier utilisé par les armées mongoles, le prince Batou, qui commandait les armées d'Occident, apprit la mort du khan Ogodaï alors qu'il s'apprêtait à attaquer Vienne, et il dut retourner précipitamment en Mongolie afin d'élire le nouveau khan.

Ouïgours

Peuple türk originaire de l'ouest de la Mongolie actuelle, les Ouïgours étaient les vassaux du khanat des Türks orientaux, avant de se révolter contre les Tou-Kieue et de régner sur la Haute Asie au milieu du IXe siècle. Les Ouïgours sont à l'origine adeptes du manichéisme. Vaincus par les Kirghiz venus de Sibérie en 840, les Ouïgours se réfugient majoritairement en Chine où ils maintiennent leur mode de vie jusqu'au XIe siècle, date à laquelle ils passent sous domination tibétaine. Une autre partie de la population ouïgour fonde un nouveau royaume dans le Turkestan oriental, qui se maintiendra jusqu'à l'arrivée des Mongols au XIIIe siècle. Les Ouïgours, aujourd'hui convertis à l'Islam, constituent une importante minorité de l'ouest de la Chine (et la population majoritaire de la province du Xinjiang).

Parthes

Les Parthes sont des Iraniens semi-nomades, issus de la région de Khorassan. Après leur victoire sur la dynastie des Séleucides au IIe siècle avant J.-C., ils contrôlent l'Iran et la Mésopotamie, avant de s'étendre jusqu'au Turkménistan actuel. Les Parthes seront affaiblis un siècle plus tard par les attaques incessantes des armées romaines, et finissent par tomber sous les coups de la dynastie persane des Sassanides au début du IIIe siècle.

Persans

Les Perses ont dominé l'Asie centrale du IIIe siècle au VIIIe siècle. L'héritage de cette période demeure très vivace au Tadjikistan, dont les habitants parlent aujourd'hui encore une langue d'origine persane.

Sakes

Au premier millénaire avant notre ère, l'Asie centrale est peuplée de tribus nomades. Ce sont les Sakes, ou Saka des Perses, qui peuplaient le Ferghana, les steppes kazakhes et la Kashgarie, et les Massagètes qui vivaient à l'est de la mer d'Aral. Cavaliers, guerriers, ils ne se séparaient jamais de leur cheval ni de leur arc. Sédentarisés dès le VIe siècle av. J.-C., ils construiront des villes-forteresses dont on peut encore voir les ruines au Khorezm et en Karakalpakie (Ouzbékistan).

Sogdiens

Originaires d'Iran, les Sogdiens ont dominé la région de Kashgar et la Sogdiane au Ve siècle, avant que leur zone d'influence ne soit réduite par les Türks. Les Sogdiens dépendaient de la dynastie perse achéménide, mais parlaient une langue iranienne distincte de celle des dirigeants de l'époque. Ils sont restés dans l'histoire comme de grands commerçants, que leurs activités ont conduits jusqu'en Chine.

Tou-Kieue

Les descendants des Xiongnu ont une « gentille » coutume : le nombre de pierres dont sera honoré le tumulus d'un guerrier sera proportionnel au nombre d'hommes qu'il aura tué dans sa vie. Grâce à une alliance avec les Perses, ils vinrent à bout des Huns héphalites au VIe siècle.

Türks

Nomades originaires de la Sibérie méridionale – région du lac Baïkal et de l'Altaï en Russie – ils fondèrent en Sogdiane le Khaghanat türk au VIe siècle. Leurs raids guerriers allaient du Turkestan chinois à la mer d'Aral et à la mer Noire. On distingue généralement les Türks orientaux des Türks occidentaux, séparés à la fin du VIe siècle par les attaques des Chinois. Leur déclin est amorcé au début du VIIIe siècle lors des luttes contre les Arabes en Transoxiane, puis contre les Ouïgours dans la partie orientale d'Asie centrale.

Xiongnu

C'est pour se protéger de ces tribus guerrières dont le nom signifie « les puants » que fut construite la Muraille de Chine. Signalées dans la géographie de Ptolémée en 172 sous le nom de Xounoi, nommées Huni par les romains, ces tribus turco-mongoles formèrent une nation unie et puissante dans la seconde moitié du IIe siècle av. J.-C. Cette nation de nomades était dirigée par le Chan-Yu, littéralement « majesté fils du ciel ». Ils transhumaient avec leurs troupeaux à la recherche de nouveaux pâturages et vivaient sous des tentes de feutre. Chamanistes, ils adoraient le dieu Tengri, une divinisation du ciel. Parmi les quelques caractéristiques de ces infatigables cavaliers et archers émérites, le port du pantalon, l'immolation des femmes et des serviteurs du chef à sa mort, l'utilisation du crâne de l'ennemi, le butin le plus prisé, comme coupe à vin... En somme, de charmants voisins dont tous les peuples sédentaires de la région ont essayé de se débarrasser. Au Ier siècle av. J.-C, ils se disputèrent les oasis du Tarim et le contrôle des routes de la soie avec l'Empire chinois.

Yue-Tche

Ces nomades, aussi appelés Tokhares, seraient les descendants des tribus indo-européennes émigrées vers l'Extrême-Orient à l'époque préhistorique. Ils formèrent l'une des premières vagues d'invasion venue de l'Altaï. Repoussés par les tribus huns, ils déferlèrent, au IIe siècle av. J.-C., sur la Sogdiane puis la Bactriane d'où ils chassèrent les Grecs, et fondèrent un État puissant qui donnera naissance à l'Empire kouchan. À la recherche d'une alliance contre les nomades huns qui menaçaient ses frontières, Wou-Ti, sixième empereur de Chine de la dynastie Han, leur envoya une ambassade en 140 av. J.-C. Ce sera le premier contact officiel entre la Chine et « les territoires extérieurs » dont on possède des traces écrites, une rencontre qui donnera naissance aux échanges commerciaux de la route de la soie.

LA POPULATION CONTEMPORAINE

Kazakhs

Les Kazakhs, dont le nom signifie « hommes libres » en turc, sont des nomades d'origine turque, implantés aux abords du lac Balkach à partir du XVe siècle. Comme les Mongols avant eux, les Kazakhs sont divisés en hordes : la grande au sud du Balkach, la moyenne dans les steppes entre le Balkach et la mer d'Aral, et la petite entre la mer d'Aral et le fleuve Oural. Après s'être eux-mêmes brièvement placés sous la protection des Russes au début du XVIIIe siècle, les Kazakhs subissent ensuite l'invasion des Tatars qui les convertissent à l'Islam (bien que l'imprégnation religieuse soit relativement faible aujourd'hui encore dans le pays). Les Kazakhs ont largement abandonné leurs pratiques nomades, suite aux sédentarisations forcées de la période soviétique. Longtemps minoritaires dans leur propre pays, qui a connu de nombreuses vagues de colonisation russe et a de surcroît accueilli les populations déportées par Staline, les Kazakhs

sont redevenus majoritaires au Kazakhstan. Ils sont en outre plusieurs millions implantés dans les pays limitrophes : plus d'un million en Chine, presque autant en Ouzbékistan, 750 000 en Russie, et d'importantes communautés au Turkménistan, en Mongolie, en Afghanistan et au Kirghizistan.

Kirghiz

Ethnie türk, musulmane sunnite, installée dans l'actuel Kirghizistan, dans le sud des steppes kazakhes, le Pamir tadjik et chinois. Les Kirghiz sont un peuple de nomades originaires du haut bassin du Iénisséi. Ils font parler d'eux pour la première fois en 840, lorsqu'ils vainquent l'Empire ouïgour alors établi en Mongolie. Ce peuple probablement indo-européen turquisé règne moins d'un siècle avant d'être repoussé par les Khitan, puis de migrer progressivement vers la région des Tianshan. La conversion des Kirghiz à l'Islam est tardive, puisqu'elle ne commence qu'au XVIIe siècle, et reste empreinte de fortes traditions chamanistes. Les Kirghiz sont aujourd'hui largement sédentarisés, et se consacrent principalement à l'élevage de moutons, chevaux et yaks. Durant la période soviétique, les Kirghiz étaient minoritaires dans le pays qui porte leur nom (45 % de la population). Les Russes constituaient alors 19 % de la population locale, et les Ouzbeks 11 %. On compte en revanche de nombreux Kirghiz en Chine (120 000 dont une grande partie avait fui la répression soviétique) et en Ouzbékistan (180 000 dans la vallée du Ferghana).

Ouzbeks

Ethnie türk, musulmane sunnite, installée dans l'actuel Ouzbékistan, dans la partie tadjike et kirghize de la vallée de Fergana et dans le nord de l'Afghanistan. Les Ouzbeks ont conquis les terres de l'actuel Ouzbékistan au début du XVIe siècle. Les Ouzbeks sont issus de tribus turques des steppes, et ont commencé à se constituer en tant qu'ethnie homogène à partir du XIVe siècle, sous l'autorité de la dynastie Chaybanide. Leur montée en puissance dans la région a été notamment marquée par la création des khanats ouzbeks de Boukhara, Khiva et Kokand, fondés du XVIe au XVIIIe siècles. À l'heure actuelle, les Ouzbeks sont la population majoritaire de l'Ouzbékistan, bien que certaines villes du pays soient largement peuplées de Tadjiks. On compte également de nombreux Ouzbeks à l'extérieur de l'Ouzbékistan : ils seraient environ 4 millions à vivre hors de leurs frontières nationales. Le Tadjikistan en accueille plus d'un million et demi, l'Afghanistan presque autant, et le Kirghizistan près de 700 000 (dans la région de Osh notamment).

Tadjiks

Ethnie perse, persanophone, musulmane sunnite et ismaélienne, installée dans l'actuel Tadjikistan, dans la région de Samarkand et de Boukhara, dans la partie sud du Kirghizistan et dans le nord-est de l'Afghanistan. Les Tadjiks ont été les premiers sédentaires d'Asie centrale. Victimes des découpages de frontières politiques du temps du grand jeu, les Tadjiks sont particulièrement nombreux en Afghanistan (près de 4 millions) et en Ouzbékistan (630 000).

Turkmènes

Les descendants des tribus turques oghouz sont venus de la mer d'Aral à la fin du Xe siècle. Les Turkmènes ont la même origine ethnique que les Azéris et les Turcs de Turquie, avec qui ils conservent une forte proximité linguistique. Nomades belliqueux, les Turkmènes se sédentarisent progressivement aux alentours des montagnes du Kopet Dag, de Merv et de l'Amou Daria : leur mode de vie de nomades du désert les distingue très tôt des autres ethnies de la région. Ils sont divisés en une centaine de tribus dont la plus importante est celle des Tekke, implantés à Merv, Ashgabat et au centre du Turkménistan actuel.

Kirghiz ou Kazakh ?

« Une grande confusion a longtemps régné, du moins dans l'esprit des Européens (Russes compris) à propos des Kazakhs et des Kirghiz, baptisés le cas échéant Kirghiz-Kazakhs ou Kazakh-Kirghiz... Au début des années 1920, les Kazakhs furent dotés d'une RSSA officiellement dénommée " kirghize ", tandis que les Kirghiz avaient droit à une région autonome, dite des Kara Kirghiz (Kirghiz " noirs "). La terminologie ne fut définitivement clarifiée qu'en 1925. Les Kazakhs, pour leur part, ne s'étaient jamais désignés eux-mêmes sous un autre nom. »

Jean et André Sellier, *Atlas des peuples d'Orient*, éd. La Découverte.

DÉCOUVERTE

L'origine du terme « tadjik »

« On nomme " tadjikes " les populations qui ont pour langue maternelle le persan (ou une variété du persan) et qui vivent en Asie centrale ou en Afghanistan. Dans l'Empire perse sassanide, " tazik " signifiait " arabe ", du nom de la ville de Taïz, au Yémen, alors occupé par les Perses. Les habitants de l'Asie centrale ont ensuite appelé " tazik " les conquérants arabes et le mot en est venu, au VIIIe siècle, à désigner les musulmans, et en particuliers les musulmans sédentaires (à cette époque, pour la plupart iranophones), par opposition aux nomades, en majorité turcophones. Les langues turques ayant beaucoup progressé chez les sédentaires d'Asie centrale, notamment au temps des khanats ouzbeks, l'appellation " tadjike " a fini par désigner la partie non turquisée de la population. »

Jean et André Sellier, *Atlas des peuples d'Orient*, éd. La Découverte.

Les allégeances claniques restent très importantes dans le pays, qui reste par ailleurs l'un des plus homogènes de la zone : plus de 85 % de la population du Turkménistan est turkmène. L'Iran accueille en outre près d'un million de Turkmènes, et 650 000 d'entre eux sont implantés en Afghanistan.

Autres populations

Slaves

Russes ou Ukrainiens descendant de colons du XIXe siècle, ou ayant émigré à la suite de la Seconde Guerre mondiale. Une grande partie d'entre eux est retournée en Russie ; parmi ceux qui sont restés, certains ne parlent presque pas les langues locales, n'ont pas d'attaches familiales en Russie et se retrouvent étrangers dans le pays qu'ils ont toujours connu comme le leur. Minoritaires dans la plupart de l'Asie centrale, ils sont parfois majoritaires dans les villages du nord du Kazakhstan, nés de la « Campagne des terres vierges » dans les années 1950. Le nombre exact de Russes en Asie centrale est difficile à évaluer : aux vagues de départs provoquées par les indépendances, semble succéder aujourd'hui un timide retour dans les grandes villes pour les Russes désormais attirés par les opportunités économiques et commerciales des pays en développement.

Karakalpaks

Ethnie türk, musulmane, semi-nomade il y a encore 20 ans. La langue des Karakalpaks est proche de celle des Kazakhs. Leur république autonome, intégrée à la république d'Ouzbékistan depuis 1936, englobe les terres au sud de la mer d'Aral et une grande partie de l'ancien Khorezm, une zone écologiquement sinistrée depuis l'assèchement de la mer d'Aral.

Dounganes

Musulmans d'origine chinoise, agriculteurs émigrés au XIXe siècle. On les trouve principalement au Kirghizistan et au Kazakhstan, où ils se sont réfugiés pour échapper à la répression chinoise contre les musulmans.

Juifs de Boukhara

Juifs d'Orient de rite séfarade. La plupart ont émigré en Israël, en Europe ou aux USA, et la communauté juive d'Asie centrale est aujourd'hui extrêmement réduite.

Meskhets

Originaires du Caucase, ces populations d'origine turque furent déportées en Asie centrale dans les années 1940 par Staline. Les Meskets sont essentiellement implantés dans la vallée du Ferghana, et dans celles de Chuy et d'Ili au Kazakhstan.

Autres

On trouve également en Asie centrale des Coréens et des Tatars de Crimée, déportés dans la région par Staline, ainsi que des Ouïgours réfugiés du Xinjiang chinois. Les Allemands de la Volga émigrés en Asie centrale pendant l'époque coloniale ont presque tous été accueillis par leur pays d'origine après la réunification des deux Allemagnes.

Retrouvez l'index général en fin de guide

Mode de vie

L'opposition historique entre nomades des steppes et déserts et sédentaires des oasis d'Asie centrale reste sensible dans les nuances de modes de vie qui distinguent les différentes populations de la zone. Et si les traditions gardent de nombreux points communs, les grands traits sociaux varient aujourd'hui d'autant plus qu'ils sont influencés par les situations politiques et économiques propres à chacun des pays.

CLANS

L'appartenance à un clan est un élément déterminant de la société en Asie centrale. Au Tadjikistan, le clan est « régional » : il y a ceux de Kouliab, ceux de Léninabad... Les alliances politiques et commerciales découlent de cette appartenance. En Ouzbékistan, le clan est familial – il dépend aussi du *makhala*, le quartier d'où l'on vient – et religieux ; les confréries soufis y sont toujours restées très puissantes.

Au Kirghizistan, les castes nomades dirigent toute la vie politique, économique et quotidienne comme avant l'arrivée des communistes. Quand le membre d'une famille noble devient ministre, chef d'une administration ou directeur d'une usine, les membres de sa famille élargie investiront le nouveau territoire ainsi offert et en prendront tous les postes de fonctionnement. Au Turkménistan, les clans sont les lointains héritiers des différentes tribus turkmènes, souvent liées à une zone géographique. Celles-ci étaient identifiées par des dialectes et pratiques vestimentaires distincts, que l'on retrouve aujourd'hui encore. Les liens « tribaux » n'ont été que faiblement entamés par la période soviétique : les fermes d'État et entités collectives étaient alors souvent constituées des membres d'un même clan.

Enfin, au Kazakhstan, l'appartenance à l'une des trois hordes traditionnelles, liée à l'origine géographique, a joué un rôle tout au long de l'histoire du XXe siècle. Les membres des hordes, petite et moyenne, vivant au nord et à l'est du pays, ont été colonisés très tôt : les enfants de la noblesse ont fait leurs études dans les universités russes et sont ensuite revenus au Kazakhstan où ils ont nourri les rangs des premiers nationalistes kazakhs. Leurs enfants ont à leur tour subi les purges de Staline dans les années 1930. Les membres de la grande horde, issus du sud du pays, ont en revanche été mis en contact bien plus tard avec la domination russe, et ont plutôt été formés dans les rangs soviétiques. Ce sont eux que l'on a retrouvés à la tête du parti communiste kazakh au temps des bolcheviks. Nazarbayev est ainsi membre de la grande horde.

Clans et politique au Turkménistan sous Niazov

« Le président du Turkménistan assure la stabilité de son pouvoir en nommant aux postes sensibles qui concernent la sécurité nationale, l'intérieur, en réalité tous les postes qui disposent des forces armées, des hommes qui appartiennent à son clan, Téké, ou qui lui sont entièrement dévoués. Nombre de hauts dignitaires proviennent du même village, d'où est originaire le président, le village de Kipgap, situé non loin de la capitale turkmène, dans le Vilayat d'Ahal. Niazov est le premier dirigeant au plus haut niveau à provenir du Vilayat d'Ahal durant toute l'époque soviétique. Les nominations politiques de premier plan obéissent à une pondération selon les tribus. Les ministres reflètent la palette des tribus qui composent le Turkménistan dans un choix équilibré qui est reconduit à chaque changement de titulaires. Représentation en trompe-l'œil, l'équilibre est rompu au sein des ministères. Les proches collaborateurs des ministres sont recrutés dans l'ethnie du président, parmi ses proches. Ainsi, les grands officiers du KGB et de l'armée sont tékés. »

Patrick Karam, *Asie centrale, Le nouveau grand jeu*, éd. L'Harmattan.

À l'heure actuelle, l'appartenance clanique continue à jouer un rôle dans la politique et l'économie du pays, et notamment dans les liens avec la Russie. Plus proches géographiquement de la Russie, les membres des petite et moyenne hordes favorisent les échanges avec leur voisin du nord, alors que ceux de la grande horde les considèrent avec davantage de circonspection.

ÉDUCATION

Le système éducatif soviétique, imposé dans toutes les républiques socialistes d'Asie centrale, avait permis une alphabétisation presque universelle des populations locales. La tâche avait parfois été ardue, certains des pays présentant à l'origine des taux d'alphabétisation extrêmement faibles : ils n'étaient par exemple que de 4 % pour les hommes et 0,1 % pour les femmes au Tadjikistan en 1920. La fin de l'Union soviétique et l'indépendance ont contraint les nouveaux pays d'Asie centrale à prendre en charge leur propre système éducatif. La transition a souvent été difficile, faute de moyens financiers et humains : les enseignants sont généralement très mal payés, les écoles en piètre état, les manuels insuffisants et mal adaptés. Au Kirghizistan, 8 000 enseignants ont démissionné en 1992 : leurs salaires ne leur permettaient plus de subvenir à leurs besoins. Un an plus tard, ils étaient 30 000, soit un septième du corps professoral, à faire de même au Kazakhstan.Malgré l'absence de moyens financiers, presque tous les pays d'Asie centrale ont tenté de lancer de vastes réformes de leur système éducatif. Toutes vont dans une même direction : la renationalisation de l'enseignement. Cette tendance est particulièrement marquée au Turkménistan. La langue turkmène est devenue la langue exclusive de l'enseignement, et le russe a même été relégué au rang de troisième langue derrière l'anglais. Les cursus scolaires ont été modifiés pour inclure des cours de conduite sociale et morale, ainsi que de longues heures (18 heures sur une semaine de 35 heures de cours au collège !) consacrées à l'étude du « *Ruhnama* », véritable réécriture de l'histoire turkmène. L'école modelée par le Turkmenbashi doit avant tout promouvoir les traditions et le retour aux valeurs spirituelles nationales, au détriment des sciences dures comme les mathématiques et la physique. L'école est obligatoire pendant neuf ans, et le cursus universitaire a été réduit de quatre à deux ans, devenant en même temps plus sélectif : alors que 40 000 étudiants obtenaient tous les ans un diplôme d'université au début des années 1990, ils ne sont plus que 3 500 aujourd'hui. Il n'en reste pas moins que le système éducatif turkmène est devenu un véritable instrument de formatage des populations selon les critères dictés par Niazov. Une tactique à l'efficacité redoutable dans un pays où 40 % de la population a moins de 14 ans… Les autres pays de la région ont également imposé leur langue nationale comme seule langue de l'enseignement public. Cette décision a accentué le manque d'enseignants qualifiés et de manuels scolaires : le russe avait été jusqu'à présent la langue principale de tout le système éducatif. L'une des conséquences de cette politique linguistique est une discrimination contre les Russes qui, dans la plupart des cas, ne maîtrisent pas les langues de leur pays de résidence. Ce problème est particulièrement sensible au Kazakhstan, où la population russe reste très nombreuse. Les jeunes Russes sont désormais contraints de partir étudier à l'étranger (mais le coût est souvent prohibitif), d'intégrer des établissements privés au Kazakhstan (ce qui pose un problème de reconnaissance des diplômes), voire de renoncer totalement aux études supérieures, faute d'institutions adaptées à leurs compétences linguistiques. La discrimination linguistique s'est également fait sentir en Ouzbékistan, qui a adopté la même stratégie de revalorisation nationale : ainsi l'université de Samarkand a brièvement été fermée au milieu des années 1990, car les cours y étaient dispensés en tadjik, langue de la population majoritaire de la ville. De façon générale, à l'heure actuelle, l'accès à l'enseignement supérieur reste extrêmement sélectif dans toute l'Asie centrale. On ne peut rentrer à l'université que sur concours, et le nombre de diplômés d'études supérieures dépasse rarement 10 % de la population. Tous les pays reconnaissent en revanche le caractère obligatoire de l'école primaire et secondaire, et le taux d'alphabétisation n'a pas connu de baisse notable depuis la fin de l'époque soviétique, bien que les conditions d'enseignement se soient souvent dégradées.

Écoliers d'un petit village du Zarvoda

HABITAT

Les habitations varient fortement d'une région à l'autre de l'Asie centrale : aux maisons basses ouvertes sur des cours caractéristiques des oasis peuplées de sédentaires s'opposent les yourtes des nomades du Kirghizistan et du Kazakhstan. Aux maisons des déserts du Karakum ou du Kyzylkum font écho les demeures traditionnelles des montagnes du Pamir. Sans oublier les maisons toute en bois des villages russes au nord du Kazakhstan.

▸ *Chid*, la maison pamiri. Les maisons traditionnelles des vallées du Pamir, malgré quelques variantes de style, répondent toutes au même principe : celui d'une construction antisismique conçue comme un temple. On retrouve ce même type de maisons dans le nord de l'Inde, du Pakistan et de l'Afghanistan. La pièce centrale est de forme carrée ou rectangulaire, cinq piliers soutiennent une structure de poutres et un toit de bois avec, au centre, une ouverture en escalier appelée *tchorkhona*. Le *tchorkhona* a quatre « marches » qui symbolisent les quatre éléments. Il éclaire la maison, et laisse partir la fumée du foyer. (Il servait aussi de cadran solaire grâce à l'inclinaison des rayons de soleil qu'il laissait passer.) Trois des côtés de la pièce principale sont bordés de larges « estrades-divans » sur lesquelles on prend les repas, ou qu'on recouvre de matelas pour dormir. Dans l'une d'elles est placé le foyer. La poutre soutenant l'entrée est la plus importante, elle est souvent décorée de motifs symbolisant le soleil. Une ancienne coutume voulait que si quelqu'un avait une demande exceptionnelle à faire il se plaçait sous ce linteau, sans passer le pas de la porte, et ne bougeait pas tant que le maître de maison ne lui avait pas fait le serment d'accéder à sa demande. On ne procédait ainsi que pour des raisons extrêmement graves et rarissimes. Les cinq piliers symbolisent les cinq déités aryennes, les Ameshapent : Surush, Mehr, Ardbon, Zamyod et Ozar ; après l'arrivée des ismaéliens, ils ont été renommés Ali, Mahomet, Fatima, Hassan et Hussein. Le nombre des poutres secondaires est égal au nombre d'imams, ce qui permet de dater la maison. C'est le plus jeune fils de la famille qui hérite de la maison et qui s'occupe des parents âgés ; si la famille n'a pas de fils, c'est alors la fille aînée qui héritera de leur demeure. Le toit de la maison est plat, on y fait sécher le foin. Les murs en pisé blanchi ne sont d'habitude percés d'aucune fenêtre. On accède à la pièce principale par une pièce vestibule qui possède aussi une estrade-divan.

▸ Yourtes des Tianshan et des steppes kazakhes. La yourte est à elle seule un concentré de toutes les traditions nomades, que l'on retrouve en Mongolie, au Kazakhstan et au Kirghizistan. C'est un habitat extrêmement codifié, qui reflète à la fois la conception de l'univers, et les pratiques sociales.

Intérieur d'une yourte avec tapis traditionnels, les shyrdak

D'une superficie d'environ 20 m², la yourte est simplement composée de couches de feutre en laine de mouton, posées sur une armature en bois pliable. Son installation prend environ deux heures et se déroule de la façon suivante : on pose d'abord le plancher, quand il y en a un, et tous les meubles sont installés à la place qui leur est attribuée. Vient ensuite le montage du treillis de bois qui forme les côtés de l'habitation, ainsi que la mise en place du chambranle de la porte. Les hommes fixent alors le cercle de bois qui se trouve au sommet de la yourte, posé sur les deux piliers centraux et relié à l'armature en bois. Les perches du toit sont traditionnellement au nombre de 81 (perches et treillis), un nombre faste dans la cosmologie mongole qui s'est transmise aux nomades de toute la région. L'armature mise en place, on peut maintenant installer le tissu intérieur sur les murs (dans les familles les plus aisées), puis les différentes couches de feutre et enfin la toile blanche extérieure, maintenue par de lourdes cordes. L'ouverture centrale est également dotée d'un petit capuchon, qui sera ouvert ou fermé selon les conditions climatiques. La yourte est une représentation en miniature de l'univers. L'orifice rond au sommet de l'habitation symbolise le ciel, et c'est tout naturellement que le foyer se trouve juste en dessous. Les deux poteaux de bois qui relient le foyer au ciel sont les éléments les plus sacrés de la yourte : il ne faut jamais passer entre ces deux piliers, ni y faire passer des objets. Traditionnellement ouverte vers le sud, la yourte combine répartitions géographique et fonctionnelle. Le nord est la place sacrée : c'est là que se trouvent l'autel des ancêtres et les objets les plus précieux de la famille. Le sud est la zone de travail, celle où se trouve le foyer et où les femmes s'activent pour préparer les repas ou les réserves alimentaires de la

Parandja

Jusqu'au milieu des années 1920, les femmes d'Ouzbékistan portaient encore la *parandja*. Cette cape qui les recouvrait entièrement de la tête aux pieds comportait une partie tissée en crin de cheval, ayant la propriété de réfléchir les rayons du soleil. Les femmes devenaient toutes blanches à force de porter cet habit. Dans leur guerre contre l'islam, les soviétiques interdirent le port de la *parandja* dès 1927. Les femmes réunies dans chaque village jetèrent en masse leur prison de tissu, mais aucune information précise n'ayant suivi cette décision, les hommes en furent partout offusqués. Le changement fut trop brusque et, en Ouzbékistan comme au Tadjikistan, les femmes furent victimes de cet empressement. Qu'une femme ose apparaître ainsi à visage découvert fut vécu par les membres mâles de sa famille comme une humiliation. Maris, pères et frères tuèrent, lapidèrent ou lynchèrent celles qui avaient eu l'audace de se libérer de leur joug. Nurjan, la plus célèbre des actrices ouzbèkes de l'époque, fut la victime la plus connue de ce retour à l'ordre. La population montra sa tristesse lors d'une manifestation qui eut lieu peu après sa mort à Marguilan. Il fallut quelques années aux soviétiques pour que la suppression du voile soit acceptée partout. Aujourd'hui, le voile refait timidement son retour dans les coins les plus reculés de l'Ouzbékistan, du Tadjikistan et même du Kirghizistan, dans la vallée du Ferghana.

famille. De même, l'ouest est réservé aux hommes et aux invités, alors que l'est est celui des femmes et de la vie domestique. Un hôte sera donc installé à l'ouest, et plus ou moins proche du fond de la yourte en fonction de son importance.

ENJEUX SANITAIRES

Une fois encore, la transition post-indépendance a été difficile à gérer pour les cinq républiques d'Asie centrale. Tous les pays ont dans un premier temps tenté de maintenir en place le système hérité de l'Union soviétique, qui garantissait (en théorie tout du moins) l'accès gratuit et universel aux soins médicaux. Mais les nouveaux États ne disposaient que de budgets extrêmement limités pour rénover leur système de santé, et les infrastructures se sont souvent dégradées, les médecins sont partis à l'étranger (la plupart étaient d'ailleurs russes) ou reconvertis dans d'autres activités plus lucratives. L'approvisionnement en médicaments est rapidement devenu problématique : autrefois dépendants de l'Union soviétique, les hôpitaux ont dû faire face à une pénurie de vaccins et médicaments qui n'étaient pas produits sur place et qu'ils ne pouvaient acheter à l'étranger faute de moyens. Certains pays, comme l'Ouzbékistan, et dans une moindre mesure le Kirghizistan et le Tadjikistan, explorent la voie d'une privatisation de leur système de santé, couplé avec la création d'une assurance médicale. Mais les réformes sont lentes et chaotiques, ouvrant souvent la porte à la corruption du corps médical, qui trouve ainsi les moyens d'arrondir des fins de mois difficiles.
La dégradation des infrastructures médicales est d'autant plus inquiétante que les pays d'Asie centrale sont fortement touchés par des problèmes sanitaires liés à l'environnement, qui avaient été niés durant la période soviétique mais deviennent incontournables aujourd'hui. La province du Karakapalkstan en Ouzbékistan est particulièrement révélatrice de ces problèmes : la proximité de la mer d'Aral et de ses vents de sel, la présence de produits chimiques dans la terre et l'eau due à l'exploitation du coton affectent les populations locales. L'espérance de vie de cette région n'est que de 38 ans, et le taux de mortalité infantile y atteint 110 ‰ contre 65 ‰ en moyenne nationale. Au Kazakhstan, les mêmes problèmes se posent autour de la mer d'Aral, alors que les habitants de la région de Semey sont toujours victimes des radiations émises lors des essais nucléaires effectués dans le Polygone, et que ceux d'Oust-Kamenogorsk subissent les conséquences de la pollution de l'eau, de la terre et de l'air due aux industries chimiques locales. Mal équipés pour lutter contre ces problèmes sanitaires spécifiques, les pays d'Asie centrale ont vu la santé de leurs populations se dégrader pendant la transition post-indépendance. La situation la plus inquiétante était alors celle du Kazakhstan : à la suite de la hausse du taux de mortalité et de la baisse de celui de la natalité, la population du pays a diminué pour la première fois depuis la Seconde Guerre mondiale.

MARIAGE

Même en ville et dans les familles les plus occidentalisées, les mariages sont souvent arrangés par les parents. Des alliances familiales sont préparées de longue date, et le statut social et l'appartenance à un clan sont des facteurs plus importants que les affinités entre futurs époux. Ce sont en général les mères des fiancés qui se lancent à la recherche de leur future belle-fille : celle-ci habitera souvent avec les parents de son mari, et certaines familles considèrent que le plus important est que la jeune mariée plaise à ses beaux-parents. Les rencontres sont très codifiées, et impliquent à chaque fois les parents des deux parties. Les mariages donnent lieu à des fêtes fastueuses, et les frais d'installation du jeune couple sont répartis entre les deux familles. Les parents de la fiancée prennent en charge l'ameublement de la nouvelle maison, ceux du fiancé offrent le repas de fête, et parfois la maison ou l'appartement si le fils ne prévoit pas de rester chez ses parents. Les cas de divorce sont extrêmement rares dans toute l'Asie centrale, où le mariage est une institution très respectée. Les séparations commencent à apparaître dans les zones urbaines, mais il sera très difficile, voire impossible pour une femme

Couple de jeunes mariés dans le village de Jerbent, au cœur du désert du Karakum

divorcée de se remarier. La polygamie est officiellement interdite dans toute la zone, mais des cas sont cependant recensés, d'autant plus nombreux que la pratique est liée à la religion musulmane, qui autorise jusqu'à trois femmes. Suite à la guerre civile, de nombreuses veuves au Tadjikistan ont accepté d'être deuxième ou troisième épouse, pour éviter la solitude et surtout la mise au ban de la société qui vont de pair avec le statut de femme seule. Le Kirghizistan présentait une particularité traditionnelle qui refait son apparition depuis la fin de l'Union soviétique. Les jeunes prétendants devaient autrefois enlever la femme qu'ils convoitaient (parfois avec son consentement et sa complicité, parfois sans...), et le mariage devenait une obligation une fois la relation consommée... La pratique reste marginale aujourd'hui, mais elle est toujours illustrée de façon symbolique lors des mariages : le jeune homme doit en effet « enlever » sa fiancée dans la maison de ses parents, après être venu à bout de la résistance des membres de sa famille qui l'empêchent d'accéder jusqu'à la chambre de la fiancée.

PLACES DES FEMMES

La position des femmes n'était pas identique dans tous les pays d'Asie centrale avant la période soviétique. Et, bien que les Russes aient tenté de promouvoir l'égalité entre hommes et femmes dans toutes les Républiques, les traditions ont rapidement resurgi après l'indépendance, plus ou moins marquées selon les pays et les pratiques sociales et religieuses.

▶ **Le Tadjikistan** est probablement le pays d'Asie centrale où les femmes ont la vie la plus difficile. Les politiques d'émancipation mises en place par les Soviétiques ont rencontré une très grande résistance, notamment lorsqu'il s'agissait du port du voile et du travail des femmes. Au milieu des années 1980, la moitié des femmes tadjikes n'avaient pas d'emploi hors de la maison. Et en moyenne, chacune

Femmes du Tadjikistan

« On dit dans notre pays qu'il vaut mieux naître caillou que fille », confie Gulya en riant. Les femmes non mariées ont du mal à s'intégrer dans la société. Nombre d'entre elles sont prêtes à devenir deuxième, voire troisième épouse plutôt que de rester seule et sans soutien. Pour illustrer le peu de cas que font les hommes de la femme tadjike, Gulya me raconte un événement qui vient de défrayer la chronique dans la région que nous traversons : « Cette région a été privée d'électricité pendant tout l'hiver. Lors d'un déplacement du vice-président, un groupe d'une trentaine de femmes a pris à parti l'homme du gouvernement. Des pierres ont été jetées contre les voitures du convoi. Plusieurs femmes ont été arrêtées. Il fallait verser dix dollars pour les libérer. Eh bien, vois-tu, leurs maris n'ont pas bougé pour les sortir de prison, allant jusqu'à répondre qu'ils pouvaient trouver d'autres femmes pour moins que ça... Tu as là une société machiste où tu rencontreras le courage des femmes. »

Christophe de Ponfilly, *Femmes d'Asie Centrale*,
éd. ARTE Editions – Mille et une nuits.

d'entre elle donnait naissance à 8 enfants. Après l'indépendance, les femmes tadjikes ont subi les conséquences du renouveau des pratiques religieuses musulmanes, qui sont parfois allées de pair avec le retour du voile et de la réclusion domestique. À l'issue de la guerre civile, le pays comptait plus de 25 000 veuves, un statut qui laisse les femmes complètement démunies dans une culture où le mariage les rend entièrement dépendantes de leur mari.

En Ouzbékistan, les femmes ont également subi de manière flagrante les changements sociaux amorcés depuis la chute de l'Union soviétique et le retour de l'Islam. Les traditions reviennent en force, notamment en ce qui concerne le mariage, même dans les familles citadines et en apparence plus occidentalisées. Ainsi, une femme mariée en Ouzbékistan ne sort pas seule, et encore moins accompagnée d'amis masculins. Elle est soumise aux décisions de son mari pour tout ce qui concerne son quotidien : droit de travailler, de sortir, et même pour sa tenue vestimentaire ! Les jeunes mariées vivent en outre souvent chez leur belle-famille, où elles se retrouvent au plus bas de l'échelle sociale, d'autant plus soumises à la tyrannie de leur belle-mère qu'elles n'ont pas donné naissance à un fils. Seuls l'âge ou l'éducation religieuse peuvent donner aux femmes un début de rôle familial ou social respecté. La mère de fils peut ainsi exercer son influence sur ses belles-filles. Quant aux *otins*, qui sont l'équivalent féminin des mollahs, elles ont retrouvé l'influence sociale qu'elles avaient perdue (sauf parfois de manière clandestine) durant l'époque soviétique.

Au Kirghizistan, comme dans les pays issus des cultures nomades, les femmes ont une position généralement plus enviable. Traditionnellement, et bien que l'on soit toujours dans des sociétés patriarcales, les femmes partageaient le travail des hommes avec lesquels elles étaient plus ou moins sur un pied d'égalité au sein de la famille. L'histoire et la littérature du Kirghizistan font par exemple état de plusieurs femmes devenues leaders de leur clan. La littérature orale rapporte ainsi l'histoire de Jamyl-myrza, jeune femme transformée en guerrier pour mener son clan à la libération. Et le XIXe siècle se souvient encore de la fille du khan Almyn-bek, qui a conduit une armée de Kirghiz dans la guérilla contre les Russes lancés à la conquête de Kokand. Aujourd'hui encore, le Kirghizistan est l'un des

Spectacle de danse en l'honneur de Niazov à Achgabat

pays où les femmes sont les plus nombreuses à des postes de responsabilité économique ou politique. Le pays a par exemple eu une femme ministre de l'Éducation ou des Affaires étrangères, ambassadeur aux États-Unis ou au Canada : Roza Otounbaïeva. Elle dirigeait d'ailleurs le « gouvernement par intérim » qui a renversé l'ancien président au moment de l'impression de ce guide (juin 2010).

Le Kazakhstan est en train d'adopter une position un peu plus conservatrice quant au rôle des femmes dans la société. La constitution de 1995 reconnaît implicitement que les femmes ont les mêmes droits que les hommes, mais la pratique sociale continue à assimiler le travail des femmes aux abus de la période soviétique. De fait, très peu de femmes ont accès au Kazakhstan à des postes politiques ou économiques élevés. En avril 1995, le président Nazarbayev déclarait vouloir créer un système économique dans lequel les femmes pourraient travailler à la maison tout en élevant les enfants. Le pays favorise les familles nombreuses : 15 % des femmes ont au moins sept enfants, et l'on comptabilise une moyenne de cinq avortements par femme ! Les mères de famille ont en outre été les objets de politiques natalistes lancées par les nationalistes kazakhs, qui voulaient mettre fin à la supériorité numérique des Russes en territoire kazakh. Le pays a même brièvement envisagé d'interdire l'avortement et les pratiques contraceptives.

Au Turkménistan, les femmes bénéficient d'une protection légale bien plus développée que dans les autres pays de la région, et leur implication sociale est plus grande. Selon les statistiques officielles du pays (qu'il faut néanmoins prendre avec des pincettes), 85 % des femmes entre 16 et 56 ans ont un emploi. 50 % des médecins, 63 % des enseignants, 62 % des entrepreneurs dans les petites et moyennes structures sont des femmes. Celles-ci représentent également 40 % des étudiants du pays. L'implication des femmes en politique est soulignée par la présence de 30 % de femmes au Conseil du Peuple. Plusieurs ministères, le poste de vice-présidente du parlement, et de nombreux postes dirigeants dans les administrations locales sont également détenus par des femmes. Le pays s'est en outre doté d'une Union des femmes du Turkménistan, qui rassemble près d'un million de membres et vise à promouvoir le rôle des femmes dans la vie politique, sociale et culturelle. Les mères bénéficient également d'une protection sociale relativement développée en théorie : congés de maternité, retraites anticipées si elles ont eu plus de trois enfants, incitations fiscales à l'embauche... Les relations hommes-femmes au sein du couple, bien que légalement considérées comme égalitaires, sont en revanche plus difficiles à évaluer.

RELIGION

L'Asie centrale, carrefour des civilisations, est également le point de contact de nombreuses religions. Certaines ont aujourd'hui pratiquement disparu, alors que d'autres connaissent un regain de vitalité depuis l'effondrement de l'Union soviétique.

Islam

L'islam, qui semble renaître depuis l'indépendance, ne s'était en fait jamais totalement éteint. Sa répression fut intense de 1932 à la Seconde Guerre mondiale : les musulmans récalcitrants furent envoyés en Sibérie, les mosquées et les madrasas furent transformées en entrepôts ou en fabriques. Mais, dans les années qui suivirent, les mollahs de village purent continuer d'enseigner discrètement le Coran, sans être trop inquiétés. Depuis 1994, de nombreuses madrasas ont été réhabilitées, et les mosquées rendues au culte dans tous les pays. Aujourd'hui, les fêtes religieuses sont à nouveau célébrées, mais les gouvernements sont confrontés à l'émergence d'un islamisme intégriste importé d'Arabie saoudite, le wahhabisme, dont les membres, très influents dans la vallée de Ferghana, ont été rendus responsables des attentats de 1999 visant le président Karimov.

Les tribus türks et mongoles étaient restées fondamentalement animistes, même après leur conversion au bouddhisme ou au nestorianisme. Dans un premier temps, la conversion de leurs khans à l'islam avait dû être assez formelle, encore que les musulmans béné-

Madrasa Mir-i-Arab à Boukhara

ficiaient d'une aura particulière car leurs missionnaires étaient aussi des guerriers. L'islam phagocyta les coutumes et les rites des « infidèles », et sut perdurer, en grande partie grâce au prosélytisme des confréries soufis. Aujourd'hui l'islam d'Asie centrale est majoritairement sunnite, métissé de croyances zoroastriennes, manichéennes, bouddhistes ou animistes, et toujours fortement influencé par les confréries soufis. Le soufi Akhmad Yasavi, qui vécut au XIIe siècle, était le père spirituel de Tamerlan. Il est l'auteur de poésies mystiques, les *hikmet*, rédigées en turc, la langue du peuple. Très répandu chez les tribus nomades, cet islam était empreint de traditions chamaniques, et s'est aujourd'hui progressivement dilué dans l'islam populaire.

La confrérie soufi, constituée au XIVe siècle par Baha al-din Nakchband, eut un rôle dominant dans la vie religieuse et politique de la Transoxiane. Grands prosélytes, conseillers des khans, les soufis contrôlaient aussi les confédérations d'artisans du bâtiment, charpentiers, céramistes, tailleurs de pierre qui édifièrent les monuments timourides ou chaybanides. Les *nakchbandi* écrivaient en persan, la langue des érudits, et représentaient un islam savant, celui des sédentaires et des constructeurs. La mystique *nakchbandi* se fonde sur les paroles sacrées, ou « onze principes », et enseigne aux membres de la confrérie à mener une vie contemplative tout en conservant leur rôle social. Ainsi, le principe de « la retraite dans la société » dicte comment « se trouver en apparence avec le monde et en secret avec Dieu ». Les *nakchbandi* se livrent à la prière silencieuse, seuls ou en groupe. Une pratique sans doute influencée par les mystiques orientales, et qui rappelle les exercices respiratoires du qi gong ou du yoga. Le *nakchbandi* visualise différents points de son corps, tout en récitant mentalement « il n'y a de dieu que Dieu », au cours d'une prière répétitive appelée *zikr*, qu'il accompagne d'exercices respiratoires ponctués d'apnées plus ou moins longues. Il existe différents rituels soufis, comme celui des *djahri*, dirigés par le cheik Adil Khan, à Andijan, qui pratiquent la prière répétitive et la danse extatique. Les femmes, qui sont exclues des confréries soufis, sont les plus ferventes pratiquantes du culte des saints. Des nombreux mausolées de missionnaires musulmans ou de cheiks soufis qui se transformaient lentement en poussière, beaucoup sont aujourd'hui restaurés. Comme à La Mecque, les pèlerins font trois fois le tour des tombeaux, mais certains rituels paraissent plus « païens », comme cette pratique qui consiste à déchirer un morceau de vêtement et à l'accrocher à un arbre en faisant un vœu, à passer en rampant sous l'immense lutrin de Samarkand, à tourner autour du gigantesque chaudron du mausolée de Yasavi, ou encore à poser sa tête sur la pierre noire du mausolée de Nakchband. La prière au saint demande souvent la guérison ou la fertilité. Parfois on peut remarquer un étroit canal creusé dans les anciennes pierres tombales : l'officiant y fait couler de l'eau qui est ainsi censée soigner les mots de gorge.

L'ismaélisme

Les chi'ites, peu nombreux en Asie centrale, sont divisés en deux groupes : les duodécimains, qui reconnaissent douze imams, et les ismaéliens ou chi'ites septimains, qui, grâce à une généalogie alambiquée et toujours discutée, ont continué la lignée des imams jusqu'à l'actuel Aga Khan, leur guide spirituel et 49e imam. Les ismaéliens doivent leur nom à Ismaïl, le sixième imam. Ils sont considérés comme hérétiques autant par les sunnites que par les chi'ites. Il existe une communauté d'ismaéliens au Tadjikistan, dans les vallées du Haut Badakhshan. Le fondateur présumé de la doctrine ismaélienne, Abd Allah al-Akbar (IXe siècle), enseigna d'abord en Iran, puis en Syrie, où il mourut et fut enterré. Dès le début du Xe siècle, les ismaéliens, dont le but déclaré était le renversement du califat de Bagdad, avaient tissé un réseau clandestin de communautés recouvrant l'ensemble du monde musulman de l'Afrique du Nord jusqu'au Pakistan. En 910, un anticalifat ismaélien fut proclamé en Égypte, dirigé par la dynastie des Fatimides, qui affirmaient descendre d'Ali et de Fatima. Il devait durer jusqu'au début du XIIe siècle. Des missionnaires, souvent déguisés en marchands, étaient envoyés vers les plus lointaines terres et fondaient des jazira, centres régionaux autonomes et clandestins de développement de l'ismaélisme. L'un d'eux englobait les territoires actuels de l'Ouzbékistan, du Tadjikistan et de l'Afghanistan. La doctrine originelle reconnaissait six prophètes qui avaient révélé à leurs peuples une religion de la Loi divine : Adam, Noé, Abraham, Moïse, Jésus et Mahomet ; et six initiés : Seth, Sem, Isaac, Aaron, Simon-Pierre et Ali.

La doctrine professe le retour du mahdi, le septième imam caché, Muhamad, le fils d'Ismaïl, celui qui abolira toutes les religions, même l'islam, et grâce auquel les hommes retrouveront le paradis et la religion primitive d'Adam et Ève, celle d'avant la déchéance des anges. Au Xe siècle, l'érudit iranien Muhammad al Nasafi habilla la théologie ismaélienne de concepts néoplatoniciens. Il vécut à la cour de Boukhara où il convertit à l'ismaélisme le Samanide Nasr ibn Ahmad et plusieurs nobles de sa suite.

Au XIIe siècle, Hassan-e-Sabbah, missionnaire ismaélien au sein de l'Empire seldjoukide, parvint à s'emparer de la forteresse d'Alamut, située dans le massif iranien de l'Elbrouz. La petite principauté d'Alamut devint le centre de la rébellion contre le calife de Bagdad et le sultan seldjoukide. Des groupes terroristes y étaient formés en vue de réaliser des attentats contre les dirigeants politiques et religieux. Ainsi, en 1092, un émissaire ismaélien, déguisé en soufi, réussit à poignarder le vizir seldjoukide Niza-el-Mulk. Ces terroristes prêts au suicide étaient surnommés hashishi, qui signifie utilisateur de hachisch mais pouvait aussi vouloir dire irresponsable. Ce terme passa dans la langue française et donna le mot assassin. Une autre principauté, fondée en Syrie au milieu du XIIe siècle, organisait des attentats contre les croisés. L'un des princes de cet État, Rashid al-din Sinan, surnommé « le vieux de la montagne » par les croisés, fit assassiner le roi de Jérusalem, Conrad de Monferrat, en 1192. Le dernier imam de la forteresse iranienne d'Alamut capitula devant les mongols en 1256, et, en 1271, la place forte des ismaéliens de Syrie fut conquise par le sultan mamlouk Baybar. Au XVIe siècle, les communautés ismaéliennes d'Iran furent pourchassées, et seules quelques petites communautés survécurent, dont celles du Badakhchan, dans le Pamir tadjik. Ces ismaéliens du Pamir furent largement influencés par les khodjas du nord-ouest de l'Inde, des marchands hindous convertis à l'ismaélisme au XVe siècle. Les rites de prière des *khodjas* sont loin de ceux des ismaéliens originels, la mosquée est remplacée par le *djamat khona*, et la littérature religieuse est imprégnée de légendes hindouistes ou tantriques. En 1866, le premier Aga Khan, descendant des imams d'Alamut, s'installa en Inde et fit reconnaître son autorité par la High Court de Bombay. Le troisième Aga Khan, né à Karachi, finança de multiples œuvres sociales en Inde et en Afrique orientale, et attacha une attention particulière à l'éducation des filles qui, chez les khodjas, ne sont pas voilées. Son petit-fils, Karim Aga Khan, le 49e imam, est né à Genève en 1936 ; il vit la plupart du temps à Paris, et continue la politique d'aide au développement et d'éducation de son grand-père.

Zoroastrisme – Mazdéisme

Le mazdéisme fut pratiqué par les tribus aryennes qui peuplaient l'Asie centrale occidentale et l'Iran dès le second millénaire avant notre ère. Cette religion polythéiste reconnaissait Ahura Mazda comme le plus puissant des dieux. Ses rites étaient réalisés par des mages qui pratiquaient le culte du feu purificateur et des sacrifices rituels d'animaux. On connaît très mal la vie de Zarathoustra (de l'iranien Zarathushtra), appelé autrefois Zoroastre (du grec Zôroastrès). Il serait né vers l'an 1000 av. J.-C. En Iran oriental, au Khorezm ou en Sogdiane. Fondateur du zoroastrisme et réformateur du mazdéisme, il s'opposa au sacrifice rituel et au culte de Haoma, le dieu qui donne la force grâce à une boisson enivrante. Voir l'excellent livre de Nietzsche, *Ainsi parlait Zarathoustra* pour plus d'informations.

Le zoroastrisme glorifie le dieu du bien Ahura Mazda, le seigneur sage, et la lutte qui oppose Spenta Manyu, l'Esprit saint, au destructeur Ahriman. Il conçoit l'univers comme la lutte de deux principes, le Bien et le Mal, s'opposant comme le jour et la nuit, le chaud et le froid. Bien que monothéiste, la religion zoroastrienne conserve le panthéon mazdéen, dont les divinités Mithra et Anahita sont les plus célébrées en Asie centrale. Les textes sacrés sont regroupés dans l'Avesta, le livre sacré zoroastrien où se trouvent les *gâthâ*, les poèmes liturgiques composés par Zoroastre. Ces textes, qui auraient été rédigés en langue avestique au second millénaire avant notre ère, furent longtemps transmis oralement par les mages puis transcrits assez tardivement, sans doute à la fin de l'époque sassanide. Ils furent perdus, et les textes dont on dispose actuellement dateraient du XIIIe siècle. Le feu, l'eau, l'air et la terre sont des éléments sacrés qu'il ne faut pas souiller. Ainsi les morts ne sont ni enterrés, ni brûlés, ils doivent être exposés dans les *dakhma*, qui sont parfois des petites constructions appelées « naus », comme on en retrouva à Penjjikent (Tadjikistan), ou des espaces clos situés sur des collines, comme les « tours du silence » qu'on voit en Iran ou en Karakalpakie (Ouzbékistan). Les ossements les plus importants, où siège l'âme des morts, sont regroupés dans des récipients

de terre cuite, les ostéothèques, ou placés dans des espaces clos appelés « ostadan ». Le zoroastrisme fut la religion officielle de la dynastie sassanide ; il fut largement pratiqué en Sogdiane et en Bactriane. Il existe des ruines de temples zoroastriens dans le Pamir tadjik et en Karakalpakie. Cette religion est encore pratiquée en Inde du Nord, ainsi qu'en Iran, où elle est persécutée.

Chamanisme

Les vieilles traditions chamanistes se sont conservées très longtemps chez les nomades et dans les villages de campagne. Les guérisseurs, qui se présentaient comme des cheikhs, étaient plus souvent des chamans que des médecins. Officiellement éradiqués sous le pouvoir communiste, ils resurgissent aujourd'hui avec succès. Appelés « bakshi », ils guérissent le mal en invoquant les esprits. De nombreuses pratiques chamanistes imprègnent en outre les religions apparues plus tardivement dans la région, et notamment l'islam.

Bouddhisme

Les routes de la soie furent aussi celles de la propagation du bouddhisme. Les marchands furent les premiers convertis, et aussi les premiers missionnaires du bouddhisme. Fondé dans le nord de l'Inde vers le Ve siècle av. J.-C., la religion bouddhique fut introduite en Bactriane dès le IIe siècle av. J.-C., mais ne connut un réel épanouissement que sous l'Empire kouchan. La tolérance de l'empereur Kanishka, qui régna au Ier ou IIe siècle, permit la propagation de cette nouvelle religion, qui rayonna à travers toute l'Asie centrale jusqu'en Chine, où elle devint la religion officielle des empereurs chinois au VIe siècle. Dès le IVe siècle, les pèlerins chinois suivirent les routes commerçantes en direction de l'Asie centrale et de l'Inde, à la recherche des textes orignaux. Le plus célèbre de ces pèlerins est Xuanzang, qui atteindra le saint des saints : l'arbre de l'éveil où Bouddha reçut l'illumination. Après dix ans de voyage (629-639), il retourna à la cour de l'empereur de Chine, chargé de manuscrits, de reliques et de statues. Le plus grand site bouddhique de Bactriane se trouvait à Bamiyan, en Afghanistan, mais les deux grands bouddhas sculptés ont été dynamités par les Talibans en mars 2001 ; un important monastère fut aussi découvert à Adjina Tepe, dans le sud du Tadjikistan.

Manichéisme

Après l'assassinat de Mani, au IIIe siècle, les nombreux disciples de cette nouvelle religion furent chassés de la Perse sassanide et se réfugièrent en Asie centrale et au Turkestan chinois. La « doctrine des deux principes », que les chinois appelèrent « religion de la lumière », s'implanta fortement en Sogdiane, et, au Xe siècle, Samarkand fut la résidence du patriarche manichéen. Les manichéens vénéraient la beauté de la nature, adoraient « tout ce qui à leurs yeux manifeste la Beauté, lumières, eaux courantes, arbres, animaux, parce que dans tout être, dans tout objet beau, la divinité de la lumière a pris demeure ».

Le manichéisme est une religion intransigeante qui oppose la matière et l'esprit, et qui professe le célibat, le partage des richesses et l'interdiction de verser le sang. Les plus intégristes refusaient de procréer, de se soigner en cas de maladie ou même de se nourrir. En Europe, ses adeptes, les bogomiles de Bulgarie et les cathares d'Albi, furent aussi impitoyablement pourchassés.

Nestorianisme

Nestorien, évêque de Constantinople, niait l'origine divine du Christ et la sainteté de la Vierge Marie. Il fut condamné comme hérétique au concile d'Éphèse en 431. Ses disciples pourchassés trouvèrent refuge en Perse, en Asie centrale et en Chine. Plusieurs évêchés, dont celui de Merv et de Samarkand, furent constitués ; ils dépendaient du catholicos de Bagdad.

Le nestorianisme connut un grand succès auprès des tribus türks et mongoles. Au XIe siècle, les *kereit* et les *naïman* se convertirent, et, quand les missionnaires du Moyen Âge se rendirent à la cour des Khan, ils furent stupéfaits de rencontrer un si grand nombre de chrétiens en Orient, mais surtout ulcérés qu'ils fussent nestoriens. Les nestoriens conservèrent une grande influence jusqu'au XIVe siècle.

Judaïsme

Des colonies juives s'installèrent en Asie centrale sous Tamerlan, mais la présence juive remonte bien au-delà, sans doute dès le VIe siècle. Les juifs étaient souvent commerçants ou banquiers, puisque l'islam interdisait l'usure, ou encore orfèvres, tisserands. Très bon médecins, ils avaient la réputation de fabriquer les plus efficaces talismans. Arminius Vambery décrit le statut surprenant dont bénéficiaient les juifs de Boukhara au XIXe siècle ; empreint d'un racisme déclaré, ce statut eut pourtant l'avantage d'éviter aux juifs l'esclavage auquel étaient réduits tous les autres infidèles : « le juif seul, reconnu « incapable », c'est-à-dire indigne de l'esclavage, échappe de sa personne à leur rapacité, privilège qu'il doit à l'aversion dont il est l'objet, mais dont le bénéfice compense parfaitement l'origine aux yeux des enfants d'Israël. » Il ne faut pas oublier non plus que les juifs payaient de fortes taxes, bien supérieures à celles des autres habitants de Boukhara. La communauté juive de Samarkand comptait plus de 50 000 fidèles au XIIe siècle. Elle est la seule communauté religieuse à avoir résisté à l'islam, puisqu'on recensait encore en 1989 quelque 37 000 juifs boukhariotes. Un très grand nombre d'entre eux ont émigré dès la perestroïka et, surtout, après la chute de l'URSS, mais les quartiers juifs de Samarkand et Boukhara sont toujours là.

Orthodoxie

L'orthodoxie n'est arrivée que tardivement en Asie centrale, au XIXe siècle, avec la conquête russe. Les plus anciennes églises étaient construites en bois, et très peu ont résisté au temps. Persécutée sous les soviétiques, la religion orthodoxe est à nouveau pratiquée par les Russes et les Ukrainiens restés en Asie centrale.

Mausolée d'Ahmed Yasawi à Turkestan

Arts et culture

La culture d'Asie centrale et ses productions artistiques sont nées d'un long brassage de civilisations, mélangeant les traditions turques et persanes parfois mâtinées d'influences chinoises, les techniques des sédentaires et les impératifs de la vie nomade. Toutes les productions artistiques et artisanales de la région reflètent cette longue et tumultueuse histoire.

ARCHITECTURE

Un voyage en Asie centrale est une véritable découverte architecturale, notamment grâce aux incontournables merveilles d'Ouzbékistan.

Architecture préislamique

Bien peu de bâtiments du royaume de Khorezm ou des Sogdiens ont survécu aux terribles ravages des Mongols puis de Tamerlan. Seules quelques ruines plus ou moins identifiables témoignent des styles architecturaux du royaume de Bactriane ou de Sogdiane. L'un des rares rescapés de ces destructions massives est le mausolée d'Ismail Samanid à Boukhara. Il permet d'admirer l'architecture sogdienne utilisant le bois et la brique cuite, à la recherche d'une symétrie parfaite. Les décorations murales de cette époque sont exclusivement obtenues à partir d'une imbrication raffinée des briques. Le minaret de Kalon, à Boukhara, est un autre témoignage de cette architecture sobre mais délicate. La ville de Khiva est pour sa part un témoignage vivant de l'architecture du royaume de Khorezm, qui a diffusé son style jusqu'au nord du Caucase. Les maisons de Khiva sont dotées de grands auvents destinés à lutter contre la chaleur, et ne comportent pas de séparation entre les quartiers des hommes et ceux réservés aux femmes, contrairement à l'architecture traditionnelle du reste du pays. Les sculptures sur bois, très présentes à Khiva, sont également un héritage de la tradition architecturale de Khorezm. Celle-ci a d'ailleurs imprégné les monuments construits quelques siècles plus tard à Khiva sous l'influence musulmane. Les mosquées y sont en effet dotées d'un auvent surmonté d'un toit plat, rappel de l'architecture locale.

Architecture islamique

La première civilisation avec laquelle l'islam a eu des contacts était celle des Persans. Tout naturellement, l'architecture islamique s'est largement inspirée des caractéristiques persanes, qu'elle a en partie reprises à son compte. Les mosquées sont ainsi construites autour d'une large cour, et dans un souci de symétrie. Elles sont dotées de minarets, d'un *mirhab* (petite niche dans la salle de prière qui indique la direction de la Mecque), et de dômes, qui ne sont intégrés à l'architecture islamique qu'à partir du VIIIe siècle. Les décorations murales sont conçues à partir de formes géométriques et de motifs floraux, l'islam interdisant la reproduction du visage humain.

Architecture timouride

L'époque de Tamerlan et de ses successeurs a constitué l'apogée de l'architecture islamique en Asie centrale et au-delà. Les monuments de Tamerlan, que l'on peut notamment admirer à Samarkand et à Turkestan au Kazakhstan, sont caractérisés par leur monumentalisme, leurs multiples minarets, leurs céramiques polychromes et l'utilisation fréquente de doubles dômes. Cette architecture timouride a inspiré l'école architecturale moghol, en Inde, ainsi que celle des Safavides et des Ottomans.

Architecture contemporaine

Les anciennes villes d'Ouzbékistan ont été bien protégées et restaurées, et sont les plus beaux témoignages architecturaux de la région. Dans le reste de l'Asie centrale, steppes livrées aux nomades ou déserts inhabités, l'architecture était un concept traditionnellement absent. Mais l'arrivée des Soviétiques est allée de pair avec l'apparition d'un réseau urbain diffus. L'architecture est conforme aux impératifs fonctionnels des communistes russes : les bâtiments d'habitation sont en matériaux bruts, privés de toute ornementation. Quelques bâtiments publics présentent néanmoins un intérêt architectural, théâtres ou universités construits dans un style plus russe que soviétique.

Détail de la coupole de la mosquée Bibi Khanim à Samarkand

Les églises orthodoxes construites à la fin du XIXe siècle apportent également une touche de bois et de couleurs dans des villes où on ne les attend pas forcément. Depuis l'indépendance, certains pays ont entrepris de construire des villes nouvelles conformes à l'image de modernité qu'ils souhaitent donner d'eux. C'est notamment le cas à Achgabat, capitale du Turkménistan, et à Astana, la nouvelle capitale kazakhe. La première ville est une véritable démonstration de richesse de façade et de mégalomanie. Le centre est flambant neuf, les bâtiments publics sont tout en marbre blanc, les avenues gigantesques et vides. Achgabat est une ville en trompe-l'œil, destinée non pas à ses habitants, mais à assouvir l'ambition de l'ex- président Niazov. Celui-ci s'est d'ailleurs fait construire en plein centre-ville un énorme palais présidentiel tout en marbre et dorures, conçu et réalisé par... le groupe français Bouygues ! À Astana, le nouveau quartier d'affaires suit à peu près la logique turkmène, mais de manière un peu moins ostensiblement mégalomaniaque. Les bâtiments administratifs monumentalistes y succèdent néanmoins à de vastes complexes de bureaux tout en verre et pour l'instant totalement déserts. Les avenues s'étirent à perte de vue, et sont à peu près aussi animées que les steppes du pays. La nouvelle architecture d'Asie centrale se cherche une identité, mais les voies explorées à l'heure actuelle peuvent laisser perplexe...

ARTISANAT

Céramique

C'est sous les Timourides que l'art de la céramique a atteint son apogée. Lors de ses conquêtes, Tamerlan épargnait les meilleurs artisans et les ramenait à Samarkand, où ils venaient grossir les rangs des bâtisseurs. La nécropole de Shah-i-Zinde, à Samarkand, est la plus éclatante illustration des compétences et des innovations de ces artisans : tuiles émaillées polychromes, motifs peints sur ou sous la glaçure, mosaïques de fines pièces de céramique glaçurée taillées au ciseau, ou encore terracotta moulée, sculptée puis émaillée. Les secrets de fabrication et de glaçure étaient transmis de père en fils, et chaque région possédait ses couleurs et ses motifs. Les couleurs et les motifs des plats en céramique proposés aujourd'hui par les artisans rappellent les coupoles et les frises décoratives des monuments timourides, et évitent ainsi aux touristes d'aller gratter la terre ou d'arracher les dernières décorations d'une madrasa, comme le fit d'ailleurs le fameux faux derviche Arminus Vambery sur l'une des mosaïques de Bibi Khanim : « la composition et le coloris me parurent d'une incomparable beauté ; elle est tellement bien cimentée qu'il me fallut prendre des peines incroyables pour en détacher le calice d'une fleur », raconte-t-il dans son récit de voyage...

Bijoux

Les femmes du khan pouvaient être répudiées à tout moment et, comme les nomades, elles portaient donc leurs richesses sur elles : plusieurs robes et manteaux enfilés les uns sur les autres, mais aussi leurs bijoux, qui étaient censés les protéger. Les bracelets, boucles d'oreilles, diadèmes et pectoraux étaient en argent ciselé, dorés à l'or fin et incrustés de pierres semi-précieuses comme la cornaline, la turquoise, le corail, ou encore de perles et de rubis. Les jeunes mariées étaient couvertes de bijoux. Diadème couvrant la coiffe de soie, elle-même ornée de pendentifs, bracelets, larges boucles d'oreilles, anneaux pour le nez, collier, amulettes et pectoral. Un dicton est célèbre en Asie centrale : « Quelle est la plus belle mariée ? – Celle qui ne peut se déplacer seule car elle est trop chargée de bijoux. »

Tapis

Les tapis ont parfois été nommés d'après leur lieu d'origine, mais ils portent encore plus souvent le nom de la ville où ils ont été vendus. C'est le cas des boukharas, qui se vendaient au bazar de la ville du même nom, mais provenaient en général des tribus turkmènes. Boukhara était en effet l'un des plus grands centres de vente de tapis d'Asie centrale. La confection des tapis est réservée aux femmes et aux jeunes filles. Les techniques se transmettaient de mère à fille. L'enfant apprenait à tisser dès l'âge de 8 ans, et on considérait qu'il fallait 25 années d'expérience pour devenir une tisserande accomplie. La couleur rouge, symbole de la fertilité et de la prospérité, était la plus utilisée, non seulement pour sa valeur symbolique, mais aussi parce que la garance, colorant naturel, pousse en quantité en Asie centrale. Le décor était composé d'un champ central, en général à médaillons, et de bordures. Les motifs géométriques sont propres à une région ou une tribu au Turkménistan, ce qui permet aux spécialistes d'identifier leur provenance d'un seul coup d'œil. Les tapis les plus anciens ne possédaient jamais plus de 3 bordures, mais au XIXe siècle les tapis pouvaient avoir jusqu'à 12 bordures. La qualité des tapis baissa dès la fin du XIXe siècle avec l'apparition des colorants à l'aniline et l'augmentation du serrage obtenu en tassant la trame et le velours, et non en utilisant des fils plus fins. Les tapis perdaient ainsi la richesse des coloris naturels et leur souplesse. Les nomades devenant sédentaires et agriculteurs, la production a diminué et les traditions familiales se sont perdues, les motifs symboliques ont progressivement été remplacés par des motifs décoratifs. Le Turkménistan reste néanmoins le pays produisant les plus beaux tapis d'Asie centrale. La production mécanisée favorisée par les soviétiques y a largement été remplacée par un retour à la tradition du tissage à la main.

Petit lexique des bijoux d'Asie centrale

- ***Tak-ia-touzi :*** ornement de *tiubetek* (calotte).
- ***Zoulfi-tilla, touf, soch-popouk :*** pendentifs décorant la coiffe, argent et nattes de coton.
- ***Bibichok :*** pendentif ornant le diadème.
- ***Gajak, tilla-koch, osma-touzi, tilla-bargak, manglaï-touzi :*** différents types de parures et de diadèmes.
- ***Cholika :*** ensemble de bijoux du Khorezm, comprenant diadème, pendentifs frontaux, collier à plusieurs rangées, souvent émaillé avec des motifs stylisés d'oiseaux.
- ***Sooukila :*** coiffe du Karakalpakstan richement ornée de perles de corail et d'argent.
- ***Kachkar-boldok :*** larges boucles d'oreilles rondes.
- ***Ouï-oussirga :*** boucles d'oreilles à pendentifs.
- ***Kozik-issirga :*** boucles d'oreilles en forme de bâtonnet d'argent, ornées de corail et de turquoise.
- ***Arabek :*** anneau pour le nez.
- ***Kouchkorchor :*** ou la corne de bélier, l'un des plus anciens motifs d'Asie centrale, que l'on retrouve sur certaines calottes.
- ***Tavk, jevak, tanga-touzi, nozi-gardan :*** larges colliers.
- ***Toumor :*** amulette de forme triangulaire ou rectangulaire.
- ***Bozouband :*** amulette en forme de tube.
- ***Kamar :*** ceinture.

Tissus

Ikat ou *khan atlas*

Dans les bazars d'Asie centrale, les soies ikatées sont progressivement remplacées par de pauvres imitations synthétiques importées de Chine. Au siècle dernier les becassab et les *khan atlas* de la vallée de Ferghana, de Samarkand et de Boukhara étaient l'une des marchandises les plus prisées des marchands russes. Après la révolution et l'arrivée des bolcheviques au pouvoir, les femmes « libérées » ainsi que les artisans étaient plus utiles dans les champs de coton que devant les métiers à tisser. Cet artisanat fut donc interdit, et les techniques ancestrales furent presque perdues. Il fallut attendre les années 1950 pour que les soviétiques relancent la production des soieries de façon industrielle dans la vallée de Ferghana. Aujourd'hui, il existe à nouveau des fabriques artisanales (dont celle de Yodgorlik, à Margilan, et du Tim Abdullah Khan à Boukhara qui utilisent les techniques traditionnelles de fabrication et vendent leur production). Les tissus sont faits à la main, les fils de chaîne sont colorés suivant un motif floral stylisé obtenu par réserves de ligatures avant le tissage. Les motifs des *khan atlas* sont inspirés de symboles ancestraux, à la fois géométriques et floraux, censés protéger du mauvais œil : tulipes, poivre, pavots, papillons, queues de paon ou encore scorpions. Une légende raconte l'origine de ces tissus ikatés. Un jeune homme désirait ardemment épouser une jeune princesse. Mais le *khan*, père de la princesse, l'avait promise en mariage à celui qui serait capable de confectionner la plus magnifique des robes. Jour et nuit, le jeune homme tissait, les soieries qu'il proposait au *khan* étaient plus belles les unes que les autres, mais à chaque fois le *khan* les refusait. Alors, désespéré, il se rendit sur les bords d'un grand lac et voulu se noyer. Le sang qui coulait de ses doigts usés d'avoir tant tissé se mêla à l'eau du lac, au reflet des arbres et au bleu du ciel. Ces couleurs se mêlaient si harmonieusement qu'il décida de les reproduire sur son métier à tisser. Le *khan*, émerveillé par la beauté du tissu, lui donna sa fille en mariage.

Panneaux et tissus brodés : *suzani, paliak, gulkurpa*

Les femmes passaient des années entières à broder d'immenses panneaux de tissus. Elles travaillaient de longues bandes qu'elles assemblaient par la suite. Les points de broderie les plus courants étaient le bosma (point satin), le *yurma* (chaînette), l'*iroki* (point de croix) et le *khamdouzi* (point satin double). À l'origine, les *suzani* et les *gulkurpa* étaient confectionnés pour recouvrir le lit des jeunes mariés, et constituaient les pièces indispensables de la dot qu'apportait la femme à son mariage. Par la suite, ils furent utilisés comme panneaux muraux. Les symboles représentés variaient suivant les régions, mais avaient toujours un rôle protecteur.

Fabrication des *ikat*

« Le terme *ikat* désigne un vêtement teint et fabriqué selon une méthode consistant à cacher certaines parties du tissu en le liant. D'origine indonésienne, le terme est devenu générique en Occident pour décrire un processus de fabrication. En Ouzbékistan, la technique est appelée *abrbandi*, ce qui veut dire " bande de nuage ". La première étape consiste à disposer les ballots de fibres autour de planches à une distance d'environ deux mètres, permettant ainsi le marquage des dessins par le superviseur. Les fibres sont ensuite liées selon le marquage, de façon à résister à la teinture. Une fois teintes, les fibres sont réinstallées sur les planches, les liens sont défaits et on recommence le processus avec une deuxième couleur, puis une troisième et une quatrième. Le tissage actuel repose sur un processus beaucoup plus simple. Un des traits distinctifs du vêtement résidait dans sa finition vernie faite à base de blanc d'œuf, qui procurait au tissu sa brillance. Cette technique a été abandonnée au profit du calandrage qui, au moyen d'un système de rouleau chauffé, lisse le tissu et lui donne un aspect lustré. La fabrication des *ikat* résulte d'un long procédé, la préparation des fibres pour le tissage pouvant prendre jusqu'à six semaines, selon la complexité des motifs et le nombre de couleurs. »

Collectif, *Au fil des routes de la soie*, éd. Transboréal.

Sur les couvre-lits des jeunes mariés, l'arbre de vie était souvent représenté, accompagné d'un coq ; l'arbre était symbole de fertilité, et le coq, celui qui annonce le soleil, la fin des ténèbres, et repousse les esprits malins. Un autre symbole se retrouve fréquemment dans les *oï-paliak* : le cercle, symbole zoroastrien de l'univers, inscrit dans un rectangle. De même que pour les tissus *ikatés*, on retrouve dans les panneaux brodés tout un bestiaire stylisé d'animaux protecteurs contre le mauvais œil : serpents, scorpions, grenouilles... Le musée du palais Sitora-i-Mokhi-Khosa, près de Boukhara, possède une importante collection de *suzani* et de *gulkurpa* dont certains sont de véritables chefs-d'œuvre. Les *khalat* de velours et de soie brodés au fil d'or étaient réalisés par des brodeurs hommes qui seuls avaient le droit de travailler le précieux fil.

CINÉMA

L'Ouzbékistan a été le premier pays d'Asie centrale à s'intéresser au cinéma. La première projection s'y est déroulée en 1897, et le premier studio de cinéma, Uzbekfilm Studio, a ouvert ses portes dès 1924. Les autres pays de la zone ont suivi le mouvement : Turkménistan et Tadjikistan se dotaient d'un studio en 1926, le Kazakhstan en 1936 et le Kirghizistan en 1942. Les débuts du cinéma en Asie centrale sont évidemment fortement marqués par leur contexte historique. La plupart des productions sont des films ou documentaires de propagande, en faveur du communisme et de l'émancipation des femmes notamment. Les réalisateurs sont en général des Russes, et non pas des cinéastes locaux : ceux-ci ne feront leurs premières armes cinématographiques que des années plus tard, après avoir été formés dans la prestigieuse académie de cinéma de Moscou. Le développement du cinéma dans les cinq pays d'Asie centrale est fortement lié à l'histoire du XXe siècle. Durant la Seconde Guerre mondiale, les principaux studios russes sont délocalisés vers les capitales d'Asie centrale. Le célèbre film d'Eisenstein, *Ivan le terrible*, est ainsi tourné dans les studios d'Almaty. Plusieurs réalisateurs russes de renom s'installent en Ouzbékistan, d'où ils peuvent continuer à travailler en évitant les remous de la guerre. Cette période permet aux réalisateurs locaux de côtoyer des cinéastes expérimentés, et de profiter en même temps des équipements modernes dont les studios étaient jusqu'alors dépourvus. Cette expérience sera mise à profit dans les années 1960, lorsque la détente idéologique instaurée par Khrouchtchev permet aux artistes une expression plus personnelle. Les premiers grands réalisateurs d'Asie centrale font leur entrée sur la scène cinématographique à cette période : Tolomush Okeev, considéré comme le père du cinéma kirghiz fait alors ses débuts, de même qu'Elyer Ishmukhamedov, originaire d'Ouzbékistan. Dans les années 1980, l'innovation vient du Kazakhstan, dont les réalisateurs, inspirés par leurs homologues français, lancent une « nouvelle vague » cinématographique. *L'Aiguille*, film consacré à la toxicomanie tourné en 1988 par Rashid Nugmanov, inaugure cette période de production de films sociaux et subjectifs, très éloignés du réalisme soviétique qui était jusqu'alors imposé dans toute la région. Ce n'est qu'au début des années 1990 que le cinéma d'Asie centrale commence à se faire connaître sur la scène internationale. En 1990, sept films de jeunes réalisateurs kirghiz sont présentés au festival de Sundance, aux États-Unis. Plusieurs cinéastes de la région percent à l'étranger : il s'agit notamment des Tadjiks Bakhtiyar Khudoynazarov et Mairam Usupova, des Kirghiz Aktan Abdykalykov et Beyzhan Aidkuluev, des Turkmènes Eduard Redzhepov, Murad Aliev et Usman Saparov, et des Ouzbeks Dzhanik Faisiev et Zulfikar Musakov. Malheureusement pour ces jeunes réalisateurs en pleine ascension artistique, la chute de l'URSS met un brusque coup d'arrêt à leur carrière. Les studios, jusqu'à présent financés par des fonds publics, se retrouvent sans ressources. Les nouveaux États indépendants, focalisés sur leurs transitions politique et économique, relèguent la création artistique au second plan. Une seule académie de cinéma parvient à se maintenir au Kazakhstan, alors que l'accès à l'académie de Moscou devient impossible pour les prétendants d'Asie centrale. Au Tadjikistan, la guerre civile fait fuir la plupart des réalisateurs, alors que les studios turkmènes sont démantelés par l'ex- président Niazov. La production cinématographique disparaît complètement pendant quelques années. Le renouveau du cinéma d'Asie centrale commence à se faire sentir à la fin des années 1990.

Quelques films récents diffusés à l'étranger

- **Ouzbékistan :** *Orator* (1999) et *Women's Paradise* (2000), *Erkak* (2005) de Yusuf Razikov.
- **Kazakhstan :** *The Road* (2001) et *The Killer* (1998) de Darejan Omirbaev.
- **Kirghizistan :** *The Chimp* (2001) et *The Adopted Son* (1998) d'Aktan Abdykalykov.
- **Tadjikistan :** *Petit Frère* (1991), *Luna Papa* (1999), *le Costume* (2003) de Bakhtiar Khudojnazarov.
- **Turkménistan :** *The Smell of Desire* (1996) de Sergei Shugarev.

La plupart des productions traitent de thèmes sociaux, liés à la culture et la tradition locales, et la recherche d'une identité que la période soviétique avait tenté de gommer. L'Ouzbékistan mène encore une fois le mouvement, et reste aujourd'hui le pays le plus productif : le cinéma ouzbek est très populaire en son pays, les studios nationaux ont été remis en fonction, et sont désormais épaulés par une myriade de petits studios indépendants. Yusuf Razikov, réalisateur d'*Orator* en 1999 et de *Women's Paradise* en 2000, est à l'heure actuelle le cinéaste ouzbek le plus connu à l'étranger, ces deux films ayant été récompensés dans plusieurs festivals internationaux. Ali Khamraev, un réalisateur formé à Moscou, s'est également fait connaître à l'étranger en tournant *Bo Ba Bu* (1999) en coproduction avec la France et l'Italie, et avec Arielle Dombasle en actrice principale ! Pour compléter le renouveau cinématographique du pays, une académie de cinéma a été créée, dont la première promotion a été diplômée en 2002. Le Kirghizistan a connu une explosion de sa production cinématographique en 1992 (douze films tournés dans l'année !) avant un effondrement total en 1995 et 1996. La production reprend doucement, grâce à la remise en service des studios nationaux, la création de quelques petits studios indépendants et d'une académie de cinéma dont la première promotion a été diplômée en 2001. Le chef de file du cinéma kirghiz est Aktan Abdykalykov, auteur de films récompensés à l'étranger, tels *Swing* (*La balançoire*, 1993), *The Adopted Son* (*Le fils adoptif*, 1998) et *The Chimp* (*Le Singe*, 2001, une coproduction avec la France). Quant à Darejan Omirbaev, il est notamment l'auteur de *The Road* (*La Route*, seul film kazakh tourné en 2001), *The Killer* (*Tueur à gages*, 1998) et *Heartbeats* (*Kardiogramma*, 1995). Des petits studios indépendants, souvent soutenus par des aides internationales, ont récemment été créés au Kazakhstan, et permettent à une nouvelle génération de réalisateurs (Amir Karakulov, Ardak Amirkulov et Murad Nugmanov) de produire quelques films. Le Tadjikistan et le Turkménistan sont les deux pays où le cinéma a le plus souffert après l'indépendance. La plupart des réalisateurs tadjiks se sont exilés à cause de la guerre civile. Aucun film n'a été tourné dans le pays entre 1990 et 2000, et le seul réalisateur tadjik connu, Bakhtiar Khudojnazarov, auteur de *Luna Papa* en 1999, et *Le costume* en 2003, ne tourne pas ses films dans son pays, et il les finance et les produit également à l'étranger. Une nouvelle génération de réalisateurs tadjiks commence à travailler aujourd'hui, mais se contente souvent, faute de moyens, de courts métrages tournés en vidéo, dont les thèmes principaux sont le désarroi de la société tadjike contemporaine. Enfin, au Turkménistan, le cinéma est largement tombé sous le contrôle du gouvernement, et les réalisateurs les plus connus, Khodzakuli Narliev et Sergei Shugarev, ont de plus en plus de difficultés à obtenir des autorisations de tournage. Les studios officiels financent quatre films par an, tournés en vidéo faute de matériel en 35 mm. Se pose également le problème de la langue : le gouvernement impose que les films soient tournés en turkmène, excluant toute la population russophone du pays de l'accès à la production cinématographique locale.

FESTIVITÉS

Plusieurs dates sont célébrées en commun dans toute l'Asie centrale. Il s'agit soit de fêtes religieuses, soit de fêtes héritées de la période soviétique et de l'histoire commune des pays. Les festivités les plus animées dans toute la région sont celles organisées à l'occasion de Navrouz, la fête du printemps célébrée le 21 mars et qui représente l'équivalent du nouvel an dans la tradition orientale. Cette période de fête sert de prétexte à de multiples banquets, durant lesquels sont servis les plats traditionnels d'Asie centrale, *plov* et *besh*

La légende du *sumalak*

Le mot signifie littéralement « anges innombrables ». L'histoire de ce plat remonte au temps d'Ali, le gendre du Prophète, dont les fils jumeaux affamés, Hassan et Hussein, imploraient leur mère Fatima de leur donner à manger. La fille du Prophète demanda à Dieu de lui apporter de quoi les nourrir, ou de donner à ses enfants la patience d'endurer leurs estomacs vides. Et elle semit à faire chauffer de l'huile et de la farine, les seuls ingrédients dont elle disposait. Dieu, en guise de réponse, envoya un ange mettre de « l'herbe du ciel » dans le mélange. Il y ajouta sept cailloux qui empêchèrent l'herbe d'attacher au récipient, et recommanda à Fatima de tourner sans cesse jusqu'à ce que le premier oiseau ait chanté. Il fallait tourner si longtemps que Fatima finit par s'endormir, et Dieu envoya des anges tourner à sa place. Lorsque Fatima se réveilla, à l'aube, elle vit des anges innombrables tenant les spatules et tournant le mélange. Le premier oiseau du matin chanta, et les anges s'en retournèrent au ciel. Fatima appela Ali, et celui-ci goûta trois fois le plat. Il déclara que celui qui ferait de même serait guéri de toutes ses maladies. À l'occasion de la fête du printemps, Navrouz, le *sumalak* est préparé dans toutes les maisons. L'herbe du ciel est remplacée par de jeunes pousses de blé germées dans l'obscurité entre trois jours et une semaine.

barmak (au Kirghizistan et Kazakhstan). Un plat particulier, exclusivement préparé par les femmes, se déguste pour l'occasion : il s'agit du *sumalak*, mélange de blé, farine, huile et sucre cuit pendant près de 24 heures. Cette fête, interdite durant la période soviétique, est à nouveau célébrée en grandes pompes dans tous les pays d'Asie centrale.

- **Les fêtes religieuses musulmanes** sont également respectées dans toute la région, bien qu'elles ne donnent pas nécessairement lieu à de grandes festivités. Trois dates sont néanmoins célébrées de façon presque généralisée : le Ramadan, mois de jeûne clos par la fête de l'Ayt, et la fête du sacrifice, que l'on appelle Qurban Ayt. Les dates de ces fêtes religieuses varient d'une année sur l'autre. En 2007, le Ramadan débutera dans la nuit du 12 au 13 septembre pour se clore par l'Ayt dans la nuit du 12 au 13 octobre. La fête du sacrifice sera célébrée le 20 décembre.

- **Des jours fériés communs à tous les pays** rappellent l'histoire soviétique locale. Ainsi, le premier mai (Fête du travail) et le 8 mai (Journée internationale de la femme) sont célébrés dans la région. Le 9 mai marque la fête de la victoire et la fin de la Seconde Guerre mondiale. L'indépendance est également célébrée dans tous les pays, mais à des dates légèrement différentes : 31 août au Kirghizistan, 1er septembre en Ouzbékistan, 9 septembre au Tadjikistan, 16 décembre au Kazakhstan, 27 et 28 octobre au Turkménistan. Chaque pays (sauf le Turkménistan) a également dédié un jour à sa Constitution : 5 mai au Kirghizistan, 8 décembre en Ouzbékistan, 6 novembre au Tadjikistan, 30 août au Kazakhstan.

- **Les fêtes nationales** sont en général récentes, destinées à rappeler des épisodes précis de l'histoire des nouveaux pays indépendants. Le Kirghizistan et l'Ouzbékistan célèbrent leurs armées le 29 mai. L'Ouzbékistan organise tous les ans le dernier samedi d'avril une fête du cheval, que l'on retrouve également au Turkménistan le 27 avril. Le Tadjikistan considère désormais le 27 juin comme le jour de l'unité nationale, commémorant la signature des accords mettant fin à la guerre civile. Au Kazakhstan, le 10 juin est la fête de la nouvelle capitale Astana, alors que le 25 octobre marque l'anniversaire de la république. Mais le calendrier festif le plus incongru reste celui du Turkménistan. Deux célébrations particulièrement importantes pour le pays doivent être prises en compte par les touristes, car l'accès au pays semble un peu plus restreint que d'habitude durant cette période : il s'agit de la fête de l'indépendance, fin octobre, et de la date de l'anniversaire du président, mi-février. Les autres jours fériés sont, comme leur nom l'indique, hautement folkloriques. Il va sans dire qu'ils ont été créés depuis l'indépendance, par le président Niazov.

Fêtes communes aux 5 pays

- **1er janvier.** Nouvel An.
- **7 janvier.** Noël orthodoxe.
- **8 mars.** Journée internationale de la femme.
- **21 mars.** Navrouz. Fête du printemps, qui tient lieu de nouvel an oriental.

Spectacle folklorique (épopée de Manas) au Kirghizistan

Pendant les trois mois qui suivent, on cuisine le traditionnel *sumalak*, autour duquel se réunissent amis, famille, gens du quartier.

- **1er mai.** Fête du travail.
- **9 mai.** Célébration de la victoire de la Grande guerre patriotique. Dans toute l'ex-URSS, la fin de la Seconde Guerre mondiale est célébrée le 9 mai, date de la signature de la paix entre la Russie et l'Allemagne, survenue un jour plus tard que les alliés.
- **Fêtes à date variable.** Comme tous les pays musulmans, les pays d'Asie Centrale fêtent le ramadan et la fin du ramadan. Les dates étant calculées selon le calendrier lunaire, elles varient chaque année.

Au Kazakhstan

- **4 avril.** Pâques orthodoxe.
- **22 avril.** Fête de la terre.
- **10 juin.** Fête de la capitale (Astana).
- **30 août.** Jour de la Constitution.
- **16 décembre.** Fête de l'indépendance.

Au Kirghizistan

- **24 mars**. Fête de la « Révolution populaire », un nom plus pompeux donné à la « révolution des tulipes » de 2005 à l'issue de laquelle Kurmanbek Bakiev succéda à Azkar Akiev, président du Kirghizistan depuis l'indépendance. Compte tenu de la nouvelle révolution survenue en 2010, il est peu probable que cette fête soit reconduite si Bakiev ne parvient pas à revenir au pouvoir.
- **5 mai.** Fête de la Constitution.
- **29 mai.** Fête de l'Armée.
- **31 août.** Fête de l'indépendance.

En Ouzbékistan

- **14 janvier.** Jour des défenseurs du pays.
- **1er mai.** Fête du Travail.
- **29 mai.** Fête de l'Armée.
- **1er septembre.** Jour de l'Indépendance.
- **1er octobre.** Fête des Professeurs. L'islam dit : « Respecte ton professeur encore plus que ton père. » Compte tenu de l'estime accordée au père, c'est dire l'importance du professeur dans la société musulmane !
- **23 octobre**. Fête de la Langue nationale. Célébrations autour de la langue et de la littérature ouzbèkes.
- **18 novembre.** Fête du Drapeau.
- **8 décembre.** Jour de la Constitution.

Au Tadjikistan

- **22 avril.** Fête de la terre.
- **28 avril.** Fête de l'unification.
- **19 août.** Jour de l'an farsi (date variable selon les années).
- **9 septembre.** Fête de l'indépendance.
- **6 novembre**. Jour de la Constitution.
- **9 novembre.** Fête de la réconciliation nationale.

Au Turkménistan

- **12 janvier.** Journée du souvenir de la bataille de Gok-Depe.
- **19 février.** Fête du drapeau.
- **6 avril.** Fête des céréales.
- **18 mai.** Fête de la renaissance et de l'unité.
- **19 mai.** Fête de la poésie de Magtymguly.
- **Dernier dimanche de mai.** Fête du tapis.
- **21 juin.** Fête de l'élection du Président.
- **10 juillet.** Fête du melon.
- **14 juillet.** Fête du Turkmenbashi.
- **6 octobre.** Journée du souvenir du tremblement de terre de 1948.
- **17 novembre.** Fête des étudiants.
- **30 novembre.** Fête du pain.
- **7 décembre.** Journée du bon voisinage.
- **12 décembre.** Fête de la neutralité.

LITTÉRATURE

Jusqu'au début du XXe siècle, la littérature d'Asie centrale transcende les frontières que l'on connaît aujourd'hui, pour se diviser en deux catégories linguistiques : turque ou persane. Certains auteurs classiques sont revendiqués à la fois par l'Iran et le Tadjikistan (qui partagent la même culture d'origine persane), ou par le Tadjikistan et l'Ouzbékistan (les *khanats* de Boukhara et Samarkand ayant longtemps appartenu à la sphère culturelle tadjike). Au Kazakhstan, Kirghizistan et Turkménistan, trois pays marqués par les pratiques nomades, la tradition littéraire a longtemps été orale, apanage des bardes itinérants qui mettaient en musique les anciens poèmes épiques.

Les grands poèmes épiques

Les pays à tradition nomade possèdent tous un répertoire de poèmes épiques, transmis oralement. Ces poèmes maintes fois remaniés, souvent mis en musique, et enrichis par les longues improvisations du récitant, constituent un ciment culturel commun. Ils étaient également l'un des moyens d'éducation les plus efficaces à une époque où la majeure partie des populations d'Asie centrale était illettrée. Mythes et légendes, traditions et histoire, identité et sentiment national étaient véhiculés par ces poèmes remis à l'honneur depuis l'indépendance. Le plus célèbre d'entre eux est probablement le *Manas*, né au Kirghizistan aux environs de l'an 995. Treize versions de cette épopée, dont on a enregistré plus de quatre millions de vers, étaient récitées par les manaschis, bardes spécialistes du genre, et la première a été écrite en 1856. Le poème raconte les aventures de Manas, un grand guerrier considéré comme le symbole de la nation kirghize. D'autres récits plus mineurs sont également populaires au Kirghizistan : le *Jayin-Bayis*, le *Kurmanbek* et le *Er Tabildi*. Tous relatent les exploits de guerriers plus ou moins mythiques. La langue persane, alors commune au Tadjikistan et à l'Ouzbékistan (ainsi qu'à l'Iran et à l'Azerbaïdjan) a également donné naissance à deux poèmes épiques aujourd'hui intégrés dans le patrimoine culturel des deux pays. Il s'agit du *Livre d'Alexandre le Grand (Iskandar-Nâmeh)*, composé par le poète persan Nizami (né sur le territoire de l'Azerbaïdjan contemporain) dans la seconde partie du XIIe siècle. Le *Livre des Rois (Shah Nâmeh)*, compilé au XIe siècle par le poète persan Ferdowsi, appartient à la même lignée culturelle commune au monde persan. Le poème intitulé *Alpamish*, formalisé à la fin du premier millénaire, est considéré comme l'œuvre épique nationale ouzbèke, et aujourd'hui célébrée en tant que telle dans le pays. Au Turkménistan, les *dastan*, poèmes épiques chantés par les bardes, ont été très importants pour la transmission de l'histoire, de la culture et des traditions locales. Ils sont aujourd'hui remis à l'honneur en tant que symboles de la culture turkmène. Les deux principaux représentants de ces *dastan* qui incorporent des éléments de la culture turque préislamique et des influences musulmanes sont le *Gorgut Ata* et le *Göroglu*.

Nationalisme et communisme

Les principaux auteurs à caractère national apparaissent à la fin du XIXe siècle. Les poèmes sont à l'honneur devant toute autre forme littéraire dans tous les pays de la région. Au Turkménistan, Fragi Magtymguly, poète du début du XIXe siècle, est aujourd'hui encore considéré comme le père de la littérature nationale.

Ses poèmes exhortaient les tribus turkmènes à oublier leurs dissensions pour promouvoir l'unité nationale. À la même période, Kemine écrivait des poèmes satyriques contre les classes dirigeantes. Mollanepes perpétuait pour sa part la tradition des poèmes lyriques populaires. Au Kazakhstan, le XIXe siècle littéraire est monopolisé par la personnalité d'Abaï Koumanbaïev, considéré comme le fondateur de la langue littéraire kazakhe. Abaï a traduit de nombreux ouvrages russes en langue vernaculaire, et couché par écrit bon nombre de poèmes épiques jusqu'alors seulement transmis par oral.

Au Tadjikistan et en Ouzbékistan, de nombreux poètes se sont révélés au sein du mouvement Jadid au début du XXe siècle. Mais à l'instar de Sadridin Aini, l'un des auteurs les plus connus du Tadjikistan contemporain, la plupart se sont ensuite convertis au communisme. Dans le cas contraire, ils ont été victimes des purges de Staline dans les années 1930, période durant laquelle la majeure partie de l'élite intellectuelle d'Asie centrale a disparu. Les auteurs qui ont pu publier sous le contrôle communiste ont dû se plier aux impératifs de la propagande et du réalisme socialiste. Les critiques du clergé musulman par l'Ouzbek Abdullah Qahhar, les poèmes réalistes du Tadjik Abdul-Qasem Lahuti ou les romans sociaux de Sadridin Aini, ceux du Turkmène Berdi Kerbabayev sont autant d'ouvrages inscrits dans la culture soviétique imposée à la région pendant plusieurs décennies. La Perestroïka a permis aux auteurs ouzbeks de s'émanciper un peu de la tutelle soviétique. Le mouvement Birlik a rassemblé quelques auteurs attachés à la préservation de la langue et de la culture ouzbèkes, critiques envers les politiques soviétiques et la nomenklatura. Ces auteurs ont notamment milité pour la promotion de l'ouzbek en tant que langue nationale, mesure entérinée par la constitution de 1992. Mais la plupart des membres du mouvement Birlik, opposés au système politique post-soviétique et de ce fait en opposition au Président Karimov, ont rapidement perdu leur influence après l'indépendance.

La littérature post-indépendance

La période contemporaine ressemble à un vaste trou noir pour la littérature d'Asie centrale. Le seul auteur qui ait acquis une certaine notoriété internationale est le Kirghiz Tchingiz Aïtmatov, dont les romans à la fois symboliques et empreints de tradition, ont été traduits dans plusieurs langues. Tous les pays de la région sont en outre confrontés à un problème linguistique majeur : la plupart ont adopté leur langue vernaculaire comme langue officielle, et la maîtrise du russe s'estompe petit à petit (bien qu'une très large partie de la population le parle encore couramment). Or, les parutions en langue vernaculaire restent en nombre très limité, faute de moyens investis dans ce domaine depuis l'indépendance. L'accès à la littérature devient donc de plus en plus difficile, et les auteurs qui pouvaient autrefois être lus dans toute l'Union soviétique ne peuvent aujourd'hui plus s'adresser qu'à un public local.

MUSIQUE

La musique d'Asie centrale est un mélange d'influences arabes, turques et persanes, la dernière étant largement dominante dans les cultures sédentaires du Tadjikistan et de l'Ouzbékistan. Kazakhstan et Kirghizistan ont donné naissance à des musiques liées au nomadisme, avec un répertoire dédié à la nature, chanté par des bardes itinérants qui diffusaient en même temps des chansons épiques liées à l'histoire et aux mythes locaux.

Les instruments

Les instruments sont en grande partie similaires à ceux que l'on retrouve dans le monde arabe. Les instruments à cordes peuvent être classifiés en fonction du nombre de cordes et de la présence ou non d'archer. Les petites guitares à deux cordes (dont la forme rappelle un peu les banjos) sont appelées *dotar* au Turkménistan, *dombura* au Tadjikistan, Kazakhstan et en Ouzbékistan. Celles à trois cordes sont nommées *tanbur* en Ouzbékistan, *komuz* au Kirghizistan et *setar* au Tadjikistan. Une dernière catégorie d'instruments à cordes se joue avec un archer : il s'agit du *sato* en Ouzbékistan, du *gijak* dans tous les autres pays de la zone. Les instruments traditionnels comportent également toute une série de flûtes, droites ou traversières. Les premières

sont baptisées *sibizgi* au Kirghizistan, *choor* au Kazakhstan, *tuyduk* au Turkménistan et *karnay* en Ouzbékistan. La version traversière est appelée *dila tuyduk* au Turkménistan, *qoshnay* au Tadjikistan, *surnay* ou *salaban* en Ouzbékistan. Les tambours et tambourins complètent la panoplie musicale d'Asie centrale. Le *daira*, également appelé *chilmanda*, *childirma* ou *dapp* est le principal instrument de percussion, issu de la tradition chamaniste. La présence de guimbardes dans les traditions nomades du Kazakhstan et du Kirghizistan est également un héritage du chamanisme.

Les formes musicales classiques

Le *maqâm*, spécialité de l'Ouzbékistan et du Tadjikistan que l'on retrouve également dans le monde arabe jusqu'en Iraq, est né au XVIIIe siècle à la cour des Khan de Boukhara, Khiva et Kokand. C'est la forme la plus célèbre de musique classique en Asie centrale, et sa version tadjike, le Shash Maqâm est enregistrée à l'Unesco en tant que patrimoine oral de l'humanité. Il s'agit de six modes vocaux et instrumentaux, dont les textes sont largement inspirés de la culture soufie. Brièvement rabaissé au rang de folklore local par les soviétiques, le *maqâm* connaît une période de renouveau accompagnée d'une recherche d'authenticité, particulièrement au Tadjikistan où une académie de Shash Maqâm a récemment ouvert ses portes. Le *ghazal* est né d'une forme poétique persane qui était au Xe siècle le fleuron de la littérature d'Asie centrale et d'Iran. Le terme *ghazal*, d'origine arabe, signifie littéralement « conversation avec une femme ». Les *ghazal* ont donc généralement pour thème l'émoi amoureux, exprimé sous une forme très codifiée : les poèmes sont composés de cinq à quinze couplets de deux vers, aux rimes très riches et fortement structurées. Ces poésies chantées ont eu leurs grands auteurs persans, comme Rumi, Sadi et Hafiz. Elles sont aujourd'hui très présentes dans les cultures indienne et pakistanaise. Le *sozanda* est une spécialité tadjike que l'on retrouve également au Turkménistan. C'est une forme musicale réservée aux femmes, qui ponctue les événements importants de leur vie, naissance et surtout mariage. Ces chants sont interprétés par des groupes de femmes que l'on nomme *dasta*.

Pour s'initier à la musique classique d'Asie centrale

- ***Central Asia,*** Rough Guide, Harmonia Mundi, 2005.
- ***La route de la Soie,*** Accords croisés, Harmonia Mundi, 2004.
- ***L'art du dotâr,*** Ocora Radio France, 1997.
- ***L'art du Shash Naqâm,*** Buda Record, Universal Music, 2000.
- ***Maqâm Dugâh : le Shash-Maqâm Ouzbek-Tadjik,*** Naïve, 2003.
- ***Tadjikistan : Musique savante et populaire,*** Naïve.
- ***Tadjikistan : Maqâm Nava,*** Ocora Radio France, 1997.
- ***Music from Central Asia : Uzbekistan on the silk road,*** Arc Music, 2005.
- ***Ouzbékistan, musique du Khorezm,*** Unesco, Naïve, 1996.
- ***Ouzbékistan, écho des cours d'antan,*** Unesco, Naïve, 2005.
- ***Ouzbékistan, musique classique instrumentale,*** Gallo, Integral Distribution, 2001.
- ***Chant épique turkmène,*** Unesco, Naïve, 1994.
- ***Turkménistan, chant des femmes bakhshi,*** Inédit, Naïve, 1995.

Les interprètes

Les chants de cour étaient traditionnellement interprétés par des poètes et compositeurs, qui livraient durant les fêtes les grands morceaux classiques, mais également leurs propres créations. Ces poètes étaient appelés *akin*. Dans les cultures nomades, les chansons épiques et religieuses étaient souvent interprétées par des bardes chamanistes, que l'on appelait les *bakshi*. Ceux-ci ont progressivement été supplantés par les mollahs, devenus les véhicules de la tradition orale après l'introduction de l'islam dans la région.

La musique contemporaine

Un voyage en Asie centrale va de pair avec une découverte auditive. Les bazars résonnent de sonorités fortement orientales, inspirées des traditions musicales classiques.

Mais les jeunes sont davantage tournés vers la Russie, et de nombreux groupes tentent d'incorporer dans leurs créations les différents styles musicaux qui ont imprégné la région ces dernières années. Il en ressort une création musicale originale, intégrant une nouvelle culture musicale importée de Russie.

PEINTURE

Peinture du musée des Beaux-arts d'Achgabat

Les peintures murales anciennes

La peinture en Asie centrale a été fortement influencée par les différentes religions qui ont dominé la région au cours de l'histoire. À partir du IIe siècle, les représentations picturales ont pour thème principal le bouddhisme. Mais les images du Bouddha sont un mélange stylistique d'art grec et oriental, comme le montrent les rares reliques parthes ou héritées de l'empire de Koushan que l'on a retrouvées à Merv ou Termez. À partir du VIIIe siècle, l'art sogdien s'exprime essentiellement sous la forme de fresques murales, visibles dans les palais ou les monuments religieux. Les peintures murales retrouvées dans les maisons sogdiennes de Pendjikent et les palais d'Afrosiab, de Toprak-Kala ou de Varakhsha rendent hommage à la perfection technique et artistique des artisans de l'époque préislamique. Les murs des halls de réception, des *Aivan*, étaient habituellement décorés d'une longue fresque représentant des scènes de chasse, des processions, des épopées guerrières. Avec l'arrivée de l'Islam en Asie centrale, les peintures figuratives disparaissent au profit de motifs floraux ou géométriques, la religion musulmane interdisant la reproduction du visage humain. Les panneaux décoratifs qui ornent les murs et les niches de rangements représentent des vases aux formes alambiquées, ornés d'harmonieux et parfois immenses bouquets d'iris ou de roses symbolisant l'arbre de vie. Les plafonds des mosquées sont couverts d'un complexe assemblage de coffrages et de poutres de bois peint, ornés de motifs végétaux et d'inscriptions du Coran.

Le réalisme soviétique

Avec l'arrivée des Soviétiques, les formes de peinture traditionnelles sont entièrement bannies, et beaucoup d'œuvres d'art sont endommagées ou détruites. Les peintres sont initiés à l'art pictural, jusqu'alors banni par l'Islam. Mais ils doivent également se plier aux thèmes imposés par Moscou : c'est l'époque du réalisme socialiste. Les peintures se font désormais sur toile, et sont consacrées aux représentations de la vie quotidienne et du développement industriel. Les spécificités nationales tendent à s'estomper au profit d'une glorification commune du travail. La plupart des musées des beaux-arts de la région sont consacrés aux toiles de la période soviétique.

La peinture contemporaine

Depuis l'indépendance, rares sont les artistes qui peuvent se consacrer à leur peinture. Les impératifs économiques et sociaux sont aujourd'hui bien éloignés de la production culturelle. Les quelques œuvres réalisées depuis l'indépendance explorent de nouvelles voies : représentations de la culture traditionnelle nationale par des peintures réalistes, ou découverte de l'art abstrait. La scène artistique d'Asie centrale est en train de chercher une nouvelle identité. En Ouzbékistan, Babur Ismaïlov est le seul peintre à percer à l'international. Il est aussi décorateur et a notamment apporté sa touche aux chaleureux restaurants Caravan à Tachkent ou Samarkand, le premier restaurant Ouzbek de France.

Cuisine locale

La gastronomie d'Asie centrale est relativement homogène, et si l'on trouve quelques spécialités purement nationales, la plupart des plats sont communs à toute la région.

QUE MANGER ?

- **Le *plov*** est le plat national de tous les pays d'Asie centrale. Il s'agit d'un plat de riz sauté agrémenté de viande de mouton (parfois de bœuf), et de carottes. À partir de cette base commune, il existe une centaine de recettes de *plov* différentes. Il peut être enrichi de pois chiches, raisins secs, feuilles de vigne farcies, d'ail…
- **Les *chachliks*** brochettes de viande cuites au barbecue sont l'autre plat incontournable de tout voyage en Asie centrale. *Chachlik* signifie littéralement « six morceaux », et désigne une alternance de viande et de gras. Les plus répandus sont celles de mouton, mais on trouve également un peu partout des brochettes de bœuf ou de poulet. Les *chachlik* sont toujours préparées par les hommes, tout comme les kebabs, brochettes de viande hachée. *Chachlik* et kebabs sont servis accompagnés d'oignons crus, arrosés de vinaigre et saupoudrés d'une bonne quantité d'aneth. On les mange en général avec du pain local, baptisé *nan* ou *lipioshka* en russe. Le pain se présente sous la forme d'une large galette ronde et relativement fine. Il est omniprésent dans les bazars, et représente la base de l'alimentation locale. Le pain est également un aliment sacré en Asie centrale. Il ne faut jamais le poser par terre ou à l'envers sur la table, et surtout ne jamais le jeter en public. Lors des repas, le pain est coupé à la main en plusieurs morceaux répartis entre les convives. Les Ouzbeks aiment dire que le pain de Samarkand, plus épais que les autres, est le meilleur de toute l'Asie centrale.
- **Les *laghman*** sont également l'un des plats les plus répandus dans la région, servis sur le pouce dans tous les bazars d'Asie centrale. Il s'agit de nouilles, souvent servies dans des soupes agrémentées de légumes et de bouts de viande bouillie. Elles sont plus rarement sautées. Une autre soupe très populaire est la *shorpa*, faite de pommes de terre, carottes et mouton bouilli.
- **Les *manty,*** très répandus, sont des raviolis bouillis, farcis à la viande de mouton et aux oignons. Leur seul défaut est qu'ils sont parfois très gras. Les *pelmeni* en sont une variante servie en soupe, héritée de la gastronomie russe.

Shorpa, soupe traditionnelle à base de pommes de terre, carottes et mouton bouilli

© SYLVIE FRANCOISE

Marché de Khojand un jeudi. On peut même y manger !

Les *samsa* sont des beignets fourrés à la viande et aux oignons, que l'on cuit dans des fours en terre. On en trouve partout dans les bazars d'Asie centrale, et ils constituent un en-cas idéal pour les fringales impromptues.

Le *beshbarmak*, littéralement « cinq doigts » est le plat national des nomades kirghiz et kazakhes. C'est un grand plat de viande de cheval (parfois remplacé par du bœuf ou du mouton), de pommes de terre, oignons et larges pâtes ressemblant un peu à celles des lasagnes. Comme son nom l'indique, ce plat se mange traditionnellement avec les doigts. Il est en général servi lors des banquets, pour les fêtes locales ou pour honorer un invité de marque.

Fruits et légumes sont des aliments assez rares en Asie centrale. Les crudités se limitent à la sempiternelle salade de concombres et tomates agrémentée d'une large dose de coriandre et d'oignons. Les fruits sont rares au Kazakhstan, Kirghizistan et Tadjikistan, mais on peut en revanche s'en régaler si l'on se rend en Ouzbékistan et au Turkménistan à la bonne saison. Les marchés regorgent alors de pastèques, melons, abricots et cerises.

QUE BOIRE ?

Le thé est la boisson incontournable de tout repas et de toute manifestation d'hospitalité. Il est siroté à tout instant, mais reste entouré d'un cérémonial inébranlable. On prend toujours la théière et l'on offre les tasses de la main droite, parfois avec la main gauche sur le cœur. Avant d'être bu, le thé est versé à trois reprises dans une coupe ou une tasse, et reversé dans la théière. Les tasses ne sont jamais remplies à ras bord : ce serait un signe indiquant qu'il est temps pour l'invité de partir.

Apportée dans les bagages des Russes, la vodka est toujours très répandue en Asie centrale, et semble faire bon ménage avec l'islam... Elle est toujours présente dans les banquets, et se boit à coups de toasts généralisés. Mieux vaut éviter d'en boire dans les endroits un peu reculés, où la vodka frelatée fait des ravages sur la santé.

La région produit un peu de vin, rouge ou blanc, souvent très sucré.

La bière est très répandue, souvent produite localement. Elle est en général faiblement alcoolisée, et parfois d'une couleur trouble un peu suspecte.

Spécialité des nomades, le *kumis* est un alcool fait à base de lait de jument fermenté. Une variante turkmène est obtenue à partir de lait de chamelle. Le *kumis* est fabriqué en battant le lait versé dans une outre en peau de mouton, juste après la traite. Cette boisson est supposée avoir des vertus médicales. Elle est en tout cas redoutable pour la plupart des estomacs occidentaux...

OÙ MANGER ?

Les restaurants ne sont souvent présents que dans les capitales et les grandes villes. Certains proposent de la cuisine occidentale, mais ce n'est en général pas la meilleure gastronomie que l'on puisse trouver en Asie centrale. Les restaurants russes sont en revanche plus répandus, et offrent une cuisine de qualité. La plupart du temps, les meilleurs repas sont ceux que l'on fait dans les petites échoppes des bazars. La fumée des barbecues est un guide infaillible pour trouver les quartiers réservés aux restaurants dans les bazars. C'est là que l'on trouvera toute la panoplie de la gastronomie d'Asie centrale. Dans les régions de steppes du Kirghizistan et du Kazakhstan, on trouve en général des familles habituées à faire maison d'hôtes (les tarifs sont alors fixes), ou prêtes à accueillir le voyageur affamé conformément à la tradition d'hospitalité des nomades (prévoir alors des petits cadeaux ou un peu d'argent à laisser en remerciement).

RECETTES

Manty

Ingrédients pour 4 personnes. 500 g de mouton (ou de bœuf) haché • un oignon • 10 g d'ail • une cuillerée de sel • Pour la pâte : 350 g de farine • une demi-cuillerée de sel.

Préparation. Préparer la pâte en mélangeant la farine, l'eau et le sel, et la garniture en hachant et mélangeant tous les ingrédients. La pâte doit ensuite être divisée en petits cercles, qui seront garnis du mélange de viande, et refermés en rabattant les rebords vers le haut. Les *manty* sont simplement cuits à la vapeur ou bouillis, pendant environ 20 minutes (jusqu'à ce que la garniture soit cuite, le plus simple est encore de vérifier de temps en temps l'avancement de la cuisson).

Samsa

Ingrédients. 1 kg de farine • 3 dl d'eau • 100 g d'huile ou de beurre pour la pâte • 1 kg de mouton ou de bœuf coupé en petits morceaux • 1 kg d'oignons coupés en petits cubes pour la garniture.

Préparation. Mélanger les ingrédients de la pâte et laisser reposer trente minutes. Pour la garniture, mélanger les ingrédients, ajouter sel, poivre et épices à volonté. Laisser reposer une heure, puis malaxer en ajoutant un verre d'eau. Faire des boules de pâte, et les étaler en gardant la pâte un peu épaisse. Placer au centre une cuillère de garniture, et refermer en formant un triangle ou une forme d'enveloppe carrée. Bien comprimer les bords pour éviter les fuites de garniture. Huiler le dessus de la pâte et cuire dans un four à 240 °C pendant 30 à 40 minutes.

Plov turkmène

Ingrédients. 500 g de carottes • 1 tête d'ail • 4 petits oignons blancs • 1,5 kg de bœuf • riz • sel • huile végétale.

Préparation. Couper les oignons en petits dés, les carottes en fins bâtonnets et la viande en petits morceaux. Verser de l'huile dans un grand wok, jusqu'à ce qu'elle s'étende sur près d'un centimètre d'épaisseur. La faire chauffer à feu moyen. Pour vérifier la température de l'huile, mettre quelques bouts d'oignons dedans : quand les oignons deviennent noirs, l'huile est prête. On enlève alors les oignons tests et l'on peut commencer la préparation du *plov*. Verser la viande et la tête d'ail entière dans l'huile et faire cuire en remuant jusqu'à ce que la viande soit dorée (entre 7 et 8 minutes). Ajouter les oignons, et faire cuire 5 à 6 minutes supplémentaires en remuant. On met alors les carottes que l'on laisse mijoter jusqu'à ce qu'elles soient cuites. Les Turkmènes mettent alors le riz et l'eau nécessaire à sa cuisson directement dans le wok. Une alternative un peu plus simple consiste à faire cuire le riz à part, et à l'ajouter à la mixture précédente une fois cuit. Il suffit alors de mélanger le tout et de servir chaud. Le *plov* est un plat qui peut se réchauffer plusieurs fois sans perdre sa saveur, tout au contraire.

Retrouvez l'index général en fin de guide

Jeux, loisirs et sports

Les sports traditionnels de l'Asie centrale sont tous issus des pratiques guerrières, et influencés pour certains par la culture nomade. Mis en veilleuse durant la période soviétique, ils sont de nouveau à l'honneur aujourd'hui, destinés à exalter l'identité nationale.

Les courses de chevaux

Elles sont indissociables des cultures nomades du Kazakhstan, du Kirghizistan et du Turkménistan. La tradition est particulièrement vivace dans ce dernier pays, lieu de naissance des chevaux Akhal-Teke qui font aujourd'hui encore la fierté des Turkmènes. Des courses sont organisées tous les ans à l'hippodrome d'Achgabat, au printemps et à l'automne. Elles sont très populaires, bien que leur résultat soit souvent sans surprise : ce sont toujours les chevaux issus des écuries présidentielles qui sont primés ! Plusieurs modalités de courses existent à travers la région. L'At-chabich est une course sur longue distance. C'est le plus ancien et le plus répandu des sports équestres. Autrefois, le parcours des courses pouvait atteindre jusqu'à 100 km, et les cavaliers étaient souvent des enfants âgés d'une dizaine d'années. Aujourd'hui, les courses ont été limitées à 40 km, et les cavaliers doivent avoir au moins 13 ans. Au Turkménistan, les courses de vitesse ont lieu sur des distances plus réduites, 3 ou 4 km pour des courses en ligne, 8 tours de piste pour les courses nommées *Ilam*, dans lesquelles les cavaliers s'affrontent deux par deux sur des chevaux choisis par les juges. Le *Jorgo-salich* est une course de chevaux ambleurs. L'amble est une allure rapide, parfois plus que le galop. C'est l'une des compétences les plus appréciées chez un cheval. Un proverbe kirghiz va même jusqu'à proclamer : « S'il ne te reste qu'un jour à vivre, passes-en la moitié à monter un cheval ambleur. » Les courses féminines, moins répandues, sont appelées *Kiiz-jarich*.

Autour du cheval, se décline toute une gamme de sports ou activités restés traditionnels dans la région. La forme la plus célèbre, que l'on connaît surtout grâce à l'Afghanistan, est le *Buzkashi*. Ce sport très ancien est né dans les armées persanes, et servait d'entraînement à la cavalerie d'élite : près de 100 cavaliers pouvaient alors s'affronter dans ces batailles en miniature. Une chèvre est décapitée, et les

Cheval Akhal-Teke, fierté nationale du Turkménistan

cavaliers se disputent la dépouille. Le vainqueur de la mêlée doit ensuite effectuer un parcours déterminé par des poteaux avant de revenir au centre de la piste et de jeter la carcasse dans un cercle tracé au sol, représentant le « cercle de justice ». Durant sa chevauchée, ses adversaires vont bien entendu tenter de s'emparer à leur tour du butin, et tous les coups sont alors permis. Le jeu peut donc être très violent, tant pour les cavaliers que pour leurs montures. Une grande compétition de *Buzkashi* se tient tous les ans en décembre dans la vallée du Ferghana, où viennent s'affronter toutes les nations d'Asie centrale. Chaque équipe est vêtue de ses couleurs traditionnelles, mais il n'y a qu'un seul vainqueur, et les rivalités existent également à l'intérieur d'une même équipe. Les festivités de Navrouz vont souvent de pair avec l'organisation de compétitions de *Buzkashi*. L'*Oodarich* est une version équestre de la lutte. Le but du jeu consiste à faire tomber le cavalier adverse. Plusieurs épreuves d'agilité sont également prévues pour les cavaliers. Dans un *Tiuiin-enmeï*, le cavalier doit lancer son cheval au galop et ramasser des pièces d'argent posées sur le sol. Le *Jambii-Atmaï* est un exercice d'archers à cheval : il faut couper une corde au bout de laquelle pend un bijou tout en étant au grand galop. Le folklore local intègre également les chevaux, comme le démontre le rituel du mariage baptisé *Kiiz-koomaï*. Le jeune homme doit attraper sa fiancée et l'embrasser tout en galopant. Au retour, la femme poursuit l'homme, et si elle arrive à l'attraper, elle retire sa coiffe en signe de victoire.

La lutte

La lutte est très populaire dans toute la région, et a particulièrement été remise à l'honneur depuis l'indépendance par l'Ouzbékistan. Le Kurash est né il y a 3 500 ans environ, conçu comme un spectacle destiné à animer les festivités populaires. Cette forme de lutte est ensuite devenue un sport de compétition qui a ses héros légendaires : c'est le cas par exemple de Pahlavan Mahmed, grand lutteur du XIIe siècle, dont le tombeau est devenu aujourd'hui un lieu de pèlerinage. Depuis l'indépendance, le Kurash s'est codifié pour répondre aux normes internationales de cette catégorie sportive. Le premier tournoi international s'est tenu à Tachkent en 1998 (remporté par un Turc), et une Association internationale de Kurash a été créée la même année. Le premier championnat du monde s'est tenu à Tachkent en 1999, et a vu la victoire des Ouzbeks dans les trois catégories de poids. On estime que près de 2 millions d'hommes pratiquent la lutte en amateur dans le pays. Mais la discipline fait des adeptes dans toute la région. Un festival international de lutte traditionnelle a d'ailleurs été organisé à Almaty en novembre 2006, sous tutelle de l'Unesco. Au Tadjikistan, la lutte est connue sous le nom de Gushtin Geri, mais ses règles se rapprochent de celles du Kurash.

Lutte à cheval, sport très populaire en Asie centrale

La chasse à l'aigle

La fauconnerie est une spécialité des nomades du Kazakhstan et du Kirghizistan. Les Berkutchi perpétuent une tradition de chasse dont les premières traces écrites remontent à plus de 3 500 ans. Les Kazakhs favorisent les aigles (tellement précieux qu'ils s'échangeaient autrefois contre au moins 5 chameaux), alors que les Kirghiz semblent préférer les faucons (2 chameaux seulement !). La période de chasse s'étend de novembre à février, lorsque les aigles ont leurs plumes d'hiver. Les Berkutchis partent alors à cheval dans les steppes, et lancent leurs oiseaux à la chasse aux renards et parfois aux loups, pour les mieux dressés et les plus courageux d'entre eux. Des compétitions sont organisées dans les régions de fauconnerie. En été, les Berkutchi kirghiz peuvent se prêter à des démonstrations de dressage et de chasse, bien que les oiseaux ne soient pas alors au mieux de leur forme.

Enfants du pays

Aktan Abdukalikov

Ce cinéaste, à défaut d'être le plus en vue, est le seul véritable réalisateur kirghize du moment. Né en 1957 et diplômé de l'Institut des Arts de Bichkek. Les débuts de sa carrière sont difficile : il passe les dix années précédant l'indépendance au sein des studios Kyrgyz films où il gravit tous les échelons jusqu'à celui de réalisateur. Après un court métrage discret, *La Balançoire*, en 1993, il réalise son premier long métrage en 1998. *Le Fils adoptif* s'attarde sur le destin d'un jeune kirghize dans les années 1960. Cinq ans plus tard, il s'attire une certaine reconnaissance des milieux artistiques lorsque son nouveau film, *Le Singe*, est présenté au festival de Cannes. Il n'a rien tourné depuis.

Barzou Abdourazzagov

Un dramaturge tadjik très en vue depuis qu'il a mis en scène *Les Fourberies de Scapin* en version orientale. Il est le premier tadjik à voir l'une de ses pièces, *Huit monologues de femmes*, traduite en français.

Azkar Akaev

Né en 1944, l'ancien président du Kirghizistan a fait des études de physicien à Léningrad où il obtient son diplôme en 1967. Il passe les dix années suivantes à diriger des recherches dans la même Université avant de revenir au pays, en 1977, où il décroche un poste de professeur à l'Université Frounze. Il poursuit néanmoins toujours ses recherches et reçoit en 1981 son doctorat de l'Université de physique de Moscou et intègre l'Académie kirghize des sciences dont il assurera la présidence à partir de 1989. Son prestige lui vaut d'être propulsé président de la république kirghize en 1990, battant lors du scrutin le premier secrétaire du Parti communiste kirghize, Azamat Masaliyev. Un an plus tard, lorsque le Kirghizistan accède à l'indépendance, Azkar Akaev, qui entretemps a été contacté par Mikhaïl Gorbatchev, rien de moins, pour assurer la vice-présidence de l'Union Soviétique, devient le premier président de la nouvelle République Kirghize. Il sera réélu en 1995 et en 2000. Parmi les cinq ex-républiques socialistes soviétiques d'Asie Centrale, le Kirghizistan est donc le seul pays à être dirigé non par un ancien *apparatchik* du système mais par un homme de science, cultivé et perçu comme un démocrate par l'Occident, même s'il ne cessera jamais d'affirmer ses convictions communistes. Il lancera néanmoins son pays sur la voie de la privatisation des terres et des entreprises et, tout au long de sa carrière, fera figure de « leader démocratique » dans la région, accordant un semblant de liberté à la presse et aux médias ainsi qu'à l'opposition. Mais dans un pays où la population a toujours été habituée aux régimes forts, cet homme sensible et cultivé engageant des réformes ne pourra jamais se départir d'une certaine image de faiblesse que ses opposants mettront à profit pour le renverser. De nombreuses manifestations émailleront ses mandats, auxquelles il mettra souvent violemment un terme (5 morts et 60 blessés en mars 2002 dans la province de Djalalabad). Avec le temps, Azkar Akaev, qui n'a plus le droit de se représenter aux élections présidentielles de 2005, finit par aimer le pouvoir au point de chercher à propulser son propre fils à la présidence pour lui succéder, de manière à rester, évidemment, aux manettes. Les derniers mois de sa présidence sont marqués par un renforcement du régime et une dégradation des libertés individuelles et publiques. Les élections truquées entraînent une vague de protestation dans le Sud du pays, à Osh et Djalalabad (le président appartient au clan du Nord), alors que des manifestants commencent à camper sur la place Ala Tau et face au palais présidentiel pour exiger le départ du clan Akaev. L'opposition entre dans une phase de révolte, soutenue par la plus grande part de la population, lassée de la corruption et de la lenteur des réformes. C'est le début de la « révolution des tulipes », au terme de laquelle Azakar Akaev est contraint de s'exiler en Russie alors qu'un de ses anciens premiers ministres, Kurmanbek Bakiev, prend la tête de l'opposition et s'empare du pouvoir. L'ancien président kirghize, accueilli par Vladimir Poutine, a retrouvé une chaire à l'Université de Moscou où il continue d'enseigner.

Sergeï Alibekov

Animateur ouzbek, auteur de quelques célèbres courts-métrages comme *Mild rain* (1984), *Pause* (1986) ou *Echogram* (2003). *Mild rain* a été récompensé aux festivals de Leipzig et Bilbao. *Echogram,* sa dernière création qui

dure 17 minutes et utilise des techniques de sculptures en pâte à modeler, a été présenté au festival de films d'animation de Kiev, en Ukraine. Son tournage a duré un an.

Tchingiz Aïtmatov

Ce fils de haut fonctionnaire communiste né dans la région de Talas et mort à Nuremberg, en Allemagne, est l'un des plus célèbres écrivains kirghizes contemporains. Alors qu'il n'est âgé que de 10 ans, son père est victime des grandes purges staliniennes. Aors que ses études le destinaient à l'agriculture, il parvient à devenir journaliste et travaille d'arrache-pied pour intégrer, à 28 ans, l'Institut Gorki de Moscou. Il arrête alors de traduire des œuvres russes dans sa langue nationale pour se consacrer à l'écriture de nouvelles qui, à leur tour, portées par leur succès, seront traduites en russe. Il reçoit en 1963 le prix Lénine pour son recueil de nouvelles intitulé *Nouvelles des montagnes et de la steppe*. Le succès croissant de ses romans (*Une journée plus longue qu'un siècle*, 1983 ; *Les rêves de la louve*, 1987 ; *L'oiseau migrateur face à face*, 1989) lui valent de fréquenter l'intelligentsia russe à Moscou. En 1985, il est conseiller culturel de Gorbatchev. Après l'indépendance, il est nommé ambassadeur du Kirghizistan à Bruxelles. Sa production littéraire continue de s'enrichir et, en 2008, âgé de 79 ans, il publie son nouveau roman, *Le Léopard des neiges*. Ce sera le dernier ouvrage du grand conteur kirghize puisque, la même année, il succombe aux suites d'une inflammation pulmonaire contractée alors qu'il se trouvait en Allemagne sur le tournage d'une adaptation cinématographique de l'un de ses romans.

Atonazar Arifov

Actuel premier secrétaire du parti Erk. Le 14 juin 2003, il s'en est violemment et publiquement pris à l'action du gouvernement ouzbek et de son président, reprochant en particulier à celui-ci d'avoir fait de son peuple un troupeau d'esclaves au lieu de lui offrir la liberté qu'il méritait après l'indépendance. Assez miraculeusement, Atonazar Arifov est toujours vivant et en liberté, ainsi que les autres membres de son parti.

Kurmanbek Bakiev

Le second président de la République kirghize, élu en juillet 2005 après la révolution des tulipes et réélu en juillet 2009, est né en 1949 dans la région de Djalalabad. Après une carrière industrielle, il entre en politique en se faisant élire député puis, en 1995, gouverneur de la région de Djalalabad. Se rapprochant de la capitale, centre du pouvoir, il exercera les mêmes fonctions pour la région de la Chouy entre 1995 et 2000 avant de devenir le premier ministre du second mandat d'Azkar Akaev, qui fait ainsi une tentative d'union entre le clan du Nord et le clan du Sud. Bakiev ne restera en poste que deux ans, démissionnant après la répression sanglante de la manifestation de Djalalabad en mars 2002.

Sur la route de Boukhara à Samarkand

Il entre alors dans l'opposition et fait fifure de leader lors de la révolution des tulipes en mars 2005. En juillet de la même année, après la fuite d'Akaev, il est élu président de la république avec 89 % des voix. Les espoirs de changement sont bien vite déçus et l'on assiste depuis à un durcissement du pouvoir envers les anciens partisans du clan du Nord, l'opposition, et la presse. En 2009, au terme d'une campagne frauduleuse au cours de laquelle les observateurs internationaux n'ont pu que constater l'absence totale de transparence, Bakiev est élu pour un second mandat avec 73 % des sufrages. En avril 2010, il réprime dans le sangles manifestations de l'opposition (près de 100 morts) et est contraint de prendre la suite dans son fief sudiste de la Ferghana kirghize.

Ruslan Baltiev

Le plus apprécié des footballeurs kazakhs, surtout depuis qu'il a permis à son équipe de remporter une nette victoire, 3-1, contre Andorre en septembre 2009. Ce milieu de terrain âgé de 32 ans est le meilleur buteur de son pays avec 13 réalisations en équipe nationale. Après un long passage en Russie, où il a joué au dynamo de Moscou, il est depuis 2007 de retour au pays où il a intégré l'équipe du FC Tobol Kustanay.

Kanatbek Begaliev

Ce champion kirghize de lutte gréco-romaine a perdu en deux rounds la finale des Jeux Olympiques de Pékin face au français Steeve Guénot dans la catégorie moins de 66 kg. Né à Talas en 1984, il s'était déjà distingué lors des Jeux Olympiques de 2004 où il avait fini 11e du classement moins de 66 kg. Deux ans plus tard, il est finaliste malheureux des championnats du monde. Malgré son succès aux JO de Pékin, Kanatbek n'a pas réussi à s'affirmer lors des championnats du monde de 2009, où il ne se classe que 28e. Mais âgé de 25 ans, Kanatbek Begaliev demeure le meilleur espoir kirghize dans sa catégorie pour s'affirmer dans les compétitions internationales.

Bolotbek Chamchiev

L'un des pères du cinéma kirghize, acteur et réalisateur, il se fait remarquer dans *Chaleur torride,* réalisé en 1963 par Larissa Chepitko. Son premier film est en fait un documentaire sur le plus célèbre conteur kirghize de Manas, en 1966. Il réalisera par la suite une dizaine de films avant d'occuper des postes politiques (député à partir de 1985, ministre du tourisme en 1998, puis ambassadeur). Il s'oppose à partir de 2002 à la politique du président Azakr Akaev et rejoint après la « révolution des tulipes » les rangs du nouveau président Kurmanbek Bakiev, dont il était l'un des conseillers. Chamchiev travaille de nouveau sur un projet cinématographique : la sortie de son nouveau film : *Les Fantômes de la forêt de noyers* est prévue pour 2010.

Sergeï Dvortsevoy

Jeune réalisateur kazakhe ayant étudié le cinéma à Moscou juste après l'indépendance du Kazakhstan. Il a commencé par réaliser divers documentaires qui lui ont valu une certaine reconnaissance internationale. Plus récemment, en 2008, il a réalisé son quatrième film, *Tulpan*, qui a remporté le grand prix de la sélection « Un certain regard » au festival de Cannes. En 1999, son moyen métrage *Highway* avait également été salué par la critique cinématographique.

Arthur Grigorian

Ce boxeur ouzbek a été sacré plus de dix fois champion du monde dans la catégorie poids légers. D'origine arménienne, Grigorian s'est entraîné en Allemagne et a accompli jusqu'à 35 ans une belle carrière sportive, invaincu avec 37 victoires dont 22 par KO, sur 38 combats. Fin février 2009, la star du

ring ouzbek a annoncé son retour sur le ring pour un match de gala. Âgé de 42 ans, il s'est battu à Hambourg en six rounds contre le bulgare Grigor Grigorov, et a fini sur une nouvelle victoire.

Sherali Jouraev

Un des chanteurs traditionnels les plus populaires d'Ouzbékistan. Jadis proche du président Islam Karimov, il figure aujourd'hui sur la liste noire pour son trop fort penchant à dire la vérité à voix haute. Il lui est désormais interdit de se produire en public, mais les riches de Tachkent font fréquemment appel à lui pour animer un mariage ou un anniversaire. Ses tarifs sont très élevés mais, occasionnellement, il n'hésite pas à honorer gratuitement de sa présence les fêtes chez les classes moins aisées de la population, ce qui contribue à sa popularité.

Abdulaziz Kamilov

Ministre des Affaires étrangères de l'Ouzbékistan depuis l'indépendance et conseiller particulier du président Karimov en matière de politique étrangère. Il est depuis 2003 ambassadeur extraordinaire et plénipotentiaire d'Ouzbékistan aux Etats-Unis. Il a longtemps été perçu comme le successeur potentiel d'Islam Karimov.

Islam Abduganievich Karimov

Originaire de Samarkand, où il est né en 1938, Islam Karimov a été nommé premier secrétaire du Parti communiste d'Ouzbékistan en 1989, puis président de la république soviétique socialiste d'Ouzbékistan l'année suivante. Elu président juste après l'indépendance de 1991, il prolonge son mandat par un plébiscite en 1995. Au terme de son mandat de cinq ans, il est à nouveau élu en 2000, sans que personne ne se soit présenté contre lui (le seul candidat adverse ayant annoncé qu'il voterait finalement pour Islam Karimov), et après que l'OSCE eut renoncé à envoyer des observateurs, jugeant la tenue d'élections libres impossible. Islam Karimov tente alors de se faire nommer président à vie, puis renonce face aux pressions internationales. En janvier 2002 néanmoins, un référendum porte la durée du mandat présidentiel à sept ans au lieu de cinq précédemment. Et en 2007, Islam Karimov décroche à la limite de la légalité constitutionnelle un nouveau mandat avec près de 90 % des sufrages…

Gulnara Karimova

Fille du précédent, âgée de 36 ans, diplômée de Harvard, Gulnara Karimova est tout simplement incontournable en Ouzbékistan. Elle tiendrait à elle seule plus de la moitié de l'économie du pays à travers la gigantesque firme Zeromax, qui gère gaz, pétrole, textile, or et uranium, entre autres, en Ouzbékistan, et dont le siège est en Suisse. Pour l'argent de poche, elle dirige tout ce qui apparaît en Ouzbékistan : discothèques, supermarchés, hôtels et s'apprête même à créer, en 2009, son propre tour operator qui sera à n'en pas douter, d'entrée de jeu, le plus important du pays. Et, enfin, pour s'amuser un peu, Gulnara possède également quelques jeux : une « Semaine de la mode » à Tachkent (elle a sa propre ligne de bijoux), une licence de téléphonie mobile, une chaîne de télé et une radio où elle pousse même la chansonnette. Cette francophone émérite a récemment lancé sur les ondes une « intéressante » reprise de *Ne me quitte pas*. Interdite de séjour aux Etats-Unis où elle est condamnée pour garde illégale d'enfants (ceux issus de son mariage avec un Américain dont elle a divorcé en 2001), elle vient de se faire nommer ambassadeur de l'Ouzbékistan auprès de l'ONU et vice-ministre des affaires étrangères d'Ouzbékistan chargée des relations culturelles, juste histoire de pouvoir voyager tranquille…

Lola Karimova

Sœur cadette de la précédente, elle a un temps touché au business (quand on aime les boîtes de nuit, autant en être propriétaire) avant de se décider à soigner son image à travers l'association « Tu n'es pas seul » (*sen yolgiz emassan*) pour venir en aide aux enfants orphelins et démunis. Elle occupe également depuis le poste d'ambassadeur permanent de l'Ouzbékistan auprès de l'Unesco. Mais faut-il vraiment compter sur elle pour réparer le désastre que fut la restauration du Shah-i-Zinda et de ses environs à Samarkand ? Tout autant francophone que sa sœur aînée, elle multiplie en France les manifestations culturelles à grands frais pour promouvoir l'Ouzbékistan. Vous pourrez en apprendre plus en naviguant sur le site Internet : www.lolakarimova.com

Saparmurat Niazov

L'ancien premier secrétaire du Parti Communiste a automatiquement pris le pouvoir après l'indépendance de son pays. Seul survivant de sa famille lors du tremblement de terre qui a rasé Achgabad en 1948, il se bâtit une véritable légende autour de ce miracle et développe un culte de la personnalité qui dépasse rapidement tout ce que le pays a pu connaître sous l'ère communiste.

Dès 1993, il s'affuble du surnom de « Turkmenbachi », ou « père des turkmènes ». Développant sa fortune personnelle grâce aux énormes revenus engendrés par les réserves de gaz de son sous-sol, il maintient parallèlement les turkmènes dans la pauvreté et le chômage. Le « père des turkmènes » a régné sans partage sur son peuple pendant 21 ans avant de décéder d'un arrêt cardiaque. Son successeur, Gourbangouly Berdymoukhamedov lui a succédé sans heurt et maintient sur le pays une poigne de fer. Mais la figure du Turkmenbachi demeure incontournable pour tous les visiteurs du Turkménistan : portraits, livres, statues, billets, photographies géantes : Saparmirat Niazov est encore partout...

Mohamed Salih

Poète ouzbek fondateur et président du parti d'opposition Erk (liberté). Erk a été le premier parti d'opposition en Ouzbékistan, créé quelques mois avant l'indépendance. Mohamed Salih s'est présenté en 1991 face à Islam Karimov, mais son parti, ainsi que l'autre parti d'opposition, Birlik, ont été interdits deux ans plus tard, en bloc avec les opposants islamistes. Ce n'est que le 14 juin 2003 que ces deux partis ont pu se réunir librement à Tachkent, sans que le gouvernement ouzbek s'oppose à la tenue de cette réunion. Mohamed Salih est en exil depuis 1993 et, accusé d'avoir orchestré la tentative d'attentat contre Islam Karimov en 1999, risque la prison à vie s'il remet les pieds sur le sol natal. Ayant trouvé asile en Norvège, il est toujours membre très actif du parti qu'il a créé. De nombreuses informations sur son site Internet : www.uzbekistanerk.org

Maxim Shatskikh

La star du football ouzbek. Âgé de 30 ans, il évolue en attaquant au Dynamo de Kiev depuis dix ans, club pour lequel il a inscrit pas moins de 62 buts en championnat. Avec son mètre 87 et ses 77 kg, ce joueur athlétique, offensif, rapide, et particulièrement capable d'être au bon moment sur le bon ballon a plus d'une fois sorti son équipe de mauvaises passes dans la coupe UEFA en trompant des gardiens aussi prestigieux et expérimentés que ceux du Real Madrid ou d'Arsenal. On dit même que, lorsque le n°16 est sélectionné, il finira toujours par inscrire un but. En sélection nationale, il est l'auteur de 47 buts en 82 rencontres, dont 11 marqués lors de matches éliminatoires pour la qualification en Coupe du Monde.

© SYLVIE FRANCOISE

Famille de nomades kirghiz

Omourbek Tekebaiev

L'actuel chef de file de l'opposition kirghize à travers le partu Ata Meken, qui se dit d'orientation socialiste. Il fut candidat d'opposition à Akaev en 1995 et en 2000, sans jamais parvenir à réunir pus de 15 % des votes. Ce qui n'est guère étonnant, compte tenu des conditions occultes dans lesquelles se déroulent les élections ! En tant que président du Parlement issu de la « révolution des tulipes », il reçut une certaine légitimité lorsqu'Akaev, exilé en Russie et refusant de reconnaître Bakiev comme président du Kirghizistan, désigna son ancien opposant comme seule figure d'autorité à l'intérieur du pays. Après l'élection de Kurmanbek Bakiev, Tekebaiev fut à l'origine des mouvements d'opposition en novembre 2006 qui permirent, pour un temps seulement, de réduire constitutionnellement les pouvoirs du président de la république. En 2008, aux États-Unis et en Europe, il dénonce avant tout le monde le durcissement à venir du pouvoir au Kirghizistan.

Ruslam Tiumenbaev

Encore un lutteur kirghize, qui exerce cette fois dans la catégorie poids légers (55-60 kg). Né en 1986, les JO de Pékin furent sa première grande compétition, où il s'est illustré non seulement en remportant la médaille de bronze, mais surtout en battant son homologue ouzbek Dilshod Aripov en quart de finale. En demi-finale, il s'incline face au lutteur azerbaïdjanais Vitaliy Rahimov, qui remportera la médaille d'argent.

KAZAKHSTAN

Mausolée d'Ahmed Yasawi à Turkestan

94
RUSSIE
MONGOLIE
KAZAKHSTAN
OUZBEKISTAN
KIRGHIZISTAN
CHINE
AZERB.
TURKMENISTAN
TADJIKISTKISTAN
IRAN
AFGHANISTAN
IRAQ
PAKISTAN
INDE
RUSSIE
Baberejnyie
Oufa
Tcheliabinsk
Samara
Troitsk
Borovsk
Komsomolets
Qostan
Saratov
Volga
Sarama
Belaïa
Roudnyï
Orenbourg
Oural
Lissakovsk
Oral
Aksaï
Jetiqara
Qostana
Tchapaïevo
Djambeïty
Kazakhstan-Occidental
Aqtöbe
Derja
Khromtaou
Qaraboutaq
Karatobe
Kalmykovo
Jayyq (Oral)
Alga
Oktiabrsk
Torgha
Inderborski
Saguiz
Choubar-koudouk
Embi
Irgulz
Atyraou
Dossor
Tchelkar
Atyraoü
Makat
Astrakhan
Balychi
Embi
Aqtöbe
Koulsary
Saksaoulsky
Baïqo
Aktoumsyk
Aral
Sarykamys
Opornyï
Koulandy
Jangaqazaly
Baïkonour
(base epa
Beïneou
Baoutino
Kasalinsk
Djoussaly
Mangghystaou
Chetpe
Mer d'Aral
Aqtaoü
Qyzylord
Jetybaï
Ierallïev
Jangözen
Qyzylord
Mouinak
MER
Aksou
Noukous
BAKOU
OUZBÉKISTAN
CASPIENNE
Outchkoudouk
Lac Garabogaz
Amou-Daria
Türkmenbasy
Derweze
Nebitdag
TURKMÉNISTAN
ACHGABAT
Çärjew
Mary
Atamyra
IRAN

Ichim
Om
Novossibirsk
Novokouznetsk
Omsk
Barnaoul
Ob
tropavl
Krasnoarmeïsk
Irtychsk
azakhstan-
eptentrional
Katchiry
Pavlodar
Chtchoutchinsk
Atbassar
Ekibastouz
Iermak
Irtych
Lebiajle
Leninogor
Aqmola
Pavlodar
Semei
ASTANA
QMOLA)
Kourtchatov
Zyrian
Öskemen
Tcharsk
Temirtaou
Kazakhstan-
Oriental
Klierva
Qaraghandy
Kourtchoum
lyq
Saran
Kaïnar
Lac de
Zaïssan
Chakhtinsk
Qarqaraly
Atassou
Jaryk
Aïagouz
Zaïssan
utaou
Ourdjar
Jaïyrem
Agadyr
Atchataou
Tacheng
Satpaïev
Qaraghandy
Aktogaï
Makantchi
Balqach
Saïak
zqazghan
Maïynty
Outcharal
Droujba
Djansougourov
Sarychagan
Lac
Balkach
Ouchtobe
Sarqant
Taldyqorghan
Almaty
Panfilov
Yining
Oulanbel
Akkol
Kirovski
Chou
Jambyl
Qapchaghaï
Tchoundja
illi
Chou
Almaty
Janatas
aou
Bouroundaï
Taraz
zakhstan-
éridional
Lougovoï
BICHKEK
Karakol
Kuqa
Chymkent
KIRGHIZISTAN
Aksu
hardara
TACHKENT
Andijan
markand
CHINE
TADJIKISTAN
DOUCHANBÉ
Altitude
(en mètres)
2000
1000
500
200
0
Fontière
Limite provinciale
Route principale

Kazakhstan

Le Kazakhstan est un pays immense, et qui, de ce fait, présente de nombreux attraits. Steppes et montagnes, mers et déserts, nomades et sédentaires, Kazakhs et Russes : le Kazakhstan est un melting-pot de populations, de modes de vie et de paysages. On peut choisir de profiter de l'animation cosmopolite d'Almaty, une ville quasi occidentale où même les feux rouges fonctionnent et où il est très simple de se faire coiffer chez L'Oréal ou de s'habiller chez Dior, ou au contraire de faire des randonnées dans le silence de l'Altaï ; découvrir l'incroyable architecture de Turkestan ou explorer les rives de la mer d'Aral et leurs impressionnants cimetières de bateaux ; se baigner dans la Caspienne ou faire du ski à Almaty… Pour les amateurs de décors sauvages, les rives du lac Balkach seront également une étape incontournable, de même que la région autour de Oust-Kamenogorsk, où tente de se développer un écotourisme à l'image de ce qui se fait au Kirghizistan. Enfin, n'oubliez pas un détour à Astana, la nouvelle capitale du pays, surgie du désert bien au nord de l'ancienne capitale Almaty, pour se rapprocher des populations russes, et dont l'architecture étonnante – on aime ou pas mais, dans tous les cas, il faut le voir pour le croire – témoigne du potentiel financier offert au pays par ses gigantesques réserves de gaz. De fait, malgré l'image arriérée que lui a donné le film Borat *(dont les scènes « kazakhes » ont en réalité été tournée en Roumanie), le Kazakhstan est bel et bien le plus économiquement développé de toutes les républiques de l'ex-Asie centrale soviétique. En témoigne l'implantation des nombreuses firmes étrangères un peu partout dans le pays, profitant des réserves énergétiques, de la transition bancaire, des reconstructions de villes… Pour autant, le Kazakhstan reste bien éloigné des circuits touristiques, et vous croiserez certainement plus de businessmen ou d'expatriés que de simples touristes…*

Les immanquables du Kazakhstan

- **Almaty,** pour son architecture russe, ses musées et ses parcs, et surtout pour son ambiance cosmopolite qui ne demande qu'à être appréciée depuis une terrasse de café dans une rue piétonne.
- **Turkestan,** pour son incroyable mausolée dans cette petite ville du désert. Un incontournable pour les passionnés d'architecture timouride.
- **Aralsk,** pour partir à la découverte de la mer d'Aral. La vue poignante des cimetières de bateaux au milieu du désert permet de mesurer l'ampleur des dégâts écologiques dans la région.
- **L'Altaï** pour les passionnés de nature. Les possibilités de trekkings y sont infinies et les paysages magnifiques.

ASTANA

Depuis 1998, Astana, ancienne ville russe de garnison provinciale, a remplacé Almaty comme capitale du Kazakhstan. Avec trois fois moins d'habitants que sa grande sœur, Astana est une ville en chantier, faite de perspectives monumentales mais froides et vides. La capitale se cherche une identité architecturale, et explore la tradition soviétique mélangée à des designs et des matériaux modernes autant qu'à la tradition musulmane. Le résultat laisse un peu perplexe, mais mérite néanmoins d'être observé ! La plupart des projets en cours ne seront pas achevés avant 2020 ou 2030, ce qui laisse le temps de voir évoluer la ville. Du point de vue des visites culturelles, seul le musée du Président vaut véritablement un détour. Mais les environs d'Astana présentent de nombreux attraits : si l'on n'est pas fasciné par la capitale, on peut toujours s'en servir de point de départ pour explorer les alentours. Récemment, la ville a mis en place son propre portail d'informations (www.astana.kz) pour suivre au mieux l'actualité et les évolutions de la ville.

Histoire

Connue sous le nom d'Akmola, « la tombe blanche », Astana a été fondée en 1830. C'était à l'origine une forteresse cosaque, construite par l'armée russe au cours de sa progression vers le sud du pays. Au début des années 1960, la ville qui avait pris un peu d'ampleur et avait surtout la situation géographique idéale pour le projet, a été désignée comme centre de la campagne des Terres vierges, lancée par Khrouchtchev.

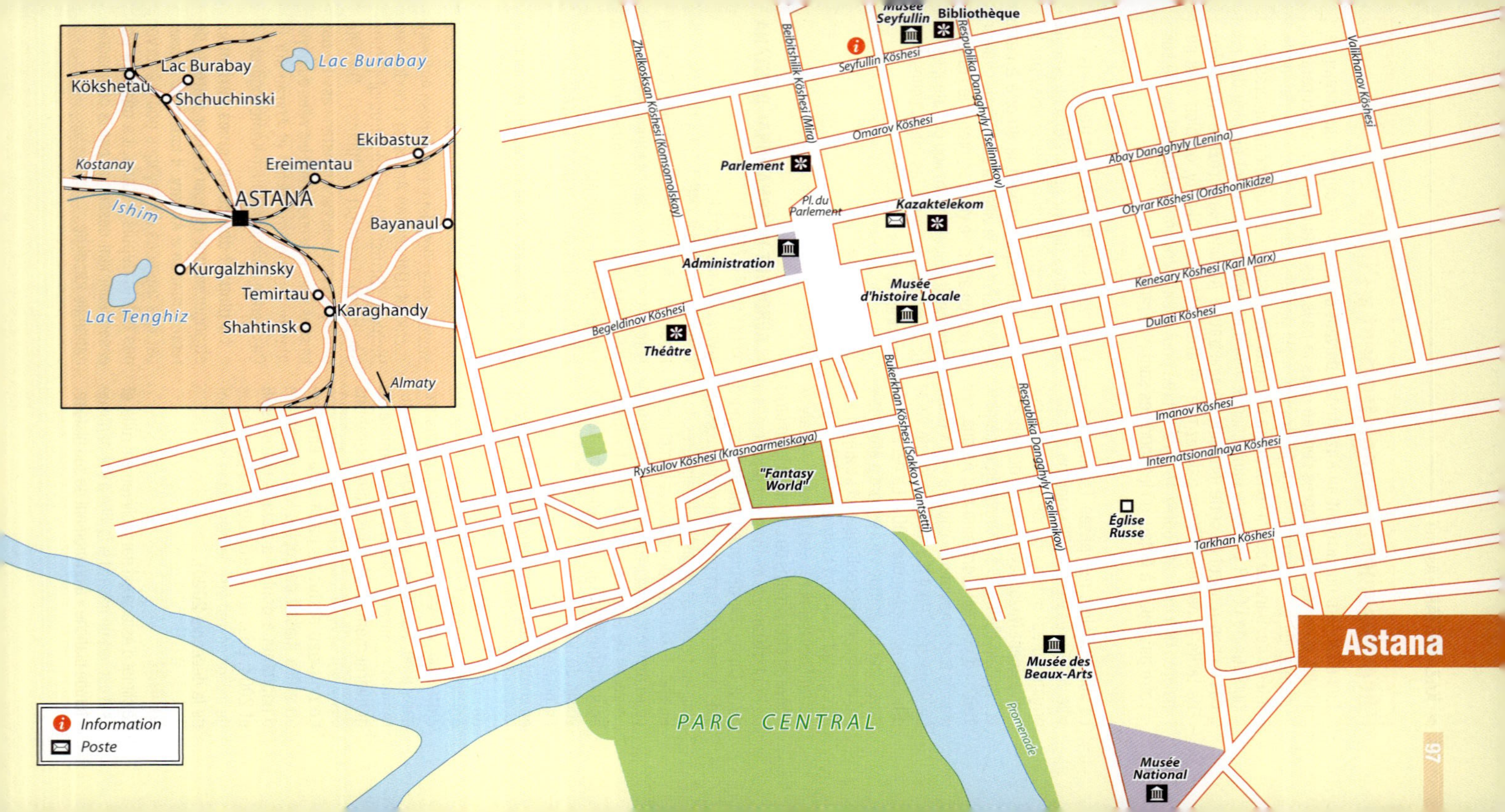
Astana
Lac Burabay
Kökshetau
Shchuchinski
Ekibastuz
Kostanay
Ereimentau
ASTANA
Ishim
Bayanaul
Kurgalzhinsky
Temirtau
Karaghandy
Lac Tenghiz
Shahtinsk
Almaty
Musée Seyfullin
Bibliothèque
Seyfullin Köshesi
Zhelkosksan Köshesi (Komsomolskay)
Beibitshilik Köshesi (Mira)
Respublika Dangghyly (Tselinnikov)
Valikhanov Köshesi
Omarov Köshesi
Abay Dangghyly (Lenina)
Parlement
Pl. du Parlement
Kazaktelekom
Otyrar Köshesi (Ordshonikidze)
Administration
Kenesary Köshesi (Karl Marx)
Musée d'histoire Locale
Dulati Köshesi
Begeldinov Köshesi
Théâtre
Bukerkhan Köshesi (Sakko y Vantsetti)
Imanov Köshesi
Ryskulov Köshesi (Krasnoarmeiskaya)
"Fantasy World"
Internatsionalnaya Köshesi
Église Russe
Tarkhan Köshesi
Musée des Beaux-Arts
PARC CENTRAL
Promenade
Musée National
Information
Poste

Avertissement : enregistrement à l'OVIR

Les étrangers qui arrivent au Kazakhstan doivent s'enregistrer auprès du bureau de l'OVIR, dans les 5 jours après l'entrée dans le pays. Les grands hôtels s'occupent en général de cette formalité administrative, mais pas les établissements de catégorie inférieure. Dans ce cas, il vous faudra effectuer les démarches vous-même, auprès des bureaux de l'OVIR présents dans chaque ville. Les amendes peuvent être lourdes en cas de non-respect de cette formalité administrative. Aucune règle n'existe en matière de tarifs et de délais. Vous paierez cher et attendrez peu à Almaty, ou bien vous ne paierez rien mais attendrez 48 à 72 heures pour avoir votre enregistrement agrafé sur votre passeport à Aktau, où les touristes sont plus rares.

La ville est alors rebaptisée Tselinograd, la ville des Terres vierges. Elle reprend son nom originel après l'indépendance, jusqu'à ce que le Président Nazarbayev décide de déplacer la capitale d'Almaty à Akmola en décembre 1997. La ville est alors nommée Astana, qui signifie tout simplement « capitale » en kazakh. Le Pape Jean-Paul II y a effectué une visite officielle en septembre 2001. La décision de transférer la capitale vers le nord a été dictée par des impératifs politiques et stratégiques. Il s'agissait d'abord d'éloigner le centre administratif des frontières sud du pays : Almaty se trouve en effet à moins de cinquante kilomètres du Kirghizistan, et relativement proche aussi de la Chine. Le déplacement vers le nord était également compris comme un message pour les provinces kazakhes frontalières de la Russie : le but était de renforcer l'emprise du gouvernement sur ces régions majoritairement peuplées de Russes, et largement tournées, économiquement et culturellement, vers le voisin du nord.

La nouvelle capitale est aujourd'hui encore en construction, les nouveaux quartiers administratifs et d'affaires sont en train de sortir de terre. Les administrations rechignent à quitter le confort d'Almaty pour rejoindre cette ville neuve et, il faut le reconnaître, sans âme, au climat de surcroît particulièrement rigoureux. Selon le programme du gouvernement, toutes les administrations devraient avoir déménagé à Astana en 2030. Le nouveau statut de capitale a entraîné un afflux massif de population : le nombre d'habitants a doublé à Astana entre 1998 et 2004, pour atteindre 600 000 personnes (le million devrait être dépassé dans le courant de la décénnie 2020).

Climat

Le climat d'Astana est particulièrement rude, et ce n'est pas un hasard si la ville a été baptisée « tombe blanche » à un moment de son histoire. Les hivers sont très longs et très froids : les températures flirtent généralement avec les -20 °C, rendus encore plus pénibles par les forts vents qui balaient la steppe à cette période. En été, la ville est écrasée de chaleur, et pas un arbre ne vient ombrager les rues de cette capitale bâtie au milieu des steppes. En bref, mieux vaut viser les intersaisons pour explorer les rues d'Astana.

Transports

Avion

■ **AÉROPORT INTERNATIONAL D'ASTANA**
✆ (3172) 77 73 43
www.astanaairport.kz
Code international TSE
Il est situé à 14 km du centre-ville. C'est un aéroport moderne à l'architecture recherchée : son dôme bleu et ses armatures vertes sont censés être des rappels des constructions traditionnelles de la région. Le résultat est assez original. Le bus n°10 assure la liaison entre l'aéroport et la gare, en remontant toute l'avenue Respublika (l'une des artères centrales de la ville). Le trajet coûte 30 T. Les principales liaisons internationales se font avec Moscou (Aeroflot), Istanbul (Turkish Airlines), Tachkent (Uzbekistan Airways), Londres via Bichkek (British Airways), Urumqi (China Southern), Francfort (Lufthansa). Du côté des lignes intérieures, Air Astana assure des liaisons avec presque toutes les villes du pays : Alamty (quotidien), Aktau et Atyrau sur la Caspienne ou encore Oust-Kamenogorsk.

▶ **La plupart des compagnies aériennes** étrangères ont conservé leur bureau de représentation à Almaty. Il faut donc passer par des agences de voyages pour réserver des billets depuis Astana. La capitale est essentiellement desservie par la compagnie nationale kazakhe.

■ **TURKISH AIRLINES**
✆ (3172) 77 70 20 – (3172) 77 70 21
Fax : (3172) 77 78 83
www.turkishairlines.com
Un bureau dans le nouveau terminal.

■ **UZBEKISTAN AIRWAYS**
31 Zariark ✆ (3172) 23 60 43
Fax : (3172) 32 82 44
www.uzairways.com
tse@uzairways.com

Train

On peut arriver à Astana en train depuis de nombreuses villes du pays. Il faut juste prendre en compte les distances et la relative lenteur des trains. Pour Almaty, quelques nouvelles machines sont en circulation et effectuent le trajet en moins de 15 heures (uniquement la nuit). Les autres mettent toujours près de 24 heures à arriver. Les principales villes du pays peuvent être reliées en train : Petropavlosk, Aktau, Atyrau, Aralsk, Chymkent, Karaganda, Kostanay. La seule liaison internationale se fait avec Moscou.
Les tarifs dépendent de la classe choisie. La seconde classe, baptisée *kupe*, permet de partager le temps du trajet avec de nombreux compagnons de route : les couchettes ne sont pas divisées en compartiments, et les lits superposés sont alignés parallèlement et perpendiculairement au wagon sur toute sa longueur. Les tarifs sont très abordables dans cette classe : compter une quarantaine de dollars pour le trajet entre Astana et Almaty par les tains classiques, près du triple en train rapide.

Bus

▶ **Bus longue distance.** La gare de bus longue distance se situe à côté de la gare ferroviaire. On peut y prendre des bus de ligne, grands bus partant à horaires fixes, ou monter dans les minibus privés qui partent quand ils sont pleins (il faut alors parfois s'armer de patience en attendant le départ, et surtout négocier le tarif). De nombreux taxis attendent également à la gare, et l'on peut en partager avec d'autres voyageurs pour se rendre dans les villes des alentours.

▶ **Bus urbains.** Astana dispose d'un bon réseau de bus urbains. Pour visiter la ville, les lignes les plus intéressantes sont la n°10 qui relie la gare à l'aéroport en passant par l'avenue Respublika ; les lignes 9 et 25 desservent la place centrale de la ville. Les billets coûtent en moyenne 30 T.

Taxis

Les taxis sont nombreux à Astana, même si peu d'entre eux sont des taxis officiels. Il s'agit en général de particuliers qui rentabilisent ainsi leur voiture. Il suffit de tendre la main pour qu'une voiture s'arrête. Reste à négocier le tarif : pour une course dans le centre d'Astana, compter entre 200 et 350 T mais ce tarif peut augmenter de 50 % une fois la nuit tombée. Il peut en revanche être plus difficile de trouver un véhicule depuis le nouveau centre-ville, qui est pour l'instant assez peu fréquenté (autour de Baiterek). On peut également louer des voitures, que l'on conduit soi-même avec un permis international, ou que l'on loue avec chauffeur.

Ministère des communications surnommé le briquet

■ **EUROPCAR**
27 Kabanbai Batyra
✆ (3172) 24 23 05
http://europcar.kz – europcar@bk.ru

■ **HERTZ**
42 Timiryazeva ✆ (3272) 45 88 51
www.hertz.kz – bookings@hertz.kz
Hertz possède une agence à Almaty mais peut mettre un véhicule à votre disposition à Astana.

Pratique

Représentations diplomatiques

La plupart des ambassades et consulats sont toujours à Almaty, les diplomates rechignant visiblement à s'installer à Astana. Quelques pays ont néanmoins une représentation dans la capitale.

■ **ALLIANCE FRANCAISE**
32/1 Moldagulovoi
✆ (3172) 58 03 20 – (3172) 59 28 83
L'Alliance française d'Astana a ouvert ses portes en septembre 2005, et accueille une petite centaine d'étudiants. Elle dispose d'une bibliothèque, de journaux et magazines en français. Des films français sont projetés une fois par mois dans les locaux de l'Alliance.

■ **AMBASSADE DE BELGIQUE**
62 Kosmonavtov ✆ (3172) 97 44 85
Fax : (3172) 97 78 49
embassy.astana@diplobel.fed.be

■ **AMBASSADE DE CHINE**
37 Kabanbai Batyra ✆ (3172) 79 35 76
Fax : (3172) 79 35 65
http://kz.chineseembassy.org
chinaemb_kz@mfa.gov.cn

■ **AMBASSADE DE RUSSIE**
4 Barayeva ✆ (3172) 22 24 83
✆ (3172) 22 16 18 (service consulaire)
Fax : (3172) 32 65 21
rfekz@yandex.ru
rusposolstvo@at.kz (service consulaire)

■ **AMBASSADE DES ÉTATS-UNIS**
4 Ak-bulak ✆ (3172) 70 21 00
Fax : (3172) 34 08 90
info@usembassy.kz
Le consulat se trouve toujours à Almaty.

■ **AMBASSADE DU KIRGHIZSTAN**
A-2/1 Karaotkel ✆ (3172) 24 20 24
Pour les demandes de visa, il faut s'adresser au consulat kirghiz, qui se trouve toujours à Almaty.

■ **AMBASSADE DU ROYAUME-UNI**
62 Kosmonavtov
✆ (3172) 55 62 00
Fax : (3172) 55 62 11
britishembassy@mail.online.kz
Ouvert du lundi au jeudi de 9h à 17h30 et le vendredi de 9h à 16h. Les services consulaires se trouvent toujours à Almaty.

Tourisme

■ **ECOTOURISM INFORMATION POINTS**
Baiterek Monument
Duman Entertainment Center
Ramstore et aéroport d'Astana
Ces centres d'informations sont actifs du 31 mai au 31 août. Ils fournissent des renseignements sur les activités liées au tourisme écologique : visites de parcs naturels, séjours chez l'habitant, locations de chevaux, organisations de spectacles folkloriques... Ce projet est soutenu par l'UNDP et l'Association kazakhe pour le tourisme, basée à Almaty.

■ **SAYAT TOUR COMPANY**
23 Kabanbay Batira
✆ (3172) 55 55 54 – (3172) 24 31 59
www.sayattravel.kz (uniquement en russe)
info@sayat-travel.kz – sayat777@mail.ru
Cette agence de voyages organise des visites découverte de la nouvelle capitale kazakhe et s'est également spécialisée dans l'écotourisme. Avec des partenaires solidement établis dans tous le pays, Sayat Travel peut facilement organiser un voyage sur mesure à travers tout le Kazakhstan.

Banques et bureaux de change

De nombreux bureaux de change ont ouvert dans toute la ville. Il suffit de comparer les taux, qui sont en général assez homogènes. Des distributeurs automatiques acceptant les cartes étrangères sont situés dans les bureaux des banques et dans les grands centres commerciaux. Pour changer des chèques de voyage, on peut se rendre dans la plupart des banques de la ville. Les commissions sont de 2 à 3 % du montant du chèque.

■ **KAZKOMMERTZBANK**
66 Abay Street
✆ (3172) 32 35 18
Ouverte de 9h30 à 16h du lundi au vendredi.

Poste

La poste centrale se trouve au 71 Auezov Street. Elle est ouverte de 8h à 19h du lundi

au vendredi, de 9h à 17h le samedi et de 9h à 15h le dimanche. Un bureau DHL est abrité dans les locaux de la poste.

Internet

Plusieurs cafés Internet se trouvent sur l'avenue Respublika. On recommandera particulièrement l'établissement suivant, qui dispose de nombreux ordinateurs, d'une bonne vitesse de connexion, et offre la possibilité de passer des appels internationaux par ordinateur.

■ **CAFÉ INTERNET**
8 Avenue Respublika
Ouvert de 9h à 2h du matin. 350 T l'heure de connexion.

Publications

Il existe deux hebdomadaires publiés en anglais au Kazakhstan. *The Almaty Herald* est un journal généraliste, que l'on trouve dans les grands hôtels, *The Kazakhstan Monitor* est un journal économique, distribué gratuitement dans les grands hôtels et les restaurants fréquentés par la communauté expatriée. On y parle essentiellement de gaz et de pétrole.

Hébergement

Le parc hôtelier et son rapport qualité-prix ne sont pas le point fort de la ville. Voici nos bonnes adresses.

Bien et pas cher

■ **HÔTEL ABAI**
3A Birjana Sala
✆ (3172) 93 32 96 – (3172) 93 35 09
Fax : (3172) 93 29 85
Chambres doubles de 8 000 à 12 000 T, petit déjeuner inclus. Également quelques chambres avec sanitaires communs pour moins de 7 000 T. Les hôtels bon marché sont rares à Astana, et l'Abai est l'une des rares bonnes adresses de cette catégorie. Situé à deux pas de la gare, cet hôtel plutôt bien entretenu offre un bon rapport qualité-prix et dispose d'agréables chambres. Les plus chères sont équipées de la climatisation, d'un téléviseur et de salles de bains privatives.

Confort ou charme

■ **COMFORT HÔTEL**
60 Kosmonavtov ✆ (3172) 22 10 21
www.comforthotel.kz
info@comforthotel.kz
Chambres simples à 26 600 T, doubles à 40 000 T, petit déjeuner inclus. Ce petit établissement de 50 chambres est de plus en plus prisé des voyageurs, qui profitent du joli bar, du Spa, du wi-fi et surtout d'un service irréprochable et souriant. Un peu excentré mais confortable et au calme. Les chambres sont très bien entretenues et le tarif particulièrement attractif pour la ville.

■ **EGORKINO VILLAGE**
93 Auezov ✆ (3172) 32 35 54
Chambre double à 30 000 T. Une petite maison au charme typiquement russe. Les chambres sont grandes et lumineuses, meublées de bois clair. Les petits déjeuners sont servis dans les chambres. L'hôtel est couplé avec le restaurant du même nom, qui s'ouvre sur une grande terrasse et un jardin. Un magasin situé sur la rue propose toute une palette de produits frais et cuisinés. Une des plus agréables adresses d'Astana !

■ **HÔTEL ARMAN KALA**
30 Naberejnaia
✆ (3172) 22 21 99 – (3172) 22 15 17
Chambre double de 15 000 à 25 000 T. Ce petit hôtel au centre d'Astana ne comporte que six chambres, toutes spacieuses et équipées d'un grand lit. Elles sont décorées de très beaux meubles en bois qui donnent à l'hôtel un charme un peu désuet, version maison bourgeoise du début du siècle. Ambiance familiale, et les petits déjeuners sont servis dans les chambres. Le service évoque malheureusement plus les grandes heures de la période soviétique que la chaleur de l'acceuil centrasiatique, mais l'emplacement impeccable à proximité de tous les points d'intérêt d'Astana permet de contrebalancer cet unique point négatif.

■ **HÔTEL JASAMIR**
73 Kenesary ✆ (3172) 32 30 95
Chambres simples à 17 500 T, doubles à 30 000 T, petit déjeuner inclus. Un hôtel récent et proposant un bon rapport qualité/prix à quelques enjambées du centre d'Astana. Une clientèle de businessmen plus que de touristes.

Luxe

■ **GRAND PARC ESIL**
8 Beibitshilik ✆ (3172) 59 19 01
Fax : (3172) 32 88 18
reservations@grandparkesil.kz
Chambres simples à 23 500 T, doubles de 28 000 à 32 500 T, petit déjeuner compris.

L'hôtel occupe un beau bâtiment du centre-ville, et constitue l'un des établissements les plus cotés du centre malgré ses chambres minuscules. L'établissement est équipé d'une salle de sport et d'une piscine, d'un restaurant et d'un bar.

■ **HÔTEL PRÉSIDENT**

✆ (3172) 24 50 50 – Fax : (3172) 24 27 60
www.rixosastana.com
sales@rixosastana.com

Dans le nouveau quartier d'affaires d'Astana, à quelques minutes à pied du monument Baiterek. Chambres doubles à 349 $ (+ 15 % de taxes, mais le prix affiché correspond rarement au prix demandé, il faut négocier). Seul hôtel 5-étoiles des nouveaux quartiers d'Astana, le Président se trouve à l'heure actuelle entouré d'une vaste zone de chantiers destinée à devenir le nouveau centre d'affaires de la ville. L'établissement est d'un luxe un peu clinquant, mais est bien équipé : bar, restaurant de qualité, piscine, sauna.

Restaurants

De nombreuses échoppes en plein air proposent *plov* et *chachlik*. On peut également déjeuner dans le bazar, qui offre toute la gamme traditionnelle des restaurants de bazars. Le parc de la ville, le long de la rivière, abrite également un grand nombre de restaurants dans lesquels on peut manger de la cuisine locale.

Bien et pas cher

■ **ANEL**

2 Jirtoukstana

Sur le bord de la rivière, en face du parc. Ouvert de 11h à 23h. Un restaurant agréable aux beaux jours, avec sa terrasse qui surplombe la rivière. Le service est un peu lent, mais les tarifs sont raisonnables et la cuisine simple et bonne.

■ **SAMOVAR**

24 Kenesary ✆ (3172) 32 43 16

Ouvert de 11h à 23h. Un restaurant tout en bois, réputé pour sa cuisine russe, l'une des meilleures de la ville. La qualité culinaire est à peu près l'équivalente de celle du restaurant Egorkino, mais à tarifs plus modestes. En hiver, nous vous recommandons plutôt la seconde adresse du même établissement, sur la rive opposée (22/2 Kabanbai ✆ (3172) 97 41 71). Le cadre y est plus chaleureux lorsque le froid est prégnant dehors, et le cuisinier tout aussi attentif à la réussite de ses plats.

■ **SHAMBALA**

30 Respublika Street ✆ (3172) 33 32 25

Compter autour de 2 000 T pour un repas complet. Ce restaurant se présente sous l'apparence d'une grotte, décorée de moulages d'inspiration Vishnou. Un endroit original, où l'on peut manger une cuisine orientale ou bien seulement venir boire un verre. Une piste de danse est installée au sous-sol.

Bonnes tables

■ **FIFTY FIFTY**

16 Respublika ✆ (3172) 21 58 58

Ouvert de 11h à minuit. Restaurant à tendance japonaise côté culinaire, et au design très moderne, ambiance fauteuils boules de cuir rouge. Les tarifs sont très raisonnables, et le restaurant dispose d'un coin spécialement aménagé pour les enfants.

■ **GENGHIS**

8 Respublika

Ouvert de 10h à minuit. Un restaurant assez animé le soir, surtout fréquenté par la jeunesse aisée de la ville malgré son décor qui ne paie pas de mine. Les plats se veulent occidentaux, mais consistent essentiellement en pizzas, hamburgers, et quelques viandes grillées.

■ **PIVOVAROFF**

24 Beibitshilik ✆ (3172) 32 88 66

Ouvert de midi à 2h, compter autour de 3 500 T. Une excellente atmosphère règne dans cette brasserie franco-allemande. La bière est brassée sur place et la cuisine se savoure dans une cave de briques et pierres apparentes à la fraîcheur appréciable en été. Testez les saucisses allemandes, pour vous rappeller le goût de l'Europe, et peut-être que le *plov* d'Asie centrale vous semblera moins lourd ensuite !

Luxe

■ **TIFLIS**

14 Imanov ✆ (3172) 22 12 26

Ouvert tous les jours de midi à 2h. Compter autour de 4 000 T. Le restaurant est un univers à lui seul, où charme et déco tentent de recréer une ambiance de petit village géorgien. Dépaysement garanti. Du côté de l'assiette, impossible d'être déçu : la cuisine géorgienne est ici concoctée avec beaucoup de finesse et de savoir-faire.

■ **VAQUERO**

5 Beitbitshilik
✆ (3172) 39 01 21

Ouvert tous les jours de midi à 2h et jusqu'à 5h les vendredi et samedi soir. Autour de 5 000 T. Spécialités tex-mex et steacks façon barbecue texane. Déco adaptée au menu. On aime ou pas, mais si après une longue traversée de la steppe vous vient l'envie d'un steak, voici une adresse faite pour vous !

Sortir

Bars

CHE GUEVARA

28 Imanov

✆ (3172) 94 62 31

Ouvert tous les jours jusqu'à 2h. Caché dans une arrière-cour, ce bar confidentiel essentiellement fréquenté au départ par les architectes, très nombreux évidemment à Astana, draîne désormais toute l'intelligentsia de la ville qui s'y régale de cocktails et d'interminables débats sous le regard du Che, représenté sur de multiples photographies géantes. DJ le mercredi soir.

PREMIER LEAGUE

5 Timiryazev

✆ (3172) 38 44 16

Ouvert tous les jours de 16h à 2h. Le rendez-vous d'Astana pour ceux qui veulent suivre les rencontres sportives (attention, le patron est un supporter de Chelsea, mieux vaut le savoir !). Ambiance populaire et nombreuses bières pression.

REDFORD

48 Auezov Street

✆ (3172) 32 82 36

Ouvert de 10h à minuit. Ce bar essentiellement fréquenté par les jeunes Russes de la capitale est l'un des plus animés de la ville. Ses tables en bois et ses photos noir et blanc sur les murs lui donnent une ambiance assez agréable. La vie nocturne à Astana est pour l'instant très réduite. Le Redford constitue l'un des rares points d'animation une fois la nuit tombée.

Spectacles

CIRQUE

4 Kabanbai Batir Street

en face de l'Aquarium

Les programmes sont affichés dans la ville lorsqu'il y a des spectacles au cirque. Les billets coûtent entre 500 et 2 000 T selon l'emplacement.

KAZAKH MUSIC AND DRAMA THÉÂTRE

47b Omarov Street ✆ (3172) 32 36 01

SALLE DE CONCERT

3 Barayev Street

Dans le même bâtiment que le musée du Président. Les programmes sont affichés devant la salle de concert les jours de spectacle.

THÉÂTRE D'ASTANA

10 Ak-Jayik

✆ (3172) 39 27 61

Billetterie ouverte de 10h à 19h. Billets entre 400 et 500 T. Cet établissement accueille des spectacles de théâtre ou d'opéra, ainsi que des concerts. On peut trouver sur place des prospectus détaillant la programmation mensuelle.

THÉÂTRE DRAMATIQUE RUSSE

72 Bigeldinov Street

✆ (3172) 32 40 53

Points d'intérêt

Astana est une ville nouvelle, mais qui a l'ambition de devenir la capitale culturelle du pays. On est encore loin d'Almaty, bien que certains musées commencent à ouvrir leurs portes dans la capitale.

AQUARIUM

4 Kabanbai Batir

✆ (3172) 24 22 22 – www.duman.kz

Ouvert de 10h à 22h tous les jours sauf le lundi. Entrée 700 T pour l'aquarium principal, 1 000 T pour une séance de cinéma en trois dimensions (billet combiné à 1 300 T). Ce très grand aquarium est une attraction très prisée par les habitants d'Astana, particulièrement attirés par les requins blancs qui sont l'atout majeur de l'établissement.

BAINS SARY-ARKA

Sary Arka Street

Ouvert de 10h à 22h (dès 8h le week-end). Le plus récent des établissements thermaux d'Astana, ouvert au printemps 2007. Bain turc, hammam, ou bien sauna russe : faites votres choix !

BAITEREK

Ouvert tous les jours de 10h à 19h, nocturne certains soirs. Entrée 600 T. Ce monument de 97 mètres de hauteur, construit en 1997, ressemble vaguement à un trophée de Coupe du monde de football géant. Il est devenu le symbole d'Astana et du Kazakhstan.

© SYLVIE FRANCOISE

Mosquée dans le quartier de Baiterek

« Ce monument, offert par le Président à la ville est un exemple parfait de la nouvelle architecture d'Astana », peut-on lire sur le panneau explicatif à l'entrée du monument… La boule jaune est censée rendre hommage à l'oiseau « Samrik », qui n'existe qu'au Kazakhstan et pond des œufs « d'or ». Le monument en soi ne présente pas un intérêt fulgurant (pardon pour le symbole de l'architecture d'Astana !), mais il offre en revanche une vue impressionnante sur le nouveau quartier d'affaires qui est en train de se construire dans la capitale. On peut en effet admirer, au fond de la perspective, le nouveau palais présidentiel identifiable à sa monumentalité blanche surmontée d'une coupole bleue. Plus proche du monument, l'espèce d'obus bétonné situé sur la place est destinée à accueillir les archives de la ville. Il faut enfin monter au sommet de Baiterek ne serait-ce que pour observer le spectacle des Kazakhs, qui se prennent en photos les uns les autres, et passent leur temps au téléphone pour raconter à qui veut l'entendre qu'ils sont en train de surplomber Astana…

■ CITY PARK

Le long de la rivière

Entrée 50 T, plage ouverte de 8h à 22h. Le parc est le seul endroit un peu vivant d'Astana. Il est doté d'une petite plage de laquelle on peut aller faire quelques brasses dans la rivière. Dans le parc, se trouve également un Aquapark (✆ (3172) 39 12 20 : piscine couverte avec deux toboggans et un bassin à bulles. Ouvert de 11h à 21h). Il existe également de nombreux restaurants en plein air, un mini-parc d'attractions, des stands de tir et de karaoké, des scènes accueillant des spectacles plus ou moins improvisés… Un endroit à ne pas manquer pour sentir la ville vivre quelques instants. De l'autre côté de la rivière, on peut louer des pédalos de 11h à 22h.

■ MONUMENT POUR LES RUSSES VICTIMES DU GOULAG AU KAZAKHSTAN

Cette grande stèle entièrement sculptée s'élève au bord de la rivière, sur la route menant à l'aquarium et au cirque. Elle rappelle l'un des rôles que les soviétiques ont fait jouer au Kazakhstan : celui de terre de déportation, à travers les plus grands goulags du régime.

■ MUSÉE DE LA CULTURE DU PRÉSIDENT

1 Barayev ✆ (3172) 22 33 08

Ouvert de 10h à 17h du mardi au dimanche. Entrée 120 T. Le musée est installé dans un grand bâtiment blanc surmonté d'une coupole bleue, qui accueille également une bibliothèque et une salle de concert. Le hall d'entrée présente les cadeaux offerts au président Nazarbaïev par des chefs d'État étrangers. Un bel exemple de kitsch diplomatique. Au rez-de-chaussée, se trouve une salle consacrée à l'ethnographie, détaillant les traditions nomades et le mode de vie des Kazakhs. Le premier étage retrace l'histoire du pays, de l'âge de la pierre au XVe siècle. Il accueille également l'impressionnante salle des bijoux où figure une copie de « l'homme d'or », fierté des Kazakhs. Découverte lors de fouilles effectuées en 1969, elle daterait du Ve ou du IVe siècle avant notre ère. L'armure présentée dans son intégralité est une reconstitution, mais toutes les pièces présentées autour dans les vitrines sont originales. Le deuxième étage est consacré à l'histoire du Kazakhstan du XVe siècle à nos jours. Ce musée est bien conçu, doté de panneaux d'explications en anglais. La salle ethnologique est particulièrement bien présentée. A voir absolument si vous n'avez pu visiter le musée National d'Almaty.

■ MUSÉE DES BEAUX-ARTS

3/1 Respublika

✆ (3172) 21 54 30

Ouvert de 10h à 18h du mardi au dimanche.

Entrée 150 T. Ce musée présente des œuvres d'artistes kazakhs, de différentes époques et dans tous les styles. Vous en aurez vite fait le tour mais il n'est pas impossible que vous choisissiez d'y rester plus de temps que prévu : certaines pièces sont effectivement remarquables ! Toutes sont signées d'artistes originaires d'Astana. Renseignez-vous sur le programme des expositions temporaires, qui en général valent le détour.

■ **MUSÉE SEYFULLIN**
80 Auezov Street
Ouvert de 10h à 18h du mardi au dimanche. Entrée 100 T. Ce musée, qui était l'ancienne maison du poète et écrivain kazakh Saken Seyfullin (1894-1939), est situé dans une très jolie bâtisse en bois qui détone avec le paysage urbain local. Le principal intérêt de ce musée réside en fait dans la maison. Les objets exposés retracent la vie de Seyfullin, mais il n'y a aucune explication en anglais, et les gardiens de l'endroit sont aimables comme des portes de prison.

Shopping

Les marchés, appelés bazars, font partie intégrante de la vie quotidienne du pays. Ils sont à la fois un lieu d'achat et un centre de sociabilité, grâce à leurs restaurants et maisons de thé, souvent en plein air, qui contribuent à l'animation locale. Celui d'Astana, très grand, est situé un peu à l'extérieur de la ville. On y trouve absolument de tout, des ustensiles de cuisine aux vêtements en passant par toutes les victuailles possibles et imaginables.

■ **MELOMAN**
17/1 Respublika
© (3172) 32 65 79 32
Deux des multiples adresses de cette chaîne de magasins audio et vidéo ouverts 24h/24. On peut y trouver des CD et DVD issus des productions culturelles kazakhs et russes.

› **Autre adresse :** Beibitchilik © (3172) 98 29 74.

■ **TALISMAN**
7 Respublika
© (3172) 21 41 96
Ouvert tous les jours de 10h à 20h. L'un des rares magasins de souvenirs d'Astana. On peut y trouver quelques objets d'artisanats local et russe. Les stocks ne sont pas très fournis, mais il n'existe pas vraiment d'alternative pour acheter quelques souvenirs à Astana.

BOROVOYE

Situé à 200 km au nord d'Astana, la ville de Borovoye est le lieu de villégiature favori des habitants de la capitale. Cette région de montagnes boisées entrecoupées de lacs est surnommée « la Suisse du Kazakhstan » par les habitants d'Astana, qui viennent y passer week-ends et vacances en été, afin d'échapper à la chaleur torride des steppes. Nage, pêche, activités nautiques et randonnées font partie de la gamme des attractions de Borovoye.

Transports

L'arrivée à Borovoye ?

Des bus partent régulièrement de la gare routière d'Astana, où l'on peut également trouver des minibus privés ou des taxis partagés pour cette destination. Les bus de ligne desservent parfois directement la ville de Borovoye, mais ils s'arrêtent plus souvent à Schushich, une bourgade située au pied des montagnes. De là, des minibus qui attendent à la gare routière permettent de terminer le trajet. Compter autour de 2 000 T par personne pour aller jusqu'à Schushich (*3 heures de route*), 200 T par personne pour faire la liaison entre Schushich et Borovoye (une demi-heure). L'accès jusqu'au village de Borovoye est gratuit, mais les véhicules doivent payer une taxe pour emprunter la route qui longe le lac principal.

Se déplacer

Sur place, on peut louer des vélos ou des petits scooters pour arpenter les environs et explorer les lacs qui s'étendent au-delà de Borovoye. Les stands de locations sont en plein air dans la rue principale. Compter 15 000 T la journée pour un scooter et 3 000 T la journée pour un vélo. Des agences de voyages ambulantes sont installées en été à côté de l'arrêt de bus. Elles proposent des randonnées à pied ou à cheval guidées dans les environs.

Hébergement

À peine descendus du bus, les touristes, kazakhs ou étrangers, sont assaillis par une nuée de femmes agitant des trousseaux de clés. La location d'appartements est très répandue en été, et constitue une bonne solution pour les budgets restreints. Compter 1 000 T par nuit et par personne. Les appartements sont en général simples mais propres et confortables, et situés le long de la rue principale.

On peut également s'éloigner un peu de l'axe routier et aller explorer le village derrière : de nombreuses maisons ont des chambres à louer, annoncées par des panneaux sur les façades. On trouvera écrit « Komnata » ou « Mehmonhonasi » (en russe ou en kazakhe). On peut alors avoir un logement avec un peu plus de charme, qu'il faut alors partager avec la famille locale (les appartements sont en général vides).

HÔTEL EDEN

Au centre-ville, avant l'arrêt des bus
✆ (31630) 72 778
Chambre double à 16 000 T, petit déjeuner compris. Cet hôtel tout neuf est doté d'une piscine, d'une salle de gymnastique et d'un salon de massage. La décoration n'est pas très heureuse et les salles de bain sont minuscules, mais l'établissement est très propre, le personnel sympathique (et un peu anglophone), et l'emplacement idéal.

HÔTEL GLORYA

4 rue Kokshe ✆ (31630) 72 366
Chambre double standard à 15 000 T sans petit déjeuner, chambre simple sans salle de bains mais avec toilettes, 4 000 T par personne. Cet hôtel situé un peu à l'extérieur de la ville, en face du musée, est très récent. Les chambres sont claires et agréables, même si les salles de bains sont une fois encore minuscules. On peut prendre un petit déjeuner à la carte dans le restaurant de l'hôtel.

Activités nautiques au bord du lac Burabai

HÔTEL NURSAT

26 rue Sovietskaïa ✆ (31630) 71 001
www.bereke-burabai.com
bereke2030@mail.ru
Chambre double de 14 000 à 17 000 T avec petit déjeuner. Ce grand bâtiment en briques rouges a été construit il y a une quinzaine d'années mais rénové en 2005. Les chambres sont grandes et agréables, parfois un peu folkloriques comme la suite nuptiale d'un kitsch absolu. Les chambres VIP (*300 € pour deux personnes*) valent les chambres d'un grand palace. Le manager est très accueillant et parle anglais.

MAISON D'HÔTE DE SOYUNDIK BIGARIM

2 rue Sovietskaïa ✆ (31630) 71 596
Chambres doubles à 6 000 T par personne. Banya à 2 500 T de l'heure, pouvant accueillir jusqu'à six personnes. Probablement le logement le plus agréable de la ville. Le maître des lieux a parsemé son grand jardin de 11 bungalows, qu'il a décorés lui-même avec des objets récupérés de la période soviétique. On est d'ailleurs accueilli dans la cour de la maison par un grand buste de Lénine ! Les repas, préparés par la femme de Soyundik, sont excellents, dégustés dans le restaurant « soviétique » ou autour d'un barbecue en plein air. Cette adresse est la meilleure de la ville, mais est également victime de son succès : la maison d'hôtes affiche complet pendant toute la saison estivale. Réservation obligatoire !

Restaurants

Tous les restaurants de la ville sont alignés le long de la rue principale qui longe le lac. Tous sont dotés de terrasses, et proposent la gamme de plats classiques de la région : *chachlik* et *laghman.* Pour varier un peu les plaisirs, on peut tenter le dernier restaurant de la file, qui est spécialisé dans les plats ouïgours.

Points d'intérêt

On vient à Borovoye pour se détendre, se baigner dans le lac, marcher sur les multiples sentiers des environs, pêcher, traîner... Le village en lui-même mérite une promenade : il est particulièrement agréable dès que l'on s'éloigne de la rue principale. Quelques attractions peuvent également être signalées.

■ **BAZAR**

Le petit bazar de Borovoye, situé sur la rue Kenissari, permet d'acheter toutes sortes de poissons et crevettes directement sortis du lac. On peut également y acquérir des maillots de bain et des bouées, pour ceux qui auraient oublié leurs affaires de natation.

■ **MUSÉE ET ZOO**

38 rue Kenissari ✆ (31630) 71 321

Ouvert tous les jours de 10h à 18h. Entrée 70 T pour les enfants, 140 T pour les adultes. Le zoo permet de découvrir les célèbres chevaux de Przewalski. Le musée présente la faune et la flore de la région. À réserver pour un jour de pluie.

■ **ROCHER DE BOROVOYE**

Vous l'aurez certainement vu des dizaines de fois en poster avant de le voir en vrai. Ce rocher soi-disant en forme de sphinx, posé au milieu de l'eau dans une petite crique, est un objectif de randonnée pour de nombreux touristes de Borovoye. La montagne au-dessus de cette crique est également un objet de curiosité et de fierté locale : le sommet prend la forme d'un éléphant couché, tellement détaillé qu'on lui voit même les yeux !

OUST-KAMENOGORSK

Fondée en 1720, la ville était à l'origine une forteresse destinée à bloquer la progression des troupes russes. Elle portait alors le nom de Djoungar. Pendant la période soviétique, Oust-Kamenogorsk est devenue le centre métallurgique du pays, spécialisé dans les métaux semi-précieux et précieux. Ces industries fonctionnent encore aujourd'hui, ce qui fait de cette ville de 380 000 habitants la zone urbaine la plus polluée du pays... Le centre-ville est pourtant très agréable, encadré par les rivières Ulba et Irtish, et Oust-Kamenogorsk constitue surtout le point de départ idéal pour toutes les excursions dans les montagnes de l'Altaï. La ville est également notée sur les cartes sous le nom de Öskemen, selon que l'on utilise le nom russe ou le nom kazakh.

Transports

Avion

■ **AÉROPORT**

✆ (3232) 42 84 84

(renseignements téléphoniques)

L'aéroport d'Oust-Kamenogorsk accueille des liaisons régulières avec Almaty (un vol quotidien, deux vols les jeudis et vendredis, compter 350 T), Astana (trois fois par semaine, 230 T) et Karaganda (deux vols hebdomadaires, 350 T) et Moscou (un à deux vols par semaine).

■ **AIR ASTANA**

70 Rue Ushanov ✆ (3232) 24 32 33

www.airastana.com

call.centre@airastana.com

Ouvert tous les jours de 9h à 19h. Bureau en centre-ville.

Train

La gare d'Oust-Kamenogorsk, située à 10 minutes du centre-ville, permet de prendre des trains pour la Russie (✆ (3232) 40 87 37). Pour se déplacer à l'intérieur du Kazakhstan en train depuis Oust-Kamenogorsk, il faut d'abord se rendre en bus jusqu'à la ville de Zhanghiztobe, située à 2 heures au sud. C'est de là que partent les trains à destination d'Almaty via Aktoghay sur les rives du lac Balkhach. Les trains en direction du nord du pays ont tendance à faire des incursions en territoire russe : vérifiez le parcours avant le départ !

Bus

Les bus grandes lignes sont le moyen de transport le plus efficace pour relier Semey à Oust-Kamenogorsk (✆ (3232) 27 26 26). Compter 3 heures de route et 580 T pour le billet.

Taxis collectifs

Des taxis partagés attendent à côté des gares routières, et effectuent le même trajet pour environ 1 000 T par personne.

Hébergement

La ville n'est visiblement pas habituée aux hordes de touristes, et ceux qui passent ne font qu'escale avant de partir dans l'Altaï. Le choix d'hôtels est donc relativement limité.

■ **HÔTEL IRTISH**

22 Avenue Auezov ✆ (3232) 25 09 85

Chambre double standard à partir de 6 000 T, petit déjeuner compris (à condition d'aimer le plov au saut du lit...). L'une des adresses les plus recommandables de la ville. On peut juste essayer d'éviter les chambres donnant sur la rue, qui sont d'autant plus bruyantes que l'hôtel est doté d'un bar-discothèque ouvert sur l'extérieur : les samedis soirs sont en général très animés... On peut changer de l'argent à l'hôtel, et réserver des billets d'avion auprès du petit « business centre ».

Pause champêtre dans un parc de la ville

Restaurants

La ville est dotée de nombreux petits cafés où l'on peut manger des brochettes et autres plats traditionnels russes. Ces « cantines » se valent toutes, on peut s'arrêter indifféremment dans l'une ou l'autre au gré de la promenade. Pour un repas un peu plus élaboré ou une ambiance plus animée, on peut aller à l'une des deux adresses suivantes.

BLACK BULL

46, rue Kirova

✆ (3232) 24 54 28

Ce pub situé en plein centre-ville est très apprécié par la classe moyenne aisée de la ville. Un énorme barbecue dans la salle à l'ambiance de pub, une terrasse très agréable et un menu assez varié font le succès de l'endroit. Les tarifs sont évidemment plus élevés que dans les « cantines » de la ville, mais ce restaurant est nettement un cran au-dessus.

BOWLING OLYMPIC CAFE

95, rue Krasny Orlav

✆ (3232) 25 24 80

Ce grand restaurant en plein air est très animé le soir, les clients étant attirés par la grande terrasse longeant la rivière. Le menu propose l'habituel panel de brochettes (très bonnes) et plats russes classiques. Comme son nom l'indique, le café est adjacent au plus grand bowling de la ville.

Points d'intérêt

MUSÉE DE L'ARCHITECTURE TRADITIONNELLE KAZAKHE

Dans le parc Kirova

Ouvert de 10h à 17h. Entrée 70 T. Ce musée est l'une des attractions de la ville. À l'intérieur du parc ont été reconstituées une bonne dizaine de maisons traditionnelles kazakhes, de différentes époques et différentes régions. Les habitations sont grandeur nature, meublées et décorées. Le musée manque un peu d'explications en anglais, et on ne sait pas toujours identifier l'origine des maisons. Mais l'endroit a beaucoup de charme et permet de découvrir de nombreux styles architecturaux et modes de vie différents.

MUSÉE D'HISTOIRE

Dans le parc Kirova

Ouvert de 9h à 17h. Entrée 70 T. On peut repérer ce musée à la collection de canons anciens et de statues de « balbals » installée devant le bâtiment sur le côté du parc. Pas de grand intérrêt à l'intérieur : seuls les passionnés de fauves se réjouiront d'y voir un léopard des neiges empaillé. A l'étage, une grande carte rassemble toute les informations archéologiques de la région, utile pour vous donner des buts d'excursion. Malheureusement, il n'y a aucune traduction en anglais.

MUSÉE ETHNOGRAPHIQUE

À l'angle du parc Kirova
et de la rue Golovkova

Ouvert de 9h à 17h. Entrée 90 T. Le musée est installé dans une très jolie maison toute en longueur et à la façade rose et verte. Le bâtiment a été construit par les soldats tchèques pendant la Première Guerre mondiale. Les collections à l'intérieur sont en revanche un peu poussiéreuses, mais la maison en elle-même vaut définitivement un coup d'œil.

■ **PARC KIROVA**

Ouvert de 7h à 20h, entrée libre. Ce joli parc en plein centre de la ville porte le nom d'un Bolchevik, Kirov, dont la statue trône au milieu du jardin. Kirov s'est notamment distingué en 1936 en rasant l'église orthodoxe qui se trouvait dans le parc. Un petit mémorial a depuis été érigé à l'emplacement de cette église : il s'agit d'une petite chapelle en bois, dont l'intérieur est entièrement tapissé d'icônes.

■ **THÉÂTRE D'ART DRAMATIQUE**

Sur le côté du parc Kirova
derrière le musée d'histoire
Caisses ouvertes de 12h à 15h et de 16h à 18h. Les programmes sont affichés sur la façade. Le théâtre se trouve dans un très joli bâtiment en briques bordeaux, relevées de moulures blanches.

Dans les environs

Montagnes de l'Altaï

On ne vient en général à Oust-Kamenogorsk que pour partir à l'aventure dans les montagnes de l'Altaï. La meilleure saison pour explorer la région se déroule de fin mai à fin octobre, lorsque les cols sont encore ouverts à la circulation. Le mois d'octobre commence à voir les températures chuter radicalement, mais c'est le mois idéal pour les amateurs de pêche. Il est fortement recommandé de passer par une agence pour organiser une expédition dans l'Altaï. La région marque en effet les frontières avec la Russie, la Mongolie et la Chine, et abrite de surcroît de nombreuses réserves naturelles pour lesquelles des autorisations spéciales sont nécessaires. Très peu d'infrastructures routières et touristiques sont disponibles dans les montagnes, et il est impératif de prévoir des expéditions en autonomie totale. Une agence basée à Oust-Kamenogorsk est particulièrement recommandée pour découvrir la région :

■ **ALTAI EXPEDITIONS**

115 115 Gorky Street
✆ (3232) 24 57 09
www.altaiexpeditions.dvn.kz
altai_expeditions@dvn.kz
nomad_altai@mail.ru
Andrey Yurchenkov, le directeur de l'agence et accompagnateur de toutes les expéditions est anglophone. Il connaît la région sur le bout des doigts, est intarissable sur l'histoire et l'environnement locaux, et peut organiser des séjours transfrontaliers vers la Russie et la Mongolie. Il peut également proposer des séjours à la carte, aventure, pêche, randonnée... et faire découvrir des sites impressionnants, comme par exemple l'observatoire de Sibiny.

ALMATY

Almaty est l'une des villes les plus dynamiques d'Asie centrale. L'ancienne capitale kazakhe, en attendant que Astana soit entièrement construite, autour de 2030, conserve de nombreuses administrations et universités qui la rendent encore très animée. Les Kazakhes, aussi fiers de leur nouvelle capitale qu'ils sont attachés à l'ancienne, ont pu assiter au cours de la décennie écoulée les progrès d'Almaty en termes d'infrastructure, de confort de vie, et d'ouverture sur l'Occident. Pour les voyageurs au long cours ayant longuement fréquenté la steppe ou les montagnes, Almaty sera comme une boufée de civilisation, l'occasion de manger un steak saignant ou de savourer un espresso bien serré, et de fréquenter d'authentiques pubs ! Vous ne serez donc pas déçu de votre séjour, même si vous êtes bloqué à Almaty en attente de visas. Sa vie culturelle, avec ses nombreux musées et théâtres, est l'un des principaux attraits de la ville. Mais on peut également profiter d'Almaty en flânant dans les rues à l'architecture souvent intéressante, en paressant dans l'un de ses multiples parcs ou à la terrasse d'un café sur une rue piétonne. Dans les environs, randonnée, ski et patinage en hiver sont autant de raisons supplémentaires de rester quelque temps à Almaty.

Histoire

La ville d'Almaty, initialement baptisée Verny, est née en 1854 sous la forme d'une forteresse russe. Elle a été rasée deux fois par de violents tremblements de terre en 1887 et 1911. Sous le nom d'Alma-Ata, la ville est devenue la capitale de la république socialiste du Kazakhstan en 1927. Son développement s'est accéléré à partir du début des années 1930, grâce à la nouvelle liaison ferroviaire directe avec la Sibérie, puis pendant la Seconde

Guerre mondiale, lorsque la Russie a relocalisé dans la ville une grande partie de ses activités industrielles. La population a rapidement augmenté à cette période, en partie grâce aux afflux de réfugiés et de Coréens et Slaves exilés par Staline vers les confins de l'empire soviétique.
La ville d'Alma-Ata est entrée dans l'histoire en 1991, en accueillant la réunion des pays d'Asie centrale durant laquelle la mort de l'URSS et la naissance de la CEI ont été proclamées. Devenue capitale du nouveau Kazakhstan indépendant sous le nom d'Almaty, la ville a conservé son caractère cosmopolite, et apparaît aujourd'hui encore comme l'une des villes les plus dynamiques d'Asie centrale. La perte du statut de capitale pourrait mettre un frein aux ambitions culturelles et économiques de la ville, mais la tendance n'est pas encore amorcée : il semble que les habitants d'Almaty aient du mal à quitter la ville pour Astana, même si leurs intérêts professionnels (notamment pour les diplomates, les membres de l'administration et certaines entreprises étrangères) pourraient les y contraindre à plus ou moins long terme. Pour l'heure, Almaty reste une ville dynamique et internationale, dans laquelle il fait bon flâner quelques jours.

Climat

Les étés sont chauds et souvent arrosés par de violents orages. Les hivers sont rigoureux, mais restent bien plus supportables que dans le reste du pays. Printemps et automne sont des saisons relativement courtes, mais bien adaptées à la découverte de la ville et de ses environs, à condition de ne pas prévoir de randonnées en haute montagne (réservées à l'été).

Transports

Avion

■ AÉROPORT INTERNATIONAL D'ALMATY
2 Maylin ✆ (3272) 70 33 33
www.alaport.com
L'aéroport international d'Almaty se trouve à une trentaine de minutes du centre-ville. Plusieurs bus assurent la liaison avec la ville : lignes n° 439, 492 et 497. Des taxis attendent à la sortie du hall d'arrivée. Compter 5 à 10 $ pour un trajet jusqu'au centre. Almaty, bien plus qu'Astana, est un nœud de communication aérienne. Les vols nationaux relient Astana (plusieurs vols quotidiens), Aktau (lundi, mercredi, vendredi et samedi), Aktobe (mardi et dimanche), Atyrau (le samedi), et tous les jours pour Aralsk, Oust-Kamenogorsk, Pavlodar et Karaganda et Shymkent. Les vols internationaux opérés par Air Astana desservent Amsterdam (six vols par semaine), Hanovre (le dimanche), Dubai (le mercredi, samedi et dimanche), Delhi (le mercredi et le samedi), Pékin (le mardi, jeudi et samedi), Istanbul (le lundi, jeudi et samedi), Séoul (le lundi), Moscou (entre un et trois vols par jour), Londres (vols le mardi et le vendredi, via Bichkek), Francfort (vol le mardi et le vendredi).

■ AEROFLOT
42 Begalina ✆ (3272) 91 54 16
Fax : (3272) 91 55 97
wwww.aeroflot.ru – alatosu@aeroflot.ru

■ BRITISH AIRWAYS
43 Dostyk
✆ (3272) 72 40 40 – www.ba.com

■ KLM
73 Gogol, à l'intérieur de l'hôtel Otrar
✆ (3272) 50 77 47 – www.klm.com

■ LUFTHANSA
29/6 Satpaev, dans le Rahat Palace
✆ (3272) 50 50 52
www.lufthansa.com

■ TURKISH AIRLINES
100 Furmanov
✆ (3272) 50 67 67 – (3272) 50 10 67
www.turkishairlines.com

■ UZBEKISTAN AIRWAYS
21 Kunaev, bureau 2
✆ (3272) 44 66 89
www.uzairways.com
ala@uzairways.com

Train

Il y a deux gares à Almaty, prosaïquement baptisées Almaty I et Almaty II. La plupart des trains longue distance, et notamment internationaux, s'arrêtent à la première, située à 9 km au nord du centre-ville, au bout de la rue Seyfullin. Mais en majorité, les trains ont leur terminus à Almaty II, plus proche du centre, à l'extrémité nord de la rue Abylay Khan.

▶ **Les trains internationaux** permettent de se rendre à Moscou (un train tous les deux jours, compter trois jours de trajet) et Urumqi en Chine (deux à trois trains par semaine, compter 28 heures de trajet dont 10 heures

d'arrêt au poste frontière pour le placement de nouveaux trains de roues adaptés aux rails chinois).

- **Les trains nationaux** desservent à peu près toutes les villes du pays, mais les temps de trajet sont extrêmement longs. Compter 36 heures pour Oust-Kamenogorsk, 16 heures pour Shymkent, 22 heures pour Kyzylorda, 16 heures pour Turkestan. Pour aller à Astana, deux options : le train normal, qui met 20 heures, ou le train rapide baptisé Talgo qui met 13 heures pour couvrir la même distance, dans un confort bien supérieur. Les Talgo assurent la liaison entre les deux villes deux fois par semaine.

Bus

- **Bus longue distance.** La plupart des bus longue distance partent de la gare routière de Sayran, que l'on appelle en russe la nouvelle gare, « novy avtovaksal ». C'est un énorme bâtiment à l'organisation un peu chaotique : les billets doivent être achetés soit dans les guichets à l'intérieur, soit directement auprès des chauffeurs, et les départs ont lieu de l'un ou de l'autre côté de la gare... En clair, mieux vaut arriver à l'avance, on a largement le temps de se perdre. Des bus internationaux partent de cette gare, et permettent de rallier Bichkek au Kirghizistan (les bus partent quand ils sont pleins), et Urumqi en Chine. Les bus nationaux desservent les villes de Taraz et Shymkent, et remontent jusqu'à Karaghanda et Oust-Kamenogorsk. La gare routière de Sayakhat est plus connue sous le nom « d'ancienne gare » ou « stary avtovaksal » en russe. Elle permet de se rendre dans les environs d'Almaty : Kapshaghai et Talgar, Chilik et Narynkol notamment.

- **Bus urbains.** Ils sont très nombreux à Almaty, sous toutes les formes possibles : bus classiques, minibus privés et trams. Les billets coûtent environ 30 T dans les transports publics, 40 T pour les bus privés. Les bus n°30, 34 et 434 desservent la gare Almaty I, les trams n°4, 5 et 6 vont jusqu'à Almaty II. La gare routière Sayakhat est desservie par les bus n°92, 97, 492, par les trams n°9 et 19. Le tram n°4 va jusqu'à la gare routière de Sayran. Les bus n°92 et 492 vont jusqu'à l'aéroport.

Taxis

Les taxis sont nombreux à Almaty, officiels avec compteur, et encore plus souvent privés. Il suffit de se placer au bord de la rue, et de tendre la main pour qu'une voiture s'arrête. Une course en centre-ville coûte un minimum de 120 T. Le prix doit être convenu avant de monter dans la voiture. Un conseil : il est recommandé de ne payer le chauffeur qu'en fin de course pour éviter qu'il ne s'arrête en pleine montagne et exige de vous un prix plus élevé.

Location de voitures

■ **EUROPCAR**
124 Furmanov ✆ (3272) 58 16 81
www.europcar.kz – europcar@rol.ru
Ouvert tous les jours de 9h à 18h. Locations de voitures avec ou sans chauffeur, à l'heure ou pour de longues durées.

■ **HERTZ**
38A Karataeva ✆ (3272) 58 80 61
Fax : (3272) 98 04 94 – www.hertz.kz
almaty@hertz-cps.kz
Ouvert du lundi au vendredi de 9h à 18h. Hertz est bien implanté au Kazakhstan et possède également des agences à Astana et Atyrau.

Pratique

Représentations diplomatiques

■ **AMBASSADE DE FRANCE**
173 Furmanova ✆ (3272) 58 25 04
Fax : (3272) 58 25 09
www.ambafrance-kz.kz

■ **AMBASSADE DE MONGOLIE**
1 Aubakerova ✆ (3272) 20 08 65
✆ (3272) 29 37 90 (consulat)
monkazel@kazmail.asdc.kz

■ **AMBASSADE D'OUZBÉKISTAN**
36 Baribaev Street
✆ (3272) 91 02 35
✆ (3272) 91 78 86 (consulat)

■ **AMBASSADE DU CANADA**
34 34 Karasai Batyr ✆ (3272) 50 11 51
http://www.kazakhstan.gc.ca
almat@international.gc.ca

■ **CONSULAT DE BELGIQUE**
117/86 Kazybek ✆ (3272) 60 68 63
Fax : (3272) 60 68 59
belconsul@nursat.kz

■ **CONSULAT DE SUISSE**
20 Tabachno-Zavodskaya
✆ (3272) 98 08 41
almaty@honorarvertretung.ch

■ **CONSULAT DU ROYAUME-UNI**
Bloc A2, 97 Zholdasbekova
✆ (3272) 50 61 91
http://ukinkz.fco.gov.uk
british-embassy@nursat.kz
Ouvert du lundi au jeudi de 8h30 à 17h et le vendredi de 8h30 à 15h30. L'ambassade du Royaume-Uni se trouve à Astana.

■ **CONSULAT DU TADJIKISTAN**
86 Samal ✆ (3272) 65 26 32
✆ (3272) 69 70 59

■ **CONSULAT DU TURKMÉNISTAN**
76 Abaz ✆ (3272) 50 96 04
tm_emb@at.kz

Tourisme

■ **ACS KAZAKHSTAN TRAVEL AGENCY**
27 Dostyk ✆ (3272) 91 46 08
www.acs-almaty.com
gen@acs-almaty.com
Cette agence peut arranger vos réservations d'hôtels, achats de billets d'avion ou de train et locations de voiture. Elle s'occupe également d'organiser des circuits pour groupes ou individuels et possède une seconde agence à Asatana (astana@acs-almaty.com) et une troisième à Shymkent (shymkent@acs-almaty.com).

■ **AKZHOL**
78/86 Zheltoksan
✆ (3272) 73 10 41 – 73 14 08 – 73 31 92
Fax : (3272) 73 11 85
www.akzholtravel.com
info@akzholtravel.com
Vous êtes à Almaty et avez soudain envie de découvrir d'autres régions du Kazakhstan ? Alors c'est simple : il vous suffit de vous adresser à l'agence Akzhol. Cette agence à l'équipe sympathique vous conseillera puis réservera pour vous hôtels, billets d'avion ou de train, organisera des circuits avec guides et interprètes, vos transferts, etc. Si vous désirez visiter les pays alentour, aller voir le lac Issyk-Kul ou faire une escapade impromptue dans les déserts du Turkménistan, vous pouvez contacter l'agence Akzhol.

■ **ALPINA XXI**
278-1 Dostyk ✆ (3272) 64 03 25
www.alpina.kz – info@alpina.kz
Cette agence est spécialisée dans l'organisation de séjours sportifs aux environs d'Almaty : escalade, trekking, ski, VTT, rafting, randonnée, pêche…

■ **ECOTOURISM INFORMATION RESOURCE CENTRE**
71 Zheltoksan ✆ (3272) 79 81 46
ecotourism.kz@mail.kz
Il s'agit de l'antenne locale de l'association tournée vers l'écotourisme, soutenue entre autres par l'UNDP. Séjours chez l'habitant, randonnées, location de chevaux, guides… Elle fut la première à ouvrir ses portes en Asie centrale et a acquis une expérience certaine dans le domaine. Ses services sont fiables et assurent un voyagereposant dans l'organisation, attrayant et vivant dans la découverte.

■ **KAN TENGRI MOUNTAIN SERVICE**
10 Kasteev Street ✆ (3272) 91 02 00
Fax : (3272) 91 20 10
www.kantengri.kz – info@kantengri.kz
Une grande agence spécialisée dans l'escalade et la randonnée de haute montagne. Nombreuses expéditions à la carte : Khan Tengri en vedette (24 jours) mais également le pic de la Victoire (29 jours) ainsi que d'autres sommets en Asie centrale. Tous les programmes établis pour le Kazakhstan peuvent être assortis d'un programme en Ouzbékistan, où ce voyagiste possède de nombreux contacts.

■ **KARLYGASH MAKATOVA**
✆ (3272) 71 26 17
✆ (300) 75 52 086 (portable)
www.asia-adventuretours.com
kmakatova@yahoo.com
Cette jeune femme, ancienne sportive de haut niveau, organise des séjours aventure et sport dans la région d'Almaty, ainsi que des vols en hélicoptère au-dessus des montagnes. Elle est parfaitement anglophone et parle même quelques mots de français. Elle peut également trouver des logements chez l'habitant à Almaty.

Banques et bureaux de change

On trouve de nombreux distributeurs automatiques à Almaty, et la plupart acceptent les cartes internationales. Il suffit de vérifier que le logo de votre carte est présent sur la machine. Les bureaux de change sont également très nombreux dans toute la ville, et les taux à peu près homogènes. Il vaut néanmoins mieux éviter les bureaux situés dans les zones trop touristiques, notamment aux abords du Tsum, où les taux sont moins avantageux.

■ **HALYK BANK**
26 Masanchi ✆ (3272) 50 03 16

Possibilité de changer les chèques de voyage avec une commission de 2 %.

■ **KAZAKOMMERTZBANK**
49 Baysetova Street ✆ (3272) 50 51 07
Cette banque peut changer les Travelers Cheques, moyennant une commission de 2 %.

Internet

De nombreux cafés Internet sont présents à Almaty. On en trouve notamment un très bien au dernier étage des centres commerciaux Silk Way (au croisement de Töle Bi et de Nauryzbay Batry ou au bout de la rue piétonne Zhibek Zholy).

Numéros d'urgence

■ **POLICE**
✆ 02

■ **POMPIERS**
✆ 01

■ **URGENCES MÉDICALES**
✆ 03

Santé

On trouve de nombreuses pharmacies à Almaty, qui proposent une large gamme de médicaments internationaux. Il faut juste penser à vérifier les dates de péremption.

■ **INTERNATIONAL SOS CLINIC**
11 Luganskogo ✆ (3272) 58 19 11
www.internationalsos.com
Ouvert du lundi au vendredi de 9h à 19h et le week-end de 9h à 13h. La seule clinique internationale d'Almaty. Prestations de qualité mais les prix sont très élevés.

■ **INTERTEACH**
83 Ayteke Bi Street ✆ (3272) 58 81 00
Une clinique ouverte 24/24h, en cas d'urgence. Les consultations de base coûtent aux environs de 20 $.

Hébergement

Bien et pas cher

■ **HÔTEL GULDER**
1/2 Altynsarina ✆ (3272) 76 14 99
Au coin avec la rue Marchenko.
Chambres doubles à partir de 2 550 T. L'adresse la moins chère d'Almaty, ou presque (il est aussi possible de louer des lits au premier étage de la gare ferroviaire Almaty II), mais il vous faudra aller la chercher loin, très loin du centre ville. À défaut de confort et de literie neuve, dites-vous que vous êtes au calme. Honnêtement, compte tenu de l'aspect extérieur du bâtiment, on pourrait s'attendre à pire à l'intérieur. Les chambres sont tout de même spacieuses et dotées d'une télévision (n'espérez pas capter autre chose que les chaînes locales évidemment !) et d'un petit bureau couvert d'une toile cirée. Les chambres les moins chères partagent les salles de bains, les plus chères ont un petit coin toilettes et parfois une baignoire. Pour budgets serrés.

■ **HÔTEL KAZZHOL**
127/1 Gogol ✆ (3272) 50 89 41
Fax : (3272) 50 89 27
www.hotelkazzhol.kz
hotel-kazzhol@arna.kz
Chambre simple à partir de 11 900 T, chambre double à partir de 19 500 T avec petit déjeuner. Pension complète pour 4 000 T supplémentaires. Idéalement situé dans une petit cour du centre-ville, il est près de tout : l'aéroport n'est qu'à 25 minutes et la gare à 10 minutes. Cet hôtel confortable propose 119 chambres simples ou doubles toutes équipées : salle de bains avec douche, télévision satellite, téléphone, air conditionné (ce qui est particulièrement agréable car les étés sont torrides), sèche-cheveux et minibar. Le rapport qualité-prix est excellent ! Cet hôtel est aussi idéal pour les rencontres d'affaires puisqu'il est équipé d'une salle de conférence et d'un petit *business center.* Afin d'éviter de passer par des agences de voyages, l'équipe de l'hôtel se fera un plaisir de vous aider pour l'obtention de vos visas ou pour la réservation de vos billets. A noter la présence dans l'hôtel d'un pressing et d'un salon de coiffure.

■ **HÔTEL UYUT**
127/1 Gogol Street ✆ (3272) 79 55 11
Fax : (3272) 79 89 79
www.hotel-uyut.kz/en – hotel_uyut@mail.ru
Chambre simple avec baignoire 10 900 T, chambre double à partir de 17 000 T, petit déjeuner inclus. Cet hôtel est bien placé au centre d'Almaty et peut être une solution pour les budgets limités qui n'ont pas peur d'être à l'étroit et de se laver les dents dans la baignoire faute de lavabo… Le service n'est résolument pas à la hauteur du hall d'entrée qui se veut de classe internationale (sans y parvenir) mais c'est encore une des solutions les moins chères à Almaty.

■ **RENION HÔTEL**
163A Seifullin ✆ (3272) 94 34 31
Fax : (3272) 94 34 32
www.renion.kz – info@renion.kz
Chambre double standard à 5 500 T, confort à 7 000 T, petit déjeuner inclus. Les chambres de la catégorie confort se distinguent par plus d'espace et un salon. Mais même les standards sont une bonne affaire, sans prétention aucune mais propres et dotées de mobilier n'ayant pas connu Gorbatchev. Les salles de bains sont bien équipées et agréables. Certains services sont appréciables comme l'air conditionnée ou l'accès wi-fi gratuit. Le bâtiment, moderne, est assez bien isolé du bruit de la rue.

■ **SAYA HÔTEL**
135 Furmanova
✆ (3272) 72 32 65 – (3272) 61 24 84
Fax : (7232) 61 16 10
Chambres doubles à partir de 15 000 T, petit déjeuner compris. Les chambres sont petites, mais l'hôtel est neuf, bien entretenu et surtout extrêmement bien placé. Une bonne adresse dans laquelle il vaut mieux réserver puisque l'hôtel ne compte que 12 chambres. Le personnel est d'une grande gentillesse et peut vous donner des conseils précieux pour votre séjour.

■ **TIANSHAN HÔTEL**
151 Kunaeva
✆ (3272) 91 97 53 – (3272) 91 79 37
Fax : (3272) 91 91 62
Chambres simples à 22 000 T, doubles de 25 000 à 35 000 T, petit déjeuner inclus. Cet hôtel propose un très bon rapport qualité-prix : les chambres sont très grandes, calmes et propres, l'établissement est bien entretenu et l'accueil agréable. Une récente augmentation des prix a rendu l'affaire un peu moins intéressante que par le passé, mais l'adresse demeure une des meilleures dans sa catégorie à Almaty.

■ **TURKESTAN HÔTEL**
49 Makataeva ✆ (3272) 66 41 36
www.turkistan-hotel.kz
Chambres simples à 3 000 T, doubles à 6 500 T. Pas de grand confort dans cet établissement, un des plus vieux d'Almaty, mais remarquablement correct pour qui cherche à être bien situé sans trop débourser. Les hôtels bon marché sont suffisamment rares à Almaty ! Les chambres sont en toute simplicité mais propres et possèdent tout de même la télévision et l'air conditionné. Un sauna est à la disposition des clients. Sa situation en face du bazar le rend malheureusement un peu bruyant : il est très fréquenté par des clients russes, turcs ou chinois venus faire achats ou des ventes en gros et discutant bruyamment affaires dans les couloirs.

Confort ou charme

■ **HÔTEL ALMATY**
85 Kabanbai Batyr
✆ (3272) 72 00 70
Fax : (3272) 72 00 80
hotel_almaty@mail.ru
Chambres doubles rénovées à 16 000 T, et à partir de 25 000 T pour les chambres rénovées. Petits déjeuners inclus. Les chambres des étages élevés offrent de très belles vues sur la ville et les montagnes. Les pièces sont grandes et claires, et toutes les chambres sont en fait de petites suites bien aménagées. Bon rapport qualité-prix et emplacement correct.

■ **HÔTEL GRAND AISER**
1 Pozharsky ✆ (3272) 50 33 50
Fax : (3272) 92 61 33
www.grandaiserhotel.kz
info@grandaiserhotel.kz
Chambres doubles à 30 000 T, petit déjeuner inclus. Quelques chambres moins confortables peuvent être négociées à 20 000 ou 25 000 T. Pour un établissement qui se réclame de la catégorie quatre étoiles, il y aurait beaucoup à dire du côté du confort, du service et même de l'hygiène. Bref, cette adresse demeure valable surtout si vous voulez vous offrir du « semi luxe » pour un tarif pas trop astronomique. Mais à la rigueur, autant payer un peu plus cher et aller chercher du vrai luxe chez les conccurents.

■ **HÔTEL KAZAKHSTAN**
52 Dostyk ✆ (3272) 91 91 01
www.hotel-kazakhstan.kz
info@khotel.kz
Chambres simples à 33 000 T, doubles à partir de 38 000 T, petit déjeuner inclus. Globalement, compte tenu du passif soviétique de l'établissement, la rénovation n'a pas été si mauvaise que cela. Les chambres sont spacieuses et plutôt confortables, seules les salles de bains n'ont malheureusement pas bénéficié de la même qualité de restauration : sous de beaux carrelages scintillants, bruits de tuyauterie et eau chaude capricieuse rappelent les grandes heures staliniennes de l'établissement. Un peu cher payé.

Luxe

HÔTEL ASTANA
113 Baitursynov ✆ (3272) 50 70 50
Fax : (3272) 50 10 60
www.astana-hotel.com
info@astana-hotel.com
Chambres simples à partir de 30 000 T, doubles à partir de 34 500 T. Petit déjeuner inclus. Un hôtel de standard international, avec accès wifi dans tout l'établissement, piscine et salle de gymnastique. Les chambres sont un peu petites mais impeccables.

HÔTEL OTRAR
73 Gogol
✆ (3272) 50 68 48 – (3272) 73 00 75
Fax : (3272) 50 68 09
www.group.kz – otrar@group.kz
Chambres simples à 29 000 T, doubles à doubles à 31 500 T, petit déjeuner inclus. Situé en face du parc Panfilov, cet hôtel garde une teinte soviétique mais propose des chambres d'un bon rapport qualité-prix. Les tarifs comprennent le pressing gratuit pour deux pièces par jour, ainsi qu'une heure d'Internet et deux heures de sauna. On trouvera également une petite agence de voyage dans le hall de réception, qui peut faciliter les démarches d'achat de billets d'avion ou de train et faire quelques réservations dans le pays.

HYATT REGENCY ALMATY
29/6 Akademik Satpaev ✆ (3272) 50 12 34
Fax : (3272) 50 88 88
www.almaty.hyatt.com
almaty.regency@hyattintl.com
Chambres simples à partir de 88 000 T, doubles à partir de 100 000 T. Petits déjeuners en buffet inclus. L'un des hôtels les plus luxueux de la ville, le Hyatt est situé dans un beau parc qui abrite également un bar en forme de yourte. L'architecture intérieure est originale (elle évoque une yourte traditionnelle) et de bon goût. L'établissement est conforme aux normes internationales de la chaîne.

REGENT HÔTEL
181 Zheltoksan Street
✆ (3272) 50 50 00
Fax : (3272) 58 21 00
www.regenthotels.com/almaty
Chambres à partir de 45 000 T, petit déjeuner en sus (buffet ou continental). Le concurrent du Hyatt dans la catégorie luxe est un peu moins réussi côté architectural et design, mais dissimule des chambres parmi les plus spacieuses et les plus confortables de sa catégorie. Très cher, mais avec des services à la hauteur de toutes les attentes. Amateurs de luxe…

Restaurants

Bien et pas cher

ALASHA
20 Marat Ospanov ✆ (3272) 54 07 00
Ouvert de 11h30 à minuit. Autour de 3 000 T. Un des restaurants ouzbeks les plus populaires d'Almaty. Là encore, en plus d'une bonne cuisine centrasiatique, on pourra assister tous les soirs à des spectacles vivants de danses traditionnelles. Une attention particulière a été portée à la décoration, qui s'appuie sur de nombreuses pièces d'artisanant ouzbek et kazakhe en céramique, ce qui ne gâche rien.

MAMMA MIA
87 Gogol ✆ (3272) 73 38 73
Autour de 2 000 T. Pour la gastronomie italienne, mises à part quelques recettes préparées avec soin mais sans surprise, il faudra chercher ailleurs. En revanche, les pizzas sont d'un bon rapport qualité-prix et ne manquent pas de garniture. Parfait pour se caler à petit prix. Les appétits plus modestes apprécieront les belles salades et leurs produirs frais.

NAMASTE
Angles des rues Satpaeva et Baitursynova
✆ (3272) 93 06 22
Compter autour de 1 000 T pour les entrées, 2 000 à 3 000 T pour les plats. Restaurant indien à l'ambiance un peu sobre, mais à la cuisine savoureuse, qui passe, avec de fortes raisons, pour être la meilleure cuisine indienne d'Almaty depuis des années !

TROPICANA
99 Chevchenko ✆ (3272) 93 72 53
À l'angle avec la rue Baitursynov
Moins de 2 000 T. Un restaurant de cuisine locale, comme ne le laissent supposer ni son nom ni son décor. Bambous et faux palmiers sur la terrasse, spectacles de danses avec plumes et paillettes à l'intérieur. Kitsch et drôle, pour changer un peu d'ambiance.

YUBILINY
Plusieurs restaurants avec de larges terrasses ouvertes sur la rue se trouvent à Yubiliny, à côté du croisement des rues Ablai Khan et Gogol. Ces établissements sont ouverts 24/24h, et sont le point de rendez-vous de la jeunesse locale à la sortie des discothèques.

Ambiance garantie, et cuisine classique de qualité à prix modestes.

Bonnes tables

■ ESIK
133A Panfilov
✆ (3272) 72 20 35
✆ (3272) 72 20 37
De 3 000 à 4 000 T. Un restaurant folklorique, où l'on est accueilli par des serveurs en costume traditionnel kazakh. La décoration est kitsch à souhait, à tel point qu'on ne peut s'empêcher de trouver l'endroit d'une drôlerie irrésistible. Des spectacles de danses et de chants locaux ont lieu tous les soirs sauf le dimanche, de 20h à minuit. La carte propose un vaste choix de plats kazakhs, géorgiens et turcs.

■ PBC
103 Furmanova Street
✆ (3272) 67 03 48
Compter autour de 3 000T. Ambiance nostalgie soviétique pour ce restaurant plein de charme, orné de vieilles affiches de propagande. Les repas sont rythmés par des chants révolutionnaires qui complètement l'atmosphère. La cuisine, en revanche, n'a plus grand chose de russe : la spécialité ici ce sont plutôt les burgers et les tartares.

■ RESTAURANT ENTRECÔTE
46 Abai
✆ (3272) 92 51 02
De 2 000 à 3 000 T pour un menu frugal, mais jusqu'à 8 000 T si vous visez les spécialités de canard à l'orange. Le restaurant français d'Almaty ! Le bâtiment a des faux airs d'auberge normande, et le parc dans lequel sont répartis des petits kiosques en bois abritant des tables est particulièrement agréable. Les lumières tamisées apportent une ambiance à la limite du romantisme. La carte offre un vaste choix et les pièces de bœuf sont à recommander. Très fréquenté par la communauté expatriée d'Almaty. Une seconde « Entrecôte » a ouvert ses portes à l'angle de Furmanov et Bogenbai Batyr (✆ 96 44 15).

■ ZHERUIYK
500 Seyfullin
✆ (3272) 63 98 28
Autour de 3 000 T. Dans la même veine que le restaurant Esik. Cuisine locale de bonne qualité, spectacles de danse folklorique et serveurs costumés.

Luxe

■ ASSORTI
106 Dostyk ✆ (3272) 64 56 45
Autour de 10 000 T. Un autre rendez-vous d'expatriés à Almaty. Cuisine européenne et japonaise de bonne qualité. On peut manger pour moins cher, bien sûr, mais tant qu'à s'offrir une « petite folie »...

■ BEIRUT
50 Dostyk ✆ (3272) 93 81 91
Compter au moins 6 000 T. Au coin avec la rue Kurmangazy, un restaurant libanais où l'on cause affaires : traduisez « cher » pour pas grand-chose. Mais, enfin, la cuisine est réellement savoureuse, alors si le cœur vous en dit.

■ VOGUE
11 Satpaev ✆ (3272) 64 16 99
À l'angle avec la rue Furmanov
Compter autour de 5 000 T pour un repas complet. C'est plus un bar où l'on mange qu'un véritable restaurant, l'ambiance et le décor se veulent les plus branchés de l'ancienne capitale kazakhe mais le résultat n'est pas franchement à la hauteur. On mange bien, mais cher, et l'atmosphère n'offre finalement rien d'autre à faire que de côtoyer la jeunesse dorée d'Almaty, que tout cela semble aussi fatiguer à la longue.

Sortir

Bars

▶ **Rue piétonne.** Elle relie la rue Zangar au Tsum et concentre une bonne partie de l'animation nocturne de la ville. Plusieurs cafés ont des terrasses ouvertes sur la rue, où la jeunesse locale vient manger des brochettes sur le pouce et siroter des chopes de bière. L'endroit est parfait pour s'imprégner un peu de l'ambiance locale.

■ DUBLIN PUB
✆ (3272) 69 17 16
Sur Baisetova, entre les rues Abai et Satpaev. Un pub irlandais authentique, avec son décor de bois, ses matches retransmis en direct, et ses pintes de Kilkenny ou Guinness à la pression. Concerts réguliers.

■ GUINNESS BAR
71 Dostyk ✆ (3272) 69 57 26
Musique *live*, Guinness à la pression, billards et jeux de fléchettes : le décor est planté et on se rapproche diablement de l'Irlande après quelques verres…

■ **SOHO**
65 Kazybek ✆ (3272) 67 03 67
www.soho.kz – info@soho.kz
Restaurant, bar, et boîte de nuit, accueillant tous les soirs des concerts de rock à partir de 20h. L'entrée coûte 500 à 700 T le week-end selon la programmation. La carte propose des plats « internationaux », des hamburgers aux pizzas (compter 1 000 à 1 500 T minimum par plat). À noter cependant que l'endroit est essentiellement fréquenté par les étrangers, et qu'il sert de lieu de travail à de nombreuses jeunes filles russes ou kazakhes.

■ **TYNKOFF**
27A Satpaev
Ce café-concert fait souvent venir des groupes russes à la mode. C'est un endroit branché où les consommations sont chères, mais l'ambiance est garantie. D'autant que la bière coule à flot : les saouleries ne sont pas rares dans cet endroit ! En été, vous pourrez profiter de la superbe terrasse sur le toit dominant une partie de la ville.

Discothèques

■ **ADMIRAL NELSON**
Au croisement de Furmanova et Kalinina
Ouverte de 23h à 5h du matin. L'une des boîtes branchées de la ville, largement dédiée à la musique techno. Bonne atmosphère.

■ **CUBA**
Au croisement de Bogonbai et Dostyk
L'une des boîtes les plus agréables d'Almaty. Rien d'authentique évidemment, puisqu'on y écoute surtout des rythmes latino-américains, mais l'ambiance y est colorée, vivante, et la musique souvent excellente.

■ **DA FREAK**
Dans le parc Panfilov, à droite après l'entrée principale sur la rue Gogol
Ouverte de 23h à 5h du matin. La discothèque la plus internationale de la ville, DJ étrangers et musique électro. Toujours animé, et à éviter absolument pour les agoraphobes.

■ **PETROLEUM CLUB**
100 Chevchenko ✆ (3272) 69 27 14
L'un des premiers clubs à avoir ouvert ses portes à Almaty après l'indépendance. La piste de danse ne s'anime réellement qu'à partir de 2h du matin

■ **REAL CLUB**
Croisement rue Tachkent et rue Dirjinskova
Une boîte fréquentée par la communauté homosexuelle locale, mais ouverte à tous. Musique électro.

Spectacles

Almaty est une ville de culture, qui accueille un très grand nombre de théâtres. Les programmations sont en général affichées devant le théâtre concerné, et les tarifs varient en fonction des théâtres bien qu'ils restent toujours bon marché. Les spectacles sont en général en russe, mais on peut y aller même sans comprendre la langue, ne serait-ce que pour découvrir l'intérieur des théâtres et s'imprégner de l'ambiance si particulière des représentations.

■ **ABAI STATE OPERA AND BALLET THEATRE**
110 Kabanbai Batyr
✆ (3272) 72 79 34
Le théâtre national est le plus dynamique de la ville, et également celui dont l'architecture est la plus intéressante.

■ **ART&SHOCK THEATRE**
49 Kunaev ✆ (3272) 73 52 82

■ **AUEZOV STATE DRAMA THEATRE**
103 Abai ✆ (3272) 92 33 07

■ **GERMAN DRAMA THEATRE**
64D Satpaev ✆ (3272) 46 57 74

■ **KOREAN STATE MUSICAL COMEDY THEATRE**
70/1 Papanin ✆ (3272) 90 95 48

■ **LERMONTOV RUSSIAN DRAMA THEATRE**
43 Abai ✆ (3272) 67 31 31

■ **MUSREPOV STATE THEATRE FOR CHILDREN**
38 Abylai Khan ✆ (3272) 71 42 37

■ **OUIGUR STATE MUSICAL THEATRE**
30A Satpaev ✆ (3272) 72 82 76

■ **SATS RUSSIAN STATE THEATRE FOR CHILDREN**
22 Shalyapin
✆ (3272) 21 89 64

Points d'intérêt

■ **ARK GALLERY**
240 Dostar Avenuedans le *business centre*
✆ (3272) 58 40 66
Elizaveta Malinovskaya a ouvert cette galerie d'art en 1997 et y a réalisé plus d'une soixantaine d'expositions. Les tableaux y sont un peu surévalués mais le travail des artistes toujours intéressant.

BAINS PUBLICS ARASAN

78 Tulebaeva
✆ (3272) 72 40 18 – (3272) 72 40 91
Ouverts de 7h30 à 22h. Plusieurs possibilités sont offertes dans ce lieu incontournable d'Almaty. Les bains peuvent être russes, finlandais, avec ou sans piscine, collectifs ou privés. Compter 2 heures pour chaque session, et de 350 à 650 T par personne en fonction du style de bain choisi et de l'heure. Les bains privés se louent à partir de 3 000 T et peuvent accueillir jusqu'à six personnes.

CATHÉDRALE SAINT-NICOLAS

Au croisement de Kabanbai Batyr
et de Baytursynuly
Cette belle église orthodoxe est moins connue que celle du parc Panfilov, mais mérite un coup d'œil quand même. Elle est aussi verte que l'église Zenkov est jaune, et on peut la repérer de loin grâce à ses coupoles dorées. Un petit bazar se trouve juste à gauche de l'entrée de l'église.

CENTRAL EXHIBITION HALL

137 Zheltoksan Street ✆ (3272) 67 40 22
Pour jeter un œil sur l'art « officiel » du moment.

CHEVALIER D'OR

Sur la place de l'hôtel de ville
Cette colonne surmontée d'une statue représentant le chevalier d'or est devenue le symbole de la ville. Elle est située en face du bâtiment du gouvernement municipal, un colosse à l'architecture néoclassique. De l'autre côté de la place se trouvent le musée national, grande structure blanche surmontée d'une coupole, et la résidence présidentielle, reconnaissable à ses grandes barrières et à ses gardes en patrouille permanente.

ÉGLISE ZENKOV

Dans le parc Panfilov
Cette église est l'un des plus beaux monuments de la ville, et le bâtiment le plus ancien. Construite en bois, elle a su résister à tous les tremblements de terre depuis 1904. Cette grande église aux couleurs éclatantes a été rendue au culte orthodoxe en 1995, après avoir été transformée en musée et salle de concert pendant la période soviétique.

GRANDE MOSQUÉE D'ALMATY

Au croisement des rues
Pushkin et Mametova
Construite en 1999 à l'initiative du président Nazarbayev, cette mosquée est aujourd'hui la plus grande de la ville. On la repère de loin grâce à ses minarets qui pointent vers le ciel. Mais les carreaux blancs qui composent sa façade sont un peu décevants vus de près. L'enceinte de la mosquée accueille aussi l'administration religieuse des musulmans du Kazakhstan.

HOUSE OF ARTISTS

92 Panfilov Street ✆ (3272) 73 26 60
Une galerie qui regroupe plusieurs associations d'artistes.

MÉMORIAL DE LA SECONDE GUERRE MONDIALE

Dans le parc Panfilov
Cet imposant monument a été construit en hommage aux soldats qui ont défendu Moscou contre les Allemands durant la Seconde Guerre mondiale. Il se présente sous la forme d'une impressionnante statue en pierre conçue dans la pure lignée du réalisme soviétique, placée au bout d'une allée en pierre où brûle une flamme éternelle. Le monument principal est encadré de deux fresques du même style, dédiées aux soldats de la Seconde Guerre mondiale à droite, et aux révolutionnaires russes à gauche. Le site est l'un des incontournables d'Almaty, très prisé par les jeunes mariés qui viennent s'y faire prendre en photos en grande tenue.

MUSÉE DE GÉOLOGIE

85 Dostyk
Ouvert de 10h à 16h, tous les jours sauf le week-end. Entrée 100 T. Ce musée n'est à recommander qu'aux passionnés de géologie : l'alignement de cailloux peut laisser perplexes ceux qui ne s'intéressent pas vraiment à cette science. L'entrée du musée est néanmoins assez amusante : les salles se trouvent au sous-sol, et l'accès se fait par un ascenseur similaire à ceux des mines de charbon.

MUSÉE DES BEAUX-ARTS

30a rue Satpaev ✆ (3272) 47 83 56
Ouvert tous les jours sauf le lundi et le dernier jour de chaque mois, de 10h à 18h. Entrée 250 T. Des petits livrets décrivant les collections en anglais sont disponibles à l'entrée mais les panneaux explicatifs en anglais, présents dans toutes les salles, sont suffisants pour une première approche. Ce très grand musée rassemble une importante collection d'art contemporain, russe et kazakh. Il comporte également une salle dédiée aux arts traditionnels, où l'on peut admirer de très beaux tapis, quelques meubles et instruments

© SYLVIE FRANCOISE

Musée des instruments traditionnels

de musique. On peut également visiter la salle consacrée aux arts orientaux, chinois, indiens, japonais, coréens et tibétains, bien que les pièces présentées soient loin d'être les plus attrayantes du musée. Le magasin de souvenirs propose de nombreux tapis.

MUSÉE DES INSTRUMENTS TRADITIONNELS

24 Zenkov, à l'intérieur du très beau bâtiment en bois © (3272) 91 63 26

Dans le parc Panfilov. Ouvert tous les jours de 9h à 13h et de 14h à 18h. Entrée 110 T. Pour tout savoir sur les instruments de musique kazakhs. Le musée est intéressant, doté d'une jolie petite salle de concert. Mais il manque un peu d'explications en anglais. De nombreux instruments, en particuliers des *dombras*, ayant appartenu à de grands musiciens ou poètes kazakhes ont été récupérés pour enrichir le fonds du musée.

MUSÉE D'HISTOIRE ET DE LA REPRESSION

108 Nauryzbai Batyr

Ouvert du lundi au vendredi de 9h à 18h. Entrée 80 T. Ce musée a été ouvert par le ministère de l'Intérieur en 2003, suite à un décret présidentiel de 1997. Il est consacré aux purges dont ont été victimes les Kazakhs pendant la répression stalinienne des années 1930. Selon les statistiques officielles, 118 000 Kazakhs ont été victimes du régime soviétique entre 1934 et 1986. Le plus grand goulag du pays, qui se trouvait dans la région de Karadanda, est aujourd'hui ouvert au public, dans la même démarche de mémoire. Le musée de la Répression comporte essentiellement des photos des victimes, commentées par une guide anglophone.

MUSÉE MILITAIRE

22 Zenkov, au 1er et 2e étage du grand bâtiment avec une arche

© (3272) 91 06 19

Dans le parc Panfilov. Ouvert du lundi au vendredi de 9h à 17h. Entrée 200 T. Ce musée est censé déménager bientôt vers Astana, mais la date n'est pas encore déterminée. Il retrace l'histoire militaire du pays, à grand renfort d'images et d'affiches de propagandes, qui sont probablement les éléments les plus intéressants pour un étranger. Car l'endroit manque radicalement d'explications en anglais, et les successions de portraits de généraux locaux laissent un peu indifférents.

MUSÉE NATIONAL

44 rue Furmanov

Ouvert de 9h30 à 18h, tous les jours sauf le mardi. Entrée 100 T, et 1 000 T supplémentaires pour visiter la salle coffre-fort dédiée aux bijoux. Le musée propose un panorama complet de l'histoire du pays, dans un parcours chronologique assez bien conçu, bien que l'on puisse regretter l'absence de commentaires en anglais. Une belle salle est consacrée à l'ethnographie locale, et la salle sur le Kazakhstan indépendant est un bel exemple de propagande politique.

Grande mosquée d'Almaty

Les deux magasins de souvenirs à l'entrée proposent quelques objets artisanaux et des tapis.

PARC D'ATTRACTIONS FANTASY WORLD

Rue Abay, à côté du cirque

Ouvert de 13h à minuit en semaine, de midi à minuit le week-end. Entrée 1 800 T avec accès à toutes les attractions. Un parc d'attractions classique, avec quelques montagnes russes et une grande roue qui offrent une belle vue sur la ville.

PARC GORKY

Entrée principale au bout de la rue Gogol

Entrée 30 T, ouvert 24/24h. Le plus grand parc de la ville accueille de nombreuses attractions : le cinéma Rodina et son unique salle, un petit parc de loisirs pour les enfants, le zoo de la ville (*ouvert de 9h à 20h*), un aquaparc (*ouvert de 11h à 22h*), ainsi qu'une multitude de petits cafés en plein air. C'est un endroit très agréable pour une promenade en pleine verdure.

PARC PANFILOV

Entrée gratuite. Situé en plein centre-ville, avec l'entrée principale sur la rue Gogol, le parc Panfilov est l'un des sites incontournables d'Almaty. Le parc, qui date de la fin du XIXe siècle, est très agréable et abrite en outre deux des monuments les plus impressionnants de la ville, ainsi que le très beau musée des instruments de musique.

TÉLÉPHÉRIQUE

Départ au croisement
des rues Dostyk et Abai

Ouvert de 11h à 1h du matin. 350 T aller simple. Le téléphérique conduit au sommet de la colline où se trouve la tour de télévision et qui surplombe toute la ville. Les habitants d'Almaty aiment y monter pour admirer le panorama à la fois de la ville et des montagnes qui l'entourent. Plusieurs restaurants sont installés au sommet de la colline.

Shopping

Centres commerciaux

MELOMAN

58 Gogol

© (3272) 73 10 24

Ouvert de 9h à 18h tous les jours sauf le dimanche. La principale adresse sur Almaty de cette chaîne ouverte 24h/24. L'endroit idéal pour trouver des films ou de la musique russe et kazakhe.

SILK WAY

Cette chaîne de centres commerciaux est bien représentée dans toute la ville. On y trouve un peu de tout, surtout des vêtements. Des cafés Internet sont situés au dernier étage.

Librairies

On peut se procurer en ville *The Almaty Herald* et *The Kazakhstan Monitor.*

AKADEMKNIGA

91/97 Furminova Street

✆ (3272) 73 78 18

Deux adresses très proches l'une de l'autre pour cette librairie qui est la seule de la ville où l'on puisse trouver des livres en anglais, ainsi que quelques cartes de la ville ou du pays.

Autre adresse : 139 Furminova Street ✆ (3272) 72 79 81

Marchés

Les marchés, appelés bazars, font partie intégrante de la vie quotidienne du pays. Ils sont à la fois un lieu d'achat et un centre de sociabilité, grâce à leurs restaurants et maisons de thé, souvent en plein air, qui contribuent à l'animation locale.

BAZAR VERT ZELIONE

Sur la rue Zhibek Zholy, tout près du croisement avec la rue Pushkin. Le bazar vert est le plus grand de la ville. Sa partie principale ne fonctionne pas le lundi.

Dans les environs

Les possibilités de randonnées sont très nombreuses tout autour d'Almaty. Pour ceux qui ont un visa kirghiz, on peut même se rendre à Bichkek à pied en deux jours de marche ! Il convient néanmoins de faire attention aux conditions climatiques et aux risques d'avalanches. Il est de toute façon impératif d'être accompagné par des guides expérimentés. De nombreuses agences à Almaty sont spécialisées dans l'organisation de trekkings.

CANYON DE SHARYN

À 3 heures de route d'Almaty. Il faut prévoir une voiture individuelle. L'entrée est payante. Ce canyon est une véritable curiosité : il découpe la steppe à la serpe, dans un paysage presque lunaire. L'endroit est vraiment impressionnant et pour en profiter, on peut envisager de camper sur place afin d'admirer le lever et le coucher de soleil dans cet étonnant paysage (prévoir les repas). Au fond du canyon, au bord de la rivière, une petite yourte fait office de café.

MEDEU ET SHYMBULAK

Bus n°6 depuis l'hôtel Kazakhstan ou taxis (800 T environ). La patinoire de Medeu, située à une quinzaine de kilomètres d'Almaty, couvre une superficie de 10 500 m² ! Elle est ouverte de novembre à mars, en fonction des températures, et l'entrée coûte environ 500 T. C'est l'une des distractions favorites des habitants d'Almaty le week-end, et malgré son gigantisme, la patinoire peut être très peuplée les jours de pointe. Au-dessus de la patinoire, se trouve la station de ski de Shymbulak, l'autre site de villégiature très prisé en hiver. La station comporte deux grandes pistes bleues, deux pistes rouges, deux vertes pour les débutants, et deux voies réservées aux snowboards. Quatre télésièges et un remonte-pente permettent d'accéder aux pistes. Dans la station, on trouve un bon nombre de restaurants et de cafés. En été, les habitants d'Almaty viennent également à Shymbulak pour y trouver un peu d'air frais et des températures plus clémentes qu'en ville. De nombreuses pistes de randonnées partent de la station ou de la patinoire. On peut notamment aller explorer la vallée Malaya Almatinka et avoir une belle vue sur le pic Komsomol qui culmine à 4 375 m d'altitude.

MUSÉE DES AIGLES DE NURA

✆ (27) 67 21 21

S'adresser à Dinara Serikbaeva, directrice du musée, qui parle kazakh et russe. À deux heures de route d'Almaty, pas de transport en commun. Ce petit village s'est fait une spécialité de la chasse à l'aigle. Plusieurs familles dans le village ont des aigles de compétition, et le savoir des Berkutchi s'y transmet de père en fils. Quelques familles se sont associées pour créer un musée de l'aigle, dans lequel on peut admirer quelques volatiles, apprendre les méthodes de dressage et regarder des vidéos de chasse. Comme le business n'est jamais bien loin, les familles organisent des démonstrations pour les touristes en hiver, entre la fin novembre et le début du mois de mars, au moment de la saison de chasse. Pour suivre à cheval un chasseur, passer une nuit chez l'habitant et y être logé, compter un minimum de 130 $ par personne… La plupart des agences de voyages d'Almaty sont capables d'organiser l'expédition.

SHYMKENT

La ville de Shymkent sera le premier point de contact avec le Kazakhstan pour les voyageurs en provenance de Tachkent en Ouzbékistan. La ville ne présente pas d'intérêt touristique particulier, mais elle est néanmoins agréable, et on peut y passer une bonne demi-journée ou une soirée avant de poursuivre sa route vers Almaty ou le Turkestan.

Transports

▶ **Avion.** L'aéroport se trouve à une dizaine de kilomètres de la ville. Air Astana assure des liaisons avec Almaty au moins une fois par jour.

▶ **Bus.** Des bus effectuent la liaison plusieurs fois par jour avec Almaty et Turkestan. Les départs des bus se font de la gare ferroviaire.

▶ **Train.** De la gare de Shymkent, on peut prendre des trains pour Almaty, Turkestan, Atirau, et Bichkek et Moscou pour les lignes internationales. Pour Turkestan, compter 4 heures de trajet et un peu moins de 800 T pour le billet.

Hébergement

■ HÔTEL DOSTYK

6H Adyrbekova © (3252) 54 84 98
too.dostyc-ab@mail.ru
Chambre simple à 6 750 T, double à 13 000 T en catégorie standard. Les 72 chambres de cet hôtel ont été bien rénovées en 2007 et proposent tout le « confort moderne ». La réception est un peu terne mais les chambres irréprochables dans leur catégorie. Bel emplacement, au centre de la ville.

■ HÔTEL KEMA

93A Tauke Khan © (3252) 54 05 97
Chambre double à partir de 25 000 T, quelques chambres non rénovées négociables entre 8 000 et 9 000 T. Une bonne option proche du centre : l'hôtel a été rénové récemment et les chambres sont agréables, dotées de climatisation, de minibars et de salles de bains agréables. Au sous-sol, un sauna et, à l'extérieur, une piscine complètent l'ensemble.

■ HÔTEL KLARA CENTER SAPAR

4 Respublika © (3252) 23 23 33
Chambre simple à 8 100 T, double à 9 000 T. Le kitsch du hall de réception n'est pas sans évoquer certains hôtels du centre de la Chine… Mais depuis la rénovation du Dostyk, le Klara center Sapar (à ne pas confondre avec l'hôtel Sapar, plus haut de gamme), est la meilleure solution d'hébergement « bon marché » à Shymkent. Les chambres sont sobres, équipées du minimum, mais parfaitement vivables.

Restaurants

■ PARC KEN-BABA

Ce parc situé au cœur de la ville concentre une bonne partie de l'animation nocturne locale. Il abrite un excellent restaurant structuré autour d'un jardin, avec des tables installées sur des terrasses au-dessus de bassins. Les brochettes y sont excellentes, la carte est variée, et les prix restent raisonnables vu la qualité à la fois de la cuisine et de l'environnement. Après dîner, on peut aller faire quelques parties de billard en plein air dans le parc, ou aller flâner avec les badauds locaux.

Points d'intérêt

■ BAZAR

Le bazar de Shymkent est un bon endroit pour aller se promener. Il est très animé et coloré, comme la plupart des bazars de province, un peu chaotique. Il est fermé le lundi et s'active en général de 8h à 20h les autres jours de la semaine.

■ MUSÉE DE SHYMKENT

13 Kazybek Bi
Ouvert du mardi au dimanche, de 9h à 18h. Entrée 50 T. Pour ceux qui auront un peu de temps à tuer à Shymkent, ce musée consacré à l'histoire régionale peut occuper une bonne heure. Il retrace notamment l'histoire de Shymkent au temps de la route de la soie.

TURKESTAN

Au milieu du désert, cette petite ville dont la population est multipliée par 2 ou 3 à chaque pèlerinage (sans compter les touristes qui y font un passage obligé), abrite les monuments anciens les plus impressionnants du pays. Le mausolée d'Ahmed Yasawi, classé en 2002 au patrimoine mondial de l'Unesco, est représentatif de l'architecture des débuts de la dynastie timouride, le seul à se trouver sur le territoire du Kazakhstan. Et même ceux qui auront visité les autres constructions timourides à Samarkand ne manqueront pas d'être impressionnés par les dimensions de l'ensemble. La ville de Turkestan était une étape importante de la route de la soie, bien que sa torpeur actuelle ne puisse pas le laisser deviner. On estime que les premières traces d'urbanisation y remontent à plus de 1 500 ans. Aujourd'hui, Turkestan accueille une très large communauté turque, attirée par l'université turco-kazakhe de la ville, unique en son genre dans le pays.

Transports

▶ **Train.** Les trains depuis Turkestan relient les villes de Kyzylorda à l'ouest, Djamboul

et Almaty vers l'est. Trois fois par semaine, un train permet d'aller jusqu'à Bichkek, au Kirghizstan.

- **Bus.** Des bus assurent les mêmes trajets, et partent de la gare routière située un peu au nord de la ville. Des minibus privés font également la liaison, et attendent en général devant la gare ferroviaire. Ils partent quand ils sont pleins.
- **En ville,** les bus n°2 et 5 suivent la rue principale, qui dessert la gare routière, la gare ferroviaire et le bazar.

Pratique

Argent

ATM
Un distributeur automatique acceptant les cartes bancaires internationales se trouve sur la rue Khojanov, juste à côté de l'hôtel Edem.

WESTERN UNION
Le bureau de la Western Union se trouve en face de l'hôtel Yessay.

Internet

CAFÉ INTERNET
Rue Khojanov
presque en face du restaurant turc
Compter autour de 1 € de l'heure. Les connexions sont bonnes malgré les apparences.

Marché

BAZAR
La principale activité économique de la ville vient de son bazar, qui est effectivement très grand et très animé. On peut aller y flâner quelques heures avec bonheur.

Hébergement

La ville ne compte pas beaucoup d'hôtels, et mieux vaut tenter de faire votre réservation bien en avance si vous comptez séjourner à Turkestan pendant la saison touristique.

EDEM COMPLEX
Rue Khojanov © (32533) 31 697
Chambre double avec deux petits lits à 5 000 T, avec grand lit 6 500 T, petit déjeuner inclus. Ce petit hôtel de 7 chambres ressemble plus à une maison d'hôte, si l'on exclut la discothèque qui se trouve au sous-sol et qui porte le doux nom de Hell (deux salles, l'une de musique kazakhe,

© SYLVIE FRANCOISE
Bazar de Turkestan

l'autre de musique ouzbèke). Un restaurant barbecue dans la cour permet de déjeuner dans un cadre très agréable. Les chambres sont un peu chères, mais les prestations sont de bonne qualité. Pour à peine plus cher, vous logerez plus confortablement au Yessay.

HÔTEL YESSAY
Taukehan Street
© (32533) 40 183
Chambre double autour de 6 000 T (les tarifs augmentent très sensiblement pendant la saison touristique), petit déjeuner compris. Cet hôtel est idéalement situé à deux pas du mausolée. Il est extrêmement bien entretenu, les chambres sont impeccables, quoique aménagées en toute simplicité, et le personnel discret à défaut d'être extraordinairement sympathique. Probablement la meilleure adresse de la ville et un très bon rapport qualité-prix.

Restaurants

Le bazar est évidemment l'endroit où se concentrent toutes les petites échoppes à brochettes et *plov.* Pour changer un peu d'ambiance à défaut de changer vraiment de gastronomie, on peut tenter les adresses suivantes.

AIAN

Rue Khojanov, en face de la mairie

Ce petit café en plein air ne fonctionne qu'en été. Pour des brochettes en toute simplicité.

ASKHANA

En face du mausolée,
à côté des magasins de souvenirs

Ce petit restaurant propose toute la gamme des plats traditionnels à petits prix. On peut également déguster des brochettes à côté de la fontaine sur la petite place devant le restaurant.

CAFÉ NAURIS

Rue Khojanov

Ce café surmonté d'un dôme pointu est repérable à son architecture plus turque que locale. On peut y manger en terrasse, des brochettes et quelques plats d'origine turque. La meilleure adresse pour un repas un peu plus varié que d'habitude.

Point d'intérêt

MAUSOLÉE D'AHMED YASAWI

Ouvert tous les jours de 9h à 18h. Entrée 250 T (incluant la visite des monuments tout autour du mausolée et l'entrée du musée).

Ahmed Yasawi était un poète et prophète du XIIe siècle. À sa mort en 1166, ses disciples lui construisent un petit mausolée, actuellement situé à l'intérieur du grand bâtiment. Le grand mausolée date pour sa part de 1397, et a été construit sur ordre de Tamerlan. La construction de cet imposant complexe aurait été interrompue à la mort de Tamerlan en 1405, avant de reprendre en 1595 sous la direction du khan de Boukhara, Abdulah Khan. Les parties supérieures des arches datent de cette période. Le portail est le pus grand d'Asie centrale : il mesure 38 mètres de hauteur, pour une façade de 50 m de largeur et une arche de 18 m. Le système défensif que l'on observe sur la façade date du XIXe siècle, et a été construit sous le règne du sultan de Kokand. Les minarets auraient à cette époque-là été reconvertis en postes d'observation pour les soldats qui défendaient la région de Turkestan. Les poutres en bois que l'on voit encore dépasser de la façade servaient à hisser les matériaux nécessaires à la construction des parties supérieures du monument. La façade du mausolée présente une spécificité de construction : toutes les briques sont horizontales, et toutes les céramiques de couleur sont verticales. Les céramiques de couleur bleu clair dessinent des lettres arabes, alors que celles de couleur bleu foncé servent en fait de ponctuation entre les différentes inscriptions. Les portes originales du mausolée, en bois massif, datent de 1399. Elles sont actuellement exposées à l'intérieur de la salle principale. Les portes aujourd'hui en place sont plus récentes. En haut, l'inscription en arabe prévient que les portes s'ouvriront pour les amis et resteront fermées pour les ennemis. La pièce centrale du mausolée est surmontée d'un dôme de 15 mètres de diamètre, l'un des plus grands d'Asie centrale. Au centre de la pièce se trouve un gigantesque chaudron en bronze, argent, fer et or qui contient une eau sacrée. Huit portes s'ouvrent sur les côtés de cette première pièce, qui donnent accès à 35 salles. Le « palais blanc », dont l'accès se trouve au fond à droite, servait de salle de réunion aux rois kazakhs et de pièce de réception pour accueillir les dignitaires étrangers. À partir du XVIe siècle, la plupart des khans locaux ont été enterrés sous cette pièce. La proximité de la tombe de Yasawi est censée leur apporter protection. À côté se trouve le « petit palais blanc », réservé aux conversations intimes. D'autres dignitaires sont enterrés sous cette salle. Une porte au fond à droite permet de voir le tombeau de Yasawi. La tombe est en marbre vert, sans aucune inscription. Yasawi est enterré avec sa femme et son fils. Des pèlerinages ont lieu tous les vendredis, mais l'accès à cette pièce, la plus sacrée de tout le complexe, est réservé aux musulmans. À côté de la fenêtre par laquelle les non-musulmans peuvent voir le tombeau se trouve une pierre gravée, représentant la généalogie des khans kazakhs. La porte à gauche de la salle principale donne accès à la mosquée. Celle-ci est surmontée d'un petit dôme joliment décoré, et percé de seize petites fenêtres. Au fond de la mosquée, sur la gauche, se trouve une cellule de pèlerin. Il ne s'agit que d'un modèle, car les cellules se trouvaient en réalité au premier étage. À côté de la mosquée se trouvait la bibliothèque. Deux Corans datés du XIIe et XVIIe siècle y ont été préservés, avant d'être transférés vers la Bibliothèque nationale du pays. La porte qui s'ouvre à gauche immédiatement après l'entrée de la pièce principale donne accès aux cuisines. Les soupes à base d'eau salée, de blé et de mouton étaient préparées dans les grands chaudrons avant d'être transférées dans les « auges » en bois (celles qui sont exposées datent du XIVe siècle) qui permettaient en

Mausolée d'Ahmed Yasawi

distribuer les repas aux pèlerins. Un puits se trouve également à l'intérieur du mausolée, mais son accès n'est pas autorisé à l'heure actuelle.

▸ **Devant le mausolée de Yasawi** se trouvent plusieurs petits mausolées, ou au moins leurs fondations. Celui sur la gauche (si l'on est face au mausolée principal) date du XVIe siècle, mais a été rénové récemment. À droite se trouvent les fondations d'un autre mausolée. En face se trouve celui de la fille d'Oybek, qui était l'un des petits-fils de Tamerlan. La jeune femme, morte en 1485, avait épousé un khan local, et donné naissance à deux futurs khans kazakhs. Son mausolée date donc de la fin du XVe siècle, mais il a été rénové il y a une vingtaine d'années.

▸ **Derrière le mausolée** se trouve une petite structure en briques. Elle servait de salle de réunion pour les prières collectives et les périodes de jeûne du Ramadan. Elle a depuis été transformée elle-même en mausolée.

▸ **Une mosquée** datée de 1878 domine le complexe du mausolée depuis une petite colline située juste au-dessus. Cette mosquée n'est plus active, et a été transformée en musée. Des quarante et quelques mosquées actives à Turkestan, celle-ci est la plus ancienne et la seule à avoir été préservée. Toutes les autres mosquées actuellement en activité dans la ville sont de construction moderne.

▸ **La mosquée souterraine** du XIIe siècle, également située sur la colline, est une véritable curiosité locale. Elle abrite dans une pièce tout au fond de l'établissement la cellule souterraine où Yasawi s'était retiré à l'âge de 63 ans (en référence à l'âge de la mort du prophète Mohammed). La première pièce est une salle de vie, dont les murs sont entièrement recouverts de fresques représentant les 99 noms de Dieu en kazakh, en arabe et en russe. La mosquée proprement dite est une petite pièce qui s'ouvre au fond à droite de la salle commune. On peut y voir un puits éclairé menant à la cellule de Yasawi. L'entrée de celle-ci se fait par un escalier situé dans la pièce la plus au fond du bâtiment. Cette très jolie construction en pierre et brique est en fait une reconstitution… On peut en revanche jeter un œil sur les ruines du bâtiment original juste en face de l'entrée.

▸ **Les bains** du XVIe siècle sont en revanche originaux. Ils ont été actifs jusqu'en 1975, et sont aujourd'hui reconvertis en musée. La première pièce était consacrée au repos et à la dégustation de multiples tasses de thé. La pièce principale était celle où on se lavait : elle présente une architecture très fine, avec ses arcades pointues, ses dômes en brique et son éclairage naturellement tamisé. Un petit renfoncement était réservé aux bains à l'eau chaude, un autre aux bains à l'eau froide, et les bancs du fond servaient de salon de massage. Une visite incontournable.

▸ **Le musée** se trouve dans le grand bâtiment rectangulaire à l'est du mausolée de Yasawi. Il retrace l'histoire locale et présente quelques belles pièces (la maquette du mausolée est assez intéressante), même si l'on peut regretter le manque d'explications en anglais.

Hodja Ahmed Yasawi

Yasawi était un poète et philosophe, considéré comme le fondateur de la branche turque du soufisme. Après une enfance passée à Yasi (l'ancien nom de Turkestan), il se rend à Boukhara pour étudier l'islam et le soufisme. Il revient à Turkestan après un pèlerinage à La Mecque, et s'emploie à faire progresser la connaissance du soufisme, largement devancé à l'époque par le shamanisme, et le zoroastrisme. Il utilise pour ce faire la forme poétique, rédigée en langue vernaculaire. Sa « collection d'expressions sages » explique les principes de l'islam, et prêche la vertu, l'ascétisme, la persévérance, le détachement des biens matériels... À l'âge de 63 ans, Yasawi s'est retiré dans une cellule souterraine dans laquelle il a vécu plusieurs années (jusqu'à sa mort) coupé du monde extérieur. « J'ai atteint l'âge du prophète Mohammed, c'est assez pour moi. Il n'est pas nécessaire que ma vie soit plus longue que celle du Prophète », aurait-il dit pour expliquer sa démarche.

KYZYL-ORDA

Située à 280 km de Turkestan, Kyzyl-Orda a brièvement été la capitale du Kazakhstan soviétique, de 1925 à 1927. Mais la « capitale rouge », traduction littérale de son nom, semble depuis lors être retombée dans une torpeur irrécupérable. Et la proximité du site de lancement spatial de Baïkonour alourdit encore davantage l'ambiance locale : les policiers semblent particulièrement zélés dans cette ville, sans que l'on sache si les fouilles et les interrogatoires répondent à une réelle nécessité, ou servent juste à sortir les policiers de leur ennui pendant une heure ou deux... En bref, l'arrêt à Kyzyl-Orda peut être nécessaire pour ceux qui voyagent en train vers l'ouest du pays, ou pour ceux qui veulent se rendre à Baïkonour. Les autres peuvent avantageusement s'abstenir...

Transports

■ AÉROPORT DE KYZYL-ORDA

Il se trouve à une quinzaine de minutes du centre-ville. Il est assez peu fréquenté (un ou deux vols par jour vers Almaty, un vol tous les deux jours pour Astana), aussi les taxis ont-ils tendance à demander un prix exorbitant pour la course.

■ GARE FERROVIAIRE DE KYZYL-ORDA

C'est également le bâtiment à l'architecture la plus intéressante de la ville se trouve tout près du centre. On peut y prendre des trains à destination de l'ouest du pays, jusqu'à la Caspienne, ou vers Turkestan, Shymkent et Almaty.

■ GARE ROUTIÈRE

✆ (32422) 23 52 08
(renseignements en russe ou en kazakh)
Elle accueille les bus en partance pour les villes des alentours de Kyzyl-Orda, pour Turkestan mais également pour Tachkent, en Ouzbékistan. Des bus partent pour Aralsk tous les soirs à 23h, arrivée à 7h le lendemain matin, mais les départs se font alors de la gare ferroviaire.

Hébergement

■ HÔTEL ASETAN

28 Ayteke Bi ✆ (32422) 26 25 43
asetan@mail.ru
Chambre simple à 12 000 T, double à 15 000 T, petit déjeuner inclus. Une bonne adresse si l'on doit vraiment passer une nuit sur place. Les chambres sont immenses et propres, l'hôtel est situé dans la rue la plus vivante de la ville. Aucune surprise à attendre de l'établissement : c'est cher, mais confortable et agréable.

■ HÔTELS SOLTANAT ET KAIR

Ces deux hôtels sont situés à côté de la gare. Ils sont sommaires et ne peuvent être conseillés que pour quelques heures de sommeil en descendant ou en attendant le train.

Restaurants

La rue Ayteke Bi est la plus animée de la ville, et présente un alignement de petits restaurants et même de discothèques. Pour un repas de meilleure qualité et surtout dans un décor très réussi :

■ RESTAURANT KYZ-ZHIBEK

21 Ayteke Bi ✆ (32422) 26 15 88
Ce restaurant est ouvert tous les jours de 10h à 4h du matin. Il est spécialisé dans la cuisine kazakhe, et propose des spectacles de danse traditionnelle pendant le dîner. L'intérieur est assez réussi, avec son ambiance chaleureuse imitant l'intérieur d'une yourte.

ARALSK

Il est difficile d'imaginer, en arpentant les rues vides de cette ville balayée par les vents de sable du désert, qu'elle était autrefois une ville portuaire florissante. Et pourtant, Aralsk était, durant l'époque soviétique, le principal centre de transit du coton : produit en Ouzbékistan et au Turkménistan, il arrivait à Aralsk chargé sur de gros bateaux qui traversaient la mer d'Aral, avec d'être acheminé par train jusqu'en Russie. Mais depuis le début des années 1970, Aralsk n'est plus une ville portuaire. Victime de la culture du coton, la mer d'Aral a depuis lors reculé de plusieurs dizaines de kilomètres. Au début des années 2000, Aralsk se trouvait à plus 100 km du rivage, tout comme Moynaq, le port Ouzbek au sud de la mer d'Aral. Des initiatives locales ont permis la construction d'une première digue, effondrée lors d'une tempête. Mais avant sa disparition, les résultats encourageant ont poussé le gouvernement et la banque mondiale à soutenir les efforts de la population et à construire une nouvelle digue, plus solide, qui permet au niveau de l'eau de remonter peu à peu. Il faudra encore beaucoup de temps à Aralsk pour redevenir un port, si tant est qu'il le redevienne un jour, comme l'a promis, peut-être un peu hâtivement, le président Nazarbayev. En attendant, les grues ont rouillé sur place, et les carcasses de bateaux prises dans le sable sont les seuls témoins de la prospérité passée de la ville. L'ambiance y est pourtant moins morne qu'à Moynaq, presque entièrement désertée par sa population, alors que Aralsk a su maintenir un semblant d'activité permettant à la ville de conserver quelques hôtels et restaurants, et un minimum de travail pour sa population active.

Transports

Pour découvrir la région, et notamment se rapprocher de la mer d'Aral ou visiter les cimetières de bateaux (hormis ceux qui se trouvent à la sortie de la ville, mais qui ne sont pas les plus impressionnants), il faut impérativement louer une voiture.

- **Bus.** Des bus à destination de Turkestan partent quand ils sont pleins depuis la place devant le bazar.

■ **GARE D'ARALSK**

Située à proximité du centre-ville, permet de prendre des trains à destination de Kyzyl-Orda (puis Turkestan et Almaty, avec changement à Kyzyl-Orda) vers l'est, et pour les villes du bord de la mer Caspienne et du nord-ouest du pays.

Pratique

Le recours à un guide peut également être une bonne option. Pour organiser les balades en dehors d'Aralsk, il faut s'adresser à une ONG qui fait également office d'agence de voyages :

■ **ARAL TENIZI SOCIETY**

10/13 Makataeva
✆ (32433) 22 256
www.aralsk.net – aralsea@mail.kz

Ancien hôtel à Kyzil-Orda

Entrée du bazar d'Aralsk

Cette association vient en aide aux pêcheurs qui reprennent progressivement leur activité professionnelle sur la mer d'Aral. Elle dispose également d'un réseau de jeunes anglophones, qui servent de guides en été dans la région. L'organisation est efficace, même au pied levé, mais veillez toutefois à ce que les chauffeurs et guides aient bien reçu le salaire qui leur était dû de la part de l'agence.

■ **TIMUR MUSAEV**
46 Komsomol
✆ (32433) 23 045
Ceux qui parlent un peu russe pourront s'adresser directement à Timur, un chauffeur d'une incroyable gentillesse, et qui connaît la région, les villages et les familles de pêcheurs comme sa poche. Sa voiture 4x4 est en très bon état et passe-partout. Il peut même, le cas échéant, faire maison d'hôte, mais seulement pour les amis !

Hébergement

C'est un peu le talon d'Achille d'Aralsk : la ville ne comporte qu'un seul hôtel en tout et pour tout, et il s'agit d'un dinosaure russe profitant de son monopole pour pratiquer des tarifs outranciers. Si on en a la possibilité, mieux vaut dormir chez l'habitant : il faut, pour trouver des familles, contacter les ONG sur place.

■ **HÔTEL ARAL**
14 Makataeva
✆ (32433) 21 479
Moins de 5 000 T, petit déjeuner compris. L'accueil est plus que froid, les chambres sont poussiéreuses et les sanitaires partent en lambeaux. Mais c'est le seul hôtel de la ville !

Restaurants

Les quatre ou cinq restaurants de la ville sont concentrés autour du bazar et sur le côté de la place centrale (place de mairie). La plupart d'entre eux font aussi office de bar, voire de magasin. Tous proposent les mêmes plats, brochettes ou viande hachée et raviolis. Pour se divertir un peu, le seul café animé et qui ne soit pas sordide est celui de la gare. Mais de façon générale, on ne vient pas vraiment à Alralsk pour ses soirées endiablées…

Points d'intérêt

■ **CIMETIÈRES DE BATEAUX**
La ville d'Aralsk elle-même abrite un petit cimetière de bateaux, à l'endroit où se trouvait autrefois le port. Quelques carcasses rouillées sont posées à côté de panneaux portant des poèmes dédiés à la mer d'Aral. On peut également s'aventurer sur le sable dans le port, et de nombreuses autres silhouettes de bateaux échoués se profilent alors à l'horizon.

■ **MUSÉE D'ARALSK**
✆ (32433) 23 077
Ouvert du lundi au samedi, de 9h à 12h et de 14h à 18h. Entrée 200 T. On a un peu l'impression de rentrer chez un particulier quand on sonne à la porte du musée. Mais le conservateur, Madi Jasekenov, est toujours

heureux d'avoir de la visite, et sera intarissable auprès des visiteurs russophones. Le musée est centré sur l'histoire de la ville d'Aralsk, du temps de sa splendeur jusqu'à la déchéance des années 1970. Les photos d'époque sont intéressantes, autant que les œuvres d'artistes venus s'inspirer des paysages mélancoliques laissés par la disparition de la mer.

Dans les environs

■ BARRAGE DE KOK-ARAL

Achevé en octobre 2005, ce barrage de 13 km, séparant la partie nord de la mer d'Aral de sa partie sud, a permis à la première de remonter de plusieurs dizaines de kilomètres. Le barrage en soi n'est pas très impressionnant, mais il attire en été des dizaines de pêcheurs qui se livrent à de véritables pêches miraculeuses au pied de la digue. Un bon endroit pour sentir le renouveau qui est en train de gagner les villages du nord de la mer d'Aral grâce à ce barrage.

■ CIMETIÈRE MARIN

Le plus impressionnant est sans aucun doute celui situé à quelques kilomètres du village de Djamboul, à environ 2 heures de route d'Aralsk. Six énormes bateaux rouillés, et deux cadavres de coques dépassant à peine du sol sont disséminés dans le désert, servant désormais d'abris aux chameaux qui viennent se protéger du soleil. On a tous vu ces images de géants des mers échoués au milieu d'un désert, mais l'ambiance du site dépasse tout ce que l'on peut imaginer en voyant les photos. Les villages des alentours valent également une petite visite, notamment Djamboul, dont la population s'est reconvertie dans l'élevage de chameaux, et Tastubek, d'où l'on aperçoit aujourd'hui à nouveau la ligne bleue de la mer d'Aral.

AKTAU ET LA CASPIENNE

Sous des abords quasiment ennuyeux, issus d'un plan d'urbanisation très soviétique, Aktau, ville artificielle surgie du néant lors de la découverte d'un gisement d'uranium à proximité, se révèle plutôt agréable à la longue. Le climat tempéré grâce à la présence de la mer Caspienne et les plages aménagées à l'époque communiste (même les parasols sont en béton) en ont fait un lieu de villégiature prisé des kazakhes, même si la fréquentation balnéaire de la ville est en chute depuis l'indépendance : les populations riches de l'est du pays préfèrent la beauté des lacs kirghiz, tandis que les classes moyennes et les personnes de catégorie modeste n'ont plus vraiment les moyens de partir en vacances sur la Caspienne. Si vous arrivez du Turkménistan ou d'Azerbaïdjan par bateau, vous passerez forcément quelques jours ici pour enregistrer votre visa et vous vous apercevrez que la ville peut se révéler bien agréable, alternant entre les promenades en bord de mer ou les excursions à la découverte des quelques sites d'intérêt dans les environs, toujours sublimés par les décors magiques de la Caspienne.

Transports

▸ **En avion**. L'aéroport est situé 25 km au nord du centre-ville. Liaisons quotidiennes avec Astana ou Almaty. Trois à quatre vols par semaine avec Aralsk, Chymkent et Kyzyl Orda.

▸ **En train** depuis Beyneu, point de jonction de la voie ferroviaire menant à Kongrat puis Nukus, en Ouzbékistan. Vers l'est, la voie dessert ensuite Aralsk ou vous pouvez dévier vers Astana au nord ou vers Turkestan puis Almaty au sud. Pour Almaty, compte tenu de la lenteur des trains sur cette ligne, il faut compter pas loin de trois jours de trajet. La gare ne se trouve pas dans le centre d'Aktau mais à Mangyshlak, 12 km à l'est de la ville.

▸ **En ferry**. Liaisons hebdomadaires à destination de Bakou, en Azerbaïdjan. Compter 12 à 20 heures de trajet (les incidents techniques ne sont pas rares : tâchez de trouver un ferry azéri pour plus de sûreté et de ponctualité) en confort plus que sommaire et 70 $ par personne. Les liaisons avec Turkmenbashi, au Turkménistan sont plus aléatoires. Les ferries relient en général le port turkmène à Atyrau, plus au nord d'Aktau, mais font parfois escale. Le mieux est de vous renseigner auprès de votre hôtel.

Pratique

■ CATC

✆ (3292) 50 75 04
cat-aktau@alarnet.com
Dans le hall de l'hôtel Aktau.
L'agence locale de CAT Corporation a ses locaux dans une aile de l'hôtel Aktau. Le personnel pourra vous renseigner sur les curiosités de la région et simplifier vos démarches pour l'enregistrement de visas et la réservation de billets de trains ou d'avion pour la suite du voyage.

Hébergement

■ HÔTEL AKTAU

Mikrorayon 2, Bloc 66

✆ (3922) 50 47 07

Chambres doubles de 12 000 à 18 000 T, petit déjeuner inclus. Les chambres ne sont pas grandes (surtout les chambres simples), mais très confortables et particulièrement calmes pour celles sur l'arrière du bâtiment. Vous aurez plus de bruit devant, mais compenserez avec la vue sur la mer. C'est cher, mais c'est le moins cher à Aktau.

■ HÔTEL RENAISSANCE

Microrayon 9 ✆ (3922) 30 06 00

Chambres doubles à partir de 20 000 T. Un peu à l'écart du centre-ville, ce gigantesque hôtel, moderne et luxueux, se trouve à deux pas de la plage, et c'est là son principal attrait. Les chambres sont bien sûr irréprochables et l'établissement offre toute une palette de services haut de gamme (fitness, sauna, bar *lounge*...). Grande piscine extériure, et restaurant doté d'une terrasse donnant directement sur la mer. Sans l'environnement de firmes pétrolières et l'architecture trop clinquante, ce serait quasiment romantique.

Restaurant

■ SHAMROCK IRISH PUB

Microrayon 5, bloc 5

✆ (3292) 52 18 38

Ouvert de 11h à minuit. Jusqu'à 1h les soirs de concerts. Installé de longue date à Aktau, ce pub irlandais, aménagé dans un grand local, s'anime en fin de semaine au rythme des concerts de musique rock attirant autant la jeunesse de la ville que les businessmen de passage. On y mange bien (tex-mex, burgers, pizzas...) et la Guinness arbore même le trèfle sur la mousse !

Points d'intérêt

Aktau est née dans les années 1960 pour héberger la population destinée à travailler dans les gisements d'uranium et de pétrole environnant. Avec 175 000 habitants, Aktau affiche grâce à ses ressources un niveau de vie au-delà de la moyenne du pays, ce qui se traduit dans l'architecture de la ville, bâtie autour d'un plan en damier divisé par de larges avenues. Celles-ci ne portent pas de nom : la ville est divisée, comme cela se faisait à l'époque soviétique, en quartiers (*mikrorayon*) subdivisés en blocs. Aktau s'étend le long du littoral, les plus belles plages de la ville se situant au nord-ouest. Descendez sur le front de mer par la promenade entre le théâtre et Mig 21 qui domine la mer, posé sur son socle de béton, puis redscendez au sud, hors du centre, au niveau du mikrorayon 1, pour trover des plages moins fréquentées et plus sauvages.

Café Lénine à Aktau

■ MUSÉE RÉGIONAL

Microrayon 9

Ouvert tous les jours sauf dimanche et lundi de 10h à 17h30. Surtout intéressant à visiter pour découvrir les résultats des nombreuses fouilles archéologiques effectués autour d'Aktau, en particulier sur le site de Mangistau.

Dans les environs

■ FORT CHEVCHENKO

Les taxis à destination de Fort Chevchenko partent de la gare routière d'Aktau, au nord de la ville. Il y a près de 250 km à parcourir aller-retour, mais cela en vaut la peine. Le fort occupe l'extrémité de la péninsule de Mangyshlak. Un petit musée local abrite de nombreuses œuvres du peintre-poète ukrainien exilé sur les bords de la Caspienne. Les décors alentours sont propices à la promenade, à condition de faire abstraction, là encore, des firmes pétrolières qui occupent une partie du littoral.

KIRGHIZISTAN

Kirghiz portant un kalpak, le chapeau traditionnel

© SYLVIE FRANCOISE

KIRGHIZSTAN
KAZAKHSTAN
BICHK
Belovoddkoe
Kayyngdy
Kara-Balta
Gorg d'Ala-A
Réserve zoologique Jardy-Kayyngdy
Parc natio Ala-Arch
CHOU
Taraz
Pokrovka
Kyzyl-Adyr
Talas
Talas
TALAS
Köprürö-Bazar
Taldy-Bulak
Suusamyr
Mt Manas 4484 m.
Kara Buura 3302 m.
4251 m.
Parc national Besh-Tash
Ötmök Pass 3330 m.
Ötmök
Kyzyl-
Toluk
4069 m.
Chakmak-Suu
Ak-Tektir
Toktogul
Torkent
4377 m.
Chatkal
Réserve de la Biosphère de Sary Chelek
Toktogul
Ketmen-Töbö
Réservoir de Kambar
Jany-Bazar
Charba
Kara-Kul
JALAH ABAD
CHATKAL
Réserve de Besh-Aral
Kerben
4427 m.
Réserve forestière de Dashman
Kazarman
4045 m.
Ala-Buka
Tash-Kömür
TASHKENT
Mayluu-Suu
Kosh-Dy
Massy
Bazar-Korgon
Kok-Jangak
Kochkor-Ata
Djalalabad
OUZBEKISTAN
Suzak
Réservoir Anjiyan
Uzgen
Andijan
Kara Suu
Leninskoe
Qoqand
Osh
Oy
Aravan
Gulcha
Farghana
Iski-Naukat
Kayrakkumskoe
Kyzyt-Kyya
4885 m.
Parc national Kyrgyz-Ata
Frunze
OSH
Jergetal
Haydarkan
Ak-Buura
Sulukta
Batken
Yardan
Taldyk Pass 3615 m.
Korgon
Mt. Skobeleyn 5051 m.
Irkeshta
Vorukh
5252 m.
Sary-Tash
Isfana
Kyzyl-Suu
TURKISTAN RANGE
Tashty-Kalan
Jash-Tilek
Kara-Kabak
ALAU RANGE
Daroot-Korgon
Pic Piramida 5509 m.
5539 m.
Pic Lénine 7134 m.
Kzsyl-Pass 4280 m.
TADJIKISTAN

Kirghizistan

Kirghizistan

Le Kirghizistan est le pays idéal pour faire un grand plein d'oxygène dans des régions splendides, tout en découvrant le mode de vie et l'hospitalité des communautés nomades. Ici, tourisme rime avec écologie, grâce au vaste réseau d'écotourisme, progressivement développé depuis quelques années en partenariat avec des associations suisses. On peut décider de partir en villégiature sur les bords de l'Issyk-Kul, ancienne station balnéaire soviétique, ou s'aventurer à la découverte de la très belle chaîne des Tian Shan, accessible aux randonneurs du dimanche comme au trekkeurs ou alpinistes plus confirmés. Le Kirghizistan est un pays très attachant, au rythme de vie paisible et à l'accueil chaleureux. Un seul bémol au tableau : la très courte saison touristique, propre aux pays de haute montagne, où seul l'été permet d'envisager une découverte complète de la destination. Et l'instabilité politique au moment de l'écriture de ce guide (juin 2010) qui nécessite de bien se tenir informé avant d'envisager de le visiter.

LA RÉGION DE BICHKEK

BICHKEK

Bichkek est une petite ville très agréable, avec son rythme de vie détendu et ses nombreux espaces verts. Il faut absolument réserver une paire d'heures à la visite du Musée national, avec ses sculptures murales et ses plafonds peints dans le plus pur style de la propagande soviétique. Bichkek est avant tout une plaque tournante pour se diriger vers le cœur du pays, ou vers le Kazakhstan. Mais on peut y passer des journées relaxantes et finalement très empreintes de l'ambiance propre aux capitales d'Asie centrale. À deux pas, les gorges d'Ala Archa offrent des multiples occasions d'excursions à la journée.

Histoire

La vallée de la Chouï, où se trouve Bichkek, fut habitée dès le premier millénaire avant notre ère par des tribus de nomades sakes. Les ruines de plusieurs postes fortifiés et de *kourgans* (tombes) le long de la rivière Chouï montrent une colonisation sogdienne et une présence turque importante le long de cet axe de la route de la soie entre le VIe et le XIIe siècle. À la fin du XIe siècle, la plus importante cité de la vallée était Balasagun, à 70 km de Bichkek.

Au début du XIXe siècle, la vallée de la Chouï était sous le contrôle du khan de Kokand, Ladali Khan. Le khan fit construire plusieurs forteresses pour défendre son territoire et contrôler les routes commerciales ; l'une d'elles, la forteresse de Pichkek, défendait les contreforts des Kirghiz Ala-Tau. Ce fut la première construction de Bichkek, mais il n'en reste malheureusement que très peu de traces. La forteresse était cernée d'un premier mur crénelé et flanqué de tours. La seconde enceinte intérieure avait 10 m de hauteur. À sa fondation, la forteresse n'était habitée que par quelques centaines de soldats, mais rapidement les habitations ouzbèkes se construisirent autour de l'enceinte fortifiée. Au milieu du XIXe siècle, la forteresse était le plus important centre urbain de la vallée de la Chouï. L'armée tsariste basée au fort d'Almaty (alors appelé Verny) vint la détruire à deux reprises en 1860 et 1862. Les Russes étaient alors en phase de colonisation de l'Asie centrale et Pichkek devint un poste avancé de l'armée russe et le relais entre Tachkent et Almaty. On attribua des terres aux nouveaux colons venus de Russie, d'Ukraine ou de Biélorussie. Ils étaient exemptes de taxes, on leur fournissait gratuitement tout le bois dont ils avaient besoin pour la construction de leurs maisons.

> **Avertissement : enregistrement à l'OVIR**
>
> Depuis quelques années, les Français sont dispensés de l'enregistrement à l'OVIR à leur arrivée au Kirghizistan. Les ressortissants d'autres nationalités doivent se renseigner sur leur statut et la nécessité ou non d'effectuer cette démarche administrative. Les amendes en cas de non-enregistrement peuvent être sévères.

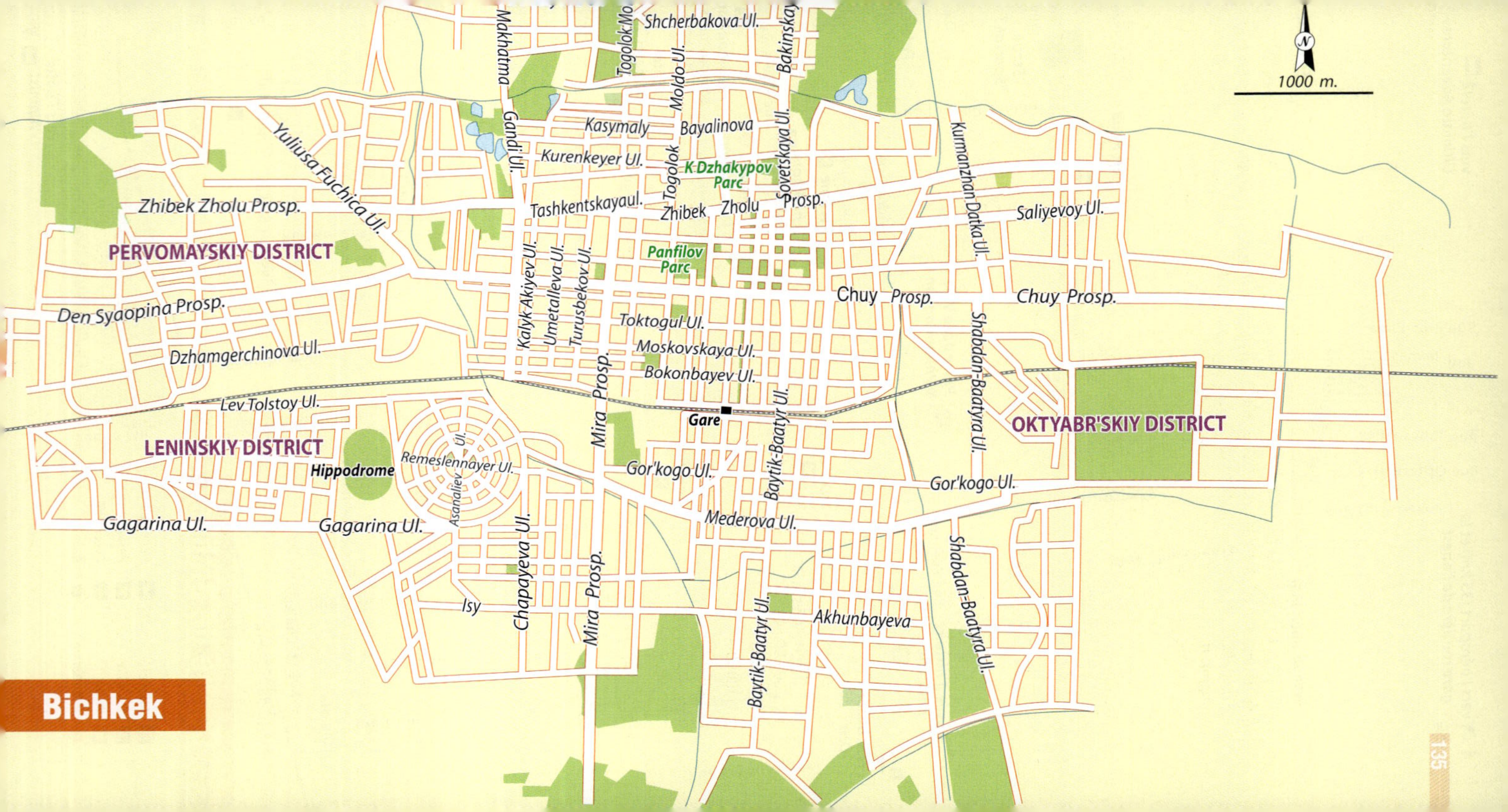

1000 m.
Bichkek
PERVOMAYSKIY DISTRICT
LENINSKIY DISTRICT
OKTYABR'SKIY DISTRICT
Shcherbakova Ul.
Togolok Mo
Moldo Ul.
Bakinskay
Makhatma
Gandi Ul.
Kasymaly
Bayalinova
Kurenkeyer Ul.
Togolok
K Dzhakypov Parc
Sovetskaya Ul.
Kurmanzhan Datka Ul.
Yuliusa Fuchica Ul.
Zhibek Zholu Prosp.
Tashkentskayaul.
Zhibek Zholu Prosp.
Saliyevoy Ul.
Panfilov Parc
Kalyk Akiyev Ul.
Umetalleva Ul.
Turusbekov Ul.
Chuy Prosp.
Chuy Prosp.
Den Syaopina Prosp.
Toktogul Ul.
Moskovskaya Ul.
Dzhamgerchinova Ul.
Bokonbayev Ul.
Shabdan-Baatyra Ul.
Lev Tolstoy Ul.
Gare
Mira Prosp.
Hippodrome
Remeslennayer Ul.
Ul.
Asanaliev
Gor'kogo Ul.
Baytik-Baatyr Ul.
Gor'kogo Ul.
Gagarina Ul.
Gagarina Ul.
Mederova Ul.
Chapayeva Ul.
Mira Prosp.
Isy
Shabdan-Baatyra Ul.
Akhunbayeva
Baytik-Baatyr Ul.

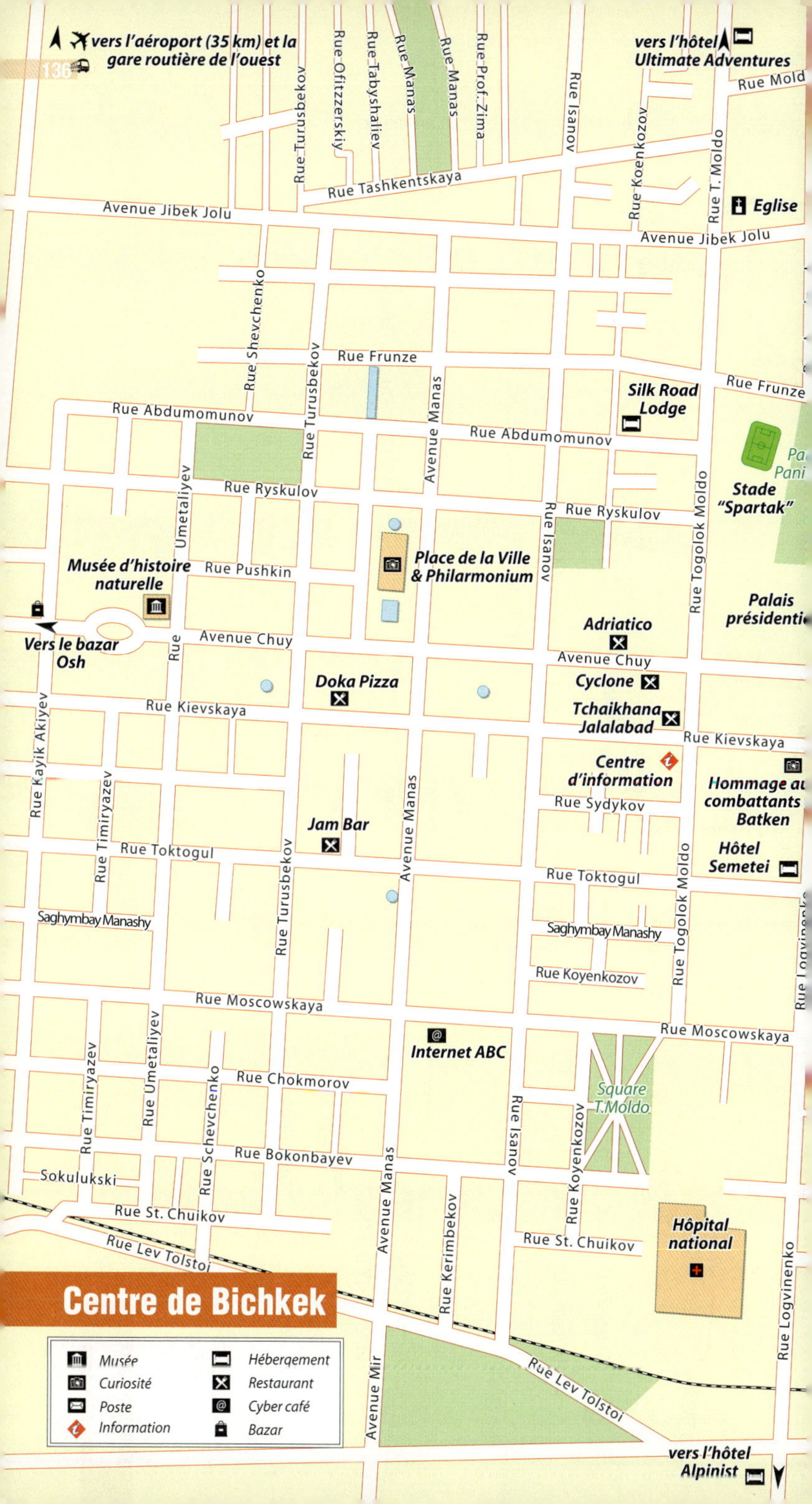
vers l'aéroport (35 km) et la gare routière de l'ouest
vers l'hôtel Ultimate Adventures
Rue Mold
Rue Turusbekov
Rue Ofitzzerskiy
Rue Tabyshaliev
Rue Manas
Rue Prof. Zima
Rue Isanov
Rue Koenkozov
Rue T. Moldo
Rue Tashkentskaya
Avenue Jibek Jolu
Eglise
Rue Shevchenko
Rue Frunze
Avenue Manas
Silk Road Lodge
Rue Abdumomunov
Stade "Spartak"
Rue Umetaliyev
Rue Ryskulov
Rue Togolok Moldo
Musée d'histoire naturelle
Rue Pushkin
Place de la Ville & Philarmonium
Palais présidenti
Adriatico
Vers le bazar Osh
Avenue Chuy
Doka Pizza
Cyclone
Rue Kievskaya
Tchaikhana Jalalabad
Rue Kayik Akiyev
Centre d'information
Hommage au combattants Batken
Rue Timiryazev
Rue Sydykov
Jam Bar
Hôtel Semetei
Rue Toktogul
Saghymbay Manashy
Rue Koyenkozov
Rue Logvinenko
Rue Moscowskaya
Internet ABC
Square T.Moldo
Rue Chokmorov
Rue Schevchenko
Rue Bokonbayev
Sokulukski
Rue Koyenkozov
Rue St. Chuikov
Hôpital national
Rue Lev Tolstoi
Rue Kerimbekov
Centre de Bichkek
Avenue Mir
Musée
Curiosité
Poste
Information
Hébergement
Restaurant
Cyber café
Bazar
vers l'hôtel Alpinist

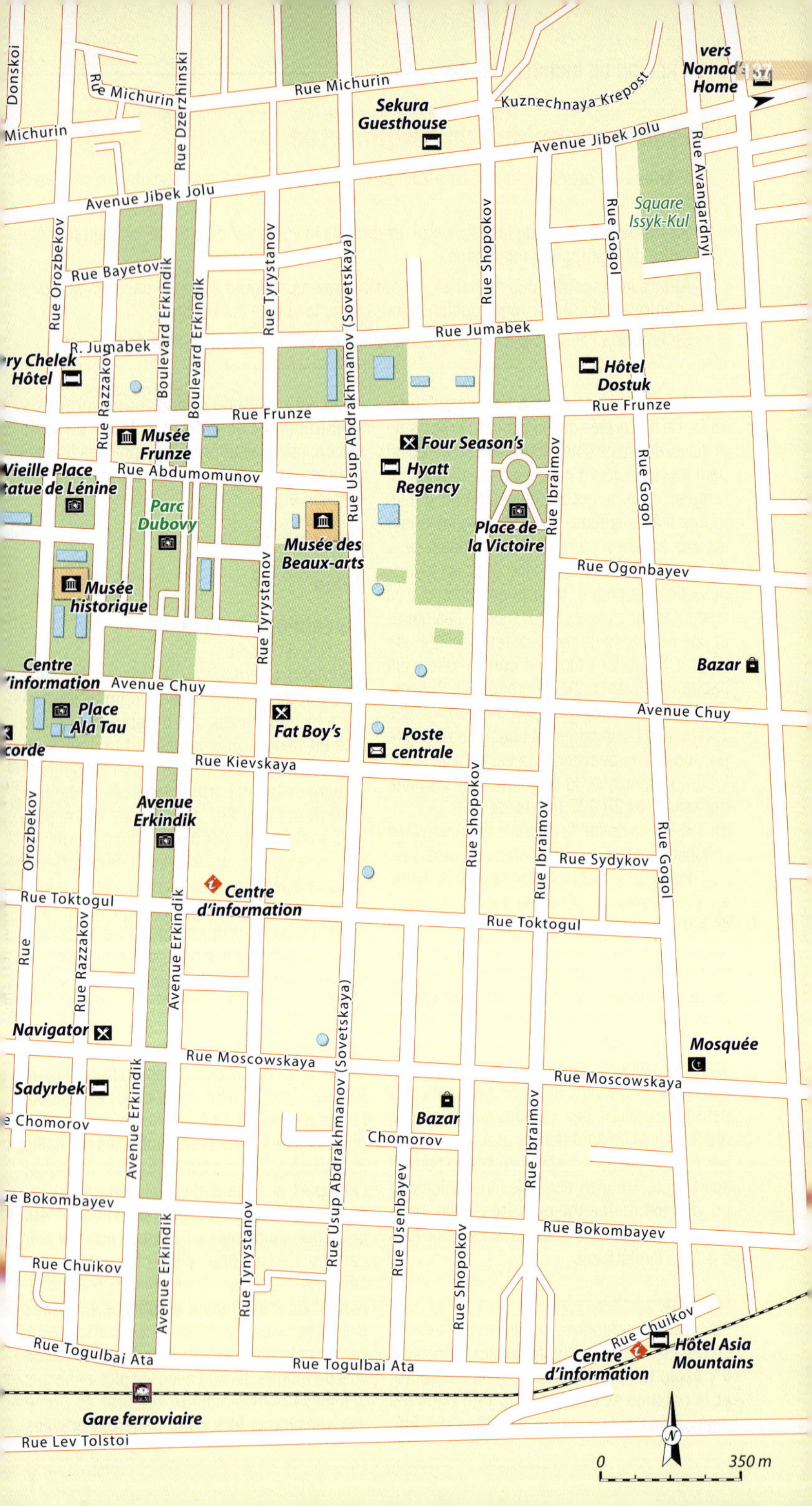
Donskoi
Rue Michurin
Michurin
Rue Dzerzhinski
Rue Michurin
Sekura Guesthouse
Kuznechnaya Krepost
vers Nomad's Home
Avenue Jibek Jolu
Avenue Jibek Jolu
Rue Avangardnyi
Square Issyk-Kul
Rue Orozbekov
Rue Bayetovik
Boulevard Erkindik
Boulevard Erkindik
Rue Tyrystanov
Rue Usup Abdrakhmanov (Sovetskaya)
Rue Shopokov
Rue Gogol
R. Jumabek
Rue Jumabek
ry Chelek Hôtel
Rue Razzakov
Hôtel Dostuk
Rue Frunze
Rue Frunze
Musée Frunze
Four Season's
Hyatt Regency
Vieille Place
tatue de Lénine
Rue Abdumomunov
Rue Ibraimov
Rue Gogol
Parc Dubovy
Musée des Beaux-arts
Place de la Victoire
Musée historique
Rue Tyrystanov
Rue Ogonbayev
Centre
'information
Avenue Chuy
Bazar
Avenue Chuy
Place Ala Tau
Fat Boy's
Poste centrale
corde
Rue Kievskaya
Orozbekov
Avenue Erkindik
Rue Shopokov
Rue Ibraimov
Rue Sydykov
Rue Gogol
Centre d'information
Rue Toktogul
Rue Toktogul
Rue
Rue Razzakov
Avenue Erkindik
Navigator
Mosquée
Rue Moscowskaya
Rue Usup Abdrakhmanov (Sovetskaya)
Rue Moscowskaya
Sadyrbek
Bazar
e Chomorov
Avenue Erkindik
Chomorov
Rue Ibraimov
ue Bokombayev
Rue Bokombayev
Rue Tynystanov
Rue Usenbayev
Rue Shopokov
Rue Chuikov
Avenue Erkindik
Rue Chuikov
Hôtel Asia Mountains
Centre d'information
Rue Togulbai Ata
Rue Togulbai Ata
Gare ferroviaire
Rue Lev Tolstoi
N
0
350 m

Les immanquables du Kirghizistan

- **Flâner** une ou deux journées à Bichkek, où il faut absolument visiter le musée national.
- **Se reposer** au bord du lac Issyk-Kul, profiter de la vue splendide de ce lac bleu foncé encadré de montagnes enneigées.
- **Aller** à la rencontre des nomades, en partant quelques jours à cheval dans les *jailoo*, les pâturages d'été. Partager quelques jours sous la yourte est un *must*.
- **Se lancer** à l'assaut des cimes des Tianshan, depuis le joli petit village de Karakol.

Le village ne se transforma en ville qu'après 1878. Ce fut l'armée qui en planifia l'urbanisme et qui lui donna ce côté « camp militaire » qu'on peut lui voir aujourd'hui : les habitations sont rangées comme les soldats dans un défilé, toutes bien alignées, aucune ne vient briser les lignes droites, pas un balcon ne dépasse… En réalité cependant, la ville était un joyeux désordre marchand, un immense bazar très animé parcouru par les caravanes de chameaux et une multitude de nationalités. Très peu de Kirghiz habitaient alors le centre-ville ; les habitants étaient principalement des Russes, des Ukrainiens, des Ouzbeks, des Tadjiks, des Tatars, des Dounganes, et chaque nationalité possédait son quartier. À la veille de la révolution bolchevique, la population de Bichkek dépassait les 20 000 habitants.

En 1926, elle devint la capitale de la nouvelle république soviétique autonome de Kirghizie. Son nom, qui de Pichkek était devenu Bichkek, est celui donné au bâton de bois avec lequel on bat le *koumiz* (lait de jument). Il fut ensuite abandonné au profit de celui du général Frounze qui fut le commissaire à la Guerre de la conquête soviétique. Frounze devint alors une « ville jardin », comme la décrit Ella Maillart : quelques rares bâtiments publics, de grandes avenues bordées de peupliers, une eau claire qui descend des montagnes et coule dans les « aryks », des maisons dont les hauts murs en pisé ne sont percés que d'une haute porte à deux battants. Après 70 ans de pouvoir soviétique, Frounzé est redevenue Bichkek. La ville est restée toujours très verte, avec ses nombreux parcs et ses avenues bordées d'arbres centenaires.

Climat

Entourée de montagnes, la ville de Bichkek est souvent victime d'un climat un peu capricieux. Il y neige tôt, parfois dès le mois d'octobre, et la capitale semble avoir la tête dans les nuages une bonne partie de l'hiver. En été, il fait en revanche chaud, et les orages y sont fréquents et souvent violents. En toute saison, mieux vaut prévoir un pull, les températures ont tendance à faire du yo-yo même en plein été.

Transports

Avion

■ **AÉROPORT DE BICHKEK**
✆ (312) 31 38 50
L'aéroport international de Manas est situé à 35 km de Bichkek. Il faut compter environ 30 min pour le rejoindre depuis le centre ville en taxi ou *machroutka*, et le double en bus. Les minibus n°153 (compter 30 soms et 1 heure de trajet) partent depuis l'intersection de Osh et Chuy Prospekt. En taxi, comptez 500 à 700 soms selon votre point de départ et l'heure du jour ou de la nuit. Les chauffeurs acceptent généralement les dollars et les euros. Vous trouverez à l'aéroport de Manas un café, plusieurs bureaux de change (ouverts de 9h à 18h), un distributeur bancaire acceptant les cartes Visa (mais ne délivrant que des soms) ainsi que des bureaux de vente de cartes SIM pour téléphones portables. Bichkek est relié régulièrement à Urumqi (China Southern) en Chine, Moscou, et Yekaterinburg (Aeroflot) en Russie, Londres (British Airways) et Istanbul (Turkish Airlines). Ces trois dernières compagnies desservent ensuite toutes les capitales européennes. Hormis les lignes internationales, l'aéroport de Manas dessert Osh quotidiennement avec de vieux appareils Yakovlev 40, qui depuis longtemps auraient du achever leur carrière. Un seul Boeing effectue une fois par semaine la liaison, transportant essentiellement du fret, mais il embarque quelques passagers. À bord des Yak 40, vous effectuerez ce qui est certainement l'un des plus beaux vols du monde, flirtant avec les pics enneigés des massifs montagneux, et aurez en prime des sensations fortes qui resteront gravées

comme un inénarrable souvenir. Ceux qui ont habituellement peur en avion s'abstiendront, les autres se souviendront tout de même que toutes les compagnies aériennes kirghizes sont sur liste noire… Les pays voisins sont également desservis régulièrement : Tachkent avec Uzbekistan Airways, Dushanbe avec Tadjik Air ou Almaty avec Kazakhstan Airlines. De nombreuses compagnies aériennes ont un bureau de représentation à Bichkek.

■ **BRITISH AIRWAYS**
93 Toktogul Street
✆ (312) 66 09 00 – (312) 66 00 92
www.ba.com
Agence ouverte du lundi au vendredi de 9h à 18h, le samedi de 10h à 14h, fermée le dimanche. La compagnie britannique propose entre 3 et 4 vols par semaine entre Bichkek et Londres. Le vol se prolonge en général sur Almaty.

■ **CHINA SOUTHERN**
128/3 Chuy Prospekt
✆ (312) 66 46 68
www.flychinasouthern.com
Vols pour Urumqi deux à trois fois par semaine.

■ **COMPAGNIE AEROFLOT**
64 Erkindik
✆ (312) 66 73 00 – (312) 66 74 00
wwww.aeroflot.ru
frutosu@aeroflot.ru

■ **TURKISH AIRLINES**
136 Sovietskaya
✆ (312) 30 16 00 – (312) 30 17 00
www.turkishairlines.com
Ouvert tous les jours sauf week-end de 8h à 18h.

Avertissement sur les compagnies aériennes kirghizes

L'ensemble des compagnies aériennes kirghizes est sur liste noire et sont interdites d'exploitation dans les pays de l'Union Européenne. Parmi les principales : Air Manas, Aerostan, Itek Air, Kyrgyz Transavia, Kyrgystan, Sky Way Air. Vétusté et défauts d'entretien des appareils sont responsables de nombreux accidents ces dernières années. Le dernier en date : un Boeing 737 d'Itek Air s'est écrasé le 24 août 2008 10 minutes après son décollage de l'aéroport de Manas.

■ **UZBEKISTAN AIRWAYS**
107 Kiev ✆ (312) 90 03 21
www.uzairways.com – fru@uzairways.com

Train

Le Kirghizistan, très montagneux, est assez mal desservi par le réseau ferroviaire. Une seule ligne traverse le pays d'est en ouest en passant par Bichkek : elle s'arrête à Balykchy sur les bords du lac Issyk-Kul, et va jusqu'au Kazakhstan si on la prend vers l'ouest. Mais les trains sont lents, ont tendance à faire des incursions dans divers pays pour se rendre d'un point à un autre (d'où un véritable casse-tête pour les visas) et ne sont pas réputés pour leur sécurité. Le bus est souvent une alternative préférable, même pour les longues distances. La seule ligne internationale relie Bichkek à Moscou via Almaty.

Bus

▶ **Bus longue distance.** Plusieurs gares routières sont en activité à Bichkek, mais la plus utile est celle située à l'ouest de la ville (zapadny avtovaksal). Départs pour Almaty (Kazakhstan) et les principales destinations au Kirghizistan : Cholpon-Ata, Karakol, Naryn, Talas. Bus et minibus se succèdent à l'intérieur de la gare, alors que les taxis partagés sont confinés à l'arrière ou bien à l'entrée de la gare pour certaines destinations comme Almaty. Aucun bus ne circule vers Osh, la route étant trop dangereuse. Vous trouverez ici quelques taxis partagés mais quelques uns se réunissent aussi à proximité du bazar d'Osh, plus près du centre-ville. Le trajet jusqu'à Osh dure un minimum de 12h.

▶ **Bus urbains.** Bus municipaux et minibus privés permettent de sillonner la ville pour 5 ou 6 soms. La principale difficulté dans ces transports en commun est d'arriver à en monter et en descendre, ils sont en général bondés ! La ligne de bus la plus intéressante est celle qui depuis la gare routière de l'Ouest traverse tout le centre ville via le bazar d'Osh et Moscovskaya et repart vers la gare via Jipek Joli. Il s'agit du n°35 et le prix du billet est de 6 soms.

Taxis

Les taxis sont bon marché et nombreux. Certains sont officiels et fonctionnent au compteur, la plupart sont des particuliers qui rentabilisent leur voiture.

Bichkek sous un manteau neigeux

Dans ce cas-là, il faut toujours négocier le prix avant de monter. Les courses en centre-ville peuvent être négociées entre 50 et 80 soms. On peut également louer des voitures avec chauffeur pour la journée en passant par des agences de voyages. On peut également louer des voitures avec chauffeur pour la journée en passant par des agences de voyages. La fiabilité du véhicule et la connaissance du terrain par le chauffeur sont des atouts, mais cette solution revient évidemment plus cher que de passer la journée avec un taxi. Trois compagnies fonctionnent sur commande et facturent en général un minimum de 100 ou 120 soms pour la course.

■ **EURO TAXI**
✆ 150

■ **EXPRESS TAXI**
✆ 156

■ **SUPER TAXI**
✆ 152

Pratique

Tourisme

■ **AVENTURES ET MONTAGNES**
✆ (312) 68 12 97
✆ (543) 91 40 67 (portable)
www.aventures-montagnes.com
2006@aventures-montagnes.com
Installé depuis longtemps à Bichkek et parfaitement intégré à la culture kirghize puisque marié à Aïnoura, Stéphane et son épouse organisent toute une variété de « voyages découverte » en Kirghizie, des treks aux randonnées à cheval ou en VTT.

■ **CBT KYRGYZSTAN**
58 Gorki ✆ (312) 54 00 69 – (312) 44 33 31
Fax : (312) 44 33 31
www.cbtkyrgyzstan.kg
reservation@cbtkyrgyzstan.kg
Cette agence fonctionne exclusivement sur le principe du tourisme communautaire (CBT signifie « Community Based Tourism). Le logement se fait chez l'habitant (de 400 à 600 S par personne selon l'endroit et le confort du logement). Des bureaux de représentation sont situés à Arslanbob, Jalalabad, Kara-Suu, Kazarman, Karakol, Kochkor, Naryn, Osh, Talas et Tamchy. Une initiative saluée par de nombreuses organisations internationales a fait le bonheur des touristes avides d'authenticité dans leur découverte du pays. Créé voici plus de dix ans à l'initiative d'une ONG suisse, Helvetas, CBT possède aujourd'hui une dizaine d'agences dans le pays, assurant une couverture territoriale quasi complète du Kirghizistan, et commence à nouer des partenariats avec le Kazakhstan et le Tadjikistan pour étendre son expérience aux autres républiques d'Asie centrale. L'atout majeur de CBT est de disposer d'un réseau de chambres chez l'habitant suffisamment important pour assurer l'hebergement de ses voyageurs presque partout dans le pays. Les coordinateurs locaux sont théoriquement

capables d'organiser séjours, excursions et treks dans leur région mais vous renvoient à leurs voisins pour la suite du voyage. CBT est actuellement l'organisme réceptif qui brasse la très grande majorité des touristes individuels dans le pays : vous ne serez donc pas seuls en utilisant ce réseau et pourrez échanger des informations avec ceux que vous croiserez sur la route. CBT mène une politique active pour promouvoir des festivals tout au long de l'année dans différentes régions du pays (festival du feutre, festival jeux équestres, folklore, chasse à l'aigle...). Référez-vous à leur site Internet pour avoir plus de détails : certains festivals ne durent pas plus d'un an, d'autres sont programmés quelques semaines seulement avant la saison touristique...

THE CELESTIAL MOUTAINS TOUR COMPANY
131/2 Kiev
✆ (312) 31 18 14 – (312) 31 18 18
Fax : (312) 31 11 70
www.celestial.com.kg
tours@celestial.com.kg
Trois types de circuits (10, 12 et 17 jours) sont proposés par ce voyagiste fiable, expérimenté, et attaché à la satisfaction de ses clients. Le premier circuit effectue une boucle autour du lac Issyk Kul avant de piquer vers Kochkor, Song Kul, Naryn et Tash Rabat. De quoi voir l'essentiel des montagnes kirghizes en un minimum de temps. Le second ravira plus les trekkeurs avec des excursions vers les glaciers autour du lac Issy Kul, alors que le troisième, reprenant le tramé du premier, y ajoute une excursion en Chine avec visite d'Urumqi, Kashgar et Turpan. Bien sûr, vous pouvez également élaborer votre propre circuit et négocier le prix en fonction de vos souhaits d'hébergement, de confort de voyage... L'agence fonctionne avec les groupes comme avec les individuels. L'accueil est très attentionné et le personnel saura vous aiguiller vers les destinations à même de vous séduire et de vous offrir un merveilleux voyage. Celestial Mountains possède deux hôtels haut de gamme dans le pays : l'un à Bichkek (Silk Road Lodge), l'autre à Naryn (Celestial Mountains Guesthouse).

CENTRAL ASIA TOURISM COMPANY
124 Chuy Prospekt
✆ (312) 66 36 64 – (312) 66 02 77
Fax : (312) 90 04 20
www.cat.kg – cat@cat.kg
CAT s'appuie sur un excellent réseau dans le pays et les républiques voisines pour organiser à la carte des séjours adaptés à chaque voyageur. Circuits, classiques, combinées avec l'Ouzbékistan, le Kazakhstan ou la Chine (ou l'ensemble de ces pays), location de voiture avec chauffeur, réservation de logements... Un organisme fiable et qui possède également de bons contacts pour vous faire rencontrer des artisans, assister à une chasse à l'aigle ou à un *oulak tarych*. CAT devrait à l'horizon 2010 avoir également son propre hôtel à Bichkek.

INTERNATIONAL TRAVEL & MOUNTAINEERING CENTRE
1A Lineinaja
✆ (312) 69 02 34 – (312) 69 02 35
Fax : (312) 69 02 36
www.asiamountains.net
aljona@mail.elcat.kg
Au sous-sol de l'hôtel Asia Mountains 1. Ce tour-opérateur propose de nombreux programmes fixes de treks et circuits dans le pays mais peut également organiser un voyage à la carte. Avec dix ans d'expérience et une fiabilité reconnue, ce voyagiste s'est également taillé une bonne réputation dans les domaines extrêmes, organisant l'ascension de cinq sommets à plus de 5 000 mètres dans le pays. Avec des connections en Ouzbékistan et dans les autres ex-Républiques socialistes d'Asie centrale, ITC peut également organiser des circuits complets à travers les pays voisins et des passages vers Kashgar et la Chine via les cols d'Irkhestam ou de Torugart.

LA MAISON DU VOYAGEUR
122 Moskovskaya
✆ (312) 66 63 30
www.lamaisonduvoyageur.com
kyrgyzdos@elcat.kg
Installé à Bichkek depuis de nombreuses années 2001, la Maison du Voyageur, gérée par des français, propose une dizaine de treks d'une durée de 10 à 20 jours ainsi que deux randonnées à cheval d'une semaine. Des circuits bien rôdés qui sont chaque fois l'occasion d'aller à la rencontre de la nature kirghize, de ses peuples et de ses artisans. Mais La Maison du Voyageur a fait ses premiers pas avec des touristes individuels et il reste toujours possible de construire son itinéraire à la carte en fonction de ses envies ou de ses capacités physiques. Équipe très sympathique et guides d'excellent niveau. Connexions possibles avec l'Ouzbékistan et la Chine.

NOVINOMAD COMPANY
28, Toktogul Moldo ✆ (312) 62 23 81
Fax : (312) 62 23 80
www.novinomad.com
novinomad@elcat.kg
Cette compagnie organise à peu près tout ce qu'il est possible de faire à travers le pays à l'exception de la chasse et de l'alpinisme. Pour le reste : rafting, randonnées à pied ou à cheval, campement sous la yourte (Novinomad a son propre camp à Song Kul), réservation d'hébergements, guides... Novinomad, basé à Bichkek, opère dans l'ensemble du pays mais n'organise pas encore de circuits combinés avec les pays voisins.

TOP ASIA TRAVEL
183 Panfilov ✆ (312) 66 62 18
Fax : (312) 66 52 69
www.topasia.kg – topasia@elcat.kg
Spécialiste des Tian Shan et du Pamir, Top Asia pourra arranger tout ce qu'il est possible de faire en trek à pied ou à cheval. Programmation également de quelques circuits à vélo. Connexions avec la Chine et l'Ouzbékistan. Bonne organisation et encadrement sérieux pour des tarifs raisonnables.

ULTIMATE ADVENTURES
185 Kurienkeva ✆ (312) 37 48 91
✆ (777) 22 26 34 (portable)
www.kirghizie.fr – ultiadv@kirghizie.fr
Ultimate Adventures a bâti sa réputation sur les circuits extrêmes : ascension du pic Lénine, du Khan Tengri, trek jusqu'au Mustagh-Ata en Chine... Les activités sont tout aussi variées : rafting, cheval, VTT... Sans oublier évidemment les circuits plus classiques et les combinaisons avec la Chine, l'Ouzbékistan et le Tadjikistan. Soulignons l'extrême disponibilité du personnel ainsi que la compétence des guides et accompagnateurs francophones. Ultimate Adventures, géré par des français, a créé sa propre école de formation de guides et répond à des critères élevés de qualité tant en ce qui concerne la sécurité de ses voyageurs que le niveau linguistique et culturel de leurs accompagnants.

Autre adresse : contact en France : Stéphane Aubrée ✆ 06 62 11 70 82 – stephane.aubree@kirghizie.fr

LA YOURTE KIRGHIZE
✆ (777) 08 60 74 – (777) 08 60 73
www.layourtekirghize.com
contact@layourtekirghize.com
La Yourte Kirghize organise à l'heure actuelle deux itinéraires de 13 et 12 jours, dont l'un inclut quelques randonnées à cheval. Ces deux circuits permettent de visiter la région de Song Kul et la rive sud du lac Issyk Kul jusqu'à Bokonbaevo. Signalons également quelques circuits plus courts programmés pour 2010 ou 2011 autour de Talas, Arslanbob et Och. La Yourte Kirghize joue la carte de la qualité d'accompagnements, avec des guides de la région connaissant à fond le terrain et des accompagnateurs dotés d'une solide connaissance historique et culturelle du pays.

Pompier kirghiz

Banques et bureaux de change

Vous trouverez quelques distributeurs dans le centre ville de Bishkek, délivrant des soms. Les plus fiables se trouvent à l'entrée de l'agence Central Asia Tourism, sur Chuy Prospekt. Certains magasins de la chaîne Beta Store en sont également équipés, de même que le grand magasin Tsoum. Enfin, le Hyatt possède son propre distributeur automatique de billets.
Les bureaux de change sont disséminés à travers la ville, on en trouve à peu près partout avec de grosses concentrations sur Soviet, Manas et Kiev. Les différences de taux peuvent être importantes d'un bureau à l'autre ou bien selon l'heure de la journée. Alors, prenez votre temps et faites votre petit marché en tâchant de négocier si vous échangez une grosse somme. En règle générale, plus on s'éloigne du centre, plus le change est avantageux.

■ **AKB BANK**
54 Togolok Moldo
Ouverte du lundi au vendredi, de 9h à 16h. Pour changer les chèques de voyage avec une commission de 3 %. On peut également retirer de l'argent en Carte bleue avec une commission de 2,5 %.

■ **BANK BAIKAL**
75 Isanov
Ouverte du lundi au vendredi, de 8h30 à midi et de 13h à 15h. Possibilité de changer des chèques de voyage et de retirer de l'argent avec une Carte bleue.

Internet

On trouve désormais très facilement des cafés Internet à Bichkek, notamment sur Chuy Prospekt. À une dizaine de mètres du restaurant Fat Boy's, un grand sous-sol accueille un café Internet aux connexions très rapides pour 20 soms de l'heure.

■ **ABC**
162, rue Moskovska, à proximité du croisement avec Manas ✆ 31 87 44
Ouvert tous les jours 24h/24. Compter 40 soms de l'heure ; pour le téléphone vers la France, 5 soms par minute vers une ligne fixe et 15 soms par minute vers une ligne mobile. Il dispose également de cabines téléphoniques permettant d'appeler à l'international.

Poste

■ **DHL**
107 rue Kiev ✆ (312) 61 11 11
bishkek@dhl.kg

■ **FEDEX**
217 Moskovskaya
✆ (312) 65 00 12 – fedex@elcat.kg

■ **POSTE CENTRALE**
Sur la rue Kiev, au niveau du croisement avec Sovietskaya et la rue Soviet
Ouvert du lundi au samedi de 7h à 20h et le dimanche de 8h à 19h. Compter 32 soms pour expédier une carte postale en France, sans garantie que celle-ci parvienne un jour à son destinataire. Les lettres (40 soms) arrivent un peu plus sûrement à destination.

Numéros d'urgence

■ **AMBULANCE**
✆ 151

■ **POLICE**
✆ 102

■ **POMPIERS**
✆ 101

■ **URGENCES MÉDICALES**
✆ 103

Adresses utiles

■ **AMBASSADE DE CHINE**
196 Toktogul ✆ (312) 31 32 18
Le consulat est ouvert de 9h15 à midi le lundi, mercredi et vendredi. Une lettre d'invitation est nécessaire même pour obtenir un visa de tourisme. Les agences de voyages locales peuvent fournir les papiers nécessaires.

■ **AMBASSADE DE FRANCE**
133 Bokonbaeva ✆ (312) 66 00 53
france.kg@gmail.com
Ouvert du lundi au vendredi, de 9h à 13h et de 14h30 à 18h en hiver, de 8h à 12h et de 13h30 à 17h en été. Le Kirghizistan dépend en fait de l'ambassade de France à Almaty. Il n'y a qu'un consulat à Bichkek.

■ **AMBASSADE DE RUSSIE**
55 Manas ✆ (312) 61 09 05
rusemb@samanet.kg

■ **AMBASSADE D'OUZBÉKISTAN**
213 Tynystanov ✆ (312) 66 20 65
uzembish@infotel.kg
Fermée le lundi.

■ **AMBASSADE DU KAZAKHSTAN**
95A Manas ✆ (312) 69 21 01
kaz_amb@kazamb.elcat.kg
Le consulat est ouvert de 10h à midi du lundi au vendredi.

■ **AMBASSADE DU TADJIKISTAN**
36 Karadarynskaya ✆ (312) 51 23 43
tajsaforat@xnet.rg

■ **CONSULAT DE SUISSE**
144 Panfilov ✆ (312) 66 64 80
www.swisscoop.kg
bishkek@sdc.net

■ **CONSULAT DU CANADA**
189 Moskvovskaya ✆ (312) 65 05 06
canada_honcon@akipress.org
Le consulat est ouvert au public de 10h à 17h. Même situation que pour la France.

Santé

Bichkek n'est pas bien pourvue en infrastructures médicales, et le manque de médecins qualifiés se fait sentir depuis le départ des Russes au moment de l'indépendance. Les équipements auraient également besoin d'être modernisés, mais les fonds manquent.

■ **CENTRE MÉDICAL GERMANO-KIRGHIZE**
69 Akhunbaev ✆ (312) 56 50 85

■ **KYRGYZ REPUBLIC HOPITAL**
110 rue Kiev ✆ (312) 26 69 16 (urgences)
Pensez à vous faire accompagner par un interprète.

■ **PHARMACIE CENTRALE**
340 Frounze ✆ (312) 68 10 05

■ **PHARMACIE NEMAN**
139 moskovskaya ✆ (312) 62 29 37

Publications

The Times of Central Asia est un hebdomadaire anglophone, qui couvre l'actualité de tous les pays de la zone. L'information est de bonne qualité et indépendante. Vous le trouverez dans tous les bars et hôtels fréquentés par la communauté expatriée (bar Fatboy's ou Navigator par exemple).

Hébergement

Vous trouverez à Bichkek tout la gamme d'hébergement depuis la petite guesthouse jusqu'au luxe d'un 5-étoiles répondant aux standards internationaux. Pour les indéfectibles du nomadisme, il est même possible de dormir sous la yourte. Néanmoins, la capacité d'accueil de la ville est particulièrement faible au regard de la récente augmentation de la fréquentation touristique dans le pays. Et nous vous recommandons de réserver vos chambres en juillet ou août.

Bien et pas cher

■ **HÔTEL SEMETEI**
125 Toktogul Street ✆ (312) 21 83 24
Compter 1 500 soms la chambre double. Les chambres sont aussi vastes que dans l'établissement précédent mais jouissent d'un meilleur équipement et d'une literie plus confortable. Les salles de bains individuelles ont l'avantage d'être fréquentables malgré leur âge vénérable.

■ **NOMAD'S HOME**
10 Drevesnaya ✆ (312) 48 21 38
✆ (772) 49 06 08 (portable)
http://nomadshome.googlepages.com
nomadshome@gmail.com
200 soms en dortoir, chambre simple 500 soms, chambre double 1 000 soms. Petit déjeuner en sus. Impossible de trouver moins cher à Bichkek. Et honnêtement, même si c'est un peu excentré (mais à seulement 5 minutes du centre-ville par le *machroutka* n°114), le rapport qualité-prix n'est pas si mauvais. Accueil chaleureux, chambres en toute simplicité mais propres, possibilité de dormir sous la yourte ou bien de planter sa tente dans le jardin. Les deux femmes qui gèrent l'établissement peuvent vous donner quelques conseils utiles pour l'organisation de votre voyage.

■ **SADYRBEK B&B**
21 Razzakova ✆ (312) 30 07 10
360 soms en dortoir, 1 200 soms en chambre double. Petit déjeuner 80 soms, dîner 120 soms. Un rendez-vous pour bourlingueurs, avec des lits et des dortoirs aménagés dans tous les coins, mais pas beaucoup de place au final. Une cuisine et une salle de bains pour l'ensemble des occupants, c'est au final un peu cher payé, mais il n'existe pas vraiment d'alternative pour être si proche du centre-ville à pied. Le « livre d'or » de Sadyrbek reste très utile pour les voyageurs en quête d'informations récentes.

■ **SARY CHELEK HOTEL**
87 Orosbekva ✆ (312) 21 58 77
Chambre double autour de 800 soms, négociation possible. Pas de petit déjeuner. La dernière solution d'hébergement bon marché à Bichkek. Mais honnêtement, cette adresse ne sera valable que pour une étape et encore, et à condition de ne pas avoir trouvé de place ailleurs. Les chambres sont relativement spacieuses mais la propreté laisse à désirer et c'est sans parler des salles de bains, glau-

ques, toutes dotées de jolies cascades d'eau et de murs évoquant une champignonnière géante. L'endroit ne semble fréquenté que par des businessmen locaux. Ne l'envisagez pas comme une solution d'hébergement pour l'intégralité de votre séjour mais comme un plan de secours au cas où tous les autres hôtels afficheraient complet !

■ SEKURA GUESTHOUSE
38 Michurina
✆ (312) 66 63 26 – (502) 45 38 66
www.sakuraguesthouse.web.fc2.com/english.html
kobuhei-hikita@hotmail.com
Lit en dortoir 200 soms, chambre double 500 soms. Tenue par une famille adorable, cette petite maison d'hôtes est bien située, à deux pas de l'intersection entre Sovietskaya et Jipek Joli (accessible par les minibus 185 depuis le bazar d'Osh ou 114 depuis la gare routière de l'Ouest). Au niveau de l'intersection, suivre Sovietskaya vers le Nord, puis tourner à droite à 200 m environ et encore à droite 150 m plus loin et marcher jusqu'à faire face à un portail rouge : vous y êtes ! La maison est toute simple, de même que les chambres, mais c'est parfaitement tenu. Le dortoir, avec six lits, conserve une taille humaine. La piscine, ou plutôt le bassin, peut difficilement accueillir plus de deux baigneurs à la fois, mais elle a l'avantage d'être là.

■ ULTIMATE ADVENTURES
185 Kurienkeva ✆ (312) 37 48 91
✆ (777) 22 26 34 (portable)
www.kirghizie.fr
ultiadv@kirghizie.fr
Chambre simple à 17 €, double à 28 €, petit déjeuner compris. Possibilité de dîner sur place, sur commande. Ultimate Adventures peut accueillir une vingtaine de personnes dans sa *guesthouse* aménagée dans une grande maison d'un quartier tranquille au Nord du centre-ville. Le jardin, la terrasse couverte et la yourte où prendre un peu de repos offrent du cachet à l'ensemble. Les chambres sont toutes simples, avec salles de bains et toilettes communes, mais confortables et bien entretenues.

Confort ou charme

■ HÔTEL ALPINISTE
113 Panfilov
✆ (312) 59 56 47 – (312) 69 96 21
Fax : (312) 59 56 47
www.alpinist.centralasia.kg
alpinist@elcat.kg
Chambres simple 1 500 soms, chambre double 2 000 soms, petit déjeuner inclus. L'hôtel Alpiniste est situé dans un des quartiers verts de Bishkek, non loin du centre-ville. De nombreux alpinistes fréquentent cet hôtel et c'est à leur effet que celui-ci est doté d'un mur d'escalade d'entraînement. Cependant, l'établissement est capable d'accueillir toutes clientèles. Les 20 chambres sont équipées d'air conditionné, de douche, de télévision par satellite, d'un réfrigérateur, de sèche-cheveux et d'accès à Internet. Une salle de conférence de 40 places est disponible. Le personnel est disponible 24h/24. Que vous soyez à Bichkek pour raisons professionnelles ou simplement pour le tourisme, cet hôtel bien situé vous offrira une atmosphère accueillante et reposante à des prix abordables.

■ HÔTEL ASIA MOUNTAINS
1A Lineinaja ✆ (312) 69 02 35
Fax : (312) 69 02 36
www.asiamountains-hotels.com
hotel@asiamountains.net
Chambres simples à 60 $, doubles à 70 $, suites à 80 $, petit déjeuner inclus. Cartes bancaires acceptées moyennant une commission de 5 %. Un hôtel tout confort, aux chambres spacieuses et dotées d'un équipement moderne. Salles de bains impeccable, propreté et literie irréprochable : une excellente référence à Bichkek. Dommage que ce soit un peu excentré (le taxi reste la meilleure solution pour rejoindre rapidement l'établissement, mais le bus n°35 vous dépose à proximité : descendez au niveau d'une mosquée, à l'intersection entre les rues Moskva et Gogol, et descendez Gogol vers le Sud jusqu'à trouver la voie ferrée puis tournez à droite). La piscine et le petit jardin sont un véritable bonheur lors des grosses chaleurs. Accès Internet et petit déjeuner copieux. Au sous-sol, l'agence International Travel Company propose des circuits et treks à la carte et sur mesure. Un second hôtel ouvrait ses portes à Bichkek lors de notre enquête (156, rue Gorkogo ✆ (312) 54 02 06 – Fax : (312) 54 55 13 – hotel2@asiamountains.net – même gamme de services et tarifs).

■ LA VIE
163/1 Mederov
✆ (312) 54 93 68 – (543) 18 11 89
Fax : (312) 54 91 39
www.lavie.occ24.kg – lavie@occ24.kg
À partir de 1 600 soms la chambre double.

La façade un peu maussade dissimule des chambres tout confort parfaitement équipées. L'emplacement n'est pas mauvais, à deux pas de Sovietskaya et des Machroutkas desservant le centre-ville. Une bonne solution si vous recherchez le confort sans vouloir trop débourser.

Luxe

■ HYATT REGENCY

191 Abdrahmanov (ex Sovietsakaya)
✆ (312) 66 12 34 – Fax : (312) 66 57 44
www.bishkek.regency.hyatt.com
bishkek.regency@hyatt.com
Chambre standard 265 $, de luxe 285 $, suites 565 $. Petit déjeuner continental inclus (buffet en supplément, 25 $ par personne). Evidemment irréprochable, conforme aux standards internationaux de la chaîne Hyatt. Il s'agit en outre du seul établissement de grand luxe à Bichkek, vous n'aurez donc pas d'autre choix si vous voulez jouir de grands espaces, de literie neuve, de salles de bains immenses, et capter toutes les chaînes télévisées du monde. L'établissement est entouré d'un joli parc et doté d'un restaurant, d'un bar, d'un espace fitness et Spa et d'une piscine. Vous pourrez également trouver au rez-de-chaussée quelques magazines de presse internationale.

■ SILK ROAD LODGE

229 Abdumomunova ✆ (312) 32 48 89
Fax : (312) 32 48 95 – www.silkroadlodge.kg
reception@silkroadlodge.kg
Chambre simple 110 €, chambre double 120 €, suite 145 €. Petit déjeuner inclus. Les 28 chambres de ce grand hôtel blanc et rouge situé à proximité de la place Ala Tau sont irréprochables à tout points de vue. L'établissement appartient au tour operator Celestial Mountains et on y retrouve la même qualité de services. Grandes chambres, agréables à vivre, excellent emplacement... Le rapport qualité-prix est excellent mais attire forcément de nombreux voyagistes occidentaux qui occupent rapidement l'ensemble de l'hôtel avec un ou deux groupes. Alors pensez à réserver à l'avance si vous arrivez dans le pays lors d'un pic de fréquentation. Si vous avez la chance d'y loger, vous pourrez profiter du bar d'été, situé dans les jardins de l'hôtel, très agréable en fin de journée.

Restaurants

On trouve de nombreux restaurants dans le centre-ville proposant une cuisine locale ou occidentale de qualité. Si vous êtes sur la fin de votre voyage et que le gras de mouton ne vous fait plus trop envie, vous n'aurez aucun mal à engloutir une escalope milanaise dans un restaurant italien. À l'inverse, si vous souhaitez découvrir la cuisine kirghize et centrasiatique en général, vous aurez également tout le choix nécessaire.

Bien et pas cher

Sur la place située à côté du Tsum, deux restaurants peuvent être agréables en été, avec leurs tables installées au bord de l'eau. Le seul inconvénient est qu'il faut supporter le temps d'un repas la musique criarde du Tsum.

■ CONCORDE

Place Ala Tau
Ouvert de 11h à 23h. Cuisine kirghize. Compter moins de 200 soms. Un bel hommage au Concorde français dont une reproduction en fer forgé domine l'entrée alors que, à l'intérieur, les serveuses arborent de pâles uniformes d'hôtesses de l'air (en beaucoup moins souriantes !). Le local se situe en bordure de la place Ala Tau, sous les arcades, et offre un bon point d'observation sur les fontaines lorsque la foule n'est pas massée devant les baies vitrées. Les spécialités kirghizes et ouïghoures sont nombreuses, avec de très correctes *laghman* (45 soms), des *mantys* frits (75 soms) ou des plats composés plus élaborés comme du poisson à la crème et au fromage (!) tenant plus de l'inspiration du patron que de la tradition culinaire du pays. Une bonne adresse pour qui souhaite manger à petit prix dans un cadre confortable en plein centre-ville.

■ TCHAIKHANA JALALABAD

À l'angle des rues Togolok Moldo et Kiev
✆ (312) 61 00 83
Ouvert de 9h à minuit. Compter 150 à 200 soms. Le grand rendez-vous des bourlingueurs, cette gigantesque *tchaïkhana* a été aménagée dans une belle maison traditionnelle du centre ville. Tables et chaises en plastique dans les cours ou sous la yourte ou *takhtan* sous la toiture ouvragée autour de la maison, faites votre choix ! Le menu propose une grande variété de plats kirghiz et ouïghours (salades, *laghman, kazan kebab, manty...*) mais ce sont surtout pour les *chachlyks* que l'établissement est fréquenté. Les barbecues semblent ne jamais refroidir alors que les cuisiniers disposent sur les braises les commandes de brochettes de

poulet, bœuf ou mouton. À l'heure du déjeuner, l'endroit devient une véritable fourmilière où les serveurs semblent être aussi nombreux que les clients. Mais curieusement, l'attente est toujours désespérément longue.

Bonnes tables

À côté de l'hôtel Dostuk, plusieurs restaurants ont des terrasses ouvertes sur Liberty Square. On peut choisir une cuisine locale, libanaise ou chinoise. Ce ne sont pas forcément les meilleures gastronomies de Bichkek, mais l'endroit est en général animé.

■ CYCLONE

136 Chuy Prospekt ✆ (312) 61 28 16

Ouvert tous les jours de 11h à minuit. Cuisine italienne. Soupes autour de 100 soms, plats principaux entre 250 et 350 soms, pâtes autour de 200 soms, pizza à moins de 250 soms. La petite terrasse sur la rue est devenu un rendez-vous des occidentaux de la capitale, alors que la salle intérieure demeure un peu triste dans son agencement et son décor. Dans tous les cas, on mange bien et en bonne quantité pour un tarif restant modique. Bon choix de pâtes et de pizzas, nombreuses recettes de plats composés également (escalope à la milanaise, filet mignon...).

■ FAT BOY'S

104 Chuy Prospekt

✆ (312) 28 73 50

Ouvert tous les jours de 8h à 22h. Cuisine européenne. Les plats sont autour de 200 soms. Une institution à Bichkek, ce café-restaurant doté d'une jolie terrasse en bois fait également salon de lecture et, à deux pas de la place Ala-Tau, est devenu une adresse impeccable tant pour les expatriés en quête de bien-être que pour les touristes cherchant un endroit agréable où se poser après une longue marche. Les recettes sont variées (cuisine occidentale, chinoise, pâtes...) et bien réalisées. Les portions sont conséquentes et les tarifs savent rester modiques.

■ JAM BAR

179 Toktogul ✆ (312) 31 34 94

Ouvert tous les jours de 13h à 3h. Cuisine européenne. Compter un minimum de 500 soms pour un repas complet, 90 à 120 soms pour une bière. On y vient surtout pour la petite terrasse, décorée de belles photos noir et blanc, où s'apprécie la Cibirskaïa à la pression et où sont généralement retransmis sur écran géant, à l'intention des expatriés, les grands événements sportifs. Au sous-sol, une ambiance lounge et un dédale de pièces aux lumières tamisées et des salons privées (consommation minimale 2 000 soms). Du côté de la carte, pas de grande surprise, mais les portions sont généreuses et la viande de bonne qualité. On trouvera également quelques cocktails plutôt réussis (180-250 soms). Le propriétaire du Jam Cafe possède également le très réputé Wasabi (24, rue Akhunbabaev ✆ (312) 93 16 17, ouvert tous les jours de 12h à minuit).

■ NAVIGATOR

103 Moskovskaya

✆ (312) 66 51 51

www.navigator-cafe.kg

Ouvert tous les jours de 8h jusqu'au départ des derniers clients. Cuisine occidentale. Compter un minimum de 800 soms pour un repas complet. Là encore, il s'agit d'un des plus vieux rendez-vous des expatriés à Bichkek, qui viennent en matinée y savourer un espresso en feuilletant le *Times of Central Asia* (la carte des petits déjeuners est plutôt attrayante). C'est une bonne adresse pour manger ou pour boire un verre (large choix de whisky et de bière). Le plats sont chers (vous n'en sortirez pas pour moins de 500 soms avec une entrée et un plat) mais la viande est de bonne qualité et le service impeccable. Profitez du cadre apaisant à l'intérieur ou de l'agréable terrasse couverte qui fait le coin de la rue pour passer un peu plus de temps qu'il n'en faut pour vider une assiette : vous vous sentirez presque dépaysé du Kirghizistan !

Luxe

■ ADRIATICO

219 Chuy

✆ (312) 21 76 32

Ouvert tous les jours de 11h à 22h. Cuisine italienne. Comptez 600 à 1 000 soms pour un repas complet, 250 à 280 soms pour des pizzas. Salle climatisée. Une valeur sûre à Bichkek. Bien sûr, les nappes blanches, la musique d'ascenseur et les murs rosés ne seront pas du goût de tout le monde, mais le service est irréprochable et rapide. Du côté des assiettes, pas de quoi être déçu : carpaccios et escalopes milanaises sont des réussites inattendues et s'accompagnent très bien d'un pichet de vin rouge, blanc ou rosé importé de la péninsule. Les pizzas et la *pasta* sont également bien concoctés et on saluera l'effort du patron pour donner à sa cuisine toutes les saveurs de sa terre natale !

■ FOUR SEASONS
116A Tynystanov, derrière le théâtre dramatique russe ✆ (312) 62 15 48
Ouvert de 11h à minuit. Menu en anglais. Kebabs à 100 soms, plats autour de 300 soms. À proximité du Hyatt, ce restaurant haut de gamme accueille une clientèle aisée de Kirghiz et d'expatriés désireux de changer des *chachlyks* et des *samsas*. Le menu (en anglais) propose toujours quelques kebab, surtout en été lorsque la terrasse est ouverte, mais également de nombreux plats composés avec attention et savoir-faire. Toute l'année, une petite scène propose des concerts nocturnes.

Sortir

De nombreux restaurants en plein air dans le parc Panfilov se transforment plus ou moins en bar le soir. On peut y boire un verre en assistant au spectacle permanent des karaokés dans les allées, et en profitant de l'animation du parc et de ses manèges un peu vétustes.

Bars

■ 2X2
5 Isanova ✆ (312) 21 24 97
Ouvert de 7h à 23h. Compter 200 à 400 soms pour un cocktail, 110 à 120 soms pour une bière, petits déjeuners de 100 à 170 soms. Un peu cher mais l'établissement est surtout fréquenté par les expatriés et en profite. La terrasse est un observatoire idéal pour regarder passer le temps et les passants. À l'intérieur, fauteuils et canapés confortables entourent un bar en longueur. Déco, musique et consommation sont aussi occidentales que les tarifs.

■ COFFEE
40/1 Togolok Moldo ✆ (312) 60 61 25
Ouvert de 9h à minuit. Une adresse très agréable pour boire un verre en fin de journée. Le local est climatisé et jouxte une très belle boutique de souvenirs. Mais vous pouvez également choisir de vous prélasser sur le terrasse où ont été disposés de très confortables fauteuils et canapés : idéal après une longue journée à crapahuter en ville. Espresso, bières occidentales et pâtisseries maison viennent compléter le tout (compter 150 soms pour un tiramisu, 100 à 120 soms pour les autres spécialités).

■ OLD EDGAR
273 Panfilov, à côté du théâtre russe
Ce restaurant à l'ambiance chaleureuse propose souvent des concerts le soir.

Discothèques

■ DOKA PIZZA
153 Kiev
Ouvert tous les jours 24h/24. Après l'incendie qui a ravagé le Doka Pizza en 2007 de la rue Sovietskaya, l'une des adresses les plus populaires de Bichkek ces dernières années, le nom a été repris par la même équipe ainsi que le concept : bonne nourriture, jolie serveuses et musique *live* tous les soirs. Idéal pour passer un bon moment et rencontrer la jeunesse huppée de Bichkek. Entrée gratuite.

■ GOLDEN BULL
À l'angle des rues Togolok Moldo et Chuy ✆ (312) 62 01 31
Ouvert jusqu'à 5h du matin. Une institution qui ne désemplit pas, quelque soit le soir de la semaine. Bonne musique, bière bon marché et clientèle variée : tout pour plaire ! Strip-tease certains soirs. Le ticket d'entrée est à 400 soms.

■ METRO
133 Chuy
(au coin avec la rue Turusbekova)
✆ (312) 21 76 64
Un bar tout en longueur où s'attardent des soirées entières tous les Américains de passage ou basés à Bichkek.

■ RETRO METRO
24 Mira
Un décor tout droit surgi des années 1980 (celles de l'autre côté du rideau de fer !), très décalé, où un DJ balance ses tubes depuis un studio aménagé dans un vieux combi Volkswagen tout droit surgi des trips hippies de la décennie précédente. Très animé à partir de minuit. L'entrée est payante, comptez 200 soms en semaine et le double en week-end.

■ ZEPPELIN
43A Chuy ✆ (312) 28 34 82
Entrée de 100 à 150 soms. L'un des établissements les plus récents à Bichkek. Musique *live* tous le soirs et ambiance résolument rock. La scène côtoie un bar très bien fourni. Tarifs élevés.

Spectacles

Comme toute ancienne capitale soviétique, Bichkek est dotée de nombreux théâtres. La programmation n'est pas forcément toujours très dynamique, mais on peut malgré tout y voir des spectacles intéressants tout en

© SYLVIE FRANCOISE

Opéra national de Bichkek

découvrant l'architecture intérieure de certains beaux bâtiments.

ACADÉMIE NATIONALE D'ART DRAMATIQUE

273 rue Panfilov
✆ (312) 21 69 58
Ce théâtre présente quasi exclusivement des pièces d'auteurs kirghiz.

OPÉRA BALLET NATIONAL

167 Sovietskaya ✆ (312) 66 18 41
Le bâtiment est splendide, avec sa façade classique de couleur orangée. La programmation est intéressante (pour les russophones) mais le théâtre généralement peu fréquenté. Les programmes sont disponibles aux caisses.

PHILHARMONIQUE

210 Chuy Prospekt ✆ (312) 21 92 92
Des concerts de musique occidentale ou kirghize y sont fréquemment organisés, avec de temps en temps des spectacles de danse traditionnelle. Les programmes sont disponibles aux caisses, situées sur le côté ouest du bâtiment. Devant la Philharmonie, se trouve une statue du héros Manas, personnage principal de la grande épopée lyrique du même nom.

THÉÂTRE DRAMATIQUE RUSSE

Dans le parc Dubovy ✆ (312) 22 86 30
Comme son nom l'indique, ce théâtre est réservé aux grandes pièces classiques du répertoire russe.

Points d'intérêt

BAZAR OSH

Le plus attirant des marchés de Bichkek situé à l'ouest du centre-ville. Marché aux fruits et légumes, viandes et laitages, épices, on y trouve de tout, même des poissons exotiques. Dans l'un des grands bâtiments, on vend des tissus venant de Turquie, de Chine, des Émirats... et, en cherchant bien, des tissus *khan atlas* de la vallée de Ferghana. Allez-y tôt en matinée pour profiter de l'animation en début de journée et profitez-en pour composer votre déjeuner au fil des stands, en goûtant à droite à gauche aux salades vendues dans des sacs plastiques et aux pains chauds tout juste sortis des fours.

MUSÉE DES BEAUX-ARTS

196 Sovietskaya ✆ (312) 66 15 44
Ouvert du mardi au jeudi de 9h à 17h et le vendredi de 10h à 16h. 150 soms. Ce musée est aussi décrépi à l'intérieur qu'il l'est à l'extérieur. Les pièces exposées peinent à masquer les fissures des murs, et l'éclairage est tellement minimaliste qu'on ne voit pas toujours bien les œuvres. Les collections comportent des objets d'artisanat local, ainsi que l'habituelle litanie des peintres russes (plus rarement kirghiz) de la période soviétique. Le rez-de-chaussée accueille en revanche parfois des expositions temporaires intéressantes.

MUSÉE FROUNZE

364 Frounze ✆ (312) 66 06 07
Ouvert tous les jours de 10h à 17h30. 60 soms.

Église orthodoxe en hiver

Ce musée est, comme son nom l'indique, dédié au général Frounze qui avait donné son nom à la ville de Bichkek. L'immense bloc de pierre sculpté que vous voyez en arrivant n'est là que pour abriter des intempéries la véritable maison, ou supposée maison, du prestigieux général soviétique. La visite commence au troisième étage, où l'on peut admirer de nombreuses photographies des années 1920 ainsi que des affiches de propagande. Le deuxième étage est consacré à une période plus contemporaine, sous l'angle de l'histoire militaire. Des coupures de presse relatent même les événements du 24 mai 2005, la « révolution des tulipes » qui a mis fin au gouvernement Akaev. Le rez-de-chaussée accueille une reconstitution de la maison de Frounze, bizarrement présentée avec un toit de chaume. Le musée manque de façon générale d'explications en anglais, et ce ne sont pas les gardiennes endormies sur leurs sièges dans les salles qui peuvent remédier au problème.

■ MUSÉE HISTORIQUE

Place Ala Tau

Ouvert du mardi au dimanche de 10h à 13h et de 14h à 19h – 150 soms. Photos ou caméras : 100 soms. Ce musée est incontournable : avec ses fresques murales et ses plafonds peints dans le plus pur style réaliste soviétique, il est une œuvre d'art en lui-même, unique en son genre. Commencez par vous attarder sur la façade, qui n'est pas sans rappeller celle du mausolée de Lénine à Moscou. Le premier étage est consacré à l'époque soviétique : c'est de loin le plus impressionnant. Outre les statues, qui constituent le principal intérêt du musée, on peut remarquer dans une vitrine mal éclairée un exemplaire de l'Humanité daté du 26 octobre 1919 et titré en une : « Contre le blocus affameur » ! Le deuxième étage est consacré à la culture traditionnelle locale, et notamment aux différentes minorités. Les plafonds sont toujours peints, et l'on peut notamment remarquer les incroyables peintures de propagande dénonçant l'arme nucléaire et le bombardement d'Hiroshima. Le musée manque d'explications en anglais, mais il faut reconnaître que les fresques et peintures sont suffisamment fortes en elles-mêmes pour se passer de commentaires.

■ PALAIS PRÉSIDENTIEL

Ce gigantesque et prestigieux bâtiment de marbre blanc abrite les bureaux du président de la République depuis l'indépendance du Kirghizistan.

■ PARC DUBOVY

Le parc des chênes fut aménagé à la fin du XIXe siècle par un botaniste russe. Il s'agit de l'un des plus grands espaces verts de la ville, mais il est surtout connu pour abriter un étonnant statuaire, commencé en 1984 et qui a continué de s'enrichir par la suite. Plusieurs sculpteurs collaborèrent à cette œuvre pour célébrer le 60e anniversaire de la fondation de la République Socialiste Soviétique de Kirghizie et les grands héros de la Révolution. Et les espaces entre chaque chêne semblent aujourd'hui regorger de sculptures de bois,

pierre ou métal parmi lesquels on reconnaîtra des héros kirghiz (dont Jakov Logvinenko) ou des personnalités russes (comme Marx et Engels discutant paisiblement).

■ PARC PANFILOV

Situé le long de la place principale de ville, ce parc est un endroit plein de vie, qui attire de nombreux habitants pour une promenade nocturne en été. Plusieurs restaurants en plein air permettent de manger un plov ou des brochettes, ou de simplement boire un verre, des manèges un peu rouillés font la joie des enfants et des ados de la ville, le tout au son constant des karaokés improvisés. Un endroit à recommander pour une soirée détente en plein air dans une ambiance très locale.

■ PLACE ALA TAU

C'est le cœur de la ville, toujours animée, d'autant plus depuis la remise en état, juste avant les élections présidentielles de 2009, des jeux de fontaines et de lumières. Au centre de la place se trouvait, jusqu'en 1999 et depuis 1948, une statue de Lénine, qui fut déplacée derrière le musée, sur la « vieille place », où vous pouvez toujours la voir, et remplacée par une statue représentant la liberté pour le peuple kirghiz et sobrement baptisé « monument de la liberté ». Au Nord de la place se trouve le musée Historique, alors que les deux flancs est et ouest sont bordés d'arcades sous lesquels ont trouvé place quelques petits restaurants. Au sud, des escaliers permettent de dominer l'ensemble architectural, monumental, et très inspiré des credo soviétiques. Le musée historique, dans un premier temps baptisé musée Lénine, fait partie intégrante de l'aménagement de la place, de même que, un peu plus loin vers l'ouest, le palais présidentiel, surnommé « la Maison Blanche ». Le marbre blanc domine effectivement tout cet ensemble. Devant le musée historique, le drapeau du Kirghizistan est sous la surveillance permanente d'une garde d'honneur. C'est sur la place Ala Tau que sont célébrés tous les grands événements nationaux.

■ VIEILLE PLACE ET STATUE DE LÉNINE

La statue de Lénine trône désormais sur la « Vieille place », derrière le musée Historique. Elle demeure l'une des plus grandes à rester debout au monde. Avant l'aménagement de la place Ala Tau, le cœur de la ville battait sur cette place. À proximité de la place, notez le grand bâtiment et son entrée à six colonnes qui abrite le parlement du Kirghizistan. Il abritait le palais du gouvernement jusqu'en 1954, avant que celui-ci ne déménage à la « Maison Blanche ». Un peu plus à l'est, allez sourire en admirant la faucille et le marteau trônant sous le drapeau américain sur le fronton de l'Université américaine d'Asie centrale.

Shopping

Bichkek n'est pas le meilleur endroit du Kirghizistan pour faire ses achats de souvenir ou d'artisanat. Les tarifs y sont évidemment plus élevés que dans le reste du pays. Pour les petits souvenirs, mieux vaut vous rendre au bazar Osh, où vous trouverez chapeaux et articles en feutre pour un bon rapport qualité-prix.

Artisanat

■ ART SALON

40/1 Togolok Moldo ✆ (312) 21 26 53

Ouvert de 10h à 19h en semaine, de 10h à 16h le week-end. L'artisanat kirghiz revu par une créatrice locale. Très beaux produits, un peu chers, mais d'excellente qualité. On notera surtout les tissus en soie de Marghilan rehaussés de feutre kirghiz.

■ AZUL

134 Chuy

✆ (312) 66 07 34

Des souvenirs de tous les horizons : simples tee-shirts, articles en feutre, foulards en soie, *shyrdaks* ou objets de l'époque soviétique… Il faut faire le tri dans la qualité, mais globalement c'est une bonne adresse pour trouver un peu de tout en un minimum de temps et faire le plein de cadeaux avant le retour. Également quelques livres et cartes touristiques du pays.

■ NINA'S SOUVENIR SHOP

Hall du Musée historique

✆ (543) 11 21 09 (portable)

Dans le hall d'accueil du musée historique, grande boutique proposant là encore un large éventail de tout ce que vous pouvez trouver au Kirghizistan et que vous n'avez pas eu le temps d'acheter au cours de votre séjour. Évitez les *shyrdaks*, qui ne sont pas de très bonne facture, et reportez-vous sur les figurines de terre cuite ou de feutre, les chapeaux traditionnels (également déclinés en casquette), les foulards… Négociez hardiment les prix : ils sont souvent exagérés. Également des cartes, livres et guides touristiques.

■ **TUMAR ART SALON**
136 Chuy Prospekt
✆ (312) 21 26 53
www.tumar.com
tumar@tumar.com
Ce magasin propose de nombreux objets d'artisanat local.

Centres commerciaux

■ **BETA STORE**
Sur Chuy Prospekt
au croisement avec Isanov
Ce grand magasin est l'un des plus luxueux de la ville. Il accueille un grand supermarché, un fast-food turc très prisé par les jeunes, et un café Internet sur le côté du centre commercial.

■ **RAMSTORE**
À l'angle des rues Sovietskaya
et Bokonbaev
Un grand centre moderne où vous trouverez des enseignes haut de gamme comme Cardin, Benetton, Levi's. Au rez-de-chaussée, le Café de Paris constituera une pause très agréable en été puisque, si le décor n'offre rien de plus que celui d'un centre commercial, ce dernier a l'avantage d'être entièrement climatisé ! L'espresso y est en outre moins cher que dans les cafés du centre-ville.

■ **TSUM**
155 Chuy Prospekt
Ouvert du lundi au samedi de 8h à 20h et de 10h à 18h le dimanche. On trouve de tout dans l'ancien magasin d'État : supermarché, musique, DVD, distributeur de billets, bureaux de change et le plus large choix de souvenirs et produits artisanaux de la capitale.

Marchés

■ **BAZAR D'OSH**
Le plus attirant des marchés de la ville situé à l'ouest. Marché aux fruits et légumes, viandes et laitages, épices, on y trouve de tout, même des poissons exotiques.
Dans un des grands bâtiments, on vend des tissus venant de Turquie, de Chine, des Émirats... et, en cherchant bien, des tissus atlas de la vallée de Ferghana. Très fréquenté par les pickpockets.

■ **MARCHÉ AUX ANIMAUX « SKOTSKI BAZAR »**
Remonter la rue Tolodok Moldo vers le nord. Le marché se trouve dans une rue adjacente à environ 7 km du centre. Les samedis et dimanches tôt le matin. Les éleveurs viennent des villages proposer leurs moutons, chevaux ou vaches.

Les environs de Bichkek

ALA ARCHA

La gorge d'Ala Archa est une destination prisée tant des promeneurs du dimanche qui viennent y pique-niquer à la vodka, que des trekkers chevronnés. À l'entrée du parc national, un petit musée vous fera découvrir tous les animaux qui peuplent la région, le mouton Marco Polo version empaillée et une bonne centaine de volatiles au vol suspendu pour l'éternité. Un chemin caillouteux, que les paresseux peuvent suivre en 4x4, mène à quelques yourtes destinées aux touristes. En été, les randonneurs peuvent y dormir à la dure (apporter son duvet) mais gratuitement. À 2 100 m d'altitude, l'ancien centre sportif offre ses chambres pour moins de 5 €, avec sauna et salle de bains dans la rivière. C'est le point de départ des treks en direction du glacier Ak-Saï. Les sapins plantés comme des cierges sur les pentes escarpées et les sommets déchiquetés laissent les contemplatifs très satisfaits, les autres peuvent grimper aux quatre coins cardinaux. À 3 100 m, le « Raztek stop » est l'habituel camp de base d'où partent une trentaine de voies à différents niveaux techniques, vers les sommets des chaînes Ak-Saï où culminent le pic Korona, à 4 860 m, et le pic Semionov, à 4 875 m (compter deux jours pour une ascension). On peut aussi faire des treks d'une journée au pied du glacier Ak-Saï, avec pique-nique au bord d'une cascade, ou dans les gorges d'Adygene. La meilleure saison pour les expéditions, surtout les plus sportives, va du mois de mai au mois de septembre. Il est également possible de faire des randonnées à cheval dans cette région.

Pour vous y rendre : l'entrée du parc se trouve à une quarantaine de kilomètres de Bichkek. Depuis le centre ville, empruntez les minibus 160, 169 ou 177 qui partent du bazar Osh et desservent le village de Kashka Suu, distant de 7 km de l'entrée principale (le village possède un hôtel bien utile si vous arrivez en soirée et prévoyez de n'attaquer la visite du parc que le lendemain). De là, vous pouvez finir à pied si vous avez le temps ou bien emprunter un des nombreux taxis partagés qui font la navette en saison. L'entrée du parc est payante (150 soms par personne).

Pratique

Plusieurs stations de ski ont été aménagées autour de Bichkek dans un rayon de 30 à 40 km depuis la capitale. À des altitudes variant entre 2 000 et 2 500 mètres, elles fonctionnent toute l'année et sont toutes équipées d'hôtels, boutiques de location de matériel et, bien sûr, remonte-pentes. Pour les treks sur le glacier Ak-Saï et les ascensions, il est fortement conseillé de prendre un guide (en passant par l'une des multiples agences spécialisées dans la randonnée et l'alpinisme basées à Bichkek) et de prévoir un équipement complet (sac de couchage, tente...). Il est également possible de skier en été au SkiBaza ; deux remontées mécaniques.

STATION DE KASHKA SUU
✆ (777) 22 24 43
www.kashka-suu.on.kg

STATION DE ORU SAI
✆ (312) 92 32 39
✆ (517) 75 32 38 (portable)

STATION DE TOGUZ BULAK
✆ (312) 93 64 79
✆ (772) 44 66 66 (portable)

STATION DE KOLGOOKAR
✆ (555) 50 02 78

STATION DE SUULU TOR
✆ (775) 58 83 08

CHON-TASH

Entre les gorges d'Ala Archa et d'Alamedin. Cette petite station de ski fut le témoin d'un procès expéditif de l'époque stalinienne. En 1938, les membres les plus influents du gouvernement de Kirghizie auraient été liquidés et enterrés au pied d'une pente de la station de ski. Un secret bien gardé jusqu'en 1991, année de la chute du régime communiste, quand la fille de l'unique « civil » témoin du meurtre collectif rapporta l'histoire que son père lui avait confiée avant de mourir. Un monument commémoratif fut élevé en leur mémoire en 1997. Un petit hôtel a ouvert sur le site de la station de ski, où l'on peut également venir faire des treks en été.

GOLOUBINI VODOPAD

Dans cette gorge située entre Alamedin et Ala Archa, on peut faire un trek d'une ou deux journées jusqu'aux chutes d'eau de « la colombe », près du village de Tatyr. De nombreuses falaises constituent en outre de bons murs d'escalade.

GORGES D'ALAMEDIN

À 40 km au sud de Bichkek. Le bus 145 à partir du marché d'Alamedin va jusqu'au village de Koy-Tash, à 14 km du « tour baza ». Les gorges d'Alamedin ont l'avantage d'être moins visitées qu'Ala Archa. Le « tour baza » Tioplie Kliouchi – un sanatorium et quelques bungalows – à 1 800 m d'altitude, peut servir de base de départ pour des treks. Une source d'eau au radon, jaillissant à une température constante de 36° alimente le sanatorium.

GORGES D'ISSYK ATA

À 45 km au sud de Bichkek. Le sanatorium construit près des sources thermales d'Issyk Ata attire beaucoup de locaux. Connues pour leurs effets bénéfiques, ces sources étaient fréquentées par les nomades, et, sous le tsar, les colons russes qui venaient prendre les eaux y séjournaient dans des yourtes. Non loin du sanatorium, on peut voir des gravures rupestres tibétaines datant du Xe siècle et une grotte qui fut habitée il y quelques dizaines d'années par un chaman ouzbek.

GORGES DE KEGETI

À 90 km au sud-est de Bichkek. Ces gorges doivent leur célébrité au lac Kel-Tor et à ses nombreuses cascades.

KRASNAÏA RECHKA

À 30 km à l'est de Bichkek. À proximité du village doungane de Krasnaïa Rechka, se trouvent les ruines de l'ancienne cité de Navekat, « la ville nouvelle » en sogdien. Certains considèrent que ces ruines quasiment enfouies sous terre sont plus évocatrices que celles de Balasagoun à Bourana.

Cette cité sogdienne était une ville puissante située sur la route de la soie traversant la vallée de la Chouï. Elle fut détruite par les Mongols à la fin du XIIe siècle. Les archéologues ont découvert sur ce site un temple bouddhiste, une forteresse et un palais datant de l'époque karakhanide.

AK BECHIM

Dans le village de Tokmak, tout près de Bourana. Le site abrite les ruines de l'antique cité de Suyab, capitale de l'ancien khanat turc au VIe siècle, puis des Turcs Karluks au VIIIe siècle. Les archéologues ont découvert les traces d'un temple bouddhiste et d'une église nestorienne datée du VIIe siècle.

BOURANA

À 70 km à l'est de Bichkek, dans la vallée de la Chouï, sur la route d'Issyk-Kul. On bifurque au village de Tokmak vers l'une des antiques capitales karakhakanides : Balasagoun. Une ville que Gengis Khan épargna lors de ses conquêtes au XIIIe siècle et que les Mongols rebaptisèrent « Gobalik », qui veut dire la « bonne cité ». Elle ne garda pas pour autant sa gloire d'avant les hordes et finit par s'évanouir au XVe siècle. Ne vous attendez pas à une ville fantôme, il ne reste que quelques tumulus et le minaret au pied des Kirghiz Alaa-Tau, mais le cadre vaut bien les 12 km de détour de la route principale. Bourana serait l'altération de Murana, qui veut dire minaret. Construit au XIe siècle, ce minaret mesurait à l'origine 45 m de hauteur. Depuis un tremblement de terre au XVe siècle, il n'en reste que 25 m. Les archéologues soviétiques en firent une restauration poussée, car le minaret pillé par les colons russes qui manquaient de briques risquait de s'écrouler dès la fin du siècle dernier. Légèrement penché, il est orné de motifs géométriques en relief dus à un savant agencement de briques. Les hautes marches de l'escalier intérieur qui font accéder au sommet sont une véritable délicatesse pour les trekkers, mais peuvent laisser de sérieuses courbatures. Plusieurs dizaines de statues funéraires türk, appelées « tach balbaldar », sont exposées dans le champ au pied du minaret. Elles datent du VIe au Xe siècle.

GORGES DE KONORCHEK

À 120 km de Bichkek, en direction du lac. Les canyons sont impressionnants, hauts de 200 à 600 m, d'une belle couleur rouge. Des treks sont organisés dans cette région par les agences de Bichkek, et l'on peut même, si l'on est alpiniste, faire l'ascension du pic Dostouk, qui culmine à 4 250 m.

Retrouvez le sommaire en début de guide

LA RÉGION DU LAC ISSYK KUL

Au Nord-Est du pays s'étend ce qui est en passe de devenir la toute première attraction touristique du pays : le lac Issy Kul, le second plus grand lac alpin au monde après le lac Titicaca, en Bolivie. Ne cédez pas à la tentation de faire la route de nuit : le parcours menant au lac via Balakchy est une véritable merveille. Après avoir quitté la vallée de la Chouy, la route se faufile dans les gorges de Boamanskoïé pour atteindre Balakchy où la route se divise en deux pour desservir les rives Nord et Sud.

Interdit au tourisme autre que celui des apparatchiks soviétiques jusqu'à la chute de l'URSS en 1990, l'Issyk-Kul est un immense lac de180 km de longueur et 70 km de largeur, entouré de chaînes montagneuses dont les cimes enneigées dépassent les 4 000 m. Issyk-Kul veut dire « lac chaud ». En effet, malgré son altitude élevée – 1 600 m au-dessus du niveau de la mer – le lac ne gèle jamais. Son eau est légèrement salée, de nombreuses sources thermales l'alimentent et sa profondeur atteint 695 m, trois raisons qui expliquent pourquoi le lac garde une température minimale de 4 à 5 °C même au plus froid du mois de janvier. Au mois de juillet, la température atteint environ 18 °C. Durant les années 1970 et 1980, les multiples plages de sable de la rive Nord du lac proposaient transats et parasols au gratin de la nomenklatura soviétique – des vacances de rêve qui valaient bien la Crimée et dont on se disputait le privilège. Mais ce lac abritait des zones militaires dans sa partie orientale et les étrangers n'y étaient pas les bienvenus : les Soviétiques effectuaient à cette époque, sur la rive Sud, des tirs d'essai de torpilles. À part quelques célébrités communistes, rares étaient les Occidentaux qui avaient pu apprécier le charme de cette immense oasis montagnarde. On est bien loin aujourd'hui de cette confidentialité : Karakol est devenu une base de rendez-vous des trekkeurs du monde entier, qui pour beaucoup ne se privent pas pour aller se délasser, ensuite, sur les plages de Cholpon-Ata.

Climat

En hiver, les rives du lac sont enneigées mais l'Issyk Kul, grâce à la faible salinité de ses eaux, ne gèle jamais. La rive Nord reste desservie toute l'année par la route qui relie Balakchy à Karakol, ce qui n'est pas forcément le cas de la rive Sud, bien moins urbanisée, et où les routes ne sont pas toujours dégagées. L'hiver est très rude à Karakol, au pied des montagnes, mais les eaux du lac commencent à se réchauffer dès l'apparition des beaux jours et deviennent en été un rendez-vous balnéaire très prisée (même si la température de l'eau dépasse rarement les 18 °C).

Bivouac du raid Gauloises en 2003 au bord du lac Issyk Kul

La région du lac Issyk Kul

BALAKCHY

Situé à la pointe ouest du lac Issyk Kul, Balakchy, pour les voyageurs, n'est rien de plus qu'un relais routier où vous pourrez vous ravitailler en eau et *kuruts*, ou bien passerez quelque temps dans l'attente d'un changement de bus selon que vous vous rendez à Karakol ou à Naryn. Si d'un point de vue géographique la ville peut vous sembler au premier abord correctement située pour partir à la découverte des rives sud et nord du lac, vous vous apercevrez très vite qu'elle n'offre aucune attraction ou infrastructure touristique méritant un arrêt prolongé. À 1 900 m d'altitude, Balakchy comptait à l'époque soviétique près de 40 000 habitants, tous employés dans les complexes industriels ou au port de pêche. Balak signifiant « poisson », la ville tient d'ailleurs son nom de la principale activité : la pêche, encore pratiquée de nos jours malgré la fermeture des usines après l'indépendance. Avec un taux de chômage élevé et une croissance au ralenti, Balakchy n'attend de l'avenir qu'une seule bonne nouvelle : la prolongation de la voie ferrée qui la relie déjà à Bichkek vers la passe de Torugart et la Chine. Un projet qui pourrait relancer la vocation commerciale et industrielle de la ville mais prendra des années avant de se concrétiser. Mis à part des photographies des chaînes de montagnes, clairement visible de part et d'autre du lac par beau temps, vous ne trouverez donc rien de passionnant à faire à Balakchy, aucun hôtel, et tout juste quelques *tchaïkhanas* pour vous restaurer.

TAMCHY

Pour ceux qui recherchent un peu plus d'authenticité que ne peut en offrir Cholpon Ata, et qui pour autant ne veulent pas se priver d'un bain dans le second plus grand lac alpin du monde, Tamchy est une étape à la fois agréable et accessible où vous attendent quelques belles plages et une ambiance tout aussi festive —mais bien plus populaire. Un arrêt de bus, une mosquée, un minuscule bazar, et des rues bordées de vendeurs de poissons et petites *chaïkhanas* menant à la plage : Tamchy est un endroit de villégiature idéal.

Transports

Les minibus partant de Bishkek pour Cholpon-Ata ou Karakol s'arrêtent à Tamchy. Ils font en général une pause repas juste après l'entrée dans la région administrative de l'Issyk Kul. Un parking, des toilettes et une *chaïkhana* permettent de se rassasier et de se dégourdir les jambes. Comptez 200 soms et 4 heures de trajet jusqu'à Tamchy. Les bus vous déposent à proximité de la mosquée, très proche des quelques hébergements proposés par CBT. Pour repartir de Tamchy, des minibus vous embarqueront également devant la mosquée pour Cholpon Ata où vous trouverez de nombreuses liaisons pour Karakol (150 soms et 3 heures de trajet au total).

Hébergement

■ **CBT TAMCHY**

47 Manas © (3943) 21 272

© (773) 355 611 (portable)

Chambres de 350 à 400 soms par personne avec petit déjeuner. Contacter Asanalieva Baktygul, coordinateur de CBT à Tamchy. Trois maisons proposent des chambres chez l'habitant, celle d'Asanalieva étant la mieux placée. Dotée d'une vaste cour intérieure, elle dispose de quelques chambres sommaires mais confortables, décorées de *shyrdak*. Toilettes et douche (communes) sont dans la cour.

Restaurants

Vous pouvez réserver votre repas dans les *guesthouses* de CBT. Ce sera copieux, mais évidemment un peu plus cher qu'ailleurs. Pour trouver des *chaïkhanas* plus authentiques, prenez la rue Akhunichalev menant vers la plage. *Chachlyks*, *mantys*, *plov* sont cuisinés toute la journée de part et d'autres de la rue. La dernière sur la gauche n'est pas forcément la meilleure mais dispose d'une petite terrasse en bois ombragée donnant directement sur la plage.

Point d'intérêt

■ **PLAGE**

La plage est évidemment le point d'intérêt principal de Tamchy, dont la grande rue centrale court parallèlement au lac, situé moins de 500 m au sud. La plage est attrayante, même si vaches, moutons et ânes y sont aussi nombreux que les estivants. Elle s'étend en longueur de part et d'autre du village. Dès les beaux jours, loueurs de parasols, vendeurs de pellicules photo, billards, buvettes, stands de tirs… prennent possession des premiers mètres de sable pour fournir tout l'équipement et les loisirs nécessaires à une journée de plage réussie.

Randonnée à cheval au bord du lac Issyk Kul

Vous trouverez des coins plus paisibles en marchant vers l'ouest. Passé les dernières maisons de Tamchy, il n'y a plus vraiment de plage mais beaucoup d'endroits agréables où pique-niquer et piquer une petite tête. Même les grands amateurs de calme, pourtant, trouveront certainement plus intéressant de rester à proximité du centre, pour profiter de l'ambiance et du spectacle unique offert par une journée de plage à Tamchy. Pendant la belle saison, chaque maison s'ouvre pour proposer des chambres à louer aux Kirghiz venus en villégiature pour le week-end ou une courte semaine de vacances (mais ne possèdent pas forcément l'autorisation nécessaire pour héberger des touristes occidentaux, inutile donc d'aller sonner à toutes les portes).

CHOLPON-ATA

Cholpon-Ata est la principale ville de la rive nord du lac. Connue par les archéologues pour ses gisements de pétroglyphes, qui ont permis de donner naissance à l'un des plus intéressants musées du pays, elle doit aujourd'hui surtout sa réputation à ses plages, qui attirent les plus belles fortunes d'Asie centrale dès qu'arrivent les beaux jours. Hôtels et résidences de luxe ont envahi les rives de ce petit « Saint-Trop' » kirghiz. Une ville les pieds dans l'eau mais qui ne perd rien de son caractère kirghiz puisque les montagnes sont à moins de 10 minutes du centre-ville. En été, compte tenu de la fréquentation, Cholpon-Ata est également un nœud routier intéressant pour se rendre au Kazakhstan. L'aéroport, en revanche, ne fonctionne plus que très aléatoirement et les compagnies opérant à partir de Cholpon-Ata sont toutes sur liste noire.

Transports

L'aéroport de Cholpon-Ata, situé à 2 km de la ville, ne fonctionne plus que très aléatoirement. Il est peu à peu remplacé par l'aéroport Issyk Kul, situé à 3 km de Tamchy, ouvert en 2005, avec des liaisons régulières pour Bichkek et Almaty. Depuis Bichkek, bus et minibus très fréquents tous les jours au départ de la gare routière de l'Ouest.

Hébergement

La plupart du temps, vous n'aurez pas de problème pour trouver un hébergement à Cholpon-Ata. Les chambres chez l'habitant sont très nombreuses et leurs propriétaires vous attendent à l'arrêt de bus pour vous en vanter les mérites. Négociez hardiment les prix, surtout en été, et voyez la localisation avant de vous engager.

■ **CASTLE HÔTEL**
✆ (543) 71 46 67 (portable)
www.kyrgyzstay.com
nbrowne174@yahoo.co.uk
En retrait de la route principale. Depuis l'arrêt de bus, remontez la route principale et tournez à gauche en direction du sanatorium Ala Tau. L'hôtel se trouve juste avant le sanatorium. Chambre double standard 50 $, chambre de

luxe 100 $, petit déjeuner inclus. Belles chambres bien équipées dans cet établissement tenu par un anglais. Si vous parvenez à quitter le confort des chambres, vous n'aurez que 10 minutes de marche pour arriver sur la plage de Cholpon-Ata. À moins que vous ne préfériez profiter du panorama depuis la terrasse ou de la fraîcheur de la yourte dans le jardin ! Excellent rapport qualité-prix.

■ **PENSION CHETNYA**
87 Soviet ✆ (3943) 43 794
Chambres à partir de 350 soms, possibilité de demi-pension. Ambiance familiale dans une petite maison traditionnelle sans luxe ni fioriture mais confortable, chaleureuse et bien équipée.

■ **REST HOUSE ALA-TAU**
Plage centrale de Cholpon-Ata
✆ (3943) 44 248
Compter 30 à 60 € selon la saison pour deux personnes dans un bungalow équipé d'une salle de bains. Une chambre double. Sur la plage de Cholpon-Ata, les bungalows ont l'avantage d'avoir les pieds dans l'eau. Les tarifs et la localisation en font une bonne affaire hors saison. Mais le prix ont tendance à se mettre en orbite en été le niveau de confort ne justifie nullement les euros déboursés, même pour avoir une belle vue sur le lac. Les repas sont bon marché mais vous trouverez de meilleurs cordons bleus en ville.

■ **SANATORIUM ISSYK KUL AURORA**
Village de Bulan-Segettu
✆ (3943) 73 389
18 km à l'Est de Cholpon-Ata. Compter moins de 80 € la chambre double hors saison. En été, les prix grimpent jusqu'à 300 €. Un édifice qui semble dater de l'époque soviétique : 6 étages pour 149 chambres et une architecture toute stalinienne en béton gris. Mais l'ensemble a été bien rénové et propose désormais de grandes chambres bien équipées, confortables et à deux pas du lac. Le restaurant, le bar et la promenade dans le parc joliment aménagé sont les passe-temps favoris des clients de l'hôtel, qui viennent également y subir des cures spécialisées dans les problèmes de circulation sanguine et les diificultés de digestion.

Restaurants

En saison, Cholpon Ata est envahie de petits stands de *chachlyks*, de plus en plus nombreux au fur et à mesure que vous approchez de la plage.
Pour trouver de véritables restaurants, faites votre choix sur la rue Soviet où se trouvent de nombreux pubs et restaurants. Très animée en soirée en été, la rue a des abords plus calmes hors saison, lorsque la plupart des établissements ferment leurs portes. Le Green Pub est particulièrement recommandable et présente l'avantage de ne pas servir de nourriture trop grasse, comme c'est le cas dans la plupart des restaurants.

Points d'intérêt

■ **MUSÉE DE CHOLPON-ATA**
69 Sovietskaya ✆ (3943) 42 148
Ouvert tous les jours de 8h à 17h. Entrée 150 soms. Sans doute l'un des musées les plus intéressants du pays. Il retrace l'histoire de la région, expose les objets qui font le quotidien des nomades, ainsi que des instruments de musique, des tapis et des bijoux. Il présente en outre une large collection d'objets archéologiques datant de l'époque des Scythes, en particulier de nombreux bijoux en or, très finement ouvragés. Au rayon de l'ethnographie, vous en saurez beaucoup plus après votre visite sur les traditions, le modes vestimentaires ou les *akyns*... Le fonds du musée est réellement intéressant mais on sent un manque de moyen pour la mise en valeur et les explications en anglais ou français des différentes pièces exposées. Le mieux est d'être accompagné d'un guide, qui pourra vous en révéler tous les secrets. Le musée a en outre réuni de nombreuses photos de pétroglyphes découverts à travers toute l'Asie centrale, particulièrement dans les régions plus reculées du Kirghizistan, comme Kazarman, mais également au Kazakhstan et en Ouzbékistan.

■ **PÉTROGLYPHES**
Derrière la piste d'atterrissage de l'ancien aéroport de Cholpon-Ata se trouve un immense site de pétroglyphes, réalisés entre l'âge du bronze et le Moyen Age. Plus de 900 roches forment un véritable musée à ciel ouvert dans lequel on se promène à la découverte des dessins de mouflons, de chevaux, de chameaux, de scènes de chasse... La plupart des peintures datent de la période pré-kirghize, du VIIIe siècle av. J.-C., jusqu'au Ier siècle de notre ère. Il semble que les prêtres locaux utilisaient le site comme lieu de sacrifices et de rites dédiés au soleil. Les gravures que l'on peut observer sont plus récentes, et datent de la période turque du Ve au Xe siècle. Les balades se font plutôt le matin ou en fin d'après-midi afin d'avoir une lumière rasante.

À l'entrée du site, un grand panneau donne quelques avertissement sur la conduite à tenir pour préserver le site. Prenez le temps de faire le tour de ce panneau : vous y découvrirez les itinéraires fléchés vers les pétroglyphes qui vous éviteront de perdre du temps à vous user les yeux sur des cailloux vierges. Malgré leur nombre important, tous les pétroglyphes ne sautent pas aux yeux.

■ **PLAGE**

La première raison du succès de la ville. La plage de sable court sur plusieurs kilomètres de part et d'autre de Cholpon-Ata, jouissant de très belles vues sur les montagnes en retrait de la rive sud. Un endroit enchanteur, peuplé de centaines de vacanciers en été, et de vaches le reste de l'année. De début juin à début septembre, vous pourrez ici louer des pédalos, des jet ski, faire du ski nautique et vous livrer à tous les sports nautiques possibles et imaginables. Ou bien rester calmement au bord de l'eau, pour ceux qui privilégient le bronzage avant tout.

KARAKOL

Situé à l'extrémité orientale du lac Issyk Kul, le village de Karakol était à l'origine un avant-poste militaire de l'armée tsariste, fondé en 1869. La ville fut conçue par un architecte de Saint-Pétersbourg, afin que les colons se sentent en Russie : maisons basses aux fenêtres entourées de bleu, quelques bâtisses coloniales à deux étages et, au centre-ville, la place, le Gostinny Dvor comme à Saint-Pétersbourg. Karakol garde aujourd'hui encore cette atmosphère de petite ville russe du XIXe siècle malgré l'inévitable Lénine et les quelques constructions soviétiques du centre qui sont loin d'être une réussite architecturale. Construite au pied des Tianshan, sur le tracé nord de la route de la soie qui relie Semiretchié à Kashgar, la ville porta pendant près d'un siècle le nom de l'explorateur russe Prjevalski. Les Russes, fils ou arrière-petits-fils des différentes vagues de colons, la voient comme la ville des voyageurs, la dernière halte avant le Turkestan chinois, par où sont passés tous les explorateurs, aventuriers ou espions du tsar et des soviets.

La population locale est très variée – Kirghiz, Ouïgour, Kazakhs, Tatars, Ouzbeks, Russes, Ukrainiens, Chinois – et tous y cohabitent en paix. Jusqu'en 1991, la ville était restée fermée aux Occidentaux en raison de la zone militaire soviétique de Pristan Prjevalski ; aujourd'hui, au contraire, les touristes y sont les bienvenus, et ce site privilégié au pied des « monts célestes » et au bord de l'immense lac Issyk Kul est en train de devenir une des bases les plus prisées de trekking et d'alpinisme. Pour un peu, la ville prétendrait à un cachet architectural conféré par les basses maisons coloniales bordées de peupliers. Elle est en tous cas une base de départ idéale pour partir à la découverte des vallées, cols et glaciers environnants.

Transports

Les minibus à destination de Karakol quittent Bichkek depuis la gare routière de l'Ouest. Le trajet prend 8 heures (presque 10 heures en hiver) et coûte 250 soms. Ils suivent systématiquement la rive Nord. Les minibus et taxi partagés qui sont nombreux devant la gare routière sont plus rapides (compter 6h de trajet et 450 soms par personne). Même système et tarifs entre Karakol et Bichkek. La gare routière des bus longues distances est un peu excentrée,, sur la rue Przhevalskogo, au Nord du centre ville. Si vous affrétez un véhicule particulière via CBT, il vous en coûtera 2 500 soms pour une voiture et 7 000 soms pur un minibus, à diviser par le nombre d'occupants. La rive Sud du lac est desservie depuis la station de bus située à proximité du stade, sur la rue Toktogul. Ils rejoignent également Balakchy et desservent en chemin Barskoon, Bokonbaevo et Tamga (les départs les plus fréquents sont entre 8h et 15h). En conditions normales, c'est-à-dire sans neige, pluie ou panne mécanique, il faut compter 4 heures à 4 heures 30 pour rejoindre Balakchy par la rive Sud. Depuis Balakchy, vous pouvez rejoindre Bichkek ou Kochkor. Pour les destinations locales comme Jeti Öghuz, Grigorievka ou Prjevalski partent du bazar central. La seule liaison internationale s'effectue avec le Kazakhstan. Des bus quittent Karakol pour Almaty sans passer par Bichkek.

Au moment de notre enquête, l'aéroport de Karakol était désaffecté et aucun projet de remise en service n'était d'actualité.

Pratique

Tourisme

■ **CBT KARAKOL**

123 Abdurakhanova ✆ (3922) 55 000
✆ (777) 20 30 87 (portable)
cbtkarakol@rambler.ru

L'agence CBT de Karakol et l'une des mieux rodées. En 2005 et 2006, le personnel a

été formé par des Américains et témoigne d'une réelle compétence. Azamat connaît par cœur sa région et s'avère de très bon conseil pour l'organisation de treks, tant en ce qui concerne le timing et la préparation qu'en ce qui concerne le matériel. CBT gère également une dizaine de maisons d'hôtes. Certaines, un peu excentrées, sont réellement agréables et bon marché. Même si vous ne prévoyez pas de faire un trek, les informations touristiques de CBT seront précieuses pour planifier votre visite à Karakol. Sachez enfin que, selon les disponibilités et l'affluence touristique, CBT peut vous louer tout l'équipement nécessaire à l'exception des chaussures.

Banques et bureaux de change

Vous trouverez une filiale de l'AKB Bank sur Toktogul, un peu après le croisement avec Kalinine en direction de l'aéroport. Change et retrait d'espèces sur présentation d'une carte Visa. Quelques distributeurs automatiques ont été installés dans le centre-ville, à proximité du bazar, mais aucun ne fonctionnait lors de notre passage à Karakol. Le plus simple d'accès se trouve rue Lénine, peu après le croisement avec Toktogul. Vous trouverez de nombreux bureaux de change autour du bazar. Les taux sont très proches de ceux appliqués à Bichkek. Euros et dollars sont acceptés, vous n'aurez aucun mal non plus à changer de l'argent kazakhe en cas de besoin.

Hébergement

■ ARTISAN'S B&B

114 Murmanskaya
✆ (3922) 50 171 – (3922) 20 291
kork-karakol@mail.ru
500 soms par personne en dortoir, 1 300 soms pour deux personnes en chambre double avec petit déjeuner, dîner possible sur réservation. Un B&B tenu par un couple d'artisans locaux, dans une très jolie maison équipée d'une douche chaude, d'une connexion Internet et d'une table de ping-pong. La famille possède un magasin de souvenirs situé à deux pas du bazar de Karakol.

■ DJAMILA'S GUESTHOUSE

34B Shopokova ✆ (3922) 43 019
kemelov@hotmail.com
800 soms par personne avec petit déjeuner. Cette maison se trouve à une vingtaine de minutes du centre de Karakol, mais bénéficie d'un cadre agréable : elle est entourée d'un grand jardin et offre une vue sur la rivière. Une yourte est installée dans le jardin en été. Quelques excursions peuvent être organisées par la *guesthouse* avec un guide francophone.

■ GUESTHOUSE ELITA

56 Kutmanalieva
✆ (3922) 50 150 – (3922) 53 326
www.elita.com.kg – inalieva@randex.ru
Chambres simples de 16,5 $ à 27,5 $, chambres doubles de 33 à 52 $. Une douzaine de chambres confortables avec le minimum requis pour se sentir à l'aise. Cette jolie maison bien entretenue se trouve à moins de 5 minutes du centre-ville dans un quartier au calme fort appréciable. L'établissement fonctionne beaucoup avec des tour-opérateurs kirghiz et, en saison, les chambres sont souvent entièrement occupées par des groupes. Pensez alors à réserver.

■ TESKEY GUESTHOUSE

44 Asanalieva
✆ (3922) 26 268 – (772) 801 411
www.teskey.narod.ru – teskey@mail.ru
500 soms par personne, petit déjeuner inclus. Repas : 250 soms. Quatre chambres doubles avec salle de bains sont à louer dans cette maison dont tout le charme vient de son grand jardin fleuri, fierté des propriétaires. Pour le confort des invités, on notera également le sauna. Si vous vous y sentez suffisamment bien pour ne pas retourner dîner en centre-ville (5 minutes à pied), la cuisine est impeccable et plutôt bon marché compte tenu des portions.

■ YAK TOURS HOSTEL

10 Gagarine ✆ (3922) 56 901
yaktours@infotel.kg
500 soms en dortoirs, 50 soms pour planter la tente dans le jardin, petit déjeuner en sus : 150 soms. Un vétéran de l'hébergement à Karakol. On trouve des lits un peu partout dans les couloirs et les recoins de la maison et s'il existe quelques chambres classiques, d'autres ne sont délimitées que par de simples rideaux. Faites un tour pour choisir l'endroit vous semblant le plus confortable, à condition qu'il reste de la place. Car si le confort est basique, la qualité des repas (150 à 200 soms, sur demande préalable) et la fiabilité des renseignements dispensés par l'équipe pour tout ce qui concerne les excursions autour de Karakol attire en haute saison quantité de trekkeurs venus de tous horizons et se réunissant dans la cour, autour d'une 2 CV immatriculée dans les Hauts de Seine, laissée là par ses propriétaires…

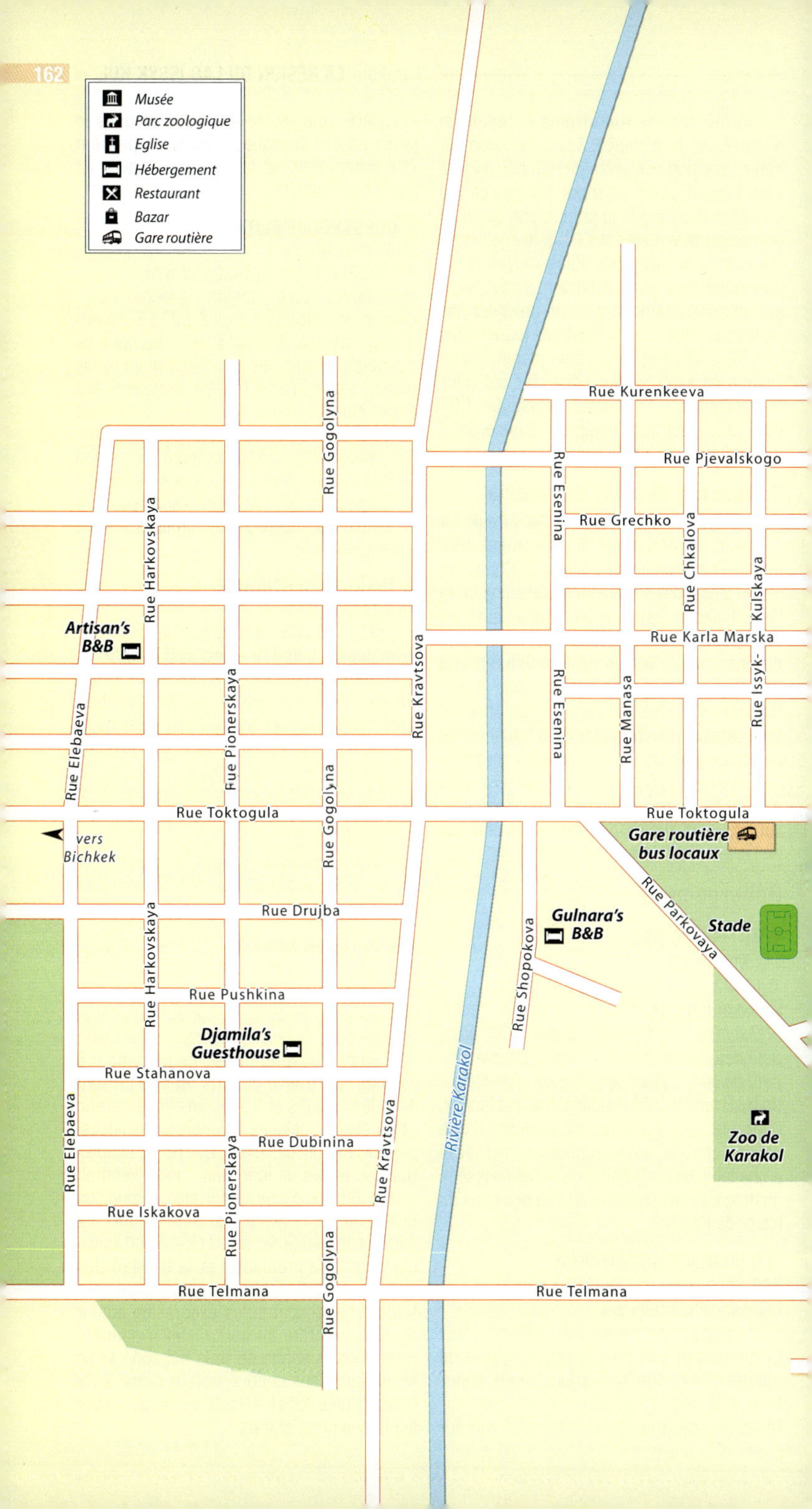
Musée
Parc zoologique
Eglise
Hébergement
Restaurant
Bazar
Gare routière
Rue Kurenkeeva
Rue Pjevalskogo
Rue Grechko
Rue Karla Marska
Rue Toktogula
Rue Drujba
Rue Pushkina
Rue Stahanova
Rue Dubinina
Rue Iskakova
Rue Telmana
Rue Elebaeva
Rue Harkovskaya
Rue Pionerskaya
Rue Gogolyna
Rue Kravtsova
Rue Esenina
Rue Chkalova
Rue Manasa
Rue Issyk-Kulskaya
Rue Shopokova
Rue Parkovaya
Rivière Karakol
Artisan's B&B
Djamila's Guesthouse
Gulnara's B&B
Gare routière bus locaux
Stade
Zoo de Karakol
vers Bichkek

Karakol
vers Bichkek
vers le marché aux bestiaux
Gare routière longues distances
Rue Kurenkeeva
Rue Prjevalskogo
Rue Grechko
Mosquée chinoise
Rue Karla Libnehta
Rue Karla Marska
Rue Roza Luxembourg
Rue Kommunisticheskaya
Rue Toktogula
Rue Gagarina
Rue Tynystanova
Rue Koyonkozova
Rue Oktyabrskaya
Rue Aini
Rue Korolkova
Rue Telmana
Rue Kirova
Rue Jamansarineva
Rue Lenina
Rue Gorkogo
Rue Abdrahmamova
Rue Gebze
Rue Moskovskaya
Rue Alybakova
Rue Leninskogo Komsomola
Rue Tumanova
Rue Tashkentskaya
Rue Jakypova
Zarina Café
Neofit uesthouse
Everest
Café Diora
lusée régional de Karakol
Eglise orthodoxe
Yak Tours Hostel
Kalinka
Teskey Guesthouse
Hôtel Amir
Guesthouse Elita
Aéroport
N
0
250 m

Au bilan, bien sûr, on préfèrerait des sanitaires moins vieillots (la douche chaude est une mission quasiment impossible si l'on passe dans les derniers) et une literie plus jeune, mais le rapport qualité-prix demeure acceptable. Possibilité de louer du matériel (tentes, sacs de couchage…) pour les treks alentour.

Restaurants

■ CAFÉ DIORA

Sur Lenina, face à l'entrée du bazar

La carte propose plus de plats russes que kirghiz. Ils sont assez bien concoctés et malgré l'ambiance plutôt morose on passe finalement un bon moment sans sortir chargé d'une trop lourde addition. Très bien si vous ne voulez pas manger au bazar ni bourse délier.

■ KALINKA

99 Abdurakhmanov

✆ (3922) 27 777

Ce restaurant est installé dans une très jolie maison en bois, et le décor intérieur, tout en bois également, crée une ambiance chaleureuse qui vient heureusement compenser le côté revêche des serveuses. Les plats sont russes, salades et plats de viande. Le nom de « pub » peut être trompeur : le restaurant sert bien de la bière, mais ferme à… 22h !

■ TCHAÏKHANAS

À l'intérieur du bazar

au sud de l'allée centrale

Vous trouverez au bazar de nombreux étals proposant tous la même spécialité dungan : l'*ashlyanfu*. Il s'agit de nouilles gélatineuses mélangées à une soupe (très) épicée dont vous calmerez les ardeurs en l'accompagnant d'une galette de pomme de terre aux oignons nouveaux. Comptez 35 soms pour le bol d'*ashlyanfu*. Ajoutez quelques crudités et votre repas complet ne dépassera pas 60 soms.

■ ZARINA CAFE

Au croisement de Toktogul et Lénine

✆ (3922) 29 939

Un petit café à l'ambiance plutôt sympathique, même si les plats sont loin d'être inoubliables. Les tarifs sont très raisonnables, les menus en anglais, et les serveuses parlent aussi un peu anglais. Ne vous fiez pas au décor un peu pompeux avec ses plafonds éclairés, ses chaises à hauts dossiers et son carrelage clinquant : l'ambiance y est plus détendue qu'il n'y paraît.

Points d'intérêt

■ ÉGLISE ORTHODOXE

Au croisement des rues Lénine et Gagarine

Entrée gratuite. L'église de la Trinité, symbole de la communauté russe, eut un destin plutôt difficile. Le bâtiment originel en brique, qui venait remplacer la yourte sous laquelle venaient prier les colons, fut détruit en 1894 par un tremblement de terre. Reconstruite en bois, la cathédrale fut partiellement brûlée et amputée de ses cinq coupoles par les bolcheviks. Sous le pouvoir soviétique, le bâtiment fut utilisé comme salle de réunion. Il fut enfin redonné au culte et restauré en 1989, même si le bois des façades semblent avoir déjà bien vécu. Le patriarche Alexis II vint consacrer l'édifice en 1997. Un clocher lui fut rajouté, et des sonneurs de cloches de Zagorsk et de Sergueï Possad en Russie vinrent y installer les cinq cloches du traditionnel carillon orthodoxe. Les cinq coupoles dorées se parent des plus belles teintes lorsqu'elles reflètent les couleurs du coucher de soleil, en fin de journée. À l'intérieur, toute une collection d'icônes, candélabres et encensoirs font l'objet d'une grande dévotion de la part de la population orthodoxe de Karakol. Dans l'entrée, vous pourrez voir une collection de photos illustrant la restauration de l'église.

■ MARCHÉ AUX BESTIAUX

Prendre le bus n°1 vers le Sud de la ville. Si vous avez la chance d'être à Karakol le samedi soir, levez-vous avant l'aube le lendemain. Chaque dimanche se tient un gigantesque marché aux bestiaux, l'un des plus grands du pays avec celui d'Özghen. Vaches, moutons et, bien sûr, chevaux sont vendus ou achetés par troupeaux entiers entre 2 et 6h du matin. Les cinq heures suivantes sont réservées aux particuliers venant acheter quelques têtes pour un mariage ou un anniversaire. Dans les deux cas, vous y trouverez une ambiance à nulle autre pareille et une agitation digne du palais Brongniart aux grandes heures de la bourse parisienne ! En plus des animaux, sont vendus tous les produits nécessaires à leur alimentation ou à leur équipement : fourrage, selles, fers, étriers, tapis de selle… Ayez toujours un œil autour de vous, car les Kirghiz essayent systématiquement les chevaux avant de les acheter et galopent ainsi plusieurs minutes au milieu de la foule, allant parfois jusqu'à improviser un petit *oulak-tartych*, histoire de jauger les capacités au jeu de l'animal. Ne traînez pas, car le marché ferme ses portes vers 11h.

Escapades autour de Karakol

Les possibilités de randonnée et de treks autour de Karakol sont nombreuses et s'adaptent à tous les niveaux. Les possibilités de treks et de combinaisons d'une vallée à une autre sont presque infinies et permettent d'envisager des treks d'une simple journée jusqu'à des expéditions plus longues de une à deux semaines. À pied ou à cheval, les splendides décors à l'Est du lac Issyk Kul méritent que l'on s'y attarde et ont dicté le succès de la ville.

La vallée de la rivière Arashan. Au sud-est de Karakol, dans la vallée de la rivière Arachan, le village de Tieploklioutchenka, fondé par des colons cosaques, conduit à deux gorges : celle de la rivière Ak-Sou, à 16 km de Karakol et à 1 950 m d'altitude, où se trouve le sanatorium Ak-Sou réputé pour ses sources chaudes d'eau minérale (57 °C), et celle de la rivière Arachan où se trouvent les sources Altyn-Arachan, à une quinzaine de kilomètres de Tieploklioutchenka. Un refuge peut accueillir une quinzaine de personnes. L'eau de source est recueillie dans des bassins de bois près de la rivière. Une yourte peut aussi accueillir des touristes.C'est la plus simple et la plus accessible des randonnées à proximité de Karakol. Il est très facile, avec un guide et des chevaux, ou même à pied, de rejoindre les sources d'eau chaude d'Altyn Arashan où se trouve également un petit « sanatorium » de l'époque soviétique. En réalité une vieille bâtisse en bois où l'on ne vous demande pas plus de 300 soms pour passer la nuit mais où le risque est grand d'attraper le tétanos si on a le malheur de trop s'approcher de la cuisinière intégralement rouillée, elle aussi de l'époque soviétique, où l'on vous autorise à faire votre popote. Deux journées suffisent pour faire l'aller-retour à un rythme agréable. Pour aller plus loin, en direction du pic Palatka (4 520 m), il faudra avoir un équipement plus conséquent. La passe de Teleti (3 600 m) et le col d'Alakol (4 271 m) exigent des niveaux d'entraînement un peu supérieurs. Pour louer un cheval, rendez-vous tout d'abord au village de Jolgolod, au pied des montagnes. Vous n'aurez aucun mal à trouver une bête : les locaux sont habitués à louer leurs services aux touristes. Prenez le temps de vérifier la qualité de l'équipement et, éventuellement, de faire poser de nouveaux fers à votre monture pur assurer votre sécurité. En montagne, dans cette zone, le camping est autorisé. Pensez également à emporter vos provisions, car vous ne trouverez que peu de ravitaillement en route en été et pas du tout en hiver.

Vers le lac Ala Kul. Au sud de Karakol, en longeant la rivière du même nom, on peut faire un trek en direction du lac Ala-Koul à 3 400 m d'altitude et continuer en direction des sources d'Altin Arachan par le col d'Ala-Koul (3 600 m).

Jetti Oghuz. CBT gère un petit campement de yourtes à proximité de ce site enchanteur, situé 28 km à l'Ouest de Karakol, où vous pourrez choisir de partir en randonnée à la découverte de paysages sauvages ou tout simplement de vous reposer. L'endroit est devenu célèbre pour ses « roches rouges », à 2 200 m d'altitude, et ses sources thermales. une légende raconte la formation de cette curiosité géologique. Deux bergers, amoureux de la même femme, décidèrent que le plus fort remporterait le cœur de la bien-aimée. Leur combat fut si terrible que les montagnes furent éclaboussées de leur sang et conservèrent cette teinte rouge qui les caractérise. Pour les séparer, la jeune femme brisa son cœur en deux énormes blocs qui forment les roches de Jetti Oghuz. Aujourd'hui ce sont les apparatchiks qui se battent pour une place au sanatorium de Jetti Oghuz pour y prendre les eaux (celles-ci contiennent chlorite, sulfate et calcium), réputées pour leur teneur en radon. Plus haut dans la vallée, trois maisons, aujourd'hui à l'abandon, avaient pour vocation d'accueillir autrefois les cosmonautes au retour de leurs vols orbitaux. Il y a 6 km à parcourir, mais le panorama depuis les maisons en vaut la peine.

Chaque année, le 26 juillet, CBT organise un festival de cuisine et folklore dans la vallée de Jetti Oghuz.

MOSQUÉE CHINOISE

Au croisement de Libknekhta et de Tretiego Internationala

Entrée gratuite. Une mosquée de bois construite sans un seul clou ! Dans un style déroutant, qui ferait croire à un temple bouddhiste, elle fut conçue entre 1907 et 1910 par un architecte chinois, Ejoï Si, et érigée par des ouvriers Dungans. Ses fondations sont « flottantes », c'est-à-dire résistantes aux tremblements de terre. À cause de ce bâtiment, l'architecte fut condamné pour avoir livré des secrets de construction aux musulmans... Le bâtiment devint mosquée en 1910 et ne cessât d'être un lieu de culte sauf lors de sa fermeture par les soviétiques entre 1933 et 1943. Cinq ans après l'indépendance, en 1996, une polémique surgit entre les deux communautés de la ville, bouddhiste et musulmane, au sujet d'une inscription peinte sur la poutre principale disant « ceci est un temple bouddhique ». L'inscription fut retirée et les esprits se calmèrent. Les poutres et des panneaux sont décorés de motifs peints représentant des végétaux, des dragons, des phénix. Il n'est pas toujours possible de pénétrer à l'intérieur de la mosquée mais ne manquez pas d'en faire le tour pour admirer la manière dont les différents éléments sont imbriqués les uns dans les autres. Sur le côté droit, le minaret en bois bleu clair est surmonté d'une coupole dorée où s'élève le croissant de l'Islam.

MUSÉE PRJEVALSKI

À une dizaine de kilomètres de Karakol, sur une colline surplombant le lac Issyk Kul. Ouvert tous les jours de 9h à 17h, 75 soms. Le musée retrace la vie de Prjevalski, le célèbre explorateur russe du XIXe siècle, en exposant des gravures datant de ses voyages ainsi que certains extraits de ses publications et journaux de bord. Ne manquez pas d'observer avec attention les fresques murales, qui semblent bouger en même temps que l'angle de vision évolue. Une guide anglophone très efficace accompagne en général les visites dans le musée. Le parc de 10 hectares qui entoure le bâtiment accueille également le mémorial proprement dit, qui se résume à une statue, et une petite chapelle. Dans l'anse de Mikhaïlovka, où avaient lieu à l'époque soviétique les essais de torpilles, CBT projette d'organiser des excursions et parties de pêche en bateau à l'horizon 2011. Renseignez-vous à Karakol.

MUSÉE RÉGIONAL DE KARAKOL

164 Djamansarieva

Ouvert du lundi au vendredi de 9h à 17h et le week-end de 10h à 16h. Le personnel ne semble pas avoir été informé des horaires. Le musée, ouvert en 1948, possède un fonds de plus de 6 000 pièces : gravures rupestres, trouvailles archéologiques de diverses époques, artisanat, photos du vieux Prjevalsk (ancien nom de Karakol). À défaut de pouvoir rentrer dans le musée, consolez-vous en faisant le tour du beau bâtiment colonial qui l'héberge.

ZOO DE KARAKOL

Narynskaya

En venant du centre, prenez la première à gauche après avoir dépassé le stade municipal. L'entrée du zoo se trouve quelques dizaines de mètres plus loin sur la droite. Ouvert tous les jours de 9h à 18h, 25 soms. Passée l'entrée, où un porc-épic et quelques dindons tentent désespéremment de tromper leur ennui, vous pourrez voir au zoo de Karakol les principales espèces animales vivant dans les montagnes kirghizes à l'exception des Marco Polo et des léopards des neiges. Chameaux, aigles, loups gris, yaks et également quelques lynx constituent les principales attractions mais ne brillent pas par leur vivacité.

BARSKOON

Barskoon n'a jamais eu d'autre raison que d'exister que d'être sur la rive sud du lac un poste relais, dans un premier temps pour les caravanes sur la Route de la Soie, dans un second temps pour l'armée soviétique. Après le départ des garnisons russes, la vile, sans vocation ni richesse particulière, a longtemps végété alors que ses habitants reprenaient l'habitude de circuler à cheval plutôt qu'en voiture et de nomadiser dans les montagnes au sud du lac. Avec l'essor du tourisme, une petite richesse naturelle a permis à la bourgade de rebondir. À une vingtaine de kilomètres au sud, se trouvent les chutes d'eau de Barskoon, une cascade accessible après 1 à 2 heures de randonnée devenue un but de promenade privilégié par les Kirghiz. L'organisation de courses de chevaux, la présence d'un atelier de fabrication de yourtes et la proximité de fermes pratiquant encore la chasse au faucon a permis aux activités touristiques de se développer et Barskoon est ainsi devenue un étape agréable sur la route entre Karakol et Kochkor ou Naryn. D'un point de vue culturel, vous apprendrez sur place que l'enfant le plus célèbre du pays est Mahmud al-Kashgari, également appellé al-Barskani, un ouïghour originaire de Kashgar,

dont le père était maire de Barskoon, et qui achève en 1074 le premier dictionnaire comparatif des langues turques. Mise à part l'activité du bazar, Barskoon est pour le reste un paisible village. Le buste sculpté de Youri Gagarine, le premier homme dans l'espace qui vint après son vol autour de la terre se reposer au bord de l'Issy Kul, trône face à la plage et constitue un petit but de promenade agréable si vous n'avez pas le temps (ou le courage) de vous rendre jusqu'aux chutes d'eau.

Point d'intérêt

CHUTES D'EAU DE BARSKOON

Pour la rejoindre, empruntez les nombreux taxis attendant leurs clients au niveau du bazar en haute saison (comptez autour de 200 soms l'aller-retour). Des minibus font aussi fréquemment la navette et coûtent bien moins cher. L'agence locale de Shepherd's life pourra également affréter quelques chevaux pour une expérience encore plus authentique (✆ (3926) 2 61 33). Il s'agit de l'une des plus hautes cascades du Kirghizistan, plus riche en torrents encaissés qu'en chutes d'eau, soit dit en passant. 20 km au sud de Barskoon, à 1 720 m d'altitude, ces chutes d'eau nichées au fond d'une gorge étroite se composent de trois cascades successives dont la plus grande atteint 33 m de haut.

TAMGA

À Tamga, vous retrouverez tout le charme des autres villages en bordure de l'Issyk Kul : ambiance de village où tout le monde semble se connaître, jolie plage, montagnes à perte de vue vers le sud... Une différence cependant : la population est ici restée majoritairement russe. La seule bonne raison de rester à Tamga, voisine de quelques kilomètres de Barskoon, est de trouver un hébergement pour effectuer quelques treks dans la région.

Hébergement

HÔTEL TAMGA (TAMGA GUESTHOUSE)

3 Oznornay
✆ (312) 67 84 44 – (3926) 95 333
travel@kyrgyzland.com
Chambres doubles à 1 600 soms avec petit déjeuner. Agréable petit hôtel à l'accueil chaleureux et particulièrement appréciable, avec sa cour intérieure et son sauna (payant), lors d'un retour de randonnée en montagne. Les chambres sont simples, sobres et confortables, dotées de salle de bain fonctionnelles. La plage se trouve à 20 minutes de marche de l'hôtel. Vous pouvez entrer en contact directement à Bichkek avec Kyrgyzland Tourist Company, qui gère la *guesthouse* de Tamga (237, rue Elebesov ✆ (312) 67 84 44 – (515) 78 27 55 (portable) – www.kyrgyzland.com).

Points d'intérêt

PIERRE DE TAMGA

Ce bloc de pierre vieux de 1 500 ans est gravé d'inscriptions tibétaines bouddhiques. Il se trouve à 6 km de Tamga, en remontant dans la vallée, et est devenue le prétexte à de jolies randonnées de niveau très facile. La pierre n'est pas vraiment au milieu du chemin et, si vous partez seul, vous aurez du mal à la trouver. Demandez à un guide de vous accompagner ou bien, si vous êtes en saison et que vous croisez du monde sur la route, demandez la direction de « Tamga tash ».

VALLÉE DE SKAZKA

Encore peu fréquentée par les voyageurs, cette vallée semble être encadrée par des falaises de sable, soulevées et sculptées par l'érosion puis figées par l'opération du Saint-Esprit. De hautes aiguilles aux teintes rouges et aux formes inspirées pointent le ciel et forment des canyons propices à la randonnée. Emportez vos provisions d'eau, vous ne trouverez rien surplace et la chaleur peut être étouffante en été. L'accès à la vallée se trouve à proximité de la route entre Tamga et Kadji Say. Demandez au chauffeur de vous déposer au plus près.

BOKONBAEVO

Bokonbaevo est tout juste un village : quelques maisons réparties autour du bazar et de la gare routière, abritant moins de 15 000 habitants. Vous vous y rendrez surtout pour faire étape avant de partir randonner dans les montagnes alentours où CBT, qui a ouvert une agence en centre-ville, organise de nombreux treks à pied et à cheval. C'est aussi depuis ce village que vous pourrez vous organiser le plus facilement une journée à la découverte des fermes où se pratique encore la chasse à l'aigle. Depuis peu a même été organisé un festival des oiseaux de proie, sur une grande esplanade en bordure du lac. Des dresseurs de faucons et chasseurs de toute la région s'y produisent désormais tous les ans début août (dates variables, contactez le bureau local de CBT).

Hébergement

■ **ALTYN BULAK YURT CAMP**

30 Salieva © (3947) 91 312
anarchol@elkat.kg
À partir de 500 soms par personne avec petit déjeuner. Repas sur réservation (200 soms environ). Le camp de yourtes est situé à moins de 1 km du lac, dans une belle prairie entourée de montagnes. Idéal pour se reposer ou bien s'organiser des excursions à cheval pour un ou quelques jours. En été, vous pourrez également louer des catamarans, assister à des concerts folkloriques ou réserver votre visite d'un élevage de faucon, avec démonstration de chasse.

Points d'intérêt

■ **FAUCONNERIE**

Cette chasse, réservée à l'élite nomade, se pratique à cheval avec un aigle ou un épervier. Le fauconnier, toujours issu d'un des clans « nobles », élève son aigle et le dresse depuis son plus jeune âge. Le rapace est lâché sur ses proies, oiseaux, lapins ou renards. Quand l'aigle devient vieux, son maître lui rend sa liberté. On peut rencontrer ces chasseurs dans d'autres régions du Kirghizistan, dont les Tianshan et la vallée d'At-Bashi. La chasse a lieu en hiver. Les tour-opérateurs locaux peuvent organiser des démonstrations, même en dehors de la saison de la chasse.

■ **LAC MORT**

Pour vous y rendre, affrétez un taxi via CBT (700 soms l'aller-retour environ) car les bus locaux ne sont pas nombreux et le retour risque d'être très hasardeux. A une quarantaine de kilomètres à l'Ouest de Bokonbaevo se trouve ce petit lac, séparé de l'Issyk Kul par une élévation de terrain et où l'évaporation de l'eau a entraîné une élévation de la salinité au point de faire de ce petit lac un conccurent direct de la Mer Morte. Les Kirghiz vous diront qu'il est parfaitement possible d'y lire son journal comme dans un canapé sans même mouiller le bas des feuilles ! Blague à part, la sensation de flottement est réelle et quoi qu'il en soit, les rives de ce « lac mort » valent une petite promenade pour les jolies vues offertes sur les chaînes de montagnes d'un côté et le lac Issyk Kul de l'autre. Prévoyez un peu d'eau minérale pour vous rincer après le bain, particulièrement le visage et les yeux.

LE CENTRE

Dans cette région qui s'étend entre le lac Song Kul, le Ferghana kirghiz et la frontière chinoise se trouvent quelques unes des perles du Kirghizistan : le lac Song Kul, le caravansérail de Tash Rabat, le champ de pétroglyphes de Saïmali Tash… Toutes sont quasi inaccessible en hiver et se méritent en été : on ne les rejoint qu'au prix de longues heures de route chaotique et de pistes hasardeuses à parcourir, de préférence parfois, en 4x4. Vous pouvez vous contenter d'une incursion au lac Song Kul et remonter ensuite vers Bichkek. Si vous poursuivez jusqu'à Naryn, il vous faudra faire marche arrière ou bien, pour ne pas trop revenir sur vos pas, continuer vers le Ferghana kirghiz via Kazarman. Un trajet d'une dizaine d'heures où la piste est à elle seule une aventure !

KOCHKOR

La porte d'entrée vers le lac Song Kul pour ceux qui visent un séjour sur le rive Nord, la plus touristique mais aussi la plus belle. Kochkor ne vaut pas plus qu'une étape et à mis à part un ou deux restaurants, vous aurez du mal à trouver de quoi passer le temps. Profitez de votre passage pour faire un tour au marché aux bestiaux, belle occasion d'une promenade sur les rives de la Chuy. Pour le reste, il faut prendre le temps de flâner dans le bazar et les petites rues pour goûter à l'ambiance du village.

Transports

Rejoignez dans un premier temps Balakchy depuis Karakol ou Bichkek et comptez ensuite 1 heure de trajet jusqu'à Kochkor. Pour continuer vers Naryn, vous trouverez des taxis partagés au niveau du bazar, à côté du café Baba Ata. Ceux pour Bichkek se réunissent à gauche de l'entrée du bazar.

Pratique

■ **CBT KOCHKOR**

22A Pionnerskya © (3535) 22 355
© (777) 71 83 34 (portable)
cbt_kochkor@rambler.ru
L'activité principle de CBT Kochkor consiste à transférer les touristes vers le lac Song Kul.

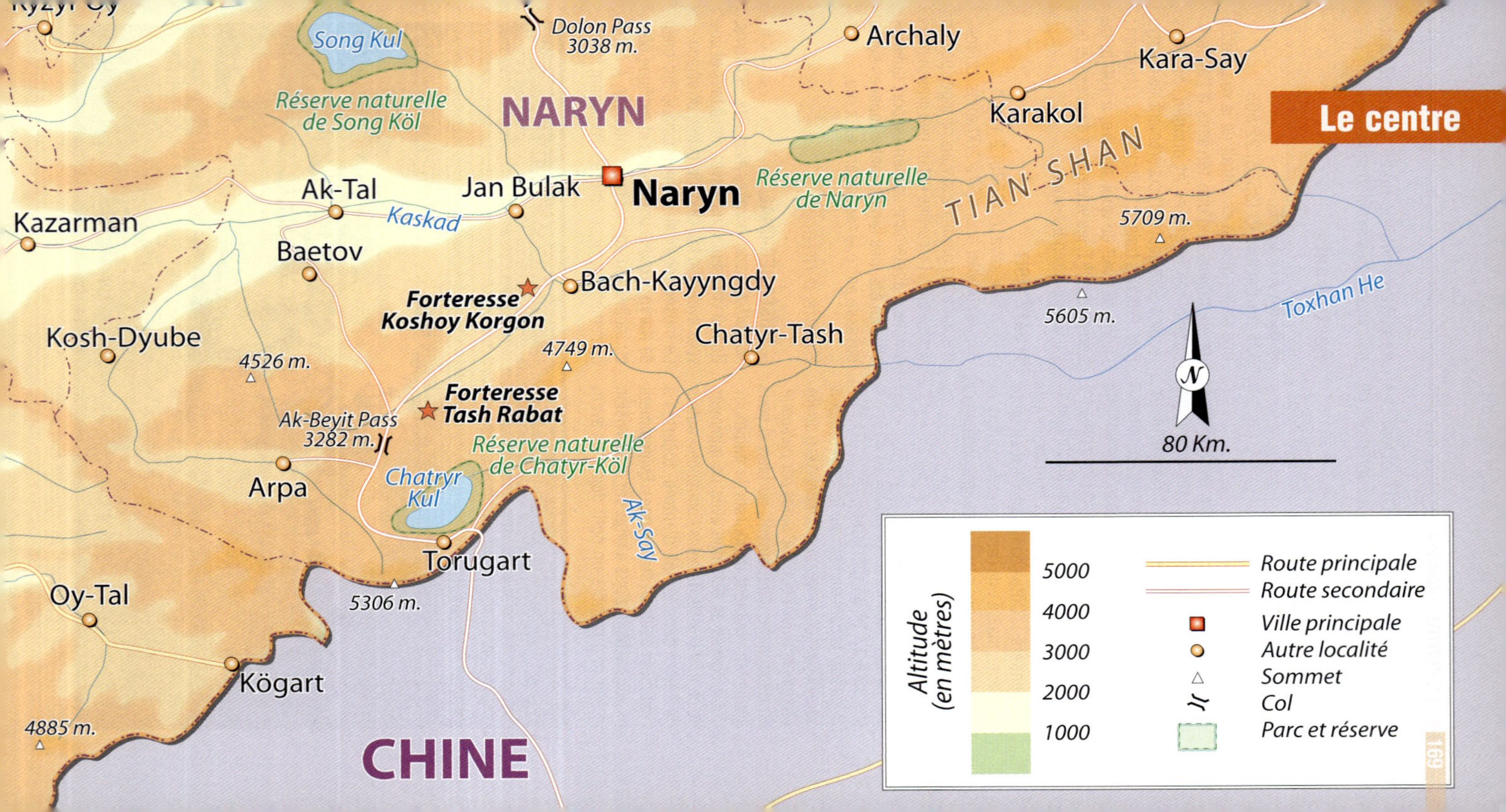
Song Kul
Réserve naturelle
de Song Köl
NARYN
Dolon Pass
3038 m.
Archaly
Kara-Say
Karakol
TIAN SHAN
Réserve naturelle
de Naryn
Naryn
Jan Bulak
Ak-Tal
Kaskad
Kazarman
Baetov
Bach-Kayyngdy
Forteresse
Koshoy Korgon
Kosh-Dyube
4526 m.
4749 m.
Chatyr-Tash
5709 m.
5605 m.
Toxhan He
Forteresse
Tash Rabat
Ak-Beyit Pass
3282 m.
Réserve naturelle
de Chatyr-Köl
Chatyr
Kul
Arpa
Ak-Say
Torugart
5306 m.
Oy-Tal
Kögart
4885 m.
CHINE
80 Km.
Altitude
(en mètres)
5000
4000
3000
2000
1000
Route principale
Route secondaire
Ville principale
Autre localité
Sommet
Col
Parc et réserve

Il y a 100 km à parcourir et CBT facture 11 à 13 soms du kilomètre selon les variations du prix de l'essence.

Hébergement

CHEZ L'HABITANT

10 Jusubekov

400 à 500 soms par personne, petit déjeuner et dîner inclus. Une des adresses gérées par CBT Kochkor. L'accueil y est très chaleureux. La propriétaire travaille à la banque, ce qui peut s'avérer utile, et s'avère accessoirement une véritable cordon bleu. La *babouchka* prépare en été un excellent et très rafraîchissant *bozo*, qu'elle s'empressera de vous faire avaler par bols entiers... Côté chambres, c'est en toute simplicité, mais il y de l'espace et du confort, et la salle de bain commune est impeccablement tenue. Très recommandé.

GASTINITZA KOCHKOR

30 Usman Kasimov ✆ (3535) 2 13 21

✆ (550) 17 14 34 (portable)

Dépassez la gare routière sur la rue Orozbekov vers l'Ouest et prenez la première rue à droite. Chambres à deux lits, 100 soms par personne. En dépannage uniquement, ou bien si vous souhaitez vraiment débourser le minimum. Vous logerez en échange avec un minimum de confort (« salle de bains commune » autour de l'évier dans le hall d'entrée, toilettes à l'extérieur et literie stalinienne). Évidemment ne vous attendez pas à regarder la télévision le soir ni à prendre un petit déjeuner avant de quitter l'hôtel le matin. L'accueil reste néanmoins très sympathique.

Restaurants

BABA ATA CAFE

125 Orozbekova ✆ (3535) 22 505

Une salle paisible en retrait de la rue, dotée de six tables et d'une terrasse à l'arrière. Spécialités kirghizes et dungan, on vous recommande tout particulièrement les mantys frits. Produits frais et Cibirskaya à la pression : l'adresse avait de quoi séduire, à 100 m du bureau de CBT, les voyageurs de passage qui s'y donnent rendez-vous.

CAFÉ VISIT

130 Orozbekova ✆ (3535) 2 17 60

Repas complet pour 150 à 200 soms. Un restaurant très commode si vous ne logez pas en centre-ville. La cuisine est un peu grasse mais affiche globalement un bon rapport qualité-prix. En été, des tables sont disposées sur la terrasse entre le restaurant et la rue.

Points d'intérêt

MUSÉE RÉGIONAL

Au Sud du bazar, horaires aléatoires. 50 soms. Bon, si vraiment vous n'avez rien à faire et que vous avez déjà fait cinq fois le tour du village... Le musée régional, un peu calqué sur celui de Naryn, expose une yourte et explique plus ou moins son agencement intérieur. À noter également, quelques pièces d'artisanat local.

Démonstration de buzkachi (jeu équestre traditionnel)

PROMENADE LE LONG DE LA CHUY

En suivant la rue Pionnerskaya ou Usman Kasimov et en tournant à gauche puis à droite, vous rejoindrez les rives de la Chuy que franchit un petit pont (ne vous appuyez pas sur la balustrade, elle ne tient que par l'opération du Saint Esprit !). On jouit d'un beau panorama encadrant les montagnes aux cimes enneigées au Nord et celles plus basses, aux teintes vert et ocre, au Sud de Kochkor. Dans les pâturages de part et d'autre de la rivière paissent chevaux et moutons lorsqu'ils ne font pas place au marché aux bestiaux. Il n'est pas rare non plus de voir des voitures directement garées dans la rivière, pour être lavées par leur propriétaire…

LE LAC SONG KUL

À 3 016 m d'altitude, perdu dans l'écrin de montagnes des Moldo-Tau, au bout de pistes cahoteuses et ouvertes uniquement en été, Song Kul est un des joyaux du Kirghizistan, une perle alpine aux eaux turquoises et le second plus grand lac du Kirghizistan avec une superficie de 275 km^2. Le lac est entouré de hautes montagnes : au nord, la chaîne des Song-Köl, dont le plus haut pic atteint 4 042 m, et, du sud au nord-est, la chaîne des Moldo Tau dont le sommet le plus haut atteint 3 900 m. Le Song-Köl est l'un des lacs les moins profonds du pays, au maximum 15 mètres. Dès la fin du printemps, ses pentes se couvrent d'herbe et ses rives dénudées se transforment alors en pâturages où les bergers viennent installer leur yourte. Un lieu magnifique vers lequel quelques tours opérateurs de Bichkek organisent désormais des treks et des randonnées à cheval. Ce joyau de la nature constitue donc à la fois une étape à part entière, mais également un lieu idéal pour prendre quelques jours de repos au cours de votre périple. En été, il est très facile, auprès des locaux, de louer des chevaux à la journée (ou plus) pour prendre un peu de hauteur et jouir de splendides vues dominantes sur le lac et ses alentours. La contrepartie de la très grande fréquentation touristique est évidemment la perte d'authenticité des rives du lac où, en se promenant en juillet-août, on croise plus de Suisses, de Hollandais ou d'Allemands que de Kirghiz. Et le tourisme, qui pour les nomades établissant leurs pâturages d'été autour du lac, devait constituer un complément de revenus, est devenu la principale source d'activité pendant la haute saison. Ainsi, si les rives du lac sont envahies de yourtes au beaux jours, vous y trouverez essentiellement des touristes et vous trouverez vite appréciable de vous évader à cheval pour rendre visite aux Kirghiz ayant installé leurs *jailoo* plus à l'écart. Prévoyez de vous lever tôt (l'aube sur le lac est un spectacle à ne manquer sous aucun prétexte) et de vous coucher… tôt ! La nuit tombe vite en montagne et, si la plupart des yourtes sont équipées d'un éclairage électrique, la faiblesse de celui-ci (comme le peu de fiabilité des groupes électrogènes portatifs) à tendance à vous plonger dans le noir sans autre choix que de dormir. Si vous souhaitez veiller, prévoyez d'emmener une réserve de piles de rechange pour votre lampe !

Transports

Quatre routes desservent le lac Song Kul, les deux plus facilement praticables étant celles de Kochkor et de Naryn, qui desservent respectivement les rives Nord et Sud du lac. Depuis Kochkor, 100 km vous séparent du lac mais il faut tout de même 4 h pour effectuer le trajet. Les 50 premiers kilomètres, sur la route reliant Kochkor à Naryn, sont faciles. Il n'en va pas de même des 50 suivants, sur une piste praticable uniquement entre fin mai et début octobre, ces dates pouvant être modifiées en fonction de l'importance des chutes de neige. Même type de configuration si vous choisissez de rejoindre le lac depuis Naryn. Les deux autres routes partent de l'Ouest du lac et supposent que vous vous soyez déjà aventuré très à l'intérieur des montagnes, au nord de la route entre Naryn et Kazarman. Vous trouverez des 4x4 à louer (vérifier autant que faire se peu leur état avant de partir) aux villages de Chayek et de Yangi Talap d'où des pistes vous mèneront à la pointe Ouest du lac. Dans les deux cas, vous ne trouverez que peu de partenaires pour la route et les tarifs seront d'autant plus élevés. Bref, même si « l'excursion organisée » vous rebute, Kochkor et Naryn sont à l'heure actuelle les deux points de départ les plus viables.

Le festival de Song Kul

La seconde semaine de juillet est célébrée la « fête de la transhumance ». Musique, spectacles folkloriques et jeux équestres au programme, le tout dans le cadre prestigieux des pâturages entourant le lac. La réservation est conseillée car, même si le nombre de yourtes est augmenté pour accueillir le public, les places ne sont pas nombreuses.

Hauts plateaux près du Song Kul

Prévoyez de faire des pauses sur les pistes, car les paysages sont très photogéniques, alternance de canyons et de cols et offrant des vue magnifiques sur la chaîne des Tian Shan. Depuis ces deux villes, CBT et Shepherd's life organisent des séjours à la carte : il faut compter environ 250 soms par repas et par personne, 300 soms pour la nuit sur la yourte, et 2 000 soms pour l'aller-retour en voiture (à raison de 11 à 13 soms le kilomètre selon les prix de l'essence). Ajoutez à cela les repas et l'hébergement du chauffeur, et un séjour de deux nuits et trois jours à Song Kul vous reviendra à 2 200 soms, soit 36 € environ (pour une personne). Difficile de faire moins cher, car il n'existe pas de service de bus réguliers vers le lac et si vous ne louez pas les services d'une agence, la seule alternative sera de prendre un taxi et de négocier le tarif directement avec lui, sachant qu'il vous comptera également le retour à vide ou bien ses repas et son hébergement s'il reste avec vous sur place. Pour les plus aventureux, l'accès peut se faire en trois ou quatre jours de marche depuis Naryn ou Kochkor. Vous aurez peut-être la chance de rencontrer des cavaliers en route pour le lac qui accepteront de vous louer une monture…

Hébergement

Ni hôtels ni restaurants à Song Kul : il vous faudra réserver via CBT ou Shepherd's life à Kochkor ou Naryn votre yourte et vos trois repas quotidiens (à moins d'amener avec vous suffisamment de réserves pour votre séjour). Hors saison, vous pouvez tenter de trouver une place sous la yourte directement au lac, mais vous serez tributaire du nombre de places disponibles et les nomades sont moins nombreux qu'en été. Pendant la saison estivale, la fréquentation est telle qu'il vaut mieux réserver nuitées, repas et excursions à l'avance. Si vous avez votre propre tente, rien ne vous empêche de trouver un endroit tranquille ou de demander l'autorisation de bivouaquer au campement le plus proche. L'agence Novinomad, à Bichkek, installe également quelques yourtes sur la rive Nord en été.

NARYN

Fondée en 1868, Naryn était à l'origine une ville de garnison, une de plus, où les soldats devaient endurer, à 2 800 m d'altitude, des froids pénétrants en hiver et la chaleur d'une fournaise en été. Rien n'a changé depuis cette époque : les températures à Naryn chutent allègrement vers les -40 °C en hiver (la rivière est alors entièrement gelée et se traverse à pied) et dépassent les 30 °C en été, période rendue d'autant plus désagréables qu'un vent violent soulève fréquemment des nuages de poussières particulièrement irritants. À 350 km de Bichkek, Naryn est aujourd'hui surtout une étape pour la découverte de Song Kul et du caravansérail de Tash Rabat, ou encore pour ceux qui, en route vers la Chine, prévoient de franchir la frontière au col de Torugart, à 200 km plus au sud. La ville s'étire le long d'une unique rue (évidemment baptisée « Lénine »)

longeant la rivière Naryn et ne présente que peu d'intérêt touristique. Quelques façades de bois sculpté datant de l'ère coloniale, un musée et une statue de Lénine constituent les seules et maigres richesses de Naryn. Les voyageurs seront plus intéressés par la poste, pour donner quelques nouvelles avant de poursuivre le voyage, ou par la constitution de nouvelles provisions au grand magasin Tsoum.

Transports

Les bus et taxis partent de la rue Lénine, au Sud au coude formé par la route après le franchissement de la rivière. Ils desservent Kochkor, Bichkek et Tash Rabat. Deux minibus par semaine entreprennent théoriquement le trajet vers Kazarman, les mardi et vendredi, mais vous aurez plus de chance d'arriver à destination dans des délais raisonnable en réservant un taxi (4 500 soms à diviser par le nombre d'occupants). Vérifiez l'état du véhicule avant le départ.

Pratique

■ CBT NARYN

33 Lénine ✆ (3522) 50 865
✆ (772) 68 92 62 (portable)
kubat-tour@mail.ru

Kubat Abdulaev gère aussi bien les simples excursions à Tash Rabat que les complexes passages de la frontière chinoise à Torugart. De bon conseil et d'excellente compagnie, il saura vous guider et vous orienter dans vos choix de séjour dans la région. CBT gère quelques appartements et trois maisons d'ôtes à Naryn. Les plus confortables sont les plus excentrées.

Hébergement

■ CELESTIAL MOUNTAIN GUESTHOUSE

42 Razzakov
✆ (3522) 50 412
www.cmgh.kg – naryn@celestial.com.kg

Chambre simple 1 600 soms, chambre double 2 000 soms, suite de luxe 2 500 soms. Hébergement sous yourte 800 soms. Petit déjeuner et dîner inclus. Pique-nique sur commande, 200 à 300 soms. C'est neuf, c'est propre, et c'est confortable. Les chambres sont décorées avec attention, les salles de bains spacieuses pour une fois, et même la yourte s'avère presque luxueuse. Le seul bémol sera la salle de dîner et de petit déjeuner, sombre et grisâtre, alors tâchez de vous trouver une place en extérieur. Le personnel est charmant et compétent : n'hésitez pas à faire le plein d'infos pour la suite de votre voyage. Possibilité de réserver directement via l'agence Celestial Mountains à Bichkek.

■ HÔTEL MAHABBAT

Au premier étage du café Ilan. Comptez 450 soms par peronne, petit déjeuner inclus. L'établissement limite son offre à un grand dortoir (dont certaines pièces peuvent tout de même être fermées) doté d'une minuscule salle de bains commune. Les différents postes de télévisions répartis dans les dortoirs laissent perplexe quant au calme qui doit régner la nuit, et c'est un peu cher payé compte tenu du niveau de confort. Mais si toutes les *guesthouses* de Naryn affichent complet, vous n'aurez pas d'autre recours.

Restaurants

■ CAFÉ CHOLA

6 Lénine

Ouvert tous les jours de 9h à minuit. Compter moins de 100 soms. Petite cantine dotée de quelques tables : une bonne adresse pour soupes, *mantys* et *laghmans* à accompagner de bières kirghizes (Arpa ou Cibirskaïa). Très classique et sans recette extraordinaire mais d'un bon rapport qualité-prix et convenablement placé au centre-ville.

KIRGHIZISTAN

Le long de la rivière Naryn

La plus longue rivière du Kirghizistan coule depuis les glaciers des Tian Shan et s'étire sur 535 km avant de franchir la frontière de l'Ouzbékistan pour rejoindre la ville de Namangan, dans la vallée de Ferghana. Elle y rejoint la rivière Kara Daria avec laquelle elle donne naissance au Syr Daria, le mythique Iaxarte de l'antiquité, qui s'écoule à travers l'Ouzbékistan et le Kirghizistan actuel avant de se déverser dans la mer d'Aral. Si pour une raison ou une autre vous passez un peu de temps à Naryn, une courte randonnée vous permettra de remonter jusqu'a la source de ce fleuve légendaire. CBT organise des treks de 5 à 8 heures ou des demi-journées à cheval le long des rives.

■ **CAFÉ ILAN**

Razzakov

En contrebas du musée

Comptez moins de 120 soms. En contrebas du musée, ce petit restaurant est surtout agréable pour sa terrasse avec des espaces confinés où règne une fraîcheur appréciable en été : la salle intérieure est désespérante d'ennui. La carte en anglais propose bon nombre de salades, des *mantys* et des *pilmeny* vapeur ou frits qui ne brille pas par leur saveur mais arrivent en bonne quantité pour un tarif modique.

Point d'intérêt

■ **MUSÉE RÉGIONAL**

4 Razzakov

Ouvert de 10h à 12h et de 13h à 18h, fermé le dimanche. 50 soms. Collection de pièces archéologiques glanées dans la région et une rétrospective consacrée à la restauration du caravansérail de Tash Rabat. Les dernières salles sont dédiées aux combattants kirghiz de la Seconde Guerre mondiale. Le principal intérêt de la visite consiste, dans la première section, à étudier l'organisation intérieure d'une yourte, présentée en détail et en coupe. Malheureusement, aucune traduction ni explication autre qu'en russe.

Dans les environs

Même si vous n'ambitionnez pas de franchir la frontière vers la Chine au col du Torugart, tâchez de vous attarder dans cette petite région des Tian Shan ne serait-ce que pour partir à la découverte du caravansérail de Tash Rabat, l'une des merveilles du Kirghizistan. En route au retour, le petit village de At Bashi constitue une occasion unique de sortir des sentiers battus et de découvrir le mode de vie et l'artisanat kirghiz en côtoyant une population chaleureuse et accueillante.

At-Bashi

Si vous rejoignez At-Bashi à pied, après vous être fait déposer le long de la route reliant Naryn à Tash Rabat, vous constaterez en parcourant les derniers kilomètres jusqu'au centre-ville que At-Bashi est particulièrement photogénique. Commencez par faire un tour dans le cimetière à droite de la route. De nombreux *tunduk* ornent les grilles qui entourent les sépultures, dominées par des symboles chamaniques ou, plus fréquemment, par le croissant de lune de l'Islam. Le village s'étire en longueur juste derrière, au pied de montagnes aux cimes blanchies de neiges éternelles. Prenez ensuite le temps de vous perdre dans les ruelles où babouchkas et *aksakal* semblent n'avoir rien d'autre à faire que de regarder passer le temps en échangeant quelques nouvelles et rejoignez le bazar, au centre du village, face auquel se trouve l'*avtovagzal*. Si vous décidez de prolonger votre séjour à At-Bashi, n'hésitez pas à demander à vos hôtes de vous guider vers un atelier familial de tissage de *Shyradks*. Ils sont nombreux et tout le monde connaît les adresses. At-Bashi est également une bonne base de départ pour des promenades totalement hors des sentiers battus dans les forêts qui flanquent les monts Naryn Tau ou vers des *jailoo* et des petits villages encore plus confidentiels. Une alternative consiste à partir à la découverte des ruines de la forteresse de Koshoï Kurgan, une ancienne citadelle marchande habitée entre le VIIIᵉ et le XIIIᵉ siècles et située au Sud-Est de la petite bourgade de Kara Suu. La cité karakhanide qui contrôlait cette portion de la route de la soie en direction de la Chine jusqu'au XIIᵉ ou XIIIᵉ siècle s'étendait sur plus de huit hectares. De cette cité fortifiée il ne reste aujourd'hui que des hauts pans de murailles déchiquetées qui se transforment progressivement en poussière. La légende veut que Manas, le héros mythique des épopées kirghizes, l'ait construit ainsi qu'un mausolée pour son compagnon d'armes Koshoï. Alors que les piémonts enneigés des montagnes voisines contrastent furieusement avec la steppe, quelques murs de terre cuite rouge dépassent encore du sol, solitaires et usés par l'érosion, formant un décor digne d'Hollywood que vous ne vous lasserez pas d'arpenter. Un petit musée a été aménagé dans le village, où vous pourrez en particulier apprendre tout ce qu'il faut savoir sur la construction et l'aménagement des yourtes. Vous trouverez également, à proximité des ruines de la citadelle, une petite chambre d'hôtes et une ou deux yourtes destinées à accueillir les touristes en saison.

▶ **Transports.** At-Bashi est facilement accessible depuis Naryn par le minibus n°127 (comptez 1 heure 30 et 40 soms de trajet contre 1 heure et 70 soms en taxi partagé) mais vous pouvez également essayer de profiter d'un des nombreux bus de CBT qui effectuent la navette vers Tash Rabat pour vous faire déposer en chemin. Ce sera un peu plus cher, mais vous vous épargnerez l'attente à l'*avtovagzal*. Pour rejoindre Koshoï Kurgan, empruntez un taxi partagé au niveau

Informations concernant le passage de la frontière à Torugart

- **La frontière est ouverte** tous les jours sauf les samedi et dimanche ainsi que le 1er et le 7 janvier, les 8 et 21 mars, les 1, 4, 5 et 9 mai, les 1er et 31 août et les 10 premiers jours d'octobre. Il faut également tenir compte des dates fériés dues aux fêtes religieuses à date variable côté kirghize et au Nouvel An côté chinois. Enfin, les conditions météorologiques peuvent à tout moment, et sans préavis, entraîner la fermeture de la frontière.
- **Le passage avec un véhicule privé** nécessite l'accord écrit de l'ambassade de Chine à Bichkek. Pour les vélos, la réglementation est très floue mais il semble, d'après l'expérience des voyageurs, que les Chinois soient assez réticents à laisser entrer les cyclistes sur leur territoire. Il faudra, pour assurer le coup, vous munir d'une lettre délivrée par un tour operator kirghize expliquant votre intention de passer la frontière à vélo mais cela ne vous dispense en aucun cas de l'obligation d'être attendu par un taxi chinois de l'autre côté de la frontière. Il vous faudra donc également prévenir le réceptif chinois de prévoir un véhicule adapté au transport de votre bicyclette.
- **Dans tous les cas, arrivez à la frontière tôt le matin :** si vous partez en fin de matinée, vous trouverez la frontière fermée 2 heures pendant le déjeuner. La frontière chinoise ferme à 17h, heure de Pékin, soit 15h, heure de Bichkek : vous n'aurez plus le temps de traverser le no man's land et risquez d'être refoulés. 100 km séparent le premier poste de contrôle kirghize du dernier poste de contrôle chinois et de nombreux autres postes intermédiaires retardent votre avancée.
- **Depuis Naryn,** il faut 4 à 5 heures de voiture, selon la météo, pour rejoindre la frontière.
- **N'oubliez pas de garder des vêtements chauds** à portée de main : Torugart est à plus de 3 000 m de haut et il peut y faire très froid, même en été, alors que vous aviez 25 ou 30 °C à Naryn quelques heures auparavant.

du bazar endirection de Kara Suu. L'attente peut être longue alors levez-vous tôt le matin pour être sûr de trouver un véhicule pour le retour. Sinon, arrangez-vous avec un taxi pour négocier l'aller-retour et attendez-vous, évidemment, à payer pour son temps d'attente sur place.

Tash Rabat

À environ 80 km de Naryn, au niveau d'un embranchement, une petite route de terre quitte la route principale, traverse une petite rivière et s'enfonce dans un défilé de roches rouges. Cette voie qui conduit au caravansérail de Tash Rabat, à 3 102 m d'altitude, était le parcours que suivaient à l'origine les caravanes en direction de Kashgar. La route qu'empruntent aujourd'hui les voitures et les bus contourne la montagne et fait un détour de plusieurs dizaines de kilomètres jusqu'au col de Torugart. En 1983, des archéologues s'intéressèrent à des ruines aux trois quarts enfouies sous terre. Ils découvrirent une imposante forteresse de pierre, longue de 35,7 m et large de 33,7 m. Le toit est formé de 20 dômes et un haut portail se dresse à l'entrée. L'intérieur est un labyrinthe de plus de trente pièces qui entourent une grande salle surmontée d'une haute coupole. Un « zindan » (oubliettes) et plusieurs souterrains complètent l'ensemble. Pendant plusieurs années les archéologues pensèrent que ce lieu était un caravansérail ; on sait maintenant que Tash Rabat était un temple nestorien construit aux alentours du Xe siècle et qui fut par la suite utilisé comme caravansérail. C'est l'une des plus grandes constructions de pierre de toute l'Asie centrale. Elle est à peine restaurée, seuls certains dômes ont dû être renforcés, ce qui ne retire rien à la magie du lieu. Le caravansérail trône au sommet d'une petite colline, encadrée de toutes parts de montagnes plus hautes, et en contrebas de laquelle coule une petite rivière qu'il est possible de suivre pour se rendre jusqu'au lac de Chatir Kul (compter tout de même 8 heures de marche). Pour l'hebergement, à Tash Rabat comme à Chatir Kul, vous ne trouverez que des yourtes, installées en général pour l'accueil des touristes entre fin avril et fin septembre si la saison le permet.

Les propriétaires des yourtes seront ravis de vous fournir des chevaux pour partir à l'exploration de la région.

Pratique. Le caravansérail est fermé mais vous trouverez la clé auprès de Jergalek Karpekov, propriétaire de la seule maison, qui fait également office de gardien du site, située juste en contrebas le long de la rivière. L'accès au monastère coûte 50 soms.

Le col de Torugart

La frontière avec la Chine est située à plus de 3 000 m d'altitude, et matérialisée par un étrange portique en pierre qui semble posé au milieu de nulle part. Si la frontière proprement dite se trouve au sommet du col, les formalités, de part et d'autre, sont accomplies aux postes frontières situés au pied de la montagne. Elles supposent surtout que vous ayez organisé en amont votre passage de la frontière en réservant les véhicules, côté chinois, qui vous mèneront vers Kachgar. Comme il vous faudra également louer un véhicule depuis Naryn pour rejoindre le col, le passage de la frontière à Torugart peut facilement s'avérer très coûteux. Les tarifs de taxis varient en outre considérablement selon la saison mais descendent rarement au dessous de 300 $ d'un côté comme de l'autre. Sachnt bien sûr que les agences les plus fiables (il ne ferait pas bon rester au sommet du col sans véhicule pour rejoindre Kashgar) ont les tarifs les plus élevés. Au total, passer la frontière à Torugart peut vous coûter jusqu'à 800 ou 1 000 €. Et la beauté du site, pour séduisante qu'elle soit, aura bien du mal à faire passer la pilule. D'autant que, loin de pouvoir profiter des paysages, il vous faudra jongler avec les horaires et vous presser continuellement tout en acceptant les fouilles minutieuses, en particulier côté chinois. La frontière est ouverte toute l'année, mais on peut avoir des difficultés à y accéder en plein hiver : mieux vaut se renseigner auprès des agences de voyages avant de prévoir le trajet car les horaires peuvent varier du jour au lendemain en fonction des chutes de neige. Les postes frontière sont ouverts du lundi au vendredi de 9h à 17h, mais sont fermés les jours fériés kirghiz et chinois. En outre, la région du Xin Jiang, où se trouvent les postes frontières chinois, fonctionnent à l'heure de Pékin, soit avec 2 à 3 heures de décalage selon la saison avec le Kirghizistan. Les contrôles sont nombreux tout au long du *no man's land* et n'importe quel policier chinois peut, à tout moment, vous demander de rebrousser chemin s'il estime que vous n'aurez plus le temps de rejoindre la frontière avant sa fermeture. Bref, le franchissement du col est un véritable casse-tête digne de vous fournir une bonne dose d'anecdotes à raconter au retour de votre voyage… Ou à l'écourter radicalement ! Dans tous les cas, ne pensez pas pouvoir vous en sortir seul en négociant ave les policiers locaux. Le visa chinois ne s'obtient en aucun cas à la frontière, et aucun policier ne vous laissera passer si vous n'êtes pas en mesure de prouver qu'un véhicule vous attend côté chinois. Il est donc préférable d'organiser le passage à Bichkek et d'avoir en poche, au cas où, un visa kirghiz à double entrée pour pouvoir rebrousser chemin en cas d'échec.

LE FERGHANA KIRGHIZ

La vallée de Ferghana, divisée entre trois pays mais peuplée en grande majorité d'Ouzbeks, se trouve essentiellement sous l'administration de l'Ouzbékistan. Deux importantes villes sont pourtant tombées à l'intérieur des frontières kirghizes lors de la séparation des républiques par Staline : Osh et Djalalabad. Les Ouzbeks y sont majoritaires, et certains villages alentours, comme Arslanbob, sont peuplées uniquement d'Ouzbeks. Sans qu'il y ait de réel mouvement politique revendiquant le rattachement de cette région à l'Ouzbékistan, des tensions inter-ethniques rejaillissent régulièrement, la dernière en date, en 1990 à Osh, ayant fait plusieurs centaines de morts. La vallée est reliée au reste du pays par la route Osh-Djalalabad-Bishkek, la seule véritable « autoroute » du pays, et par une piste praticable en été entre Djalalabad et Naryn. La vallée est séparée du reste du pays par des massifs montagneux. Arrosée par une multitude de rivières, le Ferghana est la plus riche vallée de la région et alimente en fruits, légumes, soie ou coton tous les pays frontaliers. Les bazars de Osh ou Djalalabad sont parmi les plus réputés de la région pour la qualité et la quantité des produits à vendre sur les étals.

Le Ferghana kirghiz

DJALALABAD

La troisième plus grande ville du pays est, tout comme Osh, peuplée à majorité d'Ouzbek. Que vous veniez de Bichkek ou de Naryn, elle sera votre porte d'entrée dans le Ferghana kirghiz. Son atmosphère décontractée la rend plus proche des villes ouzbek de la vallée de Ferghana que de la « trépidante » Osh et ne révèle en rien son caractère de capitale provinciale. En arrivant de Bichkek, on l'aperçoit blottie au pied des monts Babash Ata, semblant déjà étouffer de chaleur. C'est le sentiment que devaient avoir également les caravaniers sur la route de la soie, qui y faisaient de longues étapes après avoir franchi les Tian Shan et avant de s'engager vers le désert du Kyzyl Kum et Samarkand.

À l'époque soviétique, Djalalabad était le terminus des lignes ferroviaires arrivant de Russie. De nombreux apparatchiks du régime venaient y faire des cures thermales, la ville étant réputée pour ses eaux. Deux atouts qui vaudront à la ville d'être pressentie comme capitale de la RSS de Kirghizie avant que le choix ne se porte finalement sur Bichkek. À la différence d'autres villes kirghizes, comme Bichkek ou Karakol, Djalalabad n'est pas une ville de garnison et le plan de ses rues a conservé le tracé médiéval, datant de l'époque où un mur d'enceinte, dont il ne reste aucune trace, protégeait ses habitants. Les rues sinueuses rendent l'orientation plus difficile que dans les plans à damier des militaires mais offrent plus de charme ! Pour autant, vous ne ferez certainement pas plus qu'une étape à Djalalabad. La ville ne présente aucun intérêt touristique majeur si ce n'est de flâner dans son parc en attendant un départ pour Osh ou Arslanbob.

Transports

■ AÉROPORT DE DJALALABAD

✆ (3722) 25 605 – (3722) 51 128

Liaisons avec Bichkek les mardi et dimanche à 14 h. Comptez 2 250 à 2 500 soms pour le billet aller. Pour rejoindre l'aéroport, empruntez le *machroutka* n°5 depuis le centre-ville.

■ GARE ROUTIÈRE

La gare routière se trouve à proximité du grand magasin Tsoum, au niveau du bazar. Les minibus sont très nombreux pour Bazar Kurgan tout au long de la journée, et quelques taxis partagés effectuent également la liaison directe avec Arslanbob. Les minibus desservent également Osh et Ouzgen. De l'autre côté de la rue, nombreux taxis pour Osh et Bishkek tout au long de la journée.

Berger du Ferghana kirghiz

Vous trouverez également quelques voitures pour Naryn ou au moins Kazarman, mais elles sont plus rares et se remplissent moins vite. Prévoyez une longe attente. Une meilleure solution consiste à faire le tour des hôtels pour trouver des partenaires de voyage et affréter ensuite un véhicule déjà complet.

Pratique

CBT DJALALABAD

20/3 Toktogul
✆ (3722) 21 962
✆ (772) 37 66 02 (portable)
cbt_ja@rambler.ru
Mis à part les chambres chez l'habitant (500 à 650 soms par personne), le bureau CBT de Djalalabad ne vous sera pas d'un très grand secours. Le personnel y parle un peu anglais et propose quelques treks en direction des pétroglyphes de Saimali Tash.

Hébergement

CHEZ L'HABITANT

7 Burchamidin Myrzakulov
600 soms par personne, petit déjeuner inclus. Une belle demeure appartenant à une famille ouzbek, excentrée mais facilement accessible en taxi (10 soms) ou par les minibus n°5 (6 soms) depuis le bazar. Les chambres sont confortables et, pour certaines, assez spacieuses, mais c'est surtout la cour intérieure qui fait le charme de la maison. Petit déjeuner copieux et possibilité de laver son linge (50 soms/kg). Si l'adresse affiche complet, vous serez certainement redirigé vers le n°6 de la même rue, où vous trouverez des prestations similaires. Vous pouvez réserver votre chambre via CBT.

HÔTEL MOL MOY

17 Lénine ✆ (3722) 55 059
Chambre double sans douche 466 soms, avec douche 732 soms, chambre « de luxe » 1 350 soms. Pas de petit déjeuner. Plutôt que « bien et pas cher », retenez surtout « pas cher », et encore… L'ancien hôtel soviétique de la ville a été en partie rafraîchi et quelques chambres disposent même d'un téléviseur et de l'eau chaude. Le hall d'accueil, vaguement repeint est un peu plus « souriant », mais l'ensemble reste cher compte tenu du niveau de prestations offerts. Utile surtout si vous souhaitez rester en centre-ville sans loger chez l'habitant.

HÔTEL NAVRUZ

Toktogul ✆ (3722) 20 370
www.navruz.com.ua
navruz_inbox@mail.ru
Dans le parc central.
Chambre double à 1 740 soms (deux lits) ou 2 610 soms (un grand lit), petit déjeuner inclus. À proximité du parc, un hôtel neuf et aménagé à l'occidentale, avec des chambres propres, claires et plutôt spacieuses. L'eau chaude est parfois capricieuse mais toujours rapidement rétablie. L'ensemble demeure très impersonnel et sans grand caractère mais si vous êtes

en recherche de confort, c'est ce que vous trouverez de mieux à Djalalabad. Restaurant et terrasse extérieure le long du parc. Attention, certaines chambres peuvent être bruyantes, compte tenu des nombreux haut-parleurs diffusant de la musique dans le parc.

Restaurants

■ CAFÉ PIZZERIA

24 Toktogul © (3722) 54 144

Ouvert tous les jours de 10h à 23h. Comptez 300 soms environ par personne. Un vrai petit restaurant, où, pour une fois, une certaine attention est portée au confort et au décor. La salle est petite (trois ou quatre tables de bois qui suffisent à la remplir) et faiblement éclairée, ce qui crée une ambiance confinée plutôt appréciable par rapport aux *tchaïkhana* géantes de plein air. Côté menu, vous trouverez à la carte des pizzas (250 à 300 soms), des salades (de 50 à 70 soms), des pâtes (150 soms) et des plats garnis (autour de 150 soms) comme du filet mignon, du poulet en sauce ou du bœuf Strogonov. On vous recommande tout particulièrement le très nourrissant poulet Smetanova et sa crème aux oignons ! La musique d'ambiance est résolument évocatrice des années 1980 en Occident mais sait rester discrète.

■ TCHAÏKHANAS

Moins de 150 soms pour un repas complet et boisson. Les tchaïkhanas sont ouvertes en général dès 9h ou 10h et fonctionnent jusqu'à 22h. Au centre-ville, au croisement des rues Toktogul et Lénine, vous trouverez plusieurs *tchaïkhana* dotées de grandes terrasses et de tables disposées à l'ombre des arbres, séparées de larges allées que le personnel ne cesse d'arroser pour maintenir un semblant de fraîcheur aux heures les plus chaudes. On y mange des *chachlyks*, des *laghmans*, du *beshbarmak* et, pour ceux qui en ont assez du gras, des brochettes de viande à la chinoise légèrement épicées. Vous trouverez également d'autres *tchaïkhana* dans le parc central, de part et d'autre de l'allée principale. Vous pourriez croire que l'ambiance, loin de la rue et du bazar, y sera plus calme, mais la musique turque ou occidentale y passe en permanence au plus haut volume.

Les passages de frontières

- **Passage vers l'Ouzbékistan**. Des bus relient Osh aux principales villes de la vallée de Ferghana en Ouzbékistan. L'étape la plus proche est Andijan, d'où vous pourrez rejoindre, en bus ou taxi partagé, Ferghana, Kokand ou Namangan.
- **Passage vers la Chine**. Comparé au passage du col de Torugart, celui d'Irkhestam est un vrai bonheur au niveau de l'organisation. Un bus franchit le col, reliant Osh à Kashgar via Sary Tash pour 50 $. Départs entre 8h30 et 9h les lundi, samedi et parfois le mercredi depuis la nouvelle gare routière de Osh (6 km en dehors du centre ville). Mais l'économie a un prix : le trajet dure 18 heures et les fouilles minutieuses à la frontière laissent tout le loisir d'admirer le paysage en tâchant de ne pas geler sur place, surtout en hiver. Cette relative facilité a propulsé ce poste frontalier, interdit aux étrangers jusqu'en 2002, comme principal point de passage entre les deux pays, dépassant largement le trafic enregistré à Torugart. Les décalages horaires existent toujours, comme à Torugart, mais le fait de prendre un bus qui connaît les horaires de passage précis vous ôte ces tracasseries.
- **Passage vers le Tadjikistan**. La frontière avec le Tadjikistan est toujours fermée au poste de Karamyk, mais il est question de la voir ouvrir bientôt. Le plus simple reste de se rendre à Murgab, la route la plus empruntée, mais qui nécessite d'avoir un permis spécial pour traverser la région. Celui-ci est délivré directement et gratuitement avec le visa tadjik si celui-ci est demandé à Bichkek, mais il vous faudra débourser 35 $ si vous en faites la demande au Kazakhstan ou en Ouzbékistan. Une autre solution consiste à traverser les enclaves ouzbek de la région de Batken mais le trajet est rendu difficile par le simple fait que les routes traversent systématiquement les enclaves et qu'il vous faudra des visas à entrée multiples pour les deux pays. En outre, la sécurité dans cette région est fortement mise à mal par de régulières incursions de combattants du Mouvement Islamiste Ouzbek.

Femme kirghize coiffée d'un elechek, signe d'un statut social élevé

ARSLANBOB

Ce petit village typique du Ferghana kirghize ravira les amateurs d'authenticité et de simplicité. Le site enchanteur, au centre des plus grandes forêts de noyer du pays, la proximité de belles cascades et la possibilité d'envisager de nombreux treks pour un ou plusieurs jours garantissent un dépaysement complet.

Pratique

■ CBT ARSLANBOB

✆ (773) 34 24 76
arslanbob_2003@rambler.ru
Au dessus de la place du village, dans la rue montant le long du torrent. Hayat, outre ses abords très sympathiques, est un des ces coordinateurs de CBT qui a pris son rôle très à cœur. Il parle un excellent anglais et peut organiser beaucoup de choses autour d'Arslanbob. Hébergement et transports bien sûr, mais également randonnées à pied ou à cheval soit autour du village soit vers les *jailoo* plus en altitude dès que vient le printemps, ou bien ski en hiver. Il ne possède que peu de matériel, donc n'imaginez pas pouvoir louer tout le nécessaire pour une excursion, mais peut parer à l'imprévu et, hors saison, se charger de tout le nécessaire. L'une des plus belles randonnées à effectuer dans la région consiste à rejoindre le pic Babush Ata. Juste derrière se trouve un lac, à 50 km d'Arslanbob, devenu un grand lieu de pèlerinage et auquel on accède par un choix de trois passes de niveau différent. Cela suppose évidemment que vous ayez une bonne semaine de délai pour faire l'aller-retour.

Point d'intérêt

■ MAUSOLÉE

Depuis la place centrale, franchissez le pont au-dessus de la rivière jusqu'au bazar. Vous trouverez juste au-dessus une mosquée et le mausolée d'Arslanbob Ata, un héros local mort dans les environs au XIe siècle et auquel le village doit son nom. Goûtez à l'atmosphère paisible du village, allez à la rencontre des *aksakal* qui ne quittent pas la gloriette ombragée du centre-ville… Arslanobob, au pied des montagnes, offre toute la fraîcheur et l'authenticité d'une étape réussie.

SARY CHELEK

Vous pouvez vous y rendre depuis Arslanbob en revenant vers Kerben et en prenant un autre minibus en direction d'Arkit, porte d'entrée de la réserve de biosphère du lac. En arrivant de Bichkek, vous pouvez également vous arrêter environ 6 km avant Tachkomur d'où une route rejoint également Arkit au bout de 50 km. Le lac, situé à 1 872 m d'altitude, est long de 7 km, large de 1 km et profond de 324 m, ce qui en fait le second lac le plus profond du Kirghizistan après le lac Issyk Kul. Les forêts environnantes regorgent de noix, mais si vous avez fait une overdose à Arslanbob vous pourrez varier les plaisirs grâce aux nombreux pistachiers qui poussent autour des rives du lac. Pour organiser des excursions à pied ou à cheval, contactez le coordinateur de CBT à Kara Suu.

OSH

Il suffit de faire quelques pas dans le bazar pour comprendre l'origine du nom de la ville. Les commerçants qui poussent des brouettes surchargées de pains, de morceaux de viande ou de tissus se frayent un passage à travers la foule compacte en criant : osh, osh ! Pourtant la légende lui attribue une autre origine, bien plus noble. Salomon, avançant à la tête de son armée, aurait choisi l'emplacement de la cité en criant « Khosh » (beau, bon). À la périphérie sud de la ville, les archéologues ont retrouvé les traces d'une ancienne forteresse datant du Ier siècle avant notre ère.

Osh
Musée
Curiosité
Mosquée
Eglise
Marché
Hébergement
Restaurant
Hôpital
Gare routière
Gare ferroviaire
"Ar-Kanma"
25 km
Rue Momlnova
Rue Gapar Aytiov
Musée d'histoire et de la culture d'Osh
TRONE DE SALOMON
Maison de Babur
Mausolée de Assaf-Boukhia
Musée historique & archéologique
Trois maisons "Boz uy"
Mosquée "Mohammed yusuf Baihoddji-Ogly"
Mosquée "Shahit-Tep"
Rue Kurmanjan Datka
Rue Lénine
Ak-Buura
Gare routière de l'ouest
Osh Guesthouse
Hôtel Alay
Sara Hôtel
Marché central
Rue Oshskaya
Rue Zainabedinova
vers l'aéroport (8 km)
Rue Nookatskaya
Rue Aliev
Bayalinov
Lomonosov
Hôtel Sanabar
Rue Lénine
Galerie d'art "Saltanat"
Gare routière
Rue Alisher Navoi
Hôtel Kristal
BAZAR
Mosquée centrale "Imam-al-Buhan"
Hôtel Promstoibank
Parc Alisher Navoi
Rue Internationale
Hôtel Osh Nuru
Statue de Lénine
Parc central
Stade
Eglise orthodoxe
Café Calif
Rue Sovetskaya
Rue Frunze
Rue Aliev
Rue
Chapaev
Suyumbayev
Sultan Ibraimov
Rue Kurmanjan Datka
Michurin
Rue Lénine
Rue Golubev
Rue Kyrgyzstan
Rue Gagarin
Rue Kyrgyzstan
Ak-Buura
Gare ferroviaire
Hôpital régional
Forteresse Ak-Buura
Mosquée Erdem
vers Bichkek (730 km) & Jalalabat (120 km)
0
550 m
N

Cette cité fortifiée était l'une des grandes agglomérations commerçantes de l'oasis du Ferghana, contemporaine des cités d'Aksikent et de Khiva en Ouzbékistan. Aujourd'hui seconde ville du Kirghizistan, Osh est la capitale de la région la plus peuplée et la plus riche du pays. Sa population est en majorité ouzbèke (40 % des habitants), et la ville fut le théâtre d'une lutte fratricide entre les deux ethnies en 1990. Il semble que de nombreux Ouzbeks se soient également réfugiés dans la région après les massacres d'Andijan en mai 2005 avant de trouver refuge aux États-Unis ou de retourner dans leur pays. Si des tensions renaissent toujours occasionnellement, rien ne transparaît de la rivalité ethnique aux yeux du touriste qui trouvera à Osh des rues calmes, une ambiance joyeuse lors des mariages autour de la gigantesque statue de Lénine et une atmosphère apaisante dans le parc central de la ville. Osh est néanmoins soumise à une autre source de tension, et non des moindres. Les foyers du wahhabisme sont nés au sud des montagnes qui entourent la ville et ont longtemps offert des refuges imprenables au Mouvement Islamiste Ouzbek. Le MIO a même tenté de prendre le contrôle de la ville de Batken, entre août et octobre 1999. Écrasés par les bombes américaines en Afghanistan en 2001, les combattants du MIO ont perdu leur leader, l'Ouzbek Juma Namangani, mais ont semble-t-il repris du poil de la bête et tenté de nombreuses incursions à la frontière entre le Tadjikistan et le Kirghizistan au cours des derniers mois. Plus que jamais, la vallé de Ferghana et Osh sont sous la surveillance constante des satellites militaires du monde entier... Rien pourtant n'a empêché ses habitants de célébrer en octobre 2000 ses 3 000 ans d'existence. Malgré cet âge vénérable, Osh n'a pas conservé de traces « touristiques » de son histoire antique. C'est pour son bazar que les étrangers viennent la visiter, car il s'agit de l'un des plus grands bazars traditionnels d'Asie centrale. Et c'est pour prier sur la colline sacrée de Suleiman (Salomon) que les pèlerins y accourent de toute l'Asie centrale.

Transports

Avion

■ **AÉROPORT D'OSH**

L'aéroport se situe à 8 km au Nord de la ville. Des minibus (n°107 et 109) assurent la liaison pour 10 soms et partent du croisement de la rue Lénine avec la rue de l'hôtel Alay. Des liaisons quotidiennes sont assurées avec Bichkek à 9h et à 18h (2 250 soms) à bord de canoniques Yak 40. Pour vous faire une idée : allez faire le tour de celui qui rouille au milieu du parc central, et dites vous qu'il est encore en meilleur état que ceux qui volent. Les décollages ne sont d'ailleurs pas assurés en cas de mauvais temps, les appareils n'étant plus capables de s'élever au-dessus des perturbations pour trouver une meilleure météo. Un Boeing 737 plus neuf effectue la navette une fois par semaine le samedi mais transporte essentiellement du fret. Si vous arrivez à vous trouver une place à bord, vous ferez certainement un voyage plus serein. Le tarif n'est plus le même : il faut alors compter 190 $. Enfin, vous pourrez trouver des vols pour Moscou et Urumqi.

Bus

Les bus ne peuvent quitter Osh ni en direction de Bishkek ni en direction de Naryn, les routes étant bien trop mauvaises et les cols trop élevés pour les moteurs. Il vous faudra donc trouver des minibus ou des taxis collectifs pour rejoindre la capitale. Pour faire la route Osh-Naryn via Kazarman, préférez un véhicule 4x4, si vous ne voulez pas vous retrouver en rade sur la route au milieu de nulle part. Les taxis partagés et minibus se réunissent rue Alisher Navoï, à l'ancienne gare routière, et desservent Bichkek (autour de 1 000 soms et après 8 à 10 heures de route), Djalalabad, Ouzgen et Sary Tach. De la nouvelle gare routière, située 6 km au Nord du centre ville en direction de l'aéroport et de la frontière ouzbek, deux bus hebdomadaires partent pour Kashgar via le col d'Irkhestam.

Pratique

Agences de voyage

■ **CBT OSH**

280 Kurmanjan Datka ✆ (772) 57 49 40

Au second étage de l'hôtel Alay (entrée par l'arrière). CBT gère cinq chambres d'hôtes à Osh. En plus des informations touristiques de bases, vous pourrez réserver vos billets d'avions ou planifier votre passage de la frontière ouzbek ou chinoise via Irkhestam (les visas doivent être obtenu à Bichkek). CBT Osh propose également une vaste gamme de treks dans la réserve nationale de Kyrgyz-Ata (1 à 3 jours), dans les monts Alay (2 à 3 jours) ou vers le camp de base du pic Lénine (7 jours).

L'ensemble de ces circuits peut être effectué à pied ou à cheval ou en combinant les deux. Possibilité d'établir un programme à la carte pour voyageurs individuels.

■ **PAMIR EXPEDITIONS**
18A Zaynabetdinova
✆ (555) 65 77 99 (portable)
www.centralasia-travel.com
✆ (555) 65 77 99 (portable)
Cette agence d'origine ouzbèke possède deux autres bureaux, à Tachkent et à Moscou. Elle organise depuis des années des treks au Kirghizistan pour tous les niveaux et dans tous les domaines jusqu'à l'alpinisme de haut niveau. Ses services sont fiables, les guides et cuisiniers accompagnateurs ont de réelles compétences, y compris linguistiques, et les chauffeurs sont ponctuels. Et si l'envie vous prend de sortir des sentiers battus, vous pourrez aller crapahuter dans les parties les plus reculées du pays sans angoisse : la connaissance du terrain est l'un des meilleurs atouts de Pamir Expeditions. Vous pouvez fureter parmi les nombreux circuits proposés sur le site Internet ou bien composer votre propre aventure à la carte en fonction de vos envies, de votre forme physique…

Banque et bureaux de change

Vous trouverez beaucoup de petits changeurs dans des kiosques à l'intérieur du bazar où toute une allée leur est réservée. Prenez le temps de négocier les taux. Juste en face de la poste, au coin avec la rue Abyev, vous trouverez un distributeur automatique de billets à la banque Azuu. Il fonctionne mieux que les deux distributeurs situés à l'intérieur du central téléphonique de Kirghiz Telekom, situé un peu plus loin sur la rue Lénine, au n°422.

Poste

■ **POSTE**
320 Lénine
Ouvert en semaine de 8h à 17h30, fermé le week-end.

Hébergement

■ **GUESTHOUSE BARAK ATA**
22/1 Sultan Ibraimov
✆ (3222) 55 532
Chambre simple à 1 800 soms, chambre double à 2 420 soms. Dans le quartier des belles résidences au sud d'Osh, à proximité du palais du gouverneur, cette maison propose des chambres propres, spacieuses et confortables. Le petit bar et la cour intérieure sont un véritable délice de retour d'une randonnée ou d'une simple journée de marche à travers la ville. Un peu excentré, mais au calme, et encore facilement accessible en *machroutka*.

■ **HÔTEL SANABAR**
9A Gapar Aytiev
✆ (3222) 25 437
600 soms la chambre (double ou simple), pas de petit déjeuner. Une bonne affaire dans le centre ville : les chambres sont d'un très bon rapport qualité-prix et parfaitement tenues même si elles brillent par leur petite taille (certaines sont néanmoins plus grandes que d'autres, alors faites le tour du propriétaire avant de choisir). Les salles de bains, elles, sont tout juste fonctionnelles, mais fonctionnent.

■ **OSH GUESTHOUSE**
48 Kirghizistan, appartement 8
✆ (3222) 30 629
✆ 502 372 311 (portable)
www.oshguesthouse.hotbox.ru
oshguesthouse@hotbox.ru
Lits en dortoirs à partir de 180 soms par personne, chambre double 530 soms. Petit déjeuner en sus, salle de bain commune. Le rendez-vous des bourlingueurs depuis des années. Le confort est spartiate mais l'ambiance chaleureuse et c'est certainement la meilleure manière de rencontrer d'autres voyageurs et glaner quelques informations utiles pour le reste du voyage.

■ **TES GUESTHOUSE**
5 Say-Boyu
✆ (3222) 21 548
guesthouse@tes-centre.org
Prendre les escaliers qui descendent de la rue Lénine en face de l'hôtel Osh Nuru. Chambre double à 50 €, petit déjeuner compris. Les prix sont en euros, c'est un signe : la *guesthouse* s'adresse à un public européen aisé, et accueille souvent des diplomates de différents pays européens. Le parking surveillé en a également fait un rendez-vous obligé des motards en vadrouille dans la région. C'est assurément le logement le plus agréable de la ville si l'on peut y mettre le prix. Les chambres sont décorées avec goût, tout en bois, et parfaitement équipées (salle de bain, TV, air conditionné…). Tout est impeccable et le personnel parle anglais. La guesthouse est entourée d'un grand jardin dont une partie ombragée, sous la vigne, très agréable aux heures chaudes.

Femme nomade à l'intérieur de sa yourte

Restaurants

■ ART CAFÉ BRAVO

44 Kurmanjan Datka

✆ (3222) 75 042

Ouvert du lundi au samedi de 9h à 23h. Comptez de 5 à 10 € pour un repas complet. Dans le centre d'Osh, ce café a ouvert récemment ses portes et se fait remarquer tant par l'attention portée au confort du client ou à la décoration qu'à la qualité de ses plats. En terrasse, de belles chaises en bois style bistrot et des tables aux pieds en fer forgé donnent un cachet certain à la cour, verte et arborée, ou trônent également quelques *takhtans* pour ceux qui ne se lassent pas de la mode orientale. La carte est riche et variée, avec des recettes traditionnels ou des plats plus européens, toujours bien mitonnés. En fin de repas, peu d'adresses à Osh seront capables de vous servir un espresso de qualité dans un endroit aussi agréable. Si l'atmosphère vous séduit, sachez que Arsen Ambaryan, le propriétaire du restaurant, envisage d'ouvrir une petite chambre d'hôte à l'étage.

■ CAFÉ CALIF

Rue Lénine

✆ (3222) 21 722

Sur la gauche un peu après avoir passé la statue de Lénine. Ouvert tous les jours de 9h à minuit. Comptez 3 à 5 € pour un repas complet. Excellent rapport qualité-prix. Très agréable, à la sortie de la vile, et doté d'une terrasse ombragée et arborée où les chants d'oiseaux peuvent créer une cacophonie à la limite du supportable, ce restaurant propose d'excellentes spécialités ouzbèkes, kirghizes et chinoises. Les *kazan kebab*, déclinés en plusieurs recettes, sont un régal et les légumes sautés brillent par leur saveur. Certains plats sont plus épicés qu'à l'accoutumée en Asie centrale, alors méfiez-vous si vous avez l'estomac fragile ou bien rabattez-vous sur les très classiques *laghmans*, *mantys* et *plov*, tous élaborés à partir de produits tout frais.

■ TCHAÏKHANAS

Osh peut s'enorgueillir d'un record de *tchaïkhana* au mètre carré ! Vous en trouverez énormément, bien sûr, dans le bazar, mais également au pied de la montagne de Salomon, ainsi que dans le parc Toktogul. Osh est une ville à majorité ouzbèke, et le *plov* y est évidemment plus commun que le beshbarmak, mais vous n'aurez tout de même que l'embarras du choix parmi les nombreuses spécialités concoctées en cuisine.

Points d'intérêt

■ BAZAR

Ouvert tous les jours sauf le lundi, jour de nettoyage où ne sont présents que quelques commerçants. Le bazar d'Osh est le plus impressionnant du Kirghizistan, et peut assurément entrer dans la course du plus attrayant d'Asie centrale. Il se réveille tous les jours à partir de 7h, lorsque la fumée des premiers *chachlyks* commence à envahir les allées entre lesquelles, l'été, sont tendues

des bâches permettant de circuler à l'ombre. Les commerçants se restaurent avant de s'attaquer à la méticuleuse mise en place de leur marchandise, toujours très soignée. Comme tous les marchés d'Asie centrale, le bazar d'Osh est divisé en plusieurs secteurs : quelques boutiques de souvenirs touristiques en arrivant de la rue Alisher Navoï, puis les textiles, les fruits, les fruits secs, les légumes, les épices, la viande, le *kumis*, les textiles, les bottes et les accessoires pour les chevaux, le matériel de construction des yourtes... On peut se perdre dans les dédales des allées, naviguer à vue entre les stands en évitant de se faire bousculer par les pousseurs de chariots (« osh !, osh ! »). Le bazar est tellement grand et important dans la vie quotidienne de la ville qu'une petite salle de prière a été installée au cœur du marché. Vous pourrez également y faire votre repas pour un budget très modique, soit en vous installant dans l'une des nombreuses *tchaïkhana*, soit en goûtant, tout simplement, aux différents produits vendus prêts à consommer (salades, poisson séché, *kuruts*...).

■ MUSÉE ALYMBEK DATKA

Sur la place du musée d'histoire

Ouvert de 8h à 20h. Entrée 30 soms. Ce musée se présente sous la forme d'une gigantesque yourte à trois étages et présente les coutumes locales, les différentes minorités dans leurs costumes traditionnels. À noter : la grande collection de *shyrdaks* : ces tapis de feutre caractéristiques de l'habitat nomade.

■ MUSÉE DU TRÔNE DE SALOMON

Ouvert de 9h à 12h30 et de 13h30 à 18h. Entrée 70 soms. Cet étrange musée a été aménagé dans la plus grande des grottes de la falaise. Il présente les différentes religions qui ont été un jour suivies dans la région : zoroastrisme, bouddhisme, shamanisme, islam. Les différents lieux de culte sont représentés par des reconstitutions version carton-pâte, rehaussées de quelques objets authentiques. Ne pas rater la grotte baptisée « stone fantasy », une merveille de kitsch inutile. Au premier étage, après un escalier peuplé d'animaux empaillés, se trouve une grande pièce voûtée à peu près vide, mais offrant depuis sa baie vitrée une belle vue sur la vallée. Pour ceux qui aiment avoir l'impression de boire un verre dans une chambre froide, un petit café se trouve dans le musée, juste à droite de l'entrée.

■ TRÔNE DE SALOMON

Entrée payante, 20 soms. Dominant la rive Ouest de la rivière, la colline du trône de Salomon s'appelait jusqu'au XVe siècle « Bara Kukh », la « montagne merveilleuse ». Une source d'eau sacrée y coulait jusqu'au début du siècle dernier. Salomon, le fondateur mythique d'Osh, trônait, dit-on, au sommet de cette colline et y serait également enterré. Les légendes qui entourent la vie et la mort du roi Salomon sont aussi nombreuses que contradictoires mais n'ont pas empêché la colline de devenir au fil des siècles l'un des endroits saints les plus célèbres d'Asie centrale. Et si la mosquée construite sur la colline rappelle que Mahomet lui-même serait venu s'y recueillir, le site était sacré bien avant la période islamique comme en témoignent encore les rites des pèlerins, largement teintés de chamanisme. D'après les trouvailles archéologiques sur le site, la plus ancienne construction remonterait à l'époque prémongole. Un mausolée, élevé par le sultan Makhmoudkhan, devint un haut lieu de pèlerinage jusqu'à sa destruction au milieu du XXe siècle. Le dernier khan timouride, Babur, avait également fait construire au XVe siècle une « khoudj » : une petite salle de prière dotée d'un iwan, probablement détruite par les Soviétiques (une explosion accidentelle dont aucune enquête ne parvint à établir la responsabilité) et reconstruite après l'indépendance. Une Française, Marie Bourdon, qui se rendit à Osh en 1877, raconte comment les pèlerins, afin de guérir leurs maladies, devaient passer la tête par trois fois dans une anfractuosité du rocher à côté de la mosquée érigée par Babur. La colline elle-même, dont la forme évoque la silhouette d'une femme enceinte, est devenue l'objet d'un rituel de la part de toutes les jeunes mariées (et de leurs mères) priant pour la venue rapide d'un premier enfant. Aujourd'hui encore, les pèlerins viennent chaque jour à Osh escalader la colline, côtoyant les touristes pour qui la principale motivation demeure le point de vue panoramique sur la ville. Un petit mausolée se trouve sur la plate-forme d'observation au sommet, où un imam récite des prières à jet continu. En contrebas, un grand cimetière musulman semble avoir en partie brûlé : la terre est calcinée sur une bonne moitié du terrain. Enfin, au bas de la colline, se trouvent le mausolée Assaf Boukhia et la mosquée Jami Ravat Abdullah Khan, qui est redevenu un lieu de culte depuis l'indépendance.

OUZBÉKISTAN

Ota Darvoza, porte principale d'Ichan Kala à Khiva

Ouzbékistan

0
200 km
Türkistan
KAZAKHSTAN
Taraz
Syrdarija
Symkent
KIRGHIZISTAN
4301 m.
PISKOM RANGE
Gazalkent
3309 m.
Circik
TACHKENT
3267 m.
Parkent
Cotkol
Nature Reserves
Sardara
Réservoir
Cinoz
Jangijul
Ohangaron
Angren
Soldatsky
Buka
Olmalik
Sirdarë
Tachkent
KURAMA RANGE
Guliston
Chugand
Reservoir
Kajrokkum
Jangier
Ul'janov
Kosonjoj
Čortok
Zalal-
abad
Cust
Namangan
Namangan
Hakkulobod
Pop
Syrdarë
Andižon
Kurgontepa
Šahrichon
Andizon
Chuzaobod
Asaka
Ferghana
Kukon
Margilon
Hamza
Kuva
Oš
Besarik
Jajpan
Rištan
Ferghana
Kuvasoi
Érdon
KIRGHIZISTAN
Zamin Nature
Reserve
TADJIKISTAN
Douchanbe
KAZAKHSTAN
Mer
d'Aral
Mouniak
République de
Karakalpakie
Kungrad
Nukus
Uckuduk
Ourghentch
KIRGHIZISTAN
TACHKENT
Namangan
Ferghana
Navoij
Zizzach
Boukhara
TURKMENISTAN
Samarkand
TADJIKISTAN
Karsi
DOUCHANBE
ACHGABAT
Termiz
AFGHANISTAN
PAKISTAN

Ouzbékistan

Dans le sens le plus large comme dans le plus étroit, l'Ouzbékistan est au cœur de l'Asie centrale. Non seulement d'un point de vue géographique, mais aussi parce qu'il est le plus riche, le plus peuplé, le mieux équipé en termes d'infrastructures routières, sanitaires ou de transport – résultat de la politique de Moscou depuis 1930 jusqu'à l'indépendance, qui a fait de Tachkent, la capitale de l'Ouzbékistan, son « chouchou » et le point d'appui de sa présence dans la région. L'Ouzbékistan forme comme une botte au cœur de l'Asie centrale, de la mer d'Aral à l'ouest jusqu'au massif du Pamir à l'est. Au nord s'étendent les steppes du Kazakhstan, au sud se succèdent les montagnes du Kirghizistan, du Tadjikistan et d'Afghanistan, puis le désert de Kara Kum au Turkménistan. Le pays est une alternance de vallées fertiles, de montagnes et de déserts dans l'ex-Transoxiane, la zone délimitée par le Syr Daria au nord, et l'Amou Daria au sud. Les chaînes du Pamir et des Tian Shan, à l'est, dominent une plaine qui s'affaisse progressivement jusqu'à la dépression aralo-caspienne. Les sommets de ces gigantesques massifs montagneux culminent à plus de 7 000 m, tandis que le bassin de la mer d'Aral est à 40 m au-dessous du niveau de la mer.

TACHKENT

Tachkent, capitale de l'Ouzbékistan, offre un univers inattendu, hétéroclite et cosmopolite. En arrivant de Bichkek, en République kirghize, on se croirait revenu en Occident, alors qu'en provenance d'Almaty, au Kazakhstan, on croirait plutôt avoir enfin passé la frontière vers l'Orient. Mais si la capitale d'Ouzbékistan peut se targuer d'un riche passé, elle n'en a pas gardé suffisamment de traces pour pouvoir accéder au statut de destination touristique. Cette étape obligée à l'arrivée et au départ de l'Ouzbékistan reste donc souvent négligée des circuits classiques. La reconstruction très soviétique qui a suivi le tremblement de terre de 1966 et les multiples aménagements modernes dans le centre-ville ont relégué aux images d'archives le visage de la Tachkent historique. Mais, à condition de prendre le temps, on découvre que cette ville n'est pas seulement la capitale politique et économique d'une ancienne république soviétique.

Les immanquables de l'Ouzbékistan

- **Visiter** à Tachkent le bazar Chorsu dans la vieille ville et « Broadway », déroutante avenue piétonne, mélange de cafés-discothèques, de caricaturistes, de fête foraine et de foire à la brocante.
- **Découvrir** Boukhara, se promener dans le bassin Liab-i-Khaouz, cœur de la ville de Boukhara, et contempler Ismaïl Samani, le plus vieux mausolée du monde musulman.
- **Arpenter** la surprenante Khiva, remarque ensemble figé dans le temps, et se promener dans ses ruelles féériques la nuit.
- **Voir** la légendaire Samarkand, observer le jeu des lumières du coucher de soleil sur la nécropole du Shah-i-Zinda et la finesse des décorations intérieures du Gour Emir et de la mosquée Tilla Kari.
- **Visiter** le musée Savitski à Noukous, où reposent tous les trésors de l'avant-garde soviétique, et bien d'autres encore, sauvés de la censure stalinienne par un collectionneur passionné.
- **Dans** la vallée du Ferghana, se balader dans un village typique, tels que Rishtan, Bagdad ou Chust, visiter une fabrique de soie à Marguilan et le palais de Khudaïar Khan à Kokand.

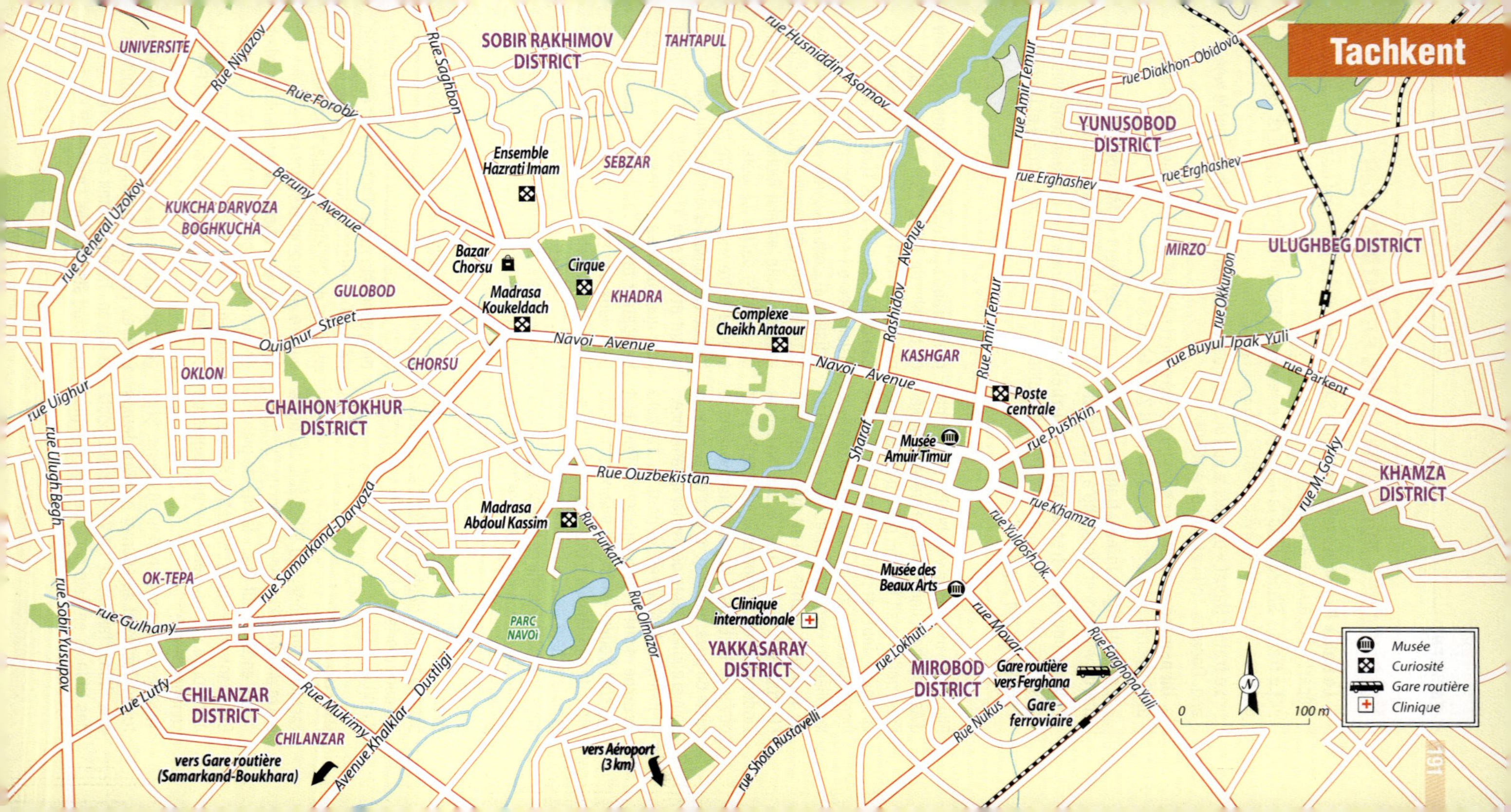

Tachkent
SOBIR RAKHIMOV DISTRICT
TAHTAPUL
UNIVERSITE
SEBZAR
KUKCHA DARVOZA
BOGHKUCHA
GULOBOD
KHADRA
CHORSU
OKLON
CHAIHON TOKHUR DISTRICT
OK-TEPA
CHILANZAR DISTRICT
CHILANZAR
YUNUSOBOD DISTRICT
MIRZO
ULUGHBEG DISTRICT
KASHGAR
KHAMZA DISTRICT
YAKKASARAY DISTRICT
MIROBOD DISTRICT
Ensemble Hazrati Imam
Bazar Chorsu
Cirque
Madrasa Koukeldach
Complexe Cheikh Antaour
Poste centrale
Musée Amuir Timur
Madrasa Abdoul Kassim
Musée des Beaux Arts
Clinique internationale
PARC NAVOI
Gare routière vers Ferghana
Gare ferroviaire
vers Gare routière (Samarkand-Boukhara)
vers Aéroport (3 km)
Rue Niyazov
Rue Foroby
Rue Saghbon
rue Husniddin Asomov
rue Amir Temur
Rue Amir Temur
rue Diakhon-Obidova
rue Erghashev
rue Okkurgon
Beruny Avenue
rue General Uzokov
Ouighur Street
Navoi Avenue
Rashidov Avenue
rue Buyul Ipak Yuli
rue Parkent
rue Pushkin
rue M. Gorky
rue Khamza
rue Yuldosh Ok.
Sharaf
Rue Ouzbekistan
rue Uighur
rue Ulugh Begh
rue Sobir Yusupov
rue Samarkand-Darvoza
Rue Furkatt
Rue Olmazor
rue Gulhany
rue Lutfy
Rue Mukimy
Avenue Khalklar Dustligi
rue Lokhuti
rue Movar
Rue Farghona Yuli
rue Shota Rustavelli
Rue Nukus
Musée
Curiosité
Gare routière
Clinique
0
100 m

Horaires des nouveaux trains en Ouzbékistan

- **Le train « Registan »** relie Tachkent à Samarkand tous les jours sauf mardi et mercredi. Départ à 7h, arrivée à 10h30.
- **Le train « Sharq »** fait le trajet entre Tachkent et Boukhara tous les jours. départ à 8h15, arrivée à 14h45 avec un arrêt à Samarkand.
- **Le train « Nasaf »** dessert le sud du pays jusqu'à Karchi tous les jours sauf le week-end. Départ à 7h35 et arrivée à 13h05.
- **Un numéro spécial** pour ces trains a été ouvert où vous trouverez des interlocuteurs anglophones ou francophones (© (998 71) 140 05 55).
- **La seule ligne internationale** fonctionne entre Tachkent et Moscou : départs les mardi, vendredi et dimanche à 20h, arrivée à Moscou trois jours plus tard à 14h10.
- **Vous pouvez entrer ou sortir d'Ouzbékistan** de ou vers la Chine à condition de passer par le Kazakhstan où un train relie plusieurs fois par semaine Almaty et Urumqi, capitale du Xin Jiang.

Elle est en tout cas la ville la plus importante d'Asie centrale, héritage d'une présence soviétique qui en avait fait son point d'appui dans la région. Tout est pour faire de Tachkent la locomotive de l'économie du pays, en duo avec la vallée du Ferghana voisin. Mais le district de Tachkent souffre autant que le reste de l'Ouzbékistan du déclin de l'économie depuis l'indépendance. L'économie informelle y est devenue tout aussi importante que dans le reste du pays, même si, ici plus qu'ailleurs, le gouvernement tente de freiner la tendance.
A quelques kilomètres au nord, la frontière kazakhe, d'où l'on peut rejoindre la Russie et espérer trouver un travail mieux rémunéré, attire de plus en plus d'Ouzbeks, ce qui cause régulièrement des incidents entre les deux pays. Une bonne partie de la région est fermée à la circulation, comme les vallées de Pskem et d'Angren, où des islamistes ont souvent trouvé refuge dans le passé. Tchimgan, à la limite de la vallée de Pskem, reste cependant accessible, pour une petite bouffée d'air pur dans les contreforts du Tian Shan ou la pratique du ski en hiver…

Histoire

Tachkent fut fondée au VIIe siècle de notre ère et prend au XIe siècle le nom de Tachkent, ce qui en turc veut dire « la cité de pierre ». Cet avant-poste de la civilisation sédentaire a toujours été un des lieux privilégiés de commerce entre les nomades de la steppe kazakhe et les marchands sogdiens. Si le roi de Tachkent se soumet quelque temps à la Chine, faisant de sa ville l'avant-poste des Chinois en Asie centrale, les conquérants arabes ne tardent pas à les repousser (la bataille de Talas, 751) et deviennent les nouveaux maîtres de ces terres. Sous les Samanides puis sous les Türks Karakhanides, l'islam accroît son influence dans la région. Artisans et commerçants y prospèrent. En 1214, le shah du Khorezm, jaloux du rayonnement de la cité, envahit Tachkent et en détruit une grande partie. La déferlante mongole achève le travail et dévaste avec efficacité tout ce qui dépasse le niveau du sol.
Il faut attendre le XIVe siècle et Tamerlan pour que Tachkent renaisse de ses cendres. L'empereur fait de Tachkent sa base arrière pour deux de ses campagnes majeures. La mort de Tamerlan et le déclin de l'Empire timouride ramènent Tachkent sous l'influence des Mongols Djaghataïdes, qui en font leur capitale. Au début du XVIe siècle, la ville tombe, comme les autres villes d'Ouzbékistan, sous les coups des Chaybanides. Jusqu'au XVIIIe siècle, les puissances régionales, ouzbèkes, perses, kazakhes ou mongoles, continuent de se disputer Tachkent. A la veille de la conquête russe, Tachkent est composée de quatre villages entourés d'une longue muraille de 25 km. Ces quartiers marquent encore aujourd'hui la structure de la ville. En 1865, le général Chernaiev, ignorant les ordres de Saint-Pétersbourg, s'empare de la ville. Le tsar, qui se retrouve en possession d'un pion de taille dans la partie qui l'oppose à l'Empire britannique, « oublie » la désobéissance de son général. Au cœur du « grand jeu », où les deux Empires, tsariste et britannique, se disputaient la région, Tachkent était considérée comme un nœud stratégique. Le général Kaufmann

devient gouverneur général du Turkestan russe et Tachkent devient le centre administratif de l'Asie centrale nouvellement conquise, ainsi qu'un véritable nid d'espions. La majorité des colons reste totalement ignorante du pays dans lequel ils vivent et ne se rendent jamais dans la partie ouzbek de la capitale, à l'ouest du canal Ankhor. 40 ans plus tard, l'opposition religieuse des mollahs qui avaient en vain imploré la liberté de culte, soutint le gouvernement provisoire de 1917, croyant que le nouveau pouvoir leur donnerait la possibilité d'administrer la ville. Espoir vite déçu et violemment réprimé. Capitale de la RSS du Turkestan en avril 1918, Tachkent devient capitale de la république autonome d'Ouzbékistan en 1930.

Pendant la Deuxième Guerre mondiale, Tachkent sert de refuge aux artistes. Il reste de cette période un éclatant témoignage de « l'art orientaliste soviétique » que l'on peut admirer au musée Savitsky à Noukous en Karakalpakie. Pour s'assurer la participation de l'Ouzbékistan à la guerre, Staline, dès 1942, reconnaît officiellement l'islam. A l'issue de la Seconde Guerre mondiale, l'Ouzbékistan est transformé par les soviétiques en terrain d'industrialisation. Le 26 avril 1966, un tremblement de terre réduit en tas de briques le centre de Tachkent. Les habitants de toute l'Union soviétique, souvent volontaires malgré eux, participent à la reconstruction du « frère asiatique ». Parmi eux, de nombreux Russes et Ukrainiens qui finiront par s'y installer définitivement. La réaction locale ne se fait pas attendre et, au printemps 1969, les Ouzbeks et les Russes s'affrontent très peu fraternellement au stade de Pakhtagor, dans un esprit « Russians go home ». Les troupes soviétiques doivent occuper les rues de la capitale et réussissent à calmer les ardeurs racistes de ces quelques journées de mai 1969. Durant toute la guerre froide, Tachkent fourmille d'espions, avant d'être une nouvelle fois utilisée comme base arrière de conquête, par les soviétiques lors de l'attaque de l'Afghanistan voisin. Malgré l'hémorragie russe de ces dernières années, plus de 100 nationalités y vivent, du Tatare au Coréen en passant par le Biélorusse. L'architecture, à défaut d'être belle, est unique en son genre, avec ses grandes constructions de style soviétique espacées par d'agréables parcs. Certains quartiers, comme celui situé derrière le marché Chorsu, ont su conserver leur caractère oriental décrit par les visiteurs des XIXe et XXe siècles.

Transports

Avion

■ AÉROPORT INTERNATIONAL DE TACHKENT

✆ (71) 140 00 00 – (71) 256 38 37

À 6 km du centre-ville, l'aéroport international de Tachkent est le plus grand de la région. On trouve à l'aéroport les bureaux de la compagnie Ouzbekistan Airways, un bureau de change et quelques magasins. Le terminal des vols internes se trouve à côté de celui réservé aux vols internationaux. Difficile de négocier le trajet vers le centre-ville pour moins de 10 € avec les taxis se trouvant juste à la sortie. Le trajet coûte habituellement moins de 4 € en taxi, et 0,50 € en bus. A l'arrivée à l'aéroport, vous aurez à remplir, en deux exemplaires, un formulaire de déclaration des devises que vous faites entrer dans le pays. Ils vous seront distribués dans l'avion si vous voyagez avec Uzbekistan Airways, ou bien vous en trouverez après le poste de contrôle des passeports. Vous conserverez l'un des deux exemplaires, qui vous sera demandé à votre sortie du pays, en même temps qu'une nouvelle déclaration de la somme d'argent qui vous reste.

Train

Tachkent compte deux gares, mais seule la gare du nord de la ville fonctionne encore. Elle se trouve à 2 km de la place Tamerlan, au bout de la rue Movarounhar, et est reliée au centre par le métro (station Tachkent). Fin 2005, de nouveaux trains ont été mis en service. Fréquents vers Samarkand, ils desservent également Boukhara et aussi Ourgentch et Khiva, depuis la construction par les Russes d'un nouveau pont sur l'Amou-Daria. Les anciens trains circulent toujours. Vente de billets dans la gare. Les trains desservent les villes de l'ouest : Samarkand, Boukhara, Ourgentch, Noukous, et, au sud, Termez. Liaison également avec Moscou ; le trajet dure près de trois jours.

Bus

A l'exception de la vallée de Ferghana, dont la route est interdite aux bus, vous pourrez rejoindre toutes les villes d'Ouzbékistan en bus : Termez, Samarkand, Boukhara, et même les points les plus éloignées comme Ourgentch (18 heures) ou Noukous (25 heures). Pour les bus vers Samarkand, rendez-vous à la station de métro Sabir Rakhimov.

Rue piétonne Saligoh

Des bus pour Noukous partent le soir de la station de bus située en face. Plus loin, vers l'hippodrome, sont rassemblés de nombreux autres bus, minibus et taxis en partance pour les quatre coins du pays : faites votre marché et négociez les prix. Départs toute la journée et une bonne partie de la nuit.

Métro

Tachkent est la seule ville d'Ouzbékistan à posséder un métro, dont la première ligne a été achevée par les soviétiques en 1977. Aujourd'hui, deux lignes et la majeure partie d'une troisième sont en service. La particularité du métro de Tachkent est d'avoir eu chacune de ses stations décorée par les plus grands artistes du pays, selon un thème précis : le poète ouzbek Alisher Navoï (station « Alisher Navoï »), la conquête spatiale (station « Kosmonavtlar »)… La station Mustakillik (Indépendance) vaut à elle seule une visite : marbre aux murs et sur les sols, lustres gigantesques… Très différent des ternes lignes de banlieue. Prix du billet : 300 soums. Le métro fonctionne de 5h à minuit et, à part les pickpockets (se conformer aux conseils d'usage), il ne présente aucun risque, sinon celui de rencontrer un policier corrompu comme c'est fréquemment le cas à la station de Sabir Rakhimov, où passent tous les voyageurs individuels se rendant à la gare routière.

Bus, trolleybus et tramways

En ville, les trajets en bus et tram coûtent le même prix qu'en métro. Les *machroutka*, minibus collectifs, coûtent entre 350 et 400 soums selon la longueur du parcours effectué.

Taxi

Les taxis sont très nombreux en Ouzbékistan, chacun s'improvisant taxi pendant ses heures libres. Le prix doit être négocié avant de monter dans le taxi. A moins de traverser toute la ville, compter moins de 2 $ pour une course. Attention, les chauffeurs ne sont pas de fins connaisseurs des noms de rues. Et pour arriver à destination de manière sûre, indiquez plutôt le nom d'un grand hôtel, d'une station de métro ou d'un monument public connu.

Pratique

Indicatifs téléphoniques

- **Code pays :** 998.
- **Code de Tachkent :** 71.

Représentations diplomatiques

AMBASSADE D'AFGHANISTAN
6/8 Murtazaev ✆ (71) 234 84 32

AMBASSADE DE CHINE
79 Gulyamov ✆ (71) 233 80 88

AMBASSADE DE FRANCE
25 Qo'qon Yuli
✆ (71) 233 53 82 – (71) 233 53 84
Fax : (71) 233 62 10
Ouvert du lundi au vendredi de 9h à 12h et de 15h à 17h. Service de visas uniquement le matin, de 9h à 12h. Fermé les samedis et dimanches.

AMBASSADE DE RUSSIE
83 Nukus ✆ (71) 220 35 04

AMBASSADE DU KAZAKHSTAN

23 Chahov ✆ (71) 252 16 54

AMBASSADE DU KIRGHIZISTAN

30 Samatova ✆ (71) 237 47 94

AMBASSADE DU TADJIKISTAN

6 A. Kakhor ✆ (71) 254 99 66
tojembuz@yandex.ru

AMBASSADE DU TURKMÉNISTAN

1 Mirobod ✆ (71) 220 52 78

CENTRE CULTUREL FRANÇAIS « VICTOR HUGO »

112 Zulfiya Khanum (ex-rue Khurshid)
✆ (71) 244 94 08
ccf.tachkent@yahoo.fr
Depuis de nombreuses années, le centre culturel français de Tachkent effectue un travail admirable pour promouvoir la francophonie et suivre les étudiants ouzbeks francophones dans leur cursus universitaire. De passage à Tachkent, ne manquez pas de vous y rendre, particulièrement si vous souhaitez rencontrer de jeunes ouzbeks curieux et avides de mieux connaître la France et les Français. Un vendredi sur deux de 19h à 21h, le CCF organise le « café Victor Hugo » auquel se rendent de nombreux étudiants de tous niveaux. Un samedi sur deux, des tables rondes sont programmées pour aborder des sujets précis. Là encore, le CCF est prêt à accueillir toute intéressante participation. Alors si vous souhaitez partager votre expérience professinnelle ou votre passion, n'hésitez pas à contacter par e-mail Margarita Abakova, la responsable culturelle du centre. Le samedi également, à 16h, séance ciné-club. Enfin, le CCF dispose d'une belle bibliothèque où vous pourrez consulter la presse française.

Tourisme

ASIA ADVENTURES

23-27/10 Kunaev
✆ (71) 252 72 87 – Fax : (71) 256 25 85
www.asad.uz – info@asad.uz
Un des tour-opérateurs les plus expérimentés dans les domaines extrêmes : ascension du pic Lénine, tours dans le Pamir et les Tian Shan, hélicoptère, ski en haute altitude. L'agence a été créée en 2006 par Vladimir, un des fondateurs d'Asia Travel, qui a décidé de se mettre à son compte. Il a conservé le même réseau de contact et organise toujours dans d'aussi bonnes conditions l'ascension du Pic Lénine, du Pic Communisme, du Khan Tengri ou du Muztag-Ata ainsi que des excursions héliski dans le Pamir. A l'autre bout du pays, excursions en jeep jusqu'aux rives de la mer d'Aral, méharées ou randonnées à pied ou à cheval sont également possibles.

DOLORES TOUR

27 M. Tarobiy ✆ (71) 220 88 83
Fax : (71) 120 88 73
www.sambuh.com – info@dolores.uz
Dans les locaux de l'hôtel Grand Orzu. Dolores Tour s'est inscrit peu à peu comme l'un des principaux acteurs du tourisme en Ouzbékistan et dans les quatre autres républiques d'Asie centrale. Tourisme classique, sportif (rafting et treks au Tadjikistan), méharées ou randonnées à cheval, il couvre toute la gamme des activités possibles en Asie centrale. Sevices fiables.

OLYMPIC TOUR

✆ (71) 239 40 79 – (71) 233 40 79
Fax : (71) 239 89 20
www.olympictour.uz
olimptur@globalnet.uz
À l'intérieur de l'hôtel Ouzbékistan, chambre n°1018. Incontournable tour-opérateur en Ouzbékistan et en Asie centale, Olympic Tour ne fournit pas seulement des prestations parmi les meilleures du pays, mais surtout les prestations pour lesquelles il s'est engagé. Une différence majeure avec d'autres TO dans un pays ou rien ne marche forcément comme on l'avait prévu et où les programmes survendus sont légion. Bref, médaille de la fiabilité pour Olympic Tour ! Sa force réside en un réseau de contacts suffisamment solide et étendu pour pouvoir accéder à toutes les demandes dans des délais et pour des tarifs très compétitifs. Ce « vétéran » du tourisme propose effectivement tous les types de voyages dans les cinq républiques d'Asie centrale. Excursions en individuel ou en groupe, pour des découvertes touristiques, culturelles ou sportives, et couvrant toute la gamme d'hébergements. Les guides et interprètes sont d'un niveau de langue et de culture rares en Ouzbékistan et couvrent l'essentiel des langues européennes. Olympic Tour peut également vous emmener dans les coins les plus reculés du pays pour des treks, des observations d'oiseaux, des circuits archéologiques, découvertes de pétroglyphes…

SAIRAM TOURISM

13A Movarounahr ✆ (71) 233 35 59
Fax : (71) 120 69 37
www.sairamtour.com

sairmtur@online.ru
Sairam a été parmi les tout premiers TO à apparaître après l'indépendance et a de nombreux contacts avec tous les pays environnants. Voyages en groupe ou individuels, logement chez l'habitant ou en hôtel de luxe, escapades à vélo, à cheval ou à dos de chameau, obtention des visas pour les républiques voisines, voyages combinés, rafting, trek, voyages ornithologiques... Sairam peut presque tout presque partout, à l'exception des zones interdites. C'est l'assurance de voyager avec un TO bien rodé et sûr de ses contacts.

Poste

■ DHL

6 Babur
✆ (71) 220 55 25 – (71) 215 20 58
Ouvert du lundi au vendredi de 9h à 19h. Vous trouverez également une antenne de DHL à la réception de l'hôtel Le Grande Plaza (ouvert du lundi au vendredi de 9h à 18h).

■ FEDERAL EXPRESS (FEDEX)

6 Bozbozor ✆ (71) 240 07 00
Un bureau également
à l'hôtel Intercontinental

■ POSTE CENTRALE

1 Tolstoï
Ouvert tous les jours de 8h à 20h, le dimanche jusqu'à 19h. Téléphone international, poste internationale, courrier électronique.

Cafés Internet

Les cafés web ont poussé un peu partout dans la capitale. Néanmoins, toujours dans un souci de limiter le contact des Ouzbeks avec l'étranger, les propriétaires de cafés web sont en permanence harassés par la police et les fermetures inopinées sont fréquentes. En outre, les coupures de réseau sont fréquentes et le débit, même dans la plupart des *business center* des grands hôtels, particulièrement lent. Vous pourrez être en contact avec vos proches via Skype, mais n'espérez pas trop d'une caméra web ! Au moment de l'enquête, les meilleurs cafés web se trouvaient au niveau de la station de métro Navoï. L'un se trouve sur le boulevard, face à la rue menant au stade Pakhtagor, l'autre dans cette même rue, un peu avant d'arriver au Shodlik Palace. Un autre fonctionne assez bien à proximité de l'opéra Navoï, face à l'entrée du ministère des Affaires étrangères. Il est censé être ouvert 24h/24 mais reste fréquemment fermé la nuit. Si vous logez dans le quartier de Yakkasaray, où se sont ouverts de nombreux petits hôtels à vocation touristique, vous trouverez un café web face à l'hôtel Grand Mir (ex-Russia), sur la gauche en suivant la ruye Usmon Nosir. Les tarifs varient autour de 800 soums de l'heure. Des accès Internet et téléphone sont également ouverts dans tous les centres d'affaires des grands hôtels de luxe : Ouzbekistan, Intercontinental, Markaziy... Les tarifs y sont trois fois plus élevés, mais ils restent ouverts 24h/24.

Téléphone

▶ **Appels en local.** Tous les cafés web proposent un téléphone pour les communications locales. Dans certains magasins de rue, kiosques à journaux ou vendeurs polyvalents, des téléphones sont à la disposition des passants pour des tarifs variant de 0,30 à 0,80 € la minute selon la destination de l'appel. Les communications ne sont pas toujours de très mauvaise qualité.

▶ **Appels internationaux.** Pour éviter de faire la queue à la poste centrale, il est préférable de se rendre dans les cabines publiques signalant « International calls ». Le prix n'y est pas plus élevé, et la qualité parfois meilleure. On en trouve près du bazar Chorsu dans la rue Berouni et sur l'avenue Navoï. Tous les hôtels de Tachkent ont des accès internationaux soit à la réception, soit dans les chambres (compter 1 à 2 € la minute).

▶ **Location de téléphones portables.** S'adresser à la réception des hôtels Ouzbekistan, Tachkent Palace ou Intercontinental. La location coûte environ 5 $ par jour, 25 $ par semaine et 80 $ pour un mois. Les communications entrantes et sortantes sont ensuite facturées à la minute. Compter 0,15 $ pour l'Ouzbékistan, 0,30 $ pour l'Asie centrale, 0,40 $ pour la CEI, 1,25 $ pour l'Europe. Informations par mail chez Perfectum Mobile (35, rue Kunaev à Tachkent ✆ (71) 120 00 77 – info@perfectummobile.com). Si votre portable est débloqué, vous pouvez également y placer une puce d'un opérateur ouzbek (autour de 5 €) et acheter ensuite des crédits de communication.

Banques

Tous les hôtels de luxe sont équipés d'automates acceptant les cartes Visa, MasterCard ou American Express. Ils ne délivrent que des soums. Quelques distributeurs bancaires commencent à faire leur apparition, pour l'instant essentiellement concentrés autour

Numéros d'urgence

- **Pompiers** ✆ 01.
- **Police** ✆ 02.
- **Ambulances** ✆ 03.

de Broadway. Là encore, ils ne délivrent que des soums. Pour retirer des dollars avec une carte bleue Internationale, rendez-vous aux bureaux de change des hôtels Markaziy ou Intercontinental. En revanche, il était impossible d'obtenir des euros avec une carte ou des Traveler's au moment de l'enquête.

■ **BANQUE NATIONALE D'OUZBÉKISTAN**
23 Qoq'on Yuli
✆ (71) 233 60 70
Ouvert de 8h30 à 12h30, fermé le week-end.
Retraits de dollars avec carte bleue ou chèques de voyage. Seule banque où l'on puisse retirer des dollars ou des euros.

Urgences

■ **CLINIQUE INTERNATIONALE**
38 Sarakulskaya
✆ (71) 291 01 42 – (71) 291 07 26

Sécurité

Aucune mesure particulière n'est à prendre sinon de suivre les conseils habituels concernant les pickpockets. Le risque est un peu plus grand dans les transports en commun. Côté tenue vestimentaire, à moins d'entreprendre la visite des quartiers périphériques, les femmes s'apercevront que la minijupe ou les décolletés n'effraient pas les femmes de Tachkent. Sortir le soir n'est pas non plus un problème, et, autour des principaux points fréquentés par les touristes, vous trouverez des taxis à n'importe quelle heure. Le seul quartier à risques, considéré comme tel par les Ouzbeks eux-mêmes, est le quartier de Chilanzar, le plus pauvre de Tachkent.

Orientation

- **Le cœur de la ville** est délimité par l'avenue Sharaf Rashidov dans un axe nord-sud, et un arc de cercle dessiné par les avenues Navoï au nord et Shahrisabz au sud. C'est dans ce périmètre que se trouvent la place Amur Timur, Broadway et la place de l'Indépendance, ainsi que de nombreux bâtiments administratifs et gouvernementaux. C'est le quartier le plus riche, et le plus vivant de Tachkent le soir : boutiques de mode, discothèques… C'est là également, sur la place de l'Indépendance, que sont célébrées les grandes dates nationales : Indépendance, Victoire sur le fascisme, Navrouz, etc.
- **La vieille ville.** Le boulevard Navoï, qui coupe l'avenue Sharaf Rashidov au niveau de la place de l'Indépendance, s'enfonce à l'ouest vers la vieille ville. Une fois passé le canal Ankhor, qui coule du nord au sud à travers Tachkent et séparait à l'époque coloniale les parties russe et ouzbek de la ville, l'architecture devient sensiblement différente, moins « soviétique », au fur et à mesure que l'on se rapproche, à l'ouest, des quartiers de Chorsu et Labzakh. De part et d'autres des grands boulevards, de petites rues s'enfoncent dans des dédales d'habitations où il est très fréquent de se perdre ou de se retrouver dans une impasse.
- **Le district de Yakkasaray.** A l'est du canal commence le quartier de Yakkasaray, qui ne possède aucun trait particulier sinon celui d'avoir été choisi par les tour-opérateurs ouzbeks pour y implanter les nouveaux hôtels à vocation touristique. Sans être trop éloigné du centre- ville, il présente lui aussi un visage plus authentique et un habitat plus traditionnel dans sa partie sud et ouest.

Hébergement

Malgré le grand nombre d'hôtels à Tachkent, nous vous conseillons en haute saison de réserver votre chambre suffisamment à l'avance. Les établissements les plus agréables affichent fréquemment et rapidement complet compte tenu de l'affluence touristique.

Avertissement sur le change au marché noir

Après des années pendant lesquelles les taux de change officiels et au marché noir étaient sensiblement les mêmes, les cours de l'euro ou du dollar se sont récemment envolés au marché noir. Cette méthode reste néanmoins très risquée. De nombreux policiers, en particulier au bazar Chorsu, habillés en civil, vous proposent des taux mirobolants que vous feriez mieux de refuser. Pour changer au marché noir, passez via un intermédiaire de confiance et n'opérez jamais dans la rue à découvert.

Bien et pas cher

■ YANGI SHAMOL

20A Chilanzar ✆ (71) 216 56 48

Pour rejoindre cet hôtel depuis la station de métro Sabir Rakhimov, prenez le tramway numéro 17 et descendez sitôt après avoir franchi une voie ferrée. Si vous apercevez une grande mosquée sur votre gauche, c'est que vous avez trop attendu. L'hôtel se trouve 200 m avant cette mosquée, côté opposé. Visez les trois grands immeubles verts : Yangi Shamol est celui du milieu (il n'y a aucune pancarte ni signe distinctif). Moins de 5 $ par personne, paiement en soums. Derrière ce nom chantant (Yangi Shamol se traduit littéralement par « vent nouveau ») se dissimule l'ancien hôtel Tara, très connu et prisé des voyageurs à micro budget et que les chauffeurs de taxi identifieront mieux sous cet ancien nom. Pas de climatisation, pas de télévision, salles de bains improbables et lits défoncés au point de toucher le sol, mais un tarif défiant toute concurrence et un accueil toujours aussi décontracté. Inconvénient : l'établissement est situé très loin du centre-ville.

© JEFF JONES - ICONOTEC

Rencontre avec un Ouzbek

Confort ou charme

■ GULNARA KARIMOVA B&B

40 Usman Khodjaeva
✆ (71) 240 28 16
✆ (71) 244 77 66 – (71) 240 63 36
gulnara@globalnet.uz

La rue est mieux connue sous son ancien nom : rue Ozod. En sortant du métro Chorsu, prenez la direction de l'hôtel éponyme, facilement repérable. Puis montez sur l'avenue Beruni et au niveau du deuxième feu rouge, prenez à droite pour vous retrouver dans la rue Khodjaeva. Neuf chambres, dont cinq avec salle de bain privative. Chambre simple 13 à 15 $, chambre double 35 à 40 $, petit déjeuner inclus. Dîner sur commande 5 $ par personne. Réservation vivement conseillée. Idéalement situé au-dessus du bazar Chorsu, proche du métro et des principales lignes de bus et trams. Un cadre agréable, dans une grande maison ouzbèke traditionnelle. On y déjeune sur un *takhtan*, sous les plaqueminiers ; Gulnara fait des confitures de kakis qui sont une pure merveille. Sur commande, Gulnara organise aussi des dîners-spectacles avec musiques et danses traditionnelles d'Ouzbékistan. Il s'agit du seul véritable B&B de la capitale, et du meilleur rapport qualité-prix de Tachkent.

■ HÔTEL GRAND ORZU

27 M.Tarobiy ✆ (71) 220 88 77
www.orzu-hotels.com – info@dolores.uz

50 chambres. Chambre simple 50 $, chambre double 60 $. Catégorie luxe (chambre et salon) 60 $ et 70 $, petit déjeuner compris. Dîner 7 à 10 $. Hôtel moderne et agréable à l'architecture légère. Un peu plus excentré que le premier Orzu, il est doté d'une cour fraîche et d'une petite piscine. Les chambres offrent également un confort bien supérieur et sont toutes équipées de télévision et climatiseur. Le tour-opérateur Dolores, à qui appartiennent les deux hôtels Orzu, a ses locaux dans celui-ci, d'où toutes les facilités pour trouver cartes, livres et guides d'Ouzbékistan comme pour organiser tout un circuit dans le pays ou en Asie centrale.

■ HÔTEL MALIKA

53A Chupon-Ata
✆ (71) 273 15 52 – (71) 273 02 03
www.malikahotels.com
hisherpa@physic.uzsci.net

Chambres simples à partir de 35 $, chambres doubles à partir de 60 $, petit déjeuner inclus. Paiement en soums. Dîner sur commande 6 à

8 $ (alcool en sus). Le groupe, qui fait aussi office de tour-opérateur en Ouzbékistan, possède également deux hôtels à Samarkand, un à Boukhara et trois à Khiva. Les chambres sont confortables et bien équipées. L'hôtel est agréable, neuf et décoré de boiseries traditionnelles, mais souffre de son emplacement un peu excentré, dans le quartier Chilanzar. Il est néanmoins facilement accessible depuis le centre-ville par le métro. Pour s'y rendre, descendre à la station Mirzo Ulugbek.

■ **HÔTEL ORZU**
14, rue Ivleva ✆ (998 71) 220 88 22
Fax : (998 71) 120 88 24
www.orzu-hotels.com
orzu@dolores.uz
34 chambres. Chambre simple 50 $, chambre double 60 $, chambre triple 70 $, petit déjeuner inclus. Les chambres, souvent petites, sont un peu surpayées, mais la plupart du temps, il est possible de négocier. L'hôtel possède un petit restaurant joliment baptisé « voyage » où vous pourrez faire un repas convenable pour 6 à 7 $. Sinon, vous trouverez quantité de restaurants un peu plus bas dans la rue ou sur le boulevard Usmon Nosir, juste au-dessus de l'hôtel. Pour rejoindre le centre-ville, empruntez le bus ou marchez jusqu'au métro Oybek, au niveau de l'hôtel Russiya.

■ **SHODLIK PALACE**
5 Pakhtagorskaya ✆ (71) 220 72 92
Fax : (71) 120 69 33 – sales@shodlik.uz
Chambre simple 80 $, double 130 $, suite 220 $. Un bel hôtel parfaitement rénové disposant de chambres agréables et spacieuses dans l'ensemble. Celles situées côté façade ont une vue sur le stade Pakhtagor au pied de l'édifice. Petit déjeuner buffet, bar et restaurant au rez-de-chaussée. L'emplacement est convenable, à mi-chemin entre la vieille ville et la place Mustakillik.

Luxe

■ **HÔTEL OUZBEKISTAN**
45 Musakhanov ✆ (71) 220 77 77
www.hoteluzbekistan.uz
reservation@hoteluzbekistan.uz
Chambre simple 70 à 80 $, double 95 à 120 $, avec petit déjeuner. Cet hôtel, l'un des plus anciens de Tachkent, construit entre 1974 et 1976 par des architectes russes, est un des symboles de la ville, en plein centre, dominant la place Amur Timur. Son architecture étonnante, évoquant un livre ouvert avec, sur la façade, ce qui prétend être le symbole d'éléments d'écriture coranique, a accueilli pendant deux décennies tous les visiteurs d'Ouzbékistan, personnalités politiques ou du monde de la culture : Marcello Mastroiani, Pierre Richard ou Sukarno, entre autres. L'ensemble a été entièrement rénové mais avec des résultats inégaux selon les chambres. Tâchez de visiter celles de l'aile gauche, plus réussies. L'hôtel propose de nombreux services haut de gamme : salle de gymnastique, sauna, coiffeur, bureau de change, boutiques, *business center.*

■ **RADISSON SAS HÔTEL**
88 Amur Timur ✆ (71) 220 49 00
www.radissonsas.com
reservation@radissonsas.bcc.com.uz
111 chambres. Chambre simple 140 $, chambre double à partir de 200 $. L'hôtel Radisson SAS a une architecture clinquante, dorée et vitrifiée, et ses chambres sont à la hauteur. Spacieuses et très confortables, elles sont un peu moins chères que celles des autres grands hôtels voisins et le service est impeccable. A partir du cinquième étage, vous jouissez de très belles vues sur les montagnes. Les salles de bains sont très bien équipées et entretenues. L'hôtel propose les mêmes gammes de services que ses concurrents de même catégorie : grande piscine extérieure, gymnase, sauna, piano-bar, etc. Un des deux restaurants du Radisson, le Bosphoruos, sert des fruits de mer et des spécialités méditerranéennes.

Restaurants

Sur le boulevard Broadway, naguère une gigantesque zone d'attraction avec karaokés extérieurs, jeux de toutes sortes, portraitistes et vendeurs de souvenirs ou d'antiquités, on trouvait des cantines à chaque pas où les rabatteuses travaillaient toute la journée et jusqu'à minuit. Las, il ne reste désormais que quelques versions locales de fast food, discrètes et à l'extrémité du boulevard. Sur l'ensemble de celui-ci, on a effectivement fait place nette pour la construction d'un gigantesque centre commercial flambant neuf et il serait étonnant que les petits restaurants extérieurs soient autorisés à reprendre leurs places. Pendant un moment fut évoqué le projet de créer un « Broadway » dans une autre rue, mais celui-ci ne verra probablement jamais le jour. Fin d'une ambiance caractéristique de la ville donc et, pour manger sur le pouce et pas cher dans le quartier, nous vous conseillons le Mir Burger, pour les pizzas, ou le restaurant Istaravshan pour la cuisine locale.

Sur le pouce

■ BAZAR CHORSU

En sortant du métro à la station Chorsu, prendre les escaliers menant vers la grande halle du bazar, les *tchaïkhana* ouvertes le soir se trouvent en haut, une à droite et trois autres à gauche. Il est inutile d'espérer y trouver un francophone ou un menu en anglais, aussi, si vous ne parlez pas le russe ni l'ouzbek, commencez par faire le tour de la cuisine pour repérer l'ensemble des mets proposés. Ceux-ci étant systématiquement présentés, vous n'avez plus qu'à pointer du doigt. On trouve toujours les traditionnels *chachlik* et les soupes, des *laghman*, des raviolis (*chuchvara* ou *manty*), des œufs. Côté prix, on peut faire un festin pour moins de 3 € et l'on mange correctement pour la moitié (une soupe ou une salade et un plat de pâtes). Plus que pour la gastronomie, les *tchaïkhana* constituent un attrait pour qui veut goûter une ambiance authentique et lier connaissance avec les Ouzbeks. L'ambiance y est toujours chaleureuse, voire familiale, et les clients sont curieux de tout. Pour le déjeuner, toujours au bazar Chorsu mais sur le côté droit de la grande halle en sortant du métro, on trouve toutes les spécialités d'Ouzbékistan sur plusieurs stands disposant chacun de petites tables. L'ambiance y est encore plus pittoresque, on mange un *plov*, des tripes ou des samoussas, entre les stands de tapis et de manteaux, tandis que les cuisinières s'emploient à alpaguer tout passant pour en faire un client.

■ GRILL BAR TABAKA

En contrebas du bazar Chorsu, sur Beruni. Dans le quartier de Chorsu, au coin de la rue Samarkand et de l'avenue Navoï, sous le restaurant Omad. Sur le pouce et sans fioritures, les meilleurs demi-poulets de la capitale.

Bien et pas cher

■ DOLCE VITA

Amur Timur ✆ (71) 235 39 50

Un peu plus bas que le Smoker's Pub, à proximité de la station de métro Minor. Dans ce local sans prétention à la clientèle essentiellement composée de jeunes tachkentois, vous trouverez quelques recettes de pâtes (6 à 7 000 soums) et des plats de viande exotiques. Rien de franchement original mais le budget demeure correct et ça permet de changer des *shashliks*. La carte propose également quelques vins italiens, pas les meilleurs mais très convenables au regard de la qualité des vins ouzbeks.

■ ISTARAVSHAN

Place Amur Timur

Ouvert tous les jours de 8h à 22h. Fiez-vous à la musique pour repérer cette *tchaïkhana* pratiquant des tarifs à peine supérieurs à ceux du bazar et proposant un bon choix de plats ouzbeks et ouïghours. Clientèle locale et service au comptoir, la salle est non-fumeur.

■ MIR BURGER

1 Ataturk

Ouvert tous les jours de 11h à 21, et jusqu'à 23h les vendredi et week-end. A côté du supermarché du même nom, tout proche de Broadway, ce fast food propose un large choix de plats turcs (2 à 4 $), burgers (1 à 2 $) et pizzas (4 à 8 $). Très fréquenté par la jeunesse aisée de Tachkent ou les familles en sortie sur Broadway. Au sous-sol se trouve un salon de thé proposant également des espressos et la possibilité de fumer le narguilé.

Bonnes tables

■ CARAVAN ART

22 Abdullah Qahar

✆ (71) 250 75 55 – www.caravan.uz

Pour un repas complet sans alcool, compter 10 à 20 € par personne (c'est cher mais justifié !) Réservation recommandée. Tout proche de l'hôtel Grand Orzu, le restaurant Caravan a ouvert ses portes en l'an 2000. Du point de vue de la décoration, difficile de trouver plus agréable à Tachkent. Sous des auvents de paille dans la cour ou aux lumières tamisées de la salle, on savoure une excellente cuisine traditionnelle. dans un décor assorti à la galerie d'art adjacente. Céramiques, *suzani* et toutes sortes d'objets artisanaux sont disposés avec goût et mis en valeur sans surcharge. La clientèle du restaurant est essentiellement touristique. Concerts le soir, et possibilité de fumer le narguilé dans la partie bar. La galerie d'art propose de très beaux objets et reste ouverte comme le restaurant jusqu'à minuit. L'ensemble a été mis en valeur par Babur Ismailov, un des plus grands designer ouzbek contemporain. En haute saison, les concerts ont lieu tous les soirs.

■ DIYOR

85 Kurshid ✆ (71) 234 82 05

A partir de 30 $ par personne. Le restaurant le plus réputé de Tachkent, selon les Ouzbeks. Le

cadre est luxueux, on y mange dans l'atrium ou sur la terrasse en été. Cuisine européenne et ouzbèke. L'ambiance est un peu morne, et le restaurant surtout fréquenté par de riches *businessmen*.

■ **OMAR KHAYAM**

33 Movarounnahr © (71) 232 21 51

Ouvert tous les jours de midi à minuit, et jusqu'à 2h les vendredi et samedi. Compter 20 à 25 $ par personne pour un repas complet. Cuisine ouzbèke, arabe et persane dans un cadre très agréable décoré d'artisanat ouzbek, à l'exception d'un petit salon japonais où l'on savoure d'excellents sushis. Concerts de musique en général le mercredi soir (se renseigner, changements fréquents). Adjacent au restaurant, le bar, ouvert jusqu'à 3h du matin le week-end, souffle une atmosphère révolutionnaire, avec des portraits du Che ornant presque tous les murs. Musique occidentale, cocktails…

Sortir

Difficile de recommander des adresses de sorties nocturnes tant les changements sont rapides à Tachkent, non pas que l'actualité nocturne soit trépidante, mais la famille présidentielle ambitionne de donner une nouvelle image au centre-ville et les adresses traditionnelles disparaissent toutes une à une avec les années, remplacées par des clubs huppés ou des business center. Bien sûr, il y a les bars de nuit et discothèques des grands hôtels, toujours ouverts, mais pour une ambiance plus authentique, il faut vraiment chercher. Sur Broadway, bien que les restaurants aient disparu, les boîtes ont pour l'instant subsisté (mais impossible de garantir que ça durera !). Vous trouverez donc le Diamond's, à l'ambiance très surfaite, prisé par la jeunesse aisée de Tachkent et, un peu plus haut, un bar de nuit avec danseuses érotiques plutôt ouvert aux (rares) expats et aux businessmen : le FM Bar. Face au Mir Burger, la discothèque Caravelle est recommandable, mais sans plus. Les tarifs y son élevés. Ambiance plus authentique au Juliana (33, rue Babur © (998 71 252 65 04). Ce club surtout agréable l'été a longtemps eu une bonne réputation, mais paraît aujourd'hui un peu vieillot et délabré. Néanmoins, on parle d'une rénovation, ce qui pourrait lui rendre un certain attrait. Proche du centre également, le Safari Art Show (6, rue Maliasova © (998 71 234 16 96) est ouvert de 9h jusqu'au bout de la nuit. Ce club agréablement décoré de boiseries et artisanant accueille régulièrement des artistes locaux. On peut y manger des plats ouzbeks relativement bon marché ou bien juste siroter une bière en fumant le narguilé. Dans le quartier de Yakkasaray, le bar du restaurant Caravan offre un parfait point de chute. Pour danser, le Salvador Dali, tout récemment ouvert, juste un peu plus haut sur le boulevard Usmon Nosir, offre au moins l'avantage d'un décor inattendu et, évidemment, surréaliste.

Fontaine de la Fleur de coton devant l'opéra

JAZZ BAR OPERA

56 Buyuk Turon

Ouvert tous les jours de 21h à 3h. Compter 5 $ pour une bière. Le café-jazz du Tachkent Palace était une bonne adresse pour écouter de la musique jusqu'au changement de direction de l'hôtel. L'orchestre a été remplacé par un DJ, la scène est réservée au karaoké, et les « hôtesses » se disputent âprement le client. Ne vous laissez donc pas piéger par le nom : il n'y a plus une seule note de jazz ici.

J. SMOKER'S PUB

2 Amur Timur

✆ (71) 235 40 52 – www.smoker.uz

Une véritable ambiance de pub anglais pour une clientèle de *businessmen* essentiellement. Mais c'est une bonne adresse pour boire une bière ou un verre d'alcool qui changera de la vodka. Pour manger, comptez au minimum 20 $, pas toujours justifiés. Service un peu guindé, tarifs hors de proportion, mais si vous aimez le luxe…

OPERA ALISHER NAVOI

28 Moustafa Kemal Atatürk

✆ (998 71) 233 33 44

Prix des billets entre 1,50 et 3 $. Matinées le dimanche à midi uniquement. Soirées à 17h le week-end, à 18h en semaine. Programmation variée, représentations tous les jours avec alternance entre les ballets et les opéras. La caisse est ouverte de 10h à 14h et de 15h à 19h tous les jours.

Points d'intérêt

COMPLEXE CHEIK ANTAOUR

Au nord de l'avenue Navoï et du stade de football, rapidement accessible depuis la place de l'Indépendance. Métro Navoï/Pakhtagor. Cette ancienne nécropole a souffert de multiples dégradations, et notamment de la construction d'une fabrique de broderie voisine. Le complexe comprend trois mausolées datant du XVe siècle : le mausolée de Kaldirgach Bey, bâti au début du XVe et qui est la plus ancienne construction de Tachkent, le mausolée Younous Khan (descendant de Gengis Khan et grand-père de Babur) qui date de la fin du XVe, et le mausolée de cheik Khavendi Takhoura (dit cheik Antaour), édifié au XVe siècle et reconstruit au début du XIXe, d'après les plans originaux. Cheik Antaour et Kaldirgach Bey sont des ancêtres de Khodja Akhrar, un des grands maîtres spirituels de l'Asie centrale, dont le mausolée se trouve à Samarkand.

PLACE AMUR TIMUR ET BROADWAY

Métro Amur Timur. Dans le centre de Tachkent, sur la place Amur Timur, une gigantesque statue de Tamerlan à cheval a remplacé celle de Karl Marx peu après l'indépendance. Récemment, avec la construction du nouveau centre de congrès, la statue a été orientée de manière à faire face à ce dernier, alors qu'elle faisait auparavant face à la rue piétonne Saligoh (ex-Karl Marx). Tout autour, les arbres pluricentenaires ont été sauvagement abattus pour « dégager l'horizon sur la ville ». On appréciera, ou pas, la vue sur les tous nouveaux centres commerciaux de la fille du président, qui a entièrement revu et corrigé le centre-ville à son profit… A l'ouest de la place, s'élève le colossal hôtel Ouzbékistan, dont l'architecture évoque un livre ouvert alors que les « entrelacs » de béton sur la façade symbolisent l'écriture coranique. De nombreux bâtiments, à Tachkent et en Ouzbékistan, ont ainsi les façades dissimulées par des motifs géométriques massifs évoquant la fleur de coton, le Coran ou des ornements traditionnels ouzbeks.

TOUR DE TÉLÉVISION

Métro Bodomzor. Ouvert tous les jours sauf le lundi de 9h à 16h30. Pause déjeuner de 12h à 12h45. Entrée : 1 $ pour accéder au restaurant, à 97 m. Accès à 225 m pour 3 $ supplémentaires. Se munir impérativement d'une carte d'identité. La plus haute construction d'Asie centrale (375 m) fut conçue pour résister aux tremblements de terre jusqu'à l'indice 9 sur l'échelle de Richter. Erigée entre 1978 et 1984, elle fut inaugurée le 15 janvier 1985, et domine depuis toute la ville de Tachkent, offrant une très belle vue sur les montagnes environnantes. On peut aller y admirer le paysage à hauteur d'oiseau ou manger de la cuisine ouzbèke dans le plus haut restaurant de la ville (2 $ pour un petit buffet, ou bien choix à la carte).

BAZAR CHORSU

Métro Chorsu. Chorsu, dont le nom signifie les « quatre chemins », est le plus grand bazar du centre de Tachkent. Bazar à l'intérieur du bazar, la grande halle, construite après le tremblement de terre de 1966, accueille les produits de tout le pays : fruits secs à l'étage, épices et condiments au rez-de-chaussée. Au cours de ces dernières années, Chorsu a subi quelques modifications. Le marché à viande en plein air, où l'on trébuchait sur les têtes de moutons fraîchement décapitées et où traînait

même la nuit une odeur de sang et de gras, a été déplacé dans un nouveau bâtiment fermé et vitré. L'espace qui lui était jadis réservé accueille à présent toute l'année les fleuristes et les vendeurs de semences, sauf pendant la saison du melon, où l'on y débarque la production de cucurbitacées de tout le pays, laissant tout juste la place aux vendeurs venus de loin de dormir à côté de leur marchandise. Au milieu du bazar, des grilles ont été disposées pour interdire l'accès aux petits vendeurs et prétendument lutter contre l'économie informelle et le marché noir. De nombreuses familles ont ainsi perdu leur activité, et les espaces entourés de grilles ne servent pour l'instant qu'à garer quelques voitures. Au pied de la grande halle se produisent encore des clowns, lutteurs et saltimbanques en tout genre, attirant une foule dense et enthousiaste. De l'autre côté par rapport à la grande halle, les boutiques de vêtements ont également été rénovées et reconstruites en dur. La grande station de bus a été réorganisée, et le carrefour voisin, d'où l'on accède à la vieille ville de Chorsu a été entièrement refait. Vous y trouverez un supermarché modèle ainsi qu'un étonnant bâtiment abritant une crèche pour enfants et au sommet duquel vous pouvez monter par un escalier en spirale pour admirer la vue sur le bazar ou sur les montagnes.

■ MADRASA KOUKELDACH

46 Navoï

Métro Chorsu. Construite dans la deuxième moitié du XVIe siècle, sous le règne d'Abdullah Khan II (1557-1598). Sous les soviétiques, l'école coranique était devenue un bâtiment administratif. Les motifs de la façade sont inspirés de la madrasa d'Oulough Begh, à Samarkand. La madrasa accueille de nouveau des étudiants, et si l'entrée en est théoriquement interdite aux touristes, il est parfois possible d'y jeter un petit coup d'œil, en dehors des heures de cours, en s'adressant au gardien à l'entrée. Juste à côté se trouve la grande mosquée du Vendredi.

■ MUSÉE AMUR TIMUR

1 place Amur Timur © (71) 232 02 12

Ouvert tous les jours, sauf le lundi, de 10h à 17h. 2 500 soums. Consacré à l'époque timouride et à son héritage historique, le musée Amur Timur a ouvert ses portes en 1994. Selon le conservateur, son architecture s'inspirerait du Gour Emir, mais le doute est permis... On reconnaîtrait plutôt la couronne de l'empereur. Le musée possède quelques pièces intéressantes, comme un immense Coran datant du VIIe siècle, mais ce sont surtout les répliques des monuments d'Ouzbékistan qui attirent l'attention. La mosquée Bibi Khanum et le Gour Emir sont reproduits dans leur état d'origine, ce qui, en visitant le musée en fin de séjour, permet une bonne comparaison avec ce qui aura été vu dans le pays. Une maquette du Taj Mahal, construit en Inde sur l'ordre du petit-fils de Babur, par des architectes de Boukhara, permet également de comparer les styles et de faire des rapprochements. Comme en témoignent les tableaux exposés au second étage, le culte de Tamerlan se double de celui de l'Ouzbékistan, glorifié à travers son héros national et son incontournable président Islam Karimov.

■ MUSÉE DES ARTS DÉCORATIFS

16 Rakatboshi

© (71) 256 39 43

Ouvert tous les jours de 9h à 17h30. Entrée 1 800 soums. L'ancien palais du diplomate Alexandre Polovtsev, qui pendant un temps abrita des prisonniers autrichiens, puis une administration, fut transformé en musée en 1938. Des vingt-quatre pièces d'origine, il ne reste que douze dont quatre ont été restaurées : la salle de réception et le petit salon de style éclectique oriental méritent que l'on s'y attarde. L'ensemble architectural rappelle une mosquée, avec *iwan* et cour intérieure, la salle de réception étant même pourvue d'un mihrab qui indique la direction de La Mecque. Une citation d'Umar Khayyâm – « Le monde est un palais à deux portes, par l'une on entre, par l'autre on sort. » – orne l'une des portes de la grande salle aux murs entièrement revêtus de stuc peint. Des colonnes de bois sculpté soutiennent un impressionnant plafond de bois peint également. La fontaine centrale a malheureusement été recouverte de marbre il y a quelques années. Juste derrière, le petit salon où l'on fumait le narghilé a aussi souffert de la restauration. Dans les salles d'exposition on verra des *suzani* (tentures brodées), des *tioupé* (calottes brodées) dans la première salle, des poteries et des céramiques dans la seconde, des sculptures sur bois, des instruments de musique et des bijoux datant pour la plupart du XXe siècle dans les dernières. En fin de parcours, vous pourrez vous attarder au magasin de souvenirs qui propose de beaux articles d'artisanat local.

■ **MUSÉE DES BEAUX-ARTS**

16 Movarounahr ✆ (71) 236 73 45

Ouvert tous les jours, sauf le mardi, de 10h à 17h. Le fonds du musée comprend la riche collection du grand-duc Nicolas Constantinovitch Romanov qui vivait à Tachkent au début du siècle dernier. Exilé en raison de sa conduite peu exemplaire, le cousin cleptomane du tsar, accusé de bien des maux, aurait, paraît-il, « emprunté » quelques pièces de sa collection, incluant des joyaux de la couronne, au Palais de l'Hermitage. C'est l'un des cinq plus grands musées d'art de la CIS. Peinture et sculpture européenne, russe, ouzbek, icônes et art oriental (Chine, Japon, Inde). Plusieurs salles sont consacrées à l'art décoratif. Magasin d'antiquités, tapis. Si vous ne devez visiter qu'un seul musée à Tachkent, ce doit être celui-ci...

Shopping

Il est désormais presque possible de faire du shopping « à la parisienne » à Tachkent. Outre les « vétérans » Yves Rocher et Benetton, d'autres marques telles que Zara, Mexx, Mango, Naf-Naf ou Hugo Boss se sont récemment implantées dans la capitale ouzbèke, à proximité de l'hôtel Intercontinental, ou bien entre l'opéra Navoï et l'ancien « Broadway ». Mais ne rêvez pas : avec les taxes, les prix sont très sensiblement supérieurs à ceux pratiqués en Europe. Sur « Broadway », les stands de jeux, de souvenirs de portraitistes, et d'antiquaires ont disparu pour laisser place à un gigantesque centre commercial. Mais au moment de l'enquête, les travaux n'étaient pas encore achevés. Il est à parier néanmoins qu'il abritera également des boutiques de marque et de mode. Pour l'artisanat et les souvenirs, nous vous conseillons les boutiques suivantes :

■ **ART GALLERY CARAVAN**

22 Abdullah Qahar ✆ (71) 252 74 64

Juste à côté du restaurant du même nom. Un condensé de l'art traditionnel et contemporain d'Ouzbékistan.

■ **BAZAR CHORSU**

Sous la grande halle, vous trouverez toutes sortes d'épices. Le bazar est aussi le bon endroit pour acheter des *tchapan*, ces manteaux traditionnels ouzbeks, au meilleur tarif. Au-dessus du bazar, rue Zakirova, plusieurs petites boutiques artisanales vendent des manteaux d'une qualité un peu meilleure (en soie), des instruments de musique traditionnels, des petits berceaux ouzbeks...

Dans les environs

■ **RÉSERVOIR DE CHARVAQ ET TCHIMGAN**

A 80 km au nord-est de Tachkent. Le réservoir de Charvaq est le lieu de villégiature des classes aisées de la capitale. Location de cottages, camping et pique-nique au bord du lac, location de pédalos, parc d'attractions pour les enfants... Une petite Côte d'Azur ouzbek, qui se transforme en station de ski en hiver. Charvaq et, à quelques kilomètres, Tchimgan et Beldersay, sur les contreforts du Tian Shan, se sont dotés de complexes luxueux, et chers, pour accueillir les amateurs de ski. Les débutants se rendent à Tchimgan, de niveau facile, alors que Beldersay n'a qu'une seule piste mais pour skieurs confirmés. En été, les possibilités de trek, de randonnées à cheval ou de rafting se sont réduites avec la fermeture des trois vallées de Pskem, Chatkal et Koksu. Mais quelques randonnées à la journée, à pied ou à cheval dans les environs de Tchimgan, demeurent possibles en négociant sur place. Les éleveurs viennent avec leurs chevaux en contrebas de l'hôtel Tchimgan pour attendre les amateurs. En basse saison, mieux vaut se résoudre à cuisiner, avec les moyens du bord, dans les cottages (prévoyez un réchaud, la cuisine est le plus souvent à l'extérieur).

RÉGION DU KHOREZM

OURGENTCH

La porte d'entrée du Khorezm, et bien souvent la première étape des visiteurs étrangers qui prennent le vol direct Paris-Ourgentch, pour commencer leur voyage par Khiva, est une ville monotone et triste. Elle n'offre qu'une seule période historique à explorer : celle de l'urbanisation soviétique. Mieux vaut séjourner à Khiva, distante de seulement 30 km et bien plus agréable.

Transports

Avion

■ **AÉROPORT D'OURGENTCH**

✆ (3622) 6 03 25

✆ (3622) 4 25 80

L'aéroport est à 3 km au nord du centre-ville, accessible en taxi ou par le bus n° 3 qui passe rue Al Khorezmi, près de l'hôtel Ourgentch.

Région du Khorezm
10 Km.
Capitale de région
Capitale de district
Village important
Village
Ancienne cité
Lac
Lac salé
Autoroute
Route nationale
Route régionale
Chemin de fer
OURGENTCH
Aéroport
TURKMENISTAN
Amudaryo
Amudaryo
Ulugshorkol.
Gurlan
Beruniy
Tortkol
Xonqa
Qoshkopir
Khiva
Pitnak
Yangibozor
Qorovul
Niyozov
Boston
Shovot
Hazorasp
Bogot
Yangiariq
Saksonbir
Kotcha
Qirjoy
Qoratepa
Yonboshqala
Qoraqolpoqovul
Qalandarxona
Dostlik
Oqchakol
Guliston
Dosimbiy
Qongirot
Mangityop
Yangiobog
Paxtachi
Beshuy
Biybozor
Ellikqala
Qiziltau
Qirqqizobod
Sattorberdi
Oltinkol
Voyangan
Toprak Kala
Arbaq
Kulli
Yangiyop
Mangitlar
Boyrachi
Choigatoyqala
Bogyon
Bozirgon
Qulota
Kattaguldursun
Qirqtam
Chalish
Marganovul
Ustalar
Amirobod
Lotin
Qalajiq
Hgeldi
Tuzloq
Qilchinod
Gozovot
Konaquala
Qorovul
Borotlar
Ullibo
Qoramozi
Yuqoriqala
Xayrobod
Qoromon
Ustalar
Ullibog
Galaba
Oqoltin
Uygur
Ortayop
Xojakoli
Irdimzon
Avliyobobo
Yoshkuch
Tegalak
Sholikor
Tama
Miskin
Oydin
Tuproqqala
Qarmish
Olmaotashgan
Bogot
Polosulton
Naymon
Ostona
Toptoplar
Sandigli
Bozorjiq
Oqmachit
Tuproqqala
Qalajiq
Pichoqchi
Muxumon
Juvarxos
Ozbekiston
Kichkikqalajiq
Sandiqlibobo
Karvak
Zamzam
Gazochoq
Marjonbobo

Trois vols quotidiens relient Tachkent à Ourgentch, vols pour Namangan une fois par semaine, et une liaison hebdomadaire également avec Moscou et Paris en saison touristique.

Train

Depuis la construction d'un nouveau pont sur l'Amou-Daria, un train relie deux fois par semaine Ourgentch à Tachkent, le mardi et le vendredi. Les trajets sont très longs : compter 25 heures pour Tachkent et 11 heures pour Boukhara. La fréquence devrait être augmentée dans les années qui viennent.

Bus et taxi

- **De et vers Boukhara.** Des minibus partent le matin de Caravan Bazar vers Ourgentch. Ils sont peu nombreux, et mieux vaut arriver à l'avance pour être sûr d'avoir une place. Les départs cessent dès la fin de la matinée. Bus quotidiens mais trajet long et fastidieux. Matin et soir certains jours. Les bus à destination de Boukhara partent en début d'après-midi.
- **De et vers Tachkent.** Vous pouvez relier directement Tachkent et Ourgentch depuis l'avtovagzal d'Ourgentch ou l'Hippodrome à Tachkent. Il s'agit de taxi Nexia (compter 40 à 50 $) ou de minibus Ford (15 à 20 $ par personne). Le trajet prend 17 heures. Ceux pour Tachkent font parfois escale à Boukhara ou Samarkand, se renseigner auprès du chauffeur. Des minibus et taxis assurent aussi le trajet, mais l'attente pour les remplir peut être longue. Un trajet Boukhara-Ourgentch coûte 7 $ en bus, 10 $ en minibus, 10 à 15 $ en taxi.
- **Vers Khiva.** Des bus et taxis courtes distances (Noukous, Tourtkoul...) partent du bazar ; longues distances (Boukhara, Navoï, Tachkent) de la gare routière.

Restaurants

Le restaurant de l'hôtel Khorezm Palace sert une cuisine européenne ou traditionnelle, de qualité mais chère. Des cafés et *tchaïkhana* sont ouverts dans la rue Al Khorezmi et autour du bazar. Moins de 3 $, avec une salade, du pain et du thé.

Dans les environs

Tous les sites intéressants sont également accessibles depuis Khiva.

■ ELLIK KALA OU LES « CINQUANTE FORTERESSES »

Dans cette région du Khorezm à l'est de sa première capitale, Kath, se dressait un réseau de citadelles fortifiées qui défendaient le territoire tout en s'enrichissant de leur position sur les routes commerciales et à la frontière des mondes nomades. Leur rôle militaire et commercial fut brisé par la tornade mongole, mais leurs nombreuses ruines laissées à l'abandon parsèment encore le désert de leurs formes énigmatiques sculptées par des siècles d'érosion. L'équipe archéologique du professeur Tolstov mit au jour et explora plus d'une soixantaine de sites datant du IVe siècle avant notre ère jusqu'au XIVe siècle après J.-C. Seuls une vingtaine de sites abandonnés dans le désert furent fouillés, les autres attendent solitaires qu'on viennent les réveiller. Depuis 1972, les kolkhozes colonisent ces steppes désertiques et se rapprochent des cités antiques jusqu'à les cerner, comme c'est le cas pour Toprak Kala. Ils en utilisent malheureusement les murs d'enceinte pour fertiliser le désert... La plupart des cités fortifiées du Khorezm se trouvent en Karakalpakie ou au Turkménistan. Au départ de Khiva ou d'Ourgentch, une grande journée suffit pour en voir une demi-douzaine dans la région de Berouni. D'autres plus éloignées, comme Ayaz Kala ou Jampik kala, nécessitent plus de temps. Si vous partez de Khiva, il y a de fortes chances pour que le chauffeur de taxi connaisse le chemin pour l'avoir déjà pratiqué avec d'autres touristes. Si vous partez d'Ourgentch, soyez plus méfiants, vous risquez de perdre du temps avec un chauffeur plus égaré que vous-même, pour vous retrouver, après des heures de recherches, devant un petit tas de terre et de morceaux de briques : il existe une trentaine de sites éparpillés autour des anciens cours de l'Amou Daria, en un parcours très éloigné de la ligne droite.

- **Gouldoursoun Kala.** *A 40 km de Berouni en direction de Tourktoul.* Un premier site entouré de pans de muraille est appelé le petit Gouldoursoun. Le grand Gouldoursoun est à 10 km en suivant la même route. Les forteresses contrôlaient et protégeaient les canaux d'irrigation. Une légende raconte comment la fille du dekhan qui régnait sur la cité tomba amoureuse d'un des ennemis qui assiégeaient la ville et comment elle trahit les siens en laissant l'armée entrer dans les murs. La malheureuse fut ensuite abandonnée par son amant et la ville tomba aux mains des ennemis. On raconte la même légende à Mizdakhan, la cité antique près de Noukous.

Toprak Kala. *A une trentaine de kilomètres de Berouni.* Forteresse en ruine datant du premier siècle av. J.-C. Devenue capitale régionale sous les Kouchans, au IIe siècle, elle subit les attaques répétées des Huns Hephtalites qui, en détruisant les canaux d'irrigation, eurent raison de la cité royale. Vers le VIe siècle, elle sombra dans l'oubli. Dirigées par le professeur Tolstov, les fouilles archéologiques débutèrent juste avant la Deuxième Guerre mondiale. Les fresques qui y furent découvertes sont aujourd'hui à Saint-Pétersbourg ; le musée de l'Ermitage a phagocyté ou protégé, suivant les interprétations, la plupart des témoignages des cultures antiques d'Asie centrale. Cependant, une collection d'objets, trouvés sur les lieux de fouille par Igor Savitsky, est exposée au musée de Noukous. Ici, à Toprak Kala, on peut encore voir les traces des nombreuses pièces et des jardins du palais royal, dont la salle des rois, la salle des victoires et la salle des gardes noirs, et imaginer ce que furent le temple des adorateurs du feu ou les larges maisons claniques qui réunissaient sous un même toit des familles de plus de cent membres. A 3 km de Toprak Kala, les hautes murailles de Kyzyl Kala abritaient les garnisons de l'ancienne forteresse.

Koi Krilgan Kala. *A une vingtaine de kilomètres de Toprak Kala, vers le sud-est.* Le plus célèbre des sites archéologiques avec Toprak Kala. Une imposante citadelle de forme circulaire, temple zoroastrien où se déroulaient les rituels funéraires et qui servait aussi d'observatoire. Daté du IVe siècle av. J.-C. au IVe siècle de notre ère.

Ayaz Kala. *A une quarantaine de kilomètres de Toprak Kala, en direction du Kyzyl Kum.* Ayaz Kala est sans doute l'un des sites les plus impressionnants. L'ensemble est composé de deux citadelles perchées sur des collines de hauteur différente. Au pied des collines subsistent des traces d'habitations et d'irrigation. Les ruines offrent une vue admirable sur le désert environnant et les monts Sultan Uvays. Les citadelles ont conservé une bonne partie de leurs murailles. Dès le printemps, on peut déjeuner ou même dormir sous les yourtes installées derrière les citadelles (Camping Ayazqala, contacter Karimberdieva Dilbar Ziyatdinovna ✆ 221 07 07 ou 350 59 09 – ayazkala_tur@mail.ru).

Kirkiz Kala. Encore plus enfoncé dans le désert, le site, dont la fondation remonte au IIIe siècle av. J.-C., est épargné par les kolkhozes. Ruines photogéniques.

Djampik Kala. *A une quinzaine de kilomètres de l'entrée de la réserve naturelle de Bala Tugaï.* De cette cité fortifiée datant des IXe-XIVe siècles, il reste d'imposants pans de muraille et une partie des appartements du *dekhan*. Telles d'immenses sculptures, ils se dressent dans l'immensité des rives de l'Amou Daria, dominant le désert d'un côté et la forêt de Bala Tugaï de l'autre. En coupe, on peut apprécier la technique de construction des murailles, faite de terre et de briques entre lesquelles étaient posées des couches de paille. Une solidité qui n'a pas sauvé la citadelle de la destruction, mais qui permet à ses ruines de tenir encore debout sept siècles plus tard. Si vous y allez au mois d'août, vous aurez peut-être la chance d'apercevoir les uniques occupants de la citadelle, des aigles qui viennent nicher entre des perches de bois qui dépassent des murailles. Le premier rôle de ces perches était qu'on y pendait les condamnés. Une désolation vraiment superbe, qui a inspiré le sculpteur Joldasbek Koumimouratov, le plus célèbre artiste de la Karakalpakie et compagnon de Savitsky, qui souhaitait en faire une ville d'artistes. Les rêves sont ce qu'ils sont, et les ruines restèrent à l'abandon. Si vous croisez quelqu'un dans la forteresse, demandez-lui des nouvelles de la roche noire affleurant derrière les murailles au centre de la citadelle. Selon des observateurs avertis, elle pousse d'année en année d'une épaisseur approximative de cinq doigts écartés. Un des mystères du désert…

Chilpik Kala. *Dans les environs du village de Bestam, à une centaine de kilomètres de Berouni.* Perchées sur une colline, les murailles de Chilpik Kala dominent la steppe désertique. Tour du silence ou poste fortifié zoroastrien datant du IIe au IVe siècle. Cette forteresse peut être facilement visitée si vous vous rendez à Noukous, depuis laquelle elle est parfaitement visible, à gauche de la route.

KHIVA

A 30 km d'Ourgentch. Khiva, qui a fêté ses 2 500 ans en 1997, est une curiosité unique en son genre. Les rénovations lui ont donné un aspect de décor de cinéma d'autant plus irréel que la ville intérieure a été vidée de ses habitants par les soviétiques. Aujourd'hui, seules 1 500 familles ont récupéré leur maison à l'intérieur de la première muraille. Côté architectural, c'est un véritable voyage dans le temps, même si la plupart des monuments ne sont pas plus vieux que la ville de New York.

Histoire

Les archéologues datent la fondation de Khiva du Ve siècle av. J.-C. Et bien que Khiva ait pu fêter ses 2 500 ans en 1997, elle ne prit réellement sa place dans l'Histoire que vers le Xe siècle. C'était alors une ville étape située sur des routes commerçantes. Du Xe au XIIIe siècle, Khiva fait partie de l'Empire samanide. Sous le règne des Khorezmshah, la ville connaît une certaine prospérité : on y construit des caravansérails et des mosquées, les manufactures produisent du verre, du métal et de la faïence. Mais Khiva subit en 1220 les outrages de Gengis Khan. Cent cinquante ans plus tard, alors que la ville vient de renaître à la vie, Tamerlan s'en empare et asservit la région. Khiva profite de ce nouvel équilibre, ainsi que de sa situation privilégiée sur les routes commerçantes entre la Russie et les oasis d'Asie centrale. Les murailles d'Ichan Kala sont reconstruites, le commerce refleurit et Khiva devient l'une des villes les plus importantes de la région. Au XVIe siècle, Khiva, ville la plus prospère du Khorezm, s'enorgueillit de son marché aux esclaves, l'un des plus cotés d'Asie centrale.

Au début du XVIIe siècle, elle devient la capitale du nouveau khanat. Les luttes de pouvoir entre les khans de Khiva et de Boukhara affaiblissent le khanat, qui succombe en 1740 sous les attaques du souverain perse Nadir Shah. En 1768, une terrible épidémie de choléra achève de décimer les survivants. Khiva est désertée. Ce sera l'Inak Mohammad Amin qui entreprendra la reconstruction de la cité. Grand dignitaire du khanat moribond, il était le chef de l'union tribale ouzbek et le véritable dirigeant du khanat de Khiva. En 1804, le petit-fils de l'Inak Mohammad Amin deviendra officiellement khan de Khiva. Il sera le fondateur de la dynastie des Kungrad, restée au pouvoir jusqu'à l'arrivée des communistes. Sous les règnes des khans Mukhammad Rakhim et Alla Kuli, le khanat connaît un développement économique considérable. Les caravanes venaient de Boukhara, de Perse, d'Inde et de Russie. C'était l'époque du « grand jeu » entre les Russes et les Anglais. Les marchands et les espions précédèrent de peu les armées et, en 1873, les troupes tsaristes pénétrèrent dans Khiva après avoir conquis le reste du pays. En 1920, la république du Khorezm est proclamée et Khiva en est la capitale, avant que la république ne soit rattachée à l'Ouzbékistan en 1924, lors de la création des républiques socialistes soviétiques d'Asie centrale. En 1967, la ville accède au statut de musée à ciel ouvert et les soviétiques entreprennent la restauration de ses principaux monuments, en collaboration avec l'Unesco qui a inscrit Khiva sur la Liste du patrimoine mondial en 1990.

Orientation

Khiva est un ensemble architectural pas plus grand que l'île Saint-Louis à Paris, où tout a été restauré et reconstruit à l'identique. La plupart des sites intéressants se trouvent à l'intérieur de la première muraille, Ichan Kala, groupés autour de la rue principale, Palvan Kari, qui relie les portes est et ouest. Une splendeur presque surfaite, qui en ferait oublier l'extérieur des murailles : les palais d'été, le bazar...

Transports

Bus ou taxi

A partir d'Ourgentch, minibus au départ du bazar (300 soums) ou trolleybus n° 9 devant l'hôtel Ourgentch, rue Al Khorezmi (160 soums). Les taxis attendent les touristes, et les enchères peuvent commencer entre 5 et 10 $. Le trajet coûte moins cher si vous partagez le taxi. Minibus et trolleybus vous déposent devant la porte nord d'Ichan Kala, les taxis peuvent aussi vous déposer devant l'entrée principale, à la porte ouest. Si vous affrétez un taxi pour Boukhara au départ de Khiva, tâchez de vous renseigner auprès du chauffeur pour être sûr qu'il n'empruntera pas l'ancienne route, qui transite au Turkménistan. Cette solution peut devenir un cauchemar si vous n'avez pas de visa de transit.

Taxis pour les citadelles du désert

Si vous vous contentez de visiter Khiva, les taxis ne vous seront pas utiles. En revanche il est quasi impossible à l'heure actuelle d'entreprendre une visite des citadelles du désert sans l'aide d'un taxi. La plupart des citadelles sont situées en plein désert, hors des sentiers battus et des lignes de bus. En une journée, un bon taxi peut vous en faire visiter trois ou quatre. Si vous avez peu de temps, un taxi pourra aussi vous être d'une aide précieuse pour visiter le musée Savitsky à Noukous ou Moynaq, dans le Karakalpakstan. Pour Moynaq comme pour les citadelles du désert, prenez garde à ne pas embaucher n'importe quel taxi. Peu connaissent bien les routes et vouloir payer moins cher vous amènerait fatalement à perdre beaucoup de temps. N'importe quel hôtel pourra vous fournir des chauffeurs et

voitures pour la même gamme de prix, toujours négociables. A titre d'exemple, l'hôtel Zafarbek propose des guides pour 20 $ la journée, et un aller-retour au musée Savitsky pour 40 $. Partir à la découverte des citadelles du désert en arrêtant un taxi dans la rue est également possible et bien moins cher, mais dans ce cas, mieux vaut être muni d'une carte : de nombreux chauffeurs se perdent. Pour visiter deux ou trois citadelles en une journée, compter une vingtaine de dollars en taxi Tico (de la marque coréenne Daewoo).

■ **BAHADIR RAHIMOV**
✆ (362) 352 41 06
✆ (362) 229 12 41 (portable)
Bahadir travaille souvent à l'aéroport d'Ourgentch. Depuis plusieurs années déjà Bahadir promène ses Nexia à travers le Khorezm et le Karakalpakstan. Bahadir parle un peu d'anglais, ce qui facilite grandement les négociations. Pour Moynaq, Noukous, les citadelles du désert, voilà un numéro de téléphone sûr pour voyager tranquille. Bahadir peut également assurer des trajets vers Boukhara ou Samarkand. A négocier !

Pratique

Tourisme

A Khiva comme ailleurs, les hôtels proposent des guides pour des excursions à la journée dans Khiva et ses environs. A signaler néanmoins l'office du tourisme baptisé « Center of Business and Tourism Development », non loin de l'entrée ouest, face à Kalta Minor. En plus de fournir des guides parlant anglais, japonais et français, le bureau cherche à agrandir sa toile à l'ensemble du Khorezm et à une partie de la Karakalpakie. En 2004, une agence a également ouvert à l'aéroport d'Ourgentch, et des plans de la ville devraient être fournis gratuitement.

Banques et change

Change de devises (dollars ou euros) à l'hôtel Khiva et aux hôtels Arkonchi. Pour les cartes Visa et les chèques de voyage, il faut aller à Ourgentch, à la New Bank of Uzbekistan.

Poste

■ **POSTE CENTRALE**
23 Amur Timur
Ouvert de 9h à 13h et de 14h à 17h en semaine, de 9h à 15h le samedi, fermé le dimanche. Téléphone international.

Internet

■ **OFFICE DU TOURISME**
En face du Kalta Minor. Ouvert jusqu'à 19h. 3 $ de l'heure.

Hébergement

Bien et pas cher

■ **B&B MIRAZ**
57 Boltayev ✆ (62) 375 76 42
Six chambres doubles pour 10 € par personne, avec petit déjeuner. Dîner autour de 5 € par personne. En entrant dans Ichan Kala par la porte ouest, cntourner le palais puis suivre les murailles sur un trentaine de mètres. Un panneau signale la maison. Six petites chambres avec salles de bains privées et petits balcons (les uns avec vue sur la porte ouest, les autres sur des antennes satellites malheureusement…), équipées de ventilateurs. La maison et la salle de déjeuner, sous un haut plafond de bois peint, sont de style ouzbek. Les deux anciennes chambres, un peu plus simples et équipées de climatiseurs, sont néanmoins vastes et agréables. Les salles d'eau avec douche sont rudimentaires mais efficaces. Le tout permet de séjourner dans Ichan Kala à un excellent emplacement, dans une charmante famille.

OUZBÉKISTAN

© JEFF JONES - ICONOTEC

Porte du Kounia Ark

Forteresse de la vieille ville, Ichan Kala

■ **HÔTEL SABIR ARKONCHI**
1 Yangi Turmush ✆ (362) 375 87 66
Fax : (362) 375 72 30
simurg-travel@sarkor.uz
34 chambres à 15 $ par personne, avec petit déjeuner. Dîner 5 $ par personne. Le second hôtel Arkonchi, situé dans Dichan Kala, près de la porte nord, est une version « light » du premier, avec des chambres simples mais spacieuses et deux grandes salles de réception ornées de portraits du président Karimov et de tapis à son effigie. A condition de négocier un peu les tarifs (ce qui est quasiment impossible dans l'Arkonchi d'Ichan Kala), l'hôtel offre un rapport qualité-prix correct pour un bon emplacement. Accès Internet pour les clients de l'hôtel.

■ **ISLAMBEK**
60 Tashpulatov
✆ (62) 375 30 23 – (62) 375 23 46
Fax : (62) 375 63 09
www.islambekhotel.nm.ru
islambek_hotel@rambler.ru
21 chambres : simple : 15 €, chambre double 22 €, chambre triple 30 €. Tarifs incluant le petit déjeuner. Dîner sur commande de 3 à 5 € par personne. Aménagée en 2004 dans une maison de la vieille ville située à 50 m du bazar, ce très agréable hôtel doté d'une petite cantine, d'une salle de billard et d'une cour couverte pour des spectacles folkloriques demeure parmi les meilleurs rapports qualité-prix de la ville. Les chambres n'ont rien de spécial (un climatiseur tout de même !) et les salles de bains offrent le minimum, mais c'est propre et idéalement situé. Mention spéciale pour la superbe terrasse où les clients peuvent, en été, goûter un barbecue maison tout en admirant la vue imprenable sur Khiva, ses murailles et ses minarets. Pour trouver cet hôtel, dirigez-vous vers la porte est et bifurquez à gauche juste avant de sortir d'Ichan Kala, puis visez le panneau fléché. Islambek a ouvert une seconde adresse en 2009, à 50 mètres de la première. Le bâtiment neuf propose 13 chambres de style européen, aux tarifs légèrement inférieurs (simple 12 €, double 18 €, triple 26 €).

Confort ou charme

■ **HÔTEL ARKONCHI**
10 Pakhlavan Mahmoud
✆ (362) 375 22 30 – Fax : (362) 375 29 74
simurg-travel@sarkor.ru
Compter 20 à 35 $ par personne, avec petit déjeuner. Réservation conseillée. L'Arkonchi a longtemps été le must des hôtels de Khiva, situé dans Ichan Kala non loin de la porte ouest, mais un peu à l'écart de la grande rue, ce qui lui assure un calme appréciable. La cour arborée est très agréable en été. Les chambres de l'étage, avec balcon, ont une vue splendide sur la vieille ville, que l'on peut aussi contempler du haut d'une petite terrasse spécialement prévue à cet effet. Le tout est décoré dans un charmant style ouzbek. Néanmoins, l'hôtel a souffert de son succès, et le personnel est loin d'être très accueillant, surtout envers les individuels, au portefeuille en général moins gonflé, et qui sont éconduits vers le second Arkonchi, plus basique, dans Dichan Kala. Malgré ses 38 chambres, l'hôtel affiche souvent complet en saison. Enfin, le restaurant sert, sur commande, des plats traditionnels ou européens, aussi ne quittez pas Khiva sans avoir goûté le *plov* du cuisinier de l'hôtel. L'une des meilleures recettes du pays ! Il est possible de manger à l'hôtel Arkonchi même si vous n'êtes pas pensionnaire, à condition de réserver.

■ **HÔTEL MALIKA KEIVAK**
11 Islam Khodja
✆ (62) 375 77 87 – Fax : (62) 375 77 87
www.malikahotels.com
hotellola@yahoo.com
Chambre simple 60 $, double 90 $, pour 2 personnes, petit déjeuner compris. Déjeuner et dîner entre 6 et 8 $ par personne, sur com-

mande. Chambres sobres mais bien équipées comme dans toutes les adresses du groupe Malika. la cour centrale avec son *iwan* dominé par le minaret Islam Khodja est un petit havre de calme, profitez-en.

■ **HÔTEL ORIENT STAR KHIVA**
1 Pakhlavan Mahmoud
✆ (62) 375 47 13
Fax : (62) 375 49 45
orient-s-khiva@mail.ru
61 chambres, simples 35 €, doubles 60 €, petit déjeuner inclus. Les chambres aménagées dans la madrasa Mukhammad Amin khan ont été entièrement restaurées par Orient Voyage, le voyagiste ouzbek désormais propriétaire de l'hôtel. Les chambres évidemment ne sont pas très spacieuses mais proposent un excellent niveau de confort, chacune disposant d'une petite salle de bains avec douche ou baignoire. Au centre de la cour, le salon de thé extérieur pendant la haute saison jouit d'une jolie vue sur le haut du minaret jouxtant la madrasa. Il est ouvert à tous de 15h à minuit. Le restaurant de l'hôtel se trouve dans la madrasa Matiyoz Divanbeg, située juste à l'est de l'hôtel. Décor oriental, plats ouzbeks et européens.

■ **MALIKA KHIVA**
19 P. Kori ✆ (662) 375 26 65
www.malikahotels.com
booking-malika@mail.ru
35 chambres à 50 $ pour les simples et 80 $ pour les doubles, petit déjeuner inclus. Cet établissement du groupe Malika a fort opportunément choisi son emplacement : juste face à la porte ouest, l'entrée principale de Khiva. Les chambres sont toutes très confortablement équipées avec TV, air conditionné et des baignoires pour les chambres doubles. La salle de restaurant n'a rien de particulier si ce n'est, pour une fois en Ouzbékistan, de ne pas se trouver en sous-sol et d'être assez lumineuse, avec vue sur le bassin et l'entrée ouest de Khiva. On y mange très convenablement pour 6 à 7 $. Si vous souhaitez réserver, sachez que les chambres 26 et 30, à l'étage, ont la vue sur la porte ouest de Khiva.

Luxe

■ **HÔTEL SHAHEREZADA KHIVA**
35 Islam Khodja ✆ (62) 375 95 65
Fax : (62) 375 95 39
www.khivashaherezada.com
Chambres 50 à 100 €. Magnifique petit hôtel situé à 50 m en face de l'entrée sud d'Ichan-Kala entièrement refait par son propriétaire et son frère qui sont menuisiers de profession. Et cela se voit : toutes les poutres sont travaillées à la main dans le plus pur style local ; chaque détail sent le ciseau ou le rabot et le dur labeur de l'ouvrier qui n'utilise pas de machines. Le confort est simple mais l'ambiance est très familiale et toute la famille de Shavkhat saura vous faire passer un très agréable séjour dans un charmant hôtel.

Bars et restaurants

■ **BIR GUMBAZ TEA HOUSE**
✆ (62) 375 30 26
Face au Kalta Minor. Ouvert tous les jours 8h à 23h. Un cadre agréable dans une madrasa décorée de quelques souvenirs à vendre. *Plov, mantys* et salades aux menus. Tarifs un peu excessifs mais les portions sont convenables et l'accueil très sympathique. Petite terrasse sur la rue principale, idéale pour une pause et un café turc.

■ **KHOREZM ART RESTAURANT**
Madrasa Allah Kulikhan
✆ (62) 375 79 18 –bektur@mail.ru
Un « vrai » restaurant, au style européen et éclairé par une jolie lumière naturelle. Nombreuses spécialités de Khorezm et d'Ouzbékistan, mais l'ensemble est un peu cher au regard des portions proposées. Spectacles occasionnels.

■ **RUSMAT AKA**
✆ (62) 375 62 60
Au coin sud-ouest des rues Qodir Yaubov et Tinchlik, à deux pas des murailles. Une très jolie salle à l'étage de l'immeuuble et certainement le meilleur rapport qualité-prix de Khiva. Compter de 8 000 à 10 000 soums pour un repas complet comportant moult salades, soupe, *mantys* et corbeille de fruits. Le tableau serait impeccable s'il s'agrémentait d'une vue sur la ville. Mais on l'oublie vite au regard du festin sur la table.

Points d'intérêt

Ichan Kala, la forteresse intérieure

L'entrée d'Ichan Kala est payante, ouverture des musées et minarets de 8h à 17h si vous y entrez par la porte principale (Ota Darvoza, la porte ouest). 6,5 € et de 3 € pour les appareils photo. Si vous entrez par l'une des trois autres portes, vous ne paierez aucun droit d'accès mais devrez vous acquitter d'un billet à chaque visite de site à l'intérieur des murailles.

Forteresse d'Ichan Kala

Le billet comprend les visites des mosquées et madrasas, du harem et des palais. Vous devrez payer un supplément pour grimper aux minarets Jumi ou Islam Khodja (1 €), sur les murailles (1 €) ainsi que pour la visite du mausolée Pakhlavan Mahmoud (0,50 $). Elevée en 1967 au statut de musée à ciel ouvert par les soviétiques, la vieille ville de Khiva a été vidée de ses habitants et entièrement restaurée. En pleine saison, lorsque la fréquentation touristique est à son comble, Ichan Kala accueille une clientèle japonaise, allemande, française... La nuit, quand les ruelles se vident et que la lune projette un éclairage blafard, la magie envoûtante de l'Orient reprend le dessus et Khiva retrouve son véritable visage, celui d'une fascinante ville fortifiée des XVIIe-XIXe siècles. Long de 600 m et large de 400 m, le territoire d'Ichan Kala est un savant puzzle où, au long des siècles, les architectes ont dû faire preuve de tout leur talent, en imbriquant toujours plus de bâtiments. Ichan Kala est entourée d'une muraille de terre séchée et de briques crues. Longue de plus de 2 km, elle atteint 8 m de hauteur pour 6 m d'épaisseur. Les archéologues font remonter l'origine de ses murs de fortification au Ve siècle, mais ce fut le fils d'Annusha Khan, Arang Khan, qui, en 1686, en édifia la plus grande partie. Par la suite, les murailles furent détruites et reconstruites au rythme des attaques nomades, perses ou russes. La portion ouest de la ville intérieure fut restaurée sous les soviétiques. Quatre portes donnant sur les principales routes commerçantes permettaient aux caravanes d'entrer dans la ville.

■ JUMA MASJID, MOSQUÉE DU VENDREDI

Toujours en allant vers l'est et sur le côté droit de la rue. De l'extérieur, rien, ou presque, ne permet de deviner le caractère grandiose de la mosquée du Vendredi. La monotonie d'un long mur aveugle est interrompue par une imposante porte à deux battants, en bois finement travaillé, un minaret élancé de 33 m de haut domine l'ensemble. L'intérieur est plus que surprenant : une forêt de colonnes de bois sculpté soutient le plafond de la mosquée. Chaque pilier semble avoir son histoire, l'un des plus célèbres étant celui provenant d'Inde. Sa décoration est abstraite, comme le veut l'islam, mais on y devine toutefois une représentation humaine. En prenant le temps d'étudier les diverses ornementations, on pourra y découvrir des symboles zoroastriens, des représentations du Bouddha, etc. Les riches pèlerins ou les marchands venant en affaires à Khiva offraient parfois à la mosquée une colonne sculptée dans le style de leur ville, qui venait ainsi remplacer une autre colonne trop âgée. Les plus anciennes, une quinzaine en tout, datent des Xe et XIe siècles. Au total, la mosquée compte 213 colonnes, toutes d'âges et de motifs différents. Certaines, provenant parfois d'autres bâtiments, ont dû être rallongées ou raccourcies. Elles reposent sur une base de marbre sculpté, leur assurant une stabilité et les protégeant de l'humidité du sol. L'architecture de la mosquée Juma correspond au style archaïque des premières mosquées qui étaient des lieux de rassemblement. On y commentait le Coran, mais on y discutait aussi d'autres questions relatives à l'organisation de la vie sociale des croyants. Le mihrab est

placé au centre de l'immense salle longue de 55 m et large de 45 m. La lumière pénètre par deux ouvertures octogonales percées dans le plafond. A la suite d'une restauration récente et plutôt malheureuse, les ouvertures de verrières ont été obturées et remplacées par des lampadaires.

■ KALTA MINOR OU « MINARET COURT »

Situé à l'extérieur de la madrasa, au coin est de sa façade, Kalta Minor devait être le minaret le plus élevé du monde musulman, culminant à 70 m, hauteur qui ne fut jamais atteinte, les travaux ayant été abandonnés après la mort du khan alors que le minaret atteignait tout juste 29 m. Selon la légende, le khan de Boukhara, apprenant le projet de son rival de Khiva et ne pouvant souffrir de vivre à l'ombre d'un minaret plus grand que le minaret Kalon (on racontait que lorsqu'il serait achevé, on pourrait apercevoir Boukhara de son sommet), projeta de faire enlever l'architecte pour qu'il vienne élever un minaret encore plus grand dans sa ville. Ce qu'apprenant, et afin que son savoir ne profite à personne d'autre, le khan de Khiva décida d'assassiner l'architecte sitôt son travail achevé. Le khan de Boukhara mûrissant le même projet, l'architecte finit par s'enfuir sans demander son reste, et le minaret resta tronqué à tout jamais. Le « minaret court » ne s'élève donc qu'à 26 m, le diamètre de sa base mesure 14 m, et il est entièrement et superbement décoré de majolique verte et bleue mariée au vert si particulier de Khiva. On ne peut d'ordinaire y monter car le lieu est fermé aux touristes, mais vous pouvez tenter votre chance auprès du personnel de l'hôtel.

■ KOSH MADRASA

A l'ouest, la madrasa Koutloug Mourad Inak, construite entre 1804 et 1812, sous le règne de Koutloug Mourad Inak, par le grand-père d'Allah Kouli Khan. Le khan Koutloug Mourad Inak désirait être enterré dans sa madrasa, mais la mort le surprit alors qu'il se trouvait dans Dichan Kala, la ville extérieure. La loi interdisant de faire entrer un mort dans l'enceinte de la ville intérieure, Allah Kouli Khan trouva une issue à ce problème de « frontières » en faisant abattre les murs de la cité qui séparaient la madrasa de la ville extérieure. Plus rien ne s'opposait à ce que le khan soit enterré dans le vestibule de sa madrasa. C'était la première madrasa de Khiva à posséder deux étages de cellules. Autre particularité, elle est construite sur une autre madrasa datant de 1688 : la madrasa Khodjamberdibi qui, lors de la nouvelle construction, fut aménagée et rebaptisée Khourdjoum. On lui ôta les coupoles et le portail, puis on fit percer un passage en son milieu. Elle sert maintenant de terrasse au portail de la madrasa Koutloug Mourad Inak. Les arcs des cellules sont visibles à l'avant de la grande madrasa. Le large puits souterrain situé dans sa cour alimentait en eau pure toute la cité intérieure. Aujourd'hui, les enfants viennent repêcher les billets que les pèlerins y ont jeté et personne ne boit plus de son eau. En saison, un marionnettiste propose son petit spectacle aux touristes à l'intention desquels quelques bancs ont été disposés dans la cour. La madrasa Allah Kouli Khan fut construite en 1834 face à celle de Koutloug Mourad Inak, formant le couple traditionnel des *kosh* madrasas. L'une des plus grandes de la ville, elle accueillait la bibliothèque de Khiva. A cette époque, Allah Kouli Khan souhaitait réorganiser entièrement l'entrée est de la ville. Il fit abattre l'enceinte de la cité intérieure et fit construire tout un ensemble de bâtiments commerciaux et religieux, déplaçant ainsi le centre de la ville à proximité du palais Tash Khauli. Le nouvel ensemble comportait un immense caravansérail, un tim (marché couvert), des bains ainsi qu'une madrasa et une mosquée. Le caravansérail a été transformé en supermarché par les soviétiques. Une curiosité ! Il donne sur un tim à 14 coupoles. Une galerie à 6 coupoles longe la madrasa Allah Kouli Khan et conduit à Palvan Darvosa, la porte est, qui s'ouvre sur la ville extérieure et le bazar.

© JEFF JONES - ICONOTEC

Détail du Kalta Minor

OUZBÉKISTAN

Mausolée Pakhlavan Makhmoud et minaret Kalta Minor

La madrasa Allah Kouli Khan n'a de vraiment intéressant que son majestueux portail d'un bleu profond. A l'intérieur, autour d'une cour rectangulaire de 30 m sur 34, les cellules se répartissent sur deux étages, comme dans la madrasa Koutloug Mourad Inak.

KOUNIA ARK

La vieille forteresse ouvre ses portes sur le côté ouest de la place centrale. Le site du palais fortifié fut habité dès le Ve siècle. Pendant plus d'un millénaire, plusieurs palais furent périodiquement détruits et reconstruits au même endroit. La plus ancienne construction encore debout est la tour Ak Sheik Bobo, datant du XIIe siècle. Au XVIIe siècle, Arang Khan, le fils d'Anusha Khan, fit construire autour des ruines de cette tour fortifiée une salle du trône et les murailles protégeant le palais de l'extérieur comme de l'intérieur de la ville. L'ensemble fut détruit au XVIIIe siècle. C'est sous Altuzar Khan, le fondateur de la dynastie des Kungrad au début du XIXe siècle, que fut entamée la construction du palais actuel. La résidence officielle des khans de Khiva comprenait plusieurs cours intérieures où se trouvaient la mosquée, la garde, la chancellerie, la salle du trône, ou Kurinish Khana, la Monnaie et le harem. L'espace vide qui se trouve derrière les grandes portes du palais comprenait autrefois différentes cours intérieures. Dans la première, les visiteurs faisaient antichambre, dans la seconde se tenait la garde, puis venait la chancellerie. A la droite de cette grande cour, aujourd'hui désertée mais en cours de restauration, se trouve la mosquée d'Eté (1838). Son immense *iwan* à six colonnes aux murs recouverts de majolique bleue est d'une époustouflante beauté : des carreaux vernissés aux arabesques végétales et dessins géométriques réalisés par des maîtres artisans renommés du XIXe siècle, Abdullah et Ibadulla Djinn. La Monnaie, située au fond de la cour intérieure, est aujourd'hui transformée en musée. Au XIXe siècle, travailler dans la finance à Khiva n'avait qu'un lointain rapport avec la vie d'un « golden boy ». Afin que leurs connaissances ne se dispersent, ceux qui y frappaient les pièces étaient prisonniers dans la vieille citadelle, et n'en sortaient qu'après leur mort. C'est dans la seconde cour intérieure, Kurinish Khana, construite en 1804, que le khan recevait ses sujets à l'abri de hauts murs. La salle du trône proprement dite consiste en une longue pièce vide aux hauts plafonds. Le trône en bois plaqué de feuilles d'argent, qui se trouvait dans la grande niche au fond de la pièce, a malheureusement été « émigré » en Russie, et les autorités ouzbeks s'efforcent de le rapatrier. Des panneaux en *gantch* (bois) sculpté et doré décorent les murs et le plafond est, lui aussi richement décoré de motifs géométriques polychromes. L'*iwan* à deux colonnes, ouvert vers le nord pour profiter des vents plus frais durant les mois chauds, est décoré de majolique aux couleurs froides réalisées avec de la poudre de cobalt pour le bleu ou de cuivre pour le vert. Le plafond est, à l'inverse, décoré de couleurs chaudes, jaune et rouge, symboles zoroastriens du soleil et du feu. Le soleil ou les étoiles, souvent symbolisés sur les plafonds, consacrent le khan comme intermédiaire entre la terre et le ciel, donc Dieu. Les portes de bois ainsi que les colonnes sont entièrement sculptées. Leur base évasée et creusée permettait de les enfoncer sur leur socle de marbre ou de bois, en isolant le bois de la pierre avec de la laine de chameau aux propriétés, disait-on, antisismiques. Les bases des deux colonnes de l'*iwan* sont en marbre gravé ; sur l'un des deux blocs on peut lire un poème de l'historien khivite Agekhi. La yourte dans laquelle le khan aimait à recevoir certains de ses hôtes en hiver se dressait sur l'élévation de briques au milieu de la cour. Certains affirment que cet *iwan* était le harem, mais les appartements féminins se trouvaient en fait dans la partie nord de Kounia Ark. Construits à la fin du XIXe siècle par Muhamad Rakhim

Khan II, ils sont malheureusement fermés au public. Depuis l'intérieur de Kounia Ark, on accède par un petit escalier à Ak-Cheikh-Bobo, « la tour du cheik blanc », construite au XIIe siècle et ainsi nommée en souvenir du cheik qui y vécut au XIVe siècle. A la fois résidence royale, tour de garde et tour de guet, elle offre, à partir de ses *iwan* en étage, une vue panoramique. On embrasse du regard tous les monuments d'Ichan Kala et, vers l'ouest, une partie de Dichan Kala.

MADRASA ET MINARET ISLAM KHODJA

Le plus haut minaret de Khiva (44,50 m) fut construit en 1910 par le vizir d'Isfandiar Khan, Islam Khodja. Il s'agit d'une des dernières réalisations architecturales islamiques en Asie centrale. Le minaret avait un triple rôle : religieux (le muezzin y appelle à la prière), militaire (comme le minaret Kalon de Boukhara, il constitue un poste d'observation idéal pour prévenir les fréquentes attaques) et celui d'être un point de repère idéal pour qu'on ne se perde pas dans le désert ni... dans une ville pleine de méandres. Sa forme élancée et ses anneaux colorés rétrécissant vers le sommet le feraient presque paraître plus grand que le minaret Kalon, alors qu'il lui cède encore près de 4 m. Pour avoir Khiva à vos pieds et une vue sur le désert environnant, prenez votre souffle, le minaret compte 120 marches. La madrasa Islam Khodja, bâtie en 1908, est de petite taille, seule la façade présente deux niveaux afin de s'harmoniser avec le puissant minaret. Le vizir Islam Khodja était un réformateur mais il avait le malheur de servir Isfandiar Khan à la réputation sulfureuse. Il réussit tout de même à construire un hôpital, à faire installer le télégraphe à Khiva, mais fut assassiné quand il tenta de réformer le système d'éducation. La madrasa abrite aujourd'hui le musée des Arts appliqués où sont exposés boiseries, tapis, tentures... On fait le tour de la madrasa par l'intérieur, en passant d'une cellule à l'autre. Avant de sortir, ne manquez pas, à gauche, la petite expo-vente de « bijoux anciens ». En tournant à droite après le minaret, on débouche dans une rue parallèle à la rue principale, elle aussi bordée de chaque côté de madrasas et menant au mausolée Pakhlavan Makhmoud. A droite, au commencement de la rue, la madrasa Atajanbay (1884) abrite un petit atelier de boiserie. Elle est flanquée de la madrasa Mazar-i-Sharif (1882), à laquelle elle est reliée par un passage intérieur. La madrasa Mazar-i-Sharif abrite également un atelier de boiserie et de sculpture sur bois. L'une comme l'autre sont très peu décorées, à l'exception de quelques jeux de briques vernissées vertes sur les portails.

MAUSOLÉE PAKHLAVAN MAKHMOUD

Pahlavan Makhmoud (1247-1325) est le saint patron de la ville. Un personnage hors du commun : fourreur de son état, c'était aussi un lutteur hors pair et un poète. Issu de la tribu des Kungrad, il est considéré comme le fondateur spirituel de la dynastie.

Détail architectural de la madrasa Islam Khodja

Son tombeau fut construit à l'emplacement de son atelier de fourreur et, en 1810, il fut inclus dans le mausolée dynastique des khans kungrad. Un haut portail conduit à une cour intérieure sur laquelle donnent la *khanaka* surmontée d'un tambour et d'une coupole bleue turquoise, une mosquée d'été et des bâtiments annexes qui abritent les tombeaux de la mère et du fils d'Isfandiar Khan. Dans la cour se trouve aussi un puits où viennent boire les jeunes mariés désirant un enfant. Les majoliques qui décorent l'intérieur de la *khanaka* sont d'une beauté époustouflante. Les parois et la coupole sont entièrement revêtues d'arabesques végétales bleues et blanches dans lesquelles sont insérées des poésies de Pahlavan Makhmoud. Ces majoliques furent réalisées par le fameux Abdoullah Djinn. La tombe de Pahlavan Makhmoud se trouve dans une pièce attenante, située à gauche de la grande salle. Les pèlerins viennent se recueillir devant la grille ajourée qui protège son tombeau. Les tombes des khans Abdoul Gazi (1663), Anoucha (1681) et Muhammad Rakhim sont placées dans la *khanaka*.

■ MADRASA MOHAMMED AMIN KHAN

Construite en 1851, sous le règne du khan Mohammed Amin, c'était l'une des plus grandes madrasas d'Asie centrale, dotée d'une cour carrée de 38 m de côté pour un bâtiment qui mesure au total 72 m sur 60. Une construction à l'image du khan, le plus illustre dirigeant de Khiva : il conquit Merv et imposa sa loi aux belliqueux Tekke avant de mourir décapité au cours d'une bataille sur la frontière iranienne, laissant Khiva livrée aux attaques nomades pour les décennies suivantes. L'impressionnant bâtiment nécessita que, pour lui faire place, on détruise une partie des murs de fortification. Les cent vingt-cinq cellules réparties sur deux niveaux accueillaient deux cent soixante étudiants jusqu'en 1924. Les tympans du haut portail ainsi que des deux étages de cellules de la façade sont décorés de motifs de majolique bleue. La construction de la madrasa offrait aux historiens soviétiques une illustration de la lutte des classes sous les khans. En effet, au bout de deux années d'un épuisant travail, les ouvriers qui, bien sûr, ne percevaient aucun argent, se révoltèrent : la plupart étant paysans, ils ne pouvaient plus s'occuper de leurs champs et la famine guettait. La révolte fut réprimée à la khivienne : Matiakoub, le meneur de la rébellion, fut enroulé dans une peau de bête humide et enterré vivant sous les fondations du minaret. L'histoire récente de la madrasa n'est pas forcément plus gaie, puisque les soviétiques en firent une prison dans les années 1930 et 1940. Aujourd'hui, la madrasa est devenue l'hôtel Khiva et peut accueillir une centaine de touristes.

■ MADRASA MUHAMAD RAKHIM KHAN (1871)

Face à l'entrée du palais, de l'autre côté de la place, se trouve la madrasa du khan poète, connu sous le pseudonyme de Firuz. L'immense portail de la madrasa donne sur une première cour entourée d'un étage de cellules, un espace destiné aux commerçants qui abrite aujourd'hui des échoppes d'artisans et des boutiques de souvenirs. La construction suit le plan carré traditionnel

Ruelle et remparts à Khiva

mais se caractérise par un passage à voûte à 8 coupoles, le plus grand de Khiva. Par un second portail, la première cour mène vers l'intérieur de la madrasa, qui abrite un musée consacré à Ferouz, et une exposition relative au khanat pendant le XIXe siècle. Dans la seconde cour, une famille d'équilibristes propose des petits spectacles. De retour dans la rue principale, du côté droit après la madrasa Matniyoz Divanbeg transformée en restaurant de l'hôtel Khiva, on arrive au mausolée Sayyid Alla Uddin, du XIVe siècle. Il s'agit du plus ancien monument de Khiva. Un mausolée à coupole et portail fut édifié au début du XIVe siècle autour du tombeau du cheik soufi Said Alauddin mort en 1303. Une ziatkhona, petite pièce par laquelle on accède au tombeau, lui fut adjointe sous Allah Kouli Khan, au XIXe siècle. La tombe couverte de majolique aux motifs végétaux bleus et blancs est l'œuvre d'Amir Kulal, un céramiste de Boukhara qui aurait du être enterré aux côtés du cheik mais qui mourut à Boukhara et y resta. Malgré la présence de deux tombes, un seul corps repose dans le tombeau. En sortant du mausolée et en continuant vers l'est, on parvient à la madrasa Kozi Kalon (1905) qui abrite un musée de la musique consacré aux artistes du Khorezm, comme la chanteuse Olmakhon Khaiotova.

OTA DARVOZA

« Les portes du Père », ou portes de l'Ouest, étaient les portes principales de la ville. Elles abritaient un bazar et accueillaient aussi les changeurs. Détruites en 1920, elles furent restaurées en 1975 par les soviétiques. C'est en général par ces portes que les touristes débutent leur visite de la vieille ville et y achètent les billets qui leur donnent accès à l'ensemble des monuments à l'intérieur (excepté l'accès aux minarets et aux tours de guet).

POLVON DARVOZA

« Les portes géantes », ou portes de l'Est, construites entre 1806 et 1835, sont les plus anciennes de la ville. Un passage voûté à 6 coupoles conduit vers la vieille ville. A gauche des portes, faisant face à Ichan Kala, se tenait le marché aux esclaves. En retrait, dans les niches aménagées de chaque côté du corridor, les esclaves qui avaient tenté de s'évader étaient enchaînés en attendant de connaître un sort fatal : c'est en face de ces portes, devant le marché, que les condamnés étaient battus ou mis à mort à partir de 1840.

TASH KHAULI

En face de l'entrée du caravansérail, se trouve celle du harem de Tash Khauli, le « palais de pierre », qui, jusqu'à récemment, servait aussi d'entrée au palais. Après quelques travaux, celui-ci est de nouveau accessible par son entrée habituelle, dans une ruelle à gauche juste après la madrasa Koutloug Mourad Inak. Citadelle au cœur de la ville intérieure, Tash Khauli, a été construit de 1831 à 1841. Derrière de hautes murailles, le khan se fit bâtir ce nouveau palais comprenant une salle d'audience, des bâtiments administratifs, les appartements royaux et un harem. Nurmuhamad Tadjikhan, le malheureux architecte qui signa ce superbe ouvrage, connut un sort peu enviable mais fréquent dans sa profession. Il eut l'insolence de dire au khan qu'il était impossible de terminer le palais en deux ans ; en représailles, le khan décida de le faire empaler. Son successeur promit sans doute d'être plus rapide, mais il mit tout de même huit ans à achever l'ouvrage. Les artisans du Khorezm étaient réputés pour la qualité de leurs décorations en majolique et leur travail du bois ; les *iwan* du harem, aussi bien que ceux de la salle des jugements et de la salle des audiences, sont la meilleure illustration de leur parfaite maîtrise. A partir de 1841, le « palais de pierre » devint la résidence principale du khan de Khiva.

Le harem. Ses cinq hauts *iwan* à simple colonne donnent sur une longue cour intérieure bordée d'une enfilade d'appartements d'été et d'hiver. Cinq *iwan*, un pour le khan et les quatre autres pour chacune de ses femmes… Le chiffre a fait rêver plusieurs générations de touristes, mais il est très classique et ne prend pas en considération les captives qui logeaient en vrac dans les pièces entourant la cour, ni les occasionnels droits de cuissage dont abusait le dernier khan, Asfandiar Khan. Les appartements du khan et de ses femmes présentent tous la même architecture : un haut *iwan* ouvert en direction du nord-est, pour éviter les cuisants rayons de soleil des mois d'été, et une petite pièce attenante censée garder une température supportable pendant les mois d'hiver. Les esclaves et les membres de la famille des femmes du khan vivaient dans les pièces et les petits *iwan* bordant la cour intérieure. L'ensemble fut décoré par les meilleurs artisans de l'époque, au talent desquels nulle partie de la construction ne semble avoir échappé : ni les fenêtres ajourées des pièces d'hiver, ni les colonnes de bois finement ciselé, ni les caissons de bois des plafonds peints de motifs géométriques.

Les parois des *iwan*, entièrement décorés de majolique bleue et blanche, sont dus au maître artisan Abdoullah Djinn qui réalisa aussi la mosquée de l'Ark. La ressemblance de style est évidemment frappante, mais les proportions sont ici plus importantes. Là encore, les murs des *iwan* sont peints de couleurs froides alors que les plafonds présentent des couleurs chaudes. Les motifs de majolique des cinq *iwan* sont tous différents. Au fond du harem s'ouvre une salle au plafond soutenu par dix colonnes de bois ; elle abrite le musée de l'Artisanat. Pour accéder à la partie publique du palais où se trouvent la salle d'audience, la salle du trône et le tribunal, il faut ressortir et pénétrer dans la ruelle qui passe entre le harem et la madrasa Koutloug Mourad Inak. La porte se trouve un peu plus loin sur la droite.

La salle d'audience et le tribunal. A droite en entrant dans le palais, un corridor mène vers la salle d'audience, ou *ishrat khauli*. Le carrosse noir exposé au fond du couloir est un présent de Nicolas II à son vassal oriental, le dernier khan de Khiva, Asfandiar Khan. Celui-ci souffrait d'une maladie honteuse et son médecin, qui devait tenir à sa tête, lui aurait dit que la seule façon de se soigner était de consommer de la pucelle... Il avait l'habitude de circuler en ville dans ce carrosse, que les habitants avaient surnommé « la mort noire ». La salle d'audience est une cour carrée flanquée au sud d'un *iwan* à une colonne aux décorations tout aussi admirables que ceux du harem, toujours l'œuvre d'Abdullah Djinn, le génie qui réalisa également la décoration du mausolée Pakhlavan Makhmoud. Deux emplacements pour des yourtes permettaient de recevoir les invités en hiver. En traversant un dédale de corridors on débouche dans la salle du tribunal, ou arz khauli. Et pour ceux qui n'ont pas admiré les majoliques des *iwan* du harem ou de la salle de réception, celles de l'arz khauli offrent une époustouflante séance de rattrapage. La cour possédait deux sorties, l'une pour les acquittés, l'autre pour les condamnés. Le khan recevait parfois dans une yourte placée sur une élévation en brique au milieu de la cour. Au fond de la cour, une petite porte mène vers des galeries sombres où sont exposées portes et colonnes récupérées dans plusieurs monuments de Khiva.

Porte nord et remparts en pisé à Khiva

Dichan Kala, la ville extérieure

La densité de monuments à l'abri des murailles d'Ichan Kala en ferait oublier l'existence de la ville extérieure, qui n'est pourtant pas en reste. En 1842, plus de 20 000 réfugiés du Khorassan affluèrent au Khorezm. Cet apport de main-d'œuvre permit à Muhamad Yakoub Mekhtar de faire construire la muraille qui entoure la ville extérieure à une vitesse record, à peine un mois ! Il n'en reste aujourd'hui que trois portes.

PALAIS DE NOUROULLAH BEY

Il fut construit, une dizaine d'années avant l'arrivée des bolcheviks, par Muhammad Rahim Khan, dit Firouz. Un peu comme au palais Sitori-i-Mokhi-Khoza, le mariage des styles orientaux avec le luxe de Saint-Pétersbourg est détonnant et témoigne de la fascination exercée sur les derniers khans par la vie fastueuse des tsars. Le palais, entièrement clôturé de murailles, se compose d'un grand jardin dans le quart nord-ouest, d'une vaste salle de réception, des salons officiels, des appartements du khan. Au total, plus d'une centaine de pièces, des galeries dans tous les sens, des cours bordées d'*iwan*... Une splendeur déserte où les décorations dorées des salles immenses et vidées de leurs meubles donneraient presque le tournis. Toujours dans Ichan Kala, face à ses portes ouest, se dresse le minaret Bikadjan Bika, datant de 1894 et mesurant 20 m. Il surplombe un petit cimetière où repose la tombe d'un saint, cheik Kalandar Bobo, ornée des traditionnelles perches. Le mausolée date du XVIe siècle.

RÉPUBLIQUE AUTONOME DE KARAKALPAKIE (KARAKALPAKSTAN)

NOUKOUS

Cette ville de poussière est peu attirante, pourtant elle renferme un véritable trésor. Le musée des Beaux-arts, baptisé Igor Savitsky, abrite l'une des plus belles collections de maîtres de l'avant-garde soviétique et est protégé par l'Unesco. Le musée possède aussi un important fonds d'artisanat karakalpak et d'antiquités du Khorezm. On peut se rendre d'Ourgench à Noukous en voiture et visiter en route de nombreux sites archéologiques. Depuis 1998, certaines agences de voyages, comme Tasnim ou Khorezmintourist, ont compris l'intérêt touristique de cette région et proposent des tours sur ces sites. Karakalpaktourism les connaît tous et peut aussi organiser des visites. On peut enfin s'adresser à Marinika Babanazarova, la directrice du musée de Noukous, qui connaît tout le monde.

Transports

- **Avion.** Des vols intérieurs quotidiens relient Tachkent à Noukous, la capitale de la Karakalpakie.
- **Bus ou taxi.** Les bus pour Noukous partent du bazar d'Ourgentch. Plus on avance en direction de la Karakalpakie, plus les trajets deviennent longs. En descente, les bus dépassent hardiment les 40 km/h et un trajet sans panne d'aucune sorte tient du miracle. Les taxis partagés partent également du bazar, mais n'importe quel hôtel de Khiva ou d'Ourgentch peut vous trouver une voiture avec chauffeur si vous désirez faire l'aller-retour dans la journée.
- **Train.** Encore plus difficile qu'en bus, et vraiment réservé aux aficionados de la locomotive. Les horaires et les départs sont aléatoires ; renseignez-vous à Ourgentch.

Pratique

Pour les guides locaux, la meilleure solution désormais est de vous adresser au nouveau B&B ouvert légèrement derrière le musée Savitsky. Le B&B Noukous Jipek Joli propose effectivement de nombreuses excursions en plusieurs langues dans et en dehors de la ville, ainsi que des vélos de location. Possibilité également de programmer des journées à Moynaq pour visiter l'ancien port de pêche ouzbek sur la mer d'Aral.

KARAKALPAK TRAVEL & EXCURSIONS BUREAU
41 rue Berdax ✆ (998 61) 509 68 09
Fax : (998 61) 222 17 44
araltour@yandex.ru.

Hébergement

HÔTEL NOUKOUS JIPEK JOLI B&B
4 K. Rzaev ✆ (61) 222 11 00
Fax : (61) 222 85 00
www.ayimtour.com
jipek_hotel@rambler.ru
Ouvert toute l'année. 13 chambres de 2 à 3 lits. Chambre simple 20 $, double 30 $, en luxe 30 et 40 $. Petit déjeuner inclus. Ajoutez 10 $ pour avoir une chambre avec salle de bains individuelle. Impeccablement situé derrière le musée Savitsky. Ce nouvel établissement jouit d'un charme et d'un confort certains. Les chambres sont équipées de la télévision et de l'air conditionné. L'unique adresse valable de Noukous, mais encore un peu chère.

HÔTEL TACHKENT
59 Berdakha ✆ (6122) 7 32 59
Fax : (6122) 7 09 14
15 $ la nuit. Paiement en soums. Un hôtel soviétique typique laissé à l'abandon et qui attend toujours une improbable rénovation. Les étrangers sont logés au 10e étage, où ils payent 10 à 15 $ selon l'humeur de la réceptionniste (contre moins de 5 $ pour le tarif ouzbek) pour jouir de chambres glauques aux salles de bains impraticables dont on se demande toujours comment elles peuvent être perpétuellement inondées alors qu'aucune goutte d'eau n'a plus déposé son calcaire sur les joints du robinet depuis plus d'une décennie ! Oubliez également l'ascenseur et le petit déjeuner. La reponsable d'étage pourra néanmoins vous apporter du thé ou du café. Cet hôtel reste la solution la moins chère à Noukous, alors prenez les choses du bon côté et jouissez de la vue sur la ville. Si vous prenez un train tôt le matin, songez que l'hôtel est cadenassé et qu'il vous faudra localiser « l'administrateur » et le réveiller pour qu'il vous ouvre, ce qui peut prendre un certain temps.

Passer de Noukous au Kazakhstan

Des trains assurent la liaison entre Kongrat et Beyneu, au Kazakhstan, deux fois par semaine. Vous pouvez acheter votre billet à la gare de Noukous. Des minibus partent tôt le matin de la gare à destination de Kongrat, de manière à être à l'heure pour le train. Pour les touristes, cette voie n'est pas très empruntée mais ne pose aucun problème particulier si vous êtes en règle et que vous disposez d'un visa Kazakh. Beyneu est un nœud ferroviaire d'où vous pouvez rejoindre la mer Caspienne ou aller vers l'intérieur du pays via Aralsk puis le sud ou le nord. L'arrivée à Beyneu se fait en général de nuit, et une foule dense vous rendra probablement l'achat d'un billet quasi impossible. Vous pouvez néanmoins tenter d'embarquer dans votre train sans billet, moyennant un backshish au contrôleur qui s'arrangera pour vous trouver une place ou vous laissera vous asseoir sur votre sac dans un couloir. Une fois arrivé à destination, n'oubliez pas que, contrairement à l'Ouzbékiztan, le Kazakhstan impose toujours l'enregistrement du visa auprès des services officiels dans les trois jours suivant votre entrée dans le pays.

Restaurant

■ OK-SOUN

Rue Gharezsislik

Restaurant coréen dans la cour d'une petite maison. Dans cette même rue, se trouvent nombre de *tchaïkhana* et petits restaurants.

Point d'intérêt

■ MUSÉE DES BEAUX-ARTS DU KARAKALPAKSTAN

127 Doslyk prospekt

✆ (61) 222 25 56

www.savitsky.museum.uz

museum_savitsky@intal.uz

Entrée : 5 000 soums. Visite guidée : 3 000 soums. Appareils photos : 1,50 $ par photo jusqu'à 5 photos, 1 $ par photo au-delà (flashes interdits). Le musée possède une collection unique de tableaux de l'avant-garde et post-avant-garde soviétique rassemblée par Igor Savitsky. Malgré le risque d'être dénoncé comme anticommuniste et d'être déporté en Sibérie, il réussit à sauver plus de 90 000 œuvres d'artistes réprimés durant la période stalinienne, œuvres qu'il entreposa dans les archives du musée de Noukous. Noukous était loin de Moscou et de son pouvoir totalitaire, et les tableaux furent oubliés du monde, tel un trésor enfoui dans les sables du désert. Ils ne réapparurent qu'avec la perestroïka et, en 1988, une première exposition fut présentée au Musée russe de Saint-Pétersbourg. On peut y voir des œuvres de Robert Falk, Evguenni Lyssenko, Liubov Popova, David Chterenberg, Alexandre Volkov, Alexandre Nikolaev, dit Ousto Moumin, Vassili Rojdestvenski ou les œuvres de Sokolov lors de ses années passées au goulag… Ainsi qu'une collection de copies ayant appartenu à Fernand Léger et comprenant des œuvres comme le portail de la fontaine des Innocents. C'est un trésor qui justifie à lui seul le déplacement jusqu'à Noukous. Le nouveau bâtiment, très bien mis en valeur, est le fruit du travail acharné de Marinika Babanazarova, et a mis près de 20 ans à voir le jour. De nouvelles ailes devraient ouvertes, mais dans un délai impossible à définir à l'heure actuelle. Malgré la grande richesse de la collection exposée, soyez conscients que seuls 3 % du total des œuvres réunies par Igor Savitsky ont rejoint le musée. Le reste repose dans les locaux de l'ancien musée, que vous pourrez visiter sur rendez-vous moyennant la somme de 40 $, peu excessive au regard des trésors culturels qu'il renferme. Enfin la musée comporte un étage consacré à l'artisanat karakalpak. Là encore, il s'agit une collection unique de bijoux, tissus, vêtements : 8 000 pièces au total pour présenter ce peuple méconnu y compris en Ouzbékistan. Bref, un musée modèle, dont il faut espérer qu'il permettra un certain essor du tourisme dans une région isolée et en dehors des circuits habituels.

Dans les environs

■ NÉCROPOLE DE MIZDAKHAN

A 3 km au sud de Khodjeli et environ 30 km au sud de Noukous. Cette immense nécropole, vieille de plus de deux mille ans, abrite surtout des tombes musulmanes, mais aussi des tombes nestoriennes puisqu'on retrouva des croix gravées sur certaines constructions. La plupart des mausolées sont en ruine, certains sont en cours de restauration, comme ceux de Khalif Erdjep et de Bugar Jumart Kassab. Le mausolée de Nazlimkhan, construit au

XIVe siècle, est à moitié enfoui sous terre. Sa coupole intérieure est entièrement recouverte de majolique bleue, ses murs sont décorés de briques ciselées et vernissées bleu azur. On raconte qu'une jeune princesse et l'architecte du mausolée y sont enterrés ; ils étaient tombés amoureux l'un de l'autre lors de la construction du mausolée, mais le père de la princesse s'opposait à leur union. Désespérée, la princesse se jeta du haut de la coupole en construction et tomba au milieu du mausolée. Fou de douleur, le jeune architecte se tua lui aussi. Immense tombe longue de 17 m, le mausolée de Shamoun Nabi ne contiendrait, dit-on, que l'os de la jambe du saint homme. On raconte que c'est en fait un os de dinosaure ! Visible sur la colline voisine, la cité zoroastrienne de Giaour Kala était une importante étape sur les routes de la soie. Elle fut détruite par les armées mongoles.

MOYNAQ

La mer d'Aral, autrefois la quatrième étendue d'eau continentale, est partagée entre l'Ouzbékistan et le Kazakhstan. Au Kazakhstan, le port d'Aralsk, et en Ouzbékistan, celui de Moynaq, le plus grand de la mer d'Aral, étaient encore avant la Seconde Guerre mondiale des ports de pêche prospères. Moynaq abritait l'une des plus grandes conserveries de poissons de l'ex-Union soviétique. Lorsqu'en 1921, la famine frappa la Russie, Lénine mobilisa la flotte de pêche de la mer d'Aral qui sauva le pays de la disette. Aujourd'hui, la mer est vide. La saturation par les pesticides et engrais chimiques déversés dans cette poubelle marine n'a laissé aucune chance à la faune et à la flore qui, de toute manière, n'auraient pas survécu à l'élévation du degré de salinité de l'eau consécutif à l'abaissement du niveau de la mer. La catastrophe a commencé dans les années 1950 et s'est accélérée dans les années 1960, alors que les travaux d'irrigation massive liée à la culture intensive du coton battaient leur plein. Peu à peu, les deux fleuves qui alimentaient la mer d'Aral, l'Amou Daria et le Syr Daria, se firent de plus en plus minces, et de plus en plus pollués. En 1994, le niveau de la mer avait baissé de près de 20 m. Sa superficie est aujourd'hui réduite de plus de la moitié et son volume des deux tiers. La mer s'est scindée en deux parties : la petite mer à l'est et la grande mer à l'ouest. Entre les deux, désormais reliée à la terre, l'île de Vozrojdénié. Les Russes ont fait de cette île un terrain d'expérimentation d'armes chimiques et bactériologiques. Au moment de l'indépendance, l'île maudite conservait dans son sous-sol plusieurs centaines de tonnes de virus de guerre mortels et de bacilles du charbon. L'ensemble était supposé avoir été décontaminé et enfoui dans des fûts inoxydables mais, en 1995, une mission américaine découvrait quantité de spores du charbon encore actives à la surface de l'île. Alors que le niveau de la mer continue de baisser, l'île est de plus en plus au contact avec la terre ferme, et le danger de propagation par les oiseaux et les insectes est devenu suffisamment grand pour amener les Américains, en collaboration avec le gouvernement ouzbek, à nettoyer l'île en profondeur. Aujourd'hui l'île est interdite. Ce danger écarté, la pollution n'en n'est pas pour autant éliminée. Si la population de Moynaq s'est depuis longtemps exilée, ne laissant que quelques milliers d'habitants, c'est toute celle du Khorezm qui est aujourd'hui menacée.

La disparition de la mer a entraîné celle de la bulle d'évaporation qui se formait au-dessus de l'eau et protégeait toute la zone des vents froids du nord, de Sibérie. Ce n'est plus le cas désormais, et la température en hiver chute jusqu'à -40 °C. Les vents charrient le sel et les dépôts de pesticides dans tout le Karakalpakstan et le Khorezm, ruinant les récoltes, rendant la terre inculte, et abaissant le niveau et la durée de vie de la population. Pour ralentir la catastrophe, les habitants de Moynaq avaient creusé un canal. Côté gouvernement soviétique, on avait envisagé de détourner sur des centaines de kilomètres les eaux de fleuves russes. L'effondrement de l'Union soviétique a mis fin au projet. Bien que le gouvernement ouzbek ait pris conscience de la catastrophe écologique que constitue la disparition progressive de la mer, il ne dispose assurément pas des moyens nécessaires pour la prévenir. Même en tâchant de ralentir la fin, les spécialistes estiment qu'à l'horizon 2020, c'est l'ensemble de la mer qui aura disparu…

Transports

- **Bus ou taxi.** De Khiva, Ourgentch ou Noukous, des taxis proposent des allers-retours vers Moynaq. Encore une fois, ils ne connaissent pas toujours le chemin, et si vous arrivez de nuit, il n'y aura pas grand monde pour vous orienter. Les bus partent de Noukous vers Moynaq tous les jours, au départ de l'hôtel Tachkent entre 9h et 10h (1 800 soums, compter 4 heures de trajet).

Vous pouvez également depuis la gare de Noukous prendre un minibus vers Kongrat, et de là un autre bus pour Moynaq. Mais vous ne trouverez aucune solution d'hébergement à Kongrat. En sens inverse, un bus repart de Moynaq tous les matins vers Noukous.
Attention : ne placez pas vos bagages sur le toit : les pêcheurs de Moynaq y stockent le poisson allant vers le bazar de Noukous. Vous en garderiez une odeur indélébile.

Pratique

Téléphone. Un central téléphonique se trouve dans la rue principale. Les communications vers l'étranger y sont la plupart du temps d'une étonnante qualité. Il faut dire que le réseau à Moynaq n'est guère encombré.

Magasins. Un magasin est ouvert dans la rue principale, quelques dizaines de mètres avant l'hôtel Oybek. Il est irrégulièrement approvisionné et vend surtout de la farine, des pâtes et du riz. Au bout de quelques jours, vous aurez vidé toutes ses réserves de gaufrettes et de bouteilles d'eau. Prévoyez donc d'apporter des provisions en fonction de la durée de votre séjour. Le magasin ouvre en général en fin de matinée, mais peut rester fermé s'il n'est pas approvisionné. Si vous logez à l'hôtel Oybek, vous trouverez un petit magasin à la porte bleue toujours ouverte dans une ruelle de sable qui part à gauche en sortant.

Hébergement

HÔTEL OYBEK
30 Kazakhbaïev ✆ (61) 322 18 68
Au bout de la rue principale, juste après la bifurcation avec la route qui part à gauche vers le monument de la Seconde Guerre mondiale. L'hôtel se trouve dans le coude. Environ 3 $. Plutôt dérisoire quand on sait que ses chambres donnaient jadis sur la mer, mais c'est la seule possibilité d'hébergement à Moynaq. Le confort est très spartiate mais l'accueil est charmant. Les toilettes et la douche se trouvent dans le jardin de l'hôtel (évitez la douche, alimentée par l'eau de pluie stockée dans un vieux bidon rouillé). Pour un ou deux dollars de plus, vous aurez droit à la pension complète, seule solution de restauration dans cette ville qui ne compte aucun restaurant (évitez la soupe et contentez-vous des pommes de terre).

Point d'intérêt

CIMETIÈRE DE NAVIRES
Montez vers le Monument aux morts de la Seconde Guerre mondiale en prenant la route située entre le cinéma et l'hôtel Oybek. Les épaves qui, en 2008, ont toutes été réunies au pied du monument, posent sur les dunes des tâches de rouille. Cannibalisées pour consolider les toits et palissades de maison, elles n'offrent plus que le triste spectacle de squelettes de navires. En redescendant du monument et en traversant la ville, on arrive à l'ancienne conserverie derrière laquelle gisent encore quelques épaves isolées.

RÉGION DE BOUKHARA

BOUKHARA

Une ville oasis au cœur du désert rouge, le Kyzyl Kum, que l'on traverse en longeant l'Amou Daria en venant d'Ourgentch. La vie sédentaire y est apparue très tôt, grâce au fleuve Zeravshan et à d'intenses travaux d'irrigation. A la différence d'autres villes situées sur la Route de la soie, Boukhara a su garder un « esprit » oriental, autour du Liab-i-Khaouz, sous les arcades du quartier juif ou les allées couvertes du bazar des joailliers. On remonte le temps, au cœur de cette cité interdite aux infidèles pendant des siècles. C'était le temps des grands voyageurs, celui où Boukhara, rayonnante, était surnommée la « perle de l'islam ». Avant d'être détruite par les hordes de Gengis Khan, reconstruite, puis à nouveau rasée par Tamerlan.
Sans cesse renaissante, Boukhara a perdu au fil des siècles son prestige et son importance commerciale, avant de revenir sur le devant de la scène lors du « grand jeu », à la fin du XIXe siècle. Son minaret détruit, ses madrasas en ruine, ses coupoles que désertaient les céramiques, tout a été restauré pour redonner à la ville son éclat d'antan. Une perle au cœur du désert, et l'une des étapes les plus attachantes en Asie centrale. Contrairement au centre-ville de Khiva, plus récent, celui de Boukhara reste bien vivant et habité. Boukhara présente des

Les galeries du bazar Tak-i-Sarrafan de nuit

styles d'architecture couvrant une dizaine de siècles. 140 de ses monuments sont d'ailleurs protégés par l'Unesco. De plus, autour de son centre historique, Boukhara abrite plus de 300 000 habitants, ce qui en fait la quatrième plus grande ville du pays. L'économie de cette ville du désert est basée sur la culture de céréales et du coton, mais Boukhara est surtout connue pour posséder la plus importante raffinerie de pétrole du pays.

Histoire

Si les origines précises de la cité sont floues, on sait en revanche qu'elle fut conquise par Alexandre le Grand alors que l'empereur marchait sur Samarkand. A l'époque kouchan, Boukhara n'était sans doute qu'une des nombreuses cités sogdiennes de la vallée de Zeravshan, une étape commerçante gouvernée par un *dekhan*. Elle était aussi probablement le siège d'un monastère bouddhique, puisque son nom viendrait du mot sanscrit « vihara », qui signifie monastère. Mais elle pourrait tout aussi bien tenir son nom du farsi « boukhar », qui signifie connaissance. Tout au long de son histoire, Boukhara gardera cette double personnalité d'une ville sainte et commerçante. Boukhara fut conquise en 708, mais sut absorber les conquérants musulmans. Au VIIIe siècle, Boukhara était encore composée de deux cités fortifiées : l'Ark, ou citadelle, était située sur une butte et portait le nom de Bumjikat. De l'autre côté d'un canal, à l'emplacement actuel de la grande mosquée Kalon, se dressait le shahristan, lui aussi entouré d'une enceinte. De nombreuses confessions religieuses se côtoyaient à l'époque : zoroastriens, bouddhistes, nestoriens, manichéens. L'arrivée des musulmans mit fin à la liberté de culte qui régnait sous les Sogdiens, et les temples furent remplacés par des mosquées. Plusieurs centaines de familles quittèrent alors la ville et « prirent le maquis ». Les musulmans mirent plus d'un siècle avant de pacifier la région.

Au IXe siècle, Boukhara était devenue un centre important du califat. En 892, l'émir Ismaïl Samani en fit la capitale de son nouvel Etat, le premier Etat musulman indépendant de la région. Son nouveau rôle politique entraîna le développement du commerce, et c'est sous les Samanides que Boukhara atteignit son âge d'or. D'importants travaux d'urbanisation et d'irrigation sont réalisés. La population de la ville dépasse les 300 000 habitants. De nombreuses constructions sont édifiées, des mosquées et des mausolées, dont celui de la dynastie des Samani qui se trouve aujourd'hui dans le parc Samani et figure parmi les plus anciens de la ville. Boukhara exerce alors son empire sur l'Ouzbékistan actuel, mais aussi sur le Tadjikistan, une partie de l'Afghanistan et de l'Iran. Mais, surtout, elle devient l'un des centres spirituels et intellectuels du « Maverannah », en même temps que le foyer de cultures arabe et perse. Avicenne, né en 980 à une centaine de kilomètres de Boukhara, Roudaki, Al-Berouni, les plus grands érudits du monde musulman étudient et enseignent dans les 250 madrasas de la ville.

Les étudiants arrivent d'Arabie, d'Irak et même d'Espagne, pour apprendre dans l'une des plus grandes bibliothèques du monde musulman. La « perle de l'Islam » rayonne dans tout l'Orient.

Au début du XIe siècle, l'arrivée des Karakhanides met fin brutalement à cette période faste, ainsi qu'au pouvoir politique de Boukhara. Toutefois, la ville conserve son importance religieuse. C'est à cette époque que sont construits le minaret Kalon, la mosquée Magok-i-Attari, la mosquée Namazgokh et le mazar Tchachma Ayoub. Au XIIIe siècle, Gengis Khan livre la ville au pillage. Une grosse partie de la population de Boukhara fut épargnée et emmenée de force avec le conquérant nomade. Déguisés en guerriers mongols, les Boukhariotes facilitèrent la conquête de Samarkand. Quoi qu'il en soit, il ne restait de Boukhara, après le passage de Gengis Khan, que le mausolée Samani, qui ne dut son salut qu'aux mètres de poussière et de sable qui le recouvraient déjà, et le minaret Kalon, soit que Gengis Khan ait été subjugué par l'audace de son architecture, soit qu'il ait réalisé quel observatoire idéal il pouvait constituer. En 1370, une nouvelle déferlante s'abat sur Boukhara : les troupes de Tamerlan s'emparent de la ville. Boukhara n'est alors plus que ruines et mettra quelques décennies à se relever. Si Tamerlan brise de surcroît l'importance commerciale de Boukhara pour donner toute sa grandeur à Samarkand, Boukhara retrouve peu à peu son rôle religieux. L'islam, qui dans un premier temps fut étouffé par l'invasion mongole, reprend de la santé grâce aux confréries soufies, dont celle de Baha Al-Din Naqchband, mort en 1389, était la plus influente.

Boukhara ne connaîtra un nouvel âge d'or qu'au XVIe siècle, sous les Chaybanides, une nouvelle dynastie née de la fusion de tribus ouzbeks. En 1500, Mohamed Chaybani Khan s'empare de Boukhara, et Abdullah Khan, son successeur et fédérateur des tribus ouzbeks, en fait la capitale de son nouvel Etat. Le khanat de Boukhara était né et durera jusqu'à l'invasion russe à la fin du XIXe siècle. Le règne d'Abdullah Khan II (1557-1598) fut une époque de construction : bâtiments religieux comme les madrasas Koukeldash, Modari Kahn et Abdullah Khan, ou la mosquée Baliand, mais aussi toute une infrastructure commerciale, des taq, ces carrefours à coupoles, des marché couverts, des caravansérails, des sardoba et des ponts. Les frontières du khanat s'élargirent notablement, les Chaybanides régnaient sur le Khorezm, le Khorassan, le Ferghana, Tachkent et Balkh. Au XVIIe siècle, le khanat de Boukhara passa aux mains de la dynastie des Djanides, période troublée durant laquelle seuls les brefs règnes d'Abul Aziz Khan et d'imam Kuli Khan connurent une certaine prospérité. En 1740, le roi de Perse, Nadir Shah, s'empara du khanat de Boukhara et choisit Rakhim Khan comme gouverneur. C'est ainsi que la dynastie des Mangyt vint au pouvoir qu'elle garda jusqu'en 1920. Leur règne fut marqué par des conflits incessants avec les khanats voisins et la gloire de Boukhara en fut un peu ternie.

Le XIXe siècle fut marqué par le « grand jeu » stratégique opposant Britanniques et Russes. Boukhara reçut la visite de plusieurs envoyés de Sa Majesté. Parfois déguisés en commerçants ou en religieux, ils pénétraient dans la ville interdite afin d'en rapporter le maximum d'informations, d'autres venaient en mission officielle et tentaient de sensibiliser le khan à la puissance britannique. Les visites des Anglais William Morcroft et Alexandre Burnes furent un succès, mais celle de Charles Stoddart et Arthur Conolly se termina par une décapitation sur la place du Registan. Quand l'armée du général russe Kaufman réussit à prendre le contrôle de la région en 1868, le khanat dut finalement reconnaître la souveraineté du tsar et céder une importante partie de son territoire, dont Samarkand, incluse dans le Turkestan russe. En 1918, une première tentative de prise de pouvoir par les « jeunes Boukhares », menés par Faizullah Kodjaïev, futur premier président de l'Ouzbékistan soviétique, sera réprimée dans le sang. Le khan réussit à tenir sa ville jusqu'à l'arrivée des troupes du général Frounze, en 1920. Quand la ville fut prise, il se réfugia à Hissar près de Douchambé, puis en Afghanistan. Dans leur lutte contre l'islam, les bolcheviks se trouvèrent bien hésitants sur le sort à réserver à la ville sainte, craignant un regain d'émeutes. Ils choisirent finalement de ne rien choisir et, pendant l'entre-deux-guerres, Boukhara dépérit doucement, perdant la moitié de sa population et voyant s'écrouler la plupart de ses monuments faute d'entretien. On raconte qu'au temps de l'émir, Boukhara comptait pour chaque rue une mosquée, une madrasa, un imam. Au total, près de 600 monuments, réduits aujourd'hui à 256. Les cinq coupoles marchandes ne sont plus que trois. L'accession d'un des fils de Boukhara, Khodjaïev, à la présidence du pays n'améliorera en rien la situation de la ville, et Khodjaïev lui-même sera exécuté en 1938, au moment des grandes purges.

Après la Seconde Guerre mondiale, les eaux de Boukhara sont néanmoins assainies, et le célèbre « ver de Boukhara », qui se logeait entre la chair et l'os de la jambe, et qu'il fallait ensuite extraire jour après jour en l'enroulant de quelques centimètres à chaque fois autour d'un bâton, disparaît en même temps que d'autres maladies. Sous la présidence de Sharaf Rashidov, Boukhara voit son accès à l'eau démultiplié par la construction du canal Amou-Boukharski, qui détourne les eaux de l'Amou Daria au profit de la ville oasis. La culture intensive du coton se développe comme partout dans le pays et la ville est dotée d'une raffinerie, aujourd'hui la première du pays. De ce passé mouvementé, Boukhara a longtemps gardé un farouche instinct de conservation. Le cœur de la ville semble encerclé par le grand boulevard construit pas les soviétiques et qui forme comme une frontière entre la ville moderne, soviétique, industrielle, et la ville orientale, historique. Mais le développement du tourisme de masse y fait déjà sentir ses effets. La construction d'hôtels modernes au cœur du centre-ville pluri-séculaire est purement scandaleuse. Et les bonnes affaires dans cette ville commerçante deviennent rares : la plupart des « tapis anciens » sont de pâles imitations fabriquées en Inde pour une poignée de dollars. Reste une atmosphère toujours aussi séduisante au pied du minaret Kalon ou autour du bassin Liab i Khaouz.

Transports

Avion

■ AÉROPORT DE BOUKHARA

✆ (65) 225 34 96

Deux vols par jour relient Tachkent à Boukhara. Départs le matin et en fin d'après-midi (les horaires changent tous les deux mois). En sens inverse, deux départs quotidiens également de Boukhara vers Tachkent, en fin de matinée et en soirée. A Boukhara, Ouzbekistan Airlways a un bureau sur l'avenue Navoï (✆ (998 65) 223 50 60), mais il est plus aisé d'aller à l'hôtel Boukhara Palace ou dans les B&B qui assurent les réservations de billets. Il y a aussi un guichet à l'aéroport, où l'on se rend avec le bus n°10. L'aéroport est à 4 km du centre- ville.

Train

Le nouveau train « Sharq » fait le trajet entre Tachkent et Boukhara tous les jours. Départ à 8h15, arrivée à 14h45 avec un arrêt à Samarkand. Aux jours les plus chauds, un train de nuit existe avec départ de Tachkent à 20h et arrivée à Boukhara à 8h. La gare de Boukhara se trouve dans le village de Kagan, une douzaine de kilomètres au sud-est de Boukhara. Les billets s'achètent directement à la gare, mais vous pouvez demander à la réception de votre hôtel de s'en charger moyennant un léger supplément.

Bus ou taxi

De Samarkand, les bus partent de la gare routière. Certains jours, le bus assure la liaison Tachkent-Boukhara sans passer par la gare routière de Samarkand. Les taxis peuvent alors vous amener sur le lieu de passage du bus. Les taxis qui partent de Samarkand pour Boukhara sont réunis de l'autre côté de la ville, près du grand magasin « Tsoum ». Ce rassemblement n'a rien d'officiel, et peu de taxis le connaissent. Demandez à vous faire déposer au rond-point « Pavarod ». Les taxis se trouvent quelques mètres plus loin, sur la gauche. La plupart du temps, ils n'assurent le trajet que jusqu'à Navoï, où ils se chargent de trouver un nouveau chauffeur, qu'ils payent avec une partie de la somme convenue avec les passagers. Il n'y a donc rien d'étonnant à changer de véhicule aux deux tiers du trajet. Compter 10 à 15 $ pour le trajet entier. D'Ourgentch, des bus partent tous les matins de la gare routière pour Boukhara et Tachkent. On attend d'avoir fait le plein de passagers pour partir, et le trajet dure au mieux 8h, au pire... regardez votre montre.

Pratique

■ CENTRE CULTUREL ET D'INFORMATION

2 Eshoni Pir

✆ (65) 224 22 46

bicc@bukhara.silk.org

Accès Internet (2 $ de l'heure) et communications internationales (3 $ la minute). La plupart des B&B de Boukhara ont leur propre accès Internet, pour un tarif un peu plus élevé.

Orientation

Le centre vivant de Boukhara se trouve au milieu de la ville, autour du Liab-i-Khaouz, un bassin bordé de *tchaïkhana* et flanqué des madrasas. Au nord et à l'ouest, se trouvent la plupart des monuments de la ville : les marchés couverts, l'ensemble Poy Kalon et le mausolée Samani.

L'un des plus vieux quartiers de Boukhara, le quartier juif, se trouve au sud-ouest du Liab-i-Khaouz, derrière la coupole des changeurs. Le centre de la ville est un dédale de petites rues s'enfonçant dans des murs aveugles et délimité par un boulevard périphérique traversé d'est en ouest par deux grands axes : la rue Khodja Nurabad et la rue Mekhtar Anbar, que double la rue Naqchabandi. C'est en dehors de ce boulevard périphérique que commence la partie moderne de la ville avec les grandes constructions de l'époque soviétique.

Hébergement

Pour l'hébergement petit budget, il est difficile de négocier avec les B&B. Mais beaucoup proposent des nuits chez l'habitant, un voisin ou un membre de la famille, pour un tarif un peu moindre. La réservation est fortement recommandée pour les mois de mai et de septembre-octobre.

Bien et pas cher

B&B MATLUBA KHANUM
115 Ambar ✆ (65) 224 31 03
✆ (65) 190 56 68 (portable)
hasan1983@mail.ru
Quatre chambres pour 2, 3 ou 4 personnes. 7,50 € par personne. Petit déjeuner 1 €. Une bonne adresse pour les budgets serrés qui n'ont pas envie de s'excentrer pour autant. La maison de Rustam et Matluba est située à 200 m à l'est du Liab-i-Khaouz. Peu de charme, douches un peu vieillottes, mais le plan le plus économique de Boukhara. N'annoncez pas à Rustam les tarifs pratiqués par ses concurrents, il frise à chaque fois l'évanouissement. Pour lui, le luxe est dans la ville, et les chambres ne servent qu'à dormir. Rustam et Matluba ne parlent que quelques mots d'anglais, ce qui donne un caractère plus authentique à leur chaleureux accueil.

Confort ou charme

B&B HOVLI POYON
13 Usman Khodjaev ✆ (65) 224 18 65
Fax : (65) 224 32 39
hovli-poyon@mail.ru
11 chambres. Chambre simple 25 $, double 40 $, petit déjeuner inclus. Déjeuner et dîner 7 $. La maison, qui date de 1869 et qui était la propriété de l'émir tombé sous son charme, a retrouvé ses couleurs. Rakhim Khamidov, l'un des descendants de l'architecte, dirige ce petit hôtel de 11 chambres disposées autour d'une vaste cour et d'un petit jardin. Les chambres font face à un large iwan situé de l'autre côté de la cour, où Rakhim organise des dîners-spectacles qui font revivre, le temps d'une soirée, le faste de l'une des plus belles maisons de Boukhara.

EMIR
17 Nadjab Husainov
✆ (65) 224 49 65
Fax : (998 65) 224 41 17
www.emirtravel.com
mila@emirtravel.com
Chambre simple 35 $, double 50 $, petit déjeuner inclus. Ce B&B ouvert en 2001 propose treize petites chambres soigneusement décorées et bien équipées. On apprécie la pérennité de cette adresse, où les propriétaires se contentent de bien entretenir l'existant sans dénaturer leur belle bâtisse avec des constructions sans fin. Il s'agit d'une vaste maison traditionnelle du quartier juif, datant du XIXe siècle, avec trois cours successives au rez-de-chaussée et des terrasses à l'étage, le tout, y compris les chambres, décoré en style oriental. Une terrasse permet d'admirer les toits de la ville. Le B&B a sa propre agence de tourisme, Emir Travel, qui organise des circuits en Ouzbékistan et en Asie centrale. A souligner également : la gentillesse et l'efficacité de l'équipe.

HÔTEL AMULET
73 Naqchbandi ✆ (65) 224 17 28
amulet-hotel@bk.ru
8 chambres, simples 25 €, doubles 40 €. Restauré à l'image du précédent et selon le même style, les chambres sont également aménagées dans les anciennes cellules de ce petit caravansérail, autour de la cour fraîche et agréable. C'est assez récent (ouvert en 2007) et tenu par un staff très professionnel. Possibilité de réserver le dîner le soir pour un *plov* maison.

HÔTEL CARAVAN
6 Khoja Nurabad ✆ (65) 224 61 44
Fax : (65) 224 61 54
karavan1@intal.uz
Chambre simple 35 $, double 50 $, petit déjeuner compris. Déjeuner et dîner 7 $ par personne. Cet hôtel a ouvert ses portes en septembre 2003. La décoration des chambres et de la salle de restaurant est de style traditionnel. L'hôtel est bien situé, juste derrière la mosquée Kalon. Autour d'une vaste cour, pourvue d'un bassin et d'un *iwan*, s'élèvent les deux étages comprenant 28 chambres.

Réservez les chambres 24 ou 25, qui ont une belle vue sur les dômes de Poy Kalon et le minaret.

■ **HÔTEL FATIMA & IBRAHIM**
3 Naqchbandi ✆ (65) 224 36 16
Fax : (65) 224 19 83 – www.bta.uz
hotel-fatima@mail.ru
Chambre simple 18,50 €, double 30 €, petit déjeuner compris. Dîner pour 2 personnes 5 à 6 €. 14 chambres au total. Au cœur de la vieille ville, face au Liab-i-Khaouz, l'emplacement est idéal pour séjourner confortablement dans Boukhara. La maison est grande et dotée d'une vaste cour avec *iwan* autour de laquelle se répartissent 10 chambres. L'ancienne entrée avec sa porte en bois a été remplacée par un nouvel immeuble abritant quatre nouvelles chambres de luxe. Fatima a toujours su conjuguer les affaires et l'hospitalité, et, outre un accueil incomparable, ses tarifs incluent un petit déjeuner parmi les plus copieux de la ville.

■ **HÔTEL MALIKA BOUKHARA**
91 Naqchbandi ✆ (65) 224 41 68
Fax : (65) 226 35 54 – sparta@intal.uz
Chambre simple 25 $, double 40 $, triple 50 $. 11 chambres au total. Il aura fallu deux ans de travail pour rénover ce petit caravansérail et en faire un agréable hôtel. Aménagées dans les cellules, les chambres ne sont évidemment pas très grandes, mais décorées avec goût en style traditionnel ouzbek, et confortablement équipées. Elles s'articulent sur deux niveaux, autour d'une cour octogonale, et un vaste *iwan* orne le second étage. Le tout étant situé à l'est du centre-ville, sous la vieille ville, près de Chor Minor et à 200 m du Liab-i-Khaouz. Il s'agit du seul hôtel a avoir baissé ses prix à Boukhara, affichant désormais un rapport qualité-prix très attrayant.

■ **KOMIL**
40 Barakuyon (ex-Specialistov)
✆ (65) 223 87 80
Fax : (65) 223 78 12
www.komiltravel.com
info@komiltravel.com
Chambres avec salle de bains attenante : simple 25 $, double 35 $, petit déjeuner inclus. Dîner 5 $. Deux chambres avec salle de bains commune 15 et 25 $. Cette maison, qui date du XIXe siècle, appartenait à un riche marchand boukhare résidant dans le quartier juif. Toutes les décorations des chambres et de la salle de restaurant sont d'origine : un véritable musée. Les cinq chambres sont équipées de réfrigérateur, télévision, air conditionné, et certaines sont dotées d'un petit salon ouzbek. Accès Internet, salle de massage. En été, repas dans la petite cour pour goûter à la cuisine, traditionnelle ou végétarienne, de la mère de Komil : on en redemanderait s'il n'y en avait déjà tant. Komil organise aussi des méharées à Yangigazhgan (groupes de 5 personnes minimum) et assure des transports vers toutes les autres villes d'Ouzbékistan.

Luxe

■ **HÔTEL BOUKHARA PALACE**
8 Navoï
✆ (65) 223 00 24
Fax : (65) 223 14 71
www.hotelbukharapalace.com
info@hotelbukhara.com
Chambres simples 40 à 70 $, doubles 50 à 90 $ avec petit déjeuner. Paiement par carte Visa accepté. L'hôtel Ouzbektourism de luxe classique, où l'on paye cher pour des avantages incertains en termes d'emplacement et de confort. L'hôtel date de 1999 et a conservé une bonne fraîcheur. Les chambres sont de qualité. Quatre restaurants, deux bars, une boîte de nuit, sauna, salle de gym, piscine extérieure…

■ **HÔTEL SULTAN**
100 Naqchbandi
✆ (65) 224 24 35
Fax : (65) 224 34 90
www.bukhara-sultanhotel.com
sultan.bukhara@gmail.com
15 chambres. A partir de 60 $ la chambre double. Désormais l'établissement le plus proche du bassin central, le Liab-i-Khaouz, ce nouvel hôtel haut de gamme propose de confortables prestations et des chambres très bien tenues. Les chambres n° 201 et 202 jouissent d'une très belle vue sur le bassin. L'établissement a été doté d'un restaurant en 2009, mais il se trouve malheureusement, comme dans la plupart des hôtels ouzbeks, en sous-sol.

Restaurants

■ **RESTAURANT SHARK**
A gauche de l'hôtel Boukhara Palace. Ouvert tous les jours tant qu'il y a des clients. Pour un bon repas complet avec vin, compter moins de 10 $. La meilleure cuisine traditionnelle de Boukhara, dans une petite salle agréablement décorée. Les menus sont en russe mais la vue sur les cuisines est assez éclairante. La clientèle est évidemment touristique.

Artisans à l'œuvre

■ **SILK ROAD SPICES TEA HOUSE**
✆ (65) 224 13 86
✆ (93) 383 34 40 (portable)
Face au vendeur d'épices en sortant de la coupole des chapeliers. Ouvert de mars à octobre tous les jours 8h-21h. Idéal pour un thé aux épices, un thé au gingembre ou un café à la cardamone dans un cadre agréable et reposant. Il est également possible de dîner en commandant 24h à l'avance. Le *plov* de Boukhara y est savamment concocté.

■ **TCHAIKHANAS**
Ouvert de 9h à minuit. Pour un repas complet, compter moins de 6 $. Les inévitables et très populaires *tchaïkhana* qui bordent le Liab-i-Khaouz sont le rendez-vous incontournable des groupes de touristes, en particulier à la tombée de la nuit. On y déguste un savoureux *plov* à midi, des *chachlik*, *laghman* et *manty* le soir. Le bassin s'illumine, les fontaines crachent des jets d'eau, le tout parmi les façades de la madrasa et de la *khanaka* Nadir Divanbeg : impossible de résister. Avec l'augmentation de la fréquentation touristique, le personnel s'est en grande partie converti à l'anglais, et le menu propose aussi une cuisine européenne. Autre conséquence inévitable : les tarifs augmentent d'année en année mais restent encore raisonnables. Et le cadre reste fabuleux. A l'est du Liab i Khaouz, vous trouverez deux petits restaurants traditionnels concoctant une bonne cuisine : Syavush et Gengis Khan. Pour une ambiance plus couleur locale, menus à base de soupes, *laghman*, *chachlik*... Enfin une autre petite *tchaïkhana*, Bella Vista, a ouvert à l'étage de la maison située face au minaret Kalon. C'est cher et très touristique, mais la vue sur Poy Kalon est évidemment fabuleuse. Arrêtez-vous ne serait-ce que pour boire un thé.

Points d'intérêt

■ **ENSEMBLE LIAB-I-KHAOUZ**
Bordé de *tchaïkhana* et de mûriers pluricentenaires, le Liab-i-Khaouz est un lieu de vie et de convivialité au cœur de la vieille ville, point de départ et d'arrivée idéal des balades dans Boukhara. Derrière les feuillages des mûriers se dessinent les somptueuses façades de la madrasa et de la *khanaka* Nadir Divanbeg. Le bassin dispense de la fraîcheur même aux heures chaudes de l'été. A l'époque de sa grandeur, Boukhara comptait une centaine de bassins de ce type, dont le Liab-i-Khaouz est un des rares survivants. Pris d'assaut par le business du tourisme, il est désormais flanqué de bars sur trois côtés et de statues de chameaux sur le quatrième. Les tapchan traditionnels ont été pour la plupart remplacés par des tables et chaises à l'occidentale. Les *aksakal*, ou les anciens, qui s'y rassemblaient par dizaines ont été peu à peu refoulés vers la droite du bassin pour faire place aux touristes, désormais bien plus nombreux. Ce qui n'a en rien modifié leurs habitudes : regarder passer le temps et jouer aux dominos pendant des heures, en souriant au passage des groupes de toutes nationalités. Ils savent que le bassin

est né d'une première expulsion : une légende raconte comment, à l'emplacement du bassin, se trouvait jadis la maison d'une femme juive. Celle-ci, n'ayant aucunement l'envie de déménager, gênait les plans du vizir qui décida alors de creuser un canal sous sa maison. Le vizir gagna la partie, car la maison rongée par l'humidité finit par s'écrouler. Cette peu banale histoire d'expulsion marqua les habitants de la ville, qui baptisèrent le bassin Khaouz Bazur : le bassin de la contrainte. En plus d'être l'un des rares bassins à avoir traversé les siècles, c'est aussi l'un des plus grands de la ville : il fait 45 m de long sur 36 m de large. Trois édifices bordent le bassin. Au nord, un peu en retrait, la madrasa Koukeldash est la plus ancienne, elle date du milieu du XVIe siècle, tandis que la madrasa et la *khanaka* Nadir-Divanbeg, qui se font face respectivement à l'est et à l'ouest du bassin, ont été construites en 1620, en même temps que le plan d'eau.

La madrasa Koukeldash, construite en 1568 par Kulbaba Koukeldash, est la plus grande madrasa de la ville ; elle mesure 80 m sur 60 m et comprend 160 cellules sur deux niveaux. Pendant un certain temps, elle était devenue un musée consacré à l'écrivain Saddridin Aïni.

À droite de la madrasa Koukeldash, s'élèvent d'autres mosquées et madrasas. A l'est du bassin, la madrasa Nadir-Divanbeg se distingue par les deux immenses sémourgues ou simorgh qui ornent son portail. Ces oiseaux fantastiques au plumage bleu et vert, qui tiennent une biche dans leurs serres, semblent s'envoler vers un dieu soleil qui n'est pas sans rappeler celui de la façade de la madrasa Chir Dor, à Samarkand. Le haut porche d'entrée est caractéristique des caravansérails, et n'était apparemment pas destiné à s'ouvrir sur une madrasa. Mais on raconte que le khan se trompa lors de l'inauguration et, en admirant le caravansérail, félicita Nadir-Divan-Begi pour son zèle religieux à construire de si belles madrasas. Il était impensable de contredire le khan, et bien qu'il n'y ait ni salle d'étude ni mosquée, le caravansérail devint une madrasa. En réalité, cette transformation fut sans doute causée par la baisse de l'activité commerciale dont fut victime Boukhara au XVIIe siècle. Aujourd'hui, les cellules sont transformées en boutiques de souvenirs et en ateliers d'artisans. Iskandar Hakimov et Erkin Juraev y confectionnent des marionnettes en costume national très expressives. En été, des concerts y sont aussi organisés. Enfin, à l'ouest, la *khanaka* Nadir-Divanbeg accueillait les derviches pèlerins. Ils logeaient dans les cellules qui entouraient la mosquée centrale, aujourd'hui transformée en galerie d'art et magasin de souvenirs.

Entre le bassin et la madrasa Nadir-Divanbeg a été érigé, à l'occasion de son millième anniversaire, la statue de Khodja Nasruddin, un personnage moitié fou, moitié sage, juché sur son âne et tenant entre ses doigts une petite pièce de bronze.

ENSEMBLE POY KALON

POY KALON, OU LE « PIED DU GRAND »

C'est sans doute la plus belle place de la ville, et en tout cas la plus monumentale. La madrasa Mir-i-Arab fait face à l'immense mosquée Kalon et à son terrible minaret, « la tour de la mort ». De nombreux films historiques ont été tournés dans ces lieux, et même si les cavaliers de Mohamed Chaybani Khan n'y sont pas tous les jours, les étudiants de la madrasa et les pèlerins qui se rendent à la mosquée se chargent de l'atmosphère.

Le minaret Kalon. Cinq fois par jour, quatre muezzin grimpaient les 105 marches de son escalier intérieur pour appeler à la prière. Leurs voix portaient à plus de 8 km et les autres minarets relayaient l'appel dans un rayon de 16 km. Surnommé « la tour de la mort », ce minaret construit en 1127 par le Karakhanide Arslan Khan ne servait pas seulement à appeler les fidèles à la prière. Au XVIIe siècle, c'est de son sommet que l'on jetait les condamnés à mort et autres impurs. Le minaret servait aussi de point d'observation le jour, et de phare la nuit. Tous les soirs, on allumait une bassine remplie d'huile placée au centre de la rotonde située au sommet. Les caravanes arrivant du désert pouvaient ainsi se repérer, tels les vaisseaux à l'approche des ports. Gengis Khan, qui avait rapidement apprécié son importance stratégique, épargna le minaret alors qu'aucun autre monument de Boukhara ne survécut à son passage. Haut de 48 m, avec des fondations s'enfonçant à plusieurs mètres dans le sol, le minaret porte bien son nom, Kalon signifiant « grand ». De forme légèrement conique, il est décoré d'une succession d'anneaux en briques cuites aux motifs géométriques tous différents. Ces briques ont été fabriquées avec du lait de chamelle et du sang de taureau ! Toute cette terrible beauté n'a cependant pas empêché le général Frounze de faire tirer au canon sur le symbole de la puissance de la sainte Boukhara.

Minaret de la mosquée Kalon

Fortement endommagé, le minaret a été restauré dans les années 1930. Dans les années 1970, un tremblement de terre ne fut pas plus clément et lui fit perdre la tête, restaurée depuis par les soins de l'Unesco.

Mosquée Kalon. Cette imposante mosquée jami, la plus grande après celle de Bibi Khanoum, fut reconstruite à plusieurs reprises. On raconte qu'une première mosquée en brique crue avait été édifiée en 713, sans doute à l'emplacement d'un temple bouddhique ou zoroastrien, une appropriation fréquente en ce siècle de conquête religieuse. Le mihrab de la mosquée Kalon aurait été situé plus à l'est, au niveau de l'Ark. Au IXe siècle, la mosquée, d'une superficie de 2 hectares, fut reconstruite suivant de nouveaux plans. Les nombreux piliers soutenant la structure étaient en bois, une denrée rare qui obligea à réduire la surface à un hectare. On raconte qu'un incendie la ravagea au XIe siècle, ou encore que le minaret en s'écroulant la détruisit presque totalement, en tout cas, elle fut reconstruite au XIIe siècle par Arslan Khan et détruite à nouveau quand Gengis Khan passa par là en 1220. En 1514, le khan chaybanide Abdullah Khan fit édifier une nouvelle mosquée dont les dimensions (130 m sur 80) répondaient au « nombre d'or » ; en 1545, son successeur en fit décorer le mihrab de mosaïques. L'immense cour intérieure et les galeries couvertes aux 288 coupoles pouvaient accueillir plus de 10 000 fidèles. La mosquée a sept portes, une face au lever du soleil, deux face au coucher et deux sur chacune des ailes de côté. Dans l'aile droite, un profond puits passe pour contenir de l'eau sainte ; elle est versée dans une immense coupe en pierre qui la conserve toujours fraîche. Les pèlerins la boivent en faisant un vœu. Au centre, une rotonde aux huit portes – symbolisant les portes du paradis – a été construite par le dernier khan de Boukhara en souvenir des martyrs qui périrent sur ce lieu lors de la destruction de la mosquée par Gengis Khan. A l'époque soviétique, de 1924 à 1989, la mosquée est restée fermée, et a été transformée en entrepôt et en meunerie pendant la Seconde Guerre mondiale. La coupole bleue, le Kok Goumbaz, dominant le mihrab, et son portail ont été restaurés grâce à un financement de l'Unesco, nous a raconté un saint homme méditant à l'ombre d'une coupole, et c'est aussi pour cela, a-t-il ajouté, qu'elle n'a pas été rendue au culte, et que les non-croyants peuvent encore admirer la plus belle des mosquées.

Madrasa Mir-i-Arab. Elle fut construite en 1535 par le cheik Abdullah, chef religieux yéménite et guide spirituel d'Ubaydullah Khan. Le khan finança sa construction grâce à la vente de 3 000 prisonniers perses, des musulmans chiites qui étaient considérés comme des infidèles et pouvaient donc être vendus comme esclaves. A l'époque soviétique, cette madrasa fut la seule autorisée à dispenser un enseignement religieux en Asie centrale. Aujourd'hui, elle bénéficie d'une considérable réputation et les étudiants y sont très nombreux. Son accès est interdit aux visiteurs. De l'extérieur, son allure est imposante et ses deux coupoles bleues font un bel écho au Kok Goumbaz de la mosquée Kalian. Le khan Ubaydullah Khan et le cheik Abdullah Mir-i-Arab y sont enterrés.

FORTERESSE DE L'ÉMIR

Ouvert tous les jours de 9h à 19h30, sauf le mercredi. Musées ouverts jusqu'à 14h30, la forteresse reste ouverte. Entrée 3 520 soums. Photo 960, vidéo 1 920. Symbole de la ville interdite, qui excita tant les esprits occidentaux depuis le XIXe siècle, les puissantes murailles crénelées qui entourent le palais de l'émir comme une immense couronne ont retrouvé leur prestance féodale. Au cours des siècles, les remparts furent constamment rapiécés par de nouvelles couches de briques, venant consolider les parties défaillantes ou détruites lors les attaques mais, à présent, la restauration leur a rendu l'éclat du neuf. Cette colline artificielle d'une vingtaine de mètres de hauteur fut la résidence des seigneurs de Boukhara. Vingt mètres de hauteur, dont beaucoup sont dus à l'empilement des ruines de palais et de citadelles détruits et reconstruits au même emplacement, au gré des conquêtes et des pillages de la cité. Les plus anciennes fondations retrouvées sur le site datent de plus de 2 500 ans, mais la partie visible aujourd'hui est du XVIIIe siècle. Selon la légende rapportée par un historien boukhare du XVIe siècle, le fondateur de Boukhara serait le prince Siyavush-ibn Keivakus. Le jeune prince, fuyant son père, traversa le Jeihun (Amou Daria) et se réfugia auprès d'Afrosyab, le roi légendaire, fondateur de Samarkand. Il fut accueilli avec bienveillance et se maria avec la fille d'Afrosyab. Siyavush construisit une citadelle sur ses nouvelles terres, mais entra en conflit avec son beau-père et celui-ci le fit assassiner quelques années plus tard. On enterra son corps au pied de son palais, près de la porte est, et longtemps les habitants de Boukhara vénérèrent sa tombe.

Au VIIIe siècle, la cité zoroastrienne fut envahie par les conquérants arabes, la citadelle détruite, et une mosquée y fut élevée en 713, à la place du temple du feu. Reconstruite par les Samanides, puis par les Karakhanides, elle fut chaque fois détruite successivement par les Kara-Kitaï et les Korezmshah puis, au XIIIe siècle, par les Mongols, qui, fidèles à leur réputation, n'y laissèrent que des cendres. Au XVIe siècle, les Chaybanides entreprirent la construction d'une citadelle digne de leurs ambitions en élevant une colline artificielle de 800 m de diamètre et 20 m de hauteur, mais elle ne résista pas aux attaques de Nadir Shah. Le palais que l'on peut aujourd'hui visiter date des khanats ouzbeks du XVIIIe et du début du XXe siècle. A cette époque, l'Ark était une ville dans la ville habitée par plus de 3 000 personnes. L'ensemble comprenait des jardins, des bâtiments administratifs, des étables, des dépôts, le Trésor, l'armurerie, des écuries, des prisons, une mosquée, des mausolées, des échoppes de joailliers et la résidence de l'émir, de ses femmes, des membres de sa famille et des esclaves attachés à leur service. Il ne reste malheureusement aujourd'hui que 20 % de ces constructions. En effet, en septembre 1920, l'armée bolchevique, commandée par le général Mikhail Frounze, tira au canon sur la citadelle. Un incendie se déclara, alors que l'émir Alim Khan s'enfuyait. On suppose qu'il pourrait l'avoir lui-même déclenché avant de prendre la fuite. Il ne reste aujourd'hui rien du harem ni des appartements des membres de la famille princière. La visite commence par la porte ouest construite en 1740 par Nadir Shah. La porte monumentale est flanquée de deux tourelles. Quand Armin Vambery séjourna à Boukhara en 1863, il qualifia l'Ark de « repaire de la tyrannie » et frémit à la pensée des Occidentaux qui y étaient alors enfermés. La porte était entourée de quatorze canons de bronze ouvragé, trophée de la campagne victorieuse de l'émir contre le khanat de Kokand. Elle était aussi ornée d'une horloge – disparue – à l'histoire peu banale. Giovanni Orlandi, l'horloger italien qui l'avait fabriquée, avait été kidnappé par des marchands d'esclaves à Orenbourg, au milieu du XIXe siècle. L'Italien sauva sa tête en promettant à l'émir de lui construire une machine à mesurer le temps. Il lui fabriqua ensuite un télescope, que l'émir laissa par mégarde tomber d'un minaret. L'émir était capricieux et ne se lassait pas des merveilles de la technologie européenne, mais l'horloger était croyant, obstiné, aimait le vin et refusait de se convertir à l'islam, ce qui lui fut fatal. Il fut le dernier Européen à avoir la tête coupée. La terrasse couverte au-dessus de l'arche de la porte était destinée à l'émir et à la famille princière, qui s'y trouvaient aux premières loges pour assister aux fêtes et aux exécutions publiques ayant lieu sur la place du Registan. Sous le portail, seul vestige du XIXe siècle, un couloir voûté est percé de douze sombres niches, étroites prisons insalubres où étaient enfermés les ennemis personnels de l'émir. Une des niches accueillait une lanterne qui brûlait en permanence, pour célébrer la mémoire de Siyavush. C'est par ce couloir que les visiteurs entrent dans l'Ark où les vendeurs de souvenirs ont remplacé les prisonniers. La plupart des bâtiments comme les appartements du *koushbegi* ou le *kori khana* ont été transformés en musée. Le couloir débouche à gauche sur la mosquée Juma, ou mosquée du Vendredi, qui date du XVIIe siècle. A la fin du XIXe siècle, Amir Alim Khan, le dernier émir, y ajouta l'iwan central, et le célèbre artisan Usto Shirin Muradov la décora au début du XXe siècle.

▶ **Le *korunishkhana*, ou salle du trône.** La vaste cour entourée d'*iwan* date du XVIIe siècle. Presque entièrement détruite lors de l'incendie de 1920, elle a été restaurée récemment. Dans l'iwan du fond de la cour se trouve le trône de l'émir en marbre gravé, réalisé par des artisans de Nourata en 1669. Lors du couronnement et des manifestations officielles, le sol était recouvert de tapis. Dans l'*agorakhana*, ou pavillon musical, un orchestre ponctuait les différents événements de la journée, et les traditionnels *makom* accompagnaient les sorties de l'émir et toutes les manifestations officielles qui se déroulaient sur la grande place. A l'ouest de la forteresse, on peut accéder, moyennant pourboire, à une partie encore en aménagement mais qui offre un splendide point de vue sur les monuments de Boukhara, en particulier Poy Kalon. Vous pouvez également monter à latour d'acier face à la forteresse, de l'autre côté du boulevard. Vous y aurez une vue dominante sur le centre historique de Boukhara et le parc Samani del'autre côté. Compte tenu de l'état des escaliers, ceux qui sont sujets au vertige s'abstiendront. Allez-y au coucher du soleil, lorsque les lumières rasantes illuminent les murailles de la forteresse.

▶ **Les prisons de l'Émir, le « Zindan »** (rue Balimanova, entrée au nord de l'Ark). Tristement célèbres, ces prisons construites au XVIIIe siècle tentaient de rivaliser avec l'enfer. Le vendredi, on libérait certains prisonniers

des chaînes qui leur encerclaient le cou, et les parents ou passants compatissants pouvaient leur apporter de la nourriture pour la semaine. La punition suprême n'était peut-être pas la mort mais un puits de 6 m de profondeur, le « puits noir », où les condamnés se faisaient oublier au milieu des rats et de tous les insectes les plus voraces de la création. Ella Maillart raconte que l'on élevait des punaises spécialement pour la torture des prisonniers en les habituant à la viande crue. Certains captifs réussissaient à y survivre plusieurs mois. En 1839, un Anglais, le lieutenant Charles Stoddart, chargé de conclure une alliance avec l'émir Nasrullah, goûta à la détresse du puits noir pour avoir manqué de respect à l'émir en circulant à cheval alors qu'il aurait dû marcher, et en marchant lorsqu'il aurait dû ramper. De plus, sa lettre de mission n'émanait pas de la reine Victoria. Il séjourna six mois au fond du trou avant de gagner sa grâce en se convertissant à l'islam. Il restait prisonnier mais avait la liberté de circuler dans la ville et séjournait dans ses propres appartements. En septembre 1840, un capitaine de l'infanterie légère du Bengale, Arthur Conolly, vint s'enquérir du sort de son compatriote et tenter de le délivrer. Peu après son arrivée, l'armée anglaise était défaite en Afghanistan à la bataille de Khyber Pass. L'émir, en position de force, persuadé de surcroît par ses conseillers que Conolly était un espion, fit jeter les deux hommes dans le puits noir. En juin 1842, Conolly refusait de se convertir à l'islam, et les deux officiers anglais furent exécutés sur la place du Registan, où, probablement, leurs corps reposent toujours. On ne sait rien de leur mort, il est dit cependant que Stoddart, converti à l'islam, mourut décapité ou égorgé mais sans souffrances. Conolly, qui refusa la conversion, n'eut probablement pas cette chance. L'histoire est connue grâce au carnet que Conolly a tenu jusqu'au fond de son puits, et qui fut retrouvé par le révérend Joseph Wolff en 1845. Celui-ci ne sauva sa tête qu'en faisant rire l'émir, en criant « Allah Akbar » trente fois de suite, tout en se prosternant. Le livre de Hopkirk, *The Great Game*, raconte aussi en détail l'histoire de ces deux victimes héroïques du « grand jeu ». Des mannequins remplacent aujourd'hui les prisonniers les plus célèbres du puits noir, mais les deux officiers anglais n'y sont pas représentés. A l'extérieur des prisons se trouve la tombe du saint Kuchar Ata, surplombée de la traditionnelle perche, où les prisonniers avaient le droit de pratiquer les rites religieux.

■ KOSH MADRASA : MADRASA OULOUGH BEGH ET ABDUL AZIZ KHAN

A l'est du bazar des joailliers. « Kosh madrasa » signifie « deux madrasas ». Ce terme désigne tous les bâtiments se faisant face ou appartenant à un même ensemble. Ainsi, au sud-ouest de la mosquée Bolo Khaouz, les deux madrasas Modar-i-Khan et Abdullah Khan sont également surnommées « kosh madrasas ».

▶ **La madrasa Oulough Begh** date de 1417, c'est la plus ancienne des deux, et au passage d'Asie centrale. Elle fut construite par Oulough Begh, le prince astronome de Samarkand, successeur de Tamerlan. L'inscription de la porte d'entrée rappelle la sagesse et l'ouverture d'esprit de son constructeur : « Aspirer à la connaissance est le devoir de chaque musulman et musulmane. » Ouverture d'esprit que peu de ses contemporains et successeurs ont partagée, puisque le bâtiment, comme toutes les madrasas, resta interdit aux femmes. Ce fut la première des trois madrasas construites par Oulough Begh, les deux autres se trouvant à Samarkand et à Gidjuvan, à 45 km de Boukhara en direction de Samarkand. La madrasa de Boukhara est de taille inférieure à sa consœur du Registan de Samarkand, mais ses proportions harmonieuses et la savante sobriété de sa décoration en font un bel exemple de l'architecture médiévale boukhare et un legs précieux de l'architecture timouride, à Boukhara, bien délaissée à cette période par rapport à Samarkand. Après l'indépendance, les étudiants purent revenir étudier dans les cellules de la madrasa, mais le gouvernement a finalement préféré la restaurer et l'ouvrir au tourisme. Le musée de la Restauration de la ville est installé dans l'ancienne mosquée à droite, et des boutiques de souvenirs et d'artisanat ont envahi les cellules. Un escalier en colimaçon mène au toit voûté au-dessus de l'entrée.

▶ **La madrasa d'Abdul Aziz Khan**, beaucoup moins sobre que sa voisine, fut construite deux cents ans plus tard, en 1654, alors que Boukhara était devenue la capitale du khanat. L'architecture et la décoration de l'imposante madrasa bâtie sous les Chaybanides furent réalisées par les meilleurs maîtres artisans de l'époque. La mosaïque du *pishtak*, ou portail d'entrée, ainsi que celle des portails donnant sur la cour intérieure, est un enchevêtrement végétal d'un jaune lumineux où l'on retrouve des oiseaux simorgh, et même un dragon.

Madrasa Oulough Begh

Ces décorations, comme celles sur la façade de la madrasa Nadir-Divanbeg, sont une entorse à la règle islamique interdisant la figuration. Mais le décorateur de la madrasa, Abdul Aziz Khan, semble s'être risqué aux limites de la tolérance : de la darskhana, en regardant au fond de la mosquée quand les lumières sont éteintes, et en laissant les yeux s'habituer à la pénombre, on aperçoit la silhouette effacée d'un homme en turban, qui disparaît alors que l'on s'avance vers l'entrée et que les yeux se réhabituent à la lumière. De multiples techniques ont été utilisées pour la décoration de la madrasa : majolique en relief, moulages de gantch peint, marbre gravé, mosaïque ciselée… La décoration des coupoles intérieures des mosquées d'hiver et d'été est particulièrement remarquable. La darskhana à droite de l'entrée, transformée en magasin d'antiquités, est à voir à double titre : son décor non restauré est sublime et on y trouve de beaux tapis et suzani. La madrasa possède aussi des cheminées, une grande innovation pour l'époque. La décoration de la façade et d'une partie de la cour est restée inachevée. En effet, Abdul Aziz Khan fut détrôné et son successeur mit fin aux travaux.

TIM ABDULLAH KHAN

En remontant la rue Hakikat vers le nord, le tim Abdullah Khan se trouve à droite après le bazar des chapeliers. Ce marché couvert date de la fin du XVIe siècle. On y trouve aujourd'hui les plus belles soieries *ikatées*, tissées à la main, et un large choix de tapis de toutes provenances. Les métiers à tisser sont présentés au fond du tim.

MAUSOLÉE ISMAIL SAMANI

Surnommé « la perle de l'Orient », le mausolée des Samanides est resté pourtant longtemps oublié au fond d'un cimetière. Quand l'archéologue Chichkine le mit au jour en 1930, à l'occasion de l'aménagement du parc Samani, il était noyé au milieu d'autres tombes, enfoui sous plusieurs mètres de terre, ce qui lui a valu d'être épargné par la tornade mongole et de traverser mille ans d'histoire. Aujourd'hui, la nécropole a disparu, un parc a été aménagé autour du mausolée, et un bassin a été creusé pour lui redonner sa configuration originale. Les soviétiques admiraient la puissance de son architecture et voulurent en faire un musée. Les Ouzbeks, eux, vénèrent le fondateur d'une des plus prestigieuses dynasties d'Asie centrale. On raconte même qu'Ismaïl Samani, enterré à son tour dans le mausolée, continua de régner longtemps sur Boukhara à partir de sa tombe. Les émirs ou les imams venaient le consulter et attendaient sa réponse pour prendre les décisions concernant la ville. La perle de l'Orient est le témoin de l'âge d'or de Boukhara. Construit au début du Xe siècle par Ismaïl Samani, pour son père Akhmad, ce tombeau dynastique est le plus ancien mausolée musulman non seulement d'Asie centrale mais peut-être du monde. Sa datation précise permettrait de savoir si la tradition d'édification de mausolée pour

les dynasties musulmanes est née ici, ou bien en Irak, avec le tombeau du calife Al Mountasir. Son architecture conserve une influence sogdienne mais intègre des techniques de construction révolutionnaires pour l'époque. Le mausolée est conçu comme une représentation symbolique de l'univers : un cube d'un peu moins de 11 m de côté aux quatre façades identiques, symbole de la terre et de la stabilité, surmonté d'un dôme demi-sphérique qui est la représentation sogdienne de l'univers. Au-dessus de la porte du mausolée est représenté un cercle dans un carré : le symbole zoroastrien de l'éternité. Les techniques décoratives faites de briques assemblées par groupes de quatre ou cinq dans des sens différents constituent aussi une innovation qui marquera les siècles suivants. Le mausolée compte 18 combinaisons différentes, y compris en trois dimensions. Ses proportions et ses motifs décoratifs répondent au principe du carré dynamique, une trouvaille architecturale qui donne à l'ensemble une puissance et une harmonie rarement égalées. Selon la position du soleil, les jeux de briques confèrent au monument un éclairage et un aspect différent, mouvant, malgré la sobriété de sa forme. Les constructeurs ont utilisé la brique cuite, cimentée au jaune d'œuf et au lait de chamelle. Ce matériau inhabituel et son assemblage savant permirent au monument de traverser plus d'un millénaire sans souffrir des tremblements de terre. Les pèlerins font trois fois le tour du mausolée en récitant des prières. Certains touristes aussi, car on raconte que si l'on fait le vœu de revenir à Boukhara… le vœu se réalise.

■ MAZAR CHACHMA AYOUB

Dans le parc Samani, en se dirigeant vers le bazar depuis la mosquée Bolo- Khaouz. Le mazar, en fait une chapelle, est un lieu tout aussi vénéré que le mausolée Ismaïl Samani. Chachma Ayoub signifie « source de Job ». Selon la légende, Job, le prophète de l'Ancien Testament, aurait fait jaillir une source d'eau pure en plantant son bâton de pèlerin à cet endroit puis, à sa mort, il aurait été enterré près de la source. Il existe d'ailleurs une autre tombe du prophète près de Damas, mais c'est une contradiction qui gêne plus les historiens que les pèlerins. L'histoire de cette source, comme celle de beaucoup d'autres lieux saints d'Asie centrale, est transmise principalement par tradition orale et les rares textes sont souvent écrits à des fins de propagande. Les chercheurs ont d'ailleurs remarqué que le culte des prophètes de l'Ancien Testament est plus fréquent dans le monde musulman que dans les pays chrétiens, phénomène qu'ils attribuent à l'influence des nestoriens ou encore aux légendes yéménites d'Arabie du Sud. Quoi qu'il en soit, les textes coraniques ont fait d'Ayoub le patron des sources et on le retrouvera plus d'une fois là où jaillit une source d'eau pure. Les récentes recherches archéologiques ont établi qu'un *mazar* fut construit ici dès le IXe siècle, mais le bâtiment actuel date du XIVe et du XVIe siècle. Il se compose de quatre salles principales dans lesquelles se trouvent le gurkhana, la source d'eau sainte, et les pièces destinées aux pèlerins. Près de l'entrée du *gurkhana*, une inscription attribue la construction du *mazar* à Amir Hadjaj et remercie Tamerlan pour sa bienveillance. Sur la planche de bois, une autre inscription rapporte l'arrivée du prophète Ayoub et sa mort à Boukhara. C'est le seul bâtiment de Boukhara qui date de l'époque de Tamerlan. Le dôme de forme conique, construit au XIVe siècle, est typique de l'architecture du Khorezm et fut exécuté par des artisans de Kounia Ourgench que Tamerlan avait ramenés de ses campagnes militaires. La coupole ronde à lanterne a été rajoutée au XVIe siècle. La source, réputée pour ses vertus curatives, est censée guérir les maladies de peau. Le mazar abrite aujourd'hui un musée consacré à l'histoire et aux différentes techniques d'alimentation en eau de Boukhara.

■ MOSQUÉE BOLO-KHAOUZ

Après la traversée vers l'ouest de la vaste et déserte place du Registan, les arbres entourant le bassin et le minaret de la mosquée Bolo-Khaouz en font un havre d'ombre très appréciable. Des marches de marbre descendent vers les eaux sombres mais rafraîchissantes du bassin construit au XVIe siècle et qui donna son nom à la mosquée (*khaouz*). L'*iwan* est posé sur vingt piliers de bois de karagatch dont la finesse inhabituelle donne à l'ensemble une allure aérienne. La décoration des caissons du plafond de bois, ainsi que celle des stalactites peintes ornant le sommet des fins piliers font de cette mosquée l'une des plus belles de la ville. Lorsque l'émir se rendait à la prière du vendredi, des tapis étaient posés sur le sol, de la porte de l'Ark jusqu'à l'entrée de la mosquée. La mosquée elle-même date de 1712, l'*iwan* haut de 12 m, ce qui en fait un des plus hauts d'Asie centrale, a été rajouté au XIXe siècle et le minaret en 1917.

Ce dernier a mal vieilli, penchant de plus en plus avec un air de petite tour de Pise ; il est aujourd'hui renforcé par une armature de bois reliée au sol par des chaînes.

MOSQUÉE MAGOK-I-ATTARI

Avant la conquête arabe se trouvaient à cet emplacement un marché et un temple bouddhique, puis un temple zoroastrien dédié à la lune. La première mosquée fut construite au IXe siècle – ce qui en fait la plus vieille d'Asie centrale – sur les ruines du temple, comme il était d'usage à cette époque. Elle fut entièrement reconstruite au XIIe siècle et remaniée au XVIe siècle. Elle fut découverte, en 1839, par Chichkine, le même archéologue qui avait mis au jour, dans le cimetière, le mausolée Samani. Les fouilles ont également permis de faire resurgir du passé le portail sud qui date de la mosquée du XIIe siècle. Chichkine découvrit aussi les traces du temple zoroastrien datant du Ve siècle, et du temple bouddhique plus vieux encore. Au fil des siècles, le niveau du sol s'était élevé de plusieurs mètres et la mosquée Magok s'était retrouvée à moitié enfouie sous terre. Déjà, pour la construction du portail est qui date du XVIe siècle, l'entrée avait dû être adaptée au changement de niveau de la rue, et un escalier à larges marches descend jusqu'à l'entrée de la mosquée. La mosquée porte un nom très imagé qui reflète bien son histoire : *agok* veut dire souterrain et attor, marchand. La mosquée sert aujourd'hui de hall d'exposition de tapis. A l'est, les puits s'enfoncent dans la terre jusqu'à l'endroit où était le temple bouddhique.

TAK-I-SARRAFAN – « COUPOLE DES CHANGEURS »

En suivant vers l'ouest le canal qui borde le flanc sud du bassin, on arrive à la coupole Tak-i-Sarrafan, dite la « coupole des changeurs ». Elle fut construite en 1538 et abritait les juifs changeurs de monnaie et seuls habilités à se livrer à ce métier, les Ouzbeks considérant qu'il porte malheur. Si les mosquées et les madrasas sont le cœur de Boukhara, les coupoles marchandes en sont le système nerveux. C'est, en effet, grâce au commerce et aux taxes qui en découlaient que la ville put connaître un tel essor. Ces constructions massives aux bulbes insolites, datant du XVIe siècle, présentent une architecture très fonctionnelle. Situées au croisement des rues, elle possèdent de hautes entrées ogivales qui permettaient aux commerçants et aux chameaux chargés de marchandises de circuler librement. Les galeries couvertes dans lesquelles sont installées les échoppes se croisent dans un hall central surmonté d'une haute coupole. Il y fait plus frais qu'à l'extérieur, et le visiteur accablé par la chaleur apprécie vivement les qualités d'une architecture favorisant le commerce quand un marchand avisé l'invite à s'asseoir dans la pénombre de son magasin d'antiquités. Il reste aujourd'hui trois de ces coupoles marchandes nommées *tâk* qui datent de l'époque des Chaybanides. Autrefois, les rues commerçantes qui menaient à ces coupoles étaient, elles aussi, bordées d'échoppes et protégées du soleil par des nattes de roseaux. Noyé dans une éternelle poussière, le trafic y était exotique au possible, mêlant quadrupèdes de toutes tailles et bipèdes de tout horizon. Armin Vambery qui, au XIXe siècle, fut l'un des rares étrangers à pouvoir se promener librement dans la ville, raconte que sans avoir l'éclat et la magnificence des marchés de Téhéran ou d'Ispahan, les marchés de Boukhara étaient frappants par la diversité des races et des costumes qu'on y rencontrait. Situé dans le sud du raba, ou la ville extérieure, sur la rive gauche du canal Shährud et au croisement des artères menant à toutes les portes de la ville, ce marché couvert bénéficiait d'un emplacement particulièrement favorable. La coupole marchande faisait partie d'un ensemble de constructions conçu au début du XVIe siècle, comprenant une mosquée et des bains. La coupole des changeurs est aujourd'hui investie par des marchands de souvenirs. En franchissant le portail sud, on pénètre dans le quartier juif, mais la plupart des juifs de Boukhara ont émigré vers l'Europe et les Etats-Unis depuis l'indépendance.

TAK-I-TELPAK FURUSHAN – « COUPOLE DES CHAPELIERS »

Au nord de la mosquée Magok-i-Attari, Taq-i-Telpak Furushan, ou coupole des chapeliers, était située dans le *raba*, ou la ville extérieure, juste à la porte sud du shahristan. On y vendait toutes sortes de chapeaux, tioubetek brodés ou chapeaux de fourrure, mais aussi les livres. La tombe du saint homme, Khodja Ahmed-i-Paran, vient rappeler aux marchands qu'il est d'autres richesses que matérielles. Malgré son nom, la coupole des chapeliers abrite aujourd'hui des vendeurs de tapis.

Mosquée Kalon vue de son minaret

Marionnettes aux couleurs locales

■ **TAK-I-ZARGARAN – « COUPOLE DES JOAILLIERS »**

Contrairement à la coupole des chapeliers, celle des joailliers était située à l'intérieur du shahristan, la ville intérieure du Moyen Age, entre la madrasa Mir-i-Arab et les madrasas Oulough Begh et Abdul Aziz Khan. Aujourd'hui encore, les marchands de bijoux ne sont pas loin. Il existe en effet un petit marché de l'or dans la rue Khodja Nurabad, à côté du grand marché aux tapis. On trouve dans la coupole des joailliers quelques bijoux mais de qualité médiocre ; la plupart des boutiques vendent des souvenirs artisanaux.

■ **TCHOR MINOR**

Perdu dans les ruelles à l'est du Liab-i-Khaouz, ce petit monument reste trop fréquemment à l'écart des promenades touristiques, sanction de son relatif éloignement par rapport aux autres sites intéressants. Tchor Minor signifie « quatre minarets ». Il s'agit en fait de quatre tours qui marquaient l'entrée d'une madrasa, aujourd'hui disparue, construite en 1807 par un riche marchand turkmène. Chaque tourelle symbolisait une ville : Termez, Denau, Kounia-Ourgentch et La Mecque. A l'origine, la madrasa comptait 59 cellules et était dirigée par le cheik soufi, Khali Niaz Kholi, l'un des naqchbandi les plus respectés et les plus influents du début du XIXe siècle. Dans l'une des tourelles, un escalier mène à une salle voûtée que vous ouvrira la gardienne, qui tient aussi la boutique de souvenirs au rez-de-chaussée.

Shopping

C'est dans les bazars de la ville que se trouvent les bonnes adresses.

Couteaux

Entre le bazar des chapeliers et celui des joailliers, le meilleur artisan forgeron de la ville. Couteaux et ciseaux d'excellente facture.

Tapis et suzanis

■ **LA CAVE D'ALI BABA**

✆ (65) 224 64 56

✆ (65) 595 57 70 (portable)

A gauche juste avant d'entrer dans la coupole des chapeliers. Gouzal vend de nombreux *suzani* mais aussi des tapis et des kilims ainsi que toute sorte de petits souvenirs divers d'excellente facture. Pour négocier, elle sourit aussi joliment à ses clients que lorsqu'elle pose pour le magazine *Atmosphère*, mais le lui dire la ferait rougir…

■ **LES TRÉSORS DE SHEHERAZADE**

✆ (65) 292 03 18

les_tresors_de_sheherazade@yahoo.fr

A droite en sortant de la coupole des chapeliers. Large choix de tapis de bonne qualité, de toutes tailles et de toutes provenances. Négocier avec la charmante Rushana, la plus professionnelle et la plus inspirée des vendeuses de Boukhara, vous assurera un bon moment dans la fraîcheur de la coupole. Ce magasin est l'un des rares de Boukhara à accepter la carte bleue.

■ **SUZANI SHOP**
✆ (65) 222 78 59
✆ (191) 78 59 (portable) – ermat55@mail.ru
Coupole des chapeliers. Belle boutique spécialisée dans les panneaux brodés neufs et anciens, de toutes tailles. Ermat Yaxshiyev est intarissable sur le sujet et pourra vous apprendre à « lire » les *suzani* en fonction de leur provenance.

Thé et épices

■ **SILK ROAD SPICES**
6 Halim Ashurov
✆ (65) 224 13 86
✆ (93) 383 34 40 (portable)
www.silkroadspices.com
silkroadspices@gmail.com
A droite, à la sortie de la coupole des chapeliers, arrêtez-vous pour goûter un excellent mélange de thé ou pour acheter un non moins savoureux et savant mélange de 14 épices capables de faire d'un steak haché ou d'un poisson pané des merveilles gastronomiques. Mirfays Ubaydov concocte ses mélanges à la commande et tient également le salon de thé qui fait face à sa boutique.

Photographies

■ **SHAVKAT BOLTAEV**
70 Naqchbandi
✆ (65) 224 60 74
www.uzbekistan.dk
Ouvert tous les jours 9h-19h. Un peu plus loin que la statue de Fayzuloo Khodjaev, à l'ouest de la vieille ville. Shavkat Boltaev réalise de superbes clichés exposés au fond de ce patit caravansérail. Son travail concerne Boukhara à 90 %, mais on trouve également de nombreuses photographies du Surkhandarya. Les thématiques explorées vont des portraits de juifs de Boukhara aux populations tziganes en passant par de simples saynettes sur les décors monumentaux des villes-étapes de la Route de la soie.

Dans les environs

■ **LAC AYDAR KUL**
Le lac Aydar Kul fut créé à la suite d'un déversement du réservoir de Chardara au Kazakhstan dans les années 1970. Il contiendrait aujourd'hui plus d'eau que la mer d'Aral, et son niveau continue de grimper. Ses eaux sont très poissonneuses et les oiseaux migrateurs y sont nombreux. Un petit camp de yourtes est installé près de Yangikashgan, à 22 km du lac, dans une zone désertique peuplée de quelques Kazakhs éleveurs de chameaux. C'est un très bon point de départ pour faire une randonnée à dos de chameau. Les dunes sablonneuses parsemées de buissons sont peuplées d'une faune très diverse, chèvres sauvages, loup, *sousliks*, chacals… Et aussi de varans dont la longueur moyenne atteint un mètre ; en général, ils évitent les humains. Les grands varans, dont la taille dépasse celle d'un homme, sont beaucoup plus dangereux, mais on ne les rencontre que dans les endroits les plus reculés des montagnes. Ils peuvent se déplacer à plus de 50 km/h et assomment leur victime avec un coup de queue. Prudence également avec les scorpions qui se cachent sous les pierres ou dans les endroits humides à l'ombre du soleil, les falanga, araignées très venimeuses, et quelques cobras. L'époque idéale pour s'y rendre n'est pas le mois de juillet où la température dépasse allègrement les 45°. Allez-y de préférence en automne ou au printemps, vous aurez peut-être la chance de voir le désert en fleur. La courte saison des tulipes et des pavots a lieu juste après les pluies de printemps, en mars ou avril. On peut contacter les tour-opérateurs de Tachkent pour organiser le circuit ou bien le B&B Komil, à Boukhara, qui propose des circuits de trois jours. Il est également possible de se rendre directement à Yangikashgan pour négocier avec les propriétaires qui gèrent le camp de yourtes, mais les tarifs sont élevés.

■ **MINARET DE VABKENT**
A 35 km de Boukhara. Dans le village de Vabkent se dresse la silhouette effilée d'un minaret de 39 m de hauteur, typique de l'architecture karakhanaïde. Ce n'est qu'une illusion d'optique due à sa minceur qui le fait paraître plus élevé que le minaret Kalon de Boukhara, auquel il cède 4 m.

■ **NÉCROPOLE DE TCHOR BAKHR**
Village de Soumitan, à 6 km de Boukhara. Prendre un bus devant le bazar en direction de Jondor, Karakul ou Alat. Dans cette nécropole se trouve le double tombeau d'Abou-Bakhr Saad et d'Abou-Bakhr Ahmad, descendants de Mahomet. L'ensemble est composé d'une mosquée, d'une *khanaka* et d'une madrasa, qui ont la particularité d'être construits dans le même alignement, face à une nécropole. De 1560 à 1563, Abdullah Khan fit élever cet ensemble monumental pour les membres de la secte des soufis djoubaïri (ou *khodjagon*), une branche de l'ordre des Naqchbandi.

Le sourire ouzbek !

Le fondateur de la secte, Khodja Islam Djoubaïri, mort en 1563, était le chef spirituel d'Abdullah Khan. Au cours des siècles qui suivirent, de nombreux nobles de Boukhara se firent construire des mausolées près des tombes des saints, et une véritable nécropole s'est dessinée autour de ruelles. L'enchevêtrement de tombes et les *pishtak* en ruine donnent à l'ensemble un charme très particulier. Cet impressionnant ensemble architectural a fait l'objet d'un des derniers programmes de rénovation de la région de Boukhara, achevé en 2001.

SITORI-I-MOKHI KHOSA, « PALAIS DE LA LUNE ET DES ÉTOILES »

Ouvert tous les jours, sauf le mercredi, de 9h à 16h, le mardi de 9h à 14h. La résidence d'été des khans de Boukhara est située dans un immense parc de plus de 6 hectares, à 5 km de la ville. Un premier palais entouré de jardins fut construit par l'émir Akhad Khan à la fin du XIXe siècle. Alim Khan, son fils, y ajouta un nouveau bâtiment en 1914. Le dernier khan de Boukhara avait fait ses études à Saint-Pétersbourg, et son mode de vie s'en ressentait. Il commanda un palais qui se voulait sans doute à la pointe de la modernité, mêlant l'architecture russe au style décoratif d'Asie centrale. Le résultat est surprenant. La visite comprend trois différents corps de bâtiments, transformés en musées : les appartements et salles de réception d'Alim Khan, le palais octogonal et le harem. Les pièces de réception de l'émir Alim Khan, construites en enfilade, à l'occidentale, sont un apport des architectes russes travaillant à la cour de l'émir. La salle blanche est une œuvre unique, ses murs sont entièrement couverts de gantch blanc finement ciselé sur un fond de miroirs. La construction de ce palais des glaces version boukhare dura trois années, pendant lesquelles l'architecte refusa au khan l'entrée du chantier. Quand Alim Khan put enfin admirer le résultat, il fut subjugué et, reprenant les bonnes vieilles habitudes ancestrales, décida de faire tuer l'architecte afin qu'il ne puisse faire profiter de son art à d'autres. Heureusement, Chirin Muradov, l'architecte de la salle blanche, fut prévenu à temps et réussit à s'enfuir. A l'entrée, un haut boudoir est décoré de niches à stalactites dans lesquelles sont peints d'insolites et superbes bouquets de fleurs multicolores. Les murs et le plafond de la salle de jeux et de la salle d'attente sont entièrement décorés de panneaux dorés, couverts d'une extraordinaire et un peu oppressante mosaïque de miroirs. La salle de banquet est la plus originale et la plus somptueuse, elle comprenait quatre parois décors, un pour chaque saison, que l'on changeait grâce à un mécanisme dont personne ne se souvient mais, de toute façon, les trois autres décors ont disparu après la révolution. Dans ces salles sont exposés divers cadeaux offerts à l'émir, dont un original réfrigérateur tout en verre. Le *mirzo-khona*, ou salle des secrétaires, est la plus sobre des pièces, son miroir à trois battants est, paraît-il, magique. En s'y regardant, on doit faire un vœu, qui se réalise dans les 40 jours… Au bout du bâtiment, la véranda expose une belle collection de vases anciens de toute provenance. Le palais octogonal est un musée consacré au costume national, où vêtements d'apparat, khalat multicolores ou sombres parandja sont exposés au milieu de photos de la famille princière. Les vêtements étaient habituellement confectionnés par des femmes, mais les motifs en fils d'or étaient brodés uniquement par les hommes. La salle octaèdre destinée aux invités était initialement décorée à la feuille d'or ; après la révolution, l'or aurait été remplacé par du bronze et emporté en Russie. Le harem abrite le musée de la Broderie. Les différentes techniques décoratives y sont illustrées par l'une des plus belles collections de *suzani* d'Ouzbékistan. Devant le harem se

trouve un grand plan d'eau. On raconte que l'émir s'installait dans l'estrade à coupole qui borde ce bassin pour regarder ses femmes se baigner, et choisissait l'élue de son cœur en lui lançant une pomme.

GIJDUVAN

A moins d'une heure de route de Boukhara (45 km), Gijduvan est une petite bourgade réputée pour la qualité de ses céramiques. À la différence de celles de Rishtan, en vallée de Ferghana, les couleurs des céramiques de Gijduvan perdent cette dominante bleue pour arborer des motifs aux coloris plus variés, vert, orange ou cuivré. Nous vous conseillons la visite de l'atelier de Abdullo Narzullaev, situé à l'entrée du village, à deux pas de la route reliant Boukhara et Gijuvan.

Shopping

■ **ATELIER ABDULLO NARZULLAEV**
55, rue Kimsan
✆ (998 65) 572 74 12
✆ (998 90) 718 30 60 (portable)
www.folkceramic.com
abdullo_63@list.ru
Cet artisan incarne la 6e génération de céramistes de sa famille et a organisé sa maison autour de l'atelier, du four, d'un showroom et évidemment d'une boutique. Son travail est reconnu dans tout l'Ouzbékistan et protégé par l'Unesco. Cette dynastie d'artisans céramistes travaille effectivemen suivant une technique ancestrale unique en son genre. Vous pouvez en admirer les produits dans la petite succursale ouverte à Boukhara sur la gauche entre le bazar des chapeliers et celui des joailliers. Après avoir découvert les techniques de travail, vous aurez accès à la boutique et à l'ensemble des magnifiques produits sortis des fours. Profitez de la visite pour admirer les techniques de fabrication des *suzani*, ces grands panneaux brodés traditionnels, produits par la maître-artisan Moustabchira Barakaeva et colorés par la femme d'Abdullo, Mavliouda Narzullaev, qui utilise des couleurs naturelles telles que fruits, racines, écorces.... Notez que trois petites chambres font office de B&B si vous souhaitez séjourner un peu plus longtemps à Gijduvan, et rester hors des sentiers battus (50 $ la chambre double).

RÉGION DE SAMARKAND

SAMARKAND

Cité légendaire de la Route de la soie, capitale d'un des plus grands empires qui ait régné sur la terre, Samarkand ne laisse personne indifférent. Les imposants monuments hérités du règne de Tamerlan nous plongent dans une tout autre époque et une tout autre histoire. Bien qu'à l'emplacement du gigantesque palais de Tamerlan s'élève aujourd'hui l'imposant hôtel Afrosyab, Samarkand a gardé bon nombre de ses trésors architecturaux. Bien sûr, tous ont subi multiples destructions et dégradations, celles du khanat de Boukhara, celles des Russes ou encore celles infligées par les tremblements de terre. C'est Lénine qui fit entreprendre les premières restaurations, afin de sauver la culture du passé et la rendre accessible aux « masses productrices ». A Samarkand, l'apport des Russes est ambigu. Presque tous les monuments ont retrouvé leur aspect d'origine, mais ils ont été séparés, entourés par une ville au schéma typiquement soviétique. Un regard sur la carte permet de distinguer ce qui reste de la vieille ville et le plan concentrique à grands boulevards de la nouvelle. Il ne reste quasiment rien aujourd'hui des quartiers historiques de Samarkand. Enfin, le tourisme a achevé la métamorphose de Samarkand : Japonais, Américains, Français, Allemands viennent aujourd'hui contempler les dômes bleus de la cité impériale, et mettre enfin des images sur les récits des grands voyageurs ou écrivains comme Marco Polo, Ibn Battuta, Ruy Gonzales de Clavijo, Fitzroy Maclean ou Amin Maalouf.

Histoire

Le visage actuel de la vieille ville de Samarkand est celui que lui a donné au XIVe siècle l'empereur Tamerlan, qui en fit la prestigieuse capitale d'un immense empire s'étendant jusqu'à la mer Noire et au Pendjab, en Inde, y réunissant les savants les plus connus de son époque. Mais son site originel, sur la colline d'Afrosyab, a livré des ruines remontant au Ier millénaire av. J.-C. Fondée probablement par les Perses au VIIe siècle av. J.-C., la cité fortifiée d'Afrosyab fut construite sur un site stratégique des routes de l'Empire achéménide. Ce poste avancé de la culture sédentaire devient rapidement la capitale de la Sogdiane.

Samarkand

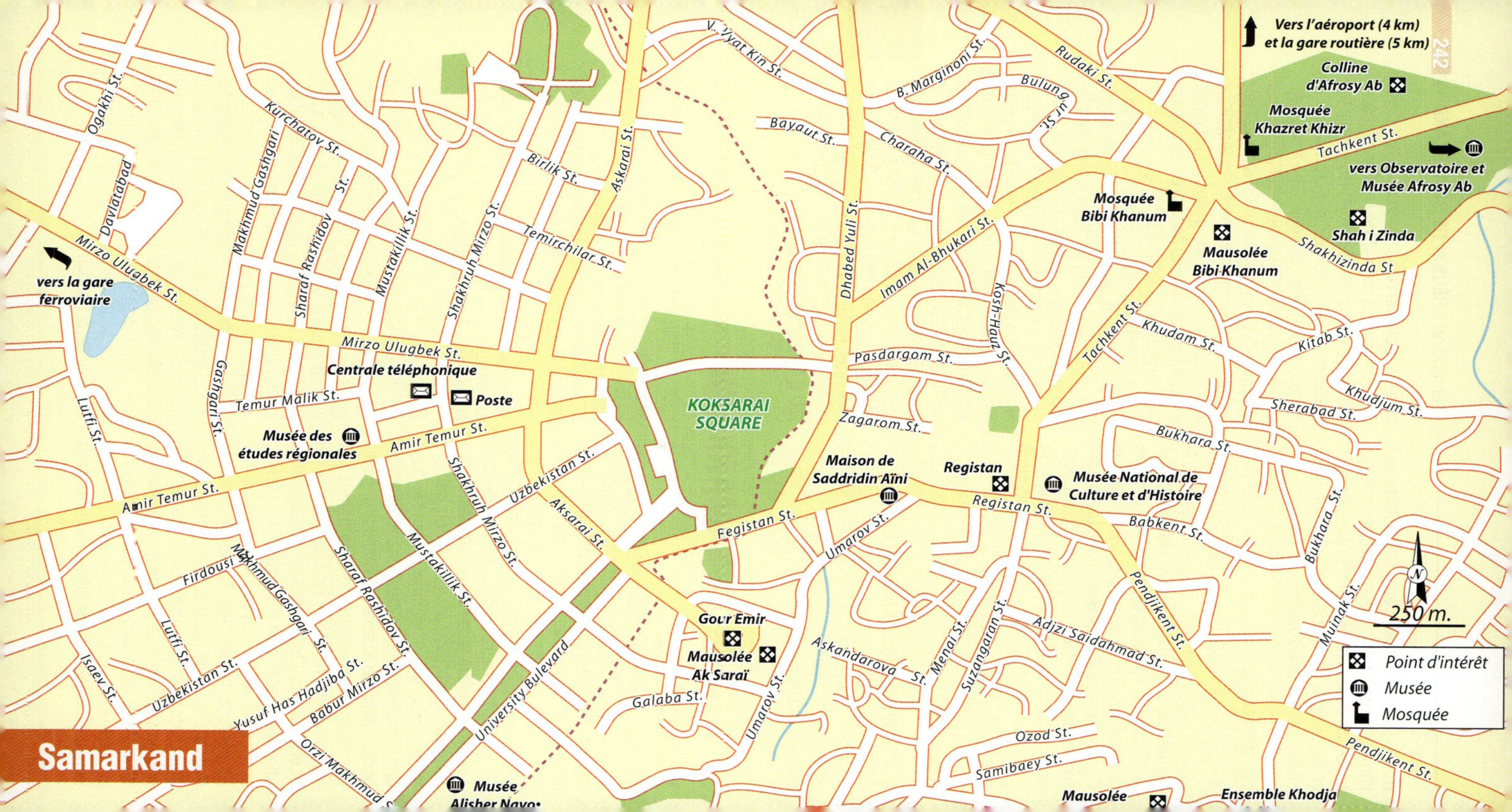
Vers l'aéroport (4 km)
et la gare routière (5 km)
Colline
d'Afrosy Ab
Mosquée
Khazret Khizr
vers Observatoire et
Musée Afrosy Ab
Shah i Zinda
Mausolée
Bibi Khanum
Mosquée
Bibi Khanum
Musée National de
Culture et d'Histoire
Registan
Maison de
Saddridin Aïni
KOKSARAI
SQUARE
Gour Emir
Mausolée
Ak Saraï
Centrale téléphonique
Poste
Musée des
études régionales
vers la gare
ferroviaire
Musée
Mausolée
Ensemble Khodja
Point d'intérêt
Musée
Mosquée
250 m.
N
Rudaki St.
Tachkent St.
Shakhizinda St.
V. Vyat Kin St.
B. Marginoni St.
Bulung ur St.
Bayaut St.
Charaha St.
Dhabed Yuli St.
Imam Al-Bhukari St.
Kosh-Hauz St.
Khudam St.
Kitab St.
Khudjum St.
Sherabad St.
Bukhara St.
Pasdargom St.
Zagarom St.
Registan St.
Babkent St.
Pendjikent St.
Muinak St.
Adjzi Saidahmad St.
Suzangaran St.
Menai St.
Askandarova St.
Umarov St.
Fegistan St.
Ozod St.
Samibaey St.
Galaba St.
University Bulevard
Aksarai St.
Uzbekistan St.
Mustakillik St.
Shakhruh Mirzo St.
Sharaf Rashidov St.
Makhmud Gashgari St.
Yusuf Has Hadjiba St.
Babur Mirzo St.
Orzi Makhmud St.
Firdousi St.
Lutfi St.
Isaev St.
Amir Temur St.
Temur Malik St.
Gashgari St.
Mirzo Ulugbek St.
Askarai St.
Birlik St.
Temirchilar St.
Kurchatov St.
Makhmud Gashgari
Davlatabad
Ogakhi St.

Au IVe siècle av. J.-C., Alexandre le Grand s'empare de cette cité fortifiée, baptisée Maracanda par les historiens grecs. La forteresse est utilisée à des fins militaires. Des siècles durant, les Sogdiens réussissent à bâtir un empire commercial. Leurs marchands sont présents sur tous les axes de la Route de la soie et possèdent des comptoirs jusqu'en Chine. Malgré une résistance acharnée, Samarkand devient au début du VIIe siècle une ville musulmane. Ses temples sont transformés en mosquées. L'art figuratif est interdit et remplacé par celui qu'autorisait l'islam : des frises végétales stylisées, géométriques ou calligraphiques. Mais dans les esprits, rien ne changea, les anciennes croyances se mêlèrent à la nouvelle religion, et les marchands reprirent leurs affaires avec les nouveaux partenaires commerciaux du monde arabe…

Sous les Samanides, aux IXe et Xe siècles, Samarkand perd son statut de capitale au profit de Boukhara, mais la ville bénéficie tout de même de l'âge d'or samanide. Les artisans travaillent le cuir, la soie, fabriquent du papier, du verre de couleur et de la céramique. La ville et ses jardins s'étendent au bas de la colline et la citée fortifiée devient le domaine réservé du pouvoir religieux et des militaires. Gengis Khan et son armée destructrice atteignent Samarkand en 1220. Les habitants abandonnent les ruines fumantes laissées par les Mongols et s'installent définitivement au pied de la colline. Une fois pillées, les villes n'intéressaient plus les Mongols. Les descendants de Gengis Khan continuaient donc à vivre dans leur campement royal. L'islam et les religieux nommés par le khan constituaient le véritable pouvoir sédentaire. Samarkand mettra près d'un siècle à se reconstruire mais, en 1340, elle sera touchée par l'épidémie de peste, la même qui atteindra l'Europe en 1347. Tamerlan saura utiliser le désordre politique résultant des ravages de l'épidémie et s'impose en 1360. La renaissance qui suit l'arrivée au pouvoir de Tamerlan en fait une ville quasi mythique. Les campagnes militaires font de Samarkand le carrefour obligé du commerce entre l'est et l'ouest, de la Chine à la Méditerranée, et du nord au sud vers l'ancienne Bactriane et l'Inde. Samarkand devient l'une des plus grandes villes commerçantes mais Tamerlan veut surtout en faire l'une des plus belles du monde musulman. Il fait venir les meilleurs artisans, déportés de toutes les villes conquises, et entreprend l'édification des plus majestueuses constructions d'Asie centrale. De ce mélange de cultures naîtra l'une des plus riches civilisations du Moyen Age, héritière des peuples les plus incompatibles, mongol, arabe, turc, persan, indien et chinois.

Transports

- **Avion.** Samarkand dispose d'un aéroport situé à 4 km du centre-ville. En saison, la liaison avec Tachkent est quotidienne. Egalement une à deux liaisons hebdomadaires avec Moscou.
- **Train.** Le train « Registan » relie Tachkent à Samarkand tous les jours sauf mardi et mercredi. Départ à 7h, arrivée à 10h30. La gare est située à 6 km du centre-ville. Ourgentch et Termez sont également bien desservis, mais la liaison avec le Tadjikistan est en revanche plus aléatoire. Renseignements à la gare de Tachkent (✆ (998 71) 140 05 55).
- **Bus ou taxi.** Plusieurs bus quotidiens relient Samarkand à Tachkent et Boukhara. De Tachkent, les bus et les taxis partent du terminus de métro Sabir Rakhimov. Il est cependant conseillé d'éviter cette station de métro, où les policiers corrompus attendent de pied ferme les touristes solitaires, sachant qu'il s'agit d'un passage obligé. A défaut de s'emparer de quelques dizaines de dollars, ils leur font perdre beaucoup de temps. Dans tous les cas, il faut refuser la fouille. Le trajet en bus pour Samarkand coûte moins de 5 000 soums et dure 5 heures. Les bus sont relativement neufs, mais pas très confortables pour autant. En taxi partagé, comptez de 9 000 à 10 000 soums. À Samarkand, le terminal de bus se trouve à 1 km à l'est de l'aéroport. Certains jours, les bus qui assurent la liaison Boukhara-Tachkent ne font pas le détour par la gare routière, mais des taxis peuvent vous déposer au bord de la route, un peu avant l'heure de passage. Négociez hardiment. Les taxis pour Tachkent partent de la gare routière, ceux pour Boukhara du rond-point « Pavarod », à l'ouest de la ville. Pour aller vers le sud, vers Shahrisabz, le point de départ des taxis se trouve au début de la rue Suzangaran, légèrement à l'est du Registan.

Pratique

Agences de voyages

■ **ESPRIT DU TEMPS**
7/1 Omar Khayyam ✆ (662) 35 41 53
✆ (662) 36 02 32 (portable)
Fax : (662) 31 06 41

www.esprit.da.ru – www.hotel-zarina.com
esprit@samuni.silk.org
espritdutemps@rambler.ru
Abduvakhid Eshandulov, francophone, organise depuis 1984 des circuits dans les cinq républiques d'Asie centrale, et travaille principalement avec la France. Excursions touristiques mais aussi treks en Ouzbékistan et au Tadjikistan avec logement chez l'habitant dans les montagnes. Côté pratique, l'agence peut s'occuper des formalités de transferts d'un pays à l'autre, des réservations de billets et visas pour groupes comme pour individuels. Hébergement dans tous les types d'établisssements. Ces circuits types offrent toujours un petit plus (visite d'école, fête de Navruz, bozkachi...). Le plus simple pour trouver Abduvakhid est de vous rendre au 1er étage de l'hôtel Zarina.

■ **SOGDA TOURS**
38 Registan ✆ (662) 35 29 85
Fax : (662) 31 17 35
www.sogda-tour.com
Le principal tour-opérateur ouzbek. Vous pourrez effectuer des circuits classiques le long de la route de la Soie mais également des excursions plus confidentielles, en vallée de Ferghana ou en République Kirghize, par exemple. Egalement un circuit de Tachkent à Ispahan via le Turkménistan en 15 jours.

▶ **Autre adresse :** Sogda est représenté en France par l'agence Persia située au 21 avenue Victor-Hugo 75116 Paris ✆ 01 40 67 12 96 – Fax : 01 40 67 12 97 – www.persiairan.fr

Guides

■ **CENTRE VICTOR HUGO**
26 Mir Saïd Baraka (ex-Micrasova)
✆ (662) 33 66 27
✆ (662) 391 91 50 (portable)
ccf.camarkande@laposte.net
Ouvert tous les jours sauf samedi et dimanche de 14 à 18h. Dilya peut vous trouver des solutions d'hébergement chez l'habitant à Samarkand ainsi que des guides francophones et des chauffeurs. L'antenne locale du centre culturel de Tachkent organise également des tables rondes et expositions. Vous pourrez y consulter la presse française et y rencontrer des étudiants ouzbeks.

■ **DENIS VIKULOV**
✆ (3662) 33 43 75 – scootter@rambler.ru
Denis Vikulov est guide et accompagnateur à Samarkand. Avec sa Jigouli, il peut également vous transporter à Urgut, Boukhara ou Sharisabz pour vous présenter les autres cités historiques du pays. Possède également de bon contacts au Khorezm et en vallée de Ferghana.

■ **TIMUR HALILOV**
43 Alisher Navoï
✆ (66) 700 00 07 (portable)
halilov62@yahoo.co.uk
Guide francophone indépendant travaillant avec des groupes ou des individuels dans l'ensemble du pays. Timur est d'excellente compagnie et connaît parfaitement l'histoire, les coutumes et les tradition de son pays qu'il partage volontiers avec les voyageurs.

Banque

■ **BANQUE NATIONALE D'OUZBÉKISTAN**
7 Firdousi
Ouvert de 9h à 12h du lundi au vendredi. Change et retrait de dollars avec carte Visa ou chèques de voyage.

Poste et télécommunications

■ **CENTRAL TÉLÉPHONIQUE**
Rue Shakhruh
Au croisement avec la rue Pochtovaïa. Ouvert du lundi au vendredi de 9h à 17h.

■ **DHL**
172 Daghbed ✆ (662) 3334 85
Ouvert du lundi au vendredi de 8h à 17h et le samedi de 8h à 15h.

■ **NET CITY**
68 Akhunbabaev
Deux carrefours après avoir dépassé l'hôtel Président. Ouvert tous les jours 9h-21h. Débit correct, compter 1 000 soums de l'heure.

■ **POSTE CENTRALE**
5 Pochtovaïa
Ouvert de 9h à 20h du lundi au samedi.

Orientation

A l'ouest, partant du square Kok Saray, un éventail de grands boulevards entre lesquels s'agencent des rues bien droites. C'est la partie moderne de la ville, construite sous les soviétiques. A l'est du Gour Emir et de la rue Dahbed qui trace un axe nord-sud, se trouve la vieille ville de Samarkand avec ses monuments historiques et son bazar. Au nord-est de cette partie de la ville commence la colline d'Afrosyab, le site historique de Samarkand.

Hébergement

Bien et pas cher

B&B ANTICA
56-58 Iskandarov ✆ (662) 50 27 92
✆ 937 00 92 (portable)
muhandis2004@rambler.ru
Chambre simple de 18,50 € à 26 €, double de 33,50 € à 41 €. Dortoir 11 €. Petit déjeuner inclus. Les chambres les plus chères sont de style traditionnel. Il est aussi possible de dormir l'été sur la terrasse, avec vue sur le Gour Emir. Depuis dix ans, toujours notre adresse préférée à Samarkand. La fraîcheur de la cour, la chaleur de l'accueil, le petit déjeuner avec une recette unique de confiture de mûres, des chambres joliment décorées sans excès ni fioritures et un emplacement impeccable à proximité du Gour Emir. Que demander de plus pour découvrir la plus belle ville du monde ? En haute saison, réservation indipensable pour espérer loger dans l'une des douze chambres des deux maisons traditionnelles gérées par Aziza et Kutbiya. Mahssouda, qui habite la maison voisine, loue également des chambres un peu moins chères en cas de forte affluence (✆ (998 662) 35 38 23). Pas dîner le soir, mais Aziza et Kutbiya peuvent réserver pour vous un repas chez l'habitant, dans le sublime cadre d'une maison du XIXe siècle, très rare à Samarkand.

B&B BAHODIR
132 Mullokanduva ✆ (3662) 35 85 29
✆ (3662) 31 25 43 (portable)
b&bahodir@yahoo.com
Compter 10 à 12 $ en chambre simple et 18 à 20 $ en chambre double. Les chambres les moins chères n'ont pas d'air conditionné. 20 chambres. Accès Internet. Bonne situation entre le Registan et la mosquée Bibi Khanum, petit B&B prisé par les bourlingueurs peu regardants sur le confort. Accueil agréable mais le petit-déjeuner ne laisse pas de grands souvenirs. L'augmentation des tarifs depuis la dernière édition semble peu justifiée au regard des prestations. Donc négociez. En revanche, le dîner affiche toujours un tarif imbattable de 2 $.

B&B DILSHODA
150 Ak Saray ✆ (662) 35 03 87
✆ (662) 70 99 66 (portable)
Fax : (662) 31 03 18
www.dilshoda.by.ru – dil_servis@mail.ru
Chambre simple 22 €, double 30 €, triple 41 €. Dîner de 4 à 5 €. Salles de bain individuelles, climatisation. À deux pas du précédent, tout aussi bien situé et également très recommandable. La qualité d'accueil est irréprochable, les douze chambres très bien tenues et le cadre, même s'il est plus moderne, tout aussi agréable. Les anciennes chambres conservent depuis le balcon une petite vue sur le sommet du Gur Emir. On apprécie la fraîcheur de la cour centrale et l'ombre de la vigne en été.

Confort ou charme

HÔTEL FURKAT
105 Mullokanduva
✆ (662) 35 32 61 – (662) 35 62 99
hotelfurkat@mail.ru
22 chambres. Trois tarifs selon le degré de confort : chambres simples 6 à 20 €, doubles de 12 à 40 €. Les deux chambres les moins chères partagent une salle de bains sur le palier. Dîner de 4 à 6 €, alcool en sus. Les deux étages de l'hôtel, décorés de marbre et de boiseries, donnent sur une cour d'où partent de nombreuses volées d'escaliers menant aux chambres. Dans le dernier coin libre de la cour, un nouvel immeuble de 3 étages abritant 7 chambres de luxe a été achevé en 2009. Ces aggrandissements successifs font que, au final, depuis dix ans, nous n'avons jamais connu ce B&B autrement que en travaux et dans la poussière. Le projet d'ascenseur extérieur rend le tout un peu pompeux et on ne peut plus que déplorer, dans la cour intérieure jadis fort agréable, un cruel manque de soleil et une sensation d'étouffement. Les chambres sont néanmoins décorées avec soin, sans surcharge, tout comme les deux salles de restaurant. Du dernier étage, on aperçoit les dômes et les minarets du Registan et, de l'autre côté, l'observatoire d'Oulough Begh. Certaines chambres ont vue sur la mosquée Bibi Khanum, mais les fenêtres sont trop étroites pour en profiter réellement. Dans la cour, on mange sur les tapchan. Furkat possède aussi une seconde adresse un peu plus bas dans la même rue. Confort plus sommaire, cuisine à la disposition des clients et tarifs moins élevés (5 à 10 € pour les simples, 10 à 20 € pour les doubles).

HÔTEL MALIKA PRIME
1/4 Universitat ✆ (662) 33 01 97
Fax : (662) 33 43 49
www.malikahotels.com
malika-hotel@mail.ru

© JEFF JONES - ICONOTEC

Spectacle dans la cour intérieure de la madrasa Chir Dor

22 chambres. Simple 33 €, double 55 €, triple 63 € avec petit déjeuner. Le dernier né des hôtels de la chaîne Malika, avec toujours le même standard et le même types de chambres, confortables, sobrement décorées et dotées de belles salles de bains. L'emplacement est impeccable, à tout juste une centaine de mètres du Gour Emir sur lequel les chambres 15, 16, 22 et 23 ont une jolie vue. Pour les autres, allez chercher le panorama sur la terrasse du toit, sous l'ombre agréable de l'iwan.

■ HÔTEL ORIENT STAR

33 Dahbed
✆ (662) 32 29 06 – (662) 31 00 27
www.tour-orient.com
orientstar@tour-orient.com

35 chambres. Chambre simple 52 €, double 60 €, avec petit déjeuner. Déjeuner 6 €, dîner 5 €. Piscine, restaurant, accès Internet, bureau de change. Paiement par carte Visa accepté. Tout proche de la colline d'Afrosyab et de la mosquée Bibi Khanum, l'hôtel marie habilement une décoration orientale à la réception et sous la coupole du restaurant avec des chambres meublées à l'occidentale. Construit en 2001 par le groupe Orient Voyages (auparavant Tour Orient et Orient Star) qui gère aussi l'hôtel de Shahrisabz, l'Orient Star offre le meilleur rapport qualité-prix des hôtels de la ville. L'agence du groupe, située au rez-de-chaussée de l'hôtel, propose des circuits en Ouzbékistan et dans toute l'Asie centrale.

■ HÔTEL ZARINA

4 Umarov ✆ (662) 35 07 61
Fax : (662) 31 06 41
www.esprit.by.ru – esprit@rol.ru

28 chambres, simple 30 €, double 45 €, luxe 40 à 60 €, petit déjeuner compris. Dîner 5 $. L'hôtel Zarina brille par sa situation, à mi-chemin entre le Gour Emir et le Registan. Les chambres sont disposées autour d'une cour avec petite piscine. Vue sur le mausolée adjacent et dîner sous un vaste *iwan* fermant un côté de la cour. Celle-ci, comme la salle de restaurant, est décorée de nombreuses antiquités (postes de radios ou de télévision en particulier) pour lesquelles se passionne Abduvakhid, propriétaire de l'hôtel et également directeur de l'agence Esprit du Temps avec laquelle vous pouvez programmer votre voyage en Ouzbékistan comme dans l'ensemble de l'Asie centrale. Au Tadjikistan, Abduvakhid organise en particulier d'intéressants treks avec nuits chez l'habitant.

Luxe

■ AFROSYAB PALACE

2 Registan ✆ (662) 31 20 80
Fax : (662) 31 10 44
www.afrosiyobpalace.com
info@afrosiyobpalace.com

Chambre simple 95 $, double 150 $, suite de luxe 250 $, avec petit déjeuner. Paiement par carte Visa accepté. Piscine, fitness center, discothèque, quatre bars, restaurant avec cuisine ouzbèke, européenne et coréenne, bureau de

change, accès Internet. Le premier hôtel de luxe d'Ouzbektourism à Samarkand date de 1997 mais conserve toute sa fraîcheur. C'est grand, c'est luxueux, idéalement situé, avec un service irréprochable. On y passerait presque ses vacances s'il n'y avait rien à voir autour… L'ensemble est cependant très aseptisé, et manque cruellement de couleur locale.

■ **HÔTEL PRÉSIDENT**
53 Shakhruh ✆ (662) 33 24 75
Fax : (662) 33 49 76
www.uzhotelpresident.com
info@uzhotelpresident.com
Chambre simple 54 €, double 87 €. Paiement par carte Visa accepté. Son architecture extérieure, aux grandes baies vitrées derrière lesquelles se dissimulent les appartements présidentiels vaut l'intérieur, avec six étages de balcons internes donnant sur un volume épuré autour duquel s'articulent bureau de change, night-club, bar, restaurant, piscine, boutique de souvenirs… Les chambres donnent sur un parc. A moins de privilégier par-dessus tout le luxe et le service haut de gamme, le prix de la chambre simple est injustifié compte tenu de la surface. A l'autre bout de la gamme, les appartements présidentiels se composent de deux vastes chambres avec salle de bains et jacuzzi attenants, d'un salon-salle à manger et d'une cuisine. Le service n'est malheureusement pas toujours à la hauteur de la dépense.

Restaurants

Au moment de notre enquête, manger à Samarkand était un véritable défi. Avec la disparition des *tchaïkhana* laissant place aux magasins de souvenirs et parkings de bus et l'inexistence de restaurants réellement attirants dans la ville moderne, on ne peut que vous conseiller de réserver un dîner dans votre B&B. Le restaurant Old City, pour une cuisine européenne, est le plus recommandable depuis la disparition du Crystal. Auprès du B&B Antica, vous pourrez également réserver un dîner dans une maison traditionnelle du vieux quartier de Samarkand. La propriétaire concocte d'excellentes recettes locales et utilise l'argent des recettes pour finir de restaurer cette somptueuse demeure du XIXe siècle. Même démarche possible auprès du guide Denis Vikulov qui a également ouvert un restaurant dans une maison traditionnelle en 2009. L'avantage est que ces personnes connaissent les désirs des voyageurs, et aussi leurs craintes. Les tarifs sont très raisonnables et, à la différence d'un restaurant, vous aurez ici l'impression d'être « chez l'habitant ».

Sur le pouce

Autrefois nombreuses entre la mosquée Bibi Khanum et le Shah I Zinda, les *tchaïkhana* ont souffert des projets de rénovation de la nécropole et ont quasiment toutes fermé pour faire place à un gigantesque boulevard et un bazar moderne, aseptisé et sans âme. Quelques unes ont survécu entre le Registan et la mosquée Bibi Khanum, mais là encore les magasins de souvenirs commencent à préempter tous les locaux. Pour une ambiance plus couleur locale, rendez-vous désormais au *tchaïkhana* situées au-delà du bazar qui jouxte la mosquée Bibi Khanum. Enfin, en été, quelques *tchaïkhana* s'installent dans la partie moderne de la ville, à l'intérieur du parc, au coin des rues Mustakillik et Rashidov.

Bien et pas cher

■ **AZAM BAR**
68 Sharaf Rashidov ✆ (662) 33 80 74
Ouvert tous les jours de 9h à 23h. Cuisine européenne et spécialités de pizzas. L'intérieur est authentiquement ouzbek. Selon les soirs, on passe de quelques péquins réunis autour d'un feuilleton télévisé à une bande d'étudiants chahuteurs venus fêter un anniversaire ou un diplôme. Un peu éloigné pour justifier le déplacement, mais si vous logez dans la ville moderne, voilà un bon compromis à petit budget.

Bonne table

■ **OLD CITY**
100 Sharaf Rashidov ✆ (662) 33 38 28
Ouvert tous les jours de 11h jusqu'au dernier client. Cuisine européenne ou traditionnelle. Bon choix de plats à base de poulet et de bœuf, poissons et burgers. Cocktails à environ 1 €. Décoration simple et agréable dans une ambiance feutrée. Les tables de bois sont réparties dans deux pièces, la première servant également de bar. Les plats sont bons et copieux. La meilleure adresse en ville !

Luxe

■ **GRAND RESTAURANT**
✆ (662) 31 11 95
Hôtel Afrosyab. A partir de 12 € par personne. Le restaurant de l'hôtel Afrosyab sert une cuisine très diversifiée : spécialités d'Ouzbékistan, plats coréens, cuisine occidentale…

Le cadre est décoré à l'orientale, les tables étant disposées autour d'un puits central. Le manque de fenêtres et de vue rend le tout un peu tristounet, mais le résultat dans l'assiette est honnête.

Points d'intérêt

■ COLLINE D'AFROSYAB

L'antique cité d'Afrosyab, dont la fondation remonte à la fin du VIIIe siècle avant J.-C., repose sur un plateau de 220 hectares, au nord de Samarkand. Baptisée Maracanda par les Grecs, cette cité antique a pris le nom du roi mythique de Touran décrit par le poète Firdaussi dans le Shahnamé. Depuis le XIXe siècle, des générations d'archéologues ont étudié les traces des différentes civilisations qui y vécurent, de l'âge de fer ancien jusqu'à la conquête mongole. La mission archéologique franco-ouzbek, dirigée par le professeur Paul Bernard dès 1989, puis par Franz Grenet et Mukhammadjon Issamiddinov, a travaillé essentiellement sur la très riche période prémongole. On peut voir le résultat de leurs fouilles dans le musée situé à l'entrée du territoire et qui porte le nom de la colline. Les fondations de la ville présentent un schéma typique des villes antiques centre-asiatiques, généralement situées sur des terres agricoles et près d'un fleuve, avec une longue enceinte entourant un très large territoire, qui englobe une zone d'habitation très dense et une zone de bâtiments officiels, « la ville haute » où se trouve le palais. Les remparts construits au bord de la falaise mesuraient plus de 5 km de longueur. Consolidés sous les Achéménides, ils furent partiellement détruits autour des portes lors des attaques d'Alexandre le Grand, puis reconstruits à l'aide de briques carrées. Aujourd'hui encore, on peut voir une partie des fortifications hellénistiques, remparts impressionnants aux meurtrières en forme de flèches. Véritables casernes fortifiées, ces murailles comprenaient à l'origine une galerie interne sur deux ou trois niveaux abritant les soldats. Quant au rempart abritant la zone suburbaine, il mesurait 13 km ! Les fouilles, conjointement à l'étude des témoignages rapportés par l'historien grec Arrien, ont permis de localiser le palais des satrapes achéménides dans la partie nord de la cité. C'est lors d'un banquet donné dans ce palais qu'Alexandre le Grand assassina son compagnon Cleitos. Il y a quelques années, le jeune fils de l'archéologue Mukhamadjon Issamiddinov, qui accompagnait souvent son père sur le site des fouilles, découvrit une plaque en argent doré qui faisait partie de l'ornement d'un harnais enfoui dans le lœss. Des fouilles approfondies ont mis au jour plus de deux cents de ces pièces ornementales ainsi qu'un document qui permit la datation précise. En 1220, le cavalier qui cacha son harnais trop voyant dans le fond de ce puits, aux portes de la cité, devait fuir les Mongols qui assiégeaient la ville. Peut-être espérait-il le mettre à l'abri pour le retrouver après la guerre, mais il n'imaginait sûrement pas envoyer un message à travers les siècles. Durant l'époque kouchan et le développement de la Route de la soie, la cité sogdienne connut un véritable épanouissement. Dans le musée, on peut admirer une fresque du VIIe siècle découverte dans le palais de Varkhouman. Un cortège d'ambassadeurs offrant des présents au souverain de Samarkand, peut-être à l'occasion de son mariage : Bactriens juchés sur des chameaux, Tûrks aux longs cheveux, nobles Coréens à coiffure en double aigrette, et une princesse chinoise accompagnée de ses suivantes. Quand les conquérants arabes s'emparèrent de la cité au VIIIe siècle, le palais fut détruit, ainsi que le temple zoroastrien, le légendaire « temple des idoles » de Samarkand, dont les archéologues retrouvèrent les traces sous la mosquée édifiée au VIIIe siècle. Ces constructions successives sur les mêmes fondations créent un incroyable enchevêtrement souterrain, qui atteint parfois 10 m de profondeur comportant cinq niveaux de construction différents, parfois plus. Au XIIIe siècle, la conquête mongole mit fin à presque deux millénaires d'existence citadine sur cette colline de lœss et, après la destruction du système d'irrigation et d'arrivée d'eau, les habitants se déplacèrent vers le bas de la ville où fut fondée la nouvelle Samarkand de Tamerlan.

■ GOUR EMIR

Entrée 2 €, appareils photos 1 €, caméras 1,35 €. Autrefois perdu dans un quartier de petites ruelles, le Gour Emir (ou tombeau du souverain), mausolée de Tamerlan, fait aujourd'hui face à la rue du Registan. Une grande esplanade a été dégagée, recréant le plan originel et la « voie royale » pavée de dalles blanches qui, au XIVe siècle, reliait le Gour Emir au mausolée du Cheik Burhanaddin, dit Rukhobod. La dislocation de l'URSS a fait entrer la jeune république d'Ouzbékistan dans une nouvelle ère, mais l'a privée de ses idéaux et de son « héros » officiel, Lénine, un héros qui lui était culturellement et historiquement étranger mais qui était

omniprésent. Ce vide idéologique permit la « renaissance » de Tamerlan, dont l'existence avait été soigneusement voilée d'ombre pendant soixante-dix ans. Une reconnaissance à la fois historique, culturelle et politique, qui donne à ce guerrier victorieux et insatiable sanguinaire la toute première place dans le panthéon du nouvel Ouzbékistan. Son mausolée est ainsi devenu l'un des points névralgiques du pays, le symbole de la grandeur et de la puissance de la nation ouzbek. A l'image d'un autre grand conquérant, Gengis Khan, Tamerlan voulait être enterré sobrement : « Juste une pierre et mon nom dessus », avait-il dit, et son tombeau avait été préparé dans une crypte à Shahrisabz, sa ville natale. Mais l'histoire en décida autrement. En 1401, Muhamad Sultan, petit-fils préféré de Tamerlan et son successeur désigné, fit construire un ensemble architectural à quatre minarets composé d'une cour intérieure bordée de quatre iwan et sur laquelle donnaient une madrasa à l'est et une *khanaka* à l'ouest. La madrasa était consacrée à l'éducation des fils de familles nobles destinés à travailler dans l'administration, une version timouride de l'ENA. Dans la *khanaka*, résidence des derviches, se trouvait aussi une mosquée à coupole. Aujourd'hui, seules les traces des fondations témoignent de ces constructions, mais on peut admirer le portail encore richement décoré sur lequel est inscrit en persan : « Construit par le faible esclave Mohamed, fils de Mahmoud, d'Ispahan », et, lui faisant face, une partie du mur de l'iwan fermant la cour intérieure du coté sud et derrière lequel se dresse le Gour Emir. Lorsque, en 1403, Muhamad Sultan, encore jeune, périt lors d'une campagne en Perse, Tamerlan fit construire ce mausolée, le plus beau qui soit, pour celui en qui il avait vu son successeur. Lorsque le premier dôme fut achevé, Tamerlan le jugea trop petit, le fit détruire et ordonna la construction d'un nouveau dôme, plus grand, qui fut terminé en moins de deux semaines. Ruy Gonzales de Clavijo raconte comment les ouvriers y travaillaient jour et nuit, et décrit Tamerlan, malade et en litière, venant en personne par deux fois surveiller les travaux. En février 1405, Tamerlan mourut à son tour et son corps, embaumé de musc et de camphre, fut temporairement et secrètement enterré dans la *khanaka* à côté de son petit-fils. Ce n'est que quatre années plus tard, quand les luttes de succession furent réglées, que les dépouilles royales rejoignirent leur résidence actuelle dans la crypte du mausolée. A cette occasion, on enterra aussi le maître spirituel de Tamerlan, le cheik Mir-Said-Bereke. Tamerlan y repose à ses pieds comme il l'avait souhaité. La légende prétend que, pendant les premières années, suivant son enterrement, on entendit toutes les nuits le souverain crier de l'intérieur de son tombeau royal, et ce jusqu'à ce que tous les savants, astronomes, architectes et artisans, qu'il avait amenés de force à Samarkand au gré de ses conquêtes, soient rentrés chez eux. Quand tous ces prisonniers ont été libérés, l'empereur trouva enfin le repos. Par la suite, d'autres Timourides vinrent le rejoindre, dont deux fils de Tamerlan, Shakhrukh et Miranshakh, ainsi que son petit-fils Oulough Begh. Ce dernier apporta aussi des modifications à l'ensemble architectural. Il fit rajouter une galerie par laquelle on accède aujourd'hui au mausolée et entama l'édification d'un autre mausolée, dont il ne reste que des ruines, et une crypte que l'on peut voir derrière le Gour Emir. C'est aussi Oulough Begh qui rapporta de Mongolie le bloc de néphrite qui recouvre la tombe de Tamerlan, et qui fit entourer les dalles mortuaires d'une barrière en marbre ajouré. Comme toutes les constructions de Tamerlan, le Gour Emir est grandiose.

Portail de l'ancienne madrasa du Gour Emir

Les volumes, simples, sont de taille imposante. Le dôme extérieur est haut de 32 m et une inscription soufie haute de 3 m entoure sa base : on y lit : « Allah est le seul Dieu et Mahomet est son prophète ». Sur ce tambour repose une coupole étirée, de 12,50 m de haut et de 15 m de diamètre, entièrement couverte de briques glacées de couleur bleue que soixante-quatre nervures parsemées de losanges jaunes et bleu nuit semblent étirer vers le ciel. L'intérieur du mausolée est encore plus somptueux : d'abord le vert translucide des parois en onyx, autrefois rehaussé de décorations en or et lazurite, plus haut des inscriptions coraniques bleu et or qui enserrent la salle, enfin la coupole que les décorations géométriques d'or sur fond bleu tendre rendent « pareille au firmament », selon les mots de l'historien Cheref-ad Din. Au centre, sept dalles funéraires, dont celle de Mir-Said-Bereke, le maître spirituel de Tamerlan, d'où s'élève une perche à laquelle est accrochée une queue de cheval, indiquant la tombe d'un saint. A ses pieds, la dalle funéraire de Tamerlan, en néphrite, est couverte de nombreuses inscriptions énumérant les ancêtres de « l'Emir de fer ». Cette généalogie détaillée souligne sa parenté avec Gengis Khan et remonte à un certain Bouzanjir, fils de la vertueuse Alavanka et d'un rayon de lumière. La pierre tombale est fendue en son milieu : c'est, dit-on, Nadir Shah qui, lors de ses campagnes au XVIIIe siècle, voulut l'emporter en Perse et la brisa croyant qu'elle recelait les richesses de Tamerlan. Les autres tombes sont celles de Muhamad Sultan, le petit-fils de Tamerlan, Oulough Begh, son fils, Shah Rukh et Miranshah, deux autres fils de Tamerlan. Les véritables tombes sont dans une crypte fermée aux touristes. S'il n'y a pas trop de monde au moment de la visite, il est possible de demander au gardien, moyennant un léger pourboire, d'ouvrir la porte qui y mène. Dans la crypte, la dalle funéraire de Tamerlan est elle aussi brisée.

▶ **Dans la cour à droite de l'entrée,** le Kok Tash est un bloc de marbre d'environ 3 m de long et de 1,50 m de large sur lequel reposait le trône de Timour. La coutume voulait que ce soit sur cette pierre, aux pouvoirs magiques, que soient couronnés les khans de Boukhara. « Tombée du ciel, elle n'aurait pas laissé un faux khan ou un khan sans ascendance authentique s'approcher d'elle », nous dit Eugène Schuyler.

▶ **La ville de Samarkand** serait sillonnée de souterrains. L'un d'eux partirait du Gour Emir et mènerait au Registan. Lors du Ramadan ou peu avant Navrouz, quelques mollahs vont en procession à travers les souterrains de la ville. Vêtus de blanc et en sandales, ils s'éclairent aux bougies et, bien sûr, refusent que les touristes les accompagnent.

■ MAUSOLÉE BIBI KHANUM

Ouvert tous les jours de 9h à 18h. Entrée 2,25 €, appareil photo 0,50 €, caméra 0,75 €. Situé juste en face de la mosquée Bibi Khanum, de l'autre côté de la route, le mausolée de la femme de Tamerlan, élancé et plutôt solitaire, est aussi un lieu de pèlerinage pour les femmes d'Ouzbékistan. Il fut érigé à la fin du XIVe siècle et abrite, dans sa crypte octogonale, trois cercueils de femmes. L'intérieur a là encore été « parfaitement » restauré. C'est-à-dire avec force dorures et entrelacs bien brillants, qui ôtent un peu à l'authenticité de l'ensemble. Et comme pour la mosquée, depuis la fin des travaux de restauration, il n'est plus possible de monter sur le toit du mausolée pour avoir une vue générale sur la mosquée Bibi Khanum. Mais le personnel semble occasionnellement plus ouvert à la discussion sur le sujet. Traduisez : s'il n'y a pas trop de monde et que vous trouvez un accord sur le pourboire, tout reste possible.

■ MOSQUÉE BIBI KHANUM

Ouvert tous les jours de 9h à 18h (17h en hiver). Entrée 2 €, appareils photo 0,75 €, caméras 1 €. Visite guidée 2 €. Pour le voyageur qui arrive en voiture de Tachkent, l'immense coupole bleue de Bibi Khanum surgissant derrière la foule compacte et bigarrée se rendant au marché est l'une des premières images de Samarkand la timouride. C'est en 1399, à son retour de sa campagne en Inde où ses troupes avaient mis à feu et à sang les temples des infidèles zoroastriens et hindouistes, que Tamerlan décida de l'édification de la mosquée Masjid-i-Jami, connue aujourd'hui sous le nom de Bibi Khanum, fille de l'empereur de Chine et femme préférée de Tamerlan. Les meilleurs architectes et artisans venus du Khorassan, d'Azerbaïdjan ou d'Inde s'attelèrent à la construction de ce qui devait être la plus grande mosquée d'Asie centrale. On choisit le meilleur emplacement de la capitale et Tamerlan posa la première pierre le jour le plus propice, le quatrième jour du Ramadan 801 (10 mai 1399). Quatre-vingt-quinze éléphants, que Tamerlan avait ramenés de ses conquêtes en Indouhistan, manœuvraient d'immenses blocs de pierre nécessaires à la construction.

Selon Cherif id Din, il y avait quatre cent quatre-vingt blocs d'une hauteur de cinq mètres ! Confiant la surveillance du grandiose projet à ses plus fidèles collaborateurs, Tamerlan partit pour de nouvelles conquêtes en Asie Mineure, et ne revint à Samarkand qu'en juillet 1404. Les versions diffèrent quant au déroulement de la suite de l'histoire. Selon Ruy Gonzalez de Clavijo, ambassadeur castillan et fin observateur qui se rendit à Samarkand en août 1404, la première femme de Tamerlan se nommait en fait Cano. Elle était fille de Chiacao, empereur de la province de Samarkand et ancien roi de Perse et de Damas, et c'est en l'honneur de la mère de Cano que la mosquée avait été édifiée. Clavijo raconte comment, à son retour d'Asie Mineure, Tamerlan jugea le portail trop bas et le fit démolir puis reconstruire. Les ouvriers qui se relayaient jour et nuit étaient traités assez rudement. A ceux qui travaillaient dans les fosses, on jetait de la viande comme à des chiens, en y ajoutant parfois des pièces de monnaie afin qu'ils continuent sans répit leur dur labeur. Selon l'historien Sharaf ad-Din, à son retour en 1404, Tamerlan entra dans une fureur noire car Bibi Khanum, qui devait être une femme de tête, avait fait construire une madrasa et un mausolée pour elle-même juste en face de la mosquée. Comme le montrèrent par la suite les fouilles archéologiques, la fureur de Tamerlan était peut-être due au fait que le portail de la madrasa n'avait pas été construit en parallèle avec celui de la mosquée. Quelle qu'ait été la véritable raison de la colère de l'Emir de fer, la légende s'en est emparée et on raconte l'histoire suivante : alors que Tamerlan guerroyait loin de ses terres, Bibi Khanum décida de lui faire une surprise en érigeant la plus haute mosquée jamais construite. Elle supervisait elle-même les travaux et désirait ardemment qu'ils soient terminés pour le retour de son époux. Prié de se hâter, l'architecte finit par lui soutirer un baiser en échange de sa promesse de finir les travaux à temps. Le baiser, bien que donné à travers la main, fut si torride et si brûlant que Bibi Khanum en portait encore une marque sur la joue lorsque revint son empereur de mari. Celui-ci s'offusqua plus du suçon qu'il ne se réjouit de la gigantesque mosquée. Il entra dans une fureur folle et ordonna à ses soldats de s'emparer de l'architecte, mais le félon monta au sommet d'un des minarets et s'envola à jamais vers la Perse. Bibi Khanum fut précipitée du haut d'un autre minaret, et Tamerlan donna l'ordre que dans son empire toutes les femmes portent le voile pour que leurs visages ne tentent plus les hommes lorsque les maris sont à la guerre. A sa construction, le complexe comprenait quatre galeries pavées de marbre, couvertes de 400 coupoles et soutenues par 400 colonnes de marbre qui entouraient une immense cour intérieure de 130 m sur 102 m. Deux minarets de 50 m de haut se dressaient de chaque côté du portail d'entrée, haut de 35 m, ainsi que du portail de la grande salle de prière atteignant 40 m. Quatre autres minarets se trouvaient à chaque angle extérieur de la cour. Au nord et au sud, deux mosquées plus petites, chacune ornée d'un dôme posé sur un tambour cylindrique luxueusement décoré, regardaient vers le centre de la cour où reposait, sur un lutrin de marbre, le Coran d'Osman : le deuxième plus grand Coran de l'Islam, datant du VIIe siècle, que Tamerlan rapporta de Damas. On dit que les sourates y étaient écrites en caractères tellement gros que les imams pouvaient les lire depuis le haut de la colonnade. On raconte aussi qu'à peine terminée, la mosquée commençait déjà à se dégrader. La précipitation des architectes y était sans doute pour quelque chose et les tremblements de terre, dont un eut son épicentre au centre même de la mosquée, firent le reste. En 1868, ce furent des obus russes qui endommagèrent le grand dôme de la mosquée.

Mosquée Bibi Khanum

Armin Vambery, le faux derviche qui parvint à visiter Samarkand cinq ans plus tôt, en 1863, décrit un monument déjà fort abîmé et qui servait de garage aux carrioles de louage qui reliaient Kokand à Karchi. Dix ans plus tard, Eugène Schuyller, un diplomate américain, se rendit lui aussi à Samarkand et décrivit la cour de la mosquée, transformée en marché au coton, mais au centre de la cour intérieure, le grand lutrin en marbre sur lequel on posait le Coran Osman était toujours là. Il rapporta également la croyance populaire qui voulait que pour soigner les maux de dos, il fallait ramper entre les neuf piliers courts et épais qui soutenaient le lutrin. Une autre superstition voulait que les femmes stériles viennent s'y glisser le matin à jeun afin de pouvoir procréer. Aujourd'hui encore, on peut voir des femmes ramper entre ces piliers... Les restaurateurs ont travaillé pendant plus de quarante ans à la reconstruction de la mosquée pour lui redonner progressivement ses formes originelles. Les trois dômes sont réapparus, mais ceux des mosquées nord et sud perdent déjà leurs décorations de céramique bleue. Depuis avril 2003, le portail d'entrée, qui était jusque-là masqué par des enchevêtrements d'échafaudages, est de nouveau visible, et les deux minarets qui le flanquent ont également été restaurés. On apprécie mieux la qualité de l'architecture qui plonge le visiteur directement vers la cour par trois monumentaux dégradés dans le portail. Pendant la durée des travaux, il était possible de monter au sommet des minarets moyennant un léger bachshish aux ouvriers. Il semble que officiellement l'ascension soit désormais interdite. Dans la cour, l'intérieur du dôme est conserve encore quelques peintures et céramiques d'origine mais les travaux de restauration commençaient lors de notre passage et devraient être achevés lors de la publication de ce guide. Et il est à craindre que les dernières fresques disparaissent sous les rouleaux de peinture. Les larges fissures qui parcourent les autres bâtiments autour de la cour centrale donnent une idée de l'ampleur des travaux qui ont été menés sur le portail d'entrée, et qui restent à mener ici. Il faudra encore dix ans de travaux pour restaurer les décorations intérieures, recréer la colonnade et achever les ornements du portail d'entrée. Dix ans pour pouvoir dire de nouveau de la mosquée Bibi Khanum : « Son dôme serait unique s'il n'y avait les cieux, et unique serait son portail s'il n'y avait la voie lactée. »

MOSQUÉE KHAZRET KHIZR OU MOSQUÉE DES VOYAGEURS

L'allure inhabituelle et asymétrique de cette mosquée perchée sur la colline d'Afrosyab attire immédiatement le regard. L'iwan à colonnade ainsi que l'entrée à coupole datent de 1854. En 1919, l'architecte Abdukadir Bini Baki y ajouta un portail et le minaret. Cette mosquée, dédiée à Elie, le saint patron des voyageurs et des eaux souterraines, fut construite sur le site d'une autre mosquée, elle-même édifiée à l'emplacement d'un des plus anciens lieux saints de la ville, à l'époque préislamique. C'est en effet près de cet endroit que passait le canal d'alimentation en eau courante de la cité antique d'Afrosyab, et l'on sait que les prêtres zoroastriens étaient responsables de l'irrigation et de tout ce qui concernait l'eau, l'un des éléments sacrés de la religion antique. A partir de l'iwan, la vue est saisissante sur la Shah-i-Zinda. Mais business touristique aidant, on vous demande désormais 1 500 soums pour un cliché !

MUSÉE AFROSYAB

Sur la route de l'observatoire d'Oulough Begh. Ouvert tous les jours de 9h à 18h. Entrée 2 $, guide 0,50 $. Nombreuses photos et historique des fouilles sur la colline, ainsi qu'exposition des principales pièces mises au jour. Le pièce maîtresse du musée est une fresque du VIIe siècle, une œuvre unique en son genre, et l'une des rares dont disposent les archéologues et historiens pour étudier la peinture de la période islamique.

MUSÉE NATIONAL D'HISTOIRE

1 Tachkentskaya

Ouvert tous les jours de 10h à 17h. Entrée 2 €. Appareils photo 1,50 €, caméras 3 €. Impossible de manquer cet immense bâtiment de style soviétique qui contraste péniblement avec le Registan. Le musée retrace l'histoire de Samarkand et de la Sogdiane, de l'Antiquité à la période contemporaine. Exposition d'artisanat et de peintures contemporaines, nombreuses trouvailles archéologiques et une jolie collection de costumes. Une salle est consacrée au poète Alisher Navoï, natif de Hérat et considéré comme l'inventeur de la poésie et du théâtre ouzbek. Dans une salle du rez-de-chaussée est exposé depuis 2006 une trouvaille originale en Ouzbékistan : un ensemble de mobilier Empire comportant un divan, un bureau et plusieurs fauteuils. Ce mobilier fut ramené de France en 1814 par le tsar Alexandre Ier après la victoire de la

coalition sur Napoléon. Il en fît cadeau à l'un des dignitaires du régime tsariste. Le petit-fils de ce dernier, l'académicien Belinkov en hérität mais après sa mort, sa veuve décida de vendre les meubles à un directeur de kolkhoze ouzbek, Aron Moissevitch, de passage à Moscou en 1946. Il furent conservés dans cette famille jusqu'en 2006, date à laquelle le mobilier fut expertisé, restauré, et légué au musée de Samarkand. Notez le très beau bureau frappé de chaque côté du « N » cerclé de lauriers dont les experts russes et ouzbeks pensèrent, un temps, qu'il avait appartenu à l'empereur Napoléon lui-même.

REGISTAN

Ouvert tous les jours de 9h à 18h (17h en hiver). Entrée 2 €, appareils photo 0,75 €, caméras 1 €. Visite guidée 2 €. Il y a encore soixante ans, le Registan était le cœur de Samarkand, et une foule compacte et bigarrée s'activait autour des multiples échoppes qui parasitaient les madrasas. L'infatigable voyageuse suisse, Ella Maillard, avait eu la chance, lors de son passage à Samarkand en 1932, de loger dans la madrasa Tilla Kari, dont les cellules accueillaient alors les visiteurs de passage. Moins hospitalière, la madrasa Chir Dor, quant à elle, servait de lieu de détention pour les basmatchi – musulmans qui s'opposaient au pouvoir soviétique – en attente d'exécution. Ici, comme autour du Gour Emir, les maisons ont été démolies pour faire place nette. On pourrait penser au décor d'un théâtre déserté : les trois immenses et superbes madrasas Oulough Begh, Chir Dor et Tilla Kari bordent une grande esplanade vide et, sur le quatrième côté, un peu en retrait, s'élèvent des gradins qui accueillent les visiteurs lors des spectacles son et lumières. Au XIVe siècle, les six grandes artères qui partaient des portes de la ville se croisaient à cet emplacement, sur une vaste place de sable, littéralement : Registan. Non que le sable tapissât l'ensemble de la place, mais on en jetait en abondance pour absorber le sang versé lors des exécutions publiques. Tamerlan voulut faciliter le commerce et inciter les marchands, qui payaient de lourdes taxes, à venir à Samarkand. Il fit construire une rue bordée de boutiques qui traversait la ville de part en part et un immense bazar. Continuant son œuvre, sa femme, Tuman Aka, fit construire un tim, un grand marché couvert à coupoles. Sous le règne d'Oulough Begh, au début du XVe siècle, le Registan devint la place officielle de Samarkand. Son nouveau statut s'accompagna de grands travaux, on abattit le marché à coupoles et on y construisit une madrasa, une *khanaka*, un caravansérail et une mosquée. C'est sur cette place qu'avaient lieu les exécutions publiques et toutes les manifestations officielles. C'était aussi une place stratégique et, à la fin du XVe siècle, alors que les ennemis encerclaient Samarkand, Babur, le dernier des Timourides, avait installé son état-major au sommet de la madrasa d'Oulough Begh, le véritable centre de la ville.

Au XVIe siècle, Samarkand passe sous le pouvoir du khanat de Boukhara, et perd le statut de capitale que lui avait conféré Tamerlan. Les monuments du Registan, délaissés, tombent lentement en ruine. Au XVIIe siècle, le gouverneur de Samarkand, Yalangouch Bakhadour, donne à la place son aspect actuel en faisant bâtir deux nouvelles madrasas sur l'emplacement du caravansérail et de la *khanaka*. Une peinture de Vereshagin, célèbre peintre-reporter russe, donne une image de l'ambiance qui régnait sur cette place à la fin du XIXe siècle. Les travaux de restauration commencés au début du XXe siècle ont colmaté et réparé les outrages du temps et des tremblements de terre. Aujourd'hui un nouveau danger menace ces monuments : les remontées salines de la nappe phréatique rongent le bas de leurs murs, et des remontées d'eau imbibent le papier mâché qui supporte les décorations. Depuis la restauration, de nouvelles secousses sismiques ont provoqué des fissures qui s'agrandissent d'année en année, et régulièrement des échafaudages et tubes de métal viennent renforcer la structure des monuments menacés. Les restaurateurs vont devoir affronter de nouveaux travaux afin que la « place de sable » ne mérite jamais son nom et, en fait, des travaux ont lieu presque chaque jour pour assurer la pérennité du monument. Pour l'heure, le Registan reste le plus grand et le plus élégant ensemble architectural du monde musulman et même, selon Georges Curzon à la fin du XIXe siècle, du monde entier, « dans la mesure où aucun site, aucune ville occidentale ne dispose sur trois côtés de cathédrales gothiques de premier ordre ».

La madrasa Oulough Begh. A l'est, la madrasa Oulough Begh, est la plus ancienne des trois. Construite entre 1417 et 1420, elle est reconnaissable à son minaret nord, légèrement incliné, comme s'il peinait à soutenir le ciel, rôle attribué à ces deux gigantesques minarets de 33 m de haut qui flanquent le portail et n'accueillirent jamais d'imams.

Madrasa d'Oulough Begh

Les guides se plaisent à raconter comment, lors de la restauration, les Russes tentèrent sans succès de faire pivoter le minaret sur sa base pour le remettre droit. Le portail, orné d'une mosaïque de briques cuites et de briques émaillées aux couleurs du ciel, s'élève tel un immense vaisseau en direction de la voûte céleste. Spirales de majoliques, motifs étoilés à cinq ou dix branches, quelques rares touches de jaune, de vert… le regard se perd dans cette envoûtante géométrie spatiale. Les ailes comme les minarets sont entièrement recouverts de *girikh*, des motifs géométriques. A l'intérieur, une cinquantaine de cellules réparties sur deux niveaux forment une cour carrée. Aux angles du bâtiment, de hautes salles de cour étaient surmontées de coupoles aujourd'hui détruites. A sa construction, en 1417, la madrasa d'Oulough Begh était la plus grande université d'Asie centrale. Plus d'une centaine d'élèves y étudiaient le Coran mais aussi l'astronomie, les mathématiques, la philosophie et la littérature. Celui qu'on appelait « le Platon de son temps », Kazy-Zade-Rumi, venait y enseigner l'astronomie. Oulough Begh, gouverneur éclairé, à la fois mathématicien, astronome, poète et homme politique, venait lui aussi dans la cour de la madrasa argumenter avec les élèves. Cette ouverture vers les matières non religieuses causa sa mort, son propre fils, allié à des religieux fanatiques, l'ayant fait assassiner en 1449. « Les hiboux avaient pris dans ces cellules la place des étudiants, et au lieu des rideaux de soie, leurs portes étaient tendues de toiles d'araignées. » La description date de 1711. A cette époque, la somptueuse Samarkand paraît bien endormie. Le marché, qui a repris droit de cité au centre de la ville et s'est greffé sur les édifices, inondé la place du Registan de détritus ; apporté par le vent, le sable également s'y engouffre et le niveau du sol est monté de plus de deux mètres ! En 1873, Eugène Schuyller souligne l'état délabré de la madrasa, qui n'a plus qu'un étage, ainsi que l'illusion optique qui fait paraître penchés les minarets. C'est à fin de réparer cette « illusion » qu'au XXe siècle les architectes chargés de la restauration des monuments tentent vainement de redresser le minaret de droite. Le fond de la cour est occupée par une mosquée.

La madrasa Chir Dor. A l'est, faisant face à la madrasa Oulough Begh, la madrasa Chir Dor ne fut érigée que deux siècles plus tard. Au début du XVIIe siècle, Yalangtush Bakhadour, vizir de l'imam Kouli Khan et gouverneur de Samarkand, voulant sans doute réveiller la cité endormie et y laisser son empreinte, détruisit ce qui restait du caravansérail et de la *khanaka* et fit construire, entre 1619 et 1635, une madrasa de l'autre côté de la place, en miroir avec celle d'Oulough Begh. Si les esthètes jugent la madrasa Chir Dor moins pure dans ses proportions et ses ornements, c'est toutefois elle qui attire le regard quand on arrive sur la place du Registan. Ses tigres-lions couleur de feu ornant un portail lumineux comme le soleil viennent répondre à la voûte étoilée de la madrasa d'Oulough Begh : la puissance du soleil face à l'infini de

l'espace. Une légende raconte que l'architecte responsable de la construction de Chir Dor périt pour avoir enfreint les lois de l'islam qui interdisent l'art figuratif. Mais la Sogdiane, dont Samarkand est le cœur, a toujours su mêler harmonieusement les différentes influences religieuses et culturelles qu'elle subissait. Certains voient dans ce lion-tigre portant le soleil une représentation allégorique de la puissance de Yalangtush Bakhadour, faisant aussi référence au symbolisme du zoroastrisme et du culte du feu. C'est ce lion-tigre qui donna son nom à la madrasa : Chir Dor signifie « qui porte le lion ». La largeur des deux bâtiments est identique, mais la madrasa Chir Dor, bâtie sur les fondations de l'antique *khanaka*, est légèrement moins haute que la madrasa Oulough Begh. De chaque côté du portail, deux coupoles en bulbe cannelé au relief aérien coiffent les salles d'étude. De nombreuses inscriptions ornent le portail et les tambours des coupoles : « Tu es le grand guerrier, Yalangtush Bakhadour, si on ajoute les chiffres de ton nom, on obtient la date de la fondation. » Et aussi : « Il a élevé une madrasa telle que par lui la terre a été portée au zénith du ciel. » Ou encore : « Jamais au cours des siècles, l'habile acrobate de la pensée, par la corde de la fantaisie, n'atteindra les sommets interdits des minarets. » La cour intérieure, entièrement décorée de motifs géométriques et floraux verts, jaunes ou bleus, abrite deux étages de cellules. Aujourd'hui les étudiants ont été remplacés par des vendeurs de tapis et *suzani* aux indiscutables talents commerciaux qui paressent sur les *takhta* ou jouent aux cartes, en attendant les touristes. Pour quelques soums, le gardien de la madrasa vous fera monter sur le toit d'où la vue plonge sur l'intérieur de la cour.

La mosquée Tilla Kari. Face aux gradins, la madrasa Tilla Kari, moins haute et à la façade plus longue que les deux précédentes, ferme le côté nord de la place du Registan. Sur sa gauche, la coupole bleue de la mosquée distingue la madrasa de ses deux voisines. C'est à cette mosquée que la madrasa doit son nom : Tilla Kari veut dire « couverte d'or ». Il suffit d'admirer les stupéfiantes décorations de l'intérieur du dôme pour constater que ce surnom est entièrement justifié. Le haut portail et les deux niveaux de cellules sont décorés de majoliques, des motifs floraux entrelacés et des symboles solaires qui reprennent les tonalités de la mosquée Chir Dor. Yalangtush voulait doter Samarkand d'une mosquée du Vendredi digne de son rang, celle de Bibi Khanum étant déjà en ruine. Il fit construire une grande mosquée adjointe à la cour d'une madrasa, de façon à pouvoir accueillir le plus grand nombre de fidèles lors des cérémonies publiques. La madrasa fut bâtie à l'emplacement du caravansérail construit sous les Timourides, et dont on conserva d'ailleurs les fondations. Les travaux durèrent plus de 10 ans, de 1646 à 1659, et la mosquée fut en effet couverte d'or. C'est le monument le plus jeune de la place et, sans doute, en raison du déséquilibre créé par la coupole de la mosquée à l'angle d'une façade de 120 m, le plus étonnant. Des trois madrasas, celle-ci est la seule à avoir des cellules donnant vers l'extérieur, comme la madrasa Mir-i-Arab à Boukhara. Les murs, la coupole, le mihrab sont entièrement décorés de motifs floraux rouge et or sur fond bleu outremer. La coupole est particulièrement impressionnante, les cercles concentriques de feuilles d'or sur fond bleu nuit semblent happer le regard vers l'infini. Le plafond est aussi plat qu'une table, mais les décorations en trompe l'œil le font paraître voûté. Là aussi, les cellules des étudiants ainsi que les salles annexes de la mosquée abritent des magasins de souvenirs et d'antiquités. Un espace a néanmoins été réservé pour présenter des photographies prises avant et pendant la restauration. Entre la madrasa Chir Dor et la madrasa Tilla Kari se dresse le monument funéraire de la dynastie des Chaybanides, ou dakhma des Chaybanides. Simple parallélépipède couvert de marbre gris, il se trouvait autrefois dans la madrasa du Khan Chaybani.

SHAH-I-ZINDA

Ouvert tous les jours de 8h à 19h, fermeture à 17h hors saison. Entrée 1,50 €, appareils photo 0,75 €, caméras 1 €. La nécropole du « Roi vivant », Shah-i-Zinda est une ruelle qui grimpe dans la colline d'Afrosyab et qui menait jadis aux portes de la ville antique. Une rue peu ordinaire au bord de laquelle fut construit, au XIe siècle, le mausolée de Qassim-ibn Abbas, missionnaire musulman et cousin du prophète Mahomet arrivé en Sogdiane en 676 avec la première vague de conquérants arabes. Qassim-ibn Abbas fut décapité par les infidèles alors qu'il était en prière, et la légende raconte qu'il se serait alors emparé de sa tête et serait descendu dans un puits menant au paradis où il présiderait une « cour des âmes » entouré de deux assesseurs.

La légende reprend le mythe zoroastrien des juges des Enfers : Mithra solaire, Srôsh et Rashn, ou encore celui du « Roi vivant » datant d'avant la conquête islamique, et qui raconte comment après sa mort, le roi Afrosyab continuait de régner dans le royaume des morts. Les conquérants arabes et les missionnaires de l'islam s'approprieront ainsi de nombreuses croyances zoroastriennes, manichéennes ou nestoriennes pour en faire bénéficier les héros de la nouvelle religion. Aux XIe et XIIe siècles, de nombreux tombes et mausolées furent construits près du mausolée du saint et de la grande mosquée qui le jouxtait. Lors de la prise et de la destruction de la ville antique de Samarkand par les Mongols, seule la tombe de Qassim-ibn Abbas (aussi appelé Kussam ou Kutham) fut épargnée. A l'époque timouride, aux XIVe et XVe siècles, les familles nobles et les membres de la famille de Tamerlan se firent construire des mausolées près de celui de Qassim-ibn Abbas, la croyance islamique voulant que la proximité du tombeau d'un saint assure une protection dans l'au-delà. Ces nouvelles constructions donnèrent à la rue sa configuration actuelle. La rue paraît sombrer dans la terre car, au cours des siècles, les débris des bâtiments de l'ancienne cité mêlés de terre ont fait monter le niveau du sol de plusieurs mètres. L'impression est encore plus saisissante de l'extérieur, quand on aperçoit les bulbes bleus sortir de la colline, tels d'énormes et insolites champignons. L'itinéraire poétique qui va du grand *pishtak* au mausolée de Khodja Akhmad aurait plu aux romantiques ; c'est aussi une découverte des différentes techniques décoratives et de divers styles architecturaux du XIe au XVe siècle.

▶ **Le portail d'entrée,** ou *pishtak*, est flanqué du premier *chortak*, petit passage surmonté d'une coupole que soutiennent quatre arches (littéralement : « chortak »), où l'on peut lire l'inscription suivante : « Cet ensemble majestueux a été construit par Abd-al-Aziz Khan, fils d'Oulough Begh, fils de Shakhrukh, fils de l'Emir Timour en l'an 838 de l'Hégire. » (1434-1435). En fait, c'est Oulough Begh qui en fut le véritable constructeur au nom de son fils encore en bas âge.

▶ **À droite, la madrasa Davlet Kushbegi**, datant du début du XIXe siècle, est transformée en boutique de souvenirs. A gauche de la madrasa, une mosquée datant du XIXe siècle.

▶ **Au pied des quarante marches** de « l'escalier du paradis » ou « escalier des pêcheurs », se trouve une mosquée avec iwan et colonnades finement sculptées où les croyants viennent écouter les prières de l'imam. C'est à cet emplacement qu'aurait été décapité Qassim-ibn Abbas.

▶ **L'escalier** mène au mausolée de Kazy Zade Roumi, à gauche, construit entre 1420 et 1435 pour le précepteur d'Oulough Begh. Considéré comme le Platon de son époque, Kazy Zade Roumi ne serait en fait pas enterré ici : le squelette découvert dans le mausolée était celui d'une femme, peut-être la nourrice de Tamerlan. Il s'agit du plus grand édifice de

Cimetière à côté de Shah-i-Zinda

l'ensemble. La salle de prière et le mausolée sont surmontés de deux très hautes coupoles. La beauté de l'ensemble ne doit pas faire oublier de compter les marches de l'escalier, à l'instar des pèlerins, qui les comptent de nouveau au retour. S'ils trouvent un chiffre différent, ils risquent de ne pas pouvoir accéder au paradis… à moins de remonter quarante fois l'escalier à genoux en récitant un verset du Coran à chaque marche. L'escalier fut construit au XVIIIe siècle, à l'emplacement des anciennes murailles entourant Samarkand à l'époque prémongole. Il monte au second *chortak*, datant du XIXe siècle et érigé à l'emplacement de l'ancienne muraille d'Afrosyab.

Le premier mausolée à droite du second *chortak* est celui de l'émir Hussein, connu aussi sous le nom de Tuglu Tekin, fils d'un Turc nommé Kara Kutkul et célèbre commandant turc que Tamerlan prit pour modèle tout en se réclamant de sa descendance. Tamerlan fit construire le mausolée en 1376, alors que Tuglu Tekin était mort en martyr au VIIIe siècle.

Le mausolée d'Emir Zade (fils de l'émir) lui fait face, et date de 1386 et abriterait la dépouille d'un fils inconnu de Tamerlan. Juste au-dessus, du même côté, le mausolée de Shadi Mulk Aka (1372) fut construit sur l'ordre de Tourkan Ata, sœur de Tamerlan, afin d'y enterrer sa fille. L'empereur, pour qui sa nièce comptait beaucoup, fit graver l'inscription suivante : « C'est une tombe où une précieuse perle a été perdue. » Tourkan Ata y fut également enterrée, aux côtés de sa fille. C'est le plus ancien mausolée du complexe, et également la plus ancienne construction de la Samarkand des Timourides. Les noms des trois architectes originaires de Samarkand et de Boukhara sont inscrits dans la niche turquoise du portail, superbement décoré de majolique et de terracotta sculptée et émaillée. L'intérieur est entièrement décoré. La coupole est découpée par une étoile octogonale, symbole du soleil entouré de huit planètes. Les céramiques sont d'origine, et étonnamment bien conservées pour un mausolée vieux de plus de six siècles. Leurs couleurs prennent des nuances différentes selon les heures de la journée et l'orientation du soleil.

En face, dans le mausolée de Chirin Bika Aka (1385), repose la deuxième sœur de Tamerlan, sous une coupole dont la base compte 16 côtés. La façade est décorée de mosaïques ajourées bleu sombre. La décoration intérieure a été réalisée par un artiste d'Azerbaïdjan. Un fait étonnant et unique pour cette période où, en Ouzbékistan, on pratiquait un islam sunnite, alors que l'Azerbaïdjan était chiite. Fait tout aussi surprenant, sur la façade, de chaque côté du portail, les inscriptions en arabique ne sont pas des sourates du Coran mais des paroles du philosophe grec Socrate. On y lit : « Socrate a dit : les gens s'attristent en toutes circonstances. »

Du même côté, le mausolée octaédrique demeure un mystère. Datant du XVe siècle, il est considéré comme un mausolée mais aucun débris humain n'y a été retrouvé. Selon une autre hypothèse, il pourrait s'agir d'un minaret, mais son architecture en vaste rotonde n'offre aucun élément qui le prouve. On ne sait pas grand-chose non plus des trois mausolées suivants, à gauche de l'allée. Le premier date de 1385 et porte le nom de l'architecte Alim Nassafi. Le suivant, construit la même année, porte le nom d'Oulough Sultan Begum. Le dernier est plus sûrement attribué à Emir Burunduk, un des meilleurs capitaines de Tamerlan. Il serait plus vieux de cinq ans.

Le troisième *chortak* ouvre sur l'extrémité nord et dernière partie de la nécropole. A gauche, la mosquée Tuman Aka, qui date de 1405, et le mausolée attenant, construit en 1404, pour Tuman Aka, la plus jeune des épouses de Tamerlan. Sur une base carrée, la coupole bleue turquoise repose sur un haut tambour cylindrique. Si les mosaïques du portail peuvent rappeler le mausolée de Chirin Bika Aka, l'originalité de la décoration repose sur l'utilisation de la couleur violette, extrêmement rare à l'époque. L'intérieur a été laissé volontairement blanc, ce qui est aussi inhabituel, et les décorations se limitent à quelques fresques de paysages sous la coupole. Au-dessus de la porte en bois finement sculpté, on peut lire : « Le tombeau est une porte que tout le monde franchit. » Face à la mosquée Tuman Aka, la porte en bois d'orme finement travaillée, jadis rehaussée d'or, d'argent et d'ivoire, est l'œuvre du maître Youssouf de Shiraz. Surnommée « porte du Paradis », elle s'ouvre depuis plus de 600 ans sur le royaume de Qassim-ibn Abbas. Des fouilles ont mis au jour, sur la paroi droite du corridor, des vestiges du mur de l'ancienne mosquée du XIe siècle, dont on peut voir le minaret au-dessus et à droite. Il date lui aussi du XIe siècle, ce qui en fait le plus vieux monument de l'ensemble, et le seul de cette époque dans le Chah-i-Zinda. Passé la « porte du Paradis », le corridor mène à la mosquée Qassim-ibn Abbas.

Nécropole Shah-i-Zinda

Le mihrab est décoré en mosaïque, une technique qui fut utilisée à Samarkand dès la fin du XIVe siècle et dont les artisans d'Asie centrale deviendront des virtuoses. Les pièces de mosaïque en faïence vernissée représentent des feuilles, des pétales de fleurs, de fines branches ou des inscriptions, et sont assemblées sans interstice. La salle suivante est le ziaratkhana, ou salle de prière. Derrière un grillage en bois, dans le gurkhana, se trouve le tombeau de Qassim-ibn Abbas, datant du XIe siècle et entièrement décoré de majolique. On peut y lire : « Celui qui est mort en suivant Allah, n'est pas mort : en vérité il est en vie. » Les archéologues ont, là aussi, fait des recherches et découvert un puits de 18 m de profondeur. Les décorations de la pièce peuvent sembler d'origine tant elles sont effacées. En réalité, elles furent entièrement restaurées en 1995, mais le degré d'humidité est tel que tout le travail fut gâché dans les mois suivants. Un climatiseur a été installé pour tenter de remédier au problème, mais il suffit de regarder les coins des murs et du sol pour se rendre compte de la vanité de la tentative. Pour épargner ce qui reste, il est fortement déconseillé de s'appuyer aux murs où même d'y poser les doigts.

▶ **En sortant du tombeau du saint,** tout de suite à droite et face au mausolée Tuman Aka, se trouve le mausolée Kutlug Aka, de 1360, qui abrite une autre des femmes de Tamerlan. Son portail est décoré de terracotta ciselée et vernissée.

▶ **Fermant l'extrémité nord de la nécropole**, le mausolée Khodja Akhmad date de 1350. C'est le plus ancien mausolée du Chah-i-Zinda après celui de Qassim-ibn Abbas. Son portail a été décoré de majolique bleue et blanche par l'artisan de Samarkand, Fakhr Ali.

Shopping

■ BABUR SHARIPOV

Madrasa Chir-Dor ✆ (662) 22 98 89
bobirsharipov@rambler.ru
Chez ce musicien, compositeur et chanteur, vous trouverez de nombreux disques de musique traditionnelle ouzbèke, ainsi que toute une gamme d'instruments auquel Babur se fera une joie de vous initier. Les instruments d'Asie centrale n'ont aucun secret pour lui, et vous ne repartirez pas sans une solide connaissance des musiques et chants de la région.

Dans les environs

■ OBSERVATOIRE D'OULOUGH BEGH

La visite de l'observatoire d'Oulough Begh peut sans doute sembler l'une des plus décevantes de Samarkand. Il reste malheureusement si peu à voir de ce fameux observatoire que certains « feront l'impasse », ce qui serait une erreur car la seule vue de la partie souterraine du sextant géant vaut la visite : un arc de 11 m bordé de parapets en marbre où sont indiqués les degrés. Longtemps perdu au fond des mémoires, l'emplacement de l'observatoire fut redécouvert au début du siècle par

Viatkine, un maître d'école féru d'archéologie dont on peut voir la tombe à l'entrée du site. Oulough Begh était un érudit, à la fois poète et mathématicien, considéré comme l'un des plus grands astronomes de son temps. Alors qu'à l'époque les télescopes étaient encore inconnus, il écrivit un catalogue astronomique où furent recensées les coordonnées de plus de 1 000 étoiles. Il sut déterminer le cycle de rotation de la planète Saturne ainsi que la durée de l'année stellaire avec moins d'une minute d'erreur. Mais son fils, allié à des fanatiques religieux, mit fin à ses travaux en l'assassinant en 1449. Non contents de faire disparaître l'homme de science, qui osait discuter de l'existence de Dieu avec ses étudiants, les fanatiques détruisirent ses réalisations et surtout la plus irrespectueuse : l'observatoire qui abritait le plus grand sextant au monde : 90°, alors que les sextants habituels sont de 60°. Le bâtiment de forme circulaire, haut de 45 m, avait trois niveaux dont les murs décorés de fresques racontaient les astres et le système solaire. Les descriptions de l'époque font amèrement regretter leur destruction. Un petit musée à l'entrée du site retrace la vie des principaux savants et poètes de l'époque timouride ainsi que celle des astronomes les plus célèbres. Pour s'y rendre, prendre un des bus qui remontent la route de Tachkent, à la sortie du marché, en face de la mosquée Khazret Khriz, et descendre à la statue d'Oulough Begh.

URGUT

A 45 km au sud-est de Samarkand, à deux pas de la frontière tadjik. Des *machrutka* partent tous les jours, le matin, de la place du Registan vers Urgut. Environ 1 000 soums le trajet, 400 soums en bus. Le petit village d'Urgut est fort renommé pour ses bazars où l'on négocie surtout les *suzani*, ces grandes tentures brodées typiques de l'Ouzbékistan. Il est aujourd'hui difficile de tenter d'acheter quoi que ce soit, sans être aussitôt entouré d'une harde de commerçants déballant toute leur marchandise. Les prix sont cependant encore dix fois moins élevés qu'à Samarkand ou à Boukhara pour les mêmes produits. Il y a deux bazars à Urgut, l'un dans le haut du village, où se négocient principalement fruits et légumes, l'autre, beaucoup plus grand, en contrebas, où s'étale à peu près tout ce qui peut exister sur terre, du sac plastique à l'auto-radio en passant par toute la panoplie de l'artisanat ouzbek. Le bazar se tient désormais tous les jours, mais c'est le dimanche qu'il est le plus fréquenté. Les habitués estiment que c'est le lundi qu'il y a le plus de marchandises et de bonnes affaires. Une fois dissipée l'animation fiévreuse du bazar coloré, le village, situé au pied de la chaîne des Zeravchan, redevient un havre de paix le long de la rivière, dans les *tchaïkhana* ou bien en montant en direction de la montagne vers la mosquée « chachma » entourée d'arbres plusieurs fois centenaires aux racines démesurées. L'un de ces arbres, dont une partie s'est malheureusement écroulée en 1997, abrite dans son immense tronc et dans ses racines un petit ermitage fermé par une porte en bois. Une table, des tabourets, une planche pour dormir, tout un confort spartiate ; pour le voir, demander les clés à la mosquée. Dans le fond du parc, en bordure du cimetière, coule une source sacrée dont l'eau toujours limpide passe pour être bénéfique. Les femmes qui ne pouvaient avoir d'enfant devaient passer à travers l'arceau de pierre qui sépare le premier bassin et le canal. La mosquée n'est pas accessible aux non-croyants. Pour se restaurer, il y a les *tchaïkhana* : classiques et paisibles au bord de la rivière, bruyantes et couleur locale dans le bazar, où l'on savoure, au choix, *chachlik*, *plov*, soupes ou poisson frit entre deux stands de Bingo...

RÉGION DE KASHKA DARIA

KARCHI

La capitale régionale du Kashka Daria (200 000 habitants) se trouve à 220 km au nord-ouest de Termez, sur la route de Boukhara. Malgré son riche passé, la ville actuelle offre peu d'intérêt. On y regroupe l'essentiel des cultures de la région avant leur transfert vers Tachkent.

Histoire

Les traces d'occupation les plus anciennes remontent au XIe siècle avant J.-C. Karchi s'appelait alors Erkurgan et se trouvait à une dizaine de kilomètres de la ville actuelle. Au cours du VIe siècle après J.-C., la ville est détruite par les envahisseurs turcs, mais presque aussitôt reconstruite 3 km plus loin.

Sept siècles plus tard, elle est de nouveau rasée par les troupes de Gengis Khan et ce n'est qu'à la fin du XIVe siècle que Karchi apparaît enfin, à 8 km de Nassav. Littéralement, son nom signifie « palais » en mongol. Elle fut baptisée ainsi en raison du palais construit en 1320 par les Djagataï. Quand Tamerlan y séjourne en 1364, il fait bâtir une citadelle fortifiée qui n'empêchera pas Karchi de tomber sous l'emprise du khanat de Boukhara. A cette époque, Karchi connaît un essor considérable et, au XVIIIe siècle, devient la deuxième ville la plus importante du khanat. Au XIXe siècle, cette cité millénaire qui fut une étape importante sur la Route de la soie est transformée par les Russes en bourgade, grenier de toute la région.

Transports

Bus quotidiens en provenance de Boukhara (3 heures de trajet), de Shahrisabz (2 heures) et de Termez (5 heures). Karchi est également reliée quotidiennement à Samarkand par le train et à Tachkent par deux vols hebdomadaires, les mercredi et vendredi. Egalement un vol par semaine pour Moscou, le samedi.

Orientation

Le cœur de la ville se trouve autour du bazar, ainsi que les principaux monuments à visiter. L'ensemble est entouré d'une architecture très soviétique.

Hébergement – Restaurants

Outre les traditionnelles *tchaïkhana* du bazar, de nombreux cafés sont regroupés au bout de la rue Ouzbékistan, en venant du bazar. L'hôtel Tong sert une bonne cuisine ouzbèke et européenne.

■ HÔTEL TONG

245 Ouzbekistan

Compter 20 $ la nuit. Un de ces vieux hôtels chers et délabrés, bien typiques du pays. Il est malgré tout le meilleur de la ville. Pour les budgets plus réduits, on peut se tourner vers l'hôtel Karchi, sur l'avenue Mustakillik, qui accepte parfois (mais rarement) les paiements en soums au tarif local. Pour ceux qui savent rester patients et aimables…

Points d'intérêt

■ MONUMENTS AUX MORTS DE LA SECONDE GUERRE MONDIALE

Dans la partie moderne de la ville. Il est impossible de manquer la gigantesque flèche du Monument aux morts de la Seconde Guerre mondiale et aux victimes du fascisme, érigé en 1987. Il présente des fresques austères à l'extérieur et d'imposants vitraux à l'intérieur, où une flamme brûle en permanence sous la flèche en métal de 120 t et de 134 m de haut. L'Ouzbékistan s'enorgueillit ainsi de posséder le troisième plus grand monument aux morts du monde, après ceux de la Russie (à Volgograd) et du Canada. Le monument est flanqué d'un petit musée (entrée 200 soums) présentant les photographies de tous les anciens combattants de la région, et les noms des victimes. Une salle est consacrée aux Ouzbeks partis faire la guerre en Afghanistan sous la bannière soviétique.

■ MOSQUÉE JUMA MASJIT

Rue Amir Charvaq

En prenant la rue qui part de l'autre côté de la place centrale par rapport à la madrasa Kilichbek, puis en tournant deux fois à droite, on arrive, dans ce petit quartier excentré, à une petite mosquée de la fin du XVIe siècle. Actuellement en rénovation, elle est assortie de deux iwan soutenus par 7 poteaux, flanquant une salle de prière. Les boiseries des iwan sont bien endommagées, mais c'est l'occasion de voir des peintures dans leur état d'origine. La cour est percée d'un vaste bassin, et un minaret de 11 m, entièrement reconstruit, domine le tout. Sous le bassin serait enterré Juma Masjit, natif de Samarkand, qui prêcha l'islam et vint mourir à Karchi. A côté, deux tombes du XVIe siècle gravées de motifs arabes ajoutent à la vétusté du site.

■ MOSQUÉE KOK KUMBAZ

A moins d'un kilomètre à l'est du bazar. La mosquée Kok Kumbaz, construite à la fin du XVIe siècle en dehors de la ville actuelle de Karchi par Abdullah Khan II, servait pour les grands offices : le ramadan, le pèlerinage vers La Mecque. La coupole, qui culmine à 32 m, et le portail d'origine de 28 m de haut ont été détruits par les Russes en 1886, et la mosquée fut fermée par les soviétiques entre 1922 et 1933, période pendant laquelle elle servit d'entrepôt. En 1968, la coupole et le portail furent reconstruits, et des ouvriers de Samarkand se chargèrent de la décoration en 1982. Quelques dernières améliorations ont été faites en 1996, pour les 660 ans de la naissance de Tamerlan. C'est aujourd'hui une mosquée du Vendredi qui accueille régulièrement les grandes célébrations musulmanes, comme le Hadjj, le grand pèlerinage vers La Mecque en novembre dernier.

SHAHRISABZ

A environ 100 km au sud de Samarkand, dans la région du Kashka Daria, Shahrisabz est connue pour être la ville natale des ancêtres de Tamerlan. Ayant fait de Samarkand sa capitale, Tamerlan voulut rendre hommage à sa famille en tentant de donner à sa ville d'origine un peu de ce prestige dont il dota Samarkand. Il fit construire un mausolée pour son fils ; il s'attaqua également à la construction d'un palais aux dimensions encore plus grandes que celles de la mosquée Bibi Khanum, et qui disparut peu après avoir été achevé. Si Samarkand témoigne du génie artistique des artisans venus des quatre coins de son empire, Shahrisabz ne conserve que les vestiges de la volonté folle d'un homme épris de grandeur.

Histoire

La magnifique route qui mène de Samarkand à Shahrisabz traverse les monts Fansky, et redescend vers la région de Kachkadaria. A l'époque de Tamerlan, la modeste cité sogdienne était dirigée par le clan des Barlas, une tribu türko-mongole apparentée aux Tchagataï, des guerriers descendant de Gengis Khan. Le clan des Barlas était dirigé par le père de Tamerlan, Taraghay. Les grands travaux décidés par l'empereur dans la ville qu'il rebaptisa Shahrisabz, la « ville verte », débutèrent en 1379 et continuèrent jusqu'au milieu du XVe siècle sous le règne d'Oulough Begh. Les murs de fortification furent repoussés et surélevés à 11 m de hauteur. Ils étaient entourés de larges fossés et, aux quatre points cardinaux, des portes s'ouvraient par des ponts-levis. On peut aujourd'hui encore en voir quelques fragments épars à la périphérie de la vieille ville. Suite à sa victoire sur Kounia-Ourgench, la puissante et superbe capitale du Khorezm située dans l'actuel Turkménistan, Tamerlan fit déporter les meilleurs maîtres et artisans à Shahrisabz et à Samarkand. La ville s'enrichit ainsi de riches habitations, de mosquées, de madrasas, de caravansérails et de multiples jardins. Tamerlan fit construire deux tombeaux décorés de carreaux d'émail bleu et or pour son père et son fils aîné et s'attaqua pendant plus de vingt années à l'édification de l'Ak-Saraï, « le palais blanc ». Un palais d'été que décrit avec admiration le Castillan Ruy Gonzales de Clavijo, envoyé en ambassade auprès de Tamerlan en 1404. Shahrisabz connut une gloire éphémère au XVIe siècle, mais l'émir de Boukhara, Abdullah

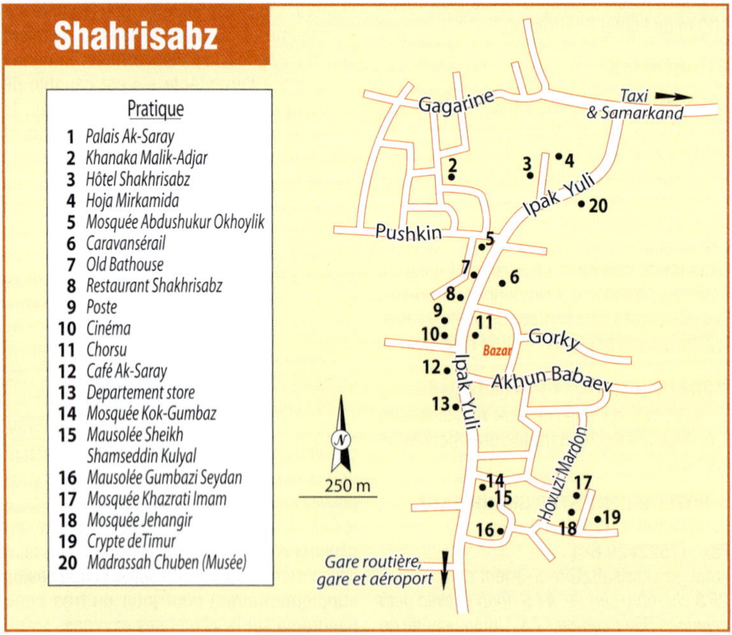

Khan II, ne supporta pas l'éclat insolent de ce joyau et entreprit de donner à la cité l'aspect ruiné qu'on peut lui voir aujourd'hui. Le palais blanc fut pratiquement démoli et ses briques furent utilisées comme simple matériau de construction. Il n'en reste qu'un immense portail somptueusement décoré de majoliques. Les monuments les plus intéressants se trouvent dans la rue Ipak Yoli, d'où partent de nombreuses ruelles ombragées bordées d'habitations traditionnelles où le surnom de « ville verte » prend tout son sens. Shahrisabz compte aujourd'hui environ 100 000 habitants. La principale activité de la région a été, jusqu'à récemment, la culture du coton dont les champs s'étendaient à l'époque soviétique jusque sur les flancs des monts Fansky.

Transports

- **Bus quotidiens de Karchi**. De Samarkand, les bus ne peuvent emprunter la route de montagne et font tout le détour par Karchi.
- **Préférez les taxis partagés** partant de la rue Suzangaran, au sud du Registan. Le trajet dure 2 heures et coûte 5 $ en tarif partagé, à multiplier par 4 si vous voyagez seul. Pour le retour à Samarkand, les bus et taxis collectifs partent de la gare routière de Kitab, à la sortie nord de Shahrisabz. Pour Kitab, prendre le bus ou le machrutka dans la rue Ipak Yoli, à 100 m de l'hôtel Shahrisabz.

Orientation

Le palais blanc se trouve au centre de la ville, coupée du nord au sud par la rue Ipak Yoli qui en part. Au sud et à l'est, les faubourgs ont l'horizon muré par le Pamir, tandis que le terrain s'élève plus doucement vers les monts Fansky, au nord. Alors que le Pamir est toujours interdit, les Fansky ont été récemment ouverts au tourisme et il est de nouveau possible d'y randonner librement. Les montagnes sont truffées de petits villages typiques où la population vit de l'élevage.

Hébergement – Restaurants

Vers le bazar dans la rue Ipak Yoli, plusieurs *tchaïkhana* vous tendent les bras pour vous sustenter.

■ HÔTEL ORIENT STAR SHAHRISABZ

26 Ipak Yoli © (7552) 20 638
Fax : (7522) 20 641
hotel_shakhrisabz@tour-orient.com
25 $ chambre simple, 44 $ double, avec petit déjeuner. Dîner complet 7 $. L'unique hôtel de Shahrisabz est désormais entièrement rénové et offre un hébergement de bonne qualité, même si l'électricité et la pression d'eau laissent parfois à désirer. L'hôtel conserve son atout principal : il est central, situé au pied des ruines du palais Ak Saraï. Pour des excursions autour de Shahrisabz, contacter l'agence Orient Voyages à Samarkand, qui gère l'hôtel.

Points d'intérêt

■ AK-SARAI – PALAIS BLANC

Ak signifie « blanc » mais s'entendait comme « noble », car le blanc n'était aucunement la couleur du palais de Tamerlan dont les murs étaient couverts de majolique azur et bleu foncé. Le premier contact du visiteur avec cette immense place, aménagée en parc à la fin des années 1990, est décevant. Il n'y reste en effet pas grand-chose du somptueux palais que permet d'imaginer le récit de Clavijo. Les ruines du portail sont immenses – 30 m – et encore couvertes de carreaux de majolique, mais la voûte de 22 m de hauteur n'a pas résisté à l'attraction terrestre. Les déprédations sont anciennes puisque c'est l'émir de Boukhara qui le fit détruire l'édifice au XVIe siècle : le palais, dont la construction dura plus d'un quart de siècle, lui faisait de l'ombre… Il existe bien sûr une légende sur l'architecte de ce palais : dans la première version, une fois le palais terminé, Tamerlan demande à l'architecte s'il est capable de construire un palais encore plus beau, le fanfaron répond oui, et est immédiatement jeté du haut des murailles ; dans la deuxième version, l'architecte était supposé inscrire au pied de l'arche, la phrase suivante : « Le Sultan est l'ombre d'Allah » mais, sur l'un des côtés, la place lui a manqué, ce qui a donné : « Le Sultan est l'ombre » ! L'architecte eut beau invoquer le Coran qui interdit la symétrie décorative, vous devinez la suite… Dans chaque tour, un escalier en spirale grimpe au sommet d'où la vue est splendide sur la ville et les sommets enneigés au sud. En 2007, les ruines du palais ont été ceintes d'une grille que vous ne franchirez qu'en vous acquittant de 1 500 soums (0,80 € environ), mais vous pouvez tout aussi bien vous contenter de faire le tour de la grille. En revanche, il vous faudra pénétrer dans l'enceinte si vous souhaitez faire l'ascension des portes du palais (1 500 soums supplémentaires) pour jouir du très beau panorama sur la ville et ses environs.

CRYPTE DE TAMERLAN

La tombe que Tamerlan se réservait près de ses fils est restée oubliée pendant très longtemps et fut redécouverte par hasard dans les années 1940. Son extrême sobriété est à l'opposé de son mausolée, le Gour Emir de Samarkand, et répondait mieux à ses désirs : juste une pierre tombale gravée de prières dans une petite crypte fraîche et silencieuse, dont les murs portent également des inscriptions gravées dans la pierre. Deux corps non identifiés reposent aujourd'hui à la place de Tamerlan.

DOR US SIADAD

La « maison de la puissance et de la volonté » a été bâtie par Tamerlan pour Djahangir, son fils préféré, mort prématurément en 1375. Il n'avait que 22 ans lorsqu'une chute de cheval lui fut fatale. La douleur de Tamerlan, qui voyait en lui son successeur, fut immense et explique la construction du mausolée qui, si l'on en croit les descriptions de Clavijo, était richement décoré d'or et d'azur. Un proverbe arabe figure sur le fronton : « Le sage agit avec de nobles intentions tandis que l'idiot compte sur de nobles intentions. » La coupole en forme de cône rappelle celles du Khorezm. Une architecture influencée par les artisans forcés de quitter Kounia-Ourgentch, la capitale vaincue du Khorezm, et de suivre Tamerlan en 1379. Tamerlan prévoyait de se faire enterrer, lui aussi, à Dor Us Siadad, mais son corps repose finalement à Samarkand. L'ensemble fut en grande partie détruit par l'émir de Boukhara, en même temps que le palais blanc. Mais les mollahs réussirent à en sauver une partie en faisant croire à l'émir que le mausolée de Djahangir soutenait celui d'un saint. Un autre fils de Tamerlan, Omar Cheik, mort en 1394, repose dans le mausolée adjoint.

DOR US TILIAVAT

La « maison de la méditation et de la contemplation » a été construite autour du Mazar Shamseddin Koulial. L'ensemble a été élevé par Tamerlan en 1373, pour son père Taraghay et un célèbre soufi, le cheik Shamseddin Koulial qui fut le maître spirituel de son père. Les deux mausolées sont surmontées de coupoles quasiment identiques. L'ensemble a été parachevé par Oulough Begh.

RÉGION DE SOURKHAN DARIA

LA ROUTE DE KARCHI À TERMEZ

De Karchi, on peut descendre directement à Termez, la capitale du Sourkhan Daria. Pour pénétrer dans cette région, il faut, selon l'ambassade d'Ouzbékistan en France, être muni d'un visa spécial mais, sur place, il semble que les circulaires ne soient pas toujours appliquées à la lettre. Néanmoins, en raison de la présence de la base américaine près de Sherabad et de la proximité de la frontière avec l'Afghanistan, mieux vaut être en règle ou louer les services d'un tour-opérateur pour être sûr de ne pas avoir à faire demi-tour à la frontière de la province. La route offre quelques attraits architecturaux ignorés des circuits touristiques.

Point d'intérêt

COMPLEXE AZRAT KHUSSAN ATA

A 15 km au nord-ouest de Karchi, dans le village de Poudina. L'ensemble Azrat Khussan Ata est un de ces sites perdus dont la quiétude particulière est caractéristique des monuments ignorés par des circuits touristiques. Au milieu d'un cimetière, ce complexe de mausolées et de mosquées reliés par de petits passages fut bâti entre le IXe et le XVIe siècle. A son origine on trouve le sage Azrat Khussan Ata, qui y est mort. Né dans la ville de Turkestan (actuellement au Kazakhstan), au IXe siècle selon l'imam de la mosquée, au XIe siècle selon les chercheurs soviétiques, il aurait été jusqu'à La Mecque et serait revenu ici, à Poudina, enseigner le Coran près d'un vieil arbre près d'un bassin qu'il aurait construit. C'est également ici que, quelques siècles plus tard, serait venu s'instruire Baha Al Din Naqchband, le fondateur de l'ordre soufi en Asie centrale, dont le mausolée se trouve à quelques kilomètres de Boukhara. Autour de la tombe de Khussan Ata, tissus votifs et une queue de cheval témoignent de son haut degré de sagesse. Le mausolée principal abrite les dépouilles du saint homme et de sa fille. Les trois autres, toujours selon l'imam, renferment celles du frère de Khussan Ata et de ses fils, puis celle du second frère et de sa femme, enfin celle des filles du premier frère. Du côté des chercheurs soviétiques, on estimerait plutôt qu'il s'agit des tombes de nobles de la région.

Quelle que soit la version à laquelle on adhère, ce site séduit par son caractère hors du temps et par les différents aspects de son architecture qui couvre une dizaine de siècles. En outre, la traversée du village de Poudina et l'accueil des vieux imams enturbannés suffiraient à eux seuls à justifier le déplacement.

TERMEZ

Termez est la capitale régionale du Surkhandaria, une région qui faisait jadis partie de la Bactriane et dont la capitale était Bactres, ou Balkh, dans l'actuel Afghanistan auquel Termez fait face, sur les rives d'une parfaite frontière naturelle, l'Amou Daria. Termez est hermétiquement séparée du reste de l'Ouzbékistan par les monts Kugitang à l'ouest, les monts Hissar au nord et les monts Khabatag à l'est. Des montagnes peu élevées d'après les critères régionaux, mais qui entraînent tout de même un climat subtropical. Termez est la ville la plus chaude d'Ouzbékistan en été (en juillet 2003, la température a dépassé les 70 °C au soleil) et ses hivers sont doux. La ville la plus au sud de l'Ouzbékistan a peu d'arguments pour justifier le trajet de 700 km qui la sépare de Tachkent, à moins d'avoir vraiment du temps ou bien de les effectuer en avion. La route qui passe à travers les provinces du Kachka Daria et du Sourkhan Daria est néanmoins magnifique et gagne à être parcourue par voie terrestre. Outre son musée, l'un des plus intéressants d'Ouzbékistan, on trouvera à Termez des traces du passage d'Alexandre le Grand ainsi que des ruines de temples bouddhistes attestant de l'influence du bouddhisme dans la région avant sa pénétration en Chine. Après l'intervention américaine en Afghanistan, un visa spécial était nécessaire pour pouvoir visiter la capitale régionale du Sourkhan Daria. Cette mesure semble avoir été supprimée mais prenez tout de même le temps de vous renseigner à Tachkent auprès d'un voyagiste. Quoiqu'il en soit, les contrôles policiers restent ici plus tâtillons qu'ailleurs. Conservez toujours votre passeport à portée de main ainsi que les enregistrements délivrés par les hôtels où vous serez descendus avant votre passage à Termez. Enfin sachez que les infrastructures touristiques, même si elles ont tendance à s'améliorer, sont notoirement plus faibles qu'ailleurs. Le passage de quelques groupes de touristes suffira à remplir un hôtel, et vous gagnerez en tranquillité à réserver votre chambre bien à l'avance en haute saison.

Histoire

Selon certains historiens, c'est dans la région de Termez, au IVe siècle av. J.-C., que les troupes d'Alexandre le Grand auraient traversé l'Amou Daria et construit leurs campements. Il est en revanche établi que la ville antique fut fondée au début du IIe siècle av. J.-C., quand le roi gréco-bactrien Demetr y fit construire une citadelle. La cité prit le nom du roi, ce qui donna Darmit, puis Tarmit et enfin Termez. La ville est devenue une étape importante des routes de la soie à l'époque kouchan. Ses bazars accueillaient des marchandises en provenance des régions indiennes du royaume kouchan, de la Chine, de Parthe ou de l'Empire romain. Influencés par cet échange permanent, l'art et l'architecture étaient une synthèse des arts indien, iranien et grec. Au milieu du IIIe siècle, la ville fut incluse dans l'Empire perse. La population locale s'enrichit ainsi de cultures venus d'horizons très différents. Au Ve siècle, les Huns Hephtalites s'emparèrent à leur tour de la ville mais, nomades dans l'âme, ils n'occupèrent pas la cité. La Bactriane se morcela en de multiples petites métropoles féodales, dont Termez était l'une des plus importantes. En 689, la cité fut conquise et détruite par les Arabes et une nouvelle cité dépendante du califat fut fondée à quelques kilomètres. Du Xe siècle jusqu'à l'invasion mongole, la ville subit plusieurs occupations : les Samanides puis les Ghaznevides, les Karakhanides, les Seldjoukides et les Korezmshah. L'économie était à son zénith, la ville s'étendait et des fortifications ont été édifiées autour des nouveaux quartiers. En 1220, la tornade mongole atteignit la ville. La riche cité commerçante fut entièrement détruite. A la fin du XIIIe siècle, les habitants restants reconstruisirent la ville à l'ouest de l'ancien site. Termez fut incluse dans le khanat de Chagataï puis, au XVe siècle, une dynastie locale, les Seid, ou Sayyid, gouverna la province sous la suzeraineté de Tamerlan. Au XVIe siècle, les Timourides durent céder la ville à Cheibani Khan. A la fin du XIXe siècle, les Russes s'approprient la « stratégique » Termez. Sous les communistes, la vocation stratégique et militaire de Termez fut confirmée lors de la guerre d'Afghanistan, quand la ville devint l'une des principales bases de l'armée soviétique en partance pour Kaboul. Après les attentats de New York et Washington, c'est encore Termez que les Américains ont choisi pour lancer leur offensive antitalibans sur l'Afghanistan, jusqu'à ce qu'Islam Karimov leur ordonne de lever le camp.

Transports

Termez est située à un peu plus de 700 km de Tachkent à laquelle elle est reliée quotidiennement par Ouzbekistan Airways. L'aéroport se trouve à 10 km de Termez. De Tachkent, Samarkand et Karchi, des bus quotidiens desservent Termez. Comptez bien 20 heures de trajet depuis Tachkent. Une bonne solution consiste à y emprunter le train, récemment mis en service. Vous aurez en outre le privilège de voir de très près les vestiges des « Portes de fer ». Les rails ne se sont pas gênés pour passer dessus…

Orientation

La ville actuelle de Termez n'offre que peu d'attraits et encore moins d'activités diurnes ou nocturnes. Dès la nuit tombée, il devient rare de croiser quelqu'un ou de trouver une lumière allumée. Les zones les plus intéressantes à visiter se trouvent dans l'ancien site de Termez, une dizaine de kilomètres au nord-ouest du centre-ville. Le pont de l'Amitié, qui relie l'Ouzbékistan et l'Afghanistan, est à environ 20 km à l'ouest de Termez mais son approche reste interdite. Le centre de Termez se divise en deux parties : le centre ancien, autour du bazar, au sud de la ville, et le nouveau centre, autour du Hokimyati (Hôtel de ville) et le long de l'avenue Al Termezi.

Hébergement – Restaurant

Outre les traditionnelles *tchaïckhanas* du bazar, vous trouverez quantité de nouveaux cafés concentrés sur la gauche de l'avenue Al-Termezi, à 200 m de l'Hôtel de ville en direction du Musée archéologique. Le Café 777 est très recommandable, de même que le Xan, un peu plus loin.

■ HÔTEL AKMAL HOLIS

44 Sabir Termezi
✆ (7622) 6 04 53
Un peu plus de 1 km au sud du bazar. Chambres simples 12 à 15 €, chambres doubles 17 à 20 €. Repas de 2 à 5 €. Un peu loin du centre moderne, mais la solution la plus économique à Termez. Les chambres sont divisées en catégories Deluxe et Luxe. Les Deluxe valent tout juste un bon standard, les Luxe sont simplement dotées d'un salon en plus de la chambre. Dans tous les cas, les salles de bain mériteraient un petit coup de neuf. Mais, avec la climatisation, l'ensemble reste correct et bien situé en aval du bazar. L'hôtel est doté d'un restaurant.

■ HÔTEL MÉRIDIEN

23 Alpomish ✆ (71) 235 70 98 (à Tachkent)
Chambre simple 70 $, double 90 $. Le grand luxe, avec marbre, verrières et vastes chambres lumineuses. Mais, au moment de l'enquête, toujours pas d'accès Internet ni de téléphone international, des pannes d'eau chaude et un restaurant proposant la carte minimale… Bref, n'attendez pas de dormir dans un Meridien au sens occidental de cette chaîne d'hôtels. Le centre-ville est à moins de 1,5 km.

■ HÔTEL ULUGBEK

13A Faysullo Hodjaev
✆ (7622) 3 30 99
Chambres simples 20 €, doubles 28 € en catégories standard. 40 à 55 € pour les catégories supérieures. Le plus récent hôtel de Termez. Plutôt bien situé, entre l'hôtel de ville et la Cathédrale, à proximité du centre moderne. Les chambres sont très spacieuses, équipées de régrigérateur, climatisation et télévision. Le tarif Luxe correspond à une pièce supplémentaire faisant office de salon. En revanche, la salle de bain rose avec baignoire d'angle et le lustre toujours plus rose en verre soufflé imitant des feuilles de laurier sont une constante quelque soit la catégorie.

Points d'intérêt

■ FAYAZ TEPA

A quelques kilomètres du mausolée toujours sur la même route. Ouvert tous les jours 8h-18h, entrée 2 800 soums, appareils photo 2 000 soums, caméras 4 000 soums. Fayaz Tepe, un complexe bouddhique du Ier siècle, comprend un stupa, un temple et un monastère. Sa rénovation a été etièrement achevée en 2004 avec le soutien de l'Unesco. Le stupa est désormais abrité des intempéries par une coupole, et il n'est possible de l'apercevoir que par une fenêtre. Le petit musée voisin accueille les résultats des fouilles et tente de retracer l'histoire du bouddhisme dans la région de Termez. On peut y admirer les reproductions de nombreuses fresques et statues découvertes sur les sites et dont les originaux sont exposés à Tachkent.

■ MAUSOLÉE D'AL HAKIM AL TERMEZI

Accès libre, ouvert du lever au coucher du soleil. La route qui mène au mausolée traverse des murailles, derniers vestiges du *shahristan*, la citadelle de l'ancienne Termez. Le complexe est constitué du mausolée lui-même, d'une mosquée et d'une *khanaka*.

Le mausolée, qui date du XIe siècle et dont subsistent encore quelques pans de murs originels, abrite le tombeau d'Al Halkim Al Termezi, savant astronome et maître soufi, né au VIIe ou au VIIIe siècle. On lui attribue la rédaction de 32 livres, et une longévité exceptionnelle de 120 ans. Le tombeau a été construit à sa mort, au IXe siècle, les décorations ont été faites au cours des siècles suivants. A quelques mètres de la sépulture, un mirhab creusé dans le mur permet aux fidèles de venir prier. L'endroit est devenu un actif lieu de pèlerinage, surtout fréquenté le mercredi, jour pendant lequel les imams récitent en continu pour les visiteurs des versets du Coran.

MAUSOLÉE SAODDAT

L'ensemble des mausolées réunis autour de celui de Saoddat, ou « invincible », a été édifié entre le XIe et le XVIIe siècle. Une allée centrale, à l'origine longue de 200 m, mène au portail du complexe somptueusement décoré de céramiques bleues aux motifs géométriques. A gauche, une mosquée ; à droite, dans une crypte, se trouve la tombe de l'émir Hussein, cinquième descendant du Prophète. Il reste aujourd'hui une cinquantaine de mètres de l'allée d'origine, bordée des bâtiments principaux. Par une volée d'escaliers on arrive au toit du mausolée de droite, ce qui permet de contempler l'ensemble d'une certaine hauteur, et de remarquer les vestiges des anciens mausolées ainsi que quelques tombes à l'endroit où s'étendait jadis la plus vaste nécropole d'Asie centrale.

STUPA DE ZURMALA

Sur la route en direction du Mausolée d'Al Hakim al-Termezi. Ce stupa est tout ce qui reste d'un complexe bouddhiste érigé dans les environs de Termez au Ier siècle. La hauteur originelle de cette tour de brique, où les moines bouddhistes venaient déposer leurs offrandes, n'est pas connue. Aujourd'hui, ses 16 m de haut dominent une vaste étendue de champs de coton et des champs déserts. Les vestiges mis au jour par les soviétiques ont été transférés en Russie.

MUSÉE ARCHÉOLOGIQUE DE LA RÉGION DE SOURKHAN DARIA

29A Al Termezi © (7622) 7 30 17
Ouvert tous les jours sauf le lundi de 9h à 18h. Entrée 2 800 soums. Probablement l'un des plus beaux musées d'Ouzbékistan, ouvert en avril 2003 avec l'aide de nombreux pays partenaires, au premier rang desquels la France et le Japon. Dans plusieurs espaces bien délimités et intelligemment agencés sont présentées les différentes périodes historiques, depuis les origines de la région jusqu'aux Chaybanides en passant par le bouddhisme et Tamerlan. Des maquettes des différents monuments donnent parfois un meilleur aperçu des sites que les visites des ruines, plutôt frustrantes, à moins d'être accompagné par un archéologue. Les films projetés en anglais dans chaque salle sont également une très bonne source dinformation non seulement sur l'histoire de la région, mais sur celle des missions archéologiques passées ou en cours. Les neuf premières salles rassemblent au total plus de 50 000 trouvailles archéologiques de la région. Parmi les pièces remarquables les plus récentes, notez la très belle statuette de femme gréco-bactrienne habillée de flammes. La dixième salle est en fait un coffre-fort : elle renferme de nombreuses pièces de monnaies et des bijoux turkmènes, iraniens ou agfhans en or ou en argent datant de l'ère greco-bactrienne jusqu'au XIXe siècle. Deu petits boutons d'or, trouvés sur les habits d'un squelette d'enfant découvert à Fayaz Tepa et datés du VIIIe siècle. av. J.-C. ont permis d'établir que le site était habité bien avant le IVe siècle. av. J.-C. comme on le supposait jusqu'alors. Le directeur du musée, Ismoïl Temirovitch, se montre très disponible pour raconter des anecdotes et fournir des explications.

QIRQ KIZ – LE « BATIMENT DES 40 FILLES »

La vaste façade de terre et ses murs de 2,5 m d'épaisseur ont donné lieu à l'une des plus belles légendes de Termez. Dans les 40 pièces réparties sur les deux étages de ce bâtiment furent assassinées par les troupes de Gengis Khan les 40 femmes du khan de Termez qui résistèrent glorieusement à l'envahisseur lorsque celui-ci s'en prit aux enfants. En réalité, selon les archéologues, il s'agirait simplement d'un bâtiment construit par les riches afin qu'ils puissent s'y réfugier lors des fortes tempêtes de sable, fréquentes dans la région. Le bâtiment était à l'origine entièrement fermé par le toit. De fines fenêtres s'ouvraient aux deux étages, et résultat d'un savant calcul, les rayons du soleil parvenaient jusqu'au centre du bâtiment à certaines heures de la journée. Aujourd'hui, il s'agit plutôt d'un terrain des jeux pour les gosses qui sortent de l'école, mais une courte promenade dans les vénérables couloirs vous permettra de vous convaincre de la prégnance de la légende : dans le couloir faisant face à l'entrée, à son extrémité gauche, un arbre votif prouve qu'elle est toujours vivace. Dans

l'état actuel de l'édifice, il est difficile d'apprécier la complexité de son architecture, mais on s'en fera une meilleure idée en la comparant à la maquette qu'en présente le musée d'Archéologie de Termez. Une partie des murailles a effectivement été restaurée, mais l'intérieur évoque plutôt un champ de ruines s'écroulant sur elles-mêmes un peu plus chaque année. Un programme de rénovation est envisagé, mais aucune date n'est déterminée pour l'instant.

LA ROUTE DE TERMEZ À DENAU

Au nord-est de Termez, la route qui conduit à Denau se prolonge au Tadjikistan jusqu'à Douchanbe. On y trouve quelques sites intéressants, mais seul le minaret de Jarkurgan mérite vraiment que l'on s'y arrête.

Point d'intérêt

■ MINARET DE JARKURGAN

A un peu plus de 30 km de Termez. Un peu à l'écart, dominant un quartier de la périphérie sud de Jarkurgan, ce minaret qui date de 1109-1110 compte dix ans de plus que le minaret Kalan de Boukhara, ce qui en fait l'un des plus vieux d'Asie centrale. Mais plus que son âge, c'est son architecture qui fait sa particularité. Le minaret actuel mesure 22 m, alors qu'à l'origine il atteignait, selon les archéologues, 50 m, ce qui le rendait égal aux minarets de la mosquée Bibi Khanum à Samarkand. Sa structure en briques crues agencées en 16 semi-colonnes est unique en son genre et lui confère une grâce surprenante, malgré ses proportions tronquées. La disposition des briques crée des motifs comme des ondulations, et, d'en bas, la perspective est accentuée par le rétrécissement des semi-colonnes vers ce qui était la tête du minaret.

■ PONT D'ALEXANDRE

Quelques kilomètres après Jarkurgan, sur le côté gauche de la route en allant vers Denau. Le pont d'Alexandre date du XVIe siècle, mais il longe la route suivie lors de sa conquête par le conquérant grec, d'où son nom. Il fut construit de manière à servir à la fois de pont et d'aqueduc, et faisait également office de caravansérail. Il est situé quelques mètres avant un pont moderne pour le chemin de fer, plus aisément repérable.

■ DALVERZIN TEPA

A 120 km de Termez. Dans le village de Dalverzine, gisent les ruines de l'antique ville de Bactriane, l'une des grandes cités du royaume des Yue-Tche, puis des Kouchans. Il ne reste aujourd'hui que la possibilité de se promener dans les vastes zones de fouilles abandonnées.

Denau

Cette ville étape obligée pour les voyageurs qui se rendent au Tadjikistan via le poste frontière de Denau ne présente que peu d'intérêt. Les ruines de la forteresse forment un arc de cercle ouvert sur les monts Bayuntao qui barrent l'horizon et la rivière en contrebas. Si l'on fait abstraction de la palissade, le déplacement se justifie davantage pour le panorama que pour les ruines des murailles. Le bazar, quoique très animé, ne présente pas l'attrait de ceux que l'on peut rencontrer dans le reste du pays.

■ HÔTEL DENAU

253 Sharaf Rashidov ✆ (7622) 21 4 90

Seul recours envisageable pour ceux qui feraient de Denau une étape avant d'entrer au Tadjikistan vers Douchanbé. Demandez la chambre 25, la seule équipée de « toilettes » et d'une « salle de bains », et même d'une télévision, pour 2,5 $. Les autres chambres sont à 1,50 $, sans tout ce confort.

VALLÉE DU FERGHANA

La vallée du Ferghana, en fait une vaste plaine de 300 km de long sur 170 de large, enserrée entre les contreforts de la chaîne du Tian Shan, au nord, les monts Ferghana à l'est et la chaîne de l'Alaï Pamir au sud, est le cœur de l'Ouzbékistan. Constituée de trois régions administratives, Namangan, Andijan et Ferghana, elle réunit plus du tiers de la population du pays, ce qui en fait la zone la plus densément peuplée de l'ensemble de l'Asie centrale. C'est aussi la région la plus riche, la plus industrialisée et surtout la plus fertile d'Ouzbékistan grâce à un dense réseau d'irrigation aménagé tout au long du du Syr Daria. Le grand fleuve prend effectivement naissance au sud de Namangan, au confluent des rivières Naryn et Kara Daria.

Histoire

Peu avant notre ère, la vallée de Ferghana, qui portait alors le nom de royaume de Davan, était réputée pour ses chevaux, les meilleurs et le plus rapides d'Asie centrale. C'est en tentant de s'en emparer que les Chinois posèrent les premières pierres des échanges est-ouest qui allaient permettre la création de la Route de la soie. Durant des siècles, les conquérants arabes, turcs et chinois se disputèrent cet axe et la splendide oasis que constituait la vallée de Ferghana. D'Alexandre le Grand, qui y fonda sa neuvième Alexandrie, aux ruines des villes de Khuva et d'Aksikent détruites par Gengis Khan, les plus grands conquérants laissèrent leurs traces dans la vallée. Jusqu'à Tamerlan, dont le tri-arrière-petit-fils, Babur, naquit en 1483 à Andijan. Incapable de s'opposer à la montée en puissance des chaybanides, il dut s'exiler, en Aghanistan d'abord, puis en Inde, où il fonda l'empire du grand Moghol.

La période des khanats ouzbeks correspond à l'apogée de la vallée de Ferghana. Le khanat de Kokand s'impose jusqu'au XIXe siècle comme un acteur incontournable de la région, ennemi juré de celui de Boukhara. Après la conquête russe, la vallée de Ferghana fut le théâtre des révoltes les plus nombreuses et les plus violentes contre le nouvel occupant. C'est peut-être pour cette raison, et selon le principe de diviser pour mieux régner, que les communistes, après avoir maté les dernières révoltes, décidèrent de partager la vallée entre trois républiques différentes : Ouzbékistan, Kirghizistan et Tadjikistan. La vallée est en réalité peuplée à plus de 80 % d'Ouzbeks et, depuis l'indépendance, les frictions sont fréquentes entres les différentes ethnies, en particulier dans les zones tadjiks et kirghizes, comme ce fut le cas à Osh en 1991. Les frontières sont un sujet permanent de tension entre les différentes républiques, une tension qui se double du caractère très religieux de la vallée, où les mollahs eux-mêmes s'opposaient au pouvoir central. Dernièrement, c'est encore de la vallée de Ferghana qu'ont soufflé des vents de révolte sur l'Asie centrale. En 2005 la « Révolution des tulipes » kirghize est partie de Osh avant d'atteindre la capitale, Bichkek, dont le président Akaev a du s'enfuir. Quelques semaines plus tard, l'armée ouzbek réprimait dans le sang un mouvement de protestation à Andijan, faisant selon les estimations autour d'un millier de morts soit le tiers des manifestants. Bien que Islam Karimov ait tenté de faire croire qu'il s'agissait d'une révolte menée par des fanatiques religieux, il est plus probable que le président ouzbek aie craint d'être renversé par un clan rival, comme son homologue kirghiz.

Transports

▶ **Avion.** La vallée est dotée de trois aéroports, à Namangan, à Andijan et à Ferghana. Ouzbekistan Airways assure un vol par jour (sauf le mardi) à destination de Ferghana, mais le bon plan est de guetter les vols du lundi et du mercredi. Ils font la liaison Moscou-Tachkent-Ferghana et sont souvent à moitié vides pendant la deuxième partie du vol. Les places sont bradées et les Ouzbeks payent parfois le même prix que pour un taxi. Mais, dans cette optique, armez-vous de courage et venez à l'aube à l'aéroport de Tachkent. Les horaires changent régulièrement mais ce vol décolle la plupart du temps très tôt de Tachkent. Des vols quotidiens desservent aussi les deux autres aéroports de la vallée, Namangan (sauf le dimanche) et Andijan (sauf le vendredi). Ferghana est également relié à Samarkand le vendredi.

▶ **Train.** La ligne Tachkent-Ferghana qui transitait par le Tadjikistan est fermée. Il est possible de circuler en train à l'intérieur de la vallée, mais pour le confort comme pour le prix et les délais, les taxis sont largement préférables. La ligne relie Kokand, Marguilan et Andijan.

▶ **Bus.** La route qui relie Tachkent à Ferghana est trop dangereuse pour les bus, qui y sont interdits de circulation. En revanche, les liaisons en bus dans l'intérieur de la vallée fonctionnent bien. Départs pour les principales villes assurés à partir des gares routières de Ferghana et Kokand plusieurs fois par jour. Les petits villages comme Chust, Rishtan ou Bagdad sont aussi desservis quotidiennement.

▶ **Taxi.** Les taxis à destination de la vallée du Ferghana partent de la station de métro Tachkent, juste devant la gare routière. Comme ailleurs, vous attendrez que la voiture soit pleine pour démarrer, à moins de payer pour les places vides. D'autres taxis sont rassemblés 3 km plus loin sur la route de Ferghana, près du bazar Kuyluk. Les minibus Damas y sont plus nombreux, et leurs prix plus attractifs. Les tarifs pour un passager à destination de Ferghana ont plus que doublé par rapport à 2000. Depuis l'ouverture d'un tunnel qui évite le col de Kamchik, le trajet Tachkent-

Ferghana ne dure plus « que » 5 heures avec la pause déjeuner. La nouvelle route devrait être doublée d'un second axe au niveau du tunnel qui serait réservé aux camions afin de rendre le passage moins dangereux. Dans le sens retour, les taxis pour Tachkent partent de Yor Mazar à Ferghana, ou de la gare ferroviaire à Marguilan. Autre point de rassemblement, avec moins de taxis, au centre ville de Marguilan, au niveau du carrefour proche de l'hôtel. Les tarifs sont sensiblement inférieurs si vous partez de la gare routière de Kokand, où de nombreuses Nexia sont rassemblées à destination de Tachkent.

Hébergement

Le logement dans la vallée du Ferghana n'a jamais constitué un réel problème, et l'hospitalité ouzbèke permet souvent de trouver un toit chez l'habitant pour peu que vous vous mettiez au contact des populations, dans les bus ou les *chaikhanas*. Pour les hôtels et B&B, l'offre reste néanmoins circonscrite à la ville de Ferghana et sa jumelle, Marghilan. La meilleure solution est d'y séjourner et de rayonner dans la vallée à la journée. Cependant, chaque grande ville de la vallée a conservé un vieil hôtel de l'époque soviétique au confort spartiate et le plus souvent sans salle de bains utilisable.

Restaurants

Là encore, mis à part les restaurants des hôtels de Ferghana, il vous sera difficile de trouver autre chose que des *tchaïkhana* et leurs traditionnels *chachlik*. Le Bravo Bar à Ferghana est le seul restaurant digne de ce nom dans toute la vallée.

KOKAND

Le khanat de Kokand fut fondé en 1710 par un khan chaybanide, Shahroukh. Dès la moitié du XVIIIe siècle, Irdana, petit-fils de Shahroukh, dut reconnaître la souveraineté chinoise. Avec le règne d'Alim Khan le khanat étend ses frontières. Sous le règne de son fils, Madali Khan, le plus glorieux de ses souverains qui accéda au trône en 1821, le khanat connut son apogée. Il s'étendait alors sur l'ensemble de la vallée du Ferghana, mais aussi jusqu'à Tachkent et sur une partie du Kazakhstan. Mais le khan de Boukhara réussit à s'emparer de Kokand en 1842 et exécuta Madali Khan et sa famille. Le khanat ne parviendra jamais à retrouver sa puissance, perpétuellement attaqués par les Russes et par le khanat de Boukhara, qui parviendra à s'emparer de Kokand une seconde fois, en 1858. Profitant des affrontements entre les deux khanats, les Russes vont s'emparer de Tachkent, de Khodjent et de Kokand en 1868. Les extravagances de Khudaïar Khan et le coût de la construction de son palais vont provoquer des révoltes partout dans la vallée et le contraindront à l'exil. En 1876, le général Skobelev déclare l'annexion de Kokand au Turkestan russe. La ville devient le plus important marché en gros de coton d'Asie centrale et le centre financier de la vallée. A l'image de Boukhara, elle était considérée comme l'une des villes saintes d'Asie centrale et comptait plus de 600 mosquées et une quinzaine de madrasas. En 1917, Kokand fut le foyer d'une rébellion dirigée contre les bolcheviks, réprimée dans le sang. La ville fut en partie détruite. En 1922, Kokand est définitivement rattachée à la république socialiste soviétique d'Ouzbékistan.

Transports

- **De Tachkent.** Kokand est la porte d'entrée de la vallée du Ferghana depuis la fermeture de la route qui passait par Khodjent et le Tadjikistan. En Ouzbékistan, une route passait par le col de Kamchik (2 300 m). Une nouvelle route et un tunnel ouvert en 2002 ont permis de rendre le trajet un peu moins dangereux, mais elle est toujours inaccessible aux autobus. Les taxis partent de la station de métro Tachkent.
- **De Ferghana.** Les *machroutkas* et taxis reliant Ferghana à Kokand partent de la station de bus régionaux, près de Yor Mazar, à la périphérie nord-ouest de la ville (environ 5 km à partir de l'ancienne forteresse en suivant la rue Al Fergani). Compter moins d'un dollar pour rejoindre Yor Mazar en taxi depuis le centre ville. Pour le trajet Ferghana – Kokand, compter 1,5 $0 en taxi partagé, et 0,70 $ en *machroutka*.
- **De Kokand,** les bus et taxis vous déposent à la gare routière, situé à 1 km au nord du musée Khamza. Empruntez le *machroutka* n° 2 pour relier le musée et le palais de Khudaïar Khan ou l'hôtel Kokand.

Pratique

■ CAFÉ INTERNET
63 Istiklol
Ouvert tous les jours de 7h à 17h. 0,5 € de l'heure.

OUZBÉKISTAN

Hébergement – Restaurant

CAFÉ ISTANBUL

19 Istiklol © (7355) 3 60 00

Ouvert tous les jours de 11h à minuit. Ce restaurant lumineux et propre sert des kebabs et de nombreux plats turcs ainsi qu'un large choix de salades et pâtisseries. Compter environ 2 $ pour les plats, et 3 $ pour les pizzas et hamburgers. Si vous logez à l'hôtel et que vous en appréciez le cadre (!), le Café Istanbul assure aussi des livraisons.

HÔTEL KOKAND

1 Imam Ismaïl Boukhari © (7355) 3 64 03

Chambre simple de 3,50 à 5,50 €, double de 6 à 11 €. Les chambres standard ne sont pas équipées de salles de bains. L'hôtel reste le seul de la ville en attendant l'obtention de la licence par le nouveau 3-étoiles en construction dans le centre de Kokand, rue Istiqlol, face au café Istanbul. Comme dans tous les hôtels datant de l'époque soviétique, la plomberie et l'électricité sont aléatoires, le confort spartiate et les salles de bains des chambres Luxe réservées aux grands aventuriers. Les tarifs continuent d'augmenter chaque année malgré la désagrégation de l'ensemble. L'adresse est néanmoins acceptable pour les petits budgets, et convenablement située à 500 m de l'entrée du palais.

Points d'intérêt

MOSQUÉE JAMI

5 Khamza © (7355) 4 13 61

Ouvert tous les jours de 9h à 17h. Entrée 0,8 €. Appareils photo 0,5 €. La mosquée du Vendredi de Kokand, un des plus beaux monuments de la ville, et de la vallée, s'est récemment ouverte aux visiteurs. Construite par Omar Khan entre 1809 et 1812, son style reprend de manière monumentale le style des mosquées à iwan. 98 piliers de bois, une véritable forêt, soutiennent un plafond aux boiseries peintes de motifs traditionnels de la vallée. La longueur totale de l'iwan est de 100 m. Le bois des poteaux, du Kyzyldaraht, a été importé d'Inde. Au milieu de la cour s'élève le minaret, qui culmine à 22 m. Jusqu'en 2001, la mosquée du Vendredi était interdite aux non-musulmans. Après les attentats du 11 septembre, trois étudiants soupçonnés d'alimenter et de propager des thèses wahhabites furent arrêtés, puis emprisonnés, et la mosquée fermée. Le mollah et ses fidèles prient désormais le vendredi à la madrasa Narbutabay.

PALAIS DE KHUDAIAR KHAN

Mukimi Parc, rue Turkestan

© (7355) 3 60 46

museum@quqon.uz

Ouvert tous les jours de 9h à 17h. Entrée 0,80 €. Appareils photo 0,70 €, caméscopes 0,70 €, guide interprète 2 €. La construction du palais du dernier khan de Kokand dura 11 ans, de 1863 à 1873. Elle mobilisat pas moins de 16 000 ouvriers et 80 artisans venus de Rishtan, Samarkand et d'autres villes du pays. Cinq ans plus tard, les Russes en détruisirent la plus grande partie. L'édifice présentait une large enceinte percée de douze portes portant le nom des villes auxquelles elles conduisaient. On accède aujourd'hui au palais par une voie dallée qui monte jusqu'à un portail monumental flanqué de deux fines tourelles. La longue façade du bâtiment est entièrement décorée de briques vernissées bleues, jaunes, orange et vertes, qui doivent beaucoup aux restaurateurs. Les majoliques de l'aile gauche ont été réalisées par des artisans de Namangan et d'Andijan, celles de droite, qui connaissaient une nouvelle restauration au moment de notre enquête, par des artisans de Kokand. L'ensemble des cours intérieures étaient également en travaux et le programme de rénovation ambitine de reconstruire le harem. Tout devrait être fini dans un délai de quatre ans. En attendant, les parties muséographiques restent ouvertes au public. A l'origine, le palais possédait 7 cours et 114 pièces, soit autant de sourates que compte le Coran. Il ne subsiste plus aujourd'hui que 4 cours et 19 pièces, pour la plupart transformées en musées. La visite débute en général par l'aile gauche du palais, où se trouvait l'ancienne salle de réception du Khan. Elle est décorée du sol au plafond dans le style traditionnel ouzbek. Une maquette du palais permet de voir le harem (le khan avait 43 femmes) qui a été détruit lors de la prise de Kokand par les soviétiques. Admirez la qualité des décorations. La plupart des peintures sont d'origine. En haut à droite, vous noterez un espace plus foncé : il s'agit des couleurs d'origine, non rénovées. Les invités accédaient à la salle de réception par une petite pièce située au nord, où se trouvait le secrétaire du Khan. L'ensemble donne sur une somptueuse cour intérieure bordée d'un magnifique iwan datant du XVe siècle et provenant d'une mosquée construite par Tamerlan à Chakhimardan. Sur le flanc est, les poteaux de bois soutenant l'iwan sont neufs. Les poteaux d'origine sont exposés

sous l'iwan sud, lui-même soutenu par des colonnes de bois d'origine. On peut également s'attarder sur les charettes de Kokand et leurs caractéristiques roues démesurées, détonant avec la calèche de Mandalak, un riche allemand venu demeurer à Kokand au XIXe siècle. On raconte que le khan appréciait qu'on lui apporte les têtes de ses ennemis et qu'on les entasse au pied d'un des piliers de cet iwan. De ces coutumes guerrières, il ne reste que deux canons : le premier, court et artistiquement torsadé, est une production locale du XVIIIe siècle, le second, long et fin, vient de Chine et fut pris à l'ennemi pendant la guerre de 1840 contre le khanat de Kashgar. Dans le coin sud-ouest de la cour, une petite salle de réception abritait les entretiens secrets de Khudaïar Khan. Elle est décorée de 114 motifs différents, soit autant de pièces qu'en comptait le palais d'origine. Lorsque que celui-ci fut transformé en musée en 1925, diverses pièces furent amenée dans cette petite pièce, comme des vases Japonais et Chinois du XVIIe siècle, ou encore le fauteuil de Kaufman. Les autres ailes du palais, en particulier celle où étaient reçu les diplomates et dignitaires européens, ont également été transformées en musée. On y trouve diverses trouvailles archéologiques provenant de la vallée, ainsi que d'intéressantes photographies de la construction du canal de Ferghana ou encore de la fouille des 47 tombeaux du village de Pap. D'autres espaces sont consacrés à l'armement à l'époque des timourides mais expose également quelques fusils ainsi que deux insolites boucliers français et italien du XVe siècle qui ont été offerts au musée à l'occasion d'une exposition en 1924. Une seconde, puis une troisième cour intérieure conduisent à l'ancienne mosquée et à d'autres salles aux plafonds décorés dans le style traditionnel. Elles sont transformées en musées d'histoire ou d'artisanat. On peut y voir, entre autres, une maquette de fabrique de papier et une reconstitution d'un atelier de joaillier. Dans la dernière pièce, vous pourrez jeter un oeil sur le journal personnel de Khudaïar Khan. Une boutique de souvenirs se trouve dans une des pièces donnant dans la cour des fils du khan. Iganbediev Abdousamat, responsable de la section histoire du musée, peut vous aider à visiter des maisons traditionnelles et vous loger chez l'habitant. La directrice du musée, Mansurova Manzurahon, peut aussi vous dépanner si vous cherchez à loger chez l'habitant.

■ **MUSÉE KHAMZA**
266 Akbar Islam
✆ (7355) 4 06 38
Ouvert tous les jours, sauf le lundi, de 9h à 18h. Entrée 1 €. Le deuxième étage de ce gigantesque bâtiment, situé à deux pas du très soviétique théâtre, est consacré au poète et héros national Khamza. Il expose un grand nombre de ses manuscrits et plusieurs photos illustrant sa vie, depuis ses premières compositions jusqu'à ses derniers jours à Chakhimardan en passant par son voyage à La Mecque. Tout est écrit en cyrillique, mais le fils du conservateur, qui apprend l'anglais depuis deux ans, se fait une joie de tester ses connaissances en accompagnant les touristes dans leur visite. Au milieu des photos historiques on trouvera quelques affiches en français, du début du siècle, présentant la tournée en France des troupes théâtrales ouzbèkes.

Dans les environs

Bagdad

A 22 km au sud de Kokand en direction de Marguilan. Pour ceux qui auraient le temps et qui apprécient les décorations des mosquées du XIXe et début XXe siècle, Bagdad et sa région sont truffées de petites mosquées de village ou de mahalla (quartier) très délicatement décorées. Mosquée Akil-Mingboshi, mosquée Kirkvoldi, mosquée Mulla Vali, mosquée Chor-Bag, mosquée Churindi, mosquée Eshonbay...

Rishtan

A 12 km de Bagdad. Les céramistes de Rishtan sont les plus réputés de la vallée. Depuis plus de 700 ans, on y fabrique de la vaisselle en céramique bleue, principalement des bols à thé ou à soupe (*kassa*), des plats à *plov* et des vases (*kouza*). Les artisans, qui utilisent une terre rouge de la région, procèdent selon une technique spécifique de décoration au moyen de peintures minérales : cobalt pour le bleu, manganèse pour le marron, cuivre pour le vert. La cuisson se fait entre 980 et 1 000 degrés.

■ **ATELIER ROUSTAM OUSMANOV**
230 B. Al-Roshidoni
✆ (73) 452 15 85
usmanov@simus.uz
Dans le centre-ville de Rishtan. Vous pourrez visiter l'atelier et suivre les méthodes de fabrication.

Roustam a porté beaucoup d'attention à la décoration des lieux et joliment arrangé un petit « musée de la céramique » en réalité sa collection personnelles avec quelques pièces venues d'Afghanistan, d'Iran et, bien sûr, de toutes les régions d'Ouzbékistan.

■ **ATELIER SHOROFIDIN IOUSSOUPOV**
56 B. Al-Roshidoni ✆ (73) 452 38 69
✆ (73) 210 68 46 (portable)
Shorofidin est issu d'une de plus anciennes familles d'artisans de Rishtan, dont il représente la sixième génération. Il transmet aujourd'hui son savoiir à son petit-fils. Au cours de la visite de l'atelier vous pourrez visionner un film de 10 minutes tourné en 1985 par le réalisateur russe Malik Kayumov. La vedette était alors le père de Shorofidin. Ce dernier s'est surtout attaché à l'élaboration de motifs et vous trouverez chez lui des céramiques décorées comme nulle part ailleurs, toutes modèles uniques et changeant un peu des motifs traditionnels que vous verrez dans tous le pays. Son atelier est situé en dehors du centre, sur la route reliant Marguilan et Rishtan. Demandez à vous faire déposer au niveau de la caserne.

FERGHANA

Ferghana fut fondée en 1877 par le général Skobelev, le premier gouverneur militaire de la vallée du Ferghana. Cette ville de garnison, construite autour d'un fort à quelques kilomètres de Marguilan, fut d'abord appelée Novi Marguilan, la nouvelle Marguilan. Par la suite, elle devint le centre administratif de la région et prit pendant un temps le nom de son premier gouverneur Skobelev, puis celui de Ferghana en 1924, du nom de l'astronome et mathématicien Al Ferghani. Les soviétiques en firent un important centre industriel, et elle est aujourd'hui devenue la troisième plus grande ville d'Ouzbékistan. L'ancienne ville russe a toutefois conservé un côté provincial. Ses larges rues bordées de maisons basses et de petits immeubles cachés sous les arbres diffèrent radicalement du style ouzbek et les couleurs chamarrées, rose, vert ou violet, lui donnent un aspect très particulier. La ville a conservé son plan colonial et toutes ses avenues convergent vers un vaste espace vide où se trouvait jadis la forteresse soviétique. Ferghana se targue également d'être la ville la plus verte d'Ouzbékistan. Et de fait, en se promenant dans ses rues plantées de

gigantesques platanes ou dans le parc Navoï, on oublie rapidement que l'on est encerclé, à la périphérie de la ville, par des usines de production d'engrais chimiques et une raffinerie. Si les monuments de Ferghana n'ont rien de particulièrement intéressant, la ville est cependant une étape agréable et un point de rayonnement idéal pour découvrir le reste de la vallée.

Transports

Depuis Tachkent, les taxis partent depuis la gare ferroviaire (station de métro Tachkent). Il s'agit en général de Nexia et le tarif se situe entre 15 et 20 $, parfois jusqu'à 25 $ selon les fluctuations du prix du pétrole. Possibilité également de partir depuis le bazar Kuyluk, 3 kilomètres plus au sud de la gare, avec des minibus Damas, pour un tarif légèrement inférieur (8 € environ). Les taxis vous déposent en général à votre hôtel à condition de l'avoir précisé avant le départ. Pour la visite de la vallée, vous trouverez de nombreux minibus et taxi pour Marguilan au niveau du bazar (compter 600 à 700 soums en Damas et 1 000 soums en Tico). De Marguilan partent la plupart des taxis pour Namangan et Andijan. Les bus desservant la vallée partent de la station Yor Mazar, ainsi que les taxis pour Kokand et Tachkent. Quelques taxis pour Andijan également (compter 5 000 soums). Si vous arrivez en avion, le minibus numéro 6 relie l'aéroport au bazar via l'hôtel Club 777.

■ AÉROPORT DE FERGHANA

1 Hasanova
✆ (7322) 65 961
A 5 kilomètres du centre ville par le minibus numéro 6.

Pratique

- **Banques.** Une antenne de la Western Union se trouve au 33, rue Mustakillik. Ouvert de 8h à 12h et de 13h à 17h. Fermé le week-end. Echange de cash uniquement. Pour les chèques de voyages et cartes Visa ou pour retirer des dollars, une antenne de la Banque nationale d'Ouzbékistan est ouverte rue Al Ferghani aux mêmes horaires.

- **Café Internet.** Vous trouverez deux cafés Internet équipés du haut débit dans la rue Marufat, au niveau de l'angle avec la rue Kambarov, juste après le café Doner. Compter 1 000 à 1 200 soums de l'heure. Les deux cafés sont ouverts jusqu'à 23h.

Hébergement

■ B&B SONYA

49 Akhunbabaev
✆ (732) 24 03 25 – (732) 24 64 31
www.bnbsonya.com – FerghanaF@aol.com
5 chambres, simples 15 $, double 25 $, petit déjeuner inclus. Vaste maison traditionnelle, spacieuse et bien décorée, située juste derrière le parc Al-Ferghani. La maison est dotée d'une vaste salle commune avec TV par câble et d'une grande cour verdoyante et rafraîchissante. Depuis quelques années, l'équipe de ce B&B a déployé de grands efforts pour restaurer les chambres et faire de l'endroit une jolie base de rayonnement pour découvrir la région. Et à moins que vous ne soyez un inconditionnel de l'hôtel, vous trouverez tout ce qu'il faut dans ce petit B&B.

■ HÔTEL ASIA FERGHANA

26 Alisher Navoï
✆ (732) 24 52 21 – hotelasia@bk.ru
Les 25 chambres de l'hôtel Asia se faisaient un peu vieilles. Alors le groupe Marco Polo auquel appartient l'hôtel en a construit 32 neuves, de catégories supérieures, toutes les anciennes prenant le statut Standard. C'est neuf et soigné. Côté tarif, il faut compter 30 et 45 € pour les chambres simples et doubles de la partie ancienne, 35 et 50 € pour les équivalentes de la partie neuve. Le tarif comprend le petit déjeuner et l'accès aux piscines de l'hôtel, en extérieur ou en intérieur au choix. Le restaurant propose une gamme de plats traditionnels et européens. L'accueil est toujours très agréable, et l'Asia Ferghana demeure l'une des meilleures adresses de cette petite chaîne.

■ HÔTEL CLUB 777

7A Pushkin
✆ (732) 24 37 77
✆ (732) 24 03 07 – Fax : (732) 26 26 55
www.hotel777.uz – hotelclub777@inbox.ru
48 chambres. Chambres standard 55 $ la simple, 70 $ la double. Tarifs incluant le petit déjeuner. Au restaurant de l'hôtel, compter 5 à 10 $ pour un repas complet hors boissons. Les chambres de luxe, décorées en style européen, sont très spacieuses. Les chambres standard assurent le minimum pour un bon rapport qualité-prix, après négociation. Dans la cour de l'hôtel, on pourra profiter d'une vaste piscine et d'un bar-restaurant. Climatisation et TV (par câble) dans toutes les chambres. L'hôtel organise des excursions dans toute la vallée, avec guides et interprètes.

Possibilité également d'organiser des treks ou sorties à cheval à condition de réserver à l'avance. L'établissement est un peu excentré, à 3 kilomètres du bazar, mais reste le meilleur choix pour un séjour prolongé dans la vallée de Ferghana.

Restaurants

La plupart des *tchaïkhana* sont réunies au bout de l'avenue Mustakillik et autour de l'entrée du bazar. Comme ailleurs, *chachlik*, *plov* et salades pour des prix très modiques.

■ BRAVO BAR

12 Khodjend ✆ (732) 24 66 88
bravo@ferghana.ru
Ouvert tous les jours 9h-23h, le dimanche 12h-minuit. Compter 5 à 7 € pour un solide repas. La meilleure table de toute la vallée, devenue le rendez-vous de l'intelligentsia de Ferghana. La cuisine est d'excellente qualité pour un budget très correct et les *chachlik* en particulier ne vous laissent pas cet éternel goût de gras. Vladen, le directeur a porté beaucoup d'attention au cadre de son restaurant, avec succès. La décoration et l'ambiance sont très réussies et offrent un résultat rare dans le pays pour un établissement de cette gamme. Violoniste tous les soirs sauf vendredi et dimanche. En saison, rencontre organisées avec des artisans de la région le samedi. Et toujours, expositions de peintres et artistes de Ferghana ou d'ailleurs. Une réussite.

Points d'intérêt

■ MUSÉE RÉGIONAL

✆ (732) 24 31 91
Au bout de la rue Ousman Khodjaev, juste derrière la statue d'Al Ferghani, au nord du parc. Ouvert tous les jours, sauf le mardi, de 9h à 17h. Entrée 0,80 €. Exposition d'objets régionaux des XIXe et XXe siècles, nombreuses reconstitutions allant de l'ère préhistorique à la culture du coton, quelques incontournables animaux empaillés, une carte en trois dimensions de la vallée du Ferghana... Les pièces les plus intéressantes sont d'anciennes photos noir et blanc de la conquête soviétique et de la révolte d'Andijan. Au deuxième étage, une salle est consacrée à l'artisanat, en particulier la céramique de Rishtan.

■ PARC AL FERGHANI

Les anciens jardins du gouverneur ont été réaménagés en parc municipal et l'avenue Mustakillik, qui le borde, en rue piétonne. C'est là que se trouvent les grands magasins, les banques et la poste. Le parc est une zone de promenade où l'on respire étonnamment bien, oubliant presque que l'on se trouve dans la deuxième ville industrielle du pays. Il est fréquent d'y voir passer des convois de mariage, venus prendre des photographies devant la gigantesque statue d'Al Ferghani.

Dans les environs

Khuva

En 1957, à une trentaine de kilomètres de Ferghana en direction d'Andijan, les soviétiques ont mis au jour l'ancienne cité de Khuva. La ville était construite selon le principe qui prévalait à l'époque, comme on peut encore le voir à Khiva : deux murailles marquant les limites de la ville intérieure et de la ville extérieure. La plus importante découverte est, pour le moment, celle d'un temple bouddhique, détruit pendant l'invasion arabe au VIIe siècle. La statue de Bouddha a été transportée au musée d'histoire de l'Ouzbékistan de Tachkent. Les archéologues s'interrogent encore sur l'âge de la cité. Les premières estimations dataient sa construction de 500 avant notre ère, mais des découvertes récentes pourraient attester d'une existence encore plus ancienne. Rasée à deux reprises, Khuva s'est chaque fois relevée et a connu trois périodes glorieuses : la première avant l'invasion arabe, la seconde avant sa destruction par les armées de Gengis Khan, la troisième avant le déclin général des villes de la Route de la soie au profit des grandes voies maritimes.

MARGUILAN

A 11 kilomètres au nord de Ferghana, la ville de Marguilan, dont la construction remonte au Ier siècle av. J.-C., a conservé un caractère très ouzbek. Dans les quelques artères soviétiques règne une ambiance de bazar, pittoresque et colorée. La ville était une étape importante sur la Route de la soie, la dernière avant le franchissement du Pamir. Une ville marchande et très religieuse où l'on comptait, au XIXe siècle, plus de 200 mosquées et de très nombreuses madrasas, disparues sous l'occupation soviétique. Son économie repose essentiellement sur le tissage de la soie.

Transports

De Ferghana, prendre un taxi partagé. Le trajet coûte 600 soums en Damas, 800 soms en Tico. Les taxis sont rassemblés près de la gare routière, derrière le bazar de Ferghana et vous déposent au centre de Marguilan, près de l'hôtel.

Hébergement

■ **CHEZ L'HABITANT**
138, rue Imam Zakhiridin
✆ (732) 33 88 24 – yogdorlik@vodiy.uz
Contacter Youssouf Mamayousoupov à la fabrique textile Yogdorlik. Compter 15 $ par personne, avec petit-déjeuner et dîner. Youssouf possède une maison située à 2 km du centre-ville dont il loue une partie aux touristes. Confort correct.

■ **HÔTEL MARGUILAN**
343 Mustakillik
✆ (732) 33 46 42
Chambre simple 6 €, double 9 €, luxe 15 €, pas de petit déjeuner. N'hésitez pas à négocier, car c'est clairement cher payé pour la qualité de confort offerte et l'hôtel n'a pas de licence officielle pour héberger les touristes. Les chambres sont spartiates, les salles de bains sont souvent inutilisables et l'électricité n'est pas assurée dans toutes les chambres. L'accueil est cependant jovial, et le directeur de l'hôtel parle même quelques mots d'anglais. Localisation impeccable en plein centre de la ville.

Restaurants

Le bazar central se trouve à l'angle nord-ouest des rues principales, Mustakillik (par laquelle on arrive de Ferghana) et Burkhaneddin Marguilani. Les *tchaïkhana* se trouvent tout autour. D'autres *tchaïkhana* sont ouvertes près du second bazar, dans la rue Burkhaneddin Marguilani, un peu après la mosquée Khonakah.

Points d'intérêt

■ **MOSQUÉE KHONAKAH**
Rue Bourkhaneddin Marguilani
à 200 m à l'ouest de l'hôtel Marguilan
Construite après l'indépendance sur le site d'une mosquée du XVIe siècle, la mosquée Khonakah peut accueillir jusqu'à 6 000 fidèles pour la grande prière du vendredi, entre 12h et 13h. A l'entrée, les deux minarets culminent à 26 m. Les non-musulmans peuvent entrer et admirer les boiseries et les peintures qui ornent la mosquée, mais seront gentiment éconduits lors de la prière.

Fabriques de textile

Spécialité de Marguilan, la soie est produite en bonne partie de manière traditionnelle. On peut visiter la gigantesque usine Khan Atlas (contacter Rustam Kadirov à l'hôtel Club 777 à Ferghana), mais deux autres fabriques, dans le centre-ville, permettent de mieux appréhender l'ensemble du processus de fabrication.

■ **CHEZ TOURGOUNBOÏ MIRZAHMEDOV**
129 Orol Buyi ✆ (732) 33 81 57
Un peu plus excentrée, la maison de Tourgounboï Mirzahmedov offre la même possibilité de visite, à une échelle plus familiale. Tourgounboï possède plusieurs maisons où sont répartis ses ateliers. C'est le tisserand le plus réputé de Marguilan, et d'Ouzbékistan, et il exhibe avec fierté son certificat de maître artisan délivré par l'Unesco. Ses ikats respectent les dessins et motifs traditionnels tracés par son grand-père sur de vieilles feuilles de papier jauni, qu'il enseigne à son tour à ses enfants. Tourgounboï est en outre le dernier artisan à confectionner un magnifique velours de soie pour lequel il a été récompensé à plusieurs reprises. Tourgounboï accueille chaleureusement les visiteurs dans la cour fleurie et arborée de sa vaste maison traditionnelle, où des bandes de soie décorent les terrasses.

■ **FABRIQUE YOGDORLIK**
138 Imam Zakhiridin ✆ (732) 33 67 61
Dans le centre-ville, à l'est de l'hôtel Marguilan. Fermé le samedi et le dimanche. Les visites sont libres, mais il est bienvenu de laisser un pourboire au guide ou de lui acheter un souvenir dans la boutique à la sortie. Deux cents personnes travaillent dans ces ateliers pour une production de plus de 200 000 m de soie par an. On peut suivre tout le processus de fabrication, depuis le tri des cocons jusqu'au tissage final, en passant par le dessin des ikats et la teinture. Les couleurs sont fabriquées à partir des arbres et des plantes qui poussent dans la cour. Quelques tapis en soie sont également produits dans un atelier à part.

NAMANGAN

Le nom de Namangan viendrait du tadjik « namak », qui veut dire sel, et « kop », qui veut dire mine. Située à 80 km de Marguilan, un peu au nord du confluent du Naryn et du Kara Daria, dont la réunion forme le Syr Daria, Namangan est une des anciennes villes étapes sur la Route de la soie. Des fouilles archéologiques autour du mausolée de Khodja Amin Kabri ont montré qu'au Xe siècle la ville était déjà un centre d'artisanat et de commerce développé. Namangan est restée très traditionnelle et religieuse, et peu visitée des touristes. Son centre officiel est le verdoyant parc Babur, mais son vrai cœur est autour du bazar Chorsu, où se trouvent la madrasa Mullah Kirghiz et le mausolée Khodja Amin Kabri.

Namangan est le centre urbain le plus pratiquant d'Ouzbékistan, bien que les soviétiques aient, là encore, largement russifié le centre-ville. Ici plus qu'ailleurs, les femmes portent le voile blanc traditionnel qui masque l'ensemble du visage. Dans les années 1990, les *wahhabites* ont fait de Namangan leur repaire, déclarant la guerre au président Islam Karimov et tentant de l'assassiner à deux reprises, en 1999 et 2000. Les représailles se sont traduites par de nombreuses arrestations et par la fermeture des mosquées, dont la gigantesque Ata Valikhan Toura et la mosquée du Vendredi.

Transports

▶ **En bus et taxi.** Tous les jours, des bus pour Namangan partent de Ferghana, de Yor Mazar. Pour s'y rendre en taxi, il faut d'abord rejoindre Marguilan. Les taxis pour Namangan sont regroupés à 1 km au nord du bazar. Compter 3 € pour le trajet en taxi, 1 € en bus.

▶ **En avion.** Namangan est relié quotidiennement à Tachkent, sauf le dimanche. Il existe un vol pour Ourgentch le mercredi, un autre pour Moscou le jeudi. Tous deux font escale à Tachkent.

Hébergement

HÔTEL SAYDANA

1 Nodira ✆ (692) 223 00 17

Chambre simple 10 €, double 15 €, luxe 30 € (une petit salon et des lits plus grands). Petit déjeuner en sus, 2 €. Proche du parc Babur, à l'opposé du bazar, au cinquième étage d'un hôpital privé. Pénétrez dans la salle d'attente et empruntez l'ascenseur. Les locaux de l'ancien hôtel Orzu ont été correctement restaurés, et les chambres sans fioriture ont le mérite d'être propres et d'avoir une salle de bain praticable. Télévision dans toutes les chambres. Il n'existe guère d'autre solution d'hébergement en centre-ville depuis la destruction de l'hôtel Namangan. Un nouvel hôtel 3-étoiles a néanmoins ouvert ses portes à proximité de l'aéroport, mais la localisation s'avère peu confortable pour une visite de la ville.

Restaurants

De nombreuses *tchaïkhana* sont situées à l'intérieur du parc Babur. On profite de la fraîcheur des arbres, des fontaines et des petits étangs artificiels. C'est un peu bruyant, entre les musiques techno, le grincement lugubre des nombreux manèges et celui de l'inévitable grande roue, mais c'est assurément le coin le plus agréable de Namangan pour une pause repas.

Points d'intérêt

MADRASA MULLAH KIRGHIZ

359 Uichinskaïa

Restaurée en 1992, cette madrasa fut fondée en 1910 par un riche magnat du coton originaire de Namangan. Le portail et les minarets ont été entièrement restaurés et ornés de céramiques. A l'intérieur, une petite cour plantée d'arbres colossaux est entourée de 35 cellules qui pouvaient accueillir près de 150 étudiants. A droite de l'entrée, un peu en hauteur, un iwan aux boiseries finement ornées domine l'ensemble.

MAUSOLÉE KHODJA AMIN KABRI

22 Vorovskovo

En suivant la rue Uichinskaïa, prendre la deuxième rue à droite après la madrasa. C'est l'ancienne rue des couteliers, qui mène à un mausolée datant du XVIIIe siècle où seuls les hommes sont autorisés à entrer. Une mosquée et une madrasa attenantes accueillent les musulmans pour la prière.

MOSQUÉE ATA VALIKHAN TOURA

Construite au début du siècle dernier, en 1915, cette mosquée, fermée également après les attentats de New York et Washington et transformée depuis en collège, se distingue par son immense dôme surmonté du croissant de l'Islam. D'un diamètre d'un peu plus de 14 m, ce dôme figure parmi les plus grands d'Asie centrale.

MOSQUÉE DU VENDREDI

En reprenant la rue Uichinskaïa, tourner à droite juste avant le canal. La mosquée du Vendredi de Namangan a été fermée après les attentats du 11 septembre. On peut cependant admirer les deux minarets qui flanquent son entrée, et qui diffèrent radicalement du style ouzbek pour rappeler plutôt les mosquées d'Istanbul…

PARC BABUR

Point de départ de la promenade dans Namangan, le parc Babur a remplacé les anciens jardins du gouverneur, créés en 1884. Baptisé plus tard parc Pouchkine, il abritait une statue de Lénine, disparue après l'indépendance, quand les Ouzbeks ont réinvesti le lieu pour y installer leurs *tchaïkhana* et lui donner le nom du dernier empereur timouride,

Babur. Ses allées ombragées coupées de canaux et de bassins abritent aussi le square de l'Indépendance, où ont lieu les célébrations officielles.

Dans les environs

Aksikent

A 25 km de Namangan, sur la rive droite du Syr Daria. Pour déambuler parmi les vestiges de l'ancienne Aksikent... Détruite au cours de l'invasion arabe, elle renaît de ses cendres pour devenir, sous les Samanides, la principale ville de la vallée du Ferghana avant d'être de nouveau rasée par les troupes mongoles. Elle ne retrouve son importance que sous les Timourides, mais un tremblement de terre, au XVIIe siècle, la détruit de nouveau, pour toujours. Les vestiges, pour la plupart enfouis sous la terre, forment une sorte de petit désert vallonné à l'étendue impressionnante et offrant de très belles vues sur le Syr Darya en contrebas des ancienes murailles de la ville. L'étendue des vestiges est impressionnante, mais pour ceux qui ne sont pas férus d'archéologie, la vue sur le Syr Daria vaut à elle seule le détour.

Chust

30 km à l'ouest de Namangan. Choust, un petit village à majorité tadjike, peut faire l'objet d'une agréable excursion d'une journée. Ce sont deux grandes rues perpendiculaires autour desquelles s'agencent des labyrinthes de ruelles aveuglées par les murs des habitations traditionnelles. Au printemps, les arbres en fleur laissent pendre leurs branches sur les murets blanchis des maisons. Devant chacune de ces maisons un banc est installé à côté de la porte d'entrée, où viennent s'asseoir les *aksakal* (les anciens) pour discuter entre eux ou regarder passer le temps. En remontant vers le nord, une éminence offre une vue impressionnante sur le village et sur l'horizon fermé par les monts Tchatkal, les contreforts du Tian Shan, qui marquent la limite nord de la vallée. Les rues s'animent vers 16h, au moment de la sortie des écoles, quand les uniformes multicolores des enfants viennent se mêler aux robes fleuries traditionnelles de leurs mères. Le site est réputé pour ses couteaux de facture traditionnelle, qui s'alignent par dizaines sur le bazar, ainsi que pour ses *suzani* (tentures brodées aux motifs de chaque ville) et ses *tioupé* (les calottes ouzbeks). Une des fabriques de couteaux, ouverte à la visite, se trouve 46, rue Chusti. Pour les *suzani* et les *tioupé*, on peut aller au n° 7 de la rue Istikol. A voir aussi, la mosquée Lutfillo Mavlono, construite près d'une source d'eau sainte, un lieu de pèlerinage où cohabitent les anciens cultes zoroastriens et le culte des saints de l'islam.

ANDIJAN

Andijan est la ville la plus à l'est de l'Ouzbékistan, à 40 km seulement d'Osh, au Kirghizistan. Un site surprenant pour y installer l'usine de voitures Daewoo, une des deux célébrités de la ville, qui doivent être acheminées vers le reste du pays via la route montagneuse de Tachkent. C'est pour sa main-d'œuvre abondante, et confrontée au chômage, que le président Karimov a choisi Andijan. La deuxième célébrité de la ville est Zahereddin Muhammad Babur, cinquième et dernier souverain de la lignée des Timourides, né à Andijan en 1483. La ville elle-même fut fondée au IXe siècle, sous le nom d'Andugan. Elle fut rasée par les Mongols de Gengis Khan, et c'est un descendant de ce dernier, Kaydu Khan, qui la releva de ses cendres au XIIIe siècle. Elle devint alors, comme toutes les villes de la vallée du Ferghana, une importante étape sur la Route de la soie et la capitale de la vallée pour trois siècles, avant de voir son rôle s'effacer au profit de Kokand, capitale d'un des trois khanats ouzbeks. Andijan tomba sous la coupe des Russes la même année que Kokand, en 1876. Pendant trois jours, en 1898, la ville fut le théâtre d'une violente révolte, tout aussi violemment matée.

© JEFF JONES - ICONOTEC

Quatre ans plus tard, un tremblement de terre, qui atteignit 9° sur l'échelle de Richter, rasa entièrement la vieille ville, et fit près de 5 000 morts. Immédiatement après ce que l'on appela « la tragédie d'Andijan », les Russes entreprirent de bâtir une nouvelle ville, sur les ruines de la précédente, pour en faire le centre industriel de la vallée. La région d'Andijan est encore, à l'heure actuelle, la plus densément peuplée du pays, celle qui produit le plus de coton dans toute la CEI, et la seconde productrice de pétrole en Ouzbékistan après Boukhara. La ville a un caractère très soviétique, mais son bazar est un des plus pittoresques de la vallée, même si son infrastructure, peu à peu rénovées, offre une allure moderne. La longue rue Alisher Navoï traverse la ville du nord au sud. C'est là que sont les bâtiments administratifs, la poste... Elle conduit à la gare et à la station de bus interurbains au sud, et est coupée par un axe est-ouest, la rue Beruni, qui conduit vers l'ouest au bazar, le cœur de la ville, où sont rassemblés la plupart des sites intéressants d'Andijan.

Transports – Pratique

Des vols quotidiens relient Tachkent à Andijan, également desservie par le train à partir de Kokand et Marguilan. De Ferghana, les taxis partent à côté du bazar. Le trajet coûte environ 3 € en taxi partagé. Les bus partent de la gare routière Yor Mazar.

■ INTERNET

Dans les locaux du central téléphonique, à l'étage. Ouvert tous les jours de 8h à 21h. Compter 600 soums de l'heure.

Hébergement

■ HÔTEL ANDIJAN

241 Abdulaev Futrat © (742) 25 78 07

Chambres standard 18 000 soums, luxe 40 000 soums. Toutes possèdent une petite salle de bains, peu confortable mais fonctionnelle. L'hôtel, construit en 1963, possède une étonnante architecture intérieure, avec escalier en marbre, lustre et fresques murales qui n'annoncent absolument pas le confort des chambres. Celles-ci sont d'une grande simplicité, équipées de TV et de climatisation. Le bâtiment est central, face au théâtre et proche du bazar.

Restaurants

De très nombreuses *tchaïkhana* entourent le bazar, n'offrant que l'embarras du choix pour un repas ouzbek classique (salade, *chachlik*, thé et pain pour un budget variant de 2 à 4 €. Juste derrière l'hôtel Andijan, le restaurant Sharq Balaq (ouvert tous les jours de 6h à 22h) sert des plats traditionnels ouzbeks ; repas complet pour moins de 5 €.

Points d'intérêt

■ BAZAR

En face de la madrasa Jumi

Le bazar d'Andijan est réputé comme l'un des plus grands et des plus animés de la région, en particulier le dimanche, et plus encore quand la saison des melons bat son plein. Dans ce bazar très traditionnel, on peut croiser, au détour d'une allée, des femmes vêtues de la parandja, qui a refait son apparition dans certains villages environnants. Si le centre du bazar semble plutôt classique, c'est en le contournant par la rue Bazarnaïa que l'on découvre son visage pittoresque. La rue est bordée d'artisans qui produisent et aiguisent des outils ou fabriquent les petits berceaux traditionnels ouzbeks, le tout dans un extraordinaire brouhaha. La partie textile, située de l'autre côté de la rue, offre en revanche un visage beaucoup plus moderne. Selon la tendance de ces dernières années en Ouzbékistan, une structure métallique moderne a été construite, divisée en dizaines de petits stands numérotés où les commerçants tiennent leur boutique avec un ordre quasi déconcertant...

■ MADRASA ET MOSQUÉE JUMI

Ouvert tous les jours, sauf le lundi, de 9h à 16h. Entrée 0,8 €. Ce gigantesque complexe comprenant une madrasa et une mosquée, capable d'accueillir 10 000 fidèles, fut construit entre 1885 et 1892 par un riche habitant d'Andijan. La madrasa Jumi fut en grande partie détruite lors du tremblement de terre de 1902, et reconstruite sur le même schéma : deux coupoles, une façade de 123 m de long et 122 cellules. Elle a subi des travaux de rénovation entre 1970 et 1975, avant d'être transformée en Musée littéraire en 1995. A l'intérieur, on peut accéder au toits et aux deux coupoles, qui offrent une vue plongeante sur la mosquée Jumi voisine et son minaret. De même que dans les autres villes de la vallée du Ferghana, la mosquée a été fermée suite aux attentats du 11 septembre 2001, et reste séparée de la madrasa par un mur intérieur.

■ MÉMORIAL DE BABUR

Bol Chamol Park

A 7 km du centre d'Andijan. Ouvert tous les jours, sauf le jeudi, de 8h à 17h. Entrée 0,80 €. Le mémorial de Babur a été construit en 1993,

à l'endroit même où, selon la légende, le dernier souverain timouride se serait retourné pour contempler une ultime fois sa ville avant de partir pour l'Afghanistan. Sur les murs, une fresque illustre les grands événements de la vie de Babur, depuis son accession au trône, à l'âge de 12 ans, jusqu'à sa mort en 1530 en passant par son exil en Afghanistan et la création de son empire en Inde. Le musée abrite également une maquette et un fragment de la tombe du poète Alisher Navoï, située en Afghanistan. Juste au-dessus du musée, une tombe symbolique a été érigée en mémoire du souverain. Babur fut originellement enterré à Agra, en Inde, avant que sa tombe ne soit déplacée à Kaboul, en Afghanistan. La sépulture symbolique renferme un peu de terre du véritable tombeau de Babur, et est devenue un lieu de pèlerinage. Enfin, un téléphérique mène au sommet de la colline, jusqu'à un petit parc aménagé qui domine la vallée.

■ MUSÉE LITTÉRAIRE BABUR

21 Bazarnaïa

Ouvert en semaine de 9h à 17h, fermé le week-end. Entrée 0,80 €. Consacré à la face souvent ignorée du fondateur de l'Empire moghol, l'empereur écrivain et poète, ce musée ne propose cependant aucune pièce particulièrement intéressante. En revanche, il est situé dans une madrasa construite au XVIIIe siècle sur le site même de la résidence royale de Babur.

■ MUSÉE RÉGIONAL

259 rue Abdulaev Futrat

✆ (742) 25 18 23

Ouvert tous les jours sauf lundi de 8h à 17h, fermé le week-end. Entrée 0,80 €. Sur deux étages, présentation classique de l'histoire et des spécialités d'Andijan. Au premier étage : animaux empaillés, fruits, appareils de mesure des secousses sismiques, matériel de forage... Le second étage se révèle un peu plus intéressant, avec quelques pièces archéologiques provenant de divers sites des environs : Kurgan Tepa, Erchi, Khuva... Au fond de la salle, une maquette en 3D et une peinture en trompe-l'œil présentent la ville d'Andijan aux XIVe et XVe siècles : ses gigantesques murailles et son entrée monumentale. Enfin, une pièce est consacrée à l'artisanat local et une dernière à l'usine Daewoo, implantée à Asaka, au sud d'Andijan.

■ PARC NAVO

A côté du stade. Le parc Navoï est un entassement de manèges et de petites fontaines à l'eau saumâtre qui ne parviennent que difficilement à distiller une sensation de fraîcheur. Au bout du parc, un gigantesque amphithéâtre, construit en 1999, avec une scène montée sur un bassin, accueille les grandes manifestations, en particulier la célébration de Navrouz, la fête du printemps, le 21 mars. On peut y prendre un verre à l'ombre des ailes d'un gigantesque faucon, posé là en 1963.

Babur, le dernier timouride

Zahereddin Muhammad Babur, le cinquième souverain de la lignée des Timourides, accède au trône à la mort de son père, Omar Cheikh, en 1494, âgé de 11 ans. Sept ans plus tard, alors qu'il vient de reprendre Samarkand aux Chaybanides, ceux-ci le repoussent au cours d'une vaste offensive menée depuis Boukhara, en 1501. Forcé à l'exil, Babur quitte l'Ouzbékistan pour aller se tailler un nouvel empire en Afghanistan. Il s'empare de Kaboul en 1504 et de Kandahar en 1507. Redevenu suffisamment puissant, il réussit à s'emparer une nouvelle fois de Samarkand en 1511, mais pour moins d'un an, car il est de nouveau chassé par les Chaybanides. Il retourne à Kaboul et, renonçant à la Transoxiane, décide d'élargir son empire vers l'Inde. Il s'empare de Delhi en 1526, et fonde la dynastie des Moghols, qui va régner en Inde pendant 332 ans. C'est à l'arrière-petit-fils de Babur, Shah Jahon, que l'on doit la construction du Taj Mahal, à Agra, entre 1632 et 1654. Babur meurt empoisonné à l'âge de 47 ans, à Agra, où il reste enterré plusieurs années avant que sa tombe ne soit déplacée à Kaboul, en Afghanistan. Babur a laissé de nombreux écrits et poèmes, ainsi qu'un journal qu'il n'eut jamais le temps de finir. Il y raconte ses conquêtes, mais aussi ses regrets d'avoir dû quitter sa ville natale. On dit même que l'empereur avait chargé une expédition de retourner à Andijan pour en rapporter une cargaison de melons dont le goût lui était si précieux... Les écrits de Babur sont une source d'informations irremplaçables relatives à la vie de ses contemporains dans la vallée du Ferghana, en Transoxiane et en Afghanistan.

TADJIKISTAN

Pics rocheux autour du lac Iskanderkul

TACHKENT
Circik
Angren
Olmalik
Sajdon
OUZBEKISTAN
Kùruksoj
Tàbosa r
Kansaj
Bùston
Coruch-Dajron
Kaj rokku m Res.
Chugand
Palos
Ckalovsk
Konibodom
Machram
Nov
Proletarsk
Isfara
Andarsoj
Ganci
Uroteppa
Sahrisfon
Dal'ën
Kemkul
Bosmanda
Chuzametk
Sahrisfon Pass 3378
Ovci
Pangakent
Ajni
Rarz
Samtuc
Zaravsan Mountain Range
5489 Cimta rga
Rabot
Zerafson
Kurlonte
Seven Lakes
Iskanderkul' Lake
Kalon
Aracegin Range
Navobod
Garm
Dechikalon
Tako b
Romit Nature Rese rve
Komsomo-lobod
Petra Pergovo Range
Varzo b
Obigarm
Rogun
Sagirdast
DOUCHANBE
Oktjabrskij
Kofarnihon
Fajsobod
Tigavu n
Tursunzod a
Hisor
Gumbulok
Vahs
Lenin
Norak
Hovaling
Javan
Hasr Etisi Range
Papcasoj
Kangurt
Haëtinav
Rudaki
Dangara
Oksu
Miminobod
Obikijik
Mehnat
Sangtuda
Sovetskij
Ujaly
Dahona
Kujbisev
Kalininobod
Dechkonobod
Zarkamar
Kurgonteppa
Kirovskij
Vos e
Saricasma
Oktjabr
Karatau Mountains
Vach s
Kurbansant
Sarigor
Ciaravuti
Moskva
Kolchozobod
Boskala
Farchor
Gilikul
Kobodien
Dustj
Sahritus
Nature Rese rve
Cuënci
Sangoba
Panz
Tugul's
Tesikto s
Sah
AFGHANISTAN

Altitude (en mètres)
3000
1000
Capitale
Ville
Frontière
Route principale
Route secondaire
Tas-Kumyr
Tarakurgon
Namangan
Zalal-Abad
Andison
Margilon
Os
Fargona
KIRGHIZISTAN
CHINE
Kysyl-Art Pass 4280
Markanzu
Pik Lenina
Conkirgiz
Dcajilgan
Altyn Mazar
Dzirgatol's
Karakendze
Lake Karakul 3914m
Pik Kommunizma
Tanymas Range
Pik Karasak 5747
Fedsenko Glacier
Sangvor
Ruin Kazacij Post
Lake Rangkul'
Rangkul'
Darvaz Mountain Range
Gudzovast
Pik Revoljnei
Akbajtal Pass
Rabotakbajtal
Vang
Cecekty
Muzkul Mountains
Murgob
Kona-Kurgon
Vischarb
Jazgulem Range
Pitab
Deh
Ruson
Sucand
Sa ly-Unkjur Cave
Najzatos Pass 4314
Tuchtamys
Pastchuv
Chuv
Northern Alicur Range
Alicur
Pusan Range
Vin
Vir
Sazud
Lake Jasil-Kul
Aticur
Rajmark
Sezd
Lake Tucumtajkul
Hargus Pass 4344
Lake Zorkul
Kizilrabot
Chorug
Sugnan Range
Kajtezek Pass 4272
Hargus
Barcid
Nimos
Southern Alicur Range
Rostkala
Garmcasma
Obigarm
AFGHANISTAN
Badomdara
Pik K. Marksa
Langar
Kozideh
Zong
Vahan
Pik Majakovskogo 6095
Iskosim
PAKISTAN
100 km

Tadjikistan

Le Tadjikistan est un pays en reconstruction, bien plus encore que les autres républiques d'Asie centrale. Victime d'une violente guerre civile entre 1992 et 1997, le pays, qui était et demeure le plus pauvre de la CEI, en est sorti meurtri, politiqument, économiquement et socialement. Ses infrastructures sont en très mauvais état, et la pauvreté des populations rurales est flagrante. Partageant une très longue frontière avec l'Afghanistan, le Tadjikistan doit faire face aux raids armés des talibans et des groupuscules extrémistes qui les soutiennent et trouvent dans les montagnes tadjikes des refuges inexpugnables. Il est en outre touché par les réseaux de drogue qui se servent du pays comme voie d'accès vers la Russie puis l'Europe. Les zones frontalières sont donc très contrôlées, et leur accès nécessite systématiquement des autorisations spéciales, véritable casse-tête pour arpenter le Pamir. Malgré tout, le Tadjikistan semble aujourd'hui stabilisé et, à condition de rester à distance respectable de la frontière afghane, offrira ses somptueux paysages au voyageur sans mettre en danger sa sécurité. Les visiteurs qui auront vadrouillé en Asie centrale quelque temps seront également heureux d'aller à la rencontre des descendants des populations perses iranophones de la région, dont la langue et le coutumes diffèrent quelque peu des pays environnants, mais où l'on trouve toujours les mêmes sourires et la même hospitalité, les décors du toit du monde en bonus !

DOUCHANBE

Nichée au pied des montagnes, Douchanbe est une ville nouvelle, dont le développement date de la période soviétique. Quelques bâtiments de l'époque coloniale, avec leurs teintes pastels comme à Ferghana ou Ouzbékistan ou Karakol au Kirghizistan, ont une architecture intéressante, les espaces verts sont nombreux et la ville comporte quelques musées bien fournis. Mais, de façon générale, Douchanbe sera avant tout un point de transit vers le Pamir si l'on vient d'Ouzbékistan.

Histoire

En tadjik, Douchanbe veut dire « lundi », le jour où avait lieu le marché dans ce qui n'était qu'un petit village il y a cent ans. A peine une cinquantaine de maisons en terre battue, situées près du fort de Hissar où résidait le bek. En 1920, l'émir de Boukhara y trouva refuge, puis continua sa fuite vers le sud quand les bolcheviks prirent Douchanbe. En 1922, Enver pacha et les basmashi se rendirent maîtres de la ville pendant quelques mois. En 1929, elle fut baptisée Stalinabad – nom qu'elle gardera jusqu'en 1961 –, et devint la capitale de la république autonome du Tadjikistan. La population passa rapidement de quelques centaines à plusieurs milliers. Ce n'est donc pas à son passé historique que Douchanbe doit sa renommée. Avant la guerre, la ville avait la réputation d'être la plus douce à vivre parmi les capitales d'Asie centrale, bénéficiant d'un microclimat grâce à la proximité des Hissar, chaîne de montagnes située au nord de la ville. En été, la chaleur y est moins étouffante et les soirées sont même parfois fraîches. Les Russes qui y étaient très nombreux (presque 50 % de la population) ont commencé à quitter la capitale dès l'indépendance et pendant la guerre civile, beaucoup se sont réfugiés en Russie. En 1992 et 1993, Douchanbe a été le théâtre d'atrocités peu médiatisées et méconnues des Occidentaux, dont l'attention était alors tournée vers la guerre en ex-Yougoslavie : assassinats politiques, religieux et règlements de compte ont décimé la population pamirie et gharmie de la capitale (deux minorités vivant dans les régions montagneuses de la partie est du pays). Les années qui suivirent, des bandes armées n'ayant qu'un rapport très lointain avec un quelconque engagement politique sillonnaient la capitale.

Les immanquables du Tadjikistan

- **Les montagnes du Pamir** aux paysages d'une beauté à couper le souffle. La route du Pamir, baptisée par les Anglo-Saxons la « Pamir Highway » est un *must* pour les amateurs de sensations fortes.
- **Les quelques anciens sites du pays,** Penjikent et Hissar notamment, satisferont ceux en quête d'histoire.
- **La région des lacs**, entre Penjikent et Samarkand.

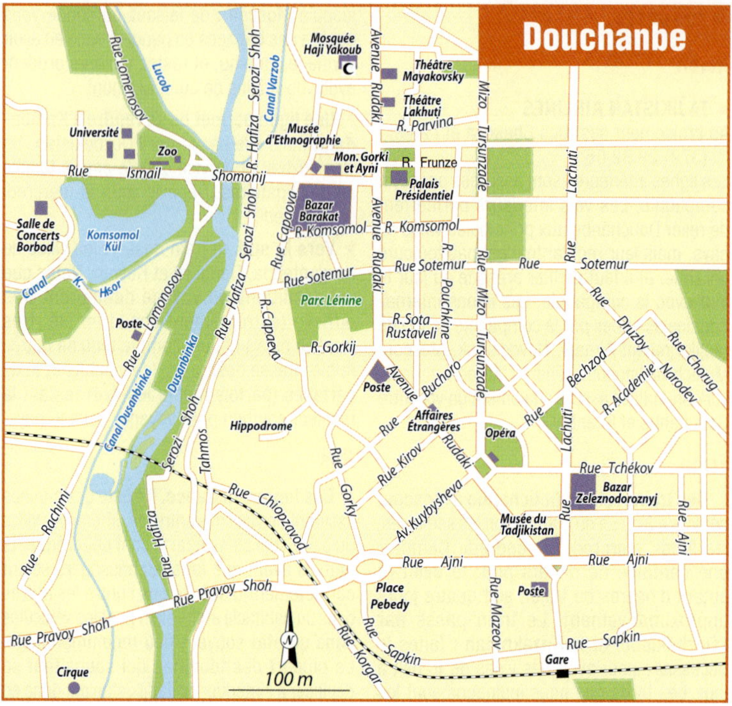

La ville, qui commençait timidement à sortir de l'état de siège après les négociations de paix entre le gouvernement et l'opposition en exil, a retrouvé une ambiance de plomb à la fin de 1997, suite à la tragique prise d'otage de deux Français qui travaillaient pour Tacis et le Haut-Commissariat aux réfugiés. En 1998, il était encore déconseillé aux touristes de se rendre à Douchanbe, les expatriés qui y résidaient pour les ONG limitaient leurs déplacements au strict nécessaire. La ville a retrouvé le calme à partir de 1999, et ne pose plus vraiment de problème particulier de sécurité. L'essor, tout relatif, du tourisme dans la région, a même entraîné l'apparition de quelques bars, restaurants et guesthouses qui, compte tenu de la taille modeste de la ville, viennent ajouter un charme certain, et inattendu, à la petite capitale tadjike. Le pouvoir en place, conscient de diriger la plus pauvre des républiques de la CEI, et après les désastres causés par la guerre civile, alors qu'une autre guerre tonne aux frontières sud du pays, a pris conscience de la nécessité d'engager des réformes, tant sur le plan politique que sur le plan économique. Et avec le durcissement du pouvoir au Kirghizistan, le Tadjikistan est désormais, d'un certain point de vue, le pays le plus « avancé » sur la voie de la « démocratie ». L'activité économique a repris, et on a même la surprise de voir de nombreuses voitures très grosses et très chères rouler dans les rues de la capitale... La rue principale reste animée après la tombée du jour, et on peut sans risque aller se promener, bien que les activités nocturnes restent drastiquement limitées, et qu'il vaille mieux éviter de traîner seul dans des rues sombres.

Climat

Entourée de montagnes, Douchanbe est une ville agréable en été, même si les températures peuvent épisodiquement dépasser les 30 °C. En hiver, le thermomètre ne chute pas trop bas, et tend à se maintenir autour de 0 °C. Un contraste saisissant avec les régions montagneuses du pays, qui flirtent régulièrement avec les - 40 °C. Ceux qui envisagent de partir à l'assaut du Pamir devront le faire en été, de préférence entre mi-juillet et mi-août.

Transports

Avion

■ **TAJIKISTAN AIRLINES**
Au croisement des rues Chekova et Lahuti
✆ (372) 29 82 06
Les lignes intérieures sont assurées par cette compagnie. Les vols intérieurs permettent de relier Douchanbe aux principales villes du pays, mais leur régularité n'est pas toujours garantie, et il faut vérifier presque au jour le jour avec la compagnie. Les lignes internationales assurées par la compagnie nationale tadjike relient Almaty, Novosibirsk, Moscou, Munich via Istanbul, Téhéran, Karachi et Delhi. Turkish Airlines assure également un vol entre Douchanbe et Istanbul.

Train

▶ **Des trains relient Douchanbe à Moscou,** départs à 3 ou 5h du matin selon les semaines, les lundi, mercredi et vendredi. Compter une centaine de dollars pour le billet et autant d'heures de trajet, soit quatre jours approximativement. Le train passe par l'Ouzbékistan et le Kazakhstan : faites le nécessaire pour avoir des visas de transit à jour. Les tarifs que nous indiquons sont les tarifs officiels, mais il est fort probable que le prix sera doublé, voire triplé, si vous tardez trop pour acheter votre billet. Ayez toujours à l'esprit que les trains sont en outre beaucoup fréquentés par les trafiquants de drogue qui passent leur marchandise depuis l'Afghanistan jusqu'à Moscou : ne laissez personne vous confiez des bagages ou paquets sans en avoir vérifié le contenu, et restez toujours prudent avec vos voisins de compartiment.

▶ **Une ligne permet de se rendre à Kanibadam,** mais elle passe par l'Ouzbékistan. Un visa ouzbek et un visa double entrée tadjike sont obligatoires. Départs à 9h le mercredi et le samedi.

▶ **Vers le sud,** le train dessert les villes de Kurgonteppa, Dangara et Kulyab. Notez que les conditions de voyage demeurent très difficile (extrêmement chaud en été, très froid en hiver) et que, compte tenu de la très faible vitesse des trains, les minibus et taxis partagés (parfois même les 4x4) restent la meilleur solution pour voyager dans le pays.

Bus

▶ **Bus longue distance.** Il existe des minibus assurant des liaisons entre les différentes villes du pays, mais les départs sont peu fréquents (jamais avant que tous les passagers soient correctement tassés le uns contre les autres dans un habitacle archi-plein !), et les véhicules dans un état souvent peu recommandable. La plupart des touristes qui souhaitent se déplacer à l'intérieur du Tadjikistan ont donc en général recours à la location de voitures, possible en passant par une agence de voyages. Pour accéder aux frontières, il est impératif d'avoir un véhicule personnel, ou de prendre un taxi, aucun service de bus ne permet de s'y rendre (ou de façon très irrégulière pour

Intérieur de la gare

la frontière nord). Il existe plusieurs stations de bus longue distance à Douchanbe. Pour les villes les plus proches, le départ se fait du bazar Varzob. La station située sur la route de l'aéroport, Ahmadi Donish, permet de prendre des minibus pour Khorog (compter plus de 20 heures de route). Pour aller vers le sud du pays, il faut aller à la gare routière principale, située dans la banlieue ouest de la ville. Enfin pour le nord, Penjikent et Khojand, il n'existe aucune ligne régulière, mais des taxis partagés attendent en général les clients au nord de la ville, à côté de la grande cimenterie.

- **Bus urbains.** Bus et minibus desservent relativement bien la ville, bien qu'ils soient souvent bondés. Les plus utiles sont les lignes de bus n°3 et de trolley n°1, qui suivent la rue Rudaki.

Taxis

Il est très facile de trouver un taxi dans la ville, de nombreux particuliers étant également prêts à faire des courses ponctuelles. Négociez toujours la course avant de monter dans le véhicule et faites-vous déposer à l'endroit précis que vous voulez (cent mètres supplémentaires peuvent facilement doubler le prix d'une course).

Pratique

Indicatifs téléphoniques

- **Code pays :** 992.
- **Code Douchanbe :** 372.

Agences de voyages

ACTED

✆ (372) 219 289
www.acted.org
Depuis 1999, l'ONG humanitaire française ACTED, créée à l'origine en Afghanistan, est présente à Murghab et contribue au développement durable d'une zone exceptionnellement pauvre et isolée. Dans ce contexte, ACTED a mis en place un programme d'écotourisme en 2001. Une association locale a été créée, META (Murghab EcoTourism Association), pour permettre aux populations locales de s'investir elles-mêmes dans leur développement. META regroupe différents prestataires de services : chambre d'hôtes, chauffeurs, guides expérimentés et formés qui vous accompagneront dans une découverte authentique de cette région sauvage et magnifique. Ce sont, entre autres, les partenaires de CBT au Kirghizistan (Acted possède une antenne à Bichkek ✆ (996 312) 69 41 61). META œuvre également pour la protection et la promotion de l'environnement naturel et culturel unique et fragile du Pamir. Si vous êtes de passage à Douchanbe, vous pourrez visiter le Centre Culturel Bactriane et son Centre d'Information Ecotourisme (www.bactria.net). Vous y trouverez tous les renseignements sur les opportunités existantes au Tadjikistan en matière d'écotourisme, ainsi que toutes les informations pratiques pour voyager en Asie centrale. Le Centre Culturel Bactriane a été fondé en 2001 par ACTED. Il œuvre principalement à la promotion des échanges culturels. Concerts, expositions, cours de langues sont organisés tout au long de l'année, toujours d'excellente qualité.

THE GREAT GAME TRAVEL COMPANY

5/11 Pulod Tolis
✆ (372) 24 76 73
www.greatgametravel.co.uk
Une agence fondée par des Anglais épris du Tadjikistan. Possède également une maison d'hôtes à Douchanbe. Organises des circuits combinés au Kirghizistan et en Ouzbékistan ainsi que dans le Xin Jiang chinois. Une agence très fiable, particulièrement recommandés si vous souhaitez effectuer un séjour sortant de l'ordinaire (location de 4x4 hors des sentiers battus, expéditions en rafting, randonnées à cheval...).

ORIENT ADVENTURES

34 Khousseinzoda
✆ (372) 27 06 27 – orient50@mail.ru
Cette agence relève du voyagiste ouzbek Orient Voyages et organise de nombreux treks à travers le pays. Ses services sont fiables et les tarifs raisonnables.

PAMIR MOUNTAIN TRAVEL

154-8 rue Rudaki
✆ (372) 24 02 13 – (372) 24 09 06
www.travel-pamir.com
sadoullo@mail.ru
Une agence généraliste, qui organise des voyages dans les différents pays d'Asie centrale (bureau de représentation à Tachkent : 20, Farkhadskaya ✆ (998 71) 250 87 37) et des treks dans le Pamir. Les circuits suivent des itinéraires assez classiques mais sont articulés autour de différents thèmes particulièrement bien traités permettant de mettre en valeur les différents côtés sociaux économiques, culturels ou historiques du pays.

Banques et bureaux de change

On trouve des bureaux de change un peu partout dans la ville. Ils sont particulièrement nombreux le long de la rue Rudaki. Les taux sont relativement homogènes, mais une rapide comparaison peut permettre de gagner quelques somonis. Prévoyez des coupures neuves, d'un montant unitaire supérieur à 20 € pour bénéficier de meilleurs taux de change.
Des distributeurs automatiques sont installés dans la plupart des grands hôtels, et dans certaines rues centrales. On peut y retirer soit des dollars, soit des somonis.

■ **AGROINVEST BANK**
95 rue Rudaki
Ouverte du lundi au vendredi de 8h à 12h et de 13h30 à 16h. Pour faire des retraits en Carte bleue.

Ambassades

■ **AMBASSADE D'ALLEMAGNE**
16 Rakhimi (ex-Varzobskaya)
✆ (372) 21 21 89
L'ambassade d'Allemagne sert de référent pour les ressortissants de l'Union européenne dont les pays n'ont pas d'ambassade au Tadjikistan.

■ **AMBASSADE DE CHINE**
143 Rudaki ✆ (372) 24 21 88
chinaembassy@tajnet.com

■ **AMBASSADE DE FRANCE**
17 Rakhimi (ex-Varzobskaya)
✆ (372) 21 78 55
cad.douchambe-amb@diplomatie.gouv.fr

■ **AMBASSADE DE SUISSE**
3 Tolstoï ✆ (372) 24 73 16
dushanbe@sdc.net

■ **AMBASSADE D'OUZBÉKISTAN**
5 Karl Marx ✆ (372) 24 43 59

■ **AMBASSADE DU KIRGHIZSTAN**
67 rue Studentchesky ✆ (372) 21 63 84

Internet

Plusieurs cafés Internet sont installés sur la rue Rudaki, notamment aux alentours du parc.

Téléphone

Les appels internationaux sont possibles depuis les grands hôtels, mais évidemment à des tarifs très prohibitifs (au minimum 3 € la minute). Sinon, il faut aller dans l'un des centres de téléphone permettant les communications internationales (ils sont indiqués). Il y en a plusieurs sur la rue Rudaki.

Poste

■ **POSTE CENTRALE**
Place Azadi
L'entrée des téléphones publics est au 57 de la rue Rudaki.

■ **DHL**
Rudaki ✆ (372) 22 19 99
À côté de l'hôtel Avesto.

Santé

Les infrastructures médicales du Tadjikistan ont toujours été les plus mal en point de la région, et c'est toujours le cas aujourd'hui. En cas de problème, le plus efficace est encore de contacter son ambassade et de demander conseil. Sinon, une clinique avec quelques médecins parlant anglais :

■ **CITY POLICLINIC**
13/1 rue Firdavsi
✆ (372) 31 87 21 – (372) 31 42 73

Hébergement

Douchanbe n'est pas bien équipée en infrastructures hôtelières et les établissements sont souvent miteux ou hors de prix par rapport aux prestations offertes. Voici néanmoins une petite sélection d'hôtels fréquentables. Un conseil : ne visez pas les gammes moyennes, trop surpayés. Allez carrément dans les établissements de luxe, où vous en aurez pour votre argent, ou bien faites une croix sur le confort et dirigez-vous vers les adresses plus spartiates pour ne pas plomber votre budget.

Chez l'habitant

On peut trouver des logements chez l'habitant en passant par des agences de voyages locales.

■ **OPEN SOCIETY INSTITUTE ASSISTANCE FOUNDATION**
1/2 Dekhoti ✆ (372) 34 53 92
✆ (372) 21 48 73 – www.tourism.tj
tourismtj@gmail.com

Bien et pas cher

■ **HÔTEL VAKHSH**
24 rue Rudaki ✆ (372) 27 81 88
Chambre simple à 195 somonis, double à 285 somonis. L'hôtel occupe un joli bâtiment

russe, avec une façade jaune décorée de colonnades. C'est une bonne adresse une fois qu'on a réussi à réveiller la réceptionniste et à lui faire comprendre ce qu'on attend d'elle. Les chambres sont sans surprise, correctes, sans plus. Bon emplacement dans la ville.

Confort ou charme

■ **HÔTEL AVESTO**
105/1 rue Rudaki
✆ (372) 21 11 75
Chambre simple à 370 somonis, double à 480 somonis, petit déjeuner inclus. Cet hôtel est l'un des plus agréables de sa catégorie. Il est installé sur la rue principale, au centre de la ville, au milieu d'un grand jardin, et des tables sont installées dehors à côté des fontaines pour le dîner. L'architecture extérieure est à elle-seule un voyage dans le temps vers la grande époque du bâtiment soviétique. Les chambres sont très inégales en confort, qualité d'équipement et tarifs… Visitez, et négociez. Au bilan, vous y ferez certainement un séjour agréable. Internet au premier étage (débit assez lent), bureau de change et distributer automatique au rez-dechaussée.

■ **HÔTEL TAJIKISTAN**
22 Shotemur ✆ (372) 27 43 93
Chambre simple à 850 somonis, la double à 1 250 somonis, petit déjeuner inclus. Une rénovation complète a fait de cet établissement un hôtel plutôt haut de gamme assez bien réussi, doté de chambres confortables, bien équipées, et où tout semble fonctionner y compris l'eau chaude. Le service n'est pas toujours enjoué ni même souriant mais le résultat global est plutôt satisfaisant au regard des tarifs pratiqués.

■ **MARYAM GUESTHOUSE**
67/1 Shotemur
✆ (93) 505 00 89 (portable)
marians@tajnet.com
À partir de 450 somonis la simple, 570 somonis la double, petit déjeuner inclus. Certainement la meilleure adresse de la ville. Du charme, du confort, une équipe accueillante, souriante, disponible et efficace. Sans oublier le jardin, idéal pour se reposer, et les excellents conseils que peuvent donner les membres de l'hôtel pour la suite de votre voyage. Vaiment un excellent rapport qualité-prix, surtout si l'on tient compte de la possibilité de négocier dans le prix, les transferts à l'aéroport. À recommander.

Luxe

■ **HYATT REGENCY DOUCHANBE**
26/1 Ismail Somoni ✆ (372) 77 12 34
dushanbe.regency@hyatt.com
À partir de 350 $ la chambre double, petit déjeuner inclus. Le seul véritable hôtel de grand luxe à Douchanbe, confortablement installé à proximité du lac Komsomol. Service et qualité de prestations fidèles à l'esprit de la chaîne hôtelière internationale. Bar *lounge* ouvert 24h/24, piscine couverte, fitness…

Restaurants

Bien et pas cher

■ **HAFTRANG ART CAFE**
2 rue Bokhtar ✆ (372) 21 24 45
Un lieu plaisant pour apprécier des spécialités locales.

■ **HÔTEL VAKHSH**
En face de l'hôtel, sur la place située devant l'opéra, de nombreux restaurants en plein air installent leur table au bord de la fontaine. C'est un endroit très agréable pour déguster des brochettes le soir.

Bonnes tables

■ **CHAYKHANA ROHAT**
82 Rudaki ✆ (372) 21 76 54
Compter 5 $ par personne pour un repas complet. Ce grand bâtiment doté d'une large terrasse est censé être l'un des meilleurs restaurants de la ville. Il propose essentiellement des plats russes et quelques plats d'inspiration européenne. On peut choisir une vue sur la rue Rudaki, la plus animée de la ville, ou sur la jolie cour intérieure, entourée de beaux bâtiments en bois autour d'une fontaine.

■ **DELHI DARBAR**
88 Rudaki
Cuisine indienne traditionnelle, la meilleure de Douchanbe, pour changer un peu des saveurs locales.

■ **EURASIA RESTAURANT**
81 Rudaki
Cuisine européenne dans ce restaurant plutôt haut de gamme, très fréquenté par les étrangers vivant à Douchanbe.

■ **GEORGIA CAFE**
29 rue Rudaki ✆ (372) 27 81 02
Une bonne adresse aux tarifs très raisonnables, pour varier un peu les plaisirs gustatifs. L'endroit est souvent très animé.

Luxe

■ VASTAN RESTAURANT

88 Rudaki
✆ (372) 24 09 36
Le restaurant européen le plus chic de la ville, les prix sont à l'avenant. Le restaurant dispose également d'une discothèque, très fréquentée par les étrangers.

Sortir

Boîtes de nuit

La plupart des adresses nocturnes de Douchanbe sont concentrées sur la rue Rudaki.

■ DIYOR DISCO CLUB

1 rue Ismaïli Somoni ✆ (372) 21 45 61
Restaurant au premier étage, dicothèque, luxueuse, au second, et billards au troisième. La taille de l'ensemble draine évidemment une clientèle riche constituée de quelques expatriés et surtout de *businessmen* de passage.

■ JOME JAMCHED

En face de l'hôtel Tadjikistan, avec également une entrée depuis le parc Lénine. Casino et discothèque en plein centre ville. Souvent très bruyant !

© SYLVIE FRANCOISE

Statue de Somoni

■ PORT SAÏD

114 Rudaki ✆ (372) 24 88 02
Ouvert tous le jours de 22h à 4 ou 5h du matin. C'est la boîte de nuit officielle des expatriés de la ville. Ambiance alcool et prostituées. Il est possible d'y manger, et d'y suivre les retransmissions des grandes compétitions footballistiques internationales.

Spectacles

Pour charmante qu'elle soit, Douchanbe est une ville où vous constaterez que l'on peu vite s'ennuyer. Les adresses signalées ci-après offrent occasionnellement des spectacles dont la qualité est extrêmement variable.

■ CIRQUE

Situé à l'extérieur de la ville, le cirque semble avoir connu des jours meilleurs. Le bâtiment est sérieusement décrépi, et les spectacles se font rares. Ils sont annoncés par des affiches devant le cirque les jours de représentation.

■ OPÉRA BALLET AYNI

28 Rudaki ✆ (372) 21 44 22
Ce grand théâtre facilement repérable à ses colonnes blanches un peu massives, propose parfois encore des spectacles, mais ils ne sont pas très fréquents. Les programmes sont affichés devant le théâtre les jours de représentation.

■ SALLE DE CONCERT BORBAT

26 Ismaïli Somoni ✆ (372) 23 59 58
L'auditorium accueille parfois des concerts de musique tadjike.

■ THÉÂTRE DRAMATIQUE LAHUTI

86 Rudaki ✆ (372) 21 37 51
Ce théâtre est spécialisé dans les représentations en langue tadjike.

■ THÉÂTRE DRAMATIQUE RUSSE

76 Rudaki ✆ (372) 21 31 32
Pour des représentations en russe.

Points d'intérêt

■ IMMEUBLE DE L'UNION DES ÉCRIVAINS

Sur la rue Ismaïl Somoni
Le bâtiment en lui-même n'est pas très intéressant, mais on peut s'y rendre pour voir l'impressionnante fresque représentant les différents écrivains du panthéon tadjik.

■ LAC KOMSOMOL

A deux pas du palais des Congrès, ce lac semble attirer une bonne partie de la popu-

Librairie religieuse près de la madrasa Haji Yakoub

lation de la capitale les jours de grosses chaleurs. On peut s'y baigner, ou siroter du thé en grignotant des brochettes dans l'une des multiples *tchaikhanas* installées sur les berges. Un endroit très agréable pour venir se détendre dans une ambiance populaire.

■ **MOSQUÉE ET MADRASA HAJI YAKOUB**
A l'ouest de l'hôtel Avesto
Cette mosquée moderne a une architecture assez impressionnante, même si les matériaux utilisés ne sont pas très rutilants. L'endroit est surtout intéressant pour son ambiance générale, et pour les petites boutiques vendant des livres, cassettes et accessoires religieux dans la rue qui longe le mur de la mosquée. La madrasa peut accueillir jusqu'à 2 000 étudiants.

■ **MUSÉE KAMOLIDDIN BECHZOD**
31 rue Rudaki © (372) 21 60 36
Ouvert du mardi au dimanche de 9h à 16h. Entrée 3 $. Ce musée, qui porte le nom d'un écrivain tadjik, est consacré à l'histoire et à l'ethnographie du Tadjikistan. Le bâtiment en lui-même est assez étonnant, avec son immense perron surmonté de trois arches, et sa gigantesque horloge carrée, version locale de Big Ben. Les collections, si elles sont intéressantes, manquent drastiquement d'explications en anglais, et sont ternies par l'ambiance très poussiéreuse du musée.

■ **MUSÉE MIRZO TURSUNZODA**
21 rue Tursunzoda
Ouvert du lundi au vendredi, de 10h à 17h. Entrée 3 $. Il s'agit de la maison de l'écrivain tadjik, reconvertie en musée. La visite est réservée aux passionnés de littérature locale, qui arriveront à mettre la main sur le gardien des lieux.

■ **MUSÉE NATIONAL DES ANTIQUITÉS**
7 Rajabov © (372) 27 13 50
www.afc.ryukoku.ac.jp/tj
Ouvert du lundi au vendredi de 9h à 17h. Entrée 10 somonis. Le plus grand musée de la ville, et le plus passionnant du pays, est bien conçu et présente des pièces très intéressantes. On peut notamment y admirer un grand bouddha couché de 13 m de longueur trouvé dans la région de Varch et daté du Ve siècle. De belles fresques et de nombreuses statues sont également exposées, classées en fonction du site de fouille dans lequel on les a trouvées. Des panneaux en anglais à l'entrée de chaque salle expliquent l'histoire des différents sites archéologiques. Nous vous recommandons un tour sur le site Internet du musée, particulièrement bien fait, et riche en explications sur l'ensemble des pièces exposées.

■ **PARC LÉNINE**
Sur la rue Rudaki en plein centre-ville
Ce parc abrite une petite statue de Lénine, mais c'est surtout pour les quelques manèges disséminés entre les arbres que les familles de Douchanbe aiment venir s'y promener.

■ **STATUE DE SOMONI**
Elle trône depuis l'an 2000 sur la rue Rudaki. La plus grande statue de la ville, mise en évidence à l'entrée d'une allée dégagée, est dédiée à Ismaïl Somoni. Ce grand khan tadjik du IXe siècle est considéré comme le père de la nation.

Mémorial de la Seconde Guerre mondiale

Shopping

Bazars

Les bazars sont évidemment les endroits les plus animés de la ville, et l'on peut tout y acheter ou se contenter de humer l'atmosphère.

■ MARCHÉ BARAKAT

Rue Ismaïl Somoni

L'un des plus grands de la ville, situé sous une gigantesque halle. On y trouve de tout, des fruits et légumes aux vêtements.

■ MARCHÉ VERT

Rue Husravi Dekhlavi

Un bazar réservé aux fruits et légumes. Il est particulièrement vivant et coloré.

Centres commerciaux

■ TSUM

83 rue Rudaki

Ouvert de 8h30 à 17h tous les jours, sauf le dimanche. Le grand magasin hérité de la période soviétique.

► **À ce centre commercial classique,** viennent s'ajouter de nombreux stands consacrés à l'artisanat local.

Souvenirs

■ CHUDOJESTVENI SALON

89 rue Rudaki

Ouvert de 10h à 18h, tous les jours sauf le dimanche. L'un des rares magasins de souvenirs de la ville. Dans le même bâtiment (porte de droite), se trouve aux deuxième et troisième étages une galerie de peinture contemporaine.

Dans les environs

■ GORGES DE VARZOB

Situées à 12 km de Douchanbe, ces gorges sont l'un des lieux de villégiature les plus appréciés par les habitants de la capitale. Mais les gorges sont tellement étroites que les logements sont souvent situés très près de la route, qui est assez fréquentée. Des minibus permettent néanmoins de se rendre à la station de ski de Takob (à environ 1 heure 30 de Douchanbe).

■ VALLÉE DE KARATAG

Agrémentée de deux lacs, le Temurdar et le Païron, cette vallée est un site agréable pour échapper à la ville pendant une journée ou deux.

Hissar

Située à une trentaine de minutes de Douchanbe, la ville de Hissar abrite l'un des sites anciens les plus intéressants du Tadjikistan. Une madrasa, un ancien bazar et une citadelle ont été rénovés à la fin des années 1970. La ville de Hissar couvrait autrefois une superficie de 100 hectares, elle était entourée de murailles qui s'ouvraient par quatre portes. Avant l'arrivée des Arabes, la ville portait le nom de Chodmun. Elle a été conquise par les Arabes, et les murs sont tombés au cours de la bataille. Il ne reste plus rien de l'ancienne ville de Hissar. Les bâtiments que l'on peut encore voir aujourd'hui datent du XVIe siècle pour les plus anciens d'entre eux. Seuls les murs du « palais » ont encore quelques pans datés du Xe siècle. La grande madrasa qui a depuis été reconvertie en musée date de la fin du XVIe siècle. Sur la place juste devant, la partie droite était réservée aux ablutions, alors qu'à gauche, se trouvait le lieu désigné pour les repas. Les petites cellules qui s'ouvrent sur la cour centrale ont été reconverties en mini-musées. Le musée est ouvert tous les jours de 8h à 17h. L'entrée coûte 1 $ par personne, et le guide 1 $ supplémentaire. Une deuxième madrasa, plus petite, se trouve à droite de la première. Elle est fermée au public et visiblement laissée à l'abandon. Du « palais » ne restent qu'une porte, et des murs dont certains datent du Xe siècle, mais la plupart du XVIe. Au centre, derrière la grande porte, les champs ont repris leurs droits, et des

troupeaux paissent tranquillement entre les murailles. Une source, située à l'intérieur de l'enceinte, autrefois destinée à approvisionner le palais, sert désormais d'abreuvoir pour les animaux. Les deux pièces de part et d'autre de la porte étaient autrefois des cellules de prison. Le palais est ouvert de 9h à 17h, et l'entrée coûte 1 somoni. A noter, juste avant l'entrée, un tombeau protégé par un grillage, et décoré d'une multitude de petits nœuds en tissu. La légende raconte que 199 guerriers Arabes auraient été enterrés ici après la bataille de Hissar. Autour du site, de nombreuses *tchaikhanas* rassemblent les vieux du village sous les arbres. Un endroit très agréable pour se reposer à la campagne.

Pour se rendre à Hissar, si l'on n'a pas de voiture personnelle, on peut louer un taxi à Douchanbe ou prendre un minibus jusqu'à la ville de Hissar depuis le bazar Zarnissor. Ensuite, les sites sont à 5 minutes en taxi de la gare routière de Hissar.

PENJIKENT

La petite ville de Penjikent est la première ville tadjike que l'on traverse si l'on vient de Samarkand, en Ouzbékistan. Quelques circuits touristiques font une incursion au Tadjikistan pour venir y visiter les ruines de l'ancienne cité sogdienne située à 2 km de la ville proprement dite. La ville de 30 000 habitants est également dotée d'un petit musée, et d'un bazar très coloré et pittoresque.

Transports

Pour se rendre à Penjikent depuis Douchanbe, la route emprunte deux cols spectaculaires. Aucun bus de ligne n'assure régulièrement la liaison, et le plus sûr reste de trouver un taxi partagé entre les deux villes. Les négociations commencent en général autour de 40 € par personne, mais ce tarif est sujet à de très fortes variations en fonction du prix de l'essence au moment de la course.

Hébergement – Restaurants

Peu de touristes passent une nuit à Penjikent, aussi la ville est-elle particulièrement pauvre en infrastructures hôtelières. On peut tenter de trouver des logements chez l'habitant en passant par une agence de voyages locale (Pamir Mountain Travel a une antenne locale avec un guide francophone : ✆ (3475) 5 50 88 – www.travel-pamir.com). Sinon, il reste l'option du vieil Intourist qui propose des chambres miteuses à des tarifs aussi abusifs qu'inflexibles (35 à 45 € par personne selon l'humeur du réceptionniste). Pour manger, rien ne vaut le bazar. Celui de Penjikent est très animé, et on y trouve de nombreuses petites gargotes pour avaler un *plov* ou des brochettes accompagnées de pain frais. Le bazar est également l'endroit idéal pour faire des réserves de nourriture si l'on envisage un trek ou même avant de prendre la route vers le nord ou le sud (vu l'état des routes et des véhicules, on sait quand on part, pas toujours quand on arrivera). Les prix y sont très bas.

Points d'intérêt

CITÉ SOGDIENNE DE PENJIKENT

A 6 km de la ville moderne

Entrée 5 $, incluant les ruines et le petit musée attenant. Depuis plus de mille ans, l'une des plus grandes et riches cités sogdiennes dormait sous les collines limoneuses des rives du Zéravshan. Sa découverte, en 1932, fut due à la curiosité d'un berger du village de Khaïrabad, à plus de 60 km du site de Penjikent. En fouillant dans les ruines du « kala-i-moug », le vieux château d'Abargar qui surplombait sa maison, le berger Djour Ali espérait sans doute trouver quelques pièces d'or, mais le sort lui attribua un panier tressé et une feuille de soie dont les insolites inscriptions laissèrent perplexe le maître d'école. Cette trouvaille occupa des dizaines de linguistes, historiens et archéologues pendant plusieurs décennies : c'était le premier texte en sogdien découvert sur le territoire de la Sogdiane. Soixante-treize documents furent retrouvés et datés du début du VIIIe siècle. Certains d'entre eux étaient des contrats commerciaux, d'autres des papiers administratifs qui racontaient l'histoire de Divachtich, le dernier roi sogdien de Penjikent qui dirigea la rébellion contre les Arabes. Divachtich et ses sujets fuirent les envahisseurs arabes et se réfugièrent dans la forteresse d'Abargar. Mais le roi fut finalement capturé et décapité, et sa tête fut envoyée au calife. L'étude des archives de Divachtich orienta les recherches archéologiques vers le haut Zéravshan et la région de Penjikent. Les fouilles, commencées réellement après la Seconde Guerre mondiale, permirent de découvrir ce que certains appellent la « Pompéi d'Asie centrale ». Bien qu'en ruine, la cité était enfouie sous une épaisse couche de terre et aucune construction parasite n'était venue en détruire l'harmonie antique. Une mine d'or pour les archéologues soviétiques qui y découvrirent de nombreuses fresques illustrant l'univers sogdien.

Bazar

Le site. Un plan à l'entrée du site permet de comprendre l'organisation caractéristique des villes sogdiennes, comprenant quatre zones bien distinctes : la citadelle ou résidence du roi, le *shakhristan* ou cité intérieure fortifiée, le *rabat* ou quartier extérieur et populaire, et la nécropole située à l'écart de la ville. Les monticules poussiéreux que l'on peut aujourd'hui observer ne deviendront éloquents que si vous êtes accompagné d'un bon guide. Toutes les fresques ont été retirées et sont maintenant exposées à Tachkent ou au musée de l'Ermitage à Saint-Pétersbourg. On peut toutefois voir une fresque authentique et plusieurs reproductions dans les musées de Penjikent. Un petit musée situé à l'entrée du site montre des reproductions des fresques et quelques objets trouvés lors des fouilles. On notera que les fresques retrouvées sont presque toujours détruites au niveau du visage, les conquérants musulmans s'étant acharnés sur toute représentation humaine qu'ils considéraient comme sacrilège. Les rares visages que l'on peut encore distinguer ont des traits étonnamment asiatiques. Les premières écoles de peinture auraient été créées dans la région vers le milieu du Ve siècle par des maîtres venus de Chine…

Histoire. Florissante dès le Ve siècle, la cité comptait environ 4 000 habitants à la veille de sa destruction par les Arabes au début du VIIIe siècle. Penjikent était située sur une des routes commerçantes reliant les régions montagneuses du haut Zéravshan et Afrosiab (Samarkand), la capitale de la Sogdiane. Les riches marchands sogdiens qui y résidaient ou y avaient établi des comptoirs étaient l'un des chaînons du commerce entre la Chine et l'Occident. De multiples influences culturelles et religieuses enrichissaient cette société raffinée que l'on découvre dans les fresques qui ornent les temples et les maisons. Les somptueuses habitations des marchands avaient deux ou parfois trois niveaux communiquant par un large escalier en colimaçon, et possédaient un *aïvan* orné de piliers de bois sculpté et une salle de réception décorée de fresques. Chaque famille possédait un temple familial dans la nécropole : une construction carrée de deux mètres sur deux mètres ouverte sur les côtés.

MUSÉE RUDAKI

Ouvert tous les jours de 8h à 17h. Entrée 10 $.

Dans la rue Rudaki, une bâtisse stalinienne d'un étage propose un résumé rapide de la région en une demi-douzaine de salles. L'inévitable salle des animaux empaillés, des cervidés aux rapaces, est agrémentée d'un cocktail d'insectes rampants. Les salles suivantes, consacrées à la préhistoire, l'archéologie et l'ethnologie, sont plus attirantes. On peut y admirer, entre autres, des fresques sogdiennes de la vieille ville de Pendjikent. Et même si la plupart sont des reproductions, elles permettent de découvrir la finesse de cette culture et de colorer les ruines poussiéreuses de l'ancienne cité. On y trouve des illustrations de fables d'Esope ou de contes

indiens, des scènes de bataille où l'on retrouve Rustam, le héros d'une épopée iranienne qui inspirera *Le Livre des rois* de Firdawsi. Les divinités zoroastriennes, hindoues ou bouddhistes représentées sur les fresques ou sur les bas-reliefs en bois montrent la diversité des religions qui se pratiquaient librement avant l'arrivée de l'islam. Plusieurs ossuaires décorés sont aussi exposés, et viennent rappeler le rituel mortuaire propre aux zoroastriens. La religion interdisant la pollution des éléments sacrés – la terre, l'eau, l'air et le feu –, les corps des défunts étaient donnés en pâture à des chiens spécialement élevés à cet effet, puis les os les plus importants, séchés par le vent et le soleil, étaient enfermés dans les ossuaires. A l'entrée du musée, la caissière et ses acolytes vous proposeront toutes sortes de souvenirs, timbres, châles, bijoux...

Dans les environs

ARTOUCH

A douze kilomètres de Pandjroud, se trouvent plusieurs cottages gérés par Mountain Travel. Un guide peut organiser des treks dans la région. Jusque dans les années 1950, un camp de travail était basé dans cette vallée. Les prisonniers travaillaient dans des mines, et on peut encore voir les rails qu'empruntaient les charrettes remplies de minerai.

LAC ISKANDERKUL

Si l'on a une voiture privée pour aller de Penjikent à Douchanbe, on peut faire étape une nuit au lac Iskanderkul (compter 5 bonnes heures de route depuis Penjikent). Le lac, situé à 2 255 m d'altitude, peut être un site agréable pour se reposer une journée, voire un point de départ pour des treks dans les montagnes des environs. Le paysage est tellement impressionnant, avec ses gorges de terre rouge, son lac encadré par des pics enneigés, que le président tadjik et le président russe se sont tous deux fait construire une dasha sur le bord du lac. Le logement peut se faire en été dans le village de vacances Intourist. La pension complète coûte autour de 40 $. Ce centre de vacances est un peu le modèle des villégiatures soviétiques décrépies. Des petits bungalows prévus pour six ou huit personnes avec une cuisine sont répartis sous les arbres. Douches et sanitaires sont communs. Le centre est doté d'un terrain de volley, de deux tables de ping-pong, et le parc s'ouvre sur le lac. La saison est très courte, seulement juillet et août. Si l'on vient à un autre moment, il faut prévoir ses provisions, car les cuisines ne fonctionnent pas.

LACS MARGOUZOR

Les lacs en amont de la rivière Ching sont une zone prisée des monts Fan. Des treks sont organisés le long des sept lacs qui s'échelonnent jusqu'au lac Margouzor, à 2 139 m, et au lac Azorchachma, à 2 400 m d'altitude.

MAZOR-I-SHARIF

A 37 km de Penjikent

Quitter la route asphaltée à Goussar vers Mazor. Le mausolée de Moukhamad Bachoro, un missionnaire musulman, date du XIe siècle. Il est composé d'un bâtiment central surmonté d'une coupole, et d'une mosquée d'été. En 1332, un imposant portail vint compléter l'ensemble. Le bâtiment est surtout remarquable pour la beauté des décorations de son portail réalisé en terracotta sculptée et en briques vernissées. La tombe de Moukhamad Bachoro est l'un des pèlerinages importants que tout bon croyant d'Asie centrale se doit de faire.

PANDJROUD

A 60 km de Penjikent

© SYLVIE FRANCOISE

Route vers Penjikent

En saison, le site est desservi par un autobus au départ de Penjikent. Quitter la route asphaltée après le village de Chourtcha et remonter la rivière Kchtout. C'est à Pandjroud que le poète Rudaki a passé la fin de sa vie et a été enterré. La « maison du souvenir », construite autour de sa tombe en 1958, à l'occasion du 1 100e anniversaire de sa naissance, est un peu comme un lieu de pèlerinage.

Dardar

A environ 80 km de Penjikent. Même si vous êtes pressé, la mosquée de Dardar – qui veut dire la « porte » – vaut bien un arrêt. Construite au XIXe siècle, cette mosquée, l'une des plus grandes et des plus célèbres du Kouristan, est remarquable pour la beauté des piliers sculptés de son aïvan et les décorations de son plafond en bois peint. A la sortie du village, se trouvent des tombes de culte zoroastrien encore utilisées aujourd'hui. Après Aïni, où on peut voir un minaret du XVe siècle et une mosquée, la route longe la rivière Fandaria vers le col d'Anzob et de Douchanbe. Sur la rive opposée, restent les traces de l'ancien chemin caravanier qui était extrêmement dangereux. La route asphaltée a été construite dans les années 1930 au prix de nombreuses vies humaines.

Khaïrobod

A environ 70 km de Penjikent. Quitter la route asphaltée après Urmitan en direction de Madm. Le village est perdu au fond d'une vallée adjacente de la rivière Koum. Le roi sogdien Devachtich se réfugia en 722 dans la forteresse de la colline Moug qui surplombe le village. Fuyant les envahisseurs arabes, il dirigeait la résistance sogdienne et était accompagné d'une centaine de familles nobles et de leurs serviteurs, pas moins de 5 000 personnes ! Les ruines de l'ancienne forteresse Abargar sont juste au-dessus du village.

Urmetan

A 60 km de Penjikent. Urmetan surgit comme une oasis de verdure au milieu des pans rocheux. Ce village traditionnel avec ses maisons de terre battue grimpant sur le flanc de la montagne était l'un des centres importants du Kouristan au Moyen Age. On peut voir les ruines de la citadelle qui surplombait la vallée. La mosquée du XIXe siècle est aussi un lieu de pèlerinage : au fond du jardin, dans un mausolée datant du Xe siècle, se trouve la tombe d'un missionnaire iranien et de sa femme. Un petit musée a été ouvert dans l'école, qui présente une collection d'objets usuels traditionnels, principalement des ustensiles en cuivre. Les forgerons d'Urmetan étaient renommés pour la qualité de leur travail et continuent la production en suivant les techniques anciennes. Ce sont aussi les meilleurs constructeurs de « tandir », ces fours traditionnels où sont cuits les « nonn » (pains).

Vorou

En remontant la vallée de la rivière Kichtout, on peut visiter le très traditionnel village de Vorou, où se trouvent aussi les ruines d'un site zoroastrien nommé « Tartidjamchet ».

ISTARAVSHAN

Cette ville de 210 000 habitants se trouve à une dizaine d'heures de route de Douchanbe, et à une quarantaine de kilomètres de Khojand. Elle est construite sur le site d'une ville née au VIe siècle avant J.-C., nommée à l'époque Oura-Tioube. La cité antique que les Grecs nommaient Kiropol changea plusieurs fois de nom – Oursepor, Ousrouchan, Fagkat – et ne prit celui d'Oura-Tioube ou Ouro-Teppa qu'au XVe siècle. Le nom d'Istaravshan lui a été donné très récemment. On peut voir les ruines de l'ancienne cité à la périphérie d'Istaravshan. Le khanat de Kokand et le khanat de Boukhara se disputèrent la région pendant plusieurs siècles et, en 1868, Oura-Tioube fut rattachée à l'Empire russe. C'était une ville de commerçants et d'artisans, cordonniers, céramistes, sculpteurs sur bois, brodeurs... Les couteliers étaient particulièrement réputés et les couteaux d'Oura-Tioube restent encore aujourd'hui très recherchés. Les « chittari », cotonnades imprimées à la main, sont encore fabriquées suivant les techniques du XVIIe siècle. Malgré un centre-ville construit à l'européenne, Istaravshan a gardé les couleurs de l'Orient et la vieille ville bien que fortement réduite en superficie, garde tout son charme.

Transports

Pour se rendre à Douchanbe ou Penjikent, la seule solution est de trouver un taxi à partager avec d'autres voyageurs. Ceux-ci attendent en général les clients au sud du bazar. Pour partir vers le nord et Khojand, il existe en revanche des lignes régulières qui partent de la gare routière située à 3 km au nord de la ville.

Mosquée Kok Gumbaz à Istaravsham

© SYLVIE FRANCOISE

Hébergement – Restaurants

Peu d'hôtels à Istaravshan, la plupart des touristes effectuant la visite sur une journée depuis Khojand. Pour ceux qui passeront la nuit à Istaravshan, mieux vaut être préparé à renoncer au confort le temps d'une soirée.

■ **GUL-I-SUKHI HÔTEL**

Juste à côté du bazar ✆ (3454) 22 887

Compter 10 somonis pour un lit en chambre triple. Les sanitaires sont communs, et dans un état souvent peu recommandable, surtout les jours de coupure d'eau... Mais l'hôtel a l'avantage de se trouver contre le bazar, ce qui permet de profiter de l'animation constante de l'endroit.

■ **ISTARAVSHAN HÔTEL**

80 Lénine

Chambre double à moins de 3 $. Pas de petit déjeuner, salles de bains en état de fonction en supplément. L'ancien Intourist a été rénové et constitue probablement la meilleure adresse de la ville à l'heure actuelle. Pour manger, la valeur sûre reste évidemment le bazar et les dizaines de petits restaurants qui se trouvent dedans ou dans les rues adjacentes.

Points d'intérêt

Vieille ville

La vieille ville d'Istaravshan est un dédale de rues étroites, bordées de maisons et sites religieux ou historiques anciens.

■ **BAZAR**

Ce bazar, le plus grand du Tadjikistan, est incontournable. Il est facilement repérable au bâtiment rose bonbon un peu kitsch qui en marque l'entrée. Haut lieu du trafic de devises, on y trouve de tout, ustensiles domestiques traditionnels, berceaux en bois, couteaux artisanaux, des légumes, des fruits, dont les abricots d'Isfara, et le fameux « kichmich », le plus succulent des raisins qui se cultivent dans la région... Un marché de vêtements (principalement importés de Chine) se trouve à deux pas du grand marché. Il ferme à 13h.

■ **ENSEMBLE KHAZRATI SHOKH**

Il a été construit à partir du XVIIIe siècle. La mosquée date du XVIIIe ou XIXe siècle et ses décorations ont été restaurées récemment. Dans la cour se trouve la tombe de l'émir Khoudoera Vaalami et de sa femme, morts au XVIIIe siècle. En 1941, l'historien Gerassimov (le même qui ouvrit la tombe de Tamerlan) fit ouvrir la tombe de la femme de l'émir et emporta son corps momifié à Leningrad. Le mausolée de Koutab-ibn Obass, frère du saint enterré à Shah-i-Zinda à Samarkand, date du VIIIe siècle. Le mullah raconte que dans la tombe se trouvaient plus de 40 kilos d'or qui furent emportés par les scientifiques de Leningrad, tout comme les poignées des portes du mausolée, en or pur.

■ **MAISON DE MARKHAMAT KHAÏDAROV**

Au numéro 18 de la rue Mirzo Bobodjonov

Cette maison privée, située dans le vieux

Bazar d'Istaravshan, le plus grand du pays

quartier près de Kok Goumbaz, daterait du XVIIIe siècle. La pièce principale possède un magnifique plafond de bois peint ainsi que les traditionnelles niches de rangement décorées de fresques. Ce n'est pas un musée, mais les propriétaires sont très accueillants et vous montreront avec plaisir leur maison. Il existe une quinzaine de maisons de ce type dans la vieille ville d'Istaravshan.

■ MOSQUÉE CHOR GOUMBAZ

Très jolie, elle date du XIXe siècle, est un peu difficile à trouver, puisqu'elle se trouve dans la cour d'une maison. Il s'agit de celle d'Abdoul Karim, le petit-fils d'Ichan Malahnah qui est enterré près de la mosquée. De magnifiques motifs floraux ou géométriques et des textes tirés du Coran couvrent totalement le plafond de bois et les caissons des quatre coupoles.

■ MOSQUÉE KHAVZI SANGUIN

Elle est située à deux pas de Kok Goumbaz. Construite au XIXe siècle, cette mosquée fut pendant plus de vingt ans transformée en salle de sport pour les écoliers du quartier.

■ MOSQUÉE KOK GUMBAZ

Egalement nommée mosquée Abdulatif, elle est coiffée d'un large tambour surmonté d'une coupole bleue de 27 m de haut. La mosquée porte le nom d'un des descendants de Tamerlan. Construite au XVe ou XVIe siècle, elle fut plus tard transformée en madrasa. Elle possédait un système de canalisations qui chauffait les salles d'études et un souterrain conduisait à une autre madrasa aujourd'hui détruite. La coupole abîmée par un tremblement de terre et achevée par les communistes a été bien restaurée en 2000. La niche du mihrab, jadis richement décorée de corniches en stalactites et de fresques, est en revanche très mal conservée et les salles intérieures sont habituellement fermées. La madrasa pouvait accueillir jusqu'à 1 000 étudiants.

■ MUSÉE DES ARTS TRADITIONNELS

Rue Lénine, à côté de la mairie
à 10 minutes à pied du bazar
✆ (3454) 34 704

Situé dans le centre culturel et scientifique, le musée dispose d'une riche collection de manuscrits, calligraphies et documents en arabe, dont certains datent du Xe, XIe et XIIe siècle. Plus de 750 pièces composent la collection personnelle du directeur du musée, le professeur Sayid Umar Sultan qui, durant quarante ans, a réuni et caché ces pièces

Étals d'épices au bazar d'Istaravshan

interdites par le pouvoir soviétique. Une seconde salle expose des objets traditionnels du XIXe siècle, ustensiles domestiques en cuivre, bijoux et suzanné. Si le musée est fermé, il faut chercher le directeur dans les autres bureaux du bâtiment.

Mug Teppe

L'ancienne cité sogdienne est située sur une colline au sud-ouest de la ville. La citadelle, régulièrement détruite et reconstruite au cours des siècles, a été rénovée pour la dernière fois en 2002. Autant dire qu'elle a l'air toute neuve, ce qui enlève tout le charme de l'endroit. On a néanmoins de la colline une belle vue sur la ville encadrée de montagnes. La statue devant la porte de la citadelle représente un homme qui serait mort à cet endroit durant un féroce buzkashi.

KHOJAND

Khojand serait la mythique Alexandrie-eskhate que fonda Alexandre le Grand au IVe siècle avant J.-C. Son emplacement aux portes de la fertile vallée du Ferghana sur la principale route commerçante attira une multitude de prétendants. Elle fut successivement conquise et détruite par les Arabes en 711, par Gengis Khan en 1220, puis, aux XVIIIe et XIXe siècles, elle devint un enjeu permanent entre le khanat de Boukhara et le khanat de Kokand.

Elle fut incorporée à l'Empire russe en 1866. Deuxième ville du Tadjikistan, Khojand, connue sous le nom de Leninabad jusqu'en 1991, est aujourd'hui le centre économique et industriel de la région. Ville tadjike peuplée en grande majorité d'Ouzbeks, elle est une parfaite illustration du pervers découpage des frontières des républiques d'Asie centrale planifié par Staline. Au début du siècle, la ville possédait 198 mosquées et 20 madrasas. Il n'en reste évidemment plus qu'une infime partie, mais l'intérêt de la ville est largement rehaussé par son bazar.

Transports – Pratique

Une banque se trouve au 41A rue Lénine, à deux pas du bazar. Elle dispose d'un bureau de la Western Union, d'un bureau de change et d'un distributeur automatique acceptant les cartes étrangères.

Avion

Une ligne intérieure relie Khojand à Douchanbe. Des vols internationaux sont également assurés par Tajikistan airlines vers Moscou et Bichkek.

■ **TAJIKISTAN AIRLINES**
56 Lenina Street ✆ (3422) 60249
Tout près du bazar.

Train

La ville de Khojand est desservie par la ligne de chemin de fer reliant Andijan à Samarkand. Il n'y a que quelques dizaines de kilomètres en territoire tadjik, tout le reste du trajet se fait en Ouzbékistan, même si l'on va à Douchanbe. Penser aux visas si l'on décide de prendre le train.

Bus

Il existe des bus réguliers entre Khojand et Istaravshan. Pour aller jusqu'à Douchanbe on est obligé d'utiliser des taxis partagés, aucune ligne régulière n'assure la liaison.
La frontière avec l'Ouzbékistan est ouverte en deux points rapidement accessibles depuis Khojand : le premier permet de se rendre à Tachkent en passant la frontière à Oybek, le second se trouve à l'est, dans la ville de Kanibadam, et permet de rejoindre la vallée du Ferghana. Quelques bus permettent de passer la frontière, mais il faut alors s'attendre à passer du temps dans les formalités transfrontalières. La plupart des bus en direction de la vallée du Ferghana partent de la gare routière située au sud-est de la ville. Ceux en direction de Tachkent et Samarkand partent de la gare située à l'ouest de la ville (la vieille gare). C'est également de là que partent les bus en direction du sud du Tadjikistan (Istaravshan et Penjikent).

Hébergement

■ **HÔTEL LENINABAD**
51 rue Nabiev, au bord de la Syr-Daria
✆ (3422) 63 510

Porte orientale de la citadelle

Chambre double avec toilettes et lavabo à partir de 10 $. L'hôtel ressemble de l'extérieur à une barre soviétique grise, et l'intérieur ne vaut guère mieux. En façade, chambres agréables avec vue sur la rivière. Toutes n'ont pas d'arrrivée d'eau chaude.

■ HÔTEL TAVIT

117 rue Firdawsi ✆ (3422) 67 766

Chambre double à 180 somonis. Les chambres sont très grandes, et propres, les sanitaires fonctionnels, et l'hôtel est situé dans une petite rue calme à deux pas de la statue de Somoni. Un petit jardin privatif est situé derrière l'hôtel. Un peu cher, mais une bonne adresse en centre-ville pour un logement confortable.

Restaurants

Le bazar de Khojand est très grand et réserve une place de choix aux échoppes destinées à la restauration. Des *tchaïkhana* sont installées sur les côtés du bazar, certaines particulièrement agréables avec leurs terrasses ombragées. On peut sinon se contenter d'un *plov* ou de brochettes sur l'un des multiples stands du marché. La zone réservée aux restaurants est facile à identifier dans le bazar : il suffit de suivre la fumée des brochettes !

■ CAFÉ BAR

Rue Lénine, donnant sur la place du théâtre Pouchkine ✆ (3422) 40 844

Ouvert de 10h à 23h. Ce restaurant a une grande terrasse donnant sur la place du Théâtre, particulièrement agréable pour le dîner. Le service est un peu chaotique, mais les plats classiques sont très bons.

■ INTELECT CLUB

Rue Lenine

Ouvert de 11h à minuit. Ce petit restaurant reconnaissable à sa forme ovoïde verte, sert des spécialités tadjikes et turques. Il dispose d'une grande terrasse ombragée donnant sur la rue.

Points d'intérêt

■ CITADELLE ET MUSÉE

Ouverts de 8h à 17h, entrée 1 $. Les murs de la citadelle datent pour la plus grande partie des XVIIe et XVIIIe siècles. Les parties les plus anciennes ont été construites dès le Xe siècle. Les murs courraient autrefois sur plus de 6 km de longueur, et étaient percés de sept portes. On peut monter sur les murs les plus récents mais attention en prenant

© SYLVIE FRANCOISE

Mémorial de guerre

des photos : la citadelle est toujours utilisée comme base militaire, et les soldats ont une vraie phobie des appareils photo. Le petit musée d'archéologie a été fondé en 1996, pour célébrer les 2 500 ans de la ville de Khojand. Il abrite des pièces issues de fouilles réalisées à partir de 1870 dans la région de Khojand. Une maquette permet de voir l'architecture de la place du bazar et de sa mosquée au XVIe siècle. Quelques photos intéressantes montrent la ville à la fin du XIXe siècle et au début du XXe, et permettent également d'avoir un aperçu de ce qu'ont été les festivités du 2 500e anniversaire…

■ PALACE D'ARBO

Ouvert de 8h à 20h, entrée 1 $. Situé un peu à l'extérieur de la ville, ce palais a été construit entre 1951 et 1957 par un héros de la Seconde Guerre mondiale fasciné par l'architecture de Saint-Pétersbourg. Le dénommé Arbo avait économisé toute sa vie pour se faire construire un palace dans l'esprit de ceux qu'il avait vus en Russie. Le résultat est évidemment un peu kitsch mais néanmoins digne d'intérêt, notamment pour le théâtre intérieur, particulièrement impressionnant. Le rideau de scène est fait selon la technique traditionnelle du suzanné, et c'est une femme seule qui a travaillé pendant quatre ans pour le créer. Le palais est récemment entré dans l'histoire du Tadjikistan : les négociations en vue de la fin de la guerre civile se sont tenues dans ce bâtiment.

En 1997, c'est également ici qu'a été signé le traité de paix. Et trois ans plus tard, le théâtre a servi de cadre à la cérémonie marquant officiellement le début du deuxième mandat du président tadjik.

PARC KAMOLODDIN KHOJANDI

Ce parc accueille une grande statue de Kamoliddin Khojandi, un célèbre écrivain tadjik du XIVe siècle, né à Khojand. La statue se situe au bout d'une enfilade de bustes représentant les héros locaux de la Seconde Guerre mondiale. Une fontaine vient compléter le tableau : sa stèle centrale porte un texte remerciant les soviétiques qui ont construit la ville moderne de Khojand.

PLACE CENTRALE

La plupart des bâtiments intéressants se concentrent sur cette place bordée d'un côté par le bazar, de l'autre par un ensemble de mausolées, mosquées et madrasas. Le bazar est aisément repérable à sa perpétuelle animation, surtout le matin, et à son entrée marquée par une demi-coupole en stuc rose. En face du bazar se dresse la nouvelle mosquée de la ville, construite en 1999. La salle de prière principale est toute blanche, mais il faut aller voir de plus près la salle de droite : elle est tout en bois, et ses plafonds sont entièrement peints. La madrasa reliée à cette mosquée est particulièrement active. Juste à côté se trouve le mausolée du cheikh Muslihaddin, daté de 1394, contre lequel se dresse un minaret construit au XIXe siècle. Le mausolée a été rénové en 2001, mais il est hermétiquement fermé aux touristes.

STATUE DE LÉNINE

Située en périphérie de la ville, la statue de Lénine que l'on trouve dans l'ancienne Leninabad est presque sans surprise la plus grande d'Asie centrale. Elle domine la ville du haut de ses 22 m, déployés sur une colline de l'autre côté de la rivière par rapport au centre-ville.

LE PALMIR DE OSH À KHOROG

Sans doute la route la plus sublime d'Asie centrale, et la plus haute ! Passant par trois cols à plus de 4 200 mètres, et une douzaine de postes de contrôle, elle traverse les hauts plateaux désertiques du Pamir qui longent la frontière chinoise et le couloir de Wakhan.

Pour la prendre, pas de bus, il faut soit avoir une voiture individuelle, soit monter dans un des nombreux camions qui transportent les marchandises à Khorog. Le voyage dure en général deux jours, mais les arrêts prolongés ne sont pas une rareté. La route étant fréquemment bloquée par des intempéries climatiques ou douanières, certains y sont restés coincés une petite semaine, juste assez pour apprendre quelques rudiments du shougnani, la langue parlée par les ismaéliens de Khorog. Si vous avez la chance de monter dans une jeep, même russe, les 725 km de trajet peuvent ne prendre qu'une vingtaine d'heures. Les camions en partance pour Khorog sont basés à la gare routière « Privakzalnaïa Tadjikbaza » d'Osh, près du bureau de l'AKF (le bureau de la Fondation de l'Aga Khan). Les prix varient suivant le chauffeur, certains voudront rendre service à « l'étranger » et ne vous demanderont rien, d'autres annonceront des prix exorbitants. A vous de décider du montant, le paiement se faisant de préférence à l'arrivée. La fourchette de prix varie de 20 $ pour les 420 km d'Osh à Mourgab, jusqu'à 250 $ pour les 725 km de Khorog à Osh (tarif maximum du « taxi » au départ de Khorog). Il peut être plus pratique de faire des portions de trajet avec des chauffeurs différents. Les camions étant bloqués de longues heures – et parfois plus – aux nombreux postes de contrôle, vous pourrez alors changer de monture pour éviter l'attente. Il faut emporter des provisions pour la route : les « stolovaïa » sont rares et votre camion ne sera pas forcément bloqué à côté de l'une d'elles. Il est préférable de prévoir boisson et nourriture pour au moins deux jours. Les cigarettes sont très appréciées, autant par les chauffeurs que par les gardes frontières. En altitude, les nuits sont froides même en été ; prévoir des vêtements chauds et un bon duvet

VERS LA FRONTIÈRE KIRGHIZE

Dès la sortie d'Osh, la M41, que certains ont déjà rebaptisée « Ypak Yoli », qui veut dire « route de la soie », grimpe calmement vers le col de Chigirchik à 2 406 m d'altitude. Peu fréquentée par les voitures particulières,

la chaussée est fréquemment bloquée par des troupeaux de moutons ou de chèvres. Fiers cow-boys orientaux, les Kirghiz les mènent parfois avec beaucoup d'indolence, et si votre chauffeur n'est pas un accro du klaxon, vous aurez amplement le temps de prendre des photos. Les habitants de ces vallées se prêtent volontiers au jeu des photographes amateurs mais la plupart désirent qu'on leur envoie la photo. Ils savent que les chauffeurs passent régulièrement et qu'ils pourront la leur transmettre même s'il leur faut attendre plusieurs mois. La route continue son ascension, creusant des centaines de virages dans la terre rouge en direction du col Taldyk. Les paysages sont superbes, dès le mois de juin, les pentes verdoyantes sont parsemées de yourtes et de centaines de chevaux. On peut y trouver du « kumis » frais (lait de jument fermenté), du yogourt et des petites boules de fromage sec et salé. Pour se restaurer, les camionneurs s'arrêtent habituellement à la *stolovaïa* du poste vétérinaire d'Archalou. Ce sommaire petit restaurant, dont les esthètes apprécieront la décoration intérieure, propose des *lagman* tout à fait corrects. La montée vers le col Taldyk est assez impressionnante, bien que le col ne soit qu'à 3 600 m d'altitude. La route grimpe en lacet à flanc de montagne et croise plusieurs carcasses rouillées de véhicules accidentés.

SARY TASH

A 186 km d'Osh, la ville de Sary Tash marque la frontière entre le Kirghizstan et le Tadjikistan. Juste après le poste de douane, la route se divise. L'A371 part vers l'est et suit une des anciennes voies de la route de la soie qui mène vers la Chine par le poste d'Irkeshtam. Celui-ci est désormais ouvert aux touristes, mais il faut absolument avoir le visa chinois avant de se présenter à la frontière. Si l'on continue sur la M41, on arrive à la maison isolée au milieu de la vallée de Kyzyl Sou, qui sert de douane kirghize. Bordée au nord et au sud par une double muraille de cimes enneigées où culmine le pic Lénine, la vallée est majestueuse, mais inhospitalière. Les nuages coulent leurs gigantesques ombres dans ce couloir perpétuellement battu par le vent. En hiver, la température peut descendre jusqu'à moins cinquante degrés. Le poste de douane tadjik est niché au pied de la chaîne Alaïski. A la fois douane et poste vétérinaire, on y vérifie les papiers des véhicules, des marchandises transportées et les passeports des voyageurs. Il est impossible d'y passer sans visa tadjik spécifiant les villes de Mourgab et de Khorog. L'attente peu être longue, surtout pour les camions. Mais ce n'est que le premier d'une longue succession de postes tadjiks : mieux vaut s'entraîner à la patience dès le premier...

La route qui conduit au col de Kyzyl-Art, à 4 282 m, est un patchwork de trous et de bosses fréquemment visité par les éboulements, les coulées de boue ou les avalanches. Un passage laborieux, été comme hiver. On peut atteindre le col en quelques heures comme on peut y rester coincé plusieurs jours... Les chauffeurs de camions racontent parfois des histoires à faire trembler le citadin ; tous sont restés au moins une fois bloqués en plein hiver, par moins trente degrés ou plus, les doigts gelés, les provisions épuisées. L'étranger s'extasie sur la beauté du paysage mais le chauffeur garde un étrange sourire un peu las : la vallée de Markansou est surnommée « la vallée de la mort ». Les verdures kirghizes sont oubliées, et les seules traces végétales sont les bois des poteaux électriques. Même en été, la température descend bien en dessous de zéro pendant la nuit. Le climat est sec, les précipitations annuelles atteignent seulement 64 mm et en été, les vents violents soulèvent d'énormes nuages de poussière. Dans cette mortelle vallée, il y a quelques années encore, on pouvait voir des cadavres de chevaux et de chameaux momifiés, tragiques restes des dernières caravanes commerçantes. A cause de l'altitude, les véhicules roulent moins vite, mais les Kirghiz l'expliquent tout autrement. Ils racontent que les prisonniers qui construisirent la route, périrent par centaines, d'épuisement, de froid ou de faim, et furent laissés sans sépulture le long de la route. Leurs fantômes errent encore dans la vallée de Markansou, veulent-ils retourner chez eux ou seulement avoir de la compagnie ? Personne ne sait, mais ce sont eux qui ralentissent les camions.

Après le col de Kyzyl-Art et l'entrée sur le territoire tadjik, la route redescend à 4 000 m et le lac Karakul apparaît au détour d'un virage. Cet immense lac bleu émeraude – étrangement, son nom veut dire lac noir – est le plus grand lac du Pamir, 380 km² pour une profondeur maximale de 280 m. C'est aussi l'un des plus grands lacs de haute altitude puisqu'il est situé à 3 914 m. Son eau est salée, et les Kirghiz disent que c'est un lac mort car aucun poisson n'habite ses profondeurs gelées.

Pourtant la rive ouest bénéficie de l'eau douce des glaciers, et à la fin des années soixante, on tenta, apparemment sans succès, d'y implanter des colonies de poissons en provenance des rivières de Sibérie. Le lac devrait son origine à la chute d'une météorite ou à des mouvements tectoniques de l'époque quaternaire. Il y a 100 millions d'années, il occupait une surface bien plus importante et communiquait avec la vallée de la rivière Kokouïbel au sud. Les analyses effectuées depuis le début du siècle montrent que le niveau de l'eau du lac augmente à nouveau : l'île Severni, située au nord du lac, était en 1900 encore reliée à la rive par une bande de terre. Une légende raconte que sur la grande presqu'île située au sud du lac se trouveraient des tombes de géants. Une route de terre, praticable en 4x4, conduit à l'un des lodges de chasseurs. Elle contourne le lac au pied des sommets enneigés, où domine le pic Lénine, suit la vallée de la rivière Kokouïbel et va jusqu'à la vallée de Bartang près du lac Sarez. Le plus photogénique poste de contrôle douanier est aussi le plus pénible pour les camions. Le poste du lac Karakul est particulièrement musclé pour les véhicules revenant de Khorog. Personne n'échappe à la fouille complète du véhicule, chambres à air comprises. Personne, sauf bien sûr ceux dont on ne parle pas et que tout le monde connaît ; la route ne fait pas mystère de ses trafics, mais le touriste a tout intérêt à les ignorer.

La route principale longe encore la zone frontière avec la Chine pendant des dizaines de kilomètres. La véritable frontière est un peu loin, et le *no man's land* qui sépare les deux voisins est le meilleur territoire de chasse de tout le Pamir. Les gardes frontières sont, paraît-il, très friands des « arak », enfermés dans cet immense couloir cerné de barbelés. A 4 655 m, les humains ne sont pas les seuls à souffrir de l'altitude, il faut voir les camions monter en marche arrière, à 3 km/h, le capot ouvert pour éviter la surchauffe. On en oublie ses maux de tête.

Si l'hiver a été rude et se prolonge, les yourtes seront plus nombreuses le long de la route car les alpages sont encore enneigés. Ceux qui auront les moyens de se rendre plus à l'intérieur du plateau, dans la vallée de l'Oksou, pourront rencontrer un grand nombre de bergers et apprécier l'hospitalité de leurs yourtes. Peu avant Murgab une piste bifurque vers la Chine, et permet d'attendre le poste frontière situé au col de Qolma. La frontière entre la Chine et le Tadjikistan est désormais ouverte aux étrangers, à condition d'avoir les visas appropriés à l'avance.

MURGAB

Située à 3 576 m d'altitude, la ville de Murgab est l'une des étapes principales le long de la M41. Elle peut être un bon point de départ pour ceux qui veulent aller faire des treks dans la région. On peut se réapprovisionner au bazar, et attraper assez facilement des camions reconvertis en bus pour poursuivre son chemin vers Khorog.

Pratique

Pour organiser des treks dans la région, il est fortement recommandé de passer par une agence locale, et d'avoir un guide. Les agences pourront également s'occuper de délivrer les autorisations officielles indispensables pour arpenter la région, et s'occuper des enregistrements multiples et variés auprès des autorités locales. La meilleure adresse pour mettre sur pied une randonnée est probablement l'agence locale de l'association humanitaire française Acted, qui a monté depuis plusieurs années un programme d'écotourisme dans la région.

■ ACTED

43 rue Frunze

✆ (008821) 65 06 01 513

www.acted.org

murghab@acted.automail.com

Depuis 1999, l'ONG française ACTED est présente à Murghab et contribue au développement durable d'une zone exceptionnellement pauvre et isolée. Dans ce contexte, ACTED a mis en place un programme d'écotourisme en 2001. Une association locale a été créée, META (Murghab EcoTourism Association), pour permettre aux populations locales de s'investir elles-mêmes dans leur développement. Elle peut s'occuper de toutes les démarches administratives, demandes d'autorisations et enregistrement auprès des autorités locales. Elle gère une petite *guesthouse* à Murgab, qui propose des pensions complètes de qualité (pour la ville, tout est relatif !) à 15 $ par personne. L'association peut également organiser des logements chez l'habitant et monter des randonnées avec guides, porteurs, logistique... META œuvre également pour la protection et la promotion de l'environnement naturel et culturel unique et fragile du Pamir.

PLATEAU D'ALICHUR

Après le passage du col de Naïzatash à 4 137 m, qui paraît presque facile, la route se déroule comme un ruban à travers le haut plateau désertique balayé par les vents. Les montagnes ne paraissent pas si hautes mais leurs sommets dépassent largement les 5 000 m. Les vents parfois très violents forment des « girbod », des tourbillons si puissants qu'ils peuvent, dit-on, soulever un homme de terre. Mais les paysages époustouflants justifient amplement que l'on affronte un peu les éléments... Alichur veut dire le « désert d'Ali ». Cette haute vallée où coule la rivière Alichur est assez verdoyante, mais en effet peu habitée. On raconte qu'autrefois des arbres y poussaient et qu'une grande cité y était florissante. Des fouilles menées dans les années soixante-dix par l'archéologue soviétique Mira Boubnova ont confirmé cette croyance populaire et mis au jour une cité moyenâgeuse : Bazar-Dara. La ville, qui a connu son apogée au XIe siècle, vivait de l'exploitation de ses mines d'argent et devait être le centre administratif et commercial de la région. Elle entretenait des rapports commerciaux avec les cités de la vallée du Ferghana et devait sans doute être vassale des seigneurs karakhanides. Bien que construite à plus de 4 000 m, la cité était prospère, possédait de nombreuses habitations, un caravansérail, des bains, un temple dédié au culte du feu. Concernant le temple, Mira Boubnova souligne que son architecture implique un rituel religieux se rapprochant des canons zoroastriens iraniens et diffère des autres temples du feu du Pamir.

Une légende raconte comment périt cette cité zoroastrienne : un missionnaire musulman parent d'Ali, en route à travers les terres des non-croyants, s'arrêta dans la ville de Bazar-Dara. Les habitants refusèrent de lui préparer un plat de viande et le chassèrent. Le saint homme dut quitter la ville, dans le froid et la solitude. Il ne savait comment faire cuire sa viande ni comment se réchauffer, et pria. Allah ne fut pas insensible à ses prières et vengea le missionnaire. En se couchant, le soleil enflamma le ciel, le feu sacré réchauffa l'air gelé, et permit au saint homme de manger chaud, tout en brûlant la cité des infidèles. Une fin qui rappelle celle de Penjikent et de nombreuses autres villes d'Asie centrale où les disciples de Zoroastre ou de Bouddha qui ne voulurent se soumettre à l'islam virent leurs habitations disparaître sous les cendres. Par la suite, la région fut tenue par les garnisons afghanes en alternance avec les nomades kirghiz. C'était un camp de base idéal pour partir piller les villages de la vallée de Bartang et du Gount.

BULUNKUL

Une dizaine de kilomètres après le village de Sasyk-Kul, quitter la route principale et bifurquer à droite en direction du lac Yashil-Kul. Ce petit hameau a trois points forts : un observatoire, des chameaux et un point de départ excellent pour partir à la découverte du lac Sarez. La montée vers le lac, qui prend environ deux jours, est bien plus douce aux mollets des randonneurs que celle de la vallée de Bartang, et l'itinéraire passe par une très belle zone de lacs. Le col de Koi-Tezek à 4 272 m est le dernier avant Khorog. La route est en mauvais état et en hiver, les camions y sont souvent bloqués. Une fois le col passé, les paysages deviennent plus hospitaliers, les villages se succèdent, et l'on entre dans le Pamir occidental.

JELANDY

C'est ici que les camionneurs en partance d'Osh retrouvent goût à la vie. On se plonge dans les sources d'eau chaude, de jour ou de nuit, avec ou sans vodka. Au bord d'un cours d'eau, des petites maisons de pierre abritent les bassins. Après une quinzaine d'heures de voiture entre 3 000 et 4 000 m, quatre cols à couper le souffle, les douaniers, quelques glissements de terrain et des crevaisons, ces bains sont une totale béatitude.

SUTCHAN

Les temples du feu de Kafirkala sont perchés sur un immense roc qui domine le village de Sutchan. Pour grimper au sommet, il faut longer la rive gauche de la petite rivière Bogivdara et contourner la falaise. Les amateurs de monuments historiques seront sans doute déçus, il ne reste de ces temples que les fondations, mais Kafirkala est l'un des rares témoignages du culte du feu au Pamir. Les deux temples construits au VIe ou VIIe siècle étaient de larges tours de forme circulaire. Le plus petit, d'un diamètre de 9 mètres, est situé un peu en contrebas, le feu rituel brûlait dans un foyer circulaire situé au centre. Le diamètre du second temple est de 11 mètres et le foyer placé en son centre est de forme carrée.

Il existait aussi des feux mineurs, destinés aux pratiquants et dont témoignent de petits foyers répartis dans la salle. Les deux temples possédaient des pièces annexes où résidaient les officiants. Les murs de pierre s'élevaient à 4 ou 5 mètres de hauteur, aucun pilier ne soutenait le toit qui devait être en escalier, avec une large ouverture au centre, à l'image des « tchorkhona », ces plafonds de bois que l'on peut voir dans les maisons traditionnelles du Pamir. Kafirkala est une appellation populaire que l'on retrouve plus d'une fois dans la région, elle se traduit par « forteresse des infidèles ». Les ruines d'une forteresse, ou plutôt d'un « toup khona » ou poste fortifié, existent en effet au sommet de la falaise. Les Pamiri, adorateurs du feu, résistèrent longtemps à la foi musulmane, et durent se protéger de multiples attaques.

KHOROG

Coincée dans la vallée encaissée de la Gunt, la ville de Khorog suit le cours de la rivière jusqu'à son embouchure dans la rivière Pyanj, qui marque la frontière avec l'Afghanistan. Du fait cette proximité avec l'Afghanistan, toute la région du Badakhchan est considérée comme sensible, et les touristes doivent avoir des autorisations spéciales pour s'y rendre. Les agences de voyages organisant des séjours dans la zone font les démarches pour obtenir ses autorisations, et effectuent l'enregistrement des touristes à leur arrivée à Khorog. Les autorisations en bonne et due forme doivent être présentées à chaque contrôle le long de la route M41.

Pratique

MSDSP (MOUNTAIN SOCIETY DEVELOPMENT SUPPORT PROGRAM)
50 Lénine
✆ (35220) 226 99
msdspkhorog@msdsp.automail.com
Ce projet de développement est centré sur le tourisme écologique. Son équipe peut aider à effectuer les démarches administratives, trouver des logements chez l'habitant, et organiser des randonnées. L'organisme gère également une guesthouse confortable à Khorog, au 6 rue Fatullo. Il est financé par le programme de développement de l'Aga Khan dans le cadre de l'aide au développement des zones rurales.

PAMIR TRAVEL
6 Lahuti
✆ (35220) 237 96
shagarf@khorugh.tajik.net
Cette agence peut prendre en charge toutes les formalités nécessaires pour accéder à la région. Elle peut également organiser des logements chez l'habitant à Khorog.

VALLÉE DE BARTANG

A la sortie de Khorog, on suit le cours de la rivière Pyanj qui longe la frontière afghane sur plusieurs centaines de kilomètres. La route passe devant la maison de l'Aga Khan construite en 1998 à l'occasion de sa seconde visite au Pamir. A une dizaine de kilomètres de Khorog, on peut visiter la fabrique de pierres semi-précieuses de Parchniov. La vallée de Khouf, à une quarantaine de kilomètres de Khorog, est une destination intéressante pour des treks courts. La route qui mène à cette petite vallée part de Pasthouf et s'arrête peu après Khouf. Ensuite une route de terre et des sentiers mènent aux alpages où vivent des familles de bergers pendant tout l'été. La route qui mène à la vallée de Bartang part de Rushan, à une cinquantaine de kilomètres de Khorog. Tous ceux qui ont eu le privilège de connaître Bartang vous le diront, il ne faut pas repartir du Badakchan sans avoir vu cette vallée, la plus belle et la plus impressionnante du Pamir occidental. Elle reste aussi l'une des plus difficiles d'accès, la mauvaise route qui la relie à Rushan est fréquemment bloquée et en hiver, ses habitants peuvent rester plusieurs semaines coupés du monde. Les coutumes ancestrales y sont restées encore très fortes, les rites zoroastriens s'imbriquent dans les croyances musulmanes que ni le temps ni les soviétiques n'ont réussi à effacer.

Les villages ressemblent parfois à des oasis perdues au milieu d'un désert vertical. Retranchés derrière les hautes montagnes qui les protègent du monde extérieur comme de puissantes murailles, les habitants ismaéliens de la vallée ont subi durant des siècles les attaques répétées des populations sunnites des vallées de Iazgulum et de Vantch, leurs voisins du nord, ou encore des

nomades kirghiz venus des hauts plateaux d'Alichur. Jusqu'au début du XXe siècle, la rivière Murgab, affluent de la rivière Bartang, reliait la vallée de Bartang au plateau d'Alicour, mais un tremblement de terre en 1911, fit s'écrouler les montagnes, interrompit le cours du fleuve et transforma l'histoire de la vallée. C'est à cette date que s'est formé le lac Sarez, merveilleuse et terrible épée de Damoclès qui menace non seulement les Bartangi mais aussi une bonne partie de l'Asie centrale. Bartang signifiant « le passage étroit », le voyageur aura tout loisir d'apprécier le qualificatif qui s'applique aussi à la route. En quittant Rushan, la vallée est encore relativement aérée mais plus les kilomètres défilent, plus les parois des montagnes se rapprochent et plus les villages sont superbes. Tous les villages de la vallée ne sont pas décrits dans ce chapitre, et chacun est libre de découvrir les merveilles cachées de ceux qui manquent !

SIPONJ

Ce village, situé à 50 km de Rushan, est parfois aussi appelé Bartang. Fréquemment attaqués par les habitants de la vallée de Iazgulum, de Vantch ou par les Afghans, les villageois avaient l'habitude de se retrancher dans les grottes troglodytiques, appelées « mobeguim bawone », creusées dans le flanc de la montagne derrière le village. Dès que les bandes armées étaient en vue, on y cachait les femmes et les enfants qui étaient la cible favorite des bandits. Les pillards étaient des musulmans sunnites, et considéraient les ismaéliens comme de mauvais croyants pouvant être vendus comme esclaves au même titre que les infidèles. Ces grottes qui servaient aussi de refuge en cas de crue ou de forte pluie sont aujourd'hui le domaine réservé des gamins qui y grimpent aussi facilement que des lézards. Etaient-elles, à l'origine, des tombes rupestres zoroastriennes, comme on en rencontre en Iran ? En tout cas, on en voit souvent dans les falaises des vallées du Bartang et de Wakhan. Une grotte particulièrement grande, appelée Malik Khadja Bawone, conduit, dit-on, de l'autre côté de la montagne chez les Iazgulum. Comme chaque village au Pamir oriental, Siponj possède son « oston », lieu saint aussi appelé « mazar » en tadjik. L'attitude des pouvoirs soviétiques changeait suivant les villages, mais souvent l'*oston* était détruit, le mollah et les récalcitrants étaient tués ou envoyés quelque part en Sibérie et tout rituel religieux était interdit. Malgré cette censure, les anciens ont su conserver certaines traditions et n'ont pas oublié les noms des oston. L'origine des oston remonte en fait bien plus loin que la conquête musulmane, et ces quelques pierres aux formes insolites que l'on voit assemblées dans tous les villages devaient être des lieux sacrés du culte du feu. Ils rappellent aussi les astodan iraniens, espaces mortuaires où l'on conservait les ossements décharnés. L'*oston* de Siponj, appelé Bobo Alisho, se trouve au bas des grottes. Une petite centaine de familles habite Siponj. Les jeunes veulent tous apprendre l'anglais et certains ont déjà fait des stages à l'université de Khorog.

BASSID

Situé à 86 km de Rushan, le village de Bassid possède trois *oston* qui ont la réputation d'être les plus beaux de la vallée. L'oston Khodja Nureddin, qui a été restauré, possède deux niveaux d'*aïvan* qui, vus de loin, rappellent les temples bouddhistes des vallées himalayennes. On accède à ces terrasses couvertes par un escalier décoré de cornes de mouflons ; à l'intérieur, les pierres sacrées sont posées dans une niche. Les habitants viennent se recueillir devant le portrait de l'Aga Khan accroché à l'un des piliers. Les ruelles du village sont étroites et les maisons, parfois très anciennes, sont noyées sous la verdure. Par endroits, on distingue des constructions en pisé, de forme cubique et légèrement surélevées, ce sont des « jeuf », où l'on conserve les aliments et où l'on fait aussi sécher les abricots. Non loin de Bassid, on peut voir les ruines d'un poste fortifié et d'un site du culte du feu. La légende dit qu'il était autrefois habité par un monstre qui s'emparait des voyageurs.

SAVNOB

Il existe une route récente, longue de 50 km, qui relie Bassid à Savnob en longeant la rivière. Au printemps, elle est souvent bloquée par des inondations. On se rend habituellement à Savnob en passant par Rochorf qui est à 25 km par la route et à 12 km par les sentiers. Savnob est un calme village de seulement 350 habitants, mais les ruines de la citadelle qui surplombe le fleuve témoignent d'un passé plus mouvementé. Le village et la citadelle furent entièrement détruits lors du tremblement de terre de 1911.

Le village a deux *oston*, Khoudja Khrizr et Hozer Boch, et des grottes troglodytiques. Un *oston* est installé près des nombreuses sources du « zäg », un petit terrain d'alpage situé à 15 minutes du village en direction des grottes. En remontant le chemin qui longe les petites bergeries, on arrive près de colonnes de pierres. Les anciens s'en servaient comme d'un calendrier qui, grâce à la position du soleil ou des étoiles par rapport à elles, indiquait les changements de saisons et, en particulier, le temps des semailles. Ces colonnes, que l'on aperçoit sur plusieurs sommets, rappellent étrangement les empilements de pierres où sont plantés les drapeaux de prière bouddhistes dans les vallées himalayennes voisines du Ladakh et du Zanskar. Les habitants rapportent une coutume, sans doute ancienne, qui montre l'honnêteté des Bartangi. On la raconte d'ailleurs aujourd'hui avec une certaine nostalgie de l'époque pas si lointaine où l'on pouvait trouver des bouteilles de vodka. On procédait fréquemment de la manière suivante : les bouteilles étaient déposées devant le magasin fermé ou même sur un sentier à mi-chemin entre deux villages. Ceux qui désiraient s'offrir une bouteille, glissaient juste le billet sous une pierre, personne ne surveillait et personne ne volait !

Peu après Savnob, la route se divise en direction de Passor, Koudara et du lac Karakoul ou de Barchadif et du lac Sarez.

LAC SAREZ

Situé à 3 200 m d'altitude, le lac Sarez est le plus profond, le plus long (70 km), le plus difficile d'accès et aussi le plus jeune des lacs du Pamir. Il ne s'est formé qu'au début du siècle à la suite d'un tremblement de terre. En février 1911, un pan de falaise s'est écroulé dans la vallée de la rivière Murgab ensevelissant le village d'Oussoï et tous ses habitants. Pendant les quatre premières années, le cours de la rivière était totalement interrompu et un lac a commencé à se former. Plusieurs hameaux et le village de Sarez ont dû être évacués. L'eau s'est ensuite remise à couler 5 km plus loin, dans la vallée de Bartang, mais le niveau du lac a continué de monter de 9 m par an jusqu'en 1925, puis de 1,2 m par an jusqu'en 1938, date à laquelle le niveau s'est à peu près stabilisé. Il ne monte aujourd'hui que de 20 centimètres par an. Les géologues craignent qu'un nouveau pan de falaise ne s'écroule dans le lac ou qu'un tremblement de terre ne vienne déstabiliser le barrage. En août 1987, un pan s'est écoulé entraînant une vague de 16 m de hauteur sur la rive opposée. Si le barrage formé par l'éboulement de 1911 venait à céder, les eaux du lac inonderaient environ 20 000 hectares de terres au Tadjikistan, en Afghanistan, et en Ouzbékistan, des vallées habitées par plus de 5 millions de personnes.

VALLÉE DE WAKHAN

A partir de Khorog, on peut suivre la route qui longe la frontière afghane vers le Sud. Celle-ci conduit entre autres à Ishkashim, ville frontière de laquelle on peut passer en Afghanistan.

GARAM CHASMA

Suivre la route d'Ishkashim puis bifurquer à Andarob (à 36 km de Khorog). Pendant l'époque soviétique, la réputation des bains de Garam Chasma et de la qualité de son eau riche en sodium et en potassium dépassait largement les frontières du Tadjikistan. On y venait jadis de très loin prendre les eaux et profiter de leurs effets bénéfiques sur les maladies de peau comme le psoriasis, l'eczéma ou les polyarthrites. Le très spartiate sanatorium existe toujours, mais ce n'est pas le genre d'endroit *cosy* qui donne envie d'y passer ses congés payés. Par contre, il faut prendre le temps de se baigner dans le bassin. A ciel ouvert, avec vue sur les sommets enneigés, une petite et sommaire piscine est aménagée dans les roches où les eaux actives ont artistiquement sculpté des bassins et des stalactites immaculés. Pour un prix symbolique, on se trempe dans une eau qui peut atteindre 64 °C. Les hommes et les femmes se baignent séparément. Les horaires sont indiqués sur la porte.

ISHKASHIM

Il n'existe qu'un point de frontière avec les voisins afghans à Ishkashim : un petit village perdu où les hommes inactifs se promènent le long de la superbe rue principale bordée

En route pour Ishkashim

d'une double rangée de hauts peupliers ou bien se retrouvent sur la place pour parler ou rêvasser à l'ombre d'un impassible Lénine de pierre. Seul témoin des liens qui unissent les habitants des deux rives : le pont que n'utilisent que les convois d'aide humanitaire destinés à Panshir. Les touristes peuvent en théorie passer la frontière si tous les visas sont en règle, mais il peut être prudent de vérifier l'information auprès des agences de voyages tadjikes.

A Kaarkha Kala, Iamtchoun, Ratm, on retrouve les ruines des citadelles qui contrôlaient une des principales routes de la soie, celle qui reliait autrefois le khanat de Boukhara, les vallées afghanes et la Chine. Depuis 2 000 ans, envahisseurs, commerçants, aventuriers, espions ou missionnaires s'y sont croisés. Se rendant à Kashgar, Marco Polo la suivit et s'émerveilla de la richesse des montagnes du « Balacian » gorgées de pierres précieuses. Aujourd'hui encore, comme à l'époque du pèlerin chinois ou du célèbre Vénitien, cette voie qui paraît si endormie est restée le passage obligé de commerces en tout genre. Durant l'époque kouchan, les caravanes commerçantes, qui venaient d'Afghanistan et se dirigeaient vers le sud et la vallée de Wakhan, traversaient le Pyanj à Dorkicht où se trouvait un caravansérail entouré de murs fortifiés et de tourelles.

FORTERESSE DE KANGKHA

C'est au-dessus du village de Toukhoz, à 180 km environ de Khorog, que se trouve le site le plus évocateur de toute la vallée. Presque invisible de la route principale, la forteresse de Kangkha surplombe la vallée de Wakhan. On y accède par une route de terre qui serpente en direction du sanatorium de Yamchum et de la source d'Azarti Bibi Fatima. Les murailles atteignaient 17 m de hauteur, certains pans de murs fortifiés et les tours sont encore assez bien conservés et donnent encore une impression de puissance. Cette forteresse serait l'antique cité sake de Gamen.

SOURCE D'AZARTI BIBI FATIMA

La source d'eau chaude comporte deux petits bassins naturels creusés dans la roche. Dans le bassin supérieur, l'eau coule par deux pans de roches ressemblant à de larges manches. La légende dit que ce sont les manches du vêtement de Bibi Fatima, la fille du Prophète et femme d'Ali.

Les bolcheviks en détruisirent un morceau, mais la croyance a perduré. Dans le flanc du rocher, une niche qui symbolise l'utérus maternel est à moitié remplie d'eau ; on doit s'y glisser et prendre le sable qui se trouve au fond en faisant en vœu. Les femmes stériles viennent s'y baigner depuis des siècles. On peut passer la nuit dans le sanatorium si l'on n'est pas trop regardant sur le confort. Compter moins de 5 $ la nuit par personne.

Légende

Voilà ce que raconte la légende d'un petit village situé à quelques kilomètres en amont de la rivière Bogivdara. Un jour, un jeune berger du nom de Pakhtali, qui gardait un troupeau à l'écart du village, abandonna ses bêtes sans raison et disparut dans la montagne. Comme le jeune homme ne donnait plus de nouvelles, tous pensaient qu'il était mort dévoré par quelque animal sauvage. Mais il revint plusieurs années plus tard, accompagné d'une très belle femme étrangère. Ils s'installèrent tous deux à Bogiv et eurent deux enfants, un garçon et une fille. Son mariage, qui apparaissait normal aux yeux de tous, avait en fait trois conditions très inhabituelles. La première condition était, que jamais il ne regarde sa femme quand elle se lavait. Mais, bien sûr, le curieux ne put longtemps tenir sa promesse et un jour, il la suivit alors qu'elle se dirigeait vers la rivière. Une fois au bord de l'eau, la « pari », être surnaturel apparenté aux fées, s'agenouilla, prit sa tête, la posa sur ses genoux et commença à coiffer ses cheveux. Très secoué, Pakhtali s'enfuit sans faire de bruit. Malgré ses précautions, sa femme s'était aperçue de sa présence, mais lui cacha sa colère. La seconde condition était que jamais il n'amène sa femme dans la maison d'un parent qui venait de mourir. Quand un de ses oncles vint à mourir, Pakhtali se rendit donc seul auprès du mort, mais il dut affronter les cris de ses cousines qui se plaignaient d'avoir à s'occuper de tout alors que sa femme se reposait chez elle. Il fut obligé d'aller la chercher. La « pari » avait le pouvoir de lire dans les esprits, et lorsqu'elle fut dans la maison avec les autres femmes de la famille, elle ne put s'empêcher d'éclater de rire. La veuve qui pleurait avec frénésie avait en fait des pensées très différentes de celles qu'on aurait pu imaginer. Dès qu'un homme entrait dans la cour pour donner le dernier adieu au mort, elle le regardait entre ses larmes et se demandait comment le séduire afin d'en faire son nouveau mari. Obligée de se taire, la « pari » ne put expliquer la raison de son fou rire et dut quitter la maison sous les hurlements indignés de la famille. La troisième condition était que jamais on ne lui rapporte des nouvelles concernant sa famille. Un jour que Pakhtali était sur le toit de sa maison avec ses enfants et nourrissait les oiseaux, son fils se mit à éclater en sanglots. Il expliqua qu'un des oiseaux lui avait dit que son oncle était mort. Pakhtali courut chez sa femme lui rapporter la triste nouvelle. Alors la « pari » lui rappela sa promesse et comment il avait failli aux trois conditions. Elle prit sa fille et toutes deux se transformèrent en colombes puis s'envolèrent dans les montagnes. Pakhtali et son fils Khaïbali les cherchèrent longtemps mais sans succès. C'est ainsi que Khaïbali, le fils de la « pari » dont le nom signifie « l'invisible », resta au village parmi les humains. Et c'est pourquoi les habitants du village de Bogiv affirment être les descendants des « pari »...

IAMG

C'est dans ce village situé à 190 km de Khorog que vécut et fut enterré le soufi Moubarani Vakhoni. Philosophe, mathématicien, astronome et poète, Moubarani Vakhoni vivait en ermite dans une petite cellule de prière. On peut visiter sa maison, transformée en musée ethnologique. Dans l'entrée, plusieurs instruments de musique sont exposés ainsi que des costumes traditionnels et des ustensiles domestiques en cuivre et en bois. La pièce centrale est consacrée aux livres de Vakhoni, des manuscrits dont il confectionnait lui-même le papier ainsi que l'encre. Le mausolée de Vakhoni, perché sur une colline visible du village, est en théorie interdit aux femmes. Juste devant la maison, une pierre percée en son centre servait de calendrier. A travers l'orifice de la pierre, on observait la position du soleil ou des étoiles par rapport à des colonnes de pierre construites sur la colline.

VRANG

A 192 km de Khorog se trouvent les ruines de la forteresse Kafir Kala. On peut y admirer l'étrange construction pyramidale de sanctuaire zoroastrien récemment rénové, et visiter un petit musée. Des tunnels souterrains reliaient le lieu sain à la forteresse.

LIANGAR

A quelques heures de marche du village, de nombreux rochers sont couverts de gravures et dont la légende dit qu'ils ont une origine divine. On en a recensé plus de 6 000, qui représentent des animaux, des scènes de chasse, ou des rubob, instruments de musique à corde.

TURKMÉNISTAN

Spectacle de danse en l'honneur de Niazov à Achgabat

Turkménistan

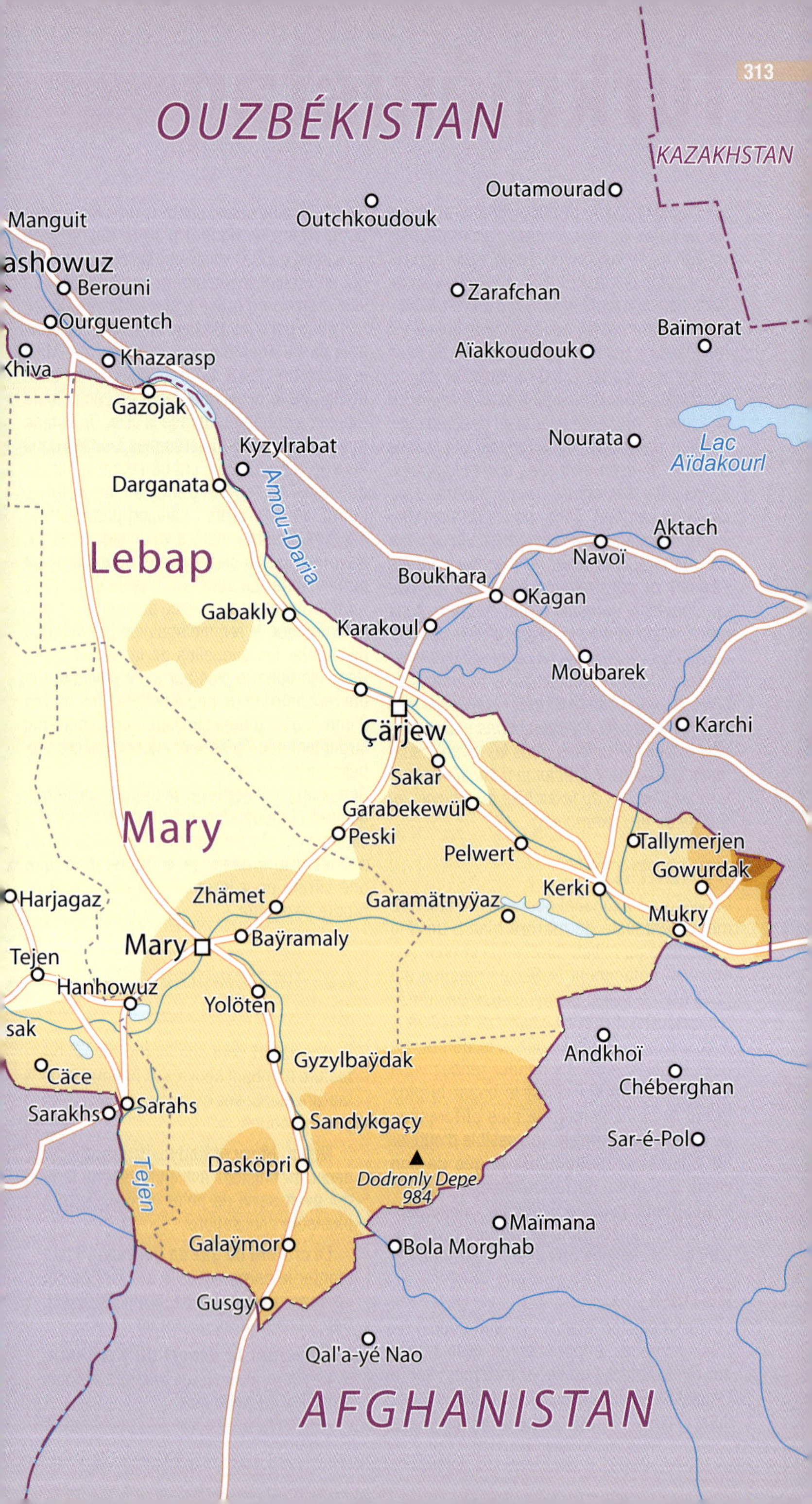
OUZBÉKISTAN
KAZAKHSTAN
Outamourad
Outchkoudouk
Manguit
ashowuz
Berouni
Ourguentch
Zarafchan
Baïmorat
Aïakkoudouk
Khiva
Khazarasp
Gazojak
Nourata
Lac
Aïdakourl
Kyzylrabat
Darganata
Amou-Daria
Aktach
Navoï
Lebap
Boukhara
Kagan
Gabakly
Karakoul
Moubarek
Karchi
Çärjew
Sakar
Garabekewül
Peski
Mary
Tallymerjen
Pelwert
Gowurdak
Kerki
Harjagaz
Zhämet
Garamätnyýaz
Mukry
Mary
Baýramaly
Tejen
Hanhowuz
Yolöten
sak
Andkhoï
Gyzylbaýdak
Chéberghan
Cäce
Sarahs
Sarakhs
Sandykgaçy
Sar-é-Pol
Tejen
Daşköpri
Dodronly Depe
984
Maïmana
Galaýmor
Bola Morghab
Gusgy
Qal'a-yé Nao
AFGHANISTAN

Turkménistan

La « Corée du Nord » de l'Asie centrale demeure l'un des pays les plus difficiles d'accès pour les voyageurs au long cours. Le principal conseil de ce guide pourrait être : « prenez un visa de transit de cinq jours et tâchez d'en voir le plus possible sans oublier de repasser la frontière à l'échéance ». Les visas de tourisme de 15 jours ou plus sont toujours aussi pénibles et longs à décrocher, et vous n'aurez jamais l'assurance de l'obtenir, même en patientant des semaines entières. Dommage, car le Turkménistan recèle de somptueuses richesses archéologiques, et les plus anciennes traces d'urbanisme de l'Asie centrale. Mais, pour être honnête, le Turkménistan est également un voyage dans le temps du point de vue social, et les visiteurs du pays remarqueront très vite que la population, soumise à une dictature sans merci, s'apparente plus à une masse de serfs corvéables à merci qu'à un peuple libre et indépendant. Ceci alors même que le Turkménistan pourrait, grâce à ses énormes réserves de gaz, être l'un des pays les plus riches et des plus développés de la région. Tous les revenus sont malheureusement directement transférés vers les comptes des apparatchiks du pouvoir, en Suisse ou au Luxembourg…

ACHGABAT

On viendra à Achgabat pour son architecture monumentaliste de marbre blanc, un peu surréaliste au milieu du désert, et pour ses musées, notamment le Musée national qui présente de belles pièces issues des différentes fouilles du pays. Le bazar de Tolkuchka, à la sortie de la ville, mérite le détour. Le pays entier semble s'y donner rendez-vous le dimanche matin. C'est le bazar le plus grand et probablement le plus pittoresque de toute l'Asie centrale. Impossible d'oublier les colossaux monuments érigés de son vivant à la gloire du Turkmenbashi : tour de la Neutralité, palais présidentiel, monument du *Ruhnama*, portraits et statues divers et variés… Ambiance orwellienne garantie !

Histoire

Le Turkménistan était à l'origine peuplé de tribus nomades. L'apparition de villes a donc été relativement tardive, et fortement liée à l'implantation des Russes puis des soviétiques dans le pays. La lutte contre la nomadisation ayant entraîné une sédentarisation forcée des populations. Achgabat n'a été développée qu'à la fin du XIXe siècle par les colons russes qui en étaient les habitants majoritaires. La ville a prospéré grâce à la voie ferrée qui en faisait un point de passage entre la Caspienne et la partie orientale de l'Asie centrale. Mais le 6 octobre 1948, un tremblement de terre atteignant le neuvième degré de l'échelle de Richter, a entièrement rasé la ville. On estime que plus de 100 000 personnes, soit les deux tiers de la population, ont péri dans la minute qu'a duré ce terrible tremblement de terre. Parmi les survivants : l'ancien président, le « turkmenbashi », qui y a vu un signe divin et en a fait un des grands traits du culte de sa personnalité. La zone a immédiatement été fermée aux étrangers, et ce pendant cinq ans, le temps que le régime stalinien parvienne à dissimuler les séquelles de la catastrophe. Une ville dans le plus pur style soviétique a été reconstruite un peu à la hâte : les barres d'immeubles toutes similaires et aujourd'hui largement décrépies sont encore visibles aux périphéries de la ville.

Achgabat n'est sortie de sa torpeur soviétique qu'avec l'indépendance du Turkménistan. La capitale est alors devenue le terrain de jeu du président turkmène, qui a décidé d'en faire une vitrine pour le monde et une ode à sa propre personne.

Les immanquables du Turkménistan

- **Achgabat** pour son incroyable architecture flambant neuve, ses bâtiments de marbre blanc, ses monuments parfois un peu loufoques.
- **Nissa, Merv et Konye-Urgench** pour découvrir l'histoire ancienne sur une terre qui avait servi de point de rencontre à plusieurs civilisations.
- **Le cratère de gaz de Darvaza :** il faut monter le camp une nuit au bord de cet immense trou en feu au milieu du désert. Sensations fortes garanties.
- **Traverser le désert du Karakum,** avec ses dunes et ses villages enfouis au milieu de nulle part.

Achgabat
Gare
Avenue Gagarina
Rue Gurbansoltan Eje
2037
(ex. Garryev)
2035
((ex. Kemine)
2010
(ex. Asudalyk)
1976
(ex. Gylyvh Kuliev)
1994
(ex. Pouchkine)
Avenue Saparmurat Turkmenbashi
Avenue Magtymguly
Cirque
Galerie Ensi (Tapis)
Stade Kopetdag
Rue Chekhova
Rue Revfov
Rue Gorky
Théâtre Mir
Musée des Beaux-Arts
Centres Culturels
Théâtre Mollanepes
Ministère de la Culture
Parc l'Achgabat
Affaires Étrangères
Académie des Sciences
(ex. Myaty Kosaev)
2023
2020
2022
2028
Bazar Russe
Bitarap Turkmenistan
Statue de Lénine
Mon. Pouchkine
Rue Shevchenko
Théâtre-Opéra
(ex. Kerbabaev)
(ex. A. Novai)
Musée du Tapis
Forteresse
Théâtre-Russe
Bazar Tikinsky
(ex. Ata Gowshudov)
Rue Gyorogly
Pl. Azadi
Mon. du Tremblement de Terre
Mémorial de la Guerre
Ene Mahri
Arche de la Neutralité
Anc. Palais Présidentiel
Palais de Turkmenbashi
2011
(ex. Azady)
Zoo
Atamurat Niyazov Shayoly
(ex. Seyd)
(ex. Mollanepes)
2005
2003
Palais de Justice
Bitarap Turkmenistan Shayoly
Malilis (Parlement)
1995
(Galkynysh Kochesi)
Mémorial Atamurat Niyasov
Mosquée de Khezrety Omar
Rue Tehranskaya
Jardins Botaniques
Tachaouz
Darvasa
Nebitdas
Gyzylarbat
Yerbent
Désert du Karakoum
Bakhardok
Réserve Hasardag
Bakharden
Geok-Tepe
ACHGABAT
Chuli
Gora Chapan 2889
Gaurdan
Karakoum
Badadaykhan
Tedzhen
Mary
Dushak
Montagnes Kopet Dag
IRAN
Sarakhs
Mechhed

Pour pouvoir quitter la ville, il faut passer plusieurs points de contrôle

Des avenues taillées au cordeau longent désormais des palais de marbre blanc destinés aux ministères, musées et théâtres de cette ville nouvelle. Le clapotis des fontaines résonne dans les immenses parcs de cette capitale née au milieu du désert. Partout, statues et portraits du Turkmenbashi veillent sur une population qui semble bien peu nombreuse au milieu de ces monumentales perspectives...

Climat

Le Turkménistan est l'un des pays les plus chauds d'Asie centrale, et les températures peuvent être écrasantes à Achgabat en été. Il faut éviter les mois de juillet et d'août, durant lesquels la capitale peut atteindre les 50 °C... Impossible de profiter de quoi que ce soit dans ces conditions. Les meilleurs moments pour visiter la ville et de ses environs sont probablement le printemps, d'avril à juin, et l'automne, de septembre à début novembre. Les hivers peuvent être froids dans le Nord, mais les températures descendent rarement en dessous de zéro dans le Sud.

Transports

Avion

■ **AÉROPORT D'ACHGABAT**
✆ (12) 51 00 16
À 13 km au nord de la ville. Le plus simple est de s'y rendre en taxi, la course coûte moins de 5 $ (à négocier avant de monter). Une taxe d'aéroport de 10 $ est prélevée à l'entrée du territoire pour les touristes étrangers (prévoyez d'avoir une coupure de 10 ou deux coupures de cinq). Et pour un vol international au départ du Turkménistan, la taxe se monte à 25 $! Et mieux vaut s'armer de patience à la douane, dans le sens du départ et surtout à l'arrivée. Les lignes intérieures de Turkmenistan Airlines permettent de se rendre à Dashogus, Turkmenabat, Mary, Turkmenbashi. Les billets sont sponsorisés par l'État, et les Turkmènes ne paient que 1 à 3 $ par vol ! On trouve donc dans les salles d'attente des aéroports du pays des *babouchkas* armées d'un panier, qui font l'aller-retour à Achgabat pour aller vendre leurs produits ! Les lignes internationales relient Achgabat à Almaty, Tachkent, Francfort, Londres, Istanbul, Bakou, Kiev, Pékin... La plupart de ces vols sont assurés par Turkmenistan Airlines. Turkish et Lufthansa sont également présentes à Achgabat.

■ **LUFTHANSA**
Dans l'aéroport
✆ (12) 51 06 84
www.lufthansa.com
lufthansa@cat.glasnet.ru
Quatres vols par semaine entre Francfort et Achgabat, avec escale à Bakou (Azerbaïdjan).

■ **TURKISH AIRLINES**
73 Magtymguly
✆ (12) 39 29 19
Fax : (12) 39 28 43
www.turkishairlines.com
Ouvert de 9h à 13h et de 14h à 17h en semaine, le samedi de 9h à 12h, fermé le dimanche.

■ **TURKMÉNISTAN AIRLINES**
82 Magtymguly
✆ (12) 39 34 69 (informations générales)
✆ (12) 39 39 00 (vols internationaux)
✆ (12) 35 26 43 (vols intérieurs)
www.turkmenistanairlines.com

Train

Une voie ferrée relie Achgabat à la mer Caspienne vers l'ouest, desservant les villes de Balkanabat et Turkmenbashi (11 heures de trajet). Vers l'est, le train permet de se rendre à Mary (8 heures 30) et Turkmenabat (15 heures). Une ligne coupe à travers le désert pour relier Achgabat à Dashogus. Mais le train est l'un des moyens les plus lents de se déplacer à l'intérieur du Turkménistan, et ce n'est pas non plus le plus confortable. La chaleur peut y être étouffante en été : prévoyez des provisions d'eau. La gare d'Achgabat se trouve au croisement des rues Gurbansoltan Eje et Turkmenbashi, au nord de la ville.

Bus

▸ **Bus longue distance.** Une gare routière se trouve dans la cour de la gare ferroviaire. C'est de là que partent les bus et les taxis partagés pour Mary et Turkmenabat. Les bus et minibus pour Turkmenbashi et Balkanabat partent de l'ancien aéroport, situé à 3 km au nord de la ville. Pour Dashogus, les départs se font du bazar de Dashogus. Les bus traversent le désert en ligne droite. La route a été refaite et le trajet est désormais plus confortable et rapide (compter tout de même 6 heures minimum) que sur l'ancienne piste. Vous pourrez négocier les taxis partagés autour de 10 $ par personne. Mais attention à l'argument du prix de l'essence : beaucoup de véhicules fonctionnent au gaz, très bon marché, et devraient afficher des tarifs moins élevés.

▸ **Bus urbains.** Les bus sont extrêmement bon marché, mais ils sont souvent bondés et difficiles d'utilisation si l'on ne parle ni turkmène ni russe.

Des déplacements au Turkménistan

Le pays est encore très fermé au tourisme, l'obtention d'un visa peut prendre plusieurs semaines, voire plusieurs mois. Les touristes sont obligés de passer par une agence accréditée, et de donner un plan détaillé de leur séjour avant de prétendre entrer dans le pays pour plus de 5 jours. Les déplacements dans le pays sont très contrôlés : les barrages routiers sont monnaie courante, et il faut alors présenter à chaque fois une autorisation officielle stipulant les villes où l'on est censé se rendre... Autant dire que les voyages en solitaire relèvent presque de la mission impossible : il faut reconnaître que la présence d'un guide permet d'adoucir un peu les aspérités de ce quotidien administratif.

Taxis

Les taxis officiels sont peu nombreux, mais de nombreuses voitures font office de taxi en cas de besoin. Il suffit de tendre la main sur le bord de la route pour qu'une voiture s'arrête. Il faut alors négocier la course avant de monter. Assurez-vous que le chauffeur a bien identifié l'endroit où vous voulez être conduit : n'utilisez pas de noms de rue mais des repères précis (statue, grand hôtel...).

Pratique

Indicatifs téléphoniques

▸ **Code pays :** 993.

▸ **Code Achgabat :** 12.

Ambassades

■ **AMBASSADE D'AFGHANISTAN**
14 Gorogly ✆ (12) 39 58 21
Ouverte de 9h à 17h du lundi au vendredi.

■ **AMBASSADE D'AZERBAÏDJAN**
Rue Ata Gowshudow
✆ (12) 39 11 02
azsefir_ashg@online.tm
Ouverte de 15h à 18h, mardi et vendredi.

■ **AMBASSADE DE FRANCE**
35 2029 (ex rue Esgerler)
✆ (12) 36 35 50 – Fax : (12) 36 35 46
www.ambafrance-achgabat.com
cad.achgabat-amba@diplomatie.gouv.fr
Ouverte du lundi au vendredi de 9h à 13h et de 15h à 18h.

■ **AMBASSADE D'IRAN**
3 Téhéran ✆ (12) 35 02 36
Ouverte de 8h20 à 12h30 du lundi au vendredi.

■ **AMBASSADE D'OUZBÉKISTAN**
50A Gorogly ✆ (12) 34 70 78
Ouverte de 10h à 13h le lundi, mercredi et vendredi.

■ **AMBASSADE DU KAZAKHSTAN**
10-12 rue Garashyzlik ✆ (12) 48 04 72
Ouverte de 10h à 12h le mardi, mercredi et vendredi.

Agences de voyages

Une lettre d'invitation est indispensable pour obtenir un visa turkmène si l'on n'est pas seulement en transit. Il est donc impératif de passer par une agence locale accréditée pour obtenir le précieux sésame (ou par une agence à l'étranger ayant un accord avec une agence locale). Le délai moyen est de 15 à 20 jours.

■ **AMADO TOURIST COMPANY**
69 Azady ✆ (12) 39 73 68
www.amdotm.com (en construction)
lora@amadotm.com
Dans l'hôtel Dayhan. Pour le tourisme de groupe ou individuel. Aide à l'obtention du visa, réservations d'hôtels (différentes catégories de chambres à partir de 20 $ chez l'habitant et 80 $ en hôtel) et billets de train, guides, interprètes… Comptez 30 $ pour la lettre d'invitation et un supplément de 5 $ pour l'enregistrement du visa.

■ **AYAN TRAVEL**
108 Magtymguly ✆ (12) 35 29 14
www.ayan-travel.com
ayan-tour@online.tm – ayan@online.tm
Compter également une trentaine de dollars pour l'aide à l'obtention du visa.

■ **DN TOURS**
42 Saparmurat
✆ (12) 22 63 12
Fax : (12) 45 82 87 – www.dntours.com
admin@dntours.com
Organisation de séjours au Turkménistan et dans toute l'Asie centrale. Six programmes combinés, en particulier avec l'Ouzbékistan, pendant lesquels vous pourez alterner entre visite de sites archéologiques, méharées ou randonnées équestres et treks.

■ **ELKHAN SYIAKHAT**
5 Chary Nurymov ✆ (12) 35 65 03
www.cat.glasnet.ru/elkhan/
elkhan@cat.glasnet.ru
Mêmes prestations avec en plus la possibilité d'organiser des séjours « route de la soie » incluant l'Ouzbékistan, le Kazakhstan, le Kirghizistan et l'Iran. Tarifs sensiblement plus élevés mais services fiables.

■ **LATIF INTERNATIONAL TRAVEL**
19 Bitarap Turkmenistan
✆ (12) 39 28 08 – Fax : (12) 39 29 30
www.turkmenistan-latif.ru
latif@online.tm – latif.travel@mail.ru
Possibilité de voyages incluant les pays frontaliers : Iran et Ouzbékistan, ainsi que la Chine. Un circuit propose la visite des cinq républiques en 15 jours. Certains guides parlent français.

■ **OVADAN-TOURISM**
65 Azadi ✆ (12) 39 18 25
Fax : (12) 35 48 60
trowadan@cat.glasnet.ru
Cette petit agence est surtout utile pour les visites guidées de la ville (les guides sont essentiellement anglophones) et propose également quelques services comme réservation de chambres d'hôtels ou de billets de train ou d'avion.

■ **SIYAKHAT TOURIST COMPANY**
60A Gorogly ✆ (12) 34 40 33
www.siyakhat.narod.ru – siyahat@online.ru
Dans l'hôtel Siyakhat
Ce tour-opérateur possède son propre hôtel et propose dans son catalogue des circuits relativement courts (moins de cinq jours) bien rôdés et utiles si vous n'avez qu'un visa de transit.

Banques et bureaux de change

Le marché russe est un bon endroit pour faire du change à des taux intéressants. Le taux de change appliqué dans les banques était en mars 2010 de 2,85 NM (nouveaux manats) pour 1 $ et 3,89 NM pour 1 €. Bien sûr, le change au marché noir peut s'avérer bien plus intéressant (jusqu'à deux fois plus selon la quantité et le type de billets que vous échangez) mais très risqué. Ne vous y lancez pas sans un solide contact, qui vous amènera alors probablement au marché russe pour procéder à l'échange moyennant, certainement, une commission. On trouve en ville de nombreux distributeurs, mais visez plutôt ceux des grands hôtels pour être sûr que les cartes internationales sont acceptées.

■ **NATIONAL BANK OF PAKISTAN**
Dans le Sheraton Grand Turkmen
7 rue Gorogly
Ouverte du lundi au vendredi de 9h30 à 13h et de 14h à 15h. Pour retirer de l'argent en Carte bleue et encaisser des chèques de voyage.

Internet

Difficile de vous orienter ailleurs que vers les grands hôtels si vous recherchez une connexion

Internet. Et même les business center des palaces 5-étoiles sont d'une lenteur effarante. Dans la rue, quelques cafés Internet tentent d'ouvrir leurs portes mais leurs propriétaires sont généralement très vite découragés par la police.

Poste

■ DHL
33 Koltsova
© (12) 35 71 30
Fax : (12) 35 25 87
Ouvert du lundi au vendredi, de 9h à 18h, fermé le week-end.

■ POSTE CENTRALE
16 rue Mopra
Ouverte de 8h à 19h du lundi au vendredi, de 8h à 17h le samedi et le dimanche. Pour envoyer du courrier seulement. Les colis, y compris les livres, doivent être expédiés directement depuis le bureau de douane…

Téléphone

Dans les hôtels, les appels locaux sont gratuits. Il est parfois possible d'appeler à l'étranger depuis les hôtels haut de gamme. Sinon, il faut se rendre au centre téléphonique international (33 rue Karl Liebknekht, ouvert de 8h à 19h).

Santé

■ CENTRE MÉDICAL INTERNATIONAL
Quartier de Berzengi
© (12) 48 90 6
© (12) 48 90 08
Tarifs très élevés. Contactez le Dr. Amannepesov (qui ne parle que russe ou turkmène).

■ HÔPITAL CENTRAL « TURKMENBASHI »
Quartier de Bikrova, 1 Emre
© (12) 34 86 21
Un hôpital flambant neuf, dans lequel consulte un médecin anglophone. Les soins sont en revanche très chers pour les étrangers.

Hébergement

Achgabat n'est pas une ville franchement touristique pour l'instant. Mais la folie même de son architecture ne peut qu'attirer tous les voyageurs de passage dans le pays. Les hôtels, nombreux, se veulent tous de gamme élevée et affichent tous des tarifs aussi onéreux.

Bien et pas cher

Mis à part l'Ashgabad, les hôtels bon marché sont situés dans le quartier de Berzengi. Au pied des montagnes, ce quartier semble destiné à concentrer une bonne partie de l'activité hôtelière de la ville. On trouve une enfilade d'hôtels de qualité moins chers qu'au centre-ville. Le seul inconvénient est le relatif éloignement de ces hôtels, mais les taxis étant nombreux et très bon marché, le logement à Berzengi peut être une solution pour les budgets plus serrés.

■ HÔTEL AHAL
Berzengi © (12) 51 87 37
Chambre simple à 100 $, double à 120 $, petit déjeuner inclus. Restaurant, bar, piscine et salle de bowling pour cet hôtel classé 4-étoiles et facilement repérable à son arche centrale qui rappelle les entrées de caravansérail. Il conserve malgré tout un attrait : sa petite taille (seulement deux chambres), qui le rend un peu plus sympathique que les « usines » du centre-ville. L'hôtel est situé à moins de 20 km de l'aéroport et à 12 km de la gare ferroviaire. Les chambres sont bien équipées (TV, air conditionné, minibar) et relativement spacieuses.

■ HÔTEL ASHGABAD
74 rue Magtymguly © (12) 35 74 05
Chambres doubles à partir de 50 $ pour une chambre standard. Les « de luxe » sont un peu moins poussiéreuses, à 60 $. Cette grande barre blanche très ostensiblement soviétique n'est pas forcément l'adresse la plus reluisante de la ville, mais elle peut constituer une alternative relativement bon marché tout en restant en centre-ville. Le restaurant de l'hôtel est impressionnant : c'est une salle de banquet où les tables semblent défiler à perte de vue. Mieux vaut cependant se contenter d'y jeter un œil : les serveurs sont très communicatifs, mais les plats sont à éviter. Le principal point fort de l'établissement réside dans son emplacement, proche du centre. Le personnel a évidemment beaucoup de mal à remplir les 144 chambres que compte l'établissement, et la négociation est donc possible.

■ HÔTEL RAHAT
Berzengi © (12) 51 81 37
Chambre simple à 40 $, double à 60 $, petit déjeuner inclus. L'hôtel est également classé 4-étoiles, mais propose un service et des prestations de moins bonne qualité que les autres.

Confort ou charme

■ TURKMÉNISTAN HÔTEL

19 rue Nezavisimogo ✆ (12) 35 05 44

Chambre simple à 55 $, double à 75 $. Cet hôtel est situé à proximité de l'arche de la Neutralité, dans un beau bâtiment de style russe construit en 1950 et rénové au milieu des années 1990. Il s'agit théoriquement d'un hôtel 4-étoiles, mais l'accueil et le service sont bien loin d'en valoir une. Pour autant, l'établissement offre une rare opportunité de dormir à petit prix au centre de la ville.

Luxe

■ HÔTEL AKALTIN SHERATON FOUR POINTS

141/1 Magtymguly

✆ (12) 36 37 01 – fpaa@online.tm

Chambre simple à 90 $, double à 115 $. Petit déjeuner inclus. Le deuxième hôtel 5-étoiles de la ville. Prestations de qualité sur huit étages : deux restaurants, un bar, un casino, une piscine et une salle de gymnastique. Il est situé un peu à l'écart du centre-ville, en face du cirque. Rien de spécial à dire sur les chambres : luxueuses, calmes, bien équipées, mais sans personnalité.

■ HÔTEL NISSA

18A Atabaev

✆ (12) 22 10 24

Chambre simple à 90 $, double à partir de 115 $. Petit déjeuner inclus. Cet hôtel 4-étoiles, très bien situé en centre-ville, comporte une piscine, un sauna et une salle de gymnastique. Un petit magasin dans le lobby vend des cartes d'Achgabat en anglais, ainsi que quelques livres consacrés au Turkménistan. Le restaurant italien est particulièrement recommandable.

■ HÔTEL PRÉSIDENT

Berzengi, 54 Novoarchabilsk

✆ (12) 40 00 00

presidenthotel@online.tm

Chambre double à 140 $, double standard à 170 $, petit déjeuner inclus. Du marbre, des dorures, de grands espaces luxueux… Et, bien sûr, tous les services que l'on peut attendre d'un établissement de cette catégorie : restaurant italien, bar, piscines intérieure et extérieure, terrain de tennis, casino… Les chambres sont chères mais valent leur prix. Sans doute l'une des meilleures adresses pour séjourner très confortablement à Achgabat.

■ HÔTEL SHERATON GRAND TURKMEN

7 rue Gorogly ✆ (12) 51 05 55

sales2@online.tm

Chambre simple 105 $, double standard 120 $. Petit déjeuner inclus. Cet hôtel 5-étoiles est le plus luxueux de la ville, et accueille essentiellement une clientèle d'hommes d'affaires étrangers. On y trouve deux restaurants, un bar, un casino, une piscine et un terrain de tennis. Le centre de *business* a une connexion internet, lente mais qui a le mérite d'exister. L'hôtel est très bien situé, en plein centre-ville et à deux pas du marché russe.

Restaurants

Qu'il s'agisse des bars ou des restaurants, tous les établissements à Achgabat ferment à 23h à l'exception des boîtes de nuit des grands hôtels.

Bien et pas cher

■ ANKARA

Rue Gagarine, en allant vers l'aéroport

Moins de 3 $. Ce restaurant de spécialités turques propose des kebabs et salades dans un décor rustique. Très bon rapport qualité-prix.

■ RESTAURANT MINARA

Parc de l'Indépendance, au 5e étage du centre commercial Altyn Asyr

✆ (12) 45 46 01

Compter entre 5 à 7 $ pour un repas. Cet établissement à la décoration plutôt chaleureuse propose une carte variée de spécialités locales et russes. Il offre en outre une belle vue sur le parc de l'indépendance depuis le cinquième étage du centre commercial où il est situé. Rien de très authentique mais un bon rapport qualité-prix.

■ RESTAURANT SIM SIM

50/1 Andaliba ✆ (12) 45 13 33

Compter 3 à 4 $ pour un plat de brochettes. Situé dans un quartier populaire et doté d'une terrasse très agréable en été, ce restaurant est essentiellement fréquenté par une clientèle russe. La cuisine est de qualité et bon marché. Inutile d'y venir si vous êtes végétarien.

Bonnes tables

■ RESTAURANT ASUDA NUSAY

54A Alisher Navoi

Compter un peu moins de 10 $ par personne. La décoration de ce restaurant pourrait le faire rentrer dans la catégorie des établissements

haut de gamme. Mais la carte est un peu décevante, puisqu'elle comporte essentiellement des pizzas et hamburgers.

■ **RUSAY GALA**
96 Gorogly ✆ (12) 34 66 68
Autour de 15 $ le repas, minimum. Ce restaurant est très fréquenté par la communauté expatriée, mais on peut supposer que les étrangers viennent plus pour le cadre que pour la cuisine, franchement très moyenne... On peut dîner dans l'une des petites yourtes installées dans le jardin. C'est un peu surfait mais calme. Penser à vérifier l'addition à la fin du repas...

■ **TURKMÉNISTAN HÔTEL**
19 rue Nezavisimogo ✆ (12) 35 05 44
Compter 15 $ par personne pour le déjeuner, autour de 20 $ pour le dîner. Le restaurant de l'hôtel est l'un des plus baroques de la ville. Il propose une cuisine russe un peu occidentalisée. Les concerts tous les soirs font un peu grimper l'addition mais l'occasion est tellement rare de trouver un peu d'ambiance nocturne à Achgabat...

Luxe

■ **HÔTEL NISSA**
18A Atabaev ✆ (12) 22 10 24
Compter 20 $ par personne minimum. Le restaurant italien de l'hôtel est considéré comme le plus luxueux de toute la ville. Grand choix de pâtes et pizzas à déguster dans une salle surplombant la piscine. Les prix sont à la hauteur des ambitions de l'endroit, les cartes bleues sont acceptées. Sans doute le meilleur restaurant gastronomique d'Achgabat.

Sortir

Le samedi a été décrété « Journée de la spiritualité », et à cette occasion, des spectacles sont organisés dans les parcs de la capitale. Inutile de préciser qu'ils sont essentiellement dédiés à la gloire de Niazov : son portrait et les couvertures de ses ouvrages sont en général les fonds de scène obligatoires de toutes ces représentations.

Bars

■ **CITY PUB**
54A Alisher Navoi ✆ (12) 35 22 88
Un vrai pub qui ferait quasiment oublier que l'on se trouve en Asie centrale. En général très animé et fréquenté par une clientèle d'expatriés.

■ **YARACHIK**
22 rue Turkmenbashi ✆ (12) 39 19 80
Ouvert de 10h à 23h. Ce bar-restaurant situé en sous-sol du magasin « Boutique de Paris » est un bon endroit pour prendre un verre. Clientèle très mélangée, étrangère, russe et turkmène.

Discothèques

■ **FLORIDA**
8 Gorogly
✆ (12) 39 33 51 – (12) 50 20 32
Restaurant, pub, bar, boîte de nuit et casino sont regroupés dans cet endroit bien connu de la communauté étrangère. Une cour intérieure permet de dîner au frais les soirs d'été. Des concerts sont parfois organisés dans le bar-boîte de nuit. C'est également le seul endroit de la ville où vous pouvez espérer trouver une connexion Internet à peu près viable.

■ **FLY INN**
Sur le côté de l'hôtel Sheraton Grand Turkmen. La boîte de nuit la plus prisée de la ville, notamment par la communauté étrangère. Les prostituées russes y sont très présentes.

© SYLVIE FRANCOISE

Statue du président Niazov au parc des Dix ans de l'indépendance

Casinos

Contre toute attente, de nombreux casinos sont en activité à Achgabat. Il s'agit en général de petits établissements, essentiellement fréquentés par la communauté étrangère. Les principaux sont situés dans les hôtels Sheraton, Akaltin et Président (quartier de Berzengi), ainsi qu'au Florida.

Spectacles

■ THÉÂTRE DE MARIONNETTES

Ce joli théâtre propose des spectacles le samedi en fin d'après-midi.

■ THÉÂTRE DRAMATIQUE RUSSE

Rue Alisher Navoi

Quelques spectacles ont lieu dans ce théâtre à l'architecture russe. Les programmes sont affichés devant le théâtre les jours de représentation.

■ THÉÂTRE NATIONAL

Rue Shevchenko

Le nouveau théâtre flambant neuf a une programmation un peu irrégulière. Les spectacles sont annoncés par des affiches devant le théâtre.

Hippodrome

Situé à 5 km de la ville, l'hippodrome accueille des courses de chevaux Akhal-Teke tous les dimanches, du mois de mars au mois de mai, puis de la fin août jusqu'au milieu du mois de novembre. Téléphonez pour connaître les programmes des compétitions régulièrement organisées (✆ (12) 47 59 16).

Points d'intérêt

■ ARCHE DE LA NEUTRALITÉ

Ouverte de 8h à 18h30. Ascenseur 0,20 $.

Cette fusée plantée sur trois pattes a été construite après la proclamation de l'indépendance du Turkménistan. Elle symbolise la neutralité, l'indépendance et l'unité qui sont devenues les trois piliers théoriques de la diplomatie du pays. À mi-hauteur, cinq anneaux représentent les cinq provinces, chacune identifiée par le motif propre à ses tapis. Les cinq anneaux sont unis autour du centre de la « fusée ». Et au sommet… Niazov *himself*, représenté par une statue dorée de 12 m de hauteur qui tourne sur elle-même en 24 heures en suivant l'orientation du soleil ! L'arche est surveillée par une garde d'honneur qu'il est interdit de photographier. Un ascenseur permet d'accéder sur la plate-forme supérieure de l'arche, de laquelle on a une vue sur la grande place de l'Indépendance et le palais présidentiel (une fois encore, photos interdites). Une petite maison de thé se trouve dans l'arche.

■ MÉMORIAL DE LA SECONDE GUERRE MONDIALE

Dans le parc situé en prolongement du mémorial du tremblement de terre, se trouve le mémorial pour les victimes de la Seconde Guerre mondiale. Il est constitué de

Cirque national

quatre pylônes dressés vers le ciel, au centre desquels brûle une flamme éternelle. Sur le côté, une grande statue représente une mère en pleurs. Elle appelle ses enfants, qui sont les deux soldats assis à côté d'elle.

■ MÉMORIAL DU TREMBLEMENT DE TERRE

À deux pas de l'arche de la Neutralité, un immense taureau tient entre ses cornes le globe terrestre. La terre est sens dessus dessous, mais un enfant doré est assis au-dessus des décombres… c'est une fois de plus Niazov, qui a survécu au terrible tremblement de terre de 1948. Atteignant 9 sur l'échelle de Richter, ce tremblement de terre avait rasé la ville et emporté plus des deux tiers de sa population (le bilan a été réévalué après l'indépendance : selon les informations officielles soviétiques, pour qui les catastrophes naturelles n'existaient pas, le tremblement de terre avait fait quelques milliers de victimes). Niazov en avait réchappé, mais sa mère et ses deux frères étaient au nombre des victimes. La sculpture en bronze pèse 40 tonnes, et a été élevée sur le site de l'ancien cimetière des victimes. Une flamme éternelle brûle à l'entrée du bâtiment portant la statue.

■ MOSQUÉE AZADI

Construite entre 1993 et 1998 grâce à des financements turcs, cette immense mosquée est dotée d'une vaste coupole et de quatre minarets. Le patio intérieur est tout en marbre. La grande salle de prière est surmontée de coupoles peintes. Elle est souvent vide, même à l'heure de la prière. Seule la période du Ramadan attire quelques fidèles.

■ MUSÉE DES BEAUX-ARTS

88 Alisher Naoï

✆ (12) 35 21 39

Entrée 12 $, ouvert de 10h à 17h. Situé dans un grand bâtiment en marbre flambant neuf, le musée des beaux-arts présente de nombreux tableaux de peintres russes du XIXe siècle. Le rez-de-chaussée est évidemment dédié à Niazov, et les œuvres présentées valent vraiment le détour à elles seules… Le billet d'entrée est très cher mais dites-vous que ce que vous verrez à l'intérieur est « unique » en son genre en termes de culte de l'image !

■ MUSÉE DU TAPIS

5 Gorogly ✆ (12) 39 88 79

Ouvert tous les jours sauf lundi de 15h à 18h de 10h à 17h. Entrée 12 $. Ce musée, qui porte le nom de la mère de Niazov (son portrait trône à

Mosquée Azadi

l'entrée de l'édifice), présente les différentes techniques et les spécificités régionales des tapis turkmènes. Il abrite le plus grand tapis du monde, dûment répertorié par le *Guinness Book* : 301 m², qui ont mobilisé 40 tisseuses pendant 6 mois. Un slogan est inscrit au cœur de l'ouvrage : « le XXIe siècle est le siècle d'or du peuple turkmène »… On peut également voir dans ce musée un tapis de 10 m sur 18 m, qui était destiné à servir de rideau pour le théâtre national de Moscou. Mais la scène du théâtre n'a jamais pu supporter la tonne que pesait le tapis, et celui-ci a repris le chemin du Turkménistan.

Bon à savoir : vous pourrez faire établir par le musée les autorisations d'exportation des tapis que vous aurez acheté dans le pays.

■ MUSÉE NATIONAL

Dans le quartier de Berzengi

30 Noviy Artchibil

Ouvert tous les jours sauf dimanche de 9h à 13h et de 14h à 18h. Entrée 10 $, incluant un guide francophone ou anglophone obligatoire. Ce très grand bâtiment a été construit en 1999 pour la modique somme de 40 millions de dollars. Il comporte trois étages surmontés d'une grande et impressionnante coupole centrale, toute en bois et verre. La visite débute par la salle de l'indépendance, entièrement dédiée à la gloire du Turkmenbashi.

Le palais présidentiel fait partie des constructions du groupe Bouygues au Turkménistan.

Entre des collections entières de *Ruhnama* dans toutes les langues sont exposés les cadeaux que les provinces ont offerts à leur président, les médailles obtenues par les sportifs turkmènes, des cartes du pays. Le premier étage est consacré aux découvertes archéologiques. On peut y admirer de très belles pièces issues des fouilles de Nissa et Dashogus : céramiques, statues grecques, bas-reliefs. Une salle ethnographique présente ensuite les différentes tribus turkmènes, leurs vêtements, bijoux, tapis, habitations. On trouve au milieu de ces vitrines très colorées de magnifiques parures pour chevaux, et même une parure réservée aux chameaux utilisés pour les cérémonies de mariage. Après un bref retour au rez-de-chaussée, et la visite d'une salle consacrée pêle-mêle aux tapis, à la flore et à la faune locale, on atteint le dernier étage et la salle réservée aux cadeaux que le peuple a offerts au Turkmenbashi. On atteint le sommet de la propagande politique avec des objets tel ce tapis représentant le *Ruhnama* dans le soleil, ou celui dessinant l'arbre généalogique, forcément très glorieux, du président.

■ PARC DE L'INDÉPENDANCE

Ce grand parc situé en bordure du quartier de Berzengi couvre plusieurs hectares. Vers le bas du parc, côté centre-ville, se trouve le centre commercial Altyn Asyr, reconnaissable à sa forme pyramidale et ses cascades qui dévalent de toute la hauteur des façades. Un restaurant de qualité se trouve au dernier étage du centre commercial par ailleurs plutôt désert. En remontant le parc, on tombe sur un *Ruhnama* géant, arborant une effigie de Niazov sur fond pourpre. Comble du kitsch : ce livre de 2,50 m de hauteur s'ouvre le samedi soir, véritable spectacle de sons et lumières en hommage à l'ouvrage incontournable du président. Encore plus loin dans le parc se trouve la tour de l'Indépendance. Devant elle se trouve évidemment une grande statue dorée de Niazov, entourée d'aigles à cinq têtes tenant un serpent. Cet animal fabuleux est le symbole du président : les cinq têtes représentent les cinq provinces unies, et le serpent la sagesse. La tour proprement dite est surmontée d'un anneau doré, et est entourée de gigantesques statues représentants les héros de la nation. Un musée se trouve dans le bâtiment portant la tour. C'est le musée des Pièces de valeur, ouvert de 10h à 17h, mais dont la visite n'est vraiment pas indispensable.

■ PARC DES DIX ANS DE L'INDÉPENDANCE

Un parc dont la pièce maîtresse est une immense statue de Niazov entouré de chevaux Akhal-Teke.

Shopping

Centres commerciaux

■ ALTYN ASYR

Situé dans le parc de l'Indépendance, ce centre commercial en forme de pyramide semble avoir un peu de mal à démarrer :

les magasins y font triste mine et semblent s'ennuyer ferme en attendant le client. On y trouve surtout des boutiques de vêtements ou de babioles sans grand intérêt.

■ **YIMPASH**
54 rue Turkmenbashi
Ce grand centre commercial turc est probablement le meilleur endroit pour les achats courants (en dehors des bazars) et pour trouver quelques produits d'importation.

Librairies

Le choix de livres en anglais ou en français est extrêmement limité : à part le *Ruhnama* et les autres ouvrages du président, impossible de trouver quelque titre que ce soit ! Il faut néanmoins aller jeter un œil dans une de ces librairies thématiques :

■ **UNIVERSITÉ D'ÉTAT**
Avenue Turkmenbashi
Juste à l'angle de l'université d'État, se trouve une grande librairie qui a réussi à garder quelques ouvrages d'autres auteurs (mais en général préfacés par le président). Les principaux livres en anglais sont consacrés à l'histoire du Turkménistan.

Marchés

■ **BAZAR DE TOLKUSHKA**
Le bazar fonctionne le jeudi, le samedi et le dimanche, mais il est fortement recommandé d'y aller le dimanche, seul jour où le marché aux animaux bat son plein. Les matinées sont plus actives que les après-midi, mais il n'est pas nécessaire d'y aller aux aurores. Le bazar se trouve à cinq kilomètres de la ville, tout très de l'aéroport. Le bazar de Tolkushka est le plus grand et le plus animé d'Asie centrale. La partie réservée aux animaux, située à environ 300 m du reste du bazar, est particulièrement impressionnante : chameaux, chevaux, moutons, chèvres, vaches et volailles changent de mains dans un chaos indescriptible. Le fonctionnement des « grues à chameaux » est un grand moment. Dans le bazar proprement dit, une petite partie est consacrée aux objets artisanaux. On peut y trouver des tapis, bijoux et vêtements traditionnels à des prix défiant toute concurrence. Le reste du marché est un classique d'Asie centrale, mais en de larges proportions : fruits, légumes, échoppes de restaurants, vêtements, ustensiles divers et variés, et même pièces d'automobiles…

■ **MARCHÉ RUSSE**
Situé dans le centre-ville d'Achgabat, le marché russe est un havre d'animation entre les rues monumentales et désertes de la capitale. On y trouve de tout, nourriture et vêtements, musique et ustensiles divers et variés, ainsi que quelques objets artisanaux. C'est également le meilleur endroit pour changer de l'argent à des taux intéressants.

Tapis

■ **MAGASIN D'ÉTAT**
110 rue Magtymguly
À deux pas du musée du tapis, de l'autre côté de la rue, ce magasin d'État vend de beaux tapis. Ils sont un peu chers, mais le prix du certificat d'exportation est inclus et l'on s'épargne les démarches administratives qui peuvent être fastidieuses.

Dans les environs

■ **CRATÈRE DE GAZ DE DARVAZA**
À trois heures de route d'Achgabat, dans le désert du Karakum. La route traverse une très belle partie du désert, avec ses dunes et ses zones vallonnées parfois recouvertes d'arbustes. On peut s'arrêter en chemin dans un étonnant village implanté en plein milieu du désert.

Commerçante du bazar de Tolkushka

Vendeuses de tapis au bazar de Tolkushka

Les habitants, visiblement peu habitués à avoir de la visite, se font une fête de recevoir chez eux les gens de passage. Le cratère proprement dit est le résultat d'activités de prospection soviétique dans les années 1950. Il existe en fait plusieurs cratères de taille variable, mais tous sont remplis d'eau à part le plus grand, qui est en feu. La vue de cet immense trou rond enflammé au milieu du désert est particulièrement saisissante la nuit. Certaines agences de voyages organisent des bivouacs d'une nuit autour du cratère : une occasion à ne pas manquer !

■ ÉCURIES CHAMENLI

✆ (66) 32 45 13 – matlap@mail.ru

Situées à une cinquantaine de kilomètres d'Achgabat, dans le village de Geoktepe. Contacter le propriétaire, Khemra Gulmedov. Passionné de chevaux, qui font partie intégrante de la culture turkmène, Khemra Gulmedov a racheté en 1997 une ancienne porcherie d'État qu'il a reconvertie en écurie de chevaux Akhal-Teke. Son haras a commencé avec quatre chevaux rachetés au kolkhoze local : il en compte aujourd'hui 42, sur les 2 000 que compte le pays à l'heure actuelle (les écuries présidentielles en ont 300, et l'on estime qu'il n'existe que 4 000 chevaux purement Akhal-Teke dans le monde).

Khemra fait visiter son élevage avec passion, et organise des petites démonstrations de dressage effectuées par un Turkmène en habit traditionnel. Les écuries sont également dotées d'une petite guesthouse tout confort, où l'on peut loger pour 30 $ la nuit en pension complète. Et pour ceux qui savent monter, Khemra organise des randonnées de plusieurs jours dans le désert : la plupart des agences de voyages d'Achgabat peuvent aider à organiser l'expédition. Pour financer son élevage, qui lui coûte plus qu'il ne lui rapporte, Khemra s'est lancé dans la production de tapis artisanaux, sa deuxième passion. Il a fait venir les meilleures tisseuses du pays, qui confectionnent de superbes tapis vendus dans le monde entier. Ses tapis présentent un degré de minutie qui leur fait atteindre des prix astronomiques : jusqu'à 1 000 $ le m² pour un tapis comportant un million de nœuds au mètre carré ! On peut visiter les ateliers de tissage.

■ MOSQUÉE SPIRITUELLE DU TURKMENBASHI

Village d'Igdjak, à 15 km d'Achgabat

Inaugurée en février 2005, cette immense mosquée a été construite à côté du village natal du président. Ses minarets de 91 m de hauteur sont censés rappeler l'indépendance de 1991. La mosquée est surmontée d'une coupole de 50 m de diamètre et de 55 m de hauteur. Il s'agit d'une mosquée on ne peut plus officielle : sur le portail d'entrée, les versets du Coran alternent avec des citations du *Ruhnama* ! La salle de prière reste désespérément vide même à l'heure de la prière. L'endroit sert de lieu de réunion au conseil des sages une fois par an, et s'anime un peu lors des fêtes religieuses. Le reste du temps, les militaires qui surveillent l'endroit sont plus nombreux que les fidèles.

■ NISSA

Compter environ 30 $ pour un taxi (à diviser par le nombre d'occupants). Ou prendre un bus jusqu'au village de Bagyr, puis taxi pour se rendre jusqu'au site. Entrée 10 $, appareils photos et caméscopes 3 $. La ville abritait la résidence royale des Parthes entre le IIIe siècle avant et le IIIe siècle après J.-C. La forteresse portait le nom de Mitridate Kerte, du nom de son fondateur. Elle couvrait une superficie de 14 hectares, dont seulement

30 % ont été fouillés à l'heure actuelle. Des équipes d'archéologues russes et italiens travaillent toujours sur le site en automne et au printemps. Le plan général de la cité n'a pas encore été totalement établi. Les murs d'enceinte, qui sont encore partiellement debout aujourd'hui, portaient 43 tours de guet. Une salle de parade a été mise au jour : on peut encore voir les marques des colonnes en brique sur les murs. Le palais était soutenu par quatre colonnes en briques rondes, une invention de l'époque. Les murs étaient composés de briques en losange imbriquées. Deux autres salles ont été identifiées, dont l'une comporte encore des fresques de couleur sur ses murs en paille et argile. Les fresques sont bâchées pour assurer leur protection, mais le guide peut retirer les bâches le temps d'un regard. Un temple rond a été excavé. Au deuxième étage, on peut encore voir les niches qui abritaient 12 statues des dieux de l'olympe. De religion zoroastre, les Parthes partageaient néanmoins une base culturelle commune avec les Grecs. La plupart des pièces qui ont été trouvées sur ce site sont actuellement exposées au musée national d'Achgabat. Nissa ne présente que quelques ruines plus ou moins évocatrices, mais une visite permet néanmoins de réaliser l'ampleur des constructions d'une époque fort ancienne.

MARY

Mary est la troisième ville du pays, et probablement celle qui attire le plus de touristes grâce à la présence des vestiges de l'antique ville de Merv. La ville moderne de Mary est une petite bourgade relativement agréable, baignée par la rivière Murgab.

Transports

- **Avion.** Il existe des vols quotidiens entre Mary et Achgabat. Le bureau de Turkmenistan Airlines se trouve au 11 rue Magtymguly (✆ (522) 32 777).
- **Train.** Des trains assurent la liaison avec Achgabat (8 heures de trajet) et Turkmenabad (7 heures). Les liaisons ont le mérite d'exister, même si elles sont deux fois plus lentes que les bus qui effectuent le même trajet !
- **Bus.** Il ne faut que 3 heures 30 de route pour aller d'Achgabat à Mary. Les bus privés vont encore plus vite, et les départs se font dès que les véhicules sont pleins depuis la gare routière d'Achgabat. On peut facilement trouver un taxi à partager si l'on se rend à la gare. Les tarifs varient se situent autour de 5 $ par personne mais peuvent varier fortement en fonction du prix de l'essence.

Hébergement

HÔTEL CARAVANSÉRAIL

25 rue Nisimi
✆ (522) 39 350
Chambre double à 50 $, petit déjeuner compris. Il s'agit en fait d'une maison d'hôte, dans une très agréable maison d'un quartier résidentiel. Les chambres sont confortables, les sanitaires communs impeccables, la famille très accueillante. Il s'agit probablement de la meilleure adresse de la ville.

HÔTEL MARGUSH

Chambre double standard à partir de 90 $, petit déjeuner compris. Cet hôtel est le plus récent de la ville, construit sur la route menant à Merv. Il est équipé d'une piscine, et offre de belles prestations.

HÔTEL SANJAR

58 Mononepez ✆ (522) 57 644
Chambre double standard à 80 $. Cet ancien hôtel soviétique est bien peu attrayant. Il peut seulement se justifier pour les budgets réduits qui y trouveront des lits en chambre triple pour 10 $.

Restaurants

DJEY KHUN

Rue Skvordsova, en face du bazar Lalezar
Moins de 3 $. Un petit restaurant tout en bois, très chaleureux, pour un dîner arrosé de bière « Berk », la marque locale !

SAHRA

Rue Magtymguly
✆ (522) 56 177
Autour de 5 $. Un restaurant russe très agréable, à la fois pour sa cuisine et son décor. Les brochettes y sont particulièrement bonnes.

Sortir

Il existe une boîte de nuit sur la gauche de l'hôtel Sanjar. Elle est ouverte de 19h à 23h... Musique turkmène et coins sombres à volonté.

Points d'intérêt

MUSÉE DE MARY

Sur la place centrale
en face du marché vert
Ouvert de 10h à 17h. Entrée 5 $.

Le musée se trouve dans une splendide maison russe toute en bois, avec portes et poutres sculptées. La maison est presque plus intéressante que le musée proprement dit, visiblement peu fréquenté : le gardien allume et éteint les lumières au fur et à mesure de la progression. Le rez-de-chaussée présente néanmoins quelques belles pièces issues des fouilles de Merv et Dashogus (mais les plus précieuses sont à Achgabat). Une deuxième salle est consacrée à l'histoire des dynasties et des empires qui se sont succédé au Turkménistan : un peu hermétique pour les non-spécialistes. Enfin le premier étage présente des costumes traditionnels et bijoux locaux, ainsi que la reconstitution d'une yourte.

Merv

C'est évidemment pour ce magnifique site archéologique, classé au patrimoine mondial de l'Unesco, que les touristes affluent à Mary. L'entrée coûte 5 $, auxquels il faut rajouter 10 $ pour faire des photos. Une voiture et un guide sont nécessaires pour arpenter le site, qui s'étend sur plus de 100 km². Tâchez d'évaluer rapidement les connaissances culturelles et la compétence linguistique de votre guide : pour un néophyte, la visite du site s'avérera un peu creuse si elle n'est pas commentée.

Histoire. Les premières traces d'urbanisation datent de la dynastie Achéménide, au VIe siècle avant notre ère. La forteresse s'est transformée en ville, et s'est fait connaître sous le nom de Margiane ou Margush du temps d'Alexandre le Grand. Elle accueillait alors un véritable mélange de population et de religions, comme en témoignent les différents sites religieux mis au jour lors des fouilles (stupas bouddhistes, temples zoroastriens). La cité a continué à se développer pour atteindre son apogée aux XIe et XIIe siècle, sous la dynastie des Turcs seljoukides. Merv était alors la ville la plus importante du monde islamique après Bagdad, et elle comptait une population de près de deux millions d'habitants. Cet essor et cette prospérité ont connu une fin brutale avec l'arrivée des Mongols en 1221. En représailles contre un affront subi trois ans plus tôt, les armées mongoles se sont fait un devoir de raser entièrement la ville et d'éliminer le moindre de ses habitants. La splendide Merv ne s'en est jamais remise.

Les sites. Ils peuvent être abordés en suivant leur chronologie. De la forteresse Achéménide ne reste que Erk Kala, lambeaux des remparts de 800 m de longueur qui entouraient la citadelle du VIe siècle av. J.-C. Le palais de la dynastie d'origine iranienne se trouvait au cœur du cercle défini par les remparts. Les murs dessinant un cercle concentrique très vaste autour d'Erk Kala datent de la période d'Alexandre le Grand. Celui-ci avait partiellement détruit l'ancienne ville pour construire son « Alexandrie Margiane ». Les sites sont ici présentés par ordre alphabétique et non selon le sens de la visite.

FORTERESSES DE KIZ KALA ET DJIGIT KALA

Elles datent du VIe et VIIe siècle de notre ère, et ont été construites par la dynastie iranienne des Sassanides. Kiz Kala est la plus grande.

Mausolée de Muhammad Ibn Zayd à environ 1 km à l'ouest du Mausolée de Sandjar

Les murs encore debout ne mesurent plus que 15 m de hauteur, mais ils étaient initialement bien plus élevés. On peut en revanche toujours admirer les colonnes qui les soutenaient et constater leur nombre étrange : 18 et demi dans le sens de la largeur, 22 et demi sur la longueur pour la plus grande des deux. Les deux forteresses ont été détruites lors des attaques arabes, mais certains pans de mur ont résisté aux catapultes. Yezdigir, le dernier roi sassanide, n'y a pas résisté : l'histoire raconte qu'il serait mort dans la forteresse de Kiz Kala. Kiz signifie « fille » : la forteresse de Kiz Kala était réservée aux femmes, alors que celle de Djigit Kala était habitée par les hommes. La légende raconte que les hommes venaient jeter des pommes par-dessus les murs de la forteresse des femmes, et que les femmes qui les attrapaient signifiaient ainsi leur souhait d'épouser le lanceur.

■ MAUSOLÉE DE MUHAMMAD IBN ZAYD

Il date du XIIe siècle, bien que le personnage ait vécu au VIIIe siècle. Il est considéré comme le descendant direct d'Ali à la cinquième génération. Ce petit mausolée est niché dans un joli site, au pied d'une colline de rochers, et son architecture est particulièrement fine. À l'intérieur du mausolée, on peut admirer une très belle coupole dont les motifs sont réalisés par des imbrications de briques cuites. Huit arches partent de la base de la coupole, et l'on devine des peintures sur le mur du fond. Des trois coupoles que compte le mausolée, la dernière est de loin la plus fine. Mieux vaut être équipé d'une lampe de poche, l'électricité ne fonctionne pas toujours dans le mausolée. Dans la cour, un arbre est entièrement recouvert de tissus représentant les vœux des pèlerins. En face de l'entrée du mausolée se trouve un puits. En hiver, les habitants des alentours y mettaient de la neige, ce qui leur permettait de conserver l'eau au frais grâce aux murs en pierre isolants. Les remparts qui s'élèvent autour du mausolée datent du Moyen Age.

■ MAUSOLÉE DU SULTAN SANDJAR

Il date du XIe siècle. C'est l'un des monuments les mieux conservés du site, et l'un des rares à avoir survécu aux destructions mongoles. Il a été largement rénové en 2004. Le mausolée se présente sous la forme d'une grande pièce carrée de 40 m de côté, surmontée d'une coupole. Selon la légende, le trou situé au centre de la coupole permet à un ange de rendre visite au sultan Sandjar tous les vendredis. Le sultan Sandjar est l'un des personnages

© SYLVIE FRANÇOISE

Mausolée du sultan Sandjar

importants dans l'histoire turkmène, et le mois de novembre a d'ailleurs été renommé le mois de Sandjar dans le nouveau calendrier. Sandjar a notamment œuvré pour faire du turkmène la langue nationale à la place du turc. Il a également fait construire de nombreuses bibliothèques, contribuant ainsi au foisonnement culturel local.

Shopping

■ MARCHÉ LALEZAR

Ce marché couvert consacré aux fruits et légumes est très animé. Sur le trottoir d'en face se trouvent plusieurs restaurants qui font des brochettes.

■ MARCHÉ VERT

Le « Gug Bazar » est un grand marché abrité sous une coupole bleue. On y trouve un peu de tout, nourriture, cosmétique, vêtements… On peut faire du change au noir devant l'entrée.

Dans les environs

Gonur Depe

À une centaine de kilomètres de Merv, dont 30 km de piste. Entrée 5 $ plus 10 $ pour les photos. Un chauffeur, une voiture tout terrain et un guide sont indispensables pour effectuer cette visite.

C'est un archéologue russe parti à la recherche de l'antique Margiane qui a découvert l'impressionnant site de Gonur Depe. L'existence de cette ville presque mythique, qui aurait été fondée au deuxième millénaire avant notre ère, était en tout et pour tout mentionnée dans une lettre de Darius Ier, un roi achéménide du VIe siècle av. J.-C. qui signifiait que « le pays de Margush est devenu rebelle »... Les archéologues ont donc exploré le delta de la rivière Murgab, avant de mettre au jour à Gonur Depe, au milieu des années 1970, un temple du feu. Les fouilles successives menées sur le site ont peu à peu révélé une immense nécropole, et une ville entière, considérée comme l'une des découvertes archéologiques majeures des dernières décennies. Les Turkmènes aiment annoncer que ce site est le berceau de la cinquième grande civilisation mondiale, aux côtés de la Mésopotamie, de l'Egypte, de l'Inde et de la Chine. Un sceau cylindrique doté d'une inscription a été retrouvé sur le site : les chercheurs l'ont daté du XXIIe ou XXIIIe siècle av. J.-C., ce qui a permis d'évaluer la fondation de la ville à une date similaire, c'est-à-dire à l'époque sumérienne. Les habitants de Margush venaient probablement de Mésopotamie et d'Iran, emmenant avec eux leurs cultures et religions. La ville avait visiblement une activité agricole intense : le sol renferme encore des restes de petits canaux, qui servaient à acheminer l'eau depuis le delta du Murgab, situé à trois kilomètres de là. Le déclin de la ville a probablement été entraîné par un changement du cours du fleuve, qui a privé les habitants d'eau. Ceux-ci ont alors dû se déplacer, probablement en direction de Merv.

▶ **Le site.** Le site couvre une superficie de 20 hectares. Au centre se trouvent les fondations d'un palais, ainsi qu'un temple et une nécropole. Le tout était encerclé par trois rangs de murs concentriques, dont seulement deux ont été mis au jour pour l'instant. Le premier cercle était celui du palais, le second celui des artisans. La ville comportait trois entrées. Les plans des maisons sont très nettement visibles au sol. Les habitations étaient grandes, puisqu'elles logeaient en général un clan entier. Un endroit était réservé aux sacrifices à l'intérieur même de chaque logement. Le foyer se situait à droite et le sacrifice rituel des moutons se faisait à gauche de chaque autel familial. Les fouilles de Gonur Depe ont permis de révéler une dizaine de fours à céramique bien conservés. Un dôme émerge à la surface, alors que le four proprement dit, enterré, est de forme carrée. La température de cuisson montait à 530 °C. On peut encore voir des restes de céramiques sur le pilier central et les murs de l'un des fours. Quant aux débris de céramiques brunes, ils jonchent le sol sur presque toute la surface du site.

■ MONUMENTS FUNÉRAIRES

Ils sont très nombreux sur le site de Gonur Depe. Lorsque quelqu'un mourrait, on récitait des textes sacrés cinq fois par jour dans cinq pièces différentes. Un complexe funéraire est spécifiquement dédié à ces lectures. Les pièces sont de plus en plus grandes au fur et à mesure de la progression. Les murs de la troisième sont creusés de niches destinées à accueillir des statues. La quatrième salle était réservée aux ablutions du corps, qui était ensuite revêtu de blanc. C'est dans la cinquième pièce que la famille venait dire adieu au défunt. À côté de cette pièce se trouve un site qui, selon les archéologues, aurait dû abriter les corps de la famille royale. Mais la pièce était vide, et c'est finalement dans le quartier des artisans que des fouilles ont révélé des tombes royales : on y accédait par un escalier, qui menait à un autel et à une série de petites salles. Les murs étaient couverts de mosaïques, les niches contenaient des objets précieux. Près de 300 objets dont deux roues en bronze ont été trouvés dans ces tombeaux, ainsi que les squelettes de chameaux et d'esclaves tués avec leur maître. La zone des tombeaux n'a probablement pas révélé tous ses secrets : près de 80 % des tombes avaient été pillées avant l'arrivée des archéologues, mais sur les 3 000 tombes du site, seules 300 ont été fouillées à ce jour. En contrebas se trouvent deux réservoirs d'eau tout ronds. Il est probable qu'un temple rond dédié à la déesse de l'eau se trouvait juste devant ces réservoirs.

■ PALAIS

Il couvre une surface de 135 m sur 130 m, des dimensions très vastes pour l'âge du bronze. Il se compose de trois salles, dont l'une était destinée au trône, l'autre au temple, et la troisième était une salle d'attente. Il est entouré de deux rangées de remparts. L'entrée du palais se fait par une porte minuscule, qui ne fait que renforcer l'impression d'immensité des salles sur lesquelles on débouche. On peut encore voir les traces des colonnes en bois qui soutenaient le toit, ainsi que le principe des

angles saillants utilisés à des fins décoratives (un principe architectural que l'on retrouve en Crête). Cette technique était apparemment réservée aux bâtiments administratifs et religieux. Le sol et les murs étaient recouverts d'albâtre, dont on peut encore apercevoir quelques résidus. La salle du trône est dotée d'une petite plate-forme qui la surélève par rapport à la salle d'attente. La base d'une colonne en marbre est encore visible entre les deux salles. Les deux grandes niches de part et d'autre du trône étaient probablement destinées à accueillir des statues de dieux, bien qu'aucune statue n'ait été retrouvée sur le site.

TEMPLE PRINCIPAL

Son plan est également dessiné au sol, l'autel était de forme circulaire, divisé en cinq parties. Sur les côtés, se trouvent les pièces dans lesquelles vivaient les prêtres. Le dieu principal était celui du feu ou du soleil. Les archéologues considèrent que les habitants de Margiane étaient adeptes d'un proto-zoroastrisme. Des cérémonies dédiées au dieu du feu avaient lieu cinq fois par mois, mais on honorait également le dieu du vent, celui de la lumière… Le dieu de la fertilité avait son propre temple, nommé Anahit, et les cérémonies en son honneur impliquaient l'absorption de boissons narcotiques (opium, mandragore et éphédrine). Ces pratiques religieuses, qui ont duré plus de deux millénaires, sont aujourd'hui relativement bien documentées.

DASHOGUS

Située à l'extrémité nord du pays, la ville de Dashogus se trouve à quelques kilomètres à peine de la frontière ouzbèke. Cette ville très soviétique sera le premier contact avec le Turkménistan pour ceux qui arrivent d'Ouzbékistan, et servira seulement de point de transit soit vers Achgabat, soit vers les sites archéologiques des environs. Car la ville en elle-même, grise et froide, ne présente pas grand intéret… Le passage de la frontière peut être très long, alors prévoyez du temps et des passe-temps…

Transports

- **Avion.** Plusieurs vols par jour sont assurés par Turkmenistan Airlines entre Dashogus et Achgabat. Le vol dure environ une heure.
- **Train.** La ligne directe entre Achgabat et Dashogus a été inaugurée début 2006. Elle permet d'effectuer le trajet entre les deux villes sans passer par l'Ouzbékistan, comme c'était autrefois le cas. Le train reste néanmoins un moyen de locomotion relativement lent.
- **Bus.** La route entre Achgabat et Dashogus est encore partiellement réduite à une piste chaotique au milieu du désert. Mais des travaux sont en cours pour créer une route en asphalte sur tout le trajet. La fin des travaux est prévue dans le courant de l'année 2007, et les chauffeurs estiment que l'on pourra alors effectuer le trajet en 6 ou 7 heures. Pour l'instant, il faut encore compter une bonne douzaine d'heures dont une large partie sur piste. La station de bus se trouve à côté du bazar Bai à Dashogus. C'est également de là que partent les minibus à destination de Konye-Urgench (2 heures de route).

Hébergement

HÔTEL DIYARBEKIR

9 rue Turkmenbashi
✆ (322) 59 037
Chambre double standard à 40 $ sans petit déjeuner. Cet hôtel un peu froid est néanmoins la meilleure adresse de la ville. N'y cherchez ni charme ni confort, juste une étape obligée.

HÔTEL UZBOY

19/1 rue Turkmenbashi
✆ (322) 56 016
Chambre double standard à 50 $, petit déjeuner compris. Un petit hôtel sans prétention mais très correct.

Restaurants

CAFÉ SERDA

En face du bazar Nygmat
✆ (322) 59 932
Un petit restaurant turkmène très fréquenté, dans une petite maison verte juste en face du bazar.

RESTAURANT DAYKHANBANK

Place Altyn Asyr
✆ (322) 59 742
Un grand restaurant russe à la carte bien fournie et au service de qualité.

RESTAURANT NADIRA

23/1 rue Andaliva
✆ (322) 52 005
Probablement l'établissement le plus animé de la ville. Cadre agréable et carte bien fournie.

KONYE-URGENCH

Transports – Pratique

À 100 km de Dashogus, liaisons par bus très fréquentes. Entrée 5 $, plus 10 $ pour les photos. Le site est ouvert au public de 9h à 18h.

Restaurants

Deux petits restaurants permettent de faire une pause bien méritée après la visite des sites. Un restaurant de style soviétique officie juste en face du bazar

CAFÉ SOULEYMAN

77 rue Aavda-Khakyhat

C'est probablement la meilleure adresse. Restaurant ouvert par une famille de Coréens. Les soupes de nouilles y sont délicieuses et l'accueil très chaleureux.

Point d'intérêt

Le Konye-Urgench a connu son heure de gloire entre le XIe et le XIIIe siècle, en tant que capitale des shahs du royaume de Khorezm. Elle a été frappée une première fois par les Mongols en 1221, et une grande partie des monuments a été détruite à cette période. Mais la ville a réussi à se relever et de nouveaux bâtiments, religieux notamment, ont été construits au XIVe siècle. C'est alors que les hordes de Tamerlan ont déferlé sur la ville, qui, cette fois-ci, ne s'en est pas relevée. Seuls quelques rares monuments ont résisté aux destructions massives des Timourides. Ils sont classés au patrimoine mondial de l'Unesco depuis juillet 2005. Et le site est un lieu de pèlerinage très actif : les différents monuments sont désormais reliés par un chemin de promenade dallé.

MAUSOLÉE DE FAKHR-AD-DIN RADI

Le mausolée du père de Tekech a pour sa part été joliment restauré. C'est un tout petit mausolée surmonté d'une coupole conique, à l'air un peu penché. Sa façade est très finement sculptée.

MAUSOLÉE DE TEKECH

Le mausolée de ce fils d'un shah de Khorezm du début du XIIIe siècle est identifiable à son étonnante forme conique. Quelques tuiles bleues sont encore visibles sur le toit. L'ensemble a été restauré en 2007.

MAUSOLÉE DE TURABEK-KHANIM

Daté du XIVe siècle, il est considéré comme la perle architecturale de Konye-Urgench. Ses portes sont en bois sculpté, sa coupole est couverte de mosaïques bleues (produits d'une restauration récente). La pièce centrale est de forme hexagonale, surmontée de douze fenêtres fermées et d'autant de fenêtres murées qui représentent les heures de la journée. A l'intérieur, la coupole est incrustée de 365 pièces de cristal. Et les quatre grandes fenêtres au sol représentent les quatre saisons de l'année.

MINARET

Minaret du XIVe siècle. C'est l'un des monuments majeurs du site. D'une hauteur de 62,5 m sur une base de 12 m de diamètre, il était à l'époque le plus élevé d'Asie centrale. Le minaret atteignait à l'origine une hauteur de 74 m, grâce à une flèche en or, emportée par les guerriers de Gengis Khan. Le petit monticule situé à droite du minaret est tout ce qu'il reste de la mosquée. On peut encore voir la porte en haut du minaret, qui permettait un accès direct depuis la mosquée. Dans la cour devant le minaret se trouvent un four à briques (à gauche) et un puits (à droite).

PORTAIL DE CARAVANSÉRAIL

Cet immense portail s'ouvre sur le désert. Il date du XIVe siècle, et certains archéologues pensent qu'il s'agirait non pas d'un caravansérail mais de l'entrée du palais des shahs.

TOMBE DE SAYD PIR

Elle apparaît sous la forme d'un petit mausolée en briques cuites. Devant le mausolée se trouve un petit tombeau en pierre devant lequel sont posées trois pierres sur un socle. Une croyance locale raconte que si l'on entre en méditation avec les pierres posées sur le bout des doigts, celles-ci se mettent à tourner. De nombreux pèlerins viennent tenter leur chance après avoir tourné autour du mausolée dans le sens inverse des aiguilles d'une montre en récitant des prières.

Dans les environs

Plus petit, le site se trouve à proximité de la ville de Konye-Urgench. Les billets donnent accès aux deux parties. Le mausolée du soufi Nadjm-ad-din Koubra comporte encore de belles céramiques bleues. Il abrite un religieux très respecté, qui a été tué par les Mongols vers 1430.

En face, se trouve le mausolée inachevé du sultan Ali, reconnaissable à sa forme polygonale et à son vaste portail. Un peu avant la cour arborée rassemblant ces deux mausolées principaux, se trouvent deux petits tombeaux coniques, très prisés des pèlerins. À l'entrée

Préparation du plov, riz mélangé à de la viande de mouton et des carottes

du complexe, se trouvent une mosquée et une madrasa construites au début du XXe siècle, mais qui se fondent étonnamment bien dans le décor local.

TURKMENBASHI

Cette ville portuaire de 70 000 habitants située sur la mer Caspienne est un étrange conglomérat de pôles urbains répartis le long de la côte et sur des langues de terres avancées vers la mer. L'ambition du Turkménistan est de transformer la ville en station balnéaire, mais on est encore loin du compte : à côté des rares plages de la ville s'étendent de longues digues hérissées de barres de fer rouillées. La ville a changé de nom après l'indépendance, pour rendre hommage au président qui a relancé la raffinerie de pétrole locale, principale source d'emplois. À terme, grâce au pétrole et au tourisme, Turkmenbashi a l'ambition de devenir le deuxième pôle économique du pays, même si ce n'est pas flagrant pour l'instant.

Transports

- **Avion.** Deux vols quotidiens relient Turkmenbashi à la capitale. Le trajet dure une heure.
- **Train.** Un train assure la liaison avec la capitale tous les deux jours. Les départs se font les jours pairs d'Achgabat et les jours impairs de Turkmenbashi. Le trajet dure 13 heures.
- **Bus.** Des bus assurent régulièrement la liaison entre Achgabat et Turkmenbashi. Les départs se font de la gare routière de Turkmenbashi, et de l'ancien aéroport à Achgabat. Le trajet dure environ 8 heures.
- **Ferry.** Une liaison par bateau existe entre Turkmenbashi et Bakou en Azerbaïdjan. Le trajet dure 12h à 24 heures selon l'âge de l'embarcation mais la fréquence des départs est très incertaine. Il faut aller directement sur le quai pour se renseigner.

Hébergement

Turkmenbashi se veut une station balnéaire et, comme partout dans le monde, les tarifs d'hôtels grimpent en été. Nous indiquons ici les tarifs en saison normale. Entre juin et septembre, ils augmentent de 50 %.

■ **HÔTEL AWAZA**
Place Avaza
✆ (243) 24 121
Chambre simple à 40 $, double à 60 $, petit déjeuner inclus. Juste à côté du Serdar, cet hôtel est plus modeste mais de taille plus humaine, et plutôt coquet. Il dispose d'une grande piscine couverte dans un bâtiment en forme de rotonde vitrée donnant sur la mer.

■ **HÔTEL SERDAR**
Place Avaza
✆ (243) 21 581
serdaroteli@online.tm

Chambre simple à 100 $, double à 115 $, petit déjeuner inclus. Un hôtel de standing bien que le bâtiment ressemble à une barre de béton sur la mer. Restaurant, bar, sauna, grande piscine en terrasse avec vue sur la mer, plage privée.

■ HÔTEL TURKMENBASHI
Rue Bahri-Hazar
✆ (243) 21 314
Chambre simple à 70 $, double à 85 $. Petit déjeuner inclus. Plus proche du centre-ville, ce grand hôtel à l'intérieur un peu triste est doté d'un terrain de tennis et d'une grande piscine extérieure surplombant la mer.

Restaurants

■ BAZAR
Le bazar de Turkmenbashi est un endroit très pittoresque, situé sur une niche surplombant la mer. Les amateurs de caviar y trouveront leur bonheur : les boîtes de caviar russe se trouvent dans toutes les allées, mais attention à la qualité. Les prix ont explosé et le meilleur caviar peut coûter plus de 5 000 € le kilo ! La production est également très surveillée, alors méfiez-vous des tarifs moins chers généralement issus de la contrebande…

■ CAFÉ ALTYN ASYR
Juste devant l'église orthodoxe
✆ (243) 20 752
Un petit restaurant avec vue sur la mer. Cuisine locale et surtout un très bon *plov* azéri.

Points d'intérêt

Turkmenbashi est une station balnéaire en devenir. On peut déjà profiter des quelques plages aménagées pour piquer une tête dans la Caspienne. Une petite église orthodoxe située à l'entrée de la ville, sur une colline surplombant la mer, constitue l'un des rares sites culturels de l'endroit.

Acheter des tapis

Les tapis turkmènes sont magnifiques, et l'envie d'en rapporter en Europe est souvent irrésistible. Mais attention : pour tout tapis de plus de 1 m², il faut une autorisation d'exportation. Celle-ci peut être obtenue auprès du bureau des tapis, situé derrière le musée du tapis. Mais encore faut-il trouver le fonctionnaire désigné, qui ne semble pas être très assidu à la tâche. Et les taxes d'exportation sont très chères : 100 $ pour un tapis de 2 m sur 2 m. Sans le précieux sésame, les tapis seront saisis à la douane en sortant du pays.

BALKANABAD

Cette petite ville de province est du genre endormie au milieu de nulle part. Mais elle est un point de passage pour ceux qui prendront la route d'Achgabat à Turkmenbashi. Et elle constitue surtout la base de départ pour aller visiter Dehistan, un site archéologique intéressant situé à 3 heures de route vers le sud.

Transports

- **Avion.** Turkmenistan Airlines assure un vol entre Balkanabat et Achgabat le mardi, le jeudi et le samedi. Le trajet dure une heure.
- **Train.** Balkanabad se trouve sur la voie ferrée reliant Turkmenbashi à Achgabat. Les trains roulent en direction de la capitale les jours impairs, et depuis la capitale les jours pairs. Il existe également une ligne reliant Turkmenbashi à Balkanabad tous les jours.
- **Bus.** Le réseau de bus est assez performant, à la fois en direction de Turkmenbashi et vers Achgabat. Compter cinq bonnes heures vers la capitale, et un peu moins de trois heures pour arriver jusqu'à la côte caspienne.

Hébergement – Restaurants

■ HÔTEL NEBITCHI
Bloc 198
Chambre double standard à partir de 150 $ par personne, petit déjeuner compris. Tâchez de passer par l'une des nombreuses agences utilisant les services de cet établissement pour bénéficier de tarifs négociés. Cet hôtel de luxe est le seul autorisé à recevoir des étrangers. Il a été construit pour accueillir les employés des compagnies pétrolières implantées dans la région de Balkanabad.
L'hôtel offre de très belles prestations, totalement inattendues dans une aussi petite ville : restaurant, bar, salle de gymnastique et piscine extérieure. Bon emplacement, proche du musée des tapis, à l'écart du bruit.

■ RESTAURANT WESNA
Rue Magtymguly
À cinq minutes à pied de l'hôtel, ce restaurant est la deuxième bonne surprise de cette ville somnolente. Il ne paie pas de mine de l'extérieur, mais la salle est chaleureuse et l'ambiance toujours très animée. La carte,

Cimetière au nord du site de Dehistan

en anglais, propose un grand choix de plats, cuisine de qualité. Et, cerise sur le gâteau, certaines serveuses parlent anglais et sont très heureuses de venir papoter avec les étrangers de passage.

Dans les environs

DEHISTAN

À 3 heures de route de Balkanabad vers le sud, dont 40 km de piste. Une voiture tout terrain est nécessaire, et il n'y a pas de transports en commun pour arriver jusqu'au site. L'entrée coûte 15 $, plus 10 $ pour prendre des photos. Perdu au milieu du désert, le site de Dehistan est difficile d'accès et largement méconnu. Il témoigne néanmoins de la splendeur passée de l'oasis de Mistriane, où les premières traces d'urbanisation datent du troisième millénaire avant notre ère. Les archéologues considèrent que la région a connu trois phases de développement : du troisième millénaire avant notre ère jusqu'au premier siècle apr. J.-C., l'oasis était peuplée d'agriculteurs maîtrisant les techniques d'irrigation. Entre le IIIe et le VIIIe siècle, la Mistriane est occupée par des tribus d'origine turque, qui sont avant tout des éleveurs semi-nomades. Quelques tumulus disséminés dans la plaine dateraient de cette époque. Mais les principaux vestiges archéologiques datent de la troisième phase de développement de la région, entre le Xe et le XIVe siècle. La ville couvrait alors une superficie de 200 hectares, et comportait une citadelle entourée de quartiers d'habitations. La citadelle était apparemment protégée par deux rangées de remparts hérissées de tours de guet. Ces protections n'ont pas permis aux Shahs de Khorezm qui habitaient l'endroit de résister aux armées mongoles, qui ont largement ravagé la ville au XIIIe siècle. Mistriane a cependant réussi à se relever après le passage des Mongols, mais seulement pour s'éteindre environ un siècle plus tard, terrassée par un ennemi bien plus impitoyable que les Mongols : la désertification. De cette splendeur passée, bien peu de vestiges sont encore debout. Une partie des remparts a néanmoins été conservée. Deux minarets du XIIIe siècle sont encore en bon état, et des lambeaux de portes de mosquée se dressent toujours au milieu du désert. Les minarets font une vingtaine de mètres de hauteur, et l'un d'entre eux porte encore de belles inscriptions en céramique bleue dans sa partie supérieure. Les fondations de quatre mosquées datant de la période pré-mongole ont été mises au jour sur le site. Mais à l'heure actuelle, les fouilles ont été totalement arrêtées, faute de financements. À 7 km de là se trouve le cimetière de Meshked, dans lequel on peut encore voir cinq mausolées des XIe et XIIe siècles. Le mieux conservé est celui de Shir-Kabir, qui est à la fois un mausolée et une petite mosquée. C'est un lieu de pèlerinage assez fréquenté, comme en témoignent les centaines de tissus votifs accrochés à l'intérieur de la mosquée. Le sol du cimetière est constellé de petites pyramides de pierres. Celles-ci représentent les prières des pèlerins qui viennent demander la protection des esprits. Attention : le site se trouve au beau milieu du désert, et les serpents semblent apprécier l'ombre des pierres tombales…

ORGANISER SON SÉJOUR

Dromadaires du Karakum dans le désert

Pense futé

ARGENT

Monnaie

Au cours de votre voyage, vous aurez besoin de monnaie locale, de dollars et d'euros. Les monnaies locales vous serviront pour la vie quotideienne et les dépenses courantes, les dollars et les euros pour le paiement des hôtels, des taxis longue distance, des visas… Les dollars présentent l'avantage d'avoir des billets en petites coupures alors que les plus petites coupures en euros (5, 10 et 20 €) vous seront la plupart du temps refusées pour le change. Il vous faudra donc avoir des coupures de 50 ou 100, les plus prisées par les banques, mais difficilement utilisables à part dans les grands hôtels. Avec l'aparition du Nouveau Manat au Turkménistan, l'Ouzbékistan demeure le seul pays où vous aurez à vous promener avec d'énormes liasses de billets dès que vous aurez changé 100 €. D'autant que la plus grosse coupure, 1 000 sums, n'équivaut qu'à peine à 50 centimes d'euros…

- **Au Kazakhstan,** la monnaie officielle est le tengue, introduit en novembre 2003. Il est à son tour divisé en 100 tiyins (relativement peu utilisés). L'argent se présente essentiellement sous la forme de billets de 10 000, 5 000, 2 000, 1 000, 500, 200, 100, 50, 20, 10, 5, 2 et 1 tengue(s). Les billets de 1, 2, 5 et 10 tengues sont devenus extrêmement rares. Taux de change en avril 2010 : 1 € = 203 tengues, 1 000 tengues = 5 €.

- **Au Kirghizistan**, la monnaie officielle est le som, qui est divisé en 100 tiyins. Il n'existe pas de pièces, seulement des billets de 1 000, 500, 200, 100, 50, 20, 10, 5 et 1 som(s). Les tiyins ne sont plus utilisés. Taux de change en avril 2010 : 1 € = 60,6 soms, 100 soms = 1,64 €.

- **La monnaie d'Ouzbékistan** est le soum, qui est divisé en 100 tiyins, pas plus utilisés que dans les pays voisins. L'argent se présente sous la forme de billets de 1 000, 500, 200, 100 et 50. Taux de change en avril 2010 : 1 € = 2 087 soums, 10 000 soums = 4,8 €.

▸ **Au Tadjikistan,** la monnaie officielle est le somoni, divisé en 100 dirams. Il n'existe que des billets, d'une valeur de 100, 50, 20, 10, 5 et 1 somoni(s), et de 50, 20, 5 et 1 diram(s). Il est recommandé de toujours garder une collection de petits billets pour payer les dépenses courantes, car les marchands ou les taxis sont souvent à court de monnaie. L'exportation de somonis est théoriquement interdite. Taux de change en avril 2010 : 1 € = 5,93 somonis, 100 somonis = 16,9 €.

▸ **Au Turkménistan**, la monnaie officielle est le nouveau manat, dont une unité équivaut à 5 000 anciens manats. Il existe des billets de 500, 100, 50, 20, 10, 5 et 1 NM et des pièces de 50, 20, 10, 5, 2 et 1 tengue. Taux de change en avril 2010 : 1 € = 3,9 nouveaux manats, 100 nouveaux manats = 25,6 €.

Coût de la vie

Le quotidien peut être très bon marché en Asie centrale si l'on décide de voyager en spartiate. On dort pour moins de 10 € dans les plus modestes B&B ou dans certains hôtels survivants de l'époque soviétique et l'on mange très correctement pour 2 à 4 € dans les bazars et les *tchaïkhana*. Les transports en commun, bus ou trains sont très bons marchés, de même que certaines lignes intérieures. Néanmoins, dès que vous en aurez assez d'attendre des heures à une gare routière un bus qui tombera forcément trois fois en panne sur un parcours de 100 km pour vous déposer dans un hôtel miteux sans salle de bain, vous vous apercevrez vite que, pour trouver mieux, il faut tout de suite payer beaucoup plus cher. Les adresses de moyenne gamme sont effectivement plus rares, surtout en saison touristique. En outre, cela suppose que vous ayez suffisamment de temps pour ne pas avoir à emprunter de taxis sur de longues distances.

▸ **Le Turkménistan et le Tadjikistan** sont un peu particuliers dans la mesure où, notamment dans le premier, il faut en général être accompagné d'un guide officiel. Les transports en commun sont relativement rares ou d'accès limité, ce qui oblige souvent à louer une voiture et un chauffeur. Au Tadjikistan, la nécessité d'effectuer certains trajets en 4x4 augmente aussi considérablement le poids des transports dans le budget. Séjourner dans ces deux pays coûte largement plus cher que dans le reste de la zone.

▸ **Le Kazakhstan** est assez peu équipé en infrastructures hôtelières, et le logement peut donc être un peu cher à Almaty et à Astana. Surtout, vu la dimension du pays, les voyageurs qui voudront parcourir de grandes distances seront souvent contraints de prendre des lignes aériennes intérieures, ce qui grève fortement les budgets. À moins d'être décidé à passer des journées entières en train à regarder défiler la steppe...

▸ **Le Kirghizistan** est sans doute le pays le moins cher de toute la région : le coût de la vie y est généralement plus bas qu'ailleurs, et le tourisme communautaire qui s'y développe permet de vivre de très belles aventures à petits prix.

▸ **En Ouzbékistan**, Tachkent fourmille d'hôtels de luxe et Boukhara, Samarkand et Khiva sont bien équipés en chambres d'hôtes de charme. Mais les tarifs ont tendance à se placer en orbite dès le début de la saison touristique.

Banques et change

Vous ne pourrez pas vous procurer ces devises en France, mais vous pourrez changer des dollars (monnaie de substitution sur place) avant de partir ou bien changer directement vos euros à votre arrivée. Évitez les bureaux de change des aéroports et le marché noir.

▸ **Au Kazakhstan.** Il est difficile de trouver des tengues en dehors du Kazakhstan : la solution la plus efficace consiste donc à arriver avec des euros ou des dollars (qu'il faut déclarer à la douane à l'arrivée, car on ne peut pas sortir du pays plus de devises étrangères que ce que l'on a apporté avec soi), des chèques de voyage, ou de retirer des tengues directement en Carte bleue dans les distributeurs des grandes villes. Il est en revanche plus difficile de changer les tengues en euros ou dollars avant de quitter le pays : il faut impérativement présenter le reçu du change ou du retrait initial, et même dans ce cas, la conversion n'est pas garantie.

▸ **Au Kirghizistan**, le change se fait très facilement dans les multiples agences de la capitale, ou dans les banques habilitées à faire cette opération dans les grandes villes du pays.

▸ **En Ouzbékistan**, le change au noir est interdit, et il faut impérativement se rendre dans des banques officielles pour effectuer ces transactions (les sanctions sont assez dures contre le marché noir). Certains prix sont affichés en dollars dans les villes touristiques, notamment pour les hôtels, mais la plupart des transactions quotidiennes se font en sums.

▶ **Au Tadjikistan**, on peut facilement changer de l'argent (surtout des dollars mais aussi dans une large mesure des euros) dans les multiples bureaux de change des grandes villes. Les prix des hôtels pour touristes sont en général annoncés en dollars, et doivent être payés dans cette monnaie (si ce n'est pas inclus dans un voyage organisé).

▶ **Au Turkménistan**, il est fortement recommandé d'arriver avec des dollars, largement préférés aux euros. Et le change se fera avantageusement sur le marché noir, et non pas aux taux officiels proposés par les banques, qui sont incroyablement bas. Les étrangers ne sont pas autorisés à importer ni exporter des manats. Et les monnaies étrangères doivent systématiquement être déclarées au passage des douanes.

■ NATIONAL CHANGE
✆ 0 820 888 154
www.nationalchange.com
N'hésitez pas à contacter notre partenaire en mentionnant le code PF06 ou en consultant le site Internet. Vos devises et chèques de voyage vous seront envoyés à domicile.

Moyens de paiement

Cash

A chaque retrait à l'étranger avec votre carte, une commission est retenue à la fois par la banque du distributeur et par votre banque. Les tarifs qui s'appliquent se composent d'une commission fixe et de frais proportionnels au montant retiré ou payé. Pour éviter donc de multiplier les frais, pensez à grouper vos retraits d'argent ou à prendre des Traveler's Cheques.

▶ **Transfert d'argent.** Avec ce système, on peut envoyer et recevoir de l'argent de n'importe où dans le monde en quelques minutes. Le principe est simple : un de vos proches se rend dans un point MoneyGram® ou Western Union® (poste, banque, station-service, épicerie…), il donne votre nom et verse une somme à son interlocuteur. De votre côté de la planète, vous vous rendez dans un point de la même filiale. Sur simple présentation d'une pièce d'identité avec photo et de la référence du transfert, on vous remettra aussitôt l'argent.

Carte de crédit

Avant votre départ, pensez à vérifier avec votre conseiller bancaire la limitation de votre plafond de paiement et de retrait. Demandez, si besoin est, une autorisation exceptionnelle pour la période de votre voyage.

▶ **En cas de perte** ou de vol de votre carte de paiement, appelez le serveur vocal du groupement des cartes bancaires Visa®, EuroCard® et MasterCard® au ✆ (00 33) 892 705 705 ou (00 33) 836 690 880. Il est accessible 7j/7 et 24h/24. Si vous connaissez le numéro de votre carte bancaire, l'opposition est immédiate et confirmée. Dans le cas contraire, l'opposition est enregistrée mais vous devez confirmer l'annulation à votre banque par fax ou lettre recommandée.

▶ **En cas de dysfonctionnement** de votre carte de paiement ou si vous avez atteint votre plafond de retrait, vous pouvez bénéficier d'un cash advance. Proposé dans la plupart des grandes banques, ce service permet de retirer du liquide sur simple présentation de votre carte au guichet d'un établissement bancaire, que ce soit le vôtre ou non. On vous demandera souvent une pièce d'identité. En général, le plafond du cash advance est identique à celui des retraits, et les deux se cumulent (si votre plafond est fixé à 500 €, vous pouvez retirer 1 000 € : 500 € au distributeur, 500 € en cash advance). Quant au coût de l'opération, c'est celui d'un retrait à l'étranger.

▶ **Au Kazakhstan,** les principales cartes de crédit internationales sont acceptées dans les grands hôtels d'Almaty et d'Astana, ainsi que dans quelques magasins et restaurants de luxe. Les distributeurs automatiques des grandes villes acceptent en général les cartes étrangères.

▶ **Au Kirghizistan**, les cartes de crédit sont acceptées dans les grands hôtels de la capitale, mais tout le reste se paie en liquide. On peut en revanche facilement retirer de l'argent en Carte bleue dans les quelques distributeurs de la capitale.

▶ **En Ouzbékistan**, les cartes de crédit sont acceptées dans la plupart des hôtels haut de gamme de Tachkent (certains ajoutent alors une commission au prix de base annoncé). Les distributeurs sont rares dans la capitale (on en trouve surtout dans les halls des hôtels haut de gamme) et pour ainsi dire inexistants dans le reste du pays.

▶ **Au Tadjikistan et au Turkménistan**, les cartes de crédit sont très rarement acceptées, à part dans un ou deux grands hôtels des capitales. De même, les distributeurs automatiques sont rares, et carrément inexistants en dehors des capitales.

Traveler's Cheques

Ce sont des chèques prépayés émis par une banque, valables partout, et qui permettent d'obtenir des espèces dans un établissement bancaire ou de payer directement ses achats auprès de très nombreux lieux affiliés (boutiques, hôtels, restaurants…). Ils sont valables à vie. Leur avantage principal est l'inviolabilité : un système de double signature (la deuxième étant faite par vous devant le commerçant) empêche toute utilisation frauduleuse. A la fin de votre séjour, s'il vous en reste, vous pourrez les changer contre des euros ou les restituer à votre banque qui les imputera à votre compte courant. A noter que le paiement par chèque classique est rarement possible à l'étranger. Lorsque c'est le cas, l'utilisation est compliquée et très coûteuse.

Les chèques de voyage sont acceptés dans la plupart des grandes banques du Kazakhstan. Il vaut cependant mieux penser à les changer dans les grandes villes, histoire de ne pas se retrouver dépourvu dans les villages dont les banques ne sont pas habilitées à changer ces chèques. Souvent, le reçu d'achat des chèques de voyage doit être présenté lors de l'encaissement. De plus, vous devrez présenter un passeport en cours de validité au moment de l'opération. Les commissions appliquées par les établissements bancaires et, bien souvent, la lenteur de la procédure, rend néanmoins ce support monétaire peu intéressant en Asie centrale. Dans certains hôtels, vous pourrez régler votre séjour avec vos travellers chèques. Au Kirghizistan, en Ouzbékistan, au Tadjikistan et au Turkménistan, les chèques de voyage sont assez rarement acceptés, et les commissions sont en général élevées. Ce n'est pas pour le moment la meilleure façon de retirer de l'argent dans ces quatre pays.

Pourboires, marchandage et taxes

Le pourboire n'est pas monnaie courante en Asie centrale. Les hôtels et restaurants appliquent une taxe incluant le service, en général de 10 % du montant total de l'addition. Quant aux chauffeurs de taxi, inutile de négocier des heures durant pour laisser une somme supplémentaire à l'arrivée.

Toutefois, si un chauffeur a été particulièrement efficace au cours d'un trajet, vous a aidé à trouver un hébergement ou accompli toute autre tâche héroïque vous ayant tiré d'embarras, ne soyez pas trop regardant lorsqu'il s'agira d'arrondir la somme… Vous pouvez également laisser des pourboires à des guides si vous avez été satisfait de leurs services. Ne laissez rien juste « par principe » ou pour « abréger la conversation », vous ne feriez qu'ancrer de mauvaises habitudes et compliquer la vie des voyageurs qui passeront après vous ! Le marchandage est de rigueur pour les courses en taxi, que ce soit en ville ou sur de longs trajets, et les souvenirs du pays.

Duty Free

Puisque votre destination finale est hors de l'Union européenne, vous pouvez bénéficier du Duty Free (achats exonérés de taxes). Attention, si vous faites escale au sein de l'Union européenne, vous en profiterez dans tous les aéroports à l'aller, mais pas au retour. Par exemple, pour un vol aller avec une escale, vous pourrez faire du shopping en Duty Free dans les trois aéroports, mais seulement dans celui de votre lieu de séjour au retour.

ASSURANCES

Simples touristes, étudiants, expatriés ou professionnels, il est possible de s'assurer selon ses besoins et pour une durée correspondant à son séjour. De la simple couverture temporaire s'adressant aux baroudeurs occasionnels à la garantie annuelle, très avantageuse pour les grands voyageurs, chacun pourra trouver le bon compromis. A condition toutefois de savoir lire entre les lignes.

Choisir son assureur

Voyagistes, assureurs, secteur bancaire et même employeurs : les prestataires sont aujourd'hui très nombreux et la qualité des produits proposés varie considérablement d'une enseigne à une autre. Pour bénéficier de la meilleure protection au prix le plus attractif, demandez des devis et faites jouer la concurrence. Quelques sites Internet peuvent être utiles dans ces démarches comme celui

de la Fédération française des sociétés d'assurances (www.ffsa.fr), qui saura vous aiguiller selon vos besoins, ou le portail de l'Administration française (www.service-public.fr) pour toute question relative aux démarches à entreprendre.

Voyagistes

Ils ont développé leurs propres gammes d'assurances et ne manqueront pas de vous les proposer. Le premier avantage est celui de la simplicité. Pas besoin de courir après une police d'assurance. L'offre est faite pour s'adapter à la destination choisie et prend normalement en compte toutes les spécificités de celle-ci. Mais ces formules sont habituellement plus onéreuses que les prestations équivalentes proposées par des assureurs privés. C'est pourquoi il est plus judicieux de faire appel à son apériteur habituel si l'on dispose de temps et que l'on recherche le meilleur prix.

Assureurs

Les contrats souscrits à l'année comme l'assurance responsabilité civile couvrent parfois les risques liés au voyage. Il est important de connaître la portée de cette protection qui vous évitera peut-être d'avoir à souscrire un nouvel engagement. Dans le cas contraire, des produits spécifiques pourront vous être proposés à un coût généralement moindre. Les mutuelles couvrent également quelques risques liés au voyage. Il en est ainsi de certaines couvertures maladie qui incluent une protection concernant par exemple tout ce qui touche à des prestations médicales.

Employeurs

C'est une piste largement méconnue mais qui peut s'avérer payante. Les plus généreux accordent en effet à leurs employés quelques garanties applicables à l'étranger. Pensez à vérifier votre contrat de travail ou la convention collective en vigueur dans votre entreprise. Certains avantages non négligeables peuvent s'y cacher.

Cartes bancaires

Moyen de paiement privilégié par les Français, la carte bancaire permet également à ses détenteurs de bénéficier d'une assurance plus ou moins étendue. Visa®, MasterCard®, American Express®, toutes incluent une couverture spécifique qui varie selon le modèle de carte possédé. Responsabilité civile à l'étranger, aide juridique, avance des fonds, remboursement des frais médicaux : les prestations couvrent aussi bien les volets assurance (garanties contractuelles) qu'assistance (aide technique, juridique, etc.). Les cartes bancaires haut de gamme de type Gold® ou Visa Premier® permettent aisément de se passer d'assurance complémentaire. Ces services attachés à la carte peuvent donc se révéler d'un grand secours, l'étendue des prestations ne dépendant que de l'abonnement choisi. Il est néanmoins impératif de vérifier la liste des pays couverts, tous ne donnant pas droit aux mêmes prestations. De plus, certaines cartes bancaires assurent non seulement leurs titulaires mais aussi leurs proches parents lorsqu'ils voyagent ensemble, voire séparément. Pensez cependant à vérifier la date de validité de votre carte car l'expiration de celle-ci vous laisserait sans recours.

▶ **Précision utile :** beaucoup pensent qu'il est nécessaire de régler son billet d'avion à l'aide de sa carte bancaire pour bénéficier de l'ensemble de ces avantages. Cette règle ne s'applique en fait qu'à la garantie annulation du billet de transport – si elle est prévue au contrat – et ne concerne que l'assurance, en aucun cas l'assistance. Les autres services, indépendants les uns des autres, ne nécessitent pas de répondre à cette condition afin de pouvoir être actionnés.

Choisir ses prestations

Garantie annulation

Elle reste l'une des prestations les plus utiles et offre la possibilité à un voyageur défaillant d'annuler tout ou partie de son voyage pour l'une des raisons mentionnées au contrat. Ce type de garantie peut couvrir toute sorte d'annulation : billet d'avion, séjour, location... Cela évite ainsi d'avoir à pâtir d'un événement imprévu en devant régler des pénalités bien souvent exorbitantes. Le remboursement est la plupart du temps conditionné à la survenance d'une maladie ou d'un accident grave, au décès du voyageur ayant contracté l'assurance ou à celui d'un membre de sa famille. L'attestation d'un médecin assermenté doit alors être fournie. Elle s'étend également à d'autres cas comme un licenciement économique, des dommages graves à son habitation ou son véhicule, ou encore à un refus de visa des autorités locales.

Moyennant une surtaxe, il est également possible d'élargir sa couverture à d'autres motifs comme la modification de ses congés ou des examens de rattrapage. Les prix pouvant atteindre 5 % du montant global du séjour, il est donc important de bien vérifier les conditions de mise en œuvre qui peuvent réserver quelques surprises. Dernier conseil : s'assurer que l'indemnité prévue en cas d'annulation couvre bien l'intégralité du coût du voyage.

Assurance bagages

Voir la partie « Bagages ».

Assurance maladie

Voir la partie « Santé ».

Autres services

Les prestataires proposent la plupart du temps des formules dites « complètes » et y intègrent des services tels que des assurances contre le vol ou une assistance juridique et technique. Mais il est parfois recommandé de souscrire à des offres plus spécifiques afin d'être paré contre toute éventualité. L'assurance contre le vol en est un bon exemple. Les plafonds pour ce type d'incident se révèlent généralement trop faibles pour couvrir les biens perdus et les franchises peuvent finir par vous décourager. Pour tout ce qui est matériel photo ou vidéo, il peut donc être intéressant de choisir une couverture spécifique garantissant un remboursement à hauteur des frais engagés.

BAGAGES

Que mettre dans ses bagages ?

Sac ou valise ? Un sac est évidemment recommandé pour tous les amateurs de randonnées. Ceux qui se contenteront des grandes villes, ou voyageront en circuit organisé, notamment en Ouzbékistan, peuvent choisir n'importe quel type de bagage. De façon générale, si l'on a un véhicule individuel, le choix du bagage importe peu, mais si l'on prévoit de voyager dans les transports locaux, bus ou trains, il vaut mieux le faire avec un sac, qui se porte plus facilement et surtout peut se glisser et se tasser même dans les soutes et coffres les plus encombrés.

Vêtements. Tout dépend de la période de l'année à laquelle on voyage. Mais de façon générale, au Kirghizistan ou dans les autres zones montagneuses du reste de l'Asie centrale, les nuits peuvent être très fraîches même en été, et les écarts de températures sont parfois très grands dans une même journée. Il est donc fortement recommandé d'avoir toujours des vêtements chauds à portée de main. Il en est de même si l'on traverse le désert du Turkménistan : les températures sont extrêmement élevées dans la journée, mais les nuits peuvent être très fraîches (et on ressent la fraîcheur encore plus après une journée de canicule). Des vêtements de pluie peuvent être nécessaires même en été au Kirghizistan et au Tadjikistan, où le climat montagnard sait se montrer capricieux. Vos vêtements légers pour les journées d'été devront être amples et ne pas trop découvrir le corps : avant-bras et cuisses, pour ne pas risquer les coup de soleil ou la déshydratation. Prenez également un chapeau à larges bords pour vous ménager votre propre coin à l'ombre ; des gants seront utiles en été comme en hiver pour parer au gel et au soleil. Et dans tous les cas, que ce soit pour un trek ou pour crapahuter en ville, prévoyez d'excellentes chaussures, montantes pour vous tenir la cheville, dotées de semelles épaisses isolant du froid ou de la chaleur et pas trop chaudes en été. Une paire de chaussures plus légères sera très appréciée en soirée.

Pour le camping. La plupart des trekkings en Asie centrale, et notamment au Kirghizistan, prévoient des nuits chez l'habitant, mais on est parfois contraint de camper en rase campagne (ou montagne, ou désert ou steppe). Si l'on part en trekking, il vaut donc mieux prévoir un équipement minimum. Au Kirghizistan, et notamment si l'on part de Karakol, il est possible de louer des équipements complets, de la tente au sac de couchage en passant par le réchaud à gaz et les crampons. Mais les opérateurs locaux ne disposent pas d'un stock infini de matériel et il n'est pas impossible qu'en saison touristique, vous ne trouviez aucun équipement disponible.

En vrac : couteau suisse, réveil, nécessaire de couture, crème solaire haute protection (le soleil tape très fort), petite pharmacie, tampons périodiques, préservatifs aux normes NF. Une lampe de poche et des piles de rechange seront particulièrement utiles si vous logez sous la yourte, où l'électricité n'arrive pas toujours. Pour les longs trajets en bus ou en train, un simple

gant de toilette que vous pourrez imbiber d'eau vous rendra la vie plus douce en été.

Réglementation

- **Bagages en soute.** Généralement, 20 à 23 kg de bagages sont autorisés en soute pour la classe économique et 30 à 40 kg pour la première classe et la classe affaires. Si vous prenez une des compagnies low-cost, sachez qu'elles font souvent payer un supplément pour chaque bagage enregistré.
- **Bagages à main.** En classe éco, un bagage à main et un accessoire (sac à main, ordinateur portable) sont autorisés, le tout ne devant pas dépasser les 12 kg ni les 115 cm de dimension. En première et en classe affaires, deux bagages sont autorisés en cabine. Les liquides et gels sont désormais interdits : seuls les tubes et flacons de 100 ml maximum sont tolérés, et ce dans un sac en plastique transparent fermé (20 cm x 20 cm). Seules exceptions à la règle : les aliments pour bébé et médicaments accompagnés de leur ordonnance. Enfin, si vous souhaitez ramener des denrées typiquement françaises sur votre lieu de villégiature, sachez que les fromages à pâte molle et les bouteilles achetées hors du Duty Free ne sont pas acceptés en cabine. Pour un complément d'informations, contactez directement la compagnie aérienne concernée.

Excédent

Lorsqu'on en vient à parler d'excédent de bagages, les compagnies aériennes sont assez strictes. Elles vous laisseront souvent tranquille pour 1 ou 2 kg de trop, mais passé cette marge, le couperet tombe, et il tombe sévèrement : 30 € par kilo supplémentaire sur un vol long-courrier chez Air France, 120 € par bagage supplémentaire chez British Airways, 100 € chez American Airlines. A noter que les compagnies pratiquent parfois des remises de 20 à 30 % si vous réglez votre excédent de bagages sur leur site Web avant de vous rendre à l'aéroport. Si le coût demeure trop important, il vous reste la possibilité d'acheminer une partie de vos biens par voie postale.

Perte – Vol

En moyenne, 16 passagers sur 1 000 ne trouvent pas leurs bagages sur le tapis à l'arrivée. Si vous faites partie de ces malchanceux, rendez-vous au comptoir de votre compagnie pour déclarer l'absence de vos bagages. Pour que votre demande soit recevable, vous devez réagir dans les 21 jours suivant la perte. La compagnie vous remettra un formulaire qu'il faudra renvoyer en lettre recommandée avec accusé de réception à son service clientèle ou litiges bagages. Vous récupérerez le plus souvent vos valises au bout de quelques jours. Dans tous les cas, la compagnie est seule responsable et devra vous indemniser si vous ne revoyez pas la couleur de vos biens (ou si certains biens manquent à l'intérieur de votre bagage). Le plafond de remboursement est fixé à 20 € par kilo ou à une indemnisation forfaitaire de 1 200 €. Si vous considérez que la valeur de vos affaires dépasse ces plafonds, il est fortement conseillé de le préciser à votre compagnie au moment de l'enregistrement (le plafond sera augmenté moyennant finance) ou de souscrire à une assurance bagages. A noter que les bagages à main sont sous votre responsabilité et non sous celle de la compagnie.

Matériel de voyage

AU VIEUX CAMPEUR

www.au-vieux-campeur.fr

Fondé en 1941, Au Vieux Campeur est la référence incontournable lorsqu'il s'agit d'articles de sport et loisirs.

DELSEY

www.delsey.com

La 2e marque mondiale dans le domaine du bagage, présente dans plus de 100 pays, avec 6 000 points de vente.

INUKA

www.inuka.com

Ce site vous permet de commander en ligne tous les produits nécessaires à votre voyage, du matériel de survie à celui d'observation en passant par les gourdes ou la nourriture lyophilisée.

SAMSONITE

www.samsonite.com

Leader mondial de l'univers des solutions de voyage. Les produits sont distribués sous les marques Samsonite, Samsonite Black Label, American Tourister, Lacoste et Timberland.

TREKKING

www.trekking.fr

Trekking propose dans son catalogue tout ce dont le voyageur a besoin : trousses de voyage, ceintures multipoches, sacs à dos, sacoches, étuis… Une mine d'objets de qualité pour voyager futé et dans les meilleures conditions.

DÉCALAGE HORAIRE

Les pays d'Asie centrale sont répartis sur deux fuseaux : Ouzbékistan, Tadjikistan et Turkménistan ont 3 heures de plus que la France en été, et 4 heures en hiver. Le Kazakhstan et le Kirghizistan ont 4 heures de plus en été et 5 heures en hiver.

ÉLECTRICITÉ, POIDS ET MESURE

Les systèmes électriques sont hérités de la période soviétique, et sont donc unifiés dans toute la région.

Le courant est de 220 volts en période de 50 MHz. Les prises sont similaires à celles que l'on a en Europe : deux fiches rondes.

▶ **Eau chaude**. La présence de salles de bains dans les hôtels n'est pas toujours synonyme d'eau chaude, surtout dans les établissements hérités de la période soviétique et dans les campagnes. Les coupures d'eau tout comme les coupures d'électricité ou de gaz sont très fréquentes, sauf au Kazakhstan.

FORMALITÉS, VISA ET DOUANE

L'obtention des visas est le principal casse-tête de tout voyage en Asie centrale. La plupart des pays ont des politiques assez restrictives, qui compliquent la planification du séjour, surtout si l'on envisage de traverser plusieurs pays.

▶ **Kazakhstan.** Un passeport d'une validité minimale de six mois est nécessaire pour faire la demande de visa. Celui-ci est délivré pour une durée de trois mois maximum, sur présentation d'une invitation ou d'un contrat de travail. Pour les visas de tourisme d'une durée inférieure à un mois, la lettre d'invitation n'est pas nécessaire, mais il faut donner à l'avance un itinéraire prévisionnel, et justifier d'un certain nombre de réservations d'hôtels (ce qui revient à peu près au même, vu qu'il faut de toute façon passer par une agence de voyage accréditée). Pour tout séjour de plus de trois jours, l'enregistrement à l'OVIR est obligatoire s'il n'a pas été fait automatiquement à la frontière. Les tarifs varient en fonction du pays d'où l'on fait sa demande, mais il faut en général compter 50 $ pour un visa touristique d'un mois avec une seule entrée.

▶ **Kirghizistan.** C'est le pays pour lequel les démarches d'obtention des visas sont les plus simples. Il est d'ailleurs possible d'obtenir un visa à l'aéroport de Bichkek (mais ce n'est pas encore possible sur les frontières terrestres, même si ce projet existe) : le visa est alors valable un mois pour une seule entrée, et coûte 60 $. Pour faire le visa à l'avance, il faut s'adresser à l'ambassade du Kirghizistan à Bruxelles, ou à celle du Kazakhstan à Paris, dans l'attente de l'ouverture, imminente, d'une ambassade du Kirghizistan à Paris. Aucune lettre d'invitation n'est nécessaire pour un visa d'un mois, et celui-ci peut être obtenu en cinq jours ouvrés moyennant 50 €. Les Français n'ont plus besoin de s'inscrire au bureau de l'OVIR lors de leur séjour au Kirghizistan.

▶ **Ouzbékistan.** On peut obtenir facilement un visa pour l'Ouzbékistan, et même le faire en 24 heures en cas d'urgence (mais le délai normal est de quatre à sept jours ouvrés). Un visa de tourisme d'une durée d'un mois coûte 80 € et 10 € par entrée supplémentaire. L'enregistrement à l'OVIR est fait automatiquement par tous les hôtels du pays ce qui simplifie considérablement le voyage.

▶ **Tadjikistan.** Le Tadjikistan fait partie des pays pour lesquels l'obtention du visa est un peu complexe. Il faut de plus se souvenir que le visa n'est pas suffisant pour se rendre dans la plupart des régions frontalières du sud du pays (ce qui inclut tout le Pamir), pour lesquelles des autorisations spéciales sont nécessaires. Le Tadjikistan n'a pas de service consulaire en France, mais le consulat de Russie à Paris est habilité à délivrer des visas tadjiks. Il faut alors une lettre d'invitation, et la procédure peut être très longue. La solution la plus efficace semble être de passer par l'ambassade de Bruxelles, qui, bizarrement, ne demande pas de lettre d'invitation. Il semble en revanche

que ce visa-là ne permette pas de se rendre dans le Pamir. Un visa d'un mois coûte 65 €. L'ambassade du Tadjikistan à Vienne délivre également des visas touristiques sans lettre d'invitation, pour une durée d'un mois, et sans limitation de destination dans le pays. Ce service coûte 90 €. Il semble également qu'il soit possible d'obtenir un visa d'un mois à l'arrivée à l'aéroport de Douchanbe, pour 60 à 70 $, mais ce service n'est apparemment pas toujours disponible. Dans tous les cas, pour tout séjour de plus de trois jours au Tadjikistan, l'enregistrement à l'OVIR est obligatoire (elle est prise en charge par les hôtels ou les agence de voyage si l'on est en circuit organisé).

- **Turkménistan.** On atteint là le degré maximum de la complication, sauf si l'on se contente d'un visa de transit (5 jours maximum). Dans le cas contraire, et selon le site du Quai d'Orsay, « l'obtention de ce visa, qui n'est délivré qu'après l'accord d'une commission compétente se réunissant à Achgabat, implique que toute invitation d'une société ou d'un particulier turkmène soit contresignée par un bureau du service d'État pour l'enregistrement des citoyens étrangers ». Autrement dit : il faut impérativement passer par une agence accréditée par le gouvernement turkmène, donner le détail du parcours, justifier de réservations d'hôtels, et attendre... longtemps... Le site du ministère des Affaires étrangères français parle de plusieurs semaines à deux mois d'attente. Personnellement, le visa ne m'a été délivré qu'au bout de six mois de palabres... Un visa d'un mois coûte 40 $, mais il est plus facile d'obtenir un visa d'une semaine, voire deux. Il faut dans tous les cas (même pour le visa de transit) donner le planning détaillé des déplacements prévus dans le pays : ce papier sera vérifié à chaque contrôle routier à l'intérieur du Turkménistan, et l'accès aux villes qui ne sont pas mentionnées sur le programme risque fort d'être impossible.

- **Passer d'un pays à un autre**. Aucun visa ne permet de visiter l'ensemble des pays d'Asie centrale, même si ce séduisant projet existe bel et bien dans certains ministères. Le meilleur conseil que l'on puisse vous donner et de ne pas partir à la découverte des cinq républiques avec seulement trois pages vierges sur votre passeport ! Vous collectionnerez les visas et les tampons aléatoirement apposés sur des pages au milieu de nulle part et passerez des heures et des heures à faire la queue dans les ambassades, comme tous les voyageurs au long cours choisissant de s'attarder, parfois malgré eux, dans la région. Il vous paraîtra souvent plus simple de passer d'un pays à un autre et de demander dans le second un nouveau visa pour le pays d'origine plutôt que de passer trop de temps à justifier votre désir d'obtenir un simlple visa à double ou triple entré. La formule la plus simple consiste à prendre un premier visa pour l'Ouzbékistan. Tous les autres visas peuvent être facilement et rapidement obtenus à Tachkent, y compris pour des destinations plus lointaines comme la Chine ou l'Iran. Si vous débarquez tout d'abord au Kirghizistan, où l'obtention d'un visa est encore plus facile, vous vous rendrez vite compte que Bichkek est une bien petite ville pour y atendre trois semaines ou plus un visa ouzbek ou kazakhe. Le visa kazakhe est plus compliqué à décrocher à cause de la lettre d'invitation mais, une fois à Almaty, vous vous rendrez facilement au Kirghizistan ou à Tachkent. Donc : à vous de voir où vous préférez passer du temps à attendre ! Le visa turkmène joue « hors catégorie » et nombreux sont ceux qui ont finalement oté pour un simple visa de transit. Pour le Tadjikistan, tout dépend du point par où vous entrez dans le pays. Depuis le Kirghizistan, le plus simple reste de se rendre à Murgab, la route la plus empruntée, mais qui nécessite d'avoir un permis spécial pour traverser la région. Celui-ci est délivré directement et gratuitement avec le visa tadjik si celui-ci est demandé à Bichkek, mais il vous faudra débourser 35 $ si vous en faites la demande au Kazakhstan ou en Ouzbékistan. Une autre solution consiste à traverser les enclaves ouzbek de la région de Batken mais le trajet est rendu difficile par le simple fait que les routes traversent systématiquement les enclaves et qu'il vous faudra des visas à entrée multiples pour les deux pays. En outre, la sécurité dans cette région est fortement mise à mal par de régulières incursions de combattants du Mouvement Islamiste Ouzbek. La solution la plus simple consiste aussi à passer la frontière par l'Ouzbékistan, entre Samarkand et Douchanbe, à Denau.

- **Attention aux conditions d'entrées pour vos animaux de compagnie.** Renseignez-vous avant votre départ pour savoir comment ils pourront vous accompagner. Pour en savoir plus, vous pouvez consulter les fiches pays de l'Ecole vétérinaire de Maison Alfort : www.vet-alfort.fr/ressources/anivoyage

▸ **Conseil futé.** Avant de partir, pensez à photocopier tous les documents que vous emportez avec vous. Vous emporterez un exemplaire de chaque document et laisserez l'autre à quelqu'un en France. En cas de perte ou de vol, les démarches de renouvellement seront ainsi beaucoup plus simples auprès des autorités consulaires. Vous pouvez également conserver des copies sur le site internet officiel http://mon.service-public.fr – Il vous suffit de créer un compte et de scanner toutes vos pièces d'identité et autres documents importants dans l'espace confidentiel.

Obtention du passeport

Tous les passeports délivrés en France sont désormais biométriques. Ils comportent votre photo, vos empreintes digitales et une puce sécurisée. Pour l'obtenir, rendez-vous en mairie muni d'un timbre fiscal, d'un justificatif de domicile, d'une pièce d'identité, d'un extrait d'acte de naissance et de deux photos d'identité. Le passeport est délivré sous trois semaines environ. Il est valable dix ans. Attention, il n'est plus possible d'inscrire les enfants sur le passeport de leurs parents : ils doivent disposer d'un passeport personnel (valable cinq ans).

Tabac	Cigarettes (unités)	200*
	Tabac à fumer (g)	250
	Cigares (unités)	50
Alcool (litres)	Vin	4
	Produits intermédiaires (- 22°)	2
	Boissons spiritueuses (+ 22°)	1
	Bières	16

** Certains pays peuvent abaisser ce chiffre à 40 selon leur politique de santé.*

Visa

Si vous êtes accaparé par le travail, récalcitrant aux démarches administratives ou que vous n'avez pas envie de vous préoccuper de l'intendance de votre voyage, plusieurs services proposent de s'en charger pour vous. Comptez entre 20 et 45 € selon les prestations.

■ **ACTION-VISAS**
69, rue de la Glacière
75013 Paris
✆ 0 892 707 710
www.action-visas.com

■ **VISAS EXPRESS**
54, rue de l'Ouest, BP 48
75661 Paris Cedex 14
✆ 0 825 08 10 20
www.visas-express.fr

■ **VSI**
19-21, avenue Joffre
93800 Epinay-sur-Seine Cedex
✆ 0 826 46 79 19
www.vsi.1er.fr

■ **WORLD VISA**
117, de Charenton 75012 Paris
✆ 06 09 83 82 29
www.worldvisa.fr

Douane

Dans un souci de protection de l'économie européenne, vous ne pouvez ramener pour plus de 430 € de marchandise par personne si vous empruntez une voie aérienne ou maritime, 300 par voie terrestre ou navigable. Si vous voyagez avec 7 600 € de devises ou plus, vous devez impérativement les déclarer en douane et si vous transportez des objets d'origine étrangère, munissez-vous des factures ou des quittances de paiement des droits de

douane : on peut vous les demander pour prouver que vous êtes en règle. Enfin, certains produits sont libres de droits de douane jusqu'à une certaine quantité. Au-delà de celle-ci, ils doivent être déclarés. Vous acquitterez alors les taxes normalement exigibles. Les franchises ne sont pas cumulatives. Cela signifie que si vous choisissez de ramener du tabac, vous pouvez acheter 200 cigarettes ou 50 cigares, mais pas les deux. Contactez la douane pour en savoir plus.

■ **DOUANE**
✆ 0 811 20 44 44
www.douane.gouv.fr
dg-bic@douane.finances.gouv.fr

HORAIRES D'OUVERTURE

Les horaires de travail ne sont pas les mêmes selon les pays. De façon générale, les administrations et les banques sont ouvertes du lundi au vendredi, de 9h ou 10h à 13h et de 14h à 16h ou 17h. Les musées ont tous des horaires et jours de fermeture qui leur sont propres, il faut donc se renseigner à l'avance. En général, les jours et horaires d'ouverture sont indiqués sur les portes des musées, banques et administrations. Les restaurants sont en général ouverts relativement tard le soir, mais il vaut mieux avoir fini de dîner avant 22h dans la plupart des établissements. Dans les petites villes, les restaurants sont rares et ferment tôt. Les magasins sont souvent ouverts tous les jours.

INTERNET

À part au Turkménistan, où Internet est quasi inexistant, on peut trouver des cafés Internet dans toute la région, et parfois même dans des villes où on ne les attendait pas. En Ouzbékistan et au Kirghizistan, le contrôle des contenus échangés via le web a été jugé plus facile à faire en décourageant l'ouverture de cafés Internet, dont les propriétaires sont souvent harassés ou le débit accordé au minimum. En dehors des capitales, les connexions sont souvent lentes, voire aléatoires : un jour le réseau marche, un jour c'est une ville entière qui en est privée. Il faut donc être patient, et ne pas compter sur des connexions quotidiennes. De façon générale, Internet est très bon marché en Asie centrale, et on trouve des connexions correctes pour moins de 1 € de l'heure.

JOURS FÉRIÉS

Quelques fêtes sont communes à tous les pays de la région. Les festivités les plus animées dans toute la région sont celles organisées à l'occasion de Navrouz, la fête du printemps célébrée le 21 mars et qui représente l'équivalent du Nouvel An dans la tradition orientale. Les fêtes religieuses musulmanes sont également respectées dans toute la région, bien qu'elles ne donnent pas nécessairement lieu à de grandes festivités. Trois dates sont néanmoins célébrées de façon presque généralisée : le Ramadan, mois de jeûne clos par la fête de l'Ayt, et la fête du sacrifice, que l'on appelle Qurban Ayt. Les dates de ces fêtes religieuses varient d'une année sur l'autre, car elles sont calées sur le calendrier lunaire. En 2010, le Ramadan débutera le 11 août et s'achèvera le 9 septembre. Les autres jours fériés sont propres à chaque pays, mais il faut les avoir en tête notamment si l'on a des démarches administratives à effectuer, ou si l'on veut passer des frontières.

LANGUES PARLÉES

L'Asie centrale est une véritable mosaïque linguistique. Chaque république a sa langue officielle qui est celle de l'ethnie dominante, mais les nombreuses minorités éparpillées dans tous les pays conservent en général leur propre langue. Ainsi, l'ouzbek est la langue officielle de l'Ouzbékistan, mais on parlera surtout tadjik à Boukhara et Samarkand, et Karakalpak au Karakalpakstan. Cette diversité linguistique étant une réalité dans tous les pays de la zone, le russe reste bien souvent la langue de référence pour toute communication entre nationalités différentes. Le turc permet de se faire à peu près comprendre au Turkménistan et même en Ouzbékistan. Le farsi est largement compris au Tadjikistan.

Apprendre la langue

Il existe différents moyens d'apprendre quelques bases de la langue et l'offre pour l'auto-apprentissage peut se faire sur différents supports : CD, cassettes vidéo, cahiers d'exercices ou même directement sur Internet.

■ ASSIMIL

11, rue des Pyramides 75001 Paris
✆ 01 42 60 40 66
www.assimil.com
La méthode Assimil se compose de deux phases. Durant la première, vous écoutez, lisez et répétez à haute voix des phrases simples pendant 20 à 30 minutes chaque jour. Durant la seconde, à partir de la cinquantième leçon, en plus des exercices habituels, vous traduisez la leçon.

■ POLYGLOT

www.polyglot-learn-language.com
Ce site propose à des personnes désireuses d'apprendre une langue d'entrer en contact avec d'autres dont c'est la langue maternelle. Une manière conviviale de s'initier à la langue et d'échanger.

PHOTOS

▶ **Photographier les gens**. Les habitants d'Asie centrale sont en général très heureux qu'on les prenne en photos. Beaucoup d'entre eux demanderont qu'on leur envoie un tirage, et ils seraient très déçus si la promesse faite sur le moment n'était pas tenue… Il n'y a que dans la vallée du Ferghana que l'utilisation d'un appareil photo doit être un peu plus prudente. Les femmes tendent à refuser d'être photographiées. De façon générale, il convient de toujours demander l'autorisation des personnes concernées avant de commencer à les mitrailler !

▶ **Photographier les sites religieux**. Les photos sont en général interdites à l'intérieur des sites religieux, mosquées et mausolées. L'extérieur des bâtiments peut en revanche être photographié sans problème.

▶ **Photographies sensibles**. Il faut être particulièrement prudent au Turkménistan : les bâtiments administratifs, les postes de contrôle routiers, les militaires de façon générale, ne peuvent pas être photographiés. Et en cas d'infraction, la police peut devenir vraiment nerveuse et désagréable…

Conseils pratiques

▶ **Vous prendrez les meilleures photos** tôt le matin ou aux dernières heures de la journée. Un ciel bleu de midi ne correspond pas aux conditions optimales : la lumière est souvent trop verticale et trop blanche. En outre, une météo capricieuse offre souvent des atmosphères singulières, des sujets inhabituels et, par conséquent, des clichés plus intéressants.

▶ **Prenez votre temps.** Promenez-vous jusqu'à découvrir le point de vue idéal pour prendre votre photo. Multipliez les essais : changez les angles, la composition, l'objectif… Vous avez réussi à cadrer un beau paysage, mais il manque un petit quelque chose ? Attendez que quelqu'un passe dans le champ ! Tous les grands photographes vous le diront : pour obtenir un bon cliché, il faut en prendre plusieurs.

▶ **Appliquez la règle des tiers.** Divisez mentalement votre image en trois parties horizontales et verticales égales. Les points forts de votre photo doivent se trouver à l'intersection de ces lignes imaginaires. En effet, si on cadre son sujet au centre de l'image,

la photo devient plate, car cela provoque une symétrie trop monotone. Pour un portrait, il faut donc placer les yeux sur un point fort et non au centre. Essayez aussi de laisser de l'espace dans le sens du regard.

- **Un coup d'œil** aux cartes postales et livres de photos sur la région vous donnera des idées de prises de vue.
- **À savoir :** les tons jaunes, orange, rouges et les volumes focalisent l'attention ; ils donnent une sensation de proximité à l'observateur. Les tons plus froids (vert ou bleu) créent de leur côté une impression d'éloignement.

Développer – Partager

Plusieurs sites proposent de stocker vos photos et de les partager directement en ligne avec vos proches.

FLICKR

www.flickr.com

Sur Flickr, vous pouvez créer des albums photo, retoucher vos clichés et les classer par mots-clés tout en déterminant s'ils seront visibles par tous ou uniquement par vos proches. Petit plus du site : vous avez la possibilité d'effectuer des recherches par lieux et ainsi découvrir votre destination à travers les prises de vue d'autres internautes. D'autant plus intéressant que nombre de photographes professionnels utilisent Flickr.

FOTOLIA

http://fr.fotolia.com

Fotolia est une banque d'images. Le principe est simple : vous téléchargez vos photos sur le site pour les vendre à qui voudra. Le prix d'achat de base est fixé à 0,83 € et peut monter jusqu'à 8,30 € par cliché. Pas de

© SYLVIE FRANCOISE

Frontière vers la Chine (porte de Torugart)

quoi payer vos prochaines vacances donc, mais peut-être assez pour réduire la note de vos tirages !

PHOTOWEB

www.photoweb.fr

Photoweb est un laboratoire photo en ligne. Vous pouvez y télécharger vos photos pour commander des tirages ou simplement créer un album virtuel. Le site conçoit aussi tout un tas d'objets à partir de vos clichés : tapis de souris, livres, posters, faire-part, agendas, tabliers, cartes postales… Les prix sont très compétitifs et les travaux de qualité.

POSTE

Une lettre postée depuis une capitale d'Asie centrale mettra près de deux semaines à atteindre l'Europe… Ou pas… Les cartes postales n'arriveront en général jamais sauf si elles sont mises sous enveloppe. Si l'on poste les lettres depuis une ville de province, il faut compter au minimum une à deux semaines supplémentaires. Le courrier envoyé depuis le Turkménistan a de fortes chances d'être lu avant d'arriver à son destinataire… Pour les envois urgents, on peut passer par une compagnie internationale, type DHL ou FEDEX. Les deux compagnies ont des agences dans la plupart des capitales de la région. Consulter leur site Internet pour avoir leurs contacts (www.dhl.com et www.fedex.com). La plupart des bureaux de poste centraux proposent également un service de courrier rapide, baptisé EMS. Il s'agit d'une solution intermédiaire entre un envoi normal et un express, à la fois en termes de délais et de coûts.

QUAND PARTIR ?

Climat

Tout dépend des pays dans lesquels on compte se rendre, et du type de voyage que l'on veut faire. Pour les séjours en montagne (Kirghizistan et Tadjikistan) avec randonnées et trekkings, il vaut mieux partir en été, lorsque les températures ne chutent pas trop bas même la nuit, et que tous les cols sont ouverts. La période idéale est en fait limitée à un mois, entre mi-juillet et mi-août. En revanche, l'été est à déconseiller pour visiter le Turkménistan, une grande partie de l'Ouzbékistan et même le sud du Kazakhstan : les températures sont tellement écrasantes en juillet et août que les visites peuvent en devenir pénibles. Il vaut mieux se rendre dans ces pays au printemps ou en automne. Mais de façon générale, l'hiver n'est pas conseillé pour voyager en Asie centrale : dans certains pays, les voies de communications sont presque entièrement coupées. Et le froid peut être vraiment très mordant, notamment au Kazakhstan, dans les montagnes et dans les déserts.

■ MÉTÉO CONSULT

www.meteo-consult.com

Sur ce site vous trouverez les prévisions météorologiques pour le monde entier. Vous connaîtrez ainsi le temps qu'il fait sur place.

Haute et basse saison touristique

La haute saison touristique s'étend entre le début du printemps et la fin de l'automne avec, pour les zones désertiques, un creux de fréquentration en été, alors que le pic de fréquentation se situe en cette même période pour les zones montagneuses. L'hiver, dans les déserts comme dans les montagnes, ne présente pas beaucoup d'intérêt et la mauvaise qualité des routes rend les voyages très difficieles. Au Kirghizistan et au Tadjikistan, la meilleure saison pour voyager est limitée à juillet et août, pour être sûr de pouvoir sillonner tout le pays.

SANTÉ

Conseils

Pour vous informer de l'état sanitaire du pays et recevoir des conseils, n'hésitez pas à consulter votre médecin. Vous pouvez aussi vous adresser à la Société de médecine des voyages du centre médical de l'Institut Pasteur au ✆ 01 40 61 38 46 (www.pasteur.fr/sante/cmed/voy/listpays.html) ou vous rendre sur le site du Cimed (www.cimed.org), du Ministère des Affaires étrangères à la rubrique « Conseils aux voyageurs » (www.diplomatie.gouv.fr/voyageurs) ou de l'Institut national de veille sanitaire (www.invs.sante.fr).

Maladies et vaccins

Aucun vaccin n'est obligatoire pour voyager en Asie centrale. Néanmoins, et vu les conditions sanitaires locales, il est conseillé d'être à jour dans les vaccins contre la diphtérie, la poliomyélite, et les hépatites A et B. Un vaccin contre la rage peut être une bonne idée pour ceux qui prévoient des expéditions en pleine nature, que ce soit dans les steppes, les montagnes ou les déserts.

Diarrhée du voyageur (tourista)

Statistiquement, un voyageur sur deux est touché par la turista au cours des 48 premières heures de son séjour. Ces diarrhées et douleurs intestinales sont dues à une mauvaise hygiène, à la cuisson insuffisante des aliments, à une nourriture trop épicée ou, le plus souvent, à l'eau. 80 % des maladies contractées en voyage sont en effet directement imputables à une eau contaminée. Ces troubles disparaissent en général en un à trois jours. Prenez un antidiarrhéique, un désinfectant intestinal et hydratez-vous bien (pas de jus de fruits). Si la diarrhée persiste ou s'accompagne de pertes de sang ou de glaires, consultez un médecin. Pour éviter ces désagréments, achetez des bouteilles d'eau scellées, faites bouillir l'eau (le café et le thé sont des boissons « sûres »), évitez les crudités ou les fruits non pelés, bannissez les glaçons, ne vous brossez pas les dents avec l'eau du robinet et ayez toujours sur vous des comprimés désinfectants. Avant de partir, vous pouvez acheter du Micropur® Forte DCCNa – seul produit sur le marché qui purifie l'eau rapidement (élimine bactéries,

virus, giardia et amibes) et permet à l'eau de rester potable. Il existe aussi Aquatabs® ou Hydroclonazone®. Ce dernier est le moins cher mais le goût en chlore est très prononcé et seules les bactéries sont éliminées. Pour les aventuriers, un filtre est indispensable pour l'eau boueuse. Les filtres Katadyn® répondent aux attentes de ces baroudeurs avec plusieurs modèles, dont le filtre bouteille qui permet d'avoir de l'eau potable instantanément sans pomper (il élimine aussi les virus).

Hépatite A

Pour l'hépatite A, l'existence d'une immunité antérieure rend la vaccination inutile. Elle est fréquente lorsque vous avez des antécédents de jaunisse, de séjour prolongé à l'étranger ou êtes âgé de plus de 45 ans. L'hépatite A est le plus souvent bénigne mais elle peut se révéler grave, notamment au-delà de 45 ans et en cas de maladie hépatique préexistante. Elle s'attrape par l'eau ou les aliments mal lavés. Si vous êtes porteur d'une maladie du foie, la vaccination contre l'hépatite A est hautement recommandée avant tout type de voyage où l'hygiène est précaire. Elle doit être effectuée en deux fois mais la première injection, un mois avant le départ, suffit à assurer une protection pour un voyage de courte durée. La deuxième (six mois à un an plus tard) renforce la durée de l'immunité pour des dizaines d'années.

Hépatite B

L'hépatite B est plus grave que l'hépatite A. Elle se contracte lors de rapports sexuels ou par le sang. Le vaccin contre l'hépatite B est à faire en deux fois à un mois d'intervalle (mais il existe des vaccinations accélérées en un mois pour les voyageurs pressés), puis un rappel six mois plus tard pour renforcer la durée de la protection.

Rage

La rage est encore présente dans le pays. Il faut donc éviter tout contact avec les chiens, les chats et autres mammifères pouvant être porteurs du virus. L'apparition des premiers symptômes (phobie de l'air et de l'eau) varie entre 30 et 45 jours après la morsure. Une fois ces symptômes constatés, le décès intervient en quelques jours, dans 100 % des cas. En cas de doute, suite à une morsure, il faut donc absolument consulter un médecin, qui vous administrera un vaccin antirabique associé à un traitement adapté. Le vaccin préventif ne dispense pas du traitement curatif en cas de morsure.

Typhoïde

La fièvre typhoïde est une infection bactérienne qui se traduit par de fortes fièvres, une diarrhée fébrile et des troubles de la conscience. Les formes les plus graves peuvent engendrer des complications digestives, neurologiques ou cardiaques. La période d'incubation de la maladie varie entre dix et quinze jours. La contamination se fait par les selles ou la salive, de manière directe (contact avec une personne malade ou un porteur sain) ou indirecte (ingestion d'aliments contaminés : crudités, fruits de mer, eau et glaçons). Le vaccin, actif au bout de deux à trois semaines, vous protège pour trois ans. En cas de contamination et de non-vaccination préventive, un traitement par les fluoroquinolones sera préconisé.

Centres de vaccination

Pour plus d'informations, vous pouvez consulter le site Internet du Ministère de la santé (www.sante-sports.gouv.fr) pour connaître les centres de vaccination proches de chez vous.

CENTRE AIR FRANCE
148 rue de l'Université 75007 Paris
✆ 01 43 17 22 00 – 08 92 68 63 64
✆ 01 48 64 98 03
http://centredevaccination-airfrance-paris.com

▶ **Autre adresse :** 3 place Londres Bâtiment Uranus 95703 Roissy-Charles-de-Gaulle.

INSTITUT PASTEUR
209 rue de Vaugirard 75015 Paris
✆ 0 890 710 811 – 03 20 87 78 00
http://cmip.pasteur.fr – www.pasteur-lille.fr

▶ **Autre adresse :** 1 rue du professeur Calmette 59019 Lille.

En cas de maladie

Un réflexe : contacter le consulat français. Il se chargera de vous aider, de vous accompagner et vous fournira la liste des médecins francophones. En cas de problème grave, c'est lui qui prévient la famille et qui décide du rapatriement. Pour connaître les urgences et établissements aux standards internationaux : consulter les sites www.cimed.org – www.diplomatie.gouv.fr et www.pasteur.fr

Assurance rapatriement Assistance médicale

Si vous possédez une carte bancaire Visa®, EuroCard® MasterCard®, vous bénéficiez automatiquement d'une assurance médicale et d'une assistance rapatriement sanitaire valables pour tout déplacement à l'étranger de moins de 90 jours (le paiement de votre voyage avec la carte n'est pas nécessaire pour être couvert, la simple détention d'une carte valide vous assure une couverture). Renseignez-vous auprès de votre banque et vérifiez attentivement le montant global de la couverture et des franchises ainsi que les conditions de prise en charge et les clauses d'exclusion. Si vous n'êtes pas couvert par l'une de ces cartes, n'oubliez surtout pas de souscrire une assistance médicale avant de partir.

▶ **Carte Bleue Visa**
✆ 01 41 85 88 81
www.europ-cartes.com

▶ **Eurocard-Mastercard**
✆ 01 45 16 65 65
www.mastercard.com

SÉCURITÉ SOCIALE
11 rue de la tour des Dames Cedex 09
75436 Paris ✆ 01 45 26 33 41
Fax : 01 49 95 06 50
www.cleiss.fr – www.ameli.fr
Plus d'informations sur l'assistance médicale à l'étranger au Centre des Liaisons Européennes et Internationales de la Sécurité Sociale (cleiss).

Trousse à pharmacie

On trouve des pharmacies dans les grandes villes d'Asie centrale, mais les médicaments ne sont pas toujours faciles à identifier (ils proviennent en général de Russie) et il faut toujours vérifier leur date de péremption avant de les acheter. De façon générale, mieux vaut partir avec une trousse de secours, dans laquelle on pourra notamment emporter les médicaments suivants :

▶ **Aspirine** et/ou paracétamol.

▶ **Antihistaminique.**

▶ **Antidiarrhéiques** et comprimés réhydratants.

▶ **Antitussifs** et décongestionnants pour le nez.

▶ **Antibiotiques** à large spectre (délivrés en France sur ordonnance).

▶ **Pommade anti-inflammatoire.**

▶ **Antiseptiques.**

▶ **Pansements,** désinfectants, sparadrap.

▶ **Purificateur d'eau.**

▶ **Produits anti-moustiques** et crème de protection solaire.

Hôpitaux – Clinique – Pharmacie

La vétusté des infrastructures médicales et le manque de médecins qualifiés sont des problèmes communs à tous les pays d'Asie centrale. Toutes les infrastructures médicales étaient autrefois « sponsorisées » par le régime soviétique, et la transition dans ce domaine a été très difficile dans toute la zone. Dans certaines capitales, notamment au Kazakhstan, des cliniques étrangères ont récemment ouvert : les prestations sont extrêmement chères, mais en général de qualité. En dehors des capitales, la situation médicale est encore plus mauvaise, et en cas de problème, il faut essayer de regagner au plus vite les grandes villes. Pour les séjours dans le Pamir, il faut faire particulièrement attention aux risques liés à l'altitude. Monter progressivement, et redescendre immédiatement en cas d'alerte : il est inutile de préciser que les villages du Pamir ne sont pas équipés pour traiter les conséquences médicales d'un accident lié à l'altitude.

SÉCURITÉ ET ACCESSIBILITÉ

Dangers potentiels et conseils

Un voyage en Asie centrale doit aller de pair avec quelques précautions. Certaines villes sont assez peu recommandables le soir, notamment dans le sud du Kazakhstan mais également à Atyrau, sur la mer Caspienne. Les attentats qui ont eu lieu dans les années 1990 et au début des années 2000 en Ouzbékistan semblent s'être calmés, mais suite aux événements d'Andijan en 2005, les contrôles policiers se sont renforcés en particulier dans la vallée de Ferghana. Il faut également se méfier des policiers dans toute la région, de nombreux cas de rackets ont été signalés. Il faut être particulièrement attentif lors des fouilles, que rien ne disparaisse des sacs, et que rien n'y soit rajouté. La situation s'est améliorée sur la route en Ouzbékistan mais a empiré à Tachkent et a tendance à s'aggraver également au Kirghizistan avec l'essor du tourisme. Enfin, et notamment au Tadjikistan, les routes étant dangereuses et souvent en mauvais état, il peut être prudent de tester un peu la voiture et le chauffeur avant de partir dans la montagne.

Toute l'Asie centrale est zone sismique, et l'histoire locale est marquée par de terribles secousses qui ont parfois rasé des villes entières : Tachkent, Achgabat et Almaty ont toutes trois été rasées au moins une fois par des tremblements de terre.

Pour connaître les dernières informations sur la sécurité sur place, consultez la rubrique « Conseils aux voyageurs » du site du ministère des Affaires étrangères: www.diplomatie.gouv.fr/voyageurs – Sachez cependant que le site dresse une liste exhaustive des dangers potentiels et que cela donne parfois une image un peu alarmiste de la situation réelle du pays.

Femme seule en voyage

Tous les pays de la zone sont, à des degrés de rigueur différents, musulmans. Il s'agit en général d'un islam très modéré, et en tant qu'étrangère, on est la plupart du temps accueillie à bras ouverts, sans aucune discrimination. La seule région où il faut être plus prudente est la vallée du Ferghana. Alors que les femmes ne sont que très rarement voilées partout ailleurs, elles sont souvent entièrement barricadées derrière leurs voiles, à Osh notamment. Il faut donc prévoir des vêtements à manches longues et éviter les jupes courtes et les shorts dans cette région. Le port du voile n'est absolument pas requis, sauf lorsqu'il s'agit de visiter certains sites religieux : un simple foulard ou une écharpe sur les cheveux sont alors largement suffisants. Dans les capitales, les jeunes femmes rivalisent souvent de tenues à la mode, plus courtes les unes que les autres en été. Toutes les précautions classiques de sécurité sont à respecter avec d'autant plus de rigueur si l'on est toute seule, notamment le soir.

Voyager avec des enfants

Voyager avec des enfants ne pose pas de problème majeur dans la région, à condition qu'ils soient suffisamment grands pour endurer des conditions de voyage et notamment de transport pas toujours très luxueux. Côté digestif, leur estomac s'habitera certainement mieux à la cuisine des petits B&B où l'on connaît les habitudes alimentaires occidentales qu'à celle des bazars. Prévoyez donc un budget sensiblement plus élevé pour éviter de faire passer vos chérubins par la terrible épreuve, en Ouzbékistan ou au Turkménistan, de la cuisine à l'huile de coton.

Voyageur handicapé

La région n'est pas vraiment ouverte aux voyageurs handicapés. La plupart des sites ne sont accessibles qu'après de longues volées de marches, et notamment dans les vieilles villes d'Ouzbékistan, il faut beaucoup marcher d'un monument à un autre. Les transports en commun, les hôtels, les restaurants et les infrastructures sanitaires ne sont pas prévus pour permettre l'accès des fauteuils roulants, ce qui rend la vie quotidienne extrêmement difficile si l'on a des problèmes pour se déplacer. Il est conseillé de se renseigner auprès des agences de tourisme locales ou auprès de quelques agences spécialisées dans les voyages pour personnes handicapées : elles peuvent éventuellement mettre en place des séjours sur mesure, mais dans lesquels de nombreux sites risquent de ne pas être accessibles.

Si vous présentez un handicap physique ou mental ou que vous partez en vacances avec une personne dans cette situation, différents organismes et associations s'adressent à vous.

ACTIS VOYAGES
http://actis-voyages.fr
Voyages adaptés pour le public sourd et malentendant.

ADAPTOURS
www.adaptours.fr

AILLEURS ET AUTREMENT
www.ailleursetautrement.fr
Pour des personnes souffrant de handicap physique et/ou mental.

COMPTOIR DES VOYAGES
2 au 18 rue St Victor 75005 Paris
✆ 0892 239 339 – www.comptoir.fr

ÉVÈNEMENTS ET VOYAGES
www.evenements-et-voyages.com

GLOBE-TROTTER CLUB
www.globetrotterclub.com
Pour les personnes à mobilité réduite.

HANDI VOYAGES
12, rue du Singe, Nevers
✆ 0 872 32 90 91 – 06 80 41 45 00
www.handi.voyages@free.fr
Cette association assure l'aide aux personnes à mobilité réduite dans l'organisation de leurs voyages individuels ou en petits groupes. Elle propose un service d'aide à la recherche d'informations sur l'accessibilité mais aussi la mise en relation avec des volontaires compagnons de voyage. En outre, dans le cadre de l'opération « Des fauteuils en Afrique », Handi Voyages récupère du matériel pour personne à mobilité réduite et le distribue en Afrique.

OLÉ VACANCES
www.olevacances.org

PARALYSÉS DE FRANCE
www.apf.asso.fr
Informations, conseils et propositions de séjours.

Voyageur gay et lesbien

Il n'y a guère que le Kazakhstan pour offrir la possibilité de fréquenter quelques bars gays et lesbiens. Et encore, inutile d'imaginer les repérer au drapeau gay friendly. L'homosexualité n'est pas bien vue en Asie centrale et vous feriez mieux de ne pas l'afficher ni même d'en faire un sujet de conversation. Les « actes homosexuels » sont toujours illégaux en Ouzbékistan (article 120 du code de la criminalité en Ouzbékistan, prévoyant trois ans d'emprisonnement pour les « contrevenants »).

TÉLÉPHONE

Comment téléphoner ?

- **Code international du Kazakhstan** : 7.
- **Code international du Kirghizistan** : 996.
- **Code international de l'Ouzbékistan** : 998.
- **Code international du Tadjikistan** : 992.
- **Code international du Turkménistan** : 993.
- **D'Asie centrale vers la France** : composez le +33 suivi du numéro de votre correspondant sans le 0.
- **Les communications locales** depuis les hôtels sont en général gratuites. Depuis un téléphone public, elles restent très bon marché, quelques centimes d'euro la minute dans tous les pays.
- **Les appels nationaux** sont également bon marché, mais ne sont pas gratuits depuis les hôtels s'il ne s'agit pas d'un numéro dans la même ville.

Il suffit de composer le zéro suivi du code de la ville que l'on veut appeler, puis du numéro du correspondant.

Les appels internationaux sont en revanche chers dans toute l'Asie centrale. Fort heureusement, dans la plupart des pays, on trouve des cafés Internet qui permettent de passer des appels internationaux à coûts réduits. Cette possibilité n'existe évidemment pas au Turkménistan, où les appels internationaux ont de surcroît le risque d'être écoutés.

Téléphone mobile

La téléphonie mobile fonctionne relativement bien sur toute la zone. Les téléphones étrangers se connectent en général automatiquement sur le réseau local. On peut également acheter des cartes Sim dans chacun des pays, pour des tarifs très raisonnables (7 à 10 €). Il faut néanmoins être conscient que le réseau reste assez incertain : toutes les zones de désert, la plupart des régions montagneuses, et les régions les plus reculées du Kazakhstan (mer d'Aral, steppes du centre du pays) ne sont pas couvertes.
Si vous souhaitez garder votre forfait français, il faudra avant de partir, activer l'option internationale (généralement gratuite) en appelant le service clients de votre opérateur. Lorsque vous utilisez votre téléphone français à l'étranger, vous payez la communication, que vous émettiez l'appel ou que vous le receviez. Dans le cas d'un appel reçu, votre correspondant paie lui aussi, mais seulement le prix d'une communication locale. Tous les appels passés depuis ou vers l'étranger sont hors forfait, y compris ceux vers la boîte vocale.

Au bazar de Tolkushka

Skype et MSN

Pas besoin de combiné mais d'un ordinateur et d'une connexion Internet pour téléphoner avec Skype ou MSN. Les deux personnes cherchant à entrer en contact doivent avoir téléchargé l'un de ces deux logiciels gratuits. L'utilisation est ensuite très simple : un micro, un casque et une webcam si vous en avez une, et vous pouvez discuter pendant des heures sans payer un centime (connexion Internet exceptée).

TARIFS DES DIFFÉRENTS OPÉRATEURS

	Bouygues	Orange (HT)	SFR	SFR Vodafone (option gratuite)
Appel émis	2,30 €/min.	2,35 €/min.	2,90 €/min.	2,20 € + 0,37 €/min.
Appel reçu	1 €/min.	1,10 €/min.	1,40 €/min.	2,20 € par appel (jusqu'à 20 min.).
SMS	0,30 € – réception gratuite	0,29 € – réception gratuite	0,50 € pour les forfaits souscrits depuis le 12/03/2008, 0,30 € pour les autres – réception gratuite	0,30 € – réception gratuite

À VOIR, À LIRE

Librairies de voyage

Paris

AU VIEUX CAMPEUR
2, rue de Latran (5e)
✆ 01 53 10 48 48
www.au-vieux-campeur.fr
M° Maubert-Mutualité ou Cardinal-Lemoine. Ouvert du lundi au samedi : lundi, mardi, mercredi et vendredi de 11h à 19h30, samedi de 10h à 19h30, nocturne le jeudi jusqu'à 21h. Les magasins Au Vieux Campeur disposent d'une librairie dédiée au tourisme sportif. Vous y trouverez guides, cartes, beaux livres, revues et un petit choix de vidéos principalement axés sur la France. Le premier étage met à l'honneur le sport, les exploits et découvertes. Vous pourrez vous y documenter sur l'escalade, le V.T.T., la plongée sous-marine, la randonnée, la voile, le ski... Commande possible par Internet.

ESPACE IGN
107, rue La Boétie (8e)
✆ 01 43 98 80 00 – www.ign.fr
M° Franklin-D.-Roosevelt. Ouvert du mardi au vendredi de 11h à 19h, le samedi de 11h à 18h30 et le lundi de midi à 18h30. Vous trouverez dans cette belle librairie sur deux niveaux pléthore de cartes (on n'est pas à l'Institut géographique national pour rien), guides de toutes éditions, beaux livres, méthodes de langues en version poche, ouvrages sur la météo, mappemondes, conseils pour les voyages... Les enfants ont droit à un coin rien que pour eux avec des ouvrages sur la nature, les animaux, les civilisations, etc. Quant aux amateurs d'ancien, ils pourront se procurer des reproductions de cartes datant pour certaines du XVIIe siècle.

ITINÉRAIRES
60, rue Saint-Honoré (1er)
✆ 01 42 36 12 63
Fax : 01 42 33 92 00
www.itineraires.com
M° Les Halles. Ouvert du lundi au samedi de 10h à 19h. Logée dans un bâtiment classé des Halles, cette librairie riche d'un catalogue de 15 000 titres dispose d'un ravissant patio. Dédié à « la connaissance des pays étrangers et des voyages », elle propose pour chaque destination quelques titres essentiels de la littérature ainsi que les guides de voyage existants, des livres de recettes, des précis de conversation, des études historiques... La librairie organise aussi régulièrement des expositions de photos.

LIBRAIRIE EYROLLES PRATIQUE
63, boulevard Saint-Germain (5e)
✆ 01 46 34 82 75
www.eyrolles.com
M° Maubert-Mutualité ou Cluny-la-Sorbonne et R.E.R. Saint-Michel. Ouvert de 9h30 à 19h30. Consacrée à la vie pratique, cette boutique se présente sur deux niveaux dont un entièrement dédié au tourisme. Voyageurs du monde, bienvenue au « paradis eyrollien ». Vous trouverez tout pour préparer votre escapade : cartes, guides, plans... Il ne vous reste plus qu'à prendre vos billets.

LIBRAIRIE LA GÉOGRAPHIE
184, boulevard Saint-Germain (6e)
✆ 01 45 48 03 82
www.librairie-la-geographie.com
M° Saint-Germain ou Rue-du-Bac. Ouvert du lundi au samedi de 10h à 19h. Il y en a pour tous les goûts dans cette librairie gérée par deux amoureux du voyage. Aux ouvrages couvrant les sujets de la Société de géographie s'ajoutent des récits de voyage et d'aventures, des guides touristiques, des écrits géopolitiques, des cartes, etc. Voici un endroit convivial où l'on découvre et discute... Et ça ne s'arrête pas là : le site Internet et son blog fourmillent d'informations sur l'actualité du monde.

LIBRAIRIE L'HARMATTAN
16 et 21, rue des Ecoles (5e)
✆ 01 40 46 79 10
✆ 01 46 34 13 71
www.editions-harmattan.fr
M° Maubert-Mutualité. Ouvert du lundi au samedi de 10h à 12h30 et de 13h30 à 19h. Se consacrant essentiellement au continent africain, cette librairie propose toutefois de nombreux ouvrages sur l'Asie, l'Océanie, les

pays de l'Est, le monde arabe et l'Amérique latine. Vous y trouverez littérature et études, dans des domaines aussi divers que la sociologie, l'anthropologie, l'analyse politique ou encore l'histoire.

■ **LIBRAIRIE MARITIME OUTREMER**
55, avenue de la Grande-Armée (16e)
✆ 01 45 00 17 99
Fax : 01 45 00 10 02
www.librairie-outremer.com
M° Argentine. Ouvert du lundi au samedi de 10h à 19h. La librairie de la rue Jacob a rallié les locaux de la boutique avenue de la Grande-Armée. Des ouvrages sur l'architecture navale, des manuels de navigation, des ouvrages de droit marin, les codes Vagnon, les cartes du Service hydrographique et océanique de la marine, des précis de mécanique pour les bateaux, des récits et romans sur la mer, des livres d'histoire de la marine… tout est là. Cette librairie constitue la référence dans ce domaine. Son catalogue est disponible sur Internet et en format papier à la boutique.

■ **LIBRAIRIE ULYSSE**
26, rue Saint-Louis-en-l'Île (4e)
✆ 01 43 25 17 35
www.ulysse.fr
M° Pont-Marie. Ouvert du mardi au vendredi de 14h à 20h. Ne soyez pas rebuté par l'apparent fouillis de cette librairie : les bouquins s'y entassent jusqu'au plafond, mais la maîtresse des lieux sait exactement où trouver ce qu'on lui demande. La boutique propose plus de 20 000 ouvrages (romans, beaux livres, guides, récits de voyage, cartes, revues) neufs et anciens sur tous les pays. Un service de recherche de titres épuisés est à la disposition des clients.

Bordeaux

■ **LATITUDE VOYAGE**
13, rue du Parlement-Saint-Pierre
✆ 05 56 44 12 48
www.latitudevoyage.fr
Latitude Voyage possède de nombreux guides culturels, touristiques, de randonnée mais également des cartes, beaux livres et de la littérature de voyage. Si vous hésitez devant les rayons, sachez que la librairie présente ses coups de cœur sur son site Internet. Vous pouvez aussi acheter vos livres en ligne (*1 € de frais de port par exemplaire*). Latitude Voyage accueille régulièrement des expositions et organise des soirées littéraires.

Brest

■ **LIBRAIRIE DES VOYAGEURS**
14, rue Boussingault
✆ 02 98 33 61 72
Fax : 02 98 33 61 73
www.georama.fr
Ouvert le lundi de 14h à 19h. Les mardi, mercredi, jeudi, vendredi de 11h à 19h et le samedi de 10h à 19h. Repaire incontestable pour tous les voyageurs en partance, cette librairie propose guides, cartes, atlas, mappemondes, littérature et récits de voyage... à feuilleter en buvant un verre au coin café. Pour les bambins globe-trotteurs, des jeux pédagogiques sont disponibles.

Caen

■ **HÉMISPHÈRES**
15, rue des Croisiers
✆ 02 31 86 67 26
www.librairie-hemispheres.blogspot.com
Ouvert du mardi au samedi de 9h à 19h sans interruption. Dans cette librairie dédiée au voyage, les livres sont classés par pays : guides, plans de villes, littérature étrangère, ethnologie, cartes et topoguides pour la randonnée. Les rayons portent aussi un beau choix de livres illustrés et comprennent un rayon musique. Le premier étage allie littérature et gastronomie et des expositions de photos y sont régulièrement proposées.

Clermont-Ferrand

■ **LA BOUTIQUE MICHELIN**
2 place de la Victoire
✆ 04 73 90 20 50
www.michelin-boutique.com
Ouvert du mardi au samedi de 10h à 13h et de 14h à 19h, le lundi après-midi l'été. Vous trouverez dans cette boutique toute la production Michelin, des guides verts (en français, anglais ou allemand) aux guides rouges en passant par les cartes France et étranger. Egalement bagagerie, articles de sport, vaisselles et tout le nécessaire pour vos voyages (du triangle au contrôleur de pression) et de nombreux produits dérivés.

Grenoble

■ **LIBRAIRIE DE VOYAGEURS DU MONDE**
16, boulevard Gambetta
✆ 04 76 85 95 97
www.vdm.com
Ouvert du mardi au samedi de 11h à 19h.

Tout comme ses homologues de Paris ou Marseille, la librairie propose un vaste choix de guides en français et anglais, de cartes géographiques et atlas, de récits de voyage et d'ouvrages thématiques... Également pour les voyageurs en herbe : des atlas, des albums et des romans d'aventures.

Lille

■ LIBRAIRIE AUTOUR DU MONDE

65 rue de Paris ✆ 03 20 78 19 33
www.autourdumonde.biz
Ouvert du mardi au samedi de midi à 19h. Ouverte en 2006, cette librairie située au cœur du vieux Lille est tenue par un ancien professionnel du tourisme qui se fera un plaisir de vous conseiller. Romans, carnets de voyage, guides, cartes IGN, livres jeunesse, jeux et affiches remplissent les rayons de cette boutique. Pour s'y retrouver, c'est facile : les ouvrages sont rangés par continents, puis selon les quatre points cardinaux. Vous partez en Islande ? Rendez-vous au nord-ouest du magasin. Possibilité de commande sur le site de la librairie.

■ LIBRAIRIE DE VOYAGEURS DU MONDE

147, boulevard de la Liberté
✆ 03 20 06 76 30
Fax : 03 20 06 76 31 – www.vdm.com
Ouvert du lundi au samedi de 10h à 19h. La librairie de Voyageurs du Monde lilloise est située dans le centre-ville. Elle compte pas moins de 14 000 références, livres et cartes, uniquement consacrées à la découverte de tous les pays du monde, de l'Albanie au Zimbabwe en passant par la Chine.

Lyon

■ AU VIEUX CAMPEUR

72, cours de la Liberté (3e)
✆ 04 78 60 81 00
www.au-vieux-campeur.fr
Ouvert du mardi au vendredi de 11h à 19h30, le samedi de 10h à 19h et le lundi de 11h à 19h. Les magasins Au Vieux Campeur disposent d'une librairie dédiée au tourisme sportif. Vous y trouverez guides, cartes, beaux livres, revues et un petit choix de vidéos principalement axés sur la France. Commande possible par Internet.

■ RACONTE-MOI LA TERRE

14, rue du Plat (2e)
✆ 04 78 92 60 20
www.racontemoilaterre.com
Ouvert le lundi de midi à 19h30, du mardi au samedi de 10h à 11h30 et de 14h30 à 19h30, nocturne le mercredi jusqu'à 22h. Restaurant « exotique », cette librairie s'ouvre sur le monde des voyages. Les vendeurs vous conseillent et vous emmènent jusqu'à l'ouvrage qui vous convient. Ethnographes, juniors, baroudeurs, Raconte-moi la Terre propose de quoi satisfaire tous les genres de voyageurs.

▸ **Autre adresse :** Décathlon, 332, avenue Général-de-Gaulle, Bron.

Marseille

■ AU VIEUX CAMPEUR

255, avenue du Prado (1er)
✆ 04 91 16 30 30
Fax : 04 91 16 30 59
www.au-vieux-campeur.fr
Ouvert du mardi au vendredi de 10h30 à 19h30, le samedi de 10h à 19h et le lundi de 10h30 à 19h. Les magasins Au Vieux Campeur disposent d'une librairie dédiée au tourisme sportif. Vous y trouverez guides, cartes, beaux livres, revues et un petit choix de vidéos principalement axés sur la France.

■ LIBRAIRIE DE LA BOURSE – MAISON FREZET

8, rue Paradis (1er)
✆ 04 91 33 63 06
Ouvert le lundi de 14h à 19h et du mardi au samedi de 8h45 à 12h15 et de 13h45 à 19h. Cette librairie fondée en 1876 propose plans, cartes et guides touristiques du monde entier. Terre, mer, montagne ou campagne, tous les environnements se trouvent parmi les centaines d'ouvrages proposés. Si jamais l'idée vous tente de partir à l'aventure, rien ne vous empêche de vérifier votre thème astral ou de vous faire tirer les cartes avec tout le matériel ésotérique et astrologique également disponible.

■ LIBRAIRIE DE VOYAGEURS DU MONDE

25, rue Fort-Notre-Dame (1er)
✆ 04 96 17 89 26
Fax : 04 96 17 89 18 – www.vdm.com
Ouvert le lundi de midi à 19h et du mardi au samedi de 10h à 19h sans interruption. Sur le même site sont regroupés les bureaux des conseillers Voyageurs du Monde et ceux de Terres d'Aventure. La librairie détient plus de 5 000 références : romans, ouvrages thématiques sur l'histoire, spiritualité, cuisine, reportages, cartes géographiques, atlas, guides (en français et en anglais).

Découvrir le monde avec LibertyTV
LibertyTV est une chaîne non cryptée sur Astra 19,2° Est (12 552 Mhz, polarisation verticale)
Cinéma du monde
Les coulisses du voyage
la télé des vacances
noos numericable
canal 92-94
orange
canal 112
CANALSAT
canal 76
neuf cegetel
SFR
canal 98
mauritius telecom
canal 4
Maroc Telecom
proximus
Alice
canal 52
France CitéVision
canal 144
clubinternet
canal 140
DARTY BOX
canal 46
free
canal 154
Monaco telecom
canal 145
estvidéo
canal 77
Mobistar
libertyTV
LibertyTV vous propose:
- des reportages sur le monde entier pour choisir vos prochaines vacances.
- des offres de vacances aux meilleurs prix toutes les 15 minutes.
- un journal sur le tourisme toutes les heures.
- des comparaisons sur toutes les destinations de vacances.
- les meilleures promotions de vacances en permanence.
0892 700 313 (0,34 €/min)
www.libertytv.fr

L'espace propose également une sélection d'accessoires incontournables : moustiquaires, bagages…

■ **LIBRAIRIE MARITIME OUTREMER**
26, quai Rive-Neuve (1er)
✆ 04 91 54 79 40
Fax : 04 91 54 79 49
www.librairie-maritime.com
Ouvert du mardi au vendredi de 9h à 12h30 et de 14h à 18h30, le samedi de 10h à 12h30 et de 15h à 18h30. Que vous ayez le pied marin ou non, cette librairie vous ravira tant elle regorge d'ouvrages sur la mer. Ici, les histoires sont envoûtantes, les images incroyables... De quoi se mettre à rêver sans même avoir jeté l'ancre !

Montpellier

■ **LES CINQ CONTINENTS**
20, rue Jacques-Cœur
✆ 04 67 66 46 70
Fax : 04 67 66 46 73
www.lescinqcontinents.com
Ouvert le lundi de 13h à 19h et de 10h à 19h du mardi au samedi. Les libraires globe-trotters de cette boutique vous aideront à faire le bon choix parmi les nombreux ouvrages des cinq continents. Récits de voyage, guides touristiques, livres d'art, cartes géographiques et autres livres de cuisine ou musicaux vous permettront de mieux connaître divers pays du monde et régions de France. Régulièrement, la librairie organise des rencontres et animations (programme trimestriel disponible sur place).

Nantes

■ **LA GÉOTHÈQUE**
10, place du Pilori ✆ 02 40 47 40 68
Fax : 02 40 47 66 70
http://geotheque.over-blog.com
Ouvert le lundi de 14h à 19h et du mardi au samedi de 10h à 19h. Vous trouverez des centaines de magazines, guides spécialisés et plus de 2 000 cartes IGN à la Géothèque. Une bonne adresse pour savoir où l'on va et, en voyageur averti, faire le point avant le départ.

■ **LIBRAIRIE DE VOYAGEURS DU MONDE**
1-3, rue des Bons-Français
✆ 02 40 20 64 39 – www.vdm.com
Ouvert du mardi au samedi de 11h à 19h. Tout comme ses homologues de Paris ou Marseille, la librairie propose un vaste choix de guides en français et anglais, de cartes géographiques et atlas, de récits de voyage et d'ouvrages thématiques. Également pour les voyageurs en herbe : des atlas, des albums et des romans d'aventures.

Nice

■ **LIBRAIRIE DE VOYAGEURS DU MONDE**
4, rue du Maréchal-Joffre
✆ 04 97 03 64 65
Fax : 04 97 03 64 60
www.vdm.com
Ouvert de 10h à 19h du lundi au samedi. Les librairies de Voyageurs du Monde travaillent en partenariat avec plusieurs instituts géographiques à travers le monde et également quelques éditeurs privés. Elles proposent tous les ouvrages utiles pour devenir un voyageur averti !

Rennes

■ **ARIANE LIBRAIRIE DE VOYAGE**
20, rue Capitaine-Dreyfus
✆ 02 99 79 68 47
Fax : 02 99 78 27 59
www.librairie-voyage.com
Ouvert tous les jours de 9h30 à 12h30 et de 14h à 19h, fermé le lundi matin. En France, en Europe, à l'autre bout du monde, plutôt montagne ou résolument mer, forêts luxuriantes ou déserts arides… quelle que soit votre envie, chez Ariane, vous trouverez de quoi vous documenter avant de partir. De la boussole aux cartes routières et marines, en passant par les guides de voyage, plans et articles de trekking, vous ne repartirez certainement pas sans avoir trouvé votre bonheur.

Strasbourg

■ **AU VIEUX CAMPEUR**
32, rue du 22-Novembre
www.au-vieux-campeur.fr
Ouvert du mardi au vendredi de 11h à 19h30, le samedi de 10h à 19h et le lundi de 11h à 19h. Les magasins Au Vieux Campeur disposent d'une librairie dédiée au tourisme sportif. Vous y trouverez guides, cartes, beaux livres, revues et un petit choix de vidéos principalement axés sur la France.

■ **GÉORAMA**
20, rue du Fossé-des-Tanneurs
✆ 03 88 75 01 95
www.geotheque.com
Ouvert du lundi au samedi de 9h30 à 18h45,

fermé le lundi matin. Le lieu est dédié au voyage et les guides touristiques voisinent avec les cartes routières et les plans de villes. Des accessoires indispensables au voyage (sacs à dos, boussoles) peuplent aussi les rayons de cette singulière boutique. Notez également la présence (et la vente) de fascinants globes lumineux et de cartes en relief.

Toulouse

■ **AU VIEUX CAMPEUR**
23, rue de Sienne, Labège-Innopole
www.au-vieux-campeur.fr
Ouvert du mardi au vendredi de 11h à 19h30, le samedi de 10h à 19h et le lundi de 11h à 19h. Les magasins Au Vieux Campeur disposent d'une librairie dédiée au tourisme sportif. Vous y trouverez guides, cartes, beaux livres, revues et un petit choix de vidéos principalement axés sur la France.

■ **LIBRAIRIE PRESSE DE BAYARD**
60, rue Bayard
✆ 05 61 62 82 10
Fax : 05 61 62 85 54
Ouvert du lundi au vendredi de 8h à 12h30 et de 14h à 19h, le samedi de 9h à 12h30 et de 14h à 17h. Cette librairie propose toutes sortes de cartes IGN (disponibles aussi en CD-ROM), topoguides, guides touristiques, cartes du monde entier et plans de villes (France et étranger). Cette surface de vente – la plus importante de Toulouse consacrée au voyage – possède également un rayon consacré à la navigation aérienne et maritime, aux cartes marines et un fonds important de guides Petit Futé !

■ **OMBRES BLANCHES**
50, rue Gambetta, 5-7, rue des Gestes
✆ 05 34 45 53 33
Fax : 05 61 23 03 08
www.ombres-blanches.fr
Ouvert du lundi au samedi de 10h à 19h. Cette librairie est la petite sœur de la grande Ombres Blanches d'à côté. Dans cet espace spécialisé dans les voyages et le tourisme, vous trouverez beaux livres, récits de voyage, cartes de rando et de montagne, livres de photos… Le voyage avant même d'avoir quitté sa ville !

Belgique

■ **LIBRAIRIE ANTICYCLONE DES AÇORES**
34, rue Fossé-aux-Loups, Bruxelles
✆ (02) 217 52 46
On va dans cette librairie située près de la Bourse pour ses guides et ses beaux livres mais surtout pour son large choix cartographique. Cartes topographiques, de randonnée, cyclotouristiques, plans de villes, cartes et atlas routiers, globes terrestres : vous ne vous lasserez pas de vous perdre dans les rayons de l'Anticyclone des Açores.

■ **LIBRAIRIE PEUPLES ET CONTINENTS**
17-19, Galerie Ravenstein, Bruxelles
✆ (02) 511 27 75
Fax : (02) 514 57 20
www.peuplesetcontinents.com
Ouvert du mardi au vendredi de 9h à 18h et le samedi de 10h à 18h. Cette librairie indépendante propose guides de voyage et de randonnée, cartes routières, plans de villes, lexiques de conversation, guides d'identification botanique, atlas animaliers. Parmi plus de 5 000 titres, vous trouverez aussi des livres d'art sur les civilisations, des récits de voyage, historique, d'ethnologie, d'anthropologie et des beaux livres sur tous les pays du monde. Le tout en français, néerlandais ou anglais.

Suisse

■ **LIBRAIRIE LE VENT DES ROUTES**
50, rue des Bains, Genève
✆ (022) 800 33 81
www.vdr.ch
Le Vent des Routes réunit sous le même toit une librairie, une agence de voyages et un café-restaurant. Vous y trouverez guides, cartes, romans, idées de voyage et des libraires très disponibles qui vous feront part de leurs livres coup de cœur.

Cartographie

On peut trouver des cartes en anglais pour la plupart des capitales de la région, mais le choix s'arrête souvent là. À Bichkek et Almaty, on peut également trouver quelques cartes consacrées au Kirghizistan et au Kazakhstan. Mais ceux qui envisagent des trekkings en montagne auront tout intérêt à acheter des cartes adaptées en Europe, car il est très difficile voire impossible de les trouver en Asie centrale (à part peut-être à Karakol au Kirghizistan).

Bibliographie

Histoire et civilisation

▸ ***Atlas des peuples d'Orient***, Jean Sellier et André Sellier, La Découverte, 2004. À la fois atlas et livre d'histoire, pour suivre les

mouvements des populations du Moyen-Orient, du Caucase et de l'Asie centrale au cours des siècles.

- ***Histoire de l'Asie centrale contemporaine***, Pierre Chuvin, René Létolle et Sébastien Peyrouse, Fayard 2008.
- ***Le Turkménistan***, André Kamev, Karthala, 2005. Une monographie toute récente sur le Turkménistan, abordant essentiellement l'histoire du pays jusqu'à l'indépendance.
- ***Femmes d'Asie centrale***, Christophe de Ponfilly, Arte Éditions, 2004. Série de portraits de femmes du Tadjikistan. Le livre a été écrit à l'issue d'un documentaire du même auteur.
- ***Au fil des routes de la soie***, ouvrage collectif, Transboréal, 2003. Histoire, évolutions sociales, culture, légendes et même techniques de tissage : pour tout savoir sur le mythe et la réalité des routes de la soie.
- ***Le Milieu des empires : entre URSS, Chine et Islam, le destin de l'Asie centrale***, René Cagnat et Michel Jan, Robert Laffont, 1990. Un ouvrage un peu daté mais d'une précision minutieuse, pour comprendre l'Asie centrale soviétique.
- ***Dictionnaire de l'Asie centrale***, Catherine Poujol, Ellipses, 2001.
- ***Asie centrale, histoire et civilisations***, Jean-Paul Roux, Fayard, 1997.
- ***Le Kazakhstan***, Catherine Poujol, PUF Que sais-je ?, 2000.
- ***Ouzbékistan, au cœur des routes de la soie***, Sergio Cozzi et Didier Lebouche, Georama, 2001.
- ***L'Ouzbékistan, une culture de l'exception***, Catherine Poujol, Belin, 2005.
- ***Proverbes et dictons d'Ouzbékistan***, ouvrage collectif, Géorama, 2006.
- ***Les Empires nomades***, Gérard Chaliand, Perrin, 1995.
- ***Les Arts de l'Asie centrale et du Moyen-Orient***, Jeanine Auboyer, PUF Que sais-Je ?, n°77.
- ***Asie centrale, les fils de Tamerlan***, Alain Chenevière, Vilo, 1998.
- ***Tamerlan***, Jean-Paul Roux, Fayard, 1991.
- ***Genghis Khan, le conquérant du monde***, René Grousset, Albin Michel, 1944.
- ***La Bactriane au carrefour des routes et des civilisations de l'Asie centrale***, Pierre Leriche, Charir Pidaiev, Mathilde Gelin, Maisonneuve, 2001.
- ***La Route de la soie, dieux, guerriers et marchands***, Luce Boulnois, Olizane, 2001.
- ***Histoire des peuples de l'ex-URSS***, Henry Bogdan, Perrin, 1993.
- ***Les batailles de la région du talas et l'expansion musulmane en Asie centrale***, Dominique Farale, Economica, 2006.

Enjeux géopolitiques contemporains

- ***La Nouvelle Asie centrale***, Olivier Roy, Seuil, 1997. Un ouvrage de référence pour comprendre l'évolution récente des anciennes républiques soviétiques.
- ***L'Asie centrale contemporaine***, Olivier Roy, Que sais-je ?, 2002. Même principe que l'ouvrage précédent, mais largement simplifié.
- ***Asie centrale, le nouveau grand jeu***, Patrick Karam, L'Harmattan, 2002. Bilan des forces en présence dans la région après le 11 septembre.
- ***Guerres en Asie centrale : luttes d'influence, pétrole, islamisme et mafias, 1850-2004***, Boris Eisenbaum, Grasset, 2005. Bilan des enjeux géostratégiques de la région.
- ***L'Asie centrale après la « guerre contre la terreur »***, dir. Jean-François Daguzan et Pascal Lorot, L'Harmattan, 2004. Ouvrage collectif d'un institut de recherche. Thèmes variés mais les articles ne sont pas tous convaincants.
- ***Asie centrale, la dérive autoritaire***, Marlène Laruelle et Sébastien Peyrouse, Autrement, 2006.
- ***Asie centrale, centre du monde***, Jean-Louis Gouraud, Belin, 2005.
- ***Asie centrale, champs de guerre***, Ahmed Rashid, Laurent Bury et Olivier Roy, Autrement, 2002.
- ***Géopolitique de la nouvelle Asie centrale***, Mohammad-Reza Djalili et Thierry Kellner, PUF, 2004.
- ***Ouzbékistan, puissance émergente en Asie centrale***, Romain Yakemtchouk, L'Harmattan, 2003.
- ***Guerres en Asie centrale, luttes d'influence, pétrole et mafias, 1850-2004***, Boris Eisenbaum, Grasset, 2005.

Récits de voyage

- ***La Rumeur des steppes***, René Cagnat, Petite Bibliothèque Payot, 2001. Témoignage d'un ancien diplomate français en Asie centrale.
- ***Longue marche, vers Samarcande (II),*** Bernard Ollivier, Phébus, 2001. Récit de l'incroyable traversée à pieds de l'Iran jusqu'à Samarcande.
- ***Le voyage en Asie centrale et au Tibet***, Michel Jan, Robert Laffont, 2004. Extraits de récits de voyage depuis le Moyen Age jusqu'au début du XXe siècle.
- ***Dans les steppes d'Asie centrale***, Anne Nivat, Fayard, 2006. Récits de voyages et analyses sociales de quatre pays d'Asie centrale par une journaliste française.
- ***Les Explorateurs d'Asie centrale***, Svetlana Gorshenina, Olizane, 2003.
- ***Asie centrale, le rêve nomade,*** Jean-Marie Porté, L'Harmattan, 2004.
- ***Voyage d'un faux derviche en Asie centrale,*** 1862-1864, Armin Vambery, Phebus, 1994.
- ***La route de Samarkand au temps de Tamerlan***, Ruy Gonzales de Clavijo, Imprimerie Nationale, 1990.
- ***Marco Polo et la route de la soie***, Jean-Pierre Drege, Gallimard Découverte n°53.
- ***Voyages et périples choisis***, Ibn Battuta, Gallimard, 1992.
- ***Des monts célestes aux sables rouges***, Ella Maillard, Payot, 1991.

Beaux Livres

- ***Asie centrale, visions d'un familier des steppes***, René Cagnat, Transboréal, 2001.
- ***Chasse à l'aigle chez les Kazakhs***, Roland et Sabrina Michaud, Picquier, 2001.
- ***Mer d'Aral, les bateaux qui pleurent***, Nicolas Descottes, Hazan, 2000.

Romans d'Asie centrale

- ***Tuer, ne pas tuer***, Tchinguiz Aïtmatov, Ed. Des Syrtes, 2005. Roman de l'un des plus célèbres auteurs kirghiz du XXe siècle.
- ***Le Léopard des neiges***, Tchinguiz Aïtmatov, Le Temps des Cerises, 2008.
- ***Djamilia***, Tchinguiz Aïtmatov, Gallimard, 2003.
- ***Le Petit Nuage de Gengis Khan***, Tchinguiz Aïtmatov, Globe, 1991.
- ***Djildiz ou le chant des monts Célestes***, René Cagnat, Flammarion, 2003.

AVANT SON DÉPART

Le rôle principal de l'ambassade est de s'occuper des relations entre les Etats, tandis que la section consulaire est responsable de sa communauté de ressortissants. Ainsi, pour tout problème concernant les papiers d'identité, la santé, le vote, la justice ou l'emploi, il faut s'adresser à la section consulaire de son pays. En cas de perte ou de vol de papiers d'identité, le consulat délivre un laissez-passer pour permettre uniquement le retour dans le pays d'origine, par le chemin le plus court.

Ambassades et consulats

■ AMBASSADE D'OUZBÉKISTAN
22, rue d'Aguesseau 75008 Paris
✆ 01 53 30 03 53 – Fax : 01 53 30 03 54
www.ouzbekistan.fr
contact@ouzbekistan.fr

■ AMBASSADE DU KAZAKHSTAN
59, rue Pierre Charron
75008 Paris
✆ 01 45 61 52 00
Fax : 01 45 61 52 01
www.amb-kazakhstan.fr
info@amb-kazakhstan.fr

■ AMBASSADE DU KIRGHIZISTAN
47, rue de l'Abbaye, Abdijstraat B
Bruxelles
✆ 0032 2 648 18 68
Fax : 0032 2 640 01 31
www.kyrgyz.nl

■ AMBASSADE DU TADJIKISTAN
363-365 Avenue Louise BP 14
Bruxelles
✆ 00 32 2 64 06 933
Fax : 00 32 2 64 90 195

■ AMBASSADE DU TURKMÉNISTAN
13, rue Picot 75016 Paris
✆ 01 47 55 05 36 – Fax : 01 47 55 05 68
turkmenamb@aol.com

■ **CONSULAT HONORAIRE DU KIRGHIZISTAN**
13, avenue de Friedland 75008 Paris
✆ 01 53 76 91 81
Fax : 01 45 63 37 43 – mhberard@mhb.fr

Bonnes adresses

■ **CHAIKHANA DE BOUKHARA**
53, rue Amelot 75011 Paris
✆ 01 43 38 88 40
www.resto-boukhara.com
M° Bastille ou Chemin-Vert. Ouvert mardi au samedi de 12h à 14h30 et de 19h30 à 23h et le dimanche de 19h30 à 23h. Menu à 12 € le midi. A la carte environ 25 €. Le Chaïkhana de Boukhara a ouvert au printemps 2008 à l'occasion des fêtes de Navruz, le Nouvel An en Asie centrale. Sur fond de murs en briques, décorés d'objets typiques et de tables de couleurs, Saïdjon et Andreï accueillent avec chaleur et racontent dans l'assiette tout l'Ouzbékistan... Pour une première approche, il faut prendre la formule du midi « Découverte » à 15 € composée au choix d'un assortiment d'entrées, plats et desserts. La salade Tamerlan (aubergine grillée, tomate, concombre, oignon, fromage feta, épices de la montagne) est super. On poursuit par le fameux *plov* (riz, agneau, carotte, pois chiches, parfumé aux épices). En dessert, le passage obligé reste une spécialité du chef : le gâteau Emir de Boukhara, c'est une pâte feuilletée aux raisins, noix et miel qui se laisse déguster sans faim.

■ **SAMARKAND**
16, rue de Jouy 75004 Paris
✆ 01 42 77 08 36.
www.resto-samarkand.com
M° Saint-Paul. Fermé le dimanche et le lundi midi. Menus : 13,50 € au déjeuner, 25 € et 29,50 € au dîner. Caché dans une petite rue derrière l'hôtel de ville, ce lieu incontournable des amoureux de l'Ouzbekistan a été façonné par Barbur Ismaïlov, plus grand décorateur de Tachkent, capitale de ce grand pays d'Asie centrale. Devanture bleue et tapis rappellent les medersas et les *tchaikhanas* – maisons de thé – de la ville de Tamerlan. Dans l'assiette, un *must* : les *samsas*, excellents beignets aux épinards ou à l'agneau. On y apprécie aussi des spécialités comme les *mantis* – grands raviolis à l'agneau cuits à la vapeur –, l'*hanoum* – lasagnes fourrées à l'agneau et aux pommes de terre – et le *bibi khanum*, une mousse aux fruits rouges qui vient agréablement conclure ce repas inédit. Le troisième lundi de chaque mois, le Samarkand organise des rendez-vous culturels autour de l'Asie centrale. A découvrir absolument, et sur réservation !

SUR PLACE

Ambassades et consulats

■ **AMBASSADE DE CHINE**
79 Gulyamov ✆ (71) 233 80 88
Voir la rubrique « Ouzbékistan », « Tachkent », « Pratique ».

■ **AMBASSADE DE FRANCE**
25 Qo'qon Yuli ✆ (71) 233 53 82
Voir la rubrique « Ouzbékistan », « Tachkent », « Pratique ».

■ **AMBASSADE DE RUSSIE**
83 Nukus ✆ (71) 220 35 04
Voir la rubrique « Ouzbékistan », « Tachkent », « Pratique ».

■ **AMBASSADE DU KAZAKHSTAN**
23 Chahov
✆ (71) 252 16 54
Voir la rubrique « Ouzbékistan », « Tachkent », « Pratique ».

■ **AMBASSADE DU KIRGHIZISTAN**
30 Samatova ✆ (71) 237 47 94
Voir la rubrique « Ouzbékistan », « Tachkent », « Pratique ».

■ **AMBASSADE DU TADJIKISTAN**
6 A. Kakhor ✆ (71) 254 99 66
Voir la rubrique « Ouzbékistan », « Tachkent », « Pratique ».

■ **AMBASSADE DU TURKMÉNISTAN**
1 Mirobod ✆ (71) 220 52 78
Voir la rubrique « Ouzbékistan », « Tachkent », « Pratique ».

Associations et institutions culturelles

■ **ALLIANCE FRANÇAISE D'ALMATY**
132b, av. Dostyk 050 051 Almaty
✆ (7) 7272 54 22 12 – (7) 7272 54 26 29
www.ambafrance-kz.kz

■ **ALLIANCE FRANÇAISE D'ASTANA**
25, Prospekt Respoubliki Astana
✆ (7) 7172 58 03 20 – (7) 7172 59 28 83
www.amba-france-kz.kz

■ **ALLIANCE FRANÇAISE DE BICHKEK**
C/o consulat Français 49 rue Razakov
720026 Bichkek ✆ (996) 312 66 03 64
✆ (996) 312 66 04 41 – afbichkek@yahoo.fr

Tourisme

En fait d'office du tourisme, il n'y a que CBT au Kirghizistan pour valoir le titre. Dans tous les autres pays, ce seront des agences de voyagistes qui pourront renseigner les voyageurs, selon leur couverture régionale et leur spécialité. Il n'existe pas encore de réseaux d'office de tourisme.

MAGAZINES ET ÉMISSIONS

Presse

■ **COURRIER INTERNATIONAL**
www.courrierinternational.com
Hebdomadaire regroupant les meilleurs articles de la presse internationale en version française.

■ **GÉO**
www.geo.fr
Le mensuel accorde une large place aux reportages photographiques. Il propose aussi des articles et actualités, l'ensemble étant désormais imprimé sur du papier provenant de forêts gérées durablement.

■ **GRANDS REPORTAGES**
www.grands-reportages.com
Le magazine de l'aventure et du voyage propose des dossiers, reportages photo et articles divers sur les peuples, civilisations, paysages et monuments. Chaque sujet est complété par un important volet pratique pour préparer son voyage.

■ **PETIT FUTÉ MAG**
www.petitfute.com
Notre journal bimestriel vous offre une foule de conseils pratiques pour vos voyages, des interviews, un agenda, le courrier des lecteurs… Le complément parfait à votre guide !

■ **RANDOS-BALADES**
www.randosbalades.fr
Magazine mensuel sur les randonnées en France et à l'étranger. L'approche est thématique (sentiers du littoral, itinéraires sauvages, thèmes culturels…) et la publication est riche en actualités, trucs et astuces, tests matériels, fiches topographiques et, bien sûr, en guides de randonnée.

■ **TERRE SAUVAGE**
www.terre-sauvage.com
Ce mensuel est spécialisé dans la faune et la flore sauvages. Au sommaire : des aven-tures dans le sillage des expéditions scientifiques, la découverte des écosystèmes, des enquêtes sur la protection de l'environnement ou encore des rubriques plus pratiques avec, par exemple, des conseils photo.

■ **ULYSSE**
www.ulyssemag.com
Ce magazine culturel du voyage est édité par *Courrier International*. Huit numéros par an pour découvrir le monde, avec une large place accordée à la photographie.

Radio

■ **RADIO FRANCE INTERNATIONALE**
www.rfi.fr
89 FM à Paris. Pour vous tenir au courant de l'actualité du monde partout sur la planète.

Télévision

■ **ESCALES**
www.escalestv.fr
Cette chaîne consacrée aux documentaires s'intéresse aux voyages et au tourisme, en France et à l'étranger. Ils se déclinent sous différentes thématiques, comme la nature, les animaux, la culture et la gastronomie.

■ **FRANCE 24**
www.france24.com
Chaîne d'information en continu, France 24 apporte 24h/24 et 7j/7, un regard nouveau à l'actualité internationale. Diffusée en 3 langues (français, anglais, arabe) dans plus de 160 pays, la chaîne est également disponible sur internet et le mobile sur www.france24.com pour vous accompagner tout au long de vos voyages.

■ **LIBERTY TV**
www.libertytv.com
Cette chaîne non cryptée propose des reportages sur le monde entier et un journal sur le tourisme

L N'Y A PAS DE GRANDS VOYAGES SANS
escales
escales
ocumentaires, reportages, la chaîne Escales vous emmène toujours plus loin à la découverte
es trésors du monde, à la rencontre des peuples.
LA CHAÎNE DE L'EVASION
escales
EST UNE CHAÎNE AB GROUPE DISPONIBLE SUR LA NOUVELLE OFFRE SATELLITE
BIS

toutes les heures. La « télé des vacances » met aussi en avant des offres de voyages et promotions touristiques toutes les 15 minutes.

■ **PLANÈTE**
www.planete.tm.fr
Depuis presque 20 ans, Planète propose de découvrir le monde, ses origines, son fonctionnement et son probable devenir avec une grille de programmation documentaire éclectique : civilisation, histoire, société, investigation, reportages animaliers, faits divers, etc.

■ **TV5 MONDE**
www.tv5.org
La chaîne de télévision internationale francophone diffuse des émissions de ses partenaires nationaux (France Télévisions, RTBF, TSR et CTQC) et ses propres programmes.

■ **USHUAÏA TV**
www.ushuaiatv.fr
La chaîne découlant du magazine éponyme a un slogan clair : « Mieux comprendre la nature pour mieux la respecter ». Elle se veut télévision du développement durable et de la protection de la planète et propose nombre de documentaires, reportages et enquêtes.

■ **VOYAGE**
www.voyage.fr
Terres méconnues ou inconnues, grands espaces et mégapoles, lieux incontournables ou insolites, cultures et nouvelles tendances : Voyage TV vous propose d'explorer le monde dans toute sa richesse à l'aide de documentaires ou en compagnie de guides éclairés.

Sites Internet

■ **ASIE-CENTRALE**
www.asie-centrale.com
Un site francophone plein d'informations sur les cinq pays d'Asie centrale. Le site se consacre essentiellement à l'aspect culturel et à la promotion du tourisme dans chacun des pays.

■ **ASIE CENTRALE ARCHÉOLOGIE ET HISTOIRE**
www.asiecentrale.org
Un site très complet détaillant toutes les richesses archéologiques de l'Asie centrale.

■ **BONNE VIEILLE TERRE**
http://alain.debord.perso.sfr.fr
Ce blog de voyage offre un aperçu des différentes musiques folkloriques ou populaires d'Ouzbékistan et de Russie (que l'on retrouve dans toute la région). Un contact original avec la culture locale.

■ **EURASIANET.ORG**
www.eurasianet.org
Site Internet anglophone spécialisé sur le suivi de l'information en Asie centrale. Articles de fond, reportages, et une bonne vision géopolitique de la région.

■ **LA ROUTE DE LA SOIE ET SES MERVEILLES**
www.galerielaroutedelasoie.com
Site un peu moins historique mais centré sur la culture et l'artisanat contemporain.

■ **LE COURRIER DE L'ASIE CENTRALE**
http://asiecentrale.courriers.info
Site Internet francophone, qui propose un très bon suivi de l'actualité des cinq républiques d'Asie centrale.

■ **LES BOURLINGUEURS**
www.bourlingueurs.com
Un très beau site réalisé par un couple francophone parti en 4x4 sur les routes d'Asie centrale. Les photos sont magnifiques.

■ **MUSÉE D'ART CENTRE-ASIATIQUE**
www.museeasiecentrale.umontreal.ca
Le site d'un musée canadien exclusivement consacré à l'art d'Asie centrale. Plusieurs rubriques sont encore en construction, mais le site a l'air très prometteur.

■ **REGARDS SUR L'ASIE CENTRALE**
www.relations-internationales.net
Un site intéressant publiant des études de chercheurs et des points d'actualité sur l'Asie centrale. Un peu pointu, mais très utile pour ceux qui s'intéressent aux enjeux géostratégiques de la région.

■ **THE CELESTIALS MOUNTAINS TOUR COMPAGNY**
www.celestial.com.kg
Le site de ce voyagiste kirghiz offre une présentation exhaustive du pays dans ses moindres recoins.

■ **THE SPEKTATOR**
www.thespektator.co.uk
Magazine d'information culturelles et pratiques sur Bichkek, regorgeant de bonnes adresses pour animer son séjour dans la capitale kirghize.

■ **WORLDKERROS'S TRAVEL PROFILE**
www.travelpod.com/members/worldkerros
Le blog d'un voyageur vétéran en Asie centrale. Nombreux récits, portraits, reportages et photographies... Assorties de quelques informations pratiques.

Comment partir ?

PARTIR EN VOYAGE ORGANISÉ

Les voyagistes

Les spécialistes

Vous trouverez ici les tour-opérateurs spécialisés dans votre destination. Ils produisent eux-mêmes leurs voyages et sont généralement de très bon conseil car ils connaissent la région sur le bout des doigts. A noter que leurs tarifs se révèlent souvent un peu plus élevés que ceux des généralistes.

■ **AMSLAV TOURISME**
60, rue de Richelieu 75005 Paris
✆ 01 44 88 20 40
Fax : 01 44 82 02 75
www.amslav.com – info@amslav.com
Amslav propose des séjours en Ouzbékistan, au Turkménistan, au Kazakhstan et au Kirghizistan. Contactez l'agence, ces séjours ne sont pas disponibles sur le site Internet.

■ **ANANTA – LES ATELIERS DU VOYAGE**
54-56, av Bosquet 75007 Paris
✆ 01 45 56 58 24
Fax : 01 45 56 14 05
www.ateliersduvoyage.com
Ananta propose 6 circuits en Ouzbékistan et combiné avec le Tadjikistan, le Turkménistan et le Kirghizistan. Deux voyages proposent une approche originale du pays « Immersion au quotidien Ouzbek » et « Pour une approche du soufisme ».

■ **ARVEL**
31, cours Emile-Zola
Villeurbanne
✆ 04 72 44 95 50
Fax : 04 78 89 58 66
www.arvel-voyages.com
Arvel propose un voyage de 20 jours au coeur du pays Kirghize. Entre villes, steppes et rencontres avec les nomades, c'est un séjour complet qu'offre le tour-opérateur.

■ **CLIO**
27, rue du Hameau 75015 Paris
✆ 0 826 10 10 82
www.clio.fr
Le tour-opérateur Clio, inspiré par la muse de l'histoire, vous emmène à la découverte du Kazakhstan, de l'Ouzbékistan, du Tadjikistan et du Turkménistan. Un extraordinaire voyage de 16 jours, loin des sentiers touristiques, accompagné par un docteur en archéologie orientale.

■ **CLUB AVENTURE**
18, rue Séguier 75006 Paris
✆ 0 826 88 20 80
Fax : 04 91 09 22 51
www.clubaventure.fr
info@clubaventure.fr
Sillonnez le monde avec Club Aventure selon vos envies : voyages à la carte, treks, circuits découvertes. Club Aventure propose un combiné entre l'Ouzbékistan et le Kirghizistan. 22 jours avec environ 7 jours de marche de niveau modéré.

■ **EMS VOYAGES**
276 rue Lecourbe 75015 Paris
✆ 01 48 56 76 76
www.emsvoyages.com

Un combiné Kirghizistan/Ouzbékistan et un séjour en Ouzbékistan, sont les voyages proposés par EMS. Les temps forts du combiné sont la vallée de Ferghana, le musée de Noukous et Samarkand.

■ **EXPLORATOR**
1 rue Gabriel Laumain 75010 Paris
✆ 01 53 45 85 85
Fax : 01 42 60 80 00
www.explo.com
Entrer en contact avec la nature, la vie quotidienne des femmes et des hommes rencontrés, leur culture : c'est cette découverte du monde que propose Explorator. En Asie centrale, deux combinés sont possibles : Ouzbékistan/Turkménistan « Cités marchandes de la route de la soir, Route de la céramique. » Et Kirghizistan/Tadjikistan/Ouzbékistan « Au cœur de l'Asie centrale. »

■ **HORIZONS NOMADES**
4, rue des Pucelles, Strasbourg
✆ 03 88 25 00 72
Fax : 03 88 25 02 52
www.horizonsnomades.fr
« La voie des sommets » vous emmènera du Tadjikistan à l'Ouzbékistan par les montagnes. Une randonnée magnifique dans une région méconnue. Egalement deux séjours pour découvrir l'Ouzbékistan.

■ **HORIZONS NOUVEAUX**
Rue de Médran 6. Case postale 196
Verbier (Suisse)
✆ +41 (0) 27 771 71 71
Fax : +41 (0) 27 771 71 75
www.horizonsnouveaux.com
Un voyage exceptionnel d'Horizons Nouveaux vous fait traverser toute l'Asie centrale jusqu'en Russie. « Gengis Khan Highway » vous emmène sur les pas du grand guerrier en Ouzbékistan, Tadjikistan, Kirghizistan, Kazakhstan, Russie et Mongolie. Plus de 24 000 km à faire en une ou plusieurs fois. Des séjours dans chaque pays d'Asie centrale sont également proposés.

■ **LA BALAGUÈRE**
Route du Val d'Azun
BP 3F 65403 Arrens-Marsous Cedex
✆ 05 62 97 46 46 – Fax : 05 62 97 43 01
www.labalaguere.com
La Balaguère propose plusieurs treks en Kirghizie et en Ouzbékistan. Un combiné Ouzbékistan/Tadjikistan est possible. Deux

semaines sur « La route oubliée du Pamir et la route légendaire de Samarkand ». Un trek de difficulté 2 sur 3.

LES ROUTES DE L'EST

3, rue de Gramont 75002 Paris
✆ 01 47 42 25 95 – Fax : 01 73 04 02 73
www.lesroutesdelest.fr
info@lesroutesdelest.fr

Les Routes de l'Est proposent un périple de 15 jours en train pour découvrir les richesses de trois pays d'Asie centrale, la Kazakhstan, l'Ouzbékistan et le Turkménistan.

NOMADE AVENTURE – ARGANE

40, rue de la Montagne-Sainte-Geneviève
75005 Paris
✆ 0 825 701 702
Fax : 01 43 54 76 12
www.nomade-aventure.com
infos@nomade-aventure.com

Nomade Aventure propose une vingtaine de voyages à destination de l'Asie centrale. Il y en a pour tous les goûts, des randonnées tranquilles aux treks sportifs. Des combinés Kirghizistan, Tadjikistan, Ouzbékistan et Kazakhstan sont possibles. Quelques voyages permettent d'avoir un aperçu du Turkménistan.

RANDOCHEVAL

2 place Charles-de-Gaulle
Vienne ✆ 04 37 02 20 00
Fax : 04 37 02 25 00
www.randocheval.com

« Qui n'a pas de cheval n'a pas de pied » dit le proverbe kirghiz. Alors Randocheval propose un séjour adapté aux moeurs locales, à dos de cheval. 13 ou 19 jours pour découvrir la Kirghizie.

TOURMONDE – CARTOUR – LOCATOUR

67, boulevard Haussmann 75008 Paris
✆ 01 44 56 30 30
Fax : 01 42 66 12 20
www.tourmonde.fr – resa@locatour.fr

Tourmonde propose de découvrir l'Ouzbékistan par la Route de la Soie. Un séjour complet comprenant la visite de Samarkand, Tachkent, une méharée et une nuit en yourte.

Ancien port avec des bateaux échoués

■ **VISITEURS**
43, rue de la Chaussée-d'Antin
75009 Paris ✆ 01 56 02 02 24
Fax : 01 48 78 45 47
www.visiteurs.com
15 jours au cœur de l'Ouzbékistan, voilà ce que propose Visiteurs. « Rêves de la route de la soie » vous emmène de Tachkent à Kokande puis Ferghana, Kiva, Boukhara, sans oublier Samarcande. Logement en hôtels 3 ou 4-étoiles.

Les généralistes

Vous trouverez ici les tour-opérateurs dits « généralistes ». Ils produisent des offres et revendent le plus souvent des produits packagés par d'autres sur un large panel de destinations. S'ils délivrent des conseils moins pointus que les spécialistes, ils proposent des tarifs généralement plus attractifs.

■ **ABCVOYAGE**
www.abcvoyage.com
Regroupe les soldes de tous les voyagistes avec des descriptifs complets pour éviter les surprises. Les dernières offres saisies sont accessibles immédiatement à partir des listes de dernière minute. Le serveur est couplé au site www.airway.net qui propose des vols réguliers à prix réduits, ainsi que toutes les promotions et nouveautés des compagnies aériennes.

■ **CARLSON WAGONLIT VOYAGES**
✆ 0 826 828 824 – www.cwtvoyages.fr
C'est l'agence de voyages virtuelle de la société Carlson Wagonlit. Le site propose plus d'un million de tarifs négociés au départ de l'Europe. La recherche est bien guidée et plutôt efficace. A noter, une rubrique « Dernière minute » côtoie une rubrique « Première minute » pour prévoir son séjour à l'avance mais toujours à des tarifs préférentiels.

■ **DEGRIFTOUR**
✆ 0 899 78 50 00 – www.degriftour.fr
Vols secs, hôtels, location de voiture, séjours clé en main ou sur mesure... Degriftour s'occupe de vos vacances de A à Z, à des prix très compétitifs.

■ **EXPEDIA FRANCE**
✆ 0 892 301300 – www.expedia.fr
Expedia est le site français du n°1 mondial du voyage en ligne. Un large choix de 500 compagnies aériennes, 105 000 hôtels, plus de 5 000 stations de prise en charge pour la location de voitures et la possibilité de réserver parmi 5 000 activités sur votre lieu de vacances. Cette approche sur mesure du voyage est enrichie par une offre très complète comprenant prix réduits, séjours tout compris, départs à la dernière minute...

■ **GO VOYAGES**
✆ 0 899 651 951 – www.govoyages.com
Go Voyages propose le plus grand choix de vols secs, charters et réguliers, au meilleur prix, au départ et à destination des plus grandes villes. Possibilité également d'acheter des packages sur mesure « vol + hôtel » et des coffrets cadeaux. Grand choix de promotions sur tous les produits sans oublier la location de voitures. La réservation est simple et rapide, le choix multiple et les prix très compétitifs.

LAST MINUTE

✆ 04 66 92 30 29 – www.lastminute.fr

Des vols secs à prix négociés, dégriffés ou publics sont disponibles sur Last Minute. On y trouve également des week-ends, des séjours, de la location de voiture... Mais surtout Last Minute est le spécialiste des offres de dernière minute permettant ainsi aux vacanciers de voyager à petits prix. Que ce soit pour un week-end ou une semaine, une croisière ou simplement un vol, des promos sont proposées et renouvelées très régulièrement.

OPODO

✆ 0 899 653 656 – www.opodo.fr

Pour préparer votre voyage, Opodo vous permet de réserver au meilleur prix des vols de plus de 500 compagnies aériennes, des chambres d'hôtels parmi plus de 45 000 établissements et des locations de voitures partout dans le monde. Vous pouvez également y trouver des locations saisonnières ou des milliers de séjours tout prêts ou sur mesure ! Opodo a été classé meilleur site de voyages par le banc d'essai Challenge Qualité – l'*Echo touristique* 2004. Des conseillers voyages à votre écoute 7 jours/7 de 8h à 23h du lundi au vendredi, de 9h à 19h le samedi et de 11h à 19h le dimanche.

PROMOVACANCES

✆ 0 899 654 850

www.promovacances.com

Promovacances propose de nombreux séjours touristiques, des week-ends, ainsi qu'un très large choix de billets d'avion à tarifs négociés sur vols charters et réguliers, des locations, des hôtels à prix réduits. Egalement, des promotions de dernière minute, les bons plans du jour. Informations pratiques pour préparer son voyage : pays, santé, formalités, aéroports, voyagistes, compagnies aériennes.

THOMAS COOK

✆ 0 826 826 777

www.thomascook.fr

Tout un éventail de produits pour composer son voyage : billets d'avion, location de voitures, chambres d'hôtel... Thomas Cook propose aussi des séjours dans ses villages-vacances et les « 24h de folies » : une journée de promos exceptionnelles tous les vendredis. Leurs conseillers vous donneront des conseils utiles sur les diverses prestations des voyagistes.

TRAVELPRICE

✆ 0 899 78 50 00

www.travelprice.com

Orient Voyages
Orient Voyages
Réceptif en Ouzbékistan
et en Asie Centrale
Grand choix de tours:
· Voyages culturels;
· Voyages d'aventures: randonnées dans
les montagnes et dans les déserts, randonnées
à cheval, méharée, séjour en yourtes;
· Incentives et Evénements (fête de Navrouz);
· Voyages sur la Route de la Soie
et à travers la Route de Pamir;
· Programmes à la carte etc.
33, Rue Dagbitskaya, 140120 Samarkand
Tél. : +998/66/232 08 75, 232 01 85 - Fax : +998/66/232 29 91
E-mail : office@tour-orient.com - www.tour-orient.com

Un site Internet très complet de réservations en ligne pour préparer votre voyage : billets d'avion et de train, hôtels, locations de voitures, billetterie de spectacles. En ligne également : de précieux conseils, des informations pratiques sur les différents pays, les formalités à respecter pour entrer dans un pays.

Les réceptifs

Il s'agit de tour-opérateurs présents dans le pays. De fait, ils connaissent extrêmement bien la zone et proposent des prix très bas. Seul problème : ils ne vous offrent pas la protection ou les garanties de leurs homologues français licenciés.

■ DOLORES TOUR

27 M. Tarobiy ✆ (71) 120 88 83
Fax : (71) 120 88 73
www.sambuh.com – info@dolores.uz
Dans les locaux de l'hôtel Grand Orzu. Dolores Tour s'est inscrit peu à peu comme l'un des principaux acteurs du tourisme en Ouzbékistan et dans les quatre autres républiques d'Asie centrale. Tourisme classique, sportif (rafting et treks au Tadjikistan), méharées ou randonnées à cheval, il couvre toute la gamme des activités possibles en Asie centrale. Services fiables.

■ HORIZON TRAVEL

118, Mahatma Gandhi 720014 Bichkek
✆ (996 312) 35 85 19
www.horizon.elcat.kg – horizon@elcat.kg
Une large palette de circuits programmés ou sur mesure pour partir à la découverte du pays sous toutes ses coutures. Horizon Travel opère depuis 1999 et Ellen Romeijn connaît le Kirghizistan sur le bout des doigts. Elle saura, au gré de vos envies, vous faire sortir des sentiers battus pour en apprendre plus sur la nature, la faune, la flore ou l'artisanat si particuliers du pays. Les différents programmes proposés sur le site Internet peuvent être combinés entre eux ou bien rattachés à des circuits dans les pays voisins où Horizon Travel a de bons partenaires. Service fiable, tarifs plutôt attractifs, et bonne ambiance au rendez-vous.

■ ORIENT VOYAGES

33 Daghbed ✆ (662) 32 08 75
Fax : (662) 32 29 91
www.tour-orient.com
office@tour-orient.com
Ce tour-opérateur, un des plus importants dans le pays, et l'un des plus expérimentés, propose un large éventail de circuits en Ouzbékistan, ainsi que dans les républiques voisines : voyage culturel ou sportif, en individuel ou en groupe, méharée dans le désert… Le tout accompagné par des guides possédant un bon niveau de français et de parfaites connaissances culturelles. Orient Voyages détient en outre l'exclusivité pour un circuit de 7 jours baptisé « Bouzkachi Show », qui se déroule en mars et permet de visiter Khiva, Boukhara et Samarkand en concluant par le grand Bouzkachi de Navrouz, ce jeu traditionnel d'Asie centrale décrit par Joseph Kessel dans *Les Cavaliers*, où les *tchopendoz* s'affrontent à cheval en se disputant une carcasse décapitée de chèvre ou de bélier. Un circuit unique ! Enfin signalons que Orient Voyages possède de nombreux hôtels à travers le pays, à Samarkand, à Khiva et à Shahrisabz. Et si vos pas vous mènent ensuite vers le Tadjikistan, vous serez sans doute intéressé par le fait que ce tour-opérateur a son cocréateur basé à Douchanbé, baptisé « Orient Adventures » et spécialisé dans l'organisation de treks et d'autotours.

■ SAIRAM TOURISM

13A Movarounahr ✆ (71) 233 35 59
Fax : (71) 120 69 37
www.sairamtour.com – sairmtur@online.ru
Sairam a été parmi les tout premiers TO à apparaître après l'indépendance et a de nombreux contacts avec tous les pays environnants. Voyages en groupe ou individuels, logement chez l'habitant ou en hôtel de luxe, escapades à vélo, à cheval ou à dos de chameau, obtention des visas pour les républiques voisines, voyages combinés, rafting, trek, voyages ornithologiques…

Sairam peut presque tout presque partout, à l'exception des zones interdites. C'est l'assurance de voyager avec un TO bien rodé et sûr de ses contacts.

Sites comparateurs et enchères

Plusieurs sites permettent de comparer les offres de voyages (packages, vols secs, etc.) et d'avoir ainsi un panel des possibilités et donc des prix. Ils renvoient ensuite l'internaute directement sur le site où est proposée l'offre sélectionnée.

■ EASYVOYAGE

www.easyvoyage.com

Le concept de Easyvoyage.com peut se résumer en trois mots : s'informer, comparer et réserver. Des infos pratiques sur quelque 255 destinations en ligne (saisonnalité, visa, agenda...) vous permettent de penser plus efficacement votre voyage. Après avoir choisi votre destination de départ selon votre profil (famille, budget...), Easyvoyage.com vous offre la possibilité d'interroger plusieurs sites à la fois concernant les vols, les séjours ou les circuits. Enfin grâce à ce méta-moteur performant, vous pouvez réserver directement sur plusieurs bases de réservation (Lastminute, Go Voyages, Directours, Anyway...).

■ ILLICOTRAVEL

www.illicotravel.com

Illicotravel permet de trouver le meilleur prix pour organiser vos voyages autour du monde. Vous y comparerez les billets d'avion, hôtels, locations de voitures et séjours. Ce site très simple offre des fonctionnalités très utiles comme le baromètre des prix pour connaître les meilleurs prix sur les vols à plus ou moins 8 jours. Le site propose également des filtres permettant de trouver facilement le produit qui répond à tous vos souhaits (escales, aéroport de départ, circuit, voyagiste...).

■ KELKOO

www.kelkoo.com

Ce site vous offre la possibilité de comparer les tarifs de vos vacances. Vols secs, hôtels, séjours, campings, circuits, croisières, ferries, locations, thalassos : vous trouverez les prix des nombreux voyagistes et pourrez y accéder en ligne grâce à Kelkoo.

■ LILIGO

www.liligo.com

Liligo interroge agences de voyage, compagnies aériennes (régulières et low cost), trains (TGV, Eurostar...), loueurs de voiture mais aussi 250 000 hôtels à travers le monde pour vous proposer les offres les plus intéressantes du moment. Les prix sont donnés TTC et incluent donc les frais de dossier, d'agence... Le site comprend aussi deux thématiques : « week-end » et « ski ».

■ MYZENCLUB

www.myzenclub.com

Le site recense les meilleures offres des voyagistes en ligne les plus importants. Myzenclub vous informe des bons plans et des promotions trouvées parmi toutes les agences pour vos vacances en France et à l'étranger, hôtels, croisières, thalasso, vols... L'inscription est gratuite.

■ PRIX DES VOYAGES

www.prixdesvoyages.com

Ce site est un comparateur de prix de voyages, permettant aux internautes d'avoir une vue d'ensemble sur les diverses offres de séjours proposées par des partenaires selon plusieurs critères (nombre de nuits, catégories d'hôtel, prix, etc.). Les internautes souhaitant avoir plus d'informations ou réserver un produit sont ensuite mis en relation avec le site du partenaire commercialisant la prestation. Sur Prix des Voyages, vous trouverez des billets d'avion, des hôtels et des séjours.

■ SPRICE

www.sprice.com

Un jeune site qui gagne à être connu. Vous pourrez y comparer vols secs, séjours, hôtels, locations de voitures ou biens immobiliers, thalassos et croisières. Le site débusque aussi les meilleures promos du Web parmi une cinquantaine de sites de voyages. Un site très ergonomique qui vous évitera bien des heures de recherches fastidieuses.

■ VOYAGER MOINS CHER

www.voyagermoinscher.com

Ce site Internet référence les offres de près de 100 agences de voyages et tour-opérateurs parmi les plus réputés du marché et donne ainsi accès à un large choix de voyages, de vols, de forfaits « vol + hôtel », de locations, etc. Il est également possible d'affiner sa recherche grâce au classement par thèmes : thalasso, randonnée, plongée, All Inclusive, voyages en famille, voyages de rêve, golf ou encore départs de province.

PARTIR SEUL

En avion

Les tarifs les plus avantageux pour partir en Asie centrale sont les billets délivrés par Ouzbekistan Airways, entre 700 et 850 € selon le délai de réservation, pour un vol direct de Paris à Tachkent ou Ourgentch (en haute saison). Turkish Airlines et Aeroflot couvrent également la destination mais tous les vols font des escales, parfois longues, à Istanbul ou Moscou, et coûtent rarement moins cher. À l'autre bout de la chaîne, le Tadjikistan et le Kirghizistan sont les destinations les moins bien desservies et donc les plus chères, avec des tarifs pouvant ateindre 1 600 € l'aller-retour en haute saison pour Bichkek. Le Kazakhstan est plus fréquemment desservi par les grandes compagnies occidentales (British Airlines, Lufthansa, Air France-KLM...) et les tarifs commencent à partir de 900 € l'allller-retour pour Almaty ou Astana.

Principales compagnies desservant l'Asie centrale

Pour connaître le degré de sécurité de la compagnie aérienne que vous envisagez d'emprunter, rendez-vous sur le site Internet www.securvol.fr ou sur celui de la Direction générale de l'aviation civile : www.dgac.fr

■ AÉROFLOT

33 avenue des Champs-Élysées
75 008 Paris ✆ 01 42 25 31 92
www.aeroflot.ru

■ AIR FRANCE

✆ 36 54 (0,34 €/min. d'un fixe)
www.airfrance.fr

■ BRITISH AIRWAYS

✆ 0 8 25 82 54 00 – www.ba.com

■ OUZBEKISTAN AIRWAYS

25, rue de Liège 75008 Paris
✆ 01 45 22 45 50
Fax : 01 45 22 45 53 – par@airways.uz
www.uzairways.com
La compagnie ouzbeck assure deux vols directs par semaine le mardi et le vendredi. Durée du vol 6 heures 20. En avril/mai et septembre/octobre, le vol du vendredi fait une escale à Ourgentch.

■ TURKISH AIRLINES

58 rue de la Boétie 75008 Paris
✆ 08 25 80 09 02 – www.thy.com

Vous rendre à Roissy CDG ou à Orly

■ ROISSYBUS – ORLYBUS

✆ 0 892 68 77 14 – www.ratp.fr
La RATP permet de rejoindre facilement les deux grands aéroports parisiens grâce à des navettes ou des lignes régulières.

- **Roissy-CDG.** En bus, au départ de la place de l'Opéra (à l'angle de la rue Scribe et la rue Auber). Il y a des bus toutes les 15 ou 20 minutes entre 5h45 et 23h. Comptez 8,90 € l'aller simple et entre 45 et 60 minutes de trajet. Au départ de Paris-gare de l'Est (bus 350) et au départ de Paris-Nation (bus 351), vous pouvez aussi rejoindre l'aérogare 1 et 2, terminal 4, et le Roissypôle Gare-R.E.R. La fréquence des bus est de 10 à 15 minutes en semaine, 20 à 35 minutes le week-end et les jours fériés. Avec le RER B : comptez 45 minutes au départ de Denfert-Rochereau (toutes les 10 à 15 minutes).

- **Orly.** En bus : départ de l'Orlybus de la place Denfert-Rochereau de 5h30 à 23h toutes les 15 à 20 minutes. Comptez 6,30 € l'aller simple et 30 minutes de trajet. Au départ de porte de Choisy, le bus 183 vous mène aussi au terminal sud de l'aéroport d'Orly. Avec le RER C : 25 minutes de trajet entre Austerlitz et Orly, puis navette. Départ toutes les 15 minutes. Avec le RER B : allez jusqu'à Antony, puis métro Orlyval. Comptez alors 8 minutes de trajet pour rejoindre Orly (toutes les 4 à 7 minutes). Orly-Antony : 7,40 € ; Orly-Paris : 9,60 €.

■ CARS AIR FRANCE

✆ 0 892 350 820
www.cars-airfrance.com
Pour vous rendre aux aéroports de Roissy-Charles-de-Gaulle et d'Orly, vous pouvez utiliser les services des cars Air France.

- **Ligne 1 :** Orly-Montparnasse-Invalides : 10 € pour un aller simple et 16 € pour un aller-retour.

- **Ligne 1 bis :** Orly-Montparnasse-Arc de triomphe : 10 € pour un aller simple, 16 € pour un aller-retour.

- **Ligne 2 :** CDG-porte Maillot-Etoile : 14 € pour un aller simple et 22 € pour un aller-retour.

- **Ligne 3 :** Orly-CDG : 18 € pour un aller simple. Pas de tarifs spécifiques aller-retour.

- **Ligne 4 :** CDG-gare de Lyon-Montparnasse : 15 € pour un aller simple et 24 € pour un aller-retour.

En CLASSE TEMPO, 25 dessins animés,
85 films sur écran individuel, glace pour les enfants
pour FAIRE DU CIEL LE PLUS BEL ENDROIT DE LA TERRE.
AIR FRANCE
AIR FRANCE KLM
AIRFRANCE.FR
SKYTEAM

Aéroports

■ **BRUXELLES**
✆ (02) 753 77 53
✆ 0 900 700 00 (uniquement en Belgique)
www.brusselsairport.be

■ **GENÈVE**
✆ 0 900 57 15 00 (1,19 CHF/min. depuis la Suisse) – www.gva.ch/fr

■ **LYON SAINT-EXUPÉRY**
✆ 08 26 80 08 26 – www.lyon.aeroport.fr

■ **MONTRÉAL-TRUDEAU**
✆ (1 800) 465 1213 – www.admtl.com

■ **PARIS ORLY**
✆ 01 49 75 52 52
www.aeroportsdeparis.fr

■ **PARIS ROISSY-CHARLES-DE-GAULLE**
✆ 01 48 62 12 12
www.aeroportsdeparis.fr

■ **QUÉBEC – JEAN-LESAGE**
✆ (418) 640 2600
www.aeroportdequebec.com

Les sites comparateurs

Ces sites vous aideront à trouver des billets d'avion au meilleur prix. Certains d'entre eux comparent les prix des compagnies régulières et low-cost. Vous trouverez des vols secs (transport aérien vendu seul, sans autres prestations) au meilleur prix.

■ **EASY VOLS**
www.easyvols.fr

■ **JET COST**
www.jetcost.com

■ **TERMINAL A**
www.terminalA.com

En train

Depuis Moscou, on peut se rendre en train dans tous les pays d'Asie centrale, à l'exception du Turkménistan, dont le réseau ferroviaire est exclusivement limité à l'intérieur de ses frontières. Le voyage est évidemment long (compter par exemple trois jours pour aller de Moscou à Tachkent), mais il est en général plein de charme. Il faut impérativement être en possession de tous les visas des pays traversés avant le départ, et s'armer de patience pour le passage des frontières, qui peut prendre jusqu'à une ou deux heures à chaque fois. Il est plus prudent de ne pas effectuer le voyage en train seul, afin de pouvoir surveiller les bagages à tout moment : il n'y a pas de réel problème de sécurité dans les trains, mais on n'est jamais à l'abri d'un vol. Enfin, mieux vaut prévoir boissons et nourriture, bien que l'on trouve toujours de quoi se sustenter sur les quais durant les arrêts.

En bus

Le bus est un moyen de transport économique à l'intérieur de l'Asie centrale. Le réseau est relativement bien développé à l'exception du Turkménistan et du Tadjikistan, où il vaut souvent mieux compter sur un véhicule individuel. C'est également le cas au Kirghizistan, si l'on envisage de sortir des chemins balisés. Les passages de frontière ne sont pas toujours possibles en bus : aucun bus international pour le Turkménistan, et ils sont rares depuis et vers le Tadjikistan.

En bateau

Il suffit d'un coup d'œil sur une carte d'Asie centrale pour comprendre que le bateau n'est pas vraiment le moyen de locomotion privilégié de la région. Et pourtant, on peut se rendre au Turkménistan en bateau depuis l'Azerbaïdjan. Le trajet depuis Bakou coûte autour de 80 $ et dure 12 heures. Il faut évidemment être muni du visa turkmène avant d'embarquer.

Location de voitures

■ **ALAMO – RENT A CAR – NATIONAL CITER**
✆ 0 825 16 22 10 – 0 891 700 200
www.alamo.fr – www.rentacar.fr
Depuis près de 30 ans, Alamo Rent a Car est l'un des acteurs les plus importants de la location de véhicules. Actuellement, Alamo possède plus de 180 000 véhicules au service de 15 millions de voyageurs chaque année, répartis dans 1 248 agences implantées dans 43 pays. Des tarifs spécifiques sont proposés, comme Alamo Gold, le forfait de location de voiture tout compris incluant les assurances, les taxes, les frais d'aéroport, le plein d'essence et les conducteurs supplémentaires. Rent a Car et National Citer font partie du même groupe qu'Alamo.

■ **AUTO ESCAPE**
✆ 0 800 920 940 – 04 90 09 28 28
www.autoescape.com
En ville, à la gare ou dès votre descente d'avion. Cette compagnie qui réserve de gros volumes auprès des grandes compagnies de location de voitures vous fait bénéficier de ses tarifs négociés. Grande flexibilité.

Pas de frais de dossier, pas de frais d'annulation, même à la dernière minute. Des informations et des conseils précieux, en particulier sur les assurances.

AUTO EUROPE

✆ 0 800 940 557 – www.autoeurope.fr

Réservez en toute simplicité sur plus de 4 000 stations dans le monde entier. Auto Europe négocie toute l'année des tarifs privilégiés auprès des loueurs internationaux et locaux afin de proposer à ses clients des prix compétitifs. Les conditions Auto Europe : le kilométrage illimité, les assurances et taxes incluses dans de tout petits prix et des surclassements gratuits pour certaines destinations.

AVIS

✆ 0 820 05 05 05 – www.avis.fr

Avis a installé ses équipes dans plus de 5 000 agences réparties dans 163 pays. De la simple réservation d'une journée à plus d'une semaine, Avis s'engage sur plusieurs critères, sans doute les plus importants. Proposition d'assurance, large choix de véhicules de l'économique au prestige avec un système de réservation rapide et efficace.

BSP AUTO

✆ 01 43 46 20 74

Fax : 01 43 46 20 71

www.bsp-auto.com

La plus importante sélection de grands loueurs dans les gares, aéroports et centres-villes. Les prix proposés sont les plus compétitifs du marché. Les tarifs comprennent toujours le kilométrage illimité et les assurances. Les bonus BSP : réservez dès maintenant et payez seulement 5 jours avant la prise de votre véhicule, pas de frais de dossier ni d'annulation, la moins chère des options 0 franchise.

BUDGET FRANCE

✆ 0 825 00 35 64

Fax : 01 70 99 35 95 – www.budget.fr

Budget France est le troisième loueur mondial, avec 3 200 points de vente dans 120 pays. Le site www.budget.fr propose également des promotions temporaires. Si vous êtes jeune conducteur et que vous avez moins de 25 ans, vous devrez obligatoirement payer une surcharge.

ELOCATIONDEVOITURES

✆ 0 800 942 768

www.elocationdevoitures.fr

Vous avez la possibilité de louer votre voiture moyennant une caution et de ne rien payer de plus jusqu'à quatre semaines avant la prise en charge. Il n'y a pas de frais d'annulation, ni de frais de carte de crédit, ni de frais de modification.

EUROPCAR FRANCE

✆ 0 825 358 358

Fax : 01 30 44 12 79 – www.europcar.fr

Chez Europcar, vous aurez un large choix de tarifs et de véhicules : économiques, utilitaires, camping-cars, prestige, et même rétro. Vous pouvez réserver votre voiture via le site Internet et voir les catégories disponibles à l'aéroport – il faut se baser sur une catégorie B, les A étant souvent indisponibles.

HERTZ

✆ 0 810 347 347 – www.hertz.com

Vous pouvez obtenir différentes réductions si vous possédez la carte Hertz ou celle d'un partenaire Hertz. Le prix de la location comprend un kilométrage illimité, des assurances en option, ainsi que des frais si vous êtes jeune conducteur. Toutes les gammes de voitures sont représentées. Un service complet, d'où leur slogan « les premiers, les plus forts et les meilleurs »

HOLIDAY AUTOS FRANCE

✆ 0 892 39 02 02

www.holidayautos.fr

Avec plus de 4 500 stations dans 87 pays, Holiday Autos vous offre une large gamme de véhicules allant de la petite voiture économique au grand break. Holiday Autos dispose également de voitures plus ludiques telles que les 4x4 et les décapotables.

LOCATIONDEVOITURE.FR

✆ 0 800 73 33 33

www.locationdevoiture.fr

Ce site vous permet de comparer les prix des différentes sociétés de location et ensuite de réserver la voiture qui correspond à vos attentes, en fonction des dates, modèles, assurances et prises en charge proposés. Les conseillers vous aiguillent aussi pour vous trouver l'assurance qui convient la mieux à votre location.

SIXT SAS

✆ 0 820 00 74 98 – www.sixt.fr

Fournisseur de mobilité n° 1 en Europe, Sixt est présent dans plus de 3 500 agences réparties dans 50 pays. Cette agence de location vous propose une gamme variée de véhicules (utilitaires, cabriolets, 4x4, limousines...) aux meilleurs prix.

SÉJOURNER

Se loger

Hôtels

Les infrastructures hôtelières sont assez inégales selon les pays. Toutes les destinations ont néanmoins en commun les vieux hôtels soviétiques, vestiges un peu branlants d'une époque révolue, mais qui constituent souvent les logements les moins chers.

- **Les grandes villes d'Ouzbékistan**, habituées aux groupes de touristes, sont plutôt bien équipées en hôtels de toutes catégories.
- **Au Kazakhstan**, le logement en hôtel reste relativement cher, que ce soit dans les grandes villes comme Almaty ou Astana, ou dans les petites villes où un seul hôtel en situation de monopole en profite pour monter honteusement ses prix.
- **Au Tadjikistan**, les infrastructures hôtelières restent très limitées en dehors de la capitale. À Douchanbe, on peut néanmoins se loger dans de bonnes conditions et dans une vaste fourchette de prix.
- **Au Turkménistan**, les hôtels dans la capitale restent relativement chers, conformes à l'image que veut se donner cette ville vitrine. Dans le reste du pays, le choix est en général limité, mais on trouve parfois des hôtels surprenants de luxe dans des villes perdues.
- **Au Kirghizistan**, les hôtels sont très rares en dehors de Bichkek et d'Osh. Le logement chez l'habitant est en revanche très commun et bien organisé par des organismes comme CBT ou Shepherd's Life.

Chambres d'hôtes

C'est le logement le moins onéreux et le plus convivial, et il est de plus en plus répandu dans la plupart des pays de la zone. En Ouzbékistan, et surtout au Kirghizistan, on peut facilement partager le quotidien des familles locales. Logement dans une jolie maison déployée autour d'une cour à Khiva ou Samarkand, hébergement sous la yourte au Kirghizistan : il s'agit souvent là d'expériences inoubliables. Au Kazakhstan, la pratique est un peu moins répandue (et surtout moins organisée), mais il n'est pas rare que l'on finisse chez l'habitant dès que l'on sort des grandes villes. Les maisons sont d'ailleurs conçues pour accueillir des invités : les grandes pièces sont en général dépourvues de meubles, et l'on aligne par terre autant de tapis qu'il y a d'hôtes. Les gros tapis kazakhs se transforment alors instantanément en matelas confortables. Au Tadjikistan et au Turkménistan, il existe quelques bed&breakfast dûment enregistrés, qui permettent de loger chez l'habitant même si c'est de manière un peu moins spontanée.

Auberges de jeunesse

HOSTELSCLUB
www.hostelsclub.com
Hostelsclub.com est une société jeune et dynamique qui permet à des milliers de voyageurs de réserver facilement, rapidement et en toute sécurité dans le monde entier. Le portail vous permet de trouver un hébergement où que ce soit.

Campings

Les randonneurs auront souvent l'occasion de camper, et la pratique est très répandue notamment au Kirghizistan, dans les steppes du Kazakhstan, les montagnes du Tadjikistan, et dans les déserts d'Ouzbékistan et du Turkménistan. Il convient néanmoins d'être bien équipé, car les nuits peuvent être très froides dans les montagnes comme dans les déserts, même en été.

Se déplacer

Avion

Les lignes aériennes intérieures sont pratiques dans tous les pays, sauf peut-être au Tadjikistan et au Kirghizistan, où les montagnes qui coupent ces deux pays limitent le nombre de lignes. Au Turkménistan, les compagnies aériennes étant sponsorisées par l'État, les billets d'avion sont incroyablement bon marché, même pour les étrangers qui paient pourtant bien plus cher que les locaux. Il faut réserver plusieurs jours à l'avance, mais l'avion est tout à fait recommandable. Au Kazakhstan, les lignes sont nombreuses et les villes bien desservies, mais Air Astana étant en situation de monopole, les billets restent chers. En Ouzbékistan, de nombreux touristes prendront un vol Tachkent-Ourgentch pour se rendre à Khiva. Les avions sont en bon état, le réseau pratique et les tarifs sont loin d'être prohibitifs. Au Tadjikistan et au Kirghizistan en revanche, il vaut peut-être mieux éviter les lignes intérieures.

TABLEAU DES DISTANCES À VOL D'OISEAU ENTRE LES CAPITALES D'ASIE CENTRALE

	Astana	Bichkek	Douchanbe	Tachkent	Achgabat
Astana		954 km	1 408 km	1 114 km	1 793 km
Bichkek	954 km		687 km	493 km	1 489 km
Douchanbe	1 408 km	687 km		293 km	917 km
Tachkent	1 114 km	493 km	293 km		998 km
Achgabat	1 793 km	1 489 km	917 km	998 km	

La flotte aérienne est vétuste, et l'on a toujours l'impression de vivre un miracle lorsque l'avion parvient à franchir sans anicroche les barres de montagnes…

Bus

Les réseaux de bus sont très performants dans toute l'Asie centrale, le bus étant le mode de transport privilégié des populations locales. On peut se rendre à peu près partout dans la région grâce aux bus, que l'on retrouve parfois dans des endroits apparemment totalement perdus, mais qui révèlent alors un petit village ou une communauté bien cachée dans la steppe, le désert ou la montagne. Les bus sont en général plus rapides que les trains, mais toutes les destinations ne sont pas non plus desservies tous les jours.

Train

Le réseau ferroviaire d'Asie centrale, hérité de la période soviétique, est bien développé, dans la mesure où de nombreuses villes y sont reliées. Il est en revanche très lent, souvent bien plus que les bus qui effectuent les mêmes trajets. Il faut en outre faire attention aux parcours suivis par les voies ferrées entre deux villes : ce n'est pas toujours le plus court chemin, et surtout les trains passent parfois des frontières internationales pour rallier deux villes situées dans un même pays (héritage soviétique). Il faut alors veiller à avoir tous les visas nécessaires.

Voiture

Les routes sont en bon état au Turkménistan et en Ouzbékistan, mais elles ressemblent davantage à des pistes dans les trois autres pays de la zone, quand elles existent. Parcourir l'Asie centrale en voiture impose donc un véhicule tout terrain sauf si l'on se contente des zones très touristiques. La plupart des agences de voyage de la région proposent des locations de voitures, avec un chauffeur : c'est une bonne solution dans la plupart des pays, où l'on s'oriente davantage à la boussole que grâce aux panneaux indicateurs… Dans les capitales, il est inutile d'avoir une voiture individuelle : les taxis sont très nombreux et toujours bon marché.

Taxi

En ville, ils sont nombreux, mais rarement officiels, et bon marché. Toutes les capitales peuvent être traversées pour 1 à 2 € en taxi. Pour les longues distances, il existe un système de taxis partagés, qui se réunissent en général aux portes des gares routières et démarrent dès qu'ils ont fait le plein de passagers (en général quatre personnes). C'est un moyen de voyager plus confortable et rapide que le bus, et qui demeure accessible même aux petits budgets.

Deux-roues

Les vieux side-cars de l'époque soviétique sont encore tès répandus dans toute la région. On ne voit en revanche presque jamais de motos récentes. L'état des routes ôterait de toute manière beaucoup de plaisir à la conduite. Le vélo se développe en parallèle à l'essor touristique, en particulier au Kirghizistan, pour ceux qui n'ont pas peur de durcir les mollets dans des côtes interminables à 4 000 m d'altitude… Dans tous les pays, prévoyez matériel de bricolage et pièces de rechange car, même dans les capitales, vous ne trouverez que très peu, voire pas du tout de vendeurs ou réparateurs.

Auto-stop

La pratique n'est pas très répandue en Asie centrale. Vous pouvez bien sûr tenter d'arrêter un véhicule sur le bord de la route, mais même s'il vous embarque pour un bout de chemin, pensez à convenir du prix avant de monter à bord. Les trajets à l'œil n'existent pour ainsi dire pas en Asie centrale.

CITY TRIP
BY petit futé
AMSTERDAM
BARCELONE
BERLIN
BRUXELLES
BUDAPEST
FLORENCE
STANBUL
LISBONNE
LONDRES
MADRID
MARRAKECH
NEW YORK
PARIS
PRAGUE
ROME
SAINT-PÉTERSBOURG
VENISE
VIENNE
LA NOUVELLE COLLECTION POUR LES WEEK-ENDS ET COURTS SÉJOURS
nouveau
5.95 €
seulement
CITY TRIP Amsterdam
CITY TRIP Barcelone
CITY TRIP Berlin
CITY TRIP Istanbul
CITY TRIP Lisbonne
CITY TRIP Londres

JE
CROIS EN
TOI
COLLECTE NATIONAL
BP455 PARIS
www.secours-catholique.or
Secours Catholique
Réseau mondial Caritas
Être près de ceux qui sont loin de tout

Être solidaire

Soyons réalistes, en partant quinze jours « faire de l'humanitaire » avec une association, on soulage sa conscience mais on ne fait rien pour les populations locales. Un véritable engagement demande temps et réflexion. Pourquoi voulez-vous aider ? Quelles sont vos compétences ? A quel type de projet croyez-vous ? La première étape est de bien comprendre les difficultés rencontrées sur place. Il vous faudra ensuite partir à la chasse à la mission. Renseignez-vous bien sur l'association avec laquelle vous envisagez de partir car, dans le secteur de l'aide internationale, on trouve beaucoup d'organisations qui, même avec les meilleures intentions du monde, n'apportent finalement que peu d'aide réelle au pays. Mais à côté de ces missions, existent aussi des chantiers solidaires intéressants pour aller à la rencontre de la population, pour nettoyer une forêt, aider à la préservation d'une espèce…

- **CONCORDIA**

www.concordia-association.org
Concordia propose des chantiers solidaires. C'est une solution intéressante pour ceux qui ont envie d'aider mais disposent de peu de temps.

- **COORDINATION SUD**

www.coordinationsud.org
Vous pouvez consulter sur ce site la présentation de diverses organisations non gouvernementales et les offres d'emploi ou de bénévolat s'y rattachant.

- **UNAREC**

Délégation internationale
3, rue des Petits-Gras
63000 Clermont-Ferrand
✆ 04 73 31 98 04 – www.unarec.org
Le mouvement « Etudes et Chantiers » développe par l'intermédiaire de ses associations régionales des projets de volontariat, en France et à l'étranger, ainsi que des projets de lutte contre les exclusions. Trois grandes catégories : « Le travail volontaire des jeunes », « Economie solidaire et lutte contre les exclusions » et « Coopération internationale ».

© SYLVIE FRANÇOISE

Au Registan de Samarkand

Travailler – Trouver un stage

- **ASSOCIATION TELI**

2, chemin de Golemme
Seynod ✆ 04 50 52 26 58
www.teli.asso.fr
Le Club TELI est une association loi 1901 sans but lucratif d'aide à la mobilité internationale créée il y a 16 ans. Elle compte plus de 4 100 adhérents en France et dans 35 pays. Si vous souhaitez vous rendre à l'étranger, quel que soit votre projet, vous découvrirez avec le Club TELI des infos et des offres de stages, de jobs d'été et de travail pour francophones.

CAPCAMPUS

www.capcampus.com

Capcampus est le premier portail étudiant sur le Net en France et possède une rubrique spécialement dédiée aux stages, dans laquelle vous trouverez aussi des offres pour l'étranger. Mais le site propose également toutes les infos pratiques pour bien préparer son départ et son séjour à l'étranger.

LA MAISON DES FRANÇAIS À L'ÉTRANGER

244, boulevard Saint-Germain
75003 Paris
✆ 01 43 17 60 79
www.mfe.org

La Maison des Français de l'étranger (MFE) est un service du ministère des Affaires étrangères qui a pour mission d'informer tous les Français envisageant de partir vivre ou travailler à l'étranger et propose le « Livret du Français à l'étranger » et 80 dossiers qui présentent le pays dans sa généralité et abordent tous les thèmes importants de l'expatriation (protection sociale, emploi, fiscalité, enseignement, etc.). Egalement consultables : des guides, revues et listes d'entreprises et, dans l'espace multimédia, tous les sites Internet ayant trait à la mobilité internationale.

RECRUTEMENT INTERNATIONAL

www.recrutement-international.com

Site spécialisé dans les offres d'emploi à l'étranger, le recrutement international, les carrières internationales, les jobs et stages à l'international.

VOLONTARIAT INTERNATIONAL

www.civiweb.com

Si vous avez entre 18 et 28 ans et êtes ressortissant de l'Espace économique européen, vous pouvez partir en volontariat international en entreprise (VIE) ou en administration (VIA). Il s'agit d'un contrat de 6 à 24 mois rémunéré et placé sous la tutelle de l'ambassade de France. Tous les métiers sont concernés et vous bénéficiez d'un statut public protecteur. Offres sur le site.

WEP FRANCE

81, rue de la République 69002 Lyon
✆ 04 72 40 40 04
www.wep-france.org

Wep propose plus de 50 projets éducatifs originaux dans plus de 30 pays, de 1 semaine à 18 mois. Année scolaire à l'étranger, programmes combinés (1 semestre scolaire + 1 projet humanitaire ou 1 chantier nature ou 1 vacances-travail), projets humanitaires mais également stages en entreprise en Europe, Australie, Nouvelle-Zélande, Canada et Etats-Unis, et Jobs & Travel (visa vacances-travail) en Australie et Nouvelle-Zélande.

© SYLVIE FRANCOISE

Paysages sur la route du lac Iskanderkul

Index

A-B

C-D

M

N-O

P-Q

R-S

T

U-V

W-Z

Collaborez à la prochaine édition

Asie centrale

Collaborez à la prochaine édition
Asie centrale

Collaborez à la prochaine édition

Asie centrale

Collaborez à la prochaine édition

Asie centrale

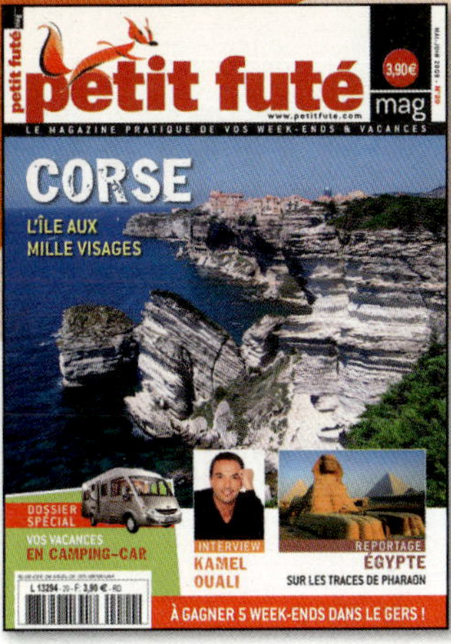

BULLETIN D'ABONNEMENT

A retourner à :
Petit Futé mag - service abonnements
18-24, quai de la Marne - 75164 Paris Cedex 19

+ Le Hors Série été 2009

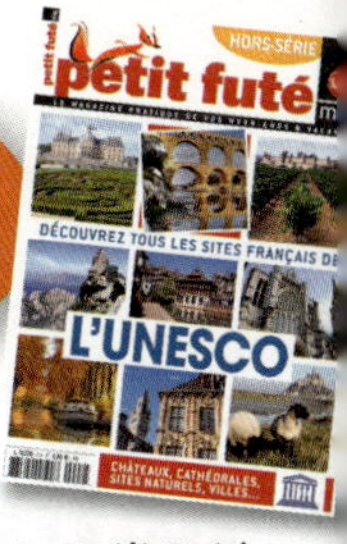

❐ **Oui,** je souhaite profiter de l'offre spéciale abonnement hors série pour 1 an pour 25€ au lieu de ~~29,90€~~: je recevrai 6 n°s Petit Futé mag et le hors série 2009 Le patrimoine français de l'Unesco (parution juillet 2009).

❐ **J'offre** un abonnement hors série d' 1 an au prix de 25€ au lieu de ~~29,90€~~ : 6 numéros + le hors série Le Patrimoine français de l'Unesco (parution juillet 2009).

❐ Je joins mon règlement par chèque bancaire ou postal à l'ordre de Petit Futé ma

❐ Je préfère régler par carte bancaire :

CB n° |_|_|_|_| |_|_|_|_| |_|_|_|_| |_|_|_|_|

Expire fin : |_|_| / |_|_|

Clé : (3 derniers chiffres figurant au dos de la carte) |_|_|_|

Date et Signature

Mes coordonnées :

❐ Mme ❐ Mlle ❐ M.

Nom .... Prénom ....

Adresse ....

Code Postal .... Ville ....

Tél. ....

Email ....

J'offre cet abonnement à :

❐ Mme ❐ Mlle ❐ M.

Nom .... Prénom ....

Adresse ....

Code Postal .... Ville ....

Tél. ....

Email ....

Offre France métropolitaine réservée aux nouveaux abonnés jusqu'au 31/06/2010, dans la limite des stocks disponibles.
Vous pouvez acquérir séparement le hors série pour 5,90€. Tarif Dom et étranger, merci de nous consulter au 01 44 84 86 87.
Conformément à l'article 27 de la loi «Informatique et libertés» du 6 janvier 1978,
vous disposez d'un droit d'accès, de rectification et de suppression des informations vous concernant.
Elles pourront être cédées à des tiers sauf refus de votre part (en cochant cette case ❐)

PC07

écouvrez
oute la collection Voyage

FRAIS DE PORT OFFERTS

BULLETIN À RETOURNER À :
PETIT FUTE VPC 18, rue des Volontaires 75015 PARIS Tél. 01 53 69 70 00

Mme ❒ Mlle ❒ M. Nom...Prénom...

esse...Code Postal................................

e...Email...

e commande les guides suivants : ☐ .... X .... €

☐ .... X .... €

(titre) (prix)

e joins mon règlement par chèque bancaire ou postal à l'ordre du Petit Futé

e préfère régler par carte bancaire la somme totale de ....€

date et signature obligatoires :

n° ☐☐☐☐ ☐☐☐☐ ☐☐☐☐ ☐☐☐☐

ire fin : ☐☐ / ☐☐ N° de contrôle (Les 3 derniers chiffres au dos de votre carte) ☐☐☐

Liste des titres au verso. Offre réservée France métropolitaine dans la limite des stocks disponibles.

us pouvez également commander en ligne sur www.petitfute.com

- 101 Voyages Insolites ... 15,00 €
- Acores ... 15,00 €
- Afghanistan ... 18,00 €
- Afrique du Sud ... 16,00 €
- Alaska Extreme - Orient Russe ... 15,95 €
- Albanie ... 15,95 €
- Alger ... 13,95 €
- Algerie ... 18,00 €
- Allemagne ... 13,95 €
- Alpes Italiennes et Dolomites ... 15,00 €
- Amsterdam - Pays-Bas ... 11,95 €
- Andalousie + Dvd ... 12,95 €
- Andorre ... 12,95 €
- Argentine ... 15,00 €
- Armenie ... 15,95 €
- Asie Centrale ... 18,00 €
- Australie ... 17,00 €
- Autriche ... 12,95 €
- Azerbaidjan ... 15,95 €
- Bahamas ... 15,95 €
- Baleares + Dvd ... 12,95 €
- Bali + Dvd ... 13,95 €
- Barcelone - Catalogne ... 12,95 €
- Baviere ... 12,95 €
- Belgique ... 13,95 €
- Belgique cantons de l'est ... 8,00 €
- Benin ... 16,00 €
- Berlin ... 12,95 €
- Bolivie ... 15,00 €
- Bosnie-Herzegovine ... 16,00 €
- Botswana ... 16,95 €
- Bresil ... 15,00 €
- Bruges - Anvers - Gand ... 13,95 €
- Bruxelles ... 9,95 €
- Budapest ... 11,95 €
- Bulgarie ... 15,00 €
- Burkina Faso ... 15,95 €
- Burundi ... 18,00 €
- Californie ... 13,95 €
- Cambodge ... 14,95 €
- Cameroun ... 16,00 €
- Canada ... 14,95 €
- Canaries + Dvd ... 14,95 €
- Cap-Vert ... 14,95 €
- Chicago - Grands Lacs ... 15,95 €
- Chili ... 15,95 €
- Chine ... 15,00 €
- Chine du Sud ... 15,00 €
- Chypre ... 13,95 €
- Colombie ... 15,95 €
- Congo Brazzaville ... 16,00 €
- Congo Rdc ... 15,95 €
- Coree du Sud ... 16,00 €
- Costa Rica ... 15,95 €
- Cote d'ivoire ... 16,00 €
- Cote Est des Etats-Unis ... 13,95 €
- Cote Ouest des Etats-Unis 14,95 €
- Crete + Dvd ... 12,95 €
- Croatie + Dvd ... 12,95 €
- Cuba + Dvd ... 13,95 €
- Danemark Ile Feroe ... 13,00 €
- Djibouti ... 15,00 €
- Dubai ... 15,95 €
- Dublin ... 12,95 €
- Ecosse ... 12,95 €
- Egypte + Dvd ... 12,95 €
- Emirats Arabes Unis ... 16,00 €
- Equateur ... 14,95 €
- Espagne ... 15,95 €
- Espagne Cote Nord ... 12,95 €
- Estonie ... 15,00 €
- Ethiopie ... 18,00 €
- Fes-Meknes ... 12,95 €
- Fidji ... 16,00 €
- Finlande ... 14,95 €
- Florence - Toscane ... 13,95 €
- Floride + Dvd ... 13,95 €
- Gabon, Sao Tome et Principe ... 15,95 €
- Geneve ... 7,95 €
- Georgie ... 17,00 €
- Ghana ... 16,00 €
- Grand Sud marocain ... 14,95 €
- Grande-Bretagne ... 15,00 €
- Grece Continentale + Dvd .. 12,95 €
- Guadeloupe + Dvd ... 13,95 €
- Guatemala ... 14,95 €
- Guide du Voyageur ... 15,00 €
- Guinee ... 16,00 €
- Guyane ... 15,95 €
- Haiti ... 15,00 €
- Hawai ... 13,95 €
- Hong Kong - Macao ... 14,95 €
- Hongrie ... 13,95 €
- Iles Anglo Normandes ... 14,95 €
- Iles Grecques + Dvd ... 12,95 €
- Inde du Nord - Rajasthan ... 15,00 €
- Inde du Sud ... 14,95 €
- Indonesie ... 14,00 €
- Iran ... 20,00 €
- Irlande ... 11,95 €
- Islande ... 14,95 €
- Israel ... 15,00 €
- Istanbul ... 11,95 €
- Italie ... 15,95 €
- Italie du Nord ... 12,95 €
- Italie du Sud ... 12,95 €
- Jamaique ... 16,00 €
- Japon ... 19,95 €
- Jordanie ... 15,95 €
- Kenya ... 13,95 €
- Laos ... 15,00 €
- Laponie ... 16,00 €
- Las Vegas - Grands Parcs ... 13,95 €
- Lausanne - Riviera Suisse ... 7,95 €
- Lettonie ... 15,00 €
- Liban ... 16,00 €
- Libye ... 16,00 €
- Liege ... 9,95 €
- Lisbonne ... 11,95 €
- Lituanie ... 15,00 €
- Londres ... 11,95 €
- Louisiane ... 14,95 €
- Luxembourg ... 9,95 €
- Macedoine ... 16,00 €
- Madagascar ... 13,95 €
- Madere ... 15,00 €
- Madrid ... 12,95 €
- Malaisie Singapour ... 15,00 €
- Maldives ... 16,00 €
- Mali ... 16,00 €
- Malte + Dvd ... 12,95 €
- Maroc + Dvd ... 12,95 €
- Marrakech Essaouira ... 11,95 €
- Martinique + Dvd ... 13,95 €
- Maurice - Rodrigues + Dvd . 14,95 €
- Mauritanie ... 16,00 €
- Mayotte ... 16,00 €
- Mexique + Dvd ... 14,95
- Milan Turin Lombardie ... 13,95
- Mongolie ... 18,00
- Montenegro ... 15,95
- Montreal ... 10,95
- Moscou - Anneau d'Or ... 15,95
- Mozambique ... 16,95
- Myanmar Birmanie ... 15,00
- Namibie ... 16,00
- Naples et Cote Amalfitaine 13,95
- Nepal - Bouthan ... 14,95
- New-York ... 14,95
- Nicaragua - Honduras El Salvador ... 16,00
- Niger ... 15,95
- Nordeste du Brezil - Amazonie ... 14,95
- Norvege ... 14,95
- Nouvelle Caledonie ... 16,95
- Nouvelle Zelande ... 18,00
- Oman ... 16,00
- Ontario ... 15,00
- Ouest Canadien ... 13,95
- Ouganda ... 16,00
- Ouzbekistan ... 17,95
- Panama ... 16,00
- Parcs nationaux Americains ... 14,95
- Patagonie ... 19,00
- Pays Baltes ... 14,95
- Pays de Galles ... 13,00
- Pekin ... 15,95
- Perou ... 15,00
- Philippines ... 15,00
- Pologne ... 14,95
- Porto Rico ... 15,95
- Portugal + Dvd ... 12,95
- Pouilles - Calabre - Basilicate ... 13,95
- Prague ... 10,95
- Quebec + Dvd ... 14,95
- Republique Centrafricaine . 15,95
- Republique Dominicaine + Dvd ... 13,95
- Republique Tcheque ... 12,95
- Reunion + Dvd ... 13,95
- Rio De Janeiro - Sao Paulo .. 13,95
- Rome ... 12,95
- Roumanie ... 15,00
- Russie ... 16,95
- Rwanda ... 16,00
- Saint-Petersbourg ... 15,95
- San Francisco ... 13,95
- Sardaigne + Dvd ... 15,95
- Senegal + Dvd ... 13,95
- Serbie ... 15,95
- Seville ... 11,95
- Seychelles ... 18,00
- Shanghai et ses Environs ... 14,95
- Siberie ... 24,00
- Sicile ... 11,95
- Slovaquie ... 15,95
- Slovenie ... 16,00
- Sri Lanka ... 15,00
- St-Martin - St-Barthelemy ... 15,00
- Suede ... 13,95
- Suisse ... 13,95
- Syrie ... 16,00
- Tahiti - Polynesie + Dvd ... 17,95
- Taiwan ... 16,00
- Tanger ... 12,95
- Tanzanie ... 16,95
- Tchad ... 16,00
- Texas ... 13,95
- Thailande + Dvd ... 14,95
- Togo ... 16,00
- Tokyo - Kyoto ... 13,95
- Trinidad et Tobago ... 15,00
- Tunisie + Dvd ... 12,95
- Turquie + Dvd ... 12,95
- Uruguay ... 15,95
- Vatican ... 16,00
- Venezuela ... 15,95
- Venise ... 13,95
- Vienne ... 12,95
- Vietnam + Dvd ... 14,95
- Voyages de noces ... 14,00
- Wallonie ... 13,00
- Week-End en Europe ... 14,95
- Yemen ... 16,00
- Zambie ... 16,00

et retrouvez toutes nos nouveautés au jour le jour sur Internet !

www.petitfute.com

Votre avis nous intéresse

Donnez-le directement en ligne sur www.petitfute.com

Pour améliorer les guides du Petit Futé qui seront utilisés par de futurs voyageurs et touristes, nous serions heureux de vous compter parmi notre équipe afin d'augmenter le nombre et la qualité des enquêtes.

Dès lors que vous nous adressez des informations, bonnes adresses… vous nous autorisez par le fait même à les publier gracieusement en courrier des lecteurs.

En devenant membre de la communauté vous pouvez :

- Écrire des avis
- Suggérer de nouveaux établissements
- Bénéficier d'infos et de bons plans de la communauté
- Participer aux jeux concours et gagner de nombreux lots

Quelques secondes suffisent pour créer un compte en ligne !

Sur www.petitfute.com

- Des milliers d'adresses recommandées par le Petit Futé
- Plus de 20 000 lieux référencés en France et dans le monde
- Une boutique en ligne

Ou adressez vos témoignages sur papier libre

N'oubliez pas de renseigner :

- Nom et prénom
- Adresse, code postal, ville et pays
- Votre âge
- Votre adresse email

À envoyer à l'adresse suivante :

Petit Futé Voyage

18 rue des Volontaires, 75015 Paris

ou par mail :

infopays@petitfute.com

Un ryad à Marrakech, un ryokan à Kyoto…

Les bonnes adresses du bout de la rue au bout du monde… www.petitfute.com

pub à
Dublin ?
crêperie
à Paimpol ?